조선시대 인물사 연구

이성무

지식산업사

저자 **이성무**(李成茂, Lee Song Mu)
- 1937년 충북 괴산 출생. 서울대학교 문리과대학 사학과 졸업, 서울대학교 석사·박사.
- 국민대학교 교수. 한국정신문화연구원 교수·대학원장 · 부원장. Harvard Yenching Institute 연구교수. Tübingen 대학 객원교수. 연세대학교 용재석좌교수.
- 국사편찬위원회 위원장. 대한민국 학술원 부회장(현). 남명학연구원장(현). 한국역사문화연구원장(현). 한국학중앙연구원 명예교수(현).
- 저서 《한국의 과거제도》(1976, 개정증보 1994), 《조선초기 양반연구》(1980), 《조선의 사회와 사상》(1999, 개정증보 2004), 《조선양반사회연구》(1995), 《한국역사의 이해》 1~10(1994~2014), 《조선왕조사》(1998), 《조선시대 당쟁사》(2000) 외 다수.

조선시대 인물사 연구

초판 제1쇄 인쇄 2015. 1. 9.
초판 제1쇄 발행 2015. 1. 12.

지은이 이성무
펴낸이 김경희
펴낸곳 ㈜지식산업사

주 소 본사: 경기도 파주시 교하읍 문발리 520-12
서울사무소: 서울시 종로구 통의동 35-18
전 화 본사: (031)955-4226~7 서울사무소: (02)734-1978
팩 스 (031)955-4228
인터넷한글문패 지식산업사
인터넷영문문패 www.jisik.co.kr
전자우편 jsp@jisik.co.kr
등록번호 1-363
등록날짜 1969. 5. 8.

책값은 뒤표지에 있습니다.

ISBN 978-89-423-1178-1 (93910)

이 책을 읽고 저자에게 문의하고자 하는 이는 지식산업사 전자우편으로 연락 바랍니다.

서 문

나는 2003년에 정년한 뒤에는 조선시대 인물사·사상사 연구를 집중적으로 하기로 했다. 그리고 연구한 논문들을 모아 2009년 4월에 《조선시대 사상사연구》 1·2(지식산업사), 2012년 8월에 《영의정의 경륜》(지식산업사), 2014년 1월에 《한국사에서 위인 찾기》(한국역사의 이해 10, 푸른사상)를 출판한 바 있다. 또한 한국역사문화연구원에서는 명가의 요청을 받아 문중 인물들을 연구해 문중별로 한국역사문화연구총서 1·2·3·4·5, 총 5권의 책을 낸 바 있다. 연구총서 제1권은 《조선초기 사대부정치와 광주이씨》(지식산업사, 2011. 9.), 제2권은 《조선중기 훈구·사림정치와 광주이씨》(지식산업사, 2011. 9.), 제3권은 《조선후기 당쟁과 광주이씨》(지식산업사, 2011. 9.), 제4권은 《아계 이산해의 학문과 사상》(지식산업사, 2010. 10.), 제5권은 《대은 변안열의 생애와 업적》(지식산업사, 2013. 9.)이었다. 여기에는 54편의 각 분야 인물 연구들이 수록되어 있다. 그뿐만 아니라 아직도 출판하지 못한 네 개의 문중의 인물 연구 총서가 출판을 기다리고 있다.

역사는 축적이다. 우리의 선인들이 경험한 지혜를 후손들이 물려받기 위해서는 인물 연구가 필수적이다. 더욱이 후손들에게 영향을 줄 만한 훌륭한 지도력이나 경험을 가지고 있는 위인들에 대해서는 깊이 있는 연구가 필요하다. 그런데 아무리 위인이라 하더라도 사람인 이상 100% 잘한 일만 있을 수 없다. 잘못한 일도 있을 수 있다. 일부 잘못한 일이 있더라도 잘한 일은 현양되어야 한다. 좋은 일과 잘못한 일이 7:3이면 그를 위인이라 해도 좋을 것이다. 그리고 잘못한 부분은 우리의 반면교사로 삼아야 할 것이다.

나는 가급적이면 한 인물을 자료가 있는 한 자세히 소개하고 객관적으로 평가하고자 했다. 자료가 한문으로 되어 있고, 유물과 유적이 여기저기 흩어져 있어서 정확히 알 수 없기 때문에, 기왕 쓰는 김에 자세하게 쓰는 것이 좋을 것이라 생각한다. 그러자면 문중의 도움이 필요하다. 문중이 가지고 있는 미공개 자료나 문중에서 생산한 문서들을 제공해 주어야 한다.

이번에 간행되는 《조선시대 인물사 연구》에는 그동안 내가 연구한 변안열邊安烈의 원주변씨, 정종鄭悰의 해주정씨, 이원익李元翼의 전주이씨, 이덕형李德馨의 광주이씨, 이양원李陽元의 전주이씨, 장만張晩의 인동장씨, 이관징李觀徵의 연안이씨, 유척기兪拓基의 기계유씨의 인물들을 수록했다. 위인 연구에는 반드시 그의 가계家系를 다루기 때문에, 그 위인들의 직계존비속直系尊卑屬을 다룰 수밖에 없다. 인물사에 관심이 있는 많은 분들께서 읽어 주시고, 잘못된 점이 있으면 질정叱正해 주기 바란다.

2015년 1월 9일

강남역江南驛 성고서당省皐書堂에서

한국역사문화연구원장 **이 성 무**

차 례

제3장 오리 이원익의 생애와 치적

제4장 한음 이덕형의 생애와 치적

제5장 노저 이양원의 생애와 업적

제6장 장만 장군의 생애와 군공

第7장 근곡 이관징의 가계와 행적

第8장 지수재 유척기의 생애와 평가

제1장 변안열의 생애와 평가

1. 머리말

변안열邊安烈(호 대은大隱, 1334~1390)은 고려 말에 이성계李成桂의 조선 건국을 반대하고 고려를 지키려다가 죽임을 당한 충신 가운데 한 사람이다. 충신 가운데 문신의 대표가 정몽주鄭夢周였다면, 무신의 대표는 변안열이었다. 그런데 두 사람의 운명은 크게 달랐다. 정몽주는 죽은 뒤 곧 신원되어 자손 가운데 정승의 반열에 오른 사람이 있는가 하면, 그 자신도 절의를 지킨 사림士林의 종장으로 문묘文廟에 종사從祀되었다. 이와 달리 변안열은《고려사》〈간신열전姦臣列傳〉에 수록되었다.

《고려사》 열전 권 39,〈간신열전〉에 변안열과 함께 수록된 사람은 조민수曺敏修·이인임李仁任·임견미林堅味·염흥방廉興邦·왕안덕王安德 등이다. 그러나 이들이〈간신열전〉에 들어가는 것은 이상하다. 윤근수尹根壽도 그의《월정만필月汀漫筆》에서 이렇게 말했다.

> 《고려사》〈간신전〉에 실린 조민수·변안열로 말한다면, 그들의 일과 행동에서 처음부터 끝까지 간사스러운 증상이 있음을 알지 못한다. 조민수는 다만 선왕의 아들을 세워야 한다는 이색李穡의 말만 듣고 창왕昌王을 옹립했을 뿐이며, 변안열은 여흥왕驪興王(=禑王)을 개인적으로 찾아가 뵈었을 뿐이다. 이것을 가지고 죄를 만들어서 간신의 열에 넣었으니 어찌 후세의 인심을 복종시킬 수 있으며, 또한 사실을 바른 대로 쓴 믿을 만한 역사라고 할 수 있겠는가? 또 먼저 임금의 아들을 세워야 한다고 한 것은 곧 이색의 말이다. 근본을 따져서 죄를 삼는다면 이색은 장하죄杖下罪의 우두머리임을 면치 못할 것이다. 그런데 사

> 신史臣들이 이색은 명유名儒라 해 감히 간신의 이름을 붙이지 못하고, (조)민수에게만 가했을 따름이니, 한 번 웃음을 터트릴 만하다.[1)]

가정柯汀 조진관趙鎭寬은 이렇게 말했다.

> 원천부원군(변안열)은 곧 고려 말의 위인이다. 그의 공훈은 김취려金就礪와 같고, 그의 절조節操는 우현보禹玄寶와 같으며, 그의 충정衷情은 최영崔瑩과 같으니, 국승國乘에 두드러지고, 야사野史에 상세해 가히 고구할 수 있다.[2)]

두암斗菴 김약련金若鍊도 아래와 같이 말했다.

> 삼사공三司公 변안열은 고려의 운명이 장차 끊어지려 할 즈음에 반드시 충의롭고 준걸한 인물을 내어 어떤 사람은 힘을 다해 외적의 침입을 방어하고, 어떤 사람은 절개를 지켜 목숨을 바친다. 만세에 이르도록 신하들에게 모범이 될 만한 자가 세상에 없지는 않다. 그러나 한 사람의 몸으로 이 두 가지를 모두 겸한 사람을 세상에서 구한다면 변안열과 비교될 만한 사람이 아주 드물다.[3)]

이성계의 화가위국化家爲國을 방해했으니 제재를 받는 것은 이해할 만하나, 문관과 무관의 차이가 너무 크다. 역성혁명易姓革命을 추진하는 쪽에서는 이들을 설득하고자 애썼지만 이들의 충성심 때문에 설득이

---

1) 尹根壽, 《月汀漫筆》.
2) 《原州邊氏醴泉派譜》 諸賢評論, 150쪽.
3) 앞의 글, 151쪽.

불가능했다. 그래서 이들은 비명에 갔고 역사에서 매도되었다.

그러나 1392년(태조 1) 7월 17일에 조선왕조가 건국되자 이들의 죄는 용서되고, 자손은 등용되었다. 고려를 위한 충신을 박해하면 조선을 위한 충신도 나올 수 없기 때문이다. 다만 무신인 변안열은 이성계에 맞설 수 있는 군사력을 가지고 있었으므로 무리하게 제거하고 각박한 처우를 한 것이 아닌가 생각된다.

이 글에서는 고려 말 조선왕조의 건국 과정에서 간신으로 폄하된 변안열의 역사적 위상을 객관적으로 밝힘으로써 그에 대한 새로운 역사적 평가를 하고자 한다.

2. 가계家系

(1) 변씨의 연원

변안열의 본관은 원주原州다. 원주변씨의 조상은 황제黃帝로 소급된다고 하나, 믿을 수 없다. 고려·조선시대에는 자기 가문의 위상을 높이고자 그 조상이 중국으로부터 왔다고 조작한 경우가 많다. 그러니 중국과 연계된 가계를 그대로 신용할 수 없다. 족보에 나타나는 변안열의 상계上系는 〈표 1〉과 같다.

황제黃帝의 성姓은 공손公孫, 또는 희姬였다. 중국에서 그 후예는 은殷·송宋을 거쳐 송 19세 어융御戎 때 변邊씨로 바뀌었다. 어융의 자字가 자변子邊이었기 때문에 변邊을 성으로 삼았다는 것이다.[4] 어융과 같은 대에는

4) 《黃州邊氏大同譜》(황주변씨대동보편찬위원회, 朗州印刷社, 1988), 本源錄, 48~61쪽.

앙卬·백伯·소韶·봉鳳·양讓·호鎬·숙肅·경鏡 등이 있다.

변앙은 송나라 평공平公의 증손으로 대사도大司徒를 지냈으며, 자손들이 농서隴西·금성金城·무추武秋·진유陳留 등지에 살았다.

변소는 한漢나라 상서령尙書令이었다. 《사기史記》 인물지人物誌에 따르면 변소의 자는 효선孝先이니 준의浚儀 사람이다. 그는 문학으로 이름이 알려져 수백 사람을 가르쳤다. 한번은 낮잠을 자는 척했더니 제자가 조롱하기를, "변소邊韶의 배가 편편하게 살찐 것은 독서에는 게으르고 단지 잠이나 자려고 하기 때문이다"고 했다. 변소가 응대하기를,

〈표 1〉 변안열의 상계

(微子上世系) 黃帝 - 殷 - (微子下世系) 宋(微子) - 19세 御戎
(宋 平公 字子邊 子孫因以邊爲姓)

一世 御戎
卬
伯
韶
鳳
肅
鏡
二世 重亮
三世 演

"변이 성이요, 효孝가 자인 사람이 배가 편편하게 살찐 것은 5경五經의 책 상자이니, 다만 잠을 자면서도 경經 읽기를 일삼는다"고 하니, 조롱하던 사람이 크게 부끄럽게 여겼다고 한다. 그래서 세상 사람들이 "변소는 잠을

자면서도 경 읽기를 좋아하고, 태수로 좌천되었다가 정승이 되었다"고 했다. 그는 여러 번 북지北地 태수로 좌천되었다가 조정에 들어가 상서령이 되고, 진陳나라 정승이 되어 관官에서 죽었다.[5]

변봉은 한漢나라의 경조윤京兆尹이었다. 《사기》 인물지에 "봉은 진유陳留 사람으로 환제桓帝 때 경조윤이 되어 정치에서 관용과 인仁을 숭상하고 백성을 불쌍히 여겨 3보三輔(한 무제 때 지방장관)들이 감탄했다"고 되어 있다. 선시先時의 조광한趙廣漢과 장창張敞과 왕준王駿 등과 뒤의 연독延篤·변봉은 모두 경조윤으로서 능력이 있었다고 알려졌다. 세인들이 "옛날에는 조趙·장張·왕王 3왕三王이 있었고, 뒤에는 변·연延 2군二君이 있었다"고 했다.

변양은 한나라 구강태수九江太守였다. 한나라의 변양과 전양傳讓이 재명才名이 있었기 때문에 조조曹操가 시기해 죽였다. 변양이 구강九江에서 피살되었기 때문에 호를 구강태수라 했다. 구강의 사민士民들이 은혜를 많이 받아 사당을 세워 제사를 지냈다.

변호는 남당南唐의 대부였고, 변숙은 송나라 형주자사邢州刺史였다. 《사기》 인물지에 "변숙이 형주를 맡았을 때 마침 거란契丹이 쳐들어와 도적질을 하니, 진종眞宗이 단연澶淵에 있다가 밀조密詔를 내려 편의를 들어주고 성城을 보존하라고 했다. 그러나 변숙은 조서를 숨기고 장정들을 독려해 성에 올라가 모든 문을 열고 병기兵器와 장폐障蔽를 가지고 기다렸다. 거란의 기병騎兵들이 성 아래에 임박했을 때 변숙이 더불어 싸워 이기니, 거란은 그 계략을 헤아릴 수가 없었고, 세인들은 변숙이 도적을 막으려고 성에 먼저 올라간 것이다"고 했다.

변경은 송나라 평공의 증손 변앙의 후손이다. 변송汴宋 때 문하습비후대

---

5) 앞의 책, 61~62쪽.

아찬門下習秘侯大阿湌이었다.[6] 그러나 이 상계가 변안열 가계와 직접 연결이 되는지는 알 수 없다. 2세世는 송나라 평장사平章事인 변중량邊重亮이요, 3세는 송나라 병부상서인 변연邊演이라 한다.

변어융邊御戎의 4세 변유령邊有寗은 호가 석천옹石川翁인데, 송나라의 판동서判同署이자 1138년(고려 인종 16)에 장공주長公主의 배신陪臣으로서 고려로 와 중문지후中門祗侯에 임명되고, 연성부원군淵城府院君에 봉해졌다. 이가 장연변씨長淵邊氏의 시조다. 변유령을 시작으로 변씨는 중국의 변씨와 연결한 것이다. 부인은 시중상서侍中尙書 태보문하시랑太保門下侍郎 오정필吳挺弼의 딸인 해주오씨海州吳氏이며, 묘는 해주 억건리億健里 두항동頭項洞에 경좌庚坐로 남편과 함께 합장되어 있다.[7]

5세 변언경邊彦卿은 무과에 급제해[8] 동정同正 벼슬을 했다. 부인은 해주 표씨表氏이며, 묘는 해주 화분교火焚橋에 남편과 함께 합장되어 있다.

〈표 2〉 장연변씨長淵邊氏 세계

四世	有寗
五世	彦卿
六世	冲孝
	冲悌
七世	睿
	玄
八世	懷
	呂

6) 위의 책, 63~64쪽.
7) 《장연변씨족보》 권 1, 1쪽.
8) 고려시대에는 무과가 실시되지 않았다. 다만 1109년(예종)부터 1133년(인종 11)까지 24년 동안은 일시 무과를 실시한 적이 있다. 그러니 이때 무과에 합격했다는 것인지 알 수 없다(李成茂, 《改正增補 韓國의 科擧制度》, 集文堂, 1994, 142쪽).

6세 변충효邊冲孝는 검교흥의위장군檢校興義衛將軍이었다. 부인은 당악양씨唐岳楊氏이며, 묘는 안악安岳 청룡포靑龍浦에 남편과 함께 합장되어 있다. 그의 동생 변충제邊忠悌도 검교흥의위장군을 지냈다. 7세 변예邊睿는 충효의 아들이며, 응공하대위장군應功下隊衛將軍을 지냈다. 부인은 죽산안씨竹山安氏로, 묘는 장연長淵 두산頭山 서록西麓에 남편과 함께 합장되어 있다. 동생 변현邊玄은 변충제의 아들인데, 이름은 요么라고도 하고, 호는 소황자小黃子라 했다. 1196년(고려 명종 26)에 죽었고 황주 삼전三田 서쪽 언덕에 장사 지냈다. 부인은 해주최씨로, 남편이 죽고 3일 뒤에 죽어 남편과 합장했다.[9)]

8세 변회邊懷는 변예邊睿의 아들이다. 호를 암곡巖谷·초수樵叟라 했다. 문과[10)]에 급제해 중현대부中顯大夫 감문대호군監門大護軍이 되었고 문집이 있다. 부인은 강씨康氏인데, 묘는 재령載寧에 있다고 한다.

변회邊懷의 아우 변여邊呂는 변현邊玄의 아들이다. 1232년(고려 고종 19)에 몽고가 송경松京을 둘러쌌다. 변여는 향호鄕戶로서 적에게 잡혔다. 적이 왕이 있는 곳을 물으니 그는 말하지 않았다. 적이 불로 지지려 했으나 끝내 불지 않으면서 정색을 하고 욕하기를, "군신君臣은 부자와 같은 의리가 있는 것인데, 설사 신자臣子가 군부君父가 피해 있는 곳을 안다고 해도 어찌 너희들에게 알려 주겠느냐"고 했다. 적이 죽이려 하자 적 가운데 한 사람이 "이 사람은 의인義人이다. 죽여서는 안 된다"고 하고 풀어 주었다. 그는 죽음을 면하고 산곡 사이에 숨어 있었다. 왕이 개경으로 돌아와 그의 충절을 듣고 찾아서 상장군에 임명하고, 태천백泰川伯에 봉했다. 1279년(충렬왕 5)에 죽었다. 그가 황주변씨黃州邊氏의 시조이다.[11)] 그러나 나말려

9) 《황주변씨족보》, 65~66쪽.

10) 고려시대에는 문과라 하지 않고 제술업製述業, 명경업明經業이라 했다(李成茂, 앞의 책, 62쪽).

11) 앞의 책, 66쪽.

초에 변멸성邊蔑性의 아들 고승 균여均如가 황주의 북형악北荊岳 남록南麓에서 낳았다는 것으로 보아, 일찍부터 황주에는 변씨가 살았음을 알 수 있다.[12] 그런데 변려邊呂와 그 다음의 변윤邊允의 세대수가 명확하지 않아 다만 '여후呂後'라고만 적고 있다. 이 밖에도 변안열 계보의 인물 가운데 그 당시 기록이 확인되지 않은 사람이 있고, 생존 연대도 의심스러운 경우가 있다.[13] 부인 김씨는 1266년(고려 원종 7)에 죽었다.[14]

9세 변윤邊允(또는 邊胤)은 변여邊呂의 아들이며, 자는 윤지允之요, 호는 서해선생西海先生이다. 1172년(명종 2)에 태어나 서해도안찰사西海道按察使가 되었고 1207년(희종 3)에 죽었다. 부인은 정당(문학) 최숙崔俶의 딸이고 1208년(희종 4)에 죽었다. 10세 변유邊宥는 변윤邊允의 아들이며 처음 이름은 변보邊保다. 1199년(신종 2)에 태어나 1208년(희종 4)에 죽었는데 정의대부正義大夫 공부의랑工部議郎을 지냈다. 부인은 평장사 황보기皇甫琦의 딸이고, 변윤邊允의 딸은 정문감鄭文鑑에게 시집갔다.[15]

11세 변제邊制는 변유邊宥의 아들로, 1217년(고려 고종 4)에 태어나 1289년(충렬왕 15)에 죽었다. 향년 73세. 광록대부光祿大夫 검교참지정사檢校叅知正事를 지냈고, 그의 부인은 중서(사인) 이소李昭의 딸이다. 12세 변눌邊訥은 변제邊制의 아들로, 자가 창언昌彦이다. 1224년(고려 고종 11)에 태어나 1269년(고려 원종 10)에 죽었다. 향년 46세. 판시중判侍中을 지냈으며, 부인 백씨白氏는 낭중郎中 화華의 딸이다.[16]

13세 변석邊碩은 지후祗侯를 지냈고, 변석의 동생 변순邊順의 자는 욱지頊之인데, 1247년(고려 고종 34)에 태어나 원나라에 가서 심양로瀋陽路

12) 《大隱實記》(韓一文化印刷社, 1977), 215쪽.
13) 앞과 같음.
14) 《황주변씨족보》, 65~66쪽.
15) 위의 책, 67~68쪽; 《고려사절요》 권18, 원종 11년 6월; 《東史綱目》 卷 11 下, 원종 11년 6월.
16) 앞의 책, 68쪽.

〈표 3〉 황주변씨黃州邊氏 세계

八世	呂(泰川伯)
九世	允
十世	宥
	女+鄭文鑑
十一世	制
十二世	訥
十三世	碩
	順
十四世	諒
十五世	安伯
	安烈
	安緖

천호후千戶侯에 봉해졌으며, 고려에서는 삼중대광三重大匡 문하찬성사門下贊成事 판예의사사判禮儀司事 상호군上護軍을 지냈다. 1268년(원종 9)에 원나라 사신 탈타아脫朶兒를 수행해 원나라에 갔다. 탈타아는 일본 정벌을 준비하고자 고려에 왔다가 12월에 귀환할 때 대장군 장일張鎰이 수행했는데, 이때 변순도 함께 간 것 같다.[17] 1309년(고려 충선왕 1)에 죽었다. 향년 63세. 묘는 심양瀋陽 백안동伯顔洞 북쪽의 들에 있다. 부인은 시랑侍郞 김재金在의 딸이다. 1312년(고려 충선왕 4)에 죽어 남편과 합장했다.[18]

변순의 아들 14세 변량邊諒의 자는 양보亮父요, 호는 심양후瀋陽侯였다. 1264년(원종 5)에 태어나 1338년(충숙왕 7)에 죽었다. 향년 75세. 성근익조

17) 《大隱實記》, 216쪽.
18) 《황주변씨족보》, 68쪽; 《原州邊氏族譜》(庚申譜) 1800. 卷1; 《黃州邊氏大同譜》 全(朗州印刷社, 1988), 69B, 74A.

공신誠勤翊衛佐功臣 벽상삼한삼중대광壁上三韓三重大匡 문하판삼사사門下判三司事 상호군上護軍에 추증되었다. 부인 곽씨는 좌승左丞 곽성郭渚의 딸인데, 양보다 3일 뒤에 죽어 남편과 합장했다. 묘는 중국에 있다. 1338년(충숙왕 7) 4월 19일에 오리동梧里洞에 매안埋安했다.[19)]

변량은 변안백邊安伯·변안열邊安烈·변안서邊安緖의 3형제를 두었다. 장자 변안백은 심양후瀋陽侯를 지냈다. 아들 변숙邊肅은 원나라 학사로 변안열을 따라 고려에 와서 벼슬이 호부전서戶部典書에 이르렀다. 고려가 망하고 배천白川에 은거했다. 변안서는 서자로서 역시 변안열을 따라 고려로 왔다.[20)] 강릉대군江陵大君(공민왕)을 모시고 온 사람들은 3대장三大將, 6학사六學士가 있었는데, 변안열를 비롯한 세 사람을 3대장이라 하고(두 사람의 이름은 알 수 없다), 공소孔紹·변숙邊肅·황보영皇甫榮·감규甘揆·독고억獨孤億·황석기黃石奇를 6학사라 했다.[21)]

이 가운데 변숙은 원나라에 있을 때, 1351년(충정왕 3)에 대책對策으로 한림학사에 제수됐다. 그리고 변안열을 따라 고려에 와서는 전객시부령典客寺副令을 거쳐 낭장郎將·전농시정典農寺正·태상소경太常少卿·밀직부사密直副使·문하평리門下評理·공부전서工部典書·보문각대제학普文閣大提學·호부전서戶部典書 등 고위 관직을 역임하다가, 변안열이 죽은 1390년(공양왕 2)에 면직되었다.[22)] 그는 포은圃隱 정몽주의 제자이고, 조의생趙義生·임선미林先味·길재吉再·전귀생全貴生·이숭인李崇仁·유구柳珣·우현보禹玄寶·원천석元天錫 등 절의파와 가까웠다. 그런데 정몽주가 격살되자 이들은 뿔뿔이 흩어져 은거하거나 죽었다.[23)] 이에 변숙은 아들 변을충邊乙忠을 데리고 지

19) 앞과 같음.
20) 앞과 같음.
21) 《原州邊氏叅判公派譜》 上卷 雜錄附(回想社, 1989), 177쪽.
22) 趙鍾永, 文節公神道碑銘幷序(《원주변씨전서공파세계보》, 原州邊氏典書公派宗親會), 15~16쪽.
23) 邊尙和, 文節公行狀(《原州邊氏典書公派世系譜》, 원주변씨전서공파종친회), 28~30쪽.

팡이를 짚고 벽란진碧瀾津을 건너 배천 남쪽 물굴리勿屈里에 돌아가 그 마을을 모려慕麗라고 하고, 밭갈이를 하면서 은거했다. 그는 정몽주·길재·조의생·임선미를 스승으로, 신안申安·우현보·조승숙趙承肅·채귀하蔡貴河 등을 벗 삼아 항상 백이송伯夷頌을 외우고 옛 왕씨력王氏曆을 썼다.[24] 1392년(태조 1) 7월에 이성계가 조선왕조를 세우자마자, 16일에 변숙을 공조전서로 불렀으나 "내 비록 중국 사람이긴 하나 노국공주魯國公主를 위해 공민왕에게 신사臣事했거늘, 어찌 차마 북쪽을 향해 두 임금을 섬기겠느냐?"고 하고 모려에 은거했다고 한다. 그리고 1399년(정종 1)에 죽었고 유명遺命에 따라 재경동宰卿洞에 장사를 지냈다.[25]

(2) 변안열邊安烈

15세 변안열은 바로 원주변씨의 시조이다. 자는 문성文成·충가忠可요, 호는 대은大隱, 또는 불굴당不屈堂이요, 시호諡號는 양절良節이다.[26] 1334년(충숙왕 복위 3)에 심양사제瀋陽私第에서 태어나,[27] 1390년(공양왕 2)에 죽었다. 향년 57세. 지조가 청고淸高하고 국량이 넓었으며, 문장에 능하고, 무예에 뛰어났다.[28] 15, 16세에 탈탈불화脫脫不花를 사사師事해 1343년(충

---

24) 邊尙和, 文節公行狀, 29~30쪽.

25) 《원주변씨전서공파세계보》 年譜 11쪽.

26) "公之先 本中國人 元朝刑部尙書諱安烈東來 官大匡門下 封原城伯 仍貫原州 號大隱 諡良節 諱頤 官左軍都總制 諡靖平."(李中轍, 通訓大夫司憲府執義歸溪邊公墓碣銘幷序) 이 묘갈명은 1963년에 간행된 이중철李中轍의 《曉庵文集》 권 11에도 축약된 채로 수록되어 있다. 그러나 양절良節이라는 시호는 이곳 이외에 어떤 곳에서도 찾아볼 수 없는 것이 흠이다. 변안열이 역적으로 처단되었기 때문에 죽은 뒤에 시호를 받을 수 없었다. 만일 한말에 변안열이 신원이 되었으면 관계 기록이 관에나 문중에 나타나야 할 것이다. 후고를 기다린다.

27) 《대은실기》 원본原本의 대은연보에는 1343년(충혜왕 복위 4)에 태어났다고 되어 있으나, 1334년(충숙왕 3 甲戌)이 맞는다고 했다(《大隱先生年譜》, 《원주변씨참판공파보》, 回想社, 1989, 43쪽).

28) 鄭夢周, (邊安烈)傳(《原州邊氏叅判公派譜》) 卷之上, 69~70쪽.

숙왕 복위 3)에 공부낭중工部郎中으로 천거되었으나 곧 버리고 하의河義의 집에서 살았다. 1351년(충정왕 3)에 원에서 무과에 장원으로 급제해 화관華官 현직顯職을 거쳐 1년 안에 형부상서刑部尙書가 되었다. 그는 1351년(충정왕 3) 12월에 공민왕이 노국공주에게 장가를 가 고려로 오게 되자 19세에 수장首將으로 함께 왔다. 이때 조카 변숙邊肅, 아우 변안서邊安緖도 같이 왔다. 이 숙위宿衛 업무를 수행하는 수장으로 삼기 위해 형부상서를 초수超授한 것 같다. 1353년(공민왕 2)에 왕은 자기의 척리戚里인 판추밀判樞密 원의元顗의 딸과 혼인하게 하고 원주를 본관으로 삼게 했다.[29] 이때 풍양豊壤의 전시田柴를 식읍으로 받았다.

원주원씨는 원주 지방의 대호족이었다. 시조 원극유元克猷는 왕건王建을 도와 고려를 건국한 공으로 삼한공신三韓功臣 병부령兵部令을 지냈고, 그 후예 가운데 충렬왕조의 원충갑元冲甲은 합단적哈丹賊의 침입을 물리쳐 추성분용정란광국공신推誠奮勇定亂匡國功臣이 되었으며, 충렬왕-원종조에 선정을 베풀어 명망이 높던 첨의중찬僉議中贊 문순공文純公 원부元傅, 찬성사 원관元瓘·원충元忠, 동지밀직사사 원선지元善之, 공민왕조에 홍건적을 물리쳐 일등공신이 된 충근찬화공신忠勤贊化功臣 첨서밀직사사簽書密直司事 문정공文定公 원송수元松壽 등이 배출되었다. 원부는 원의의 증조요, 원관은 할아버지요, 원충은 아버지였다.[30] 1358년(공민왕 7)에 변안열은 노복 300구와 말 5천 필을 바쳤고, 출장입상出將入相해 많은 군공을 세웠다.[31]

10년 동안 숙위 업무에 종사하다가 변안열은 1362년(공민왕 11)에 변안우邊安祐를 따라 홍건적紅巾賊을 물리쳐 공훈 2등에 기록되고, 판소부감사判少府監事에 임명되었다. 이어 개경을 수복해 공훈 1등의 직첩을 받았으

29) 大隱年譜(《大隱實記》, 韓一文化印刷社, 1977), 512쪽.
30) 앞의 글, 112쪽.
31) 李穡, 〈邊安烈〉行狀(《원주변씨참판공파보》, 回想社) 卷之上, 80쪽.

며, 예의판서禮儀判書로 제수되고 추성보조공신推誠補祚功臣에 책봉되었으며, 삼사밀직사사三司密直司事에 올랐다.[32]

그런데 1368년(공민왕 17)에 주원장朱元璋이 양자강 남북을 아우르고, 대도大都(북경)를 탈취해 원 순제順帝가 상도上都(開平府)로 달아났다가 응창應昌으로 달아난 사건이 일어났다. 이에 고려는 명나라에 사신을 보내기로 했고,[33] 다음 해(1369)에 변안열은 홍무洪武 연호를 쓸 것을 상소했다.[34]

〈표 4〉 원주변씨元州邊氏 가계

安烈
- 顯
  - 克忠: 別坐公派
  - 克愍: 叅議公派
- 頤
  - 次熹: 僉樞公派
  - 尙朝: 南部令公派
  - 尙覲: 護軍公派
  - 尙會: 叅判公派
  - 尙同: 監察公派
  - 尙聘: 郡守公派
  - 尙服: 駙馬公派
- 預
  - 永淸: 司勇公派
  - 世淸: 中郎將公派

---

32) 앞과 같음.
33) 丁巳 令百官 議通使大明(《高麗史》 世家 卷 第41, 恭愍王 17年 戊申).
34) 《大隱實記》, 115쪽.

친원파에서 친명파로 바뀐 것이다. 공민왕의 친명정책의 영향이었을 것이다. 이러한 원명교체기에 기철奇轍의 아들 기산첩목아奇賽帖木兒가 동녕부東寧府를 근거로 해 아버지의 원수를 갚겠다고 벼르고 있었다. 고려로서도 대비하지 않을 수 없었다. 변안열의 친구인 간관諫官 우현보는 이렇게 말했다.

> 가르치지 않은 백성을 싸우게 하는 것은 곧 백성을 버리는 것이라 했습니다. 하물며 싸움이란 위험한 일이어서 한 번 이기고 한 번 지는 것에 존망存亡이 달려 있는 것이니 신중하지 않을 수 없습니다. 국가에서는 평소에 예비함이 없이 백성은 싸움을 알지 못하니, 하루아침에 변고가 있으면 창황해 갈피를 잡지 못하고 비로소 백성을 몰아 졸오卒伍에 충당하니, 칼날을 맞대기 전에 소문만 듣고도 흩어질 것이니, 이들로써 싸우면 어찌 성공할 수 있겠습니까? 비록 손자孫子나 오자吳子를 장수로 삼아도 또한 능히 감당할 수 없을 것이오니, 마땅히 미리 장수를 뽑아서 병졸을 모아 훈련시켜 가르치고 익혀서 사람마다 귀에 쇠북소리를 익히고 눈에 정기旌旗를 익숙하게 해서 모두 전쟁을 해도 놀라지 않고, 해야 할 일이면 비록 강한 적을 만나더라도 모두 능히 용감히 싸울 것이니 어찌 낭패해 차례를 잃겠습니까?
>
> 군사를 쓰는 길은 오로지 장수에게 달려 있는데, 훌륭한 장수의 재주는 자고로 어렵다고 하오니, 마땅히 자제子弟로써 기량器量과 견식見識이 있는 자를 가려 아울러 병법을 배우게 하고 무예를 익히게 하며, 항상 교열敎閱해 정예精銳를 가르쳐 길렀다가 그 재주가 이루어짐을 기다려 이를 쓰면 훌륭한 장수를 어찌 얻기 어렵고, 군사를 씀에 규율을 잃을 걱정이 있겠습니까? 옛날에 병서兵書로 사람을 시취하는 과科가 있었음도 곧 이런 뜻에서였습니다.

먹는 것은 백성의 하늘이니 무겁게 여기지 않을 수 없습니다. 공자孔子도 군사를 말함에 먼저 먹는 것을 족하게 해야 한다고 했는데, 먹는 것이 부족하면 군사가 비록 많아도 장차 이를 어떻게 쓰겠습니까? 국가에서 군사를 씀이 이미 햇수로 오래 되었는데, 아직 식량을 축적해 갑작스런 일에 대비함이 없고, 하물며 지금 우택雨澤이 때를 어겨 풍흉豊凶을 알기 어려우니, 마땅히 널리 저축해 군량을 넉넉하게 하소서.[35]

국가에서 장졸을 미리 뽑아 훈련시키고 군량도 준비해 나라를 지키는 튼튼한 공병公兵을 길러야 한다는 것이다. 그리하여 공민왕은 1373년(공민왕 22) 8월에 의용좌우군義勇左右軍을 설치해 문화평리門下評理 유연柳淵에게 좌군을, 밀직사密直司 변안열에게 우군을 지휘하게 했다.[36] 강력한 상비군으로서의 공병이 창설된 것이다. 이 상비군은 어디서 선발했나? 유연이 양광도도순문사陽廣道都巡問使를, 변안열은 양광도원수楊廣道元帥를 겸하고 있었던 것으로 보아 양광도(경기도) 병사를 징집한 것 같다. 뿐만 아니라 제주濟州 목호牧胡를 토벌할 때는 변안열이 양광도만이 아니라 전라도 군사도 거느리고 간 것으로 보아, 경기·전라 군사가 변안열군의 바탕을 이루었음을 알 수 있다. 왜적倭賊이 주로 이 지역을 많이 쳐들어 왔고, 변안열이 승승장구했던 것도 향병鄕兵의 향토애와 지형지물 숙지에 있었던 것이 아닌가 한다.[37]

1373년(공민왕 22)에는 양광전라경상도도통사楊廣全羅慶尙道都統使 최영崔瑩과 더불어 제주의 목호를 토벌했다. 제주 목호 토벌에 관한 기록은 최영의 열전에 자세히 기록되어 있다. 그가 총사령관인 양광전라경상도도통

35) 《高麗史》 志 卷 第35, 兵 1.

36) "八月丙子 置義勇左右軍 以門下評理柳淵 密直使邊安烈 分摠之."(《高麗史》 世家 卷 第44, 恭愍王 22年).

37) 《大隱實記》, 176~177쪽.

사였기 때문이다.[38] 이때 명 태조가 임밀林密 등을 보내 제주마濟州馬 2천 필을 보내라고 했으나 흡적哈赤·석질리石迭里·필사초고必思肖古·독불화禿不花·관음보觀音保 등의 목호牧胡들이 3백 필만 보내고 더 이상 보내려 하지 않자, 드디어 공민왕이 제주도를 칠 것을 논의했다. 그리하여 최영을 양광전라경상도도통사, 염흥방을 도병마사都兵馬使, 이희필李希泌·변안열을 양광도원수楊廣道元帥, 목인길睦仁吉·임견미林堅味를 전라도원수全羅道元帥, 지연池奫·나세羅世를 경상도원수慶尙道元帥, 김유金庾를 3도조전원수三道助戰元帥 겸서해교주도도순문사兼西海交州道都巡問使로 삼아 전선戰船 314척, 사졸 2만 5600명을 동원해 제주도를 공격하기로 했다. 그리고 공민왕은 다음과 같은 교서를 내렸다.

> 탐라耽羅는 본래 본조本朝에 속해 대대로 직공職貢을 바쳐오기를 500년이나 되었는데, 근래에 목호 석질리·필사초고·독불화·관음보 등이 우리 사신을 죽이고 우리 백성을 노예화해 죄악이 천지에 가득하므로 이제 최영에게 절월節鉞을 주어 가서 치게 하노니 모든 군사를 독려해 기일을 정해 섬멸하라![39]

재추宰樞들이 전송할 때 모든 장수들이 다 눈물을 흘리는데, 오직 최영과 변안열만 의연했다고 한다. 8월에 군사가 검산곶黔山串에 이르러 모든 장수들이 말하기를, "배가 떠난 날이 이미 오래되었고 바람이 또 점점 차가우니, 마땅히 속히 행군해야 한다"고 했다. 그러나 최영은 "오늘은 바람이 이롭지 못하고 서해의 전함戰艦이 백이나 되는데 아직 오지 않았으니 어찌 가겠느냐?"고 했다. 이에 모든 장수들이 울분을 터트렸고, 배가 보길

38) 《高麗史》 卷 113, 列傳 卷 第26, 崔瑩.
39) 위의 책, 480~481쪽.

박普吉泊에 이르러 최영이 또 바람이 없어 머물러야 하겠다고 하자, 모든 장수들이 "용병用兵하는 기틀은 신속함을 귀하게 여기는데, 지체하고 나아가지 않다가 뒤에 만약 의론이 있으면 허물을 장차 누가 감당할 것이냐?"고 했으나 최영이 역시 듣지 않았다. 해가 오시午時가 되었는데도 머뭇거리고 떠나지를 않자 변안열 휘하 군사가 먼저 떠나니, 모든 도道의 배들이 돛을 달고 일제히 떠났다. 그러자 최영도 할 수 없이 배를 출발시켰다. 이튿날 제주에 이르러 목호들을 사면으로 나누어 치니, 목호들이 3천 여 기병騎兵으로 명월포明月浦에서 항거하자 제주목사 박윤청朴允淸을 시켜 목호들을 효유하고, 항복을 거부하는 자는 모두 죽였으며, 금패金牌 9, 은패銀牌 10, 인신印信 30, 말 1천 필을 노획했다.[40] 이 과정을 보더라도 변안열은 막강한 최영의 뜻을 꺾고 배를 먼저 발진할 정도로 자신이 있고 위상이 높았음을 알 수 있다. 그러니 제주 목호 토벌도 변안열의 공로가 컸다고 할 수 있다. 이 공로로 변안열은 판밀직지문하사判密直知門下事의 직책을 받았으며, 문하평리로 전직되었다.[41] 변안열이 제주 목호를 치러 간 사이에 홍윤洪倫·최만생崔萬生 등에게 공민왕이 시해되었다. 10월에 돌아온 최영·변안열 등은 공민왕의 재궁梓宮에 복명했다.

1375년(우왕 1)에는 부원수副元帥로서 심양왕瀋陽王 고暠의 책동을 극복해 양절선위익찬공신亮節宣威翊贊功臣에 책봉되었다. 1376년(우왕 2)에 집의 김승득金承得·헌납 안정安定 등이 "만생萬生과 윤倫의 부모, 처자, 형제는 베고, 그 숙질, 종형제는 삭직해 멀리 귀양 보내 영구히 서용하지 말기를 청하고, 또 대역大逆은 만생과 윤뿐만이 아니오니, 홍관洪寬·권진權瑨·한안韓安·노관盧琯 등도 모두 일체로 시행함이 마땅합니다"고 상소했다. 그러나 문하평리 변안열은 목인길睦仁吉·왕안덕·우인열禹仁烈 등과 함께

40) 앞의 책, 481쪽.
41) 李穡, 〈邊安烈〉行狀(《大隱實記》), 563쪽.

"적신賊臣의 부형은 이미 모두 멀리 귀양 보냈으니, 청컨대 그 사형은 면하게 해주소서"라고 반대했다. 당시에 권력자 지윤池奫이 역당逆黨의 전민田民과 자산資産을 탐내어 홍윤과 최만생의 일족을 모두 베는 상황을 막기 위해서였다. 출장出將하면 적을 격파하고 입상入相하면 공정한 정사政事를 편 것이다.[42)]

변안열은 왜구를 물리치는 데도 공헌했다. 1364년(공민왕 13)에 왜구가 착량窄梁(수원)에 쳐들어오자 판개성부사 석문성石文成과 함께 민가를 약탈하는 왜구를 토벌해 민심을 안정시킨 적이 있다. 또 1376년(우왕 2) 7월에 변안열은 도당都堂에서 "왜구가 바야흐로 심히 일어나는데, 오직 방어도감에서만 군기를 만들면 혹 부족할까 염려되오니, 청컨대 각사와 각 부대의 도감都監들에게 명해 각각 그 관청의 돈으로 (군기를) 기한을 정해 만들게 해 완급緩急에 대비케 하소서"라고 주장한 바 있다.[43)] 아마도 새로 맡은 의용우군義勇右軍의 무장武裝에 필요한 무기를 조달하는 것이 목적이 아니었나 한다.

이 해 9월에 변안열은 다시 양광전라도지휘사陽廣全羅都指揮使 겸조전원수兼助戰元帥가 되어 나세羅世·조사민趙思敏·유실柳實 등과 함께 전라도 부령扶寧(扶安)에 침입한 왜적을 물리치니, 도당都堂에서 천수사天壽寺에 나와 나희儺戲를 행하고 백금白金 1정錠, 안마鞍馬, 의복을 하사받고, 문하찬성사門下贊成事로 승진했다. 곡창지대인 호남평야를 적의 노략질로부터 지켜냈기 때문이다.[44)]

1377년(우왕 3)에 그는 경기도총사京畿都總使가 되어 수원 양성에서 왜적을 물리치고, 조전원수助戰元帥가 되어 이성계와 함께 해주에서 왜적을

42) 《大隱實記》, 122~123쪽.
43) 앞의 책, 126쪽.
44) 鄭經世, (邊安烈)神道碑銘(《大隱實記》), 585쪽.

물리치고, 최영과 함께 해평海平에서 왜적을 격파했다. 이때 왜구가 전선 50척을 불태우고, 1천여 명의 병사를 죽였으며, 만호萬戶 손광유孫光裕가 유시流矢를 맞아 죽을 뻔했다. 또 강화부에서 만호 김지서金之瑞, 부사府使 곽언룡郭彦龍이 적에게 패해 마니산摩尼山으로 피하자, 우왕은 최영을 6도 도통사六道都統使로 삼아 왜구를 치게 했다. 이때 변안열은 이성계·양백연楊伯淵·나세羅世·이원계李元桂 등과 함께 최영을 도와 왜구를 크게 물리쳤다. 그리고 경산京山에서 300명, 양광도에서 1천 명, 교주交州·서해도·평안도에서 각 500명 등 무려 3천여 명의 승군僧軍을 모집해 전선을 만들었다.[45] 4월에는 왜구가 서강西江에 출몰해 경성을 위협했다. 그리고 8월에는 왜구가 신주信州·문화文化·안악安岳·봉주鳳州 등지에 침입하자, 원수 양백익楊伯益·나세羅世·박보노朴普老·심덕부沈德符 등이 나가 막았으나 막지 못했는데, 변안열은 이성계·임견미林堅味 등과 더불어 조전원수로서 출전했다. 이어 9월에 또 왜구가 영광·장사長沙·모평牟平·함풍咸豐 등지와 해주·평주에 침입하자 변안열은 최영 등과 함께 출전해 적을 섬멸했다. 이에 크게 놀란 우왕은 판사判事 최무선崔茂宣 등의 주장에 따라 화통도감火㷁都監을 설치해 화약과 화기를 만들었고, 1380년(우왕 6)에 나세羅世 등이 하삼도下三道에서 적선 500척을 격파했다.[46]

1380년(우왕 6)에 왜선 500척이 진포鎭浦(마산) 어귀로 들어오자 나세와 심덕부 등이 화포로 물리쳤다. 이에 적들은 육지로 달아나 이산利山·영동永同 2현을 불태우고, 황간黃澗·어모禦侮 2현을 노략질한 뒤 중모中牟·화령化寧·공성功城·청리靑里 등 현에 침입했다. 그리고 상주尙州를 불태우고 7일 동안 있다가 선주善州·경산을 침탈했다.[47] 이에 왕은 이성계를 양광·

45) 《大隱實記》, 127쪽.
46) 앞의 책, 128쪽.
47) 앞의 책, 128~129쪽.

전라·경상 3도순찰사에, 변안열을 도체찰사都體察使로 삼고, 왕복명王福命·우인열·도길부都吉敷·박임종朴林宗·홍인계洪仁桂·임성미林成味·이원계·이두란李豆蘭 등을 원수元帥로, 정몽주·배극렴裵克廉·상시길·남은南誾을 4종사관四從事官으로 삼아 하삼도의 왜적을 치게 했다. 거의 총동원령을 내린 것이다. 이때 이성계가 도원수였고, 변안열은 부원수였지만, 변안열이 거느린 양광·전라도 출신의 의용우군은 정예병이었기 때문에 전투력이 매우 높았을 것이다.48) 왜적이 사근내역沙斤乃驛에 주둔하고 있었는데, 원수 배극렴·김명휘金明輝·지용기池湧奇·오언吳彦·정지鄭地·박수경朴修敬·배언裵彦·도흥都興·하을지河乙沚 등이 공격했으나 패해, 박수경과 배언이 전사하고, 사졸도 죽은 자가 500여 명이나 되었다고 한다. 적이 또 함양을 침략하고 남원산성을 공격했으나 이기지 못하고 물러가 운봉현雲峯縣을 불태우고, 인월역印月驛에 주둔했다. 이성계와 변안열이 남원南原에 이르니, 배극렴 등이 맞이해 기뻐 마지않았다. 이성계와 변안열은 말을 하루 쉬게 하고, 장차 새벽에 왜적을 공격하려 하니, 장수들이 모두 말하기를, 적이 험한 곳에 진을 치고 있으니, 기다렸다가 적이 나오거든 싸우자고 했다. 이성계가 "군사를 일으키는 데는 적을 만나지 못할까를 걱정해야 하는데, 어찌 치지 않을 수 있겠는가?" 하면서 부서를 나누어 동쪽으로 운봉雲峯을 넘어 황산荒山 서북쪽에 있는 정산봉鼎山峯으로 올라갔다. 이성계가 오른쪽 험준한 길을 보고 "적이 반드시 이 길로 나와 우리 뒤를 칠 것이다"고 했다. 과연 적의 저항이 심했다. 그 가운데에도 열대여섯 살로 보이는 아지발도阿只拔都라는 적장의 용맹이 대단해 사로잡으려다가 저항이 심해 죽였다. 이성계·변안열군은 운봉 인월역에서 왜적을 대파했다. 그리하여 시내물의 붉은 빛이 6, 7일이나 변하지 않았고, 말 1,600필, 무기 다수를 노획

48) 《高麗史》 下, 卷 126, 列傳 卷 第39, 奸臣 2(연희대 동방학연구소, 1955), 748쪽.

했다. 지인知印 김국金鞠을 보내어 승전보를 올리자 왕은 밀직사 인원보印元寶를 보내어 술을 하사하고, 김국에게 낭장郎將 벼슬을 주고 말 한 필을 하사했다. 처음에는 적이 우리보다 열 배나 되었는데, 겨우 70여 명이 지리산으로 달아났다. 대승이었다. 왕은 크게 기뻐해 궁중에서 큰 잔치를 베풀고 이성계와 변안열에게 황금 50냥씩 하사했으며, 왕복명 등 원수들에게는 은 각 50냥씩 하사했다. 장수들은 모두 사양하면서 "장수는 적을 죽이는 것이 직분이니 신들이 어찌 감히 받을 수 있겠습니까?" 했다고 한다. 10월에 개선하니, 왕이 최영에게 명해 백관을 거느리고 채색한 누각을 설치해 천수문天壽門 앞에서 영접했다. 물론 이 전투의 총지휘관은 이성계였겠지만, 변안열은 부지휘관으로서 군공이 같아 같은 상금이 하사된 것이 아닌가 한다.[49]

그런데 황산대첩이 왜 변안열 열전에 집중적으로 기록되어 있으며, 이성계의 무용담으로 채워져 있는가? 이성계가 이 전투에 총사령관이기는 하지만, 당시는 사병私兵이 유행하던 시기이기 때문에 일사불란한 군사편제는 아니었다. 우선 이성계는 양광전라경상도도순찰사로 총사령관을, 변안열은 도체찰사로 부사령관을 맡은 것이다. 각 원수들도 각자 사병을 거느리고 싸움에 임했을 것이다. 고려 충정왕 이후에는 왜구의 침입이 잦자 그에 대한 군사적 방비를 위해 여러 가지 다른 봉명사신奉命使臣을 파견하게 되었다. 이들은 국왕의 명을 받들어 외적을 퇴치하는 총사령관직이나 그 예하의 지휘관을 맡았다. 이러한 성격의 봉명사신들은 고려 말에 도지휘사都指揮使·도순찰사都巡察使·도체찰사都體察使·도병마사都兵馬使·병마사兵馬使·순무사巡撫使·도순위사都巡慰使·도순토사都巡討使·도순문사都巡問使·진변사鎭邊使·방어사防禦使·찰리사察理使 등 다양한 이름으로 불리었다.[50]

---

49) 《大隱實記》, 128~129쪽.
50) 金順南, 《조선초기 體察使制 연구》(景仁文化社, 2007), 24~25쪽.

《대전속록大典續錄》에 따르면, 봉명출사재상으로 정1품은 도체찰사, 종1품은 체찰사, 정2품은 도순찰사, 종2품은 순찰사, 3품을 찰리사라고 품계에 따라 이름을 달리 불렀다 한다.[51]

전쟁에서 세운 공도, 변안열 열전에 기록된 것처럼, 황산대첩이 이성계의 독보적인 활동으로만 치부할 수 있는가도 문제이다. 이성계는 초전에 무모한 작전과 독선적인 지휘로 곤경에 처했다. 적이 산에 웅거해 굳게 지키니 이성계가 사졸을 지휘해 요해처에 나누어 웅거하게 하고, 휘하 이대중李大中 등 10여 명으로 하여금 도전하게 했다. 이성계가 올려치니 적이 사력을 다해 충돌하므로 아군이 쫓겨 내려왔다. 조금 뒤에 이성계가 다시 나팔을 불게 해 개미 떼처럼 적진으로 기어 올라가게 했다. 적장이 창으로 이성계의 등을 찌르려 하자 편장偏將 이두란이 활로 쏘아 죽였다. 이성계의 말이 화살에 맞아 꺼꾸러지자 바꿔 타고, 또 말이 꺼꾸러지자 또 바꿔 탔다. 그러나 결국 화살이 이성계의 왼쪽 다리를 맞히니, 이성계가 화살을 뽑아내고 싸움을 독려해 결국 큰 승리를 이루었다는 것이다.[52] 이 황산대첩이 왜구의 침입을 종식시켰고, 이 전투를 지휘한 이성계는 역성혁명의 발판을 마련한 것이기 때문에, 변안열의 열전에 무리하게 장황한 전과를 늘어놓은 것이라 여겨진다. 그러나 내용에서는 변안열 등 여러 장수들의 전공戰功을 이성계가 독차지한 것이라 할 수 있다.

그렇다면 이성계는 정2품의 도순찰사를, 변안열은 정1품인 도체찰사를 맡은 셈이다. 변안열의 관직이 더 높다. 물론 조선 성종조에 발간된《대전속록》의 규정만을 가지고 고려 말의 정황을 설명하는 데에는 무리가 있다. 그러나 도체찰사가 도순찰사보다 높은 직책이 아니라 하더라도, 다 같은 봉명사신으로서 우열을 가릴 필요는 없다. 다만 왜구의 창궐로 총동원령을

51) 앞의 책, 2쪽.
52)《高麗史》卷 126, 列傳 卷 第39, 奸臣 2, 邊安烈(연희대 동방학연구소, 1955), 749쪽.

내린 마당에, 나라 안의 모든 군대가 동원되었을 것이다. 그러니 명칭이 다른 봉명사신이 중첩해서 투입되었을 가능성이 높다. 그러나 《고려사》〈변안열전〉에 '개수태조절도皆受太祖節度'라고 한 것으로 보아, 이성계가 총사령관이었음을 짐작할 수 있다. 다만 이성계 일파가 편찬한 《고려사》를 어디까지 믿어야 하는지 의심하는 사람이 많기는 하다.

1382년(우왕 8) 4월에 왜적이 단양에 침입하자 변안열이 도원수가 되어 한방언韓邦彦과 함께 격파해 왜병 8천여 급을 베고, 말 200여 필을 노획했다. 5월에는 역시 한방언과 함께 안동에 침입한 왜적을 격파해 왜적의 목 3천여 급을 베고, 말 60필을 노획했다. 이 전공으로 변안열은 원천原川부원군에 봉해지고 판삼사사判三司事가 되었다.[53]

고려가 원에 복속된 뒤 철령鐵嶺 이북의 쌍성총관부雙城摠管府, 자비령慈悲嶺 이북의 동녕부東寧府, 제주의 탐라총관부耽羅摠管府가 원의 직할령이 되었다. 이 가운데 동녕부는 1290년(충렬왕 16)에 고려의 간청으로 20여 년 만에 돌려주었고, 탐라총관부는 1294년(충렬왕 20)에 폐지되었으며, 쌍성총관부는 1356년(공민왕 5)에 이성계의 아버지인 이자춘李子春의 내부來附로 유인우柳仁雨를 보내 탈취했다. 그런데 1368년(공민왕 17)에 주원장朱元璋이 원의 대도大都인 북경北京을 점령하고, 원의 순제가 상도[開平府]로 달아났다가 다시 카라코룸(내몽고)으로 달아났다. 이에 주원장은 금릉金陵을 수도로 명나라를 세우고, 동녕부가 있던 요양遼陽을 내놓으라고 강요했다. 고려는 친명정책을 써서 정몽주를 보내 명과의 관계를 완화시키려 했으나, 명은 오히려 세공歲貢한 말이 작고 왜소하다고 트집을 잡아 사신을 받아들이지 않았다. 명의 이러한 강압에 반발해 이인임을 제거하고 실권을 장악한 최영은 요동정벌을 강행했다. 명은 "철령 이북의 땅은 본래 원에

---

53) 《大隱實記》, 134쪽.

속했던 것이니 앞으로 이를 요동에 속하게 하겠다"고 하면서 일방적으로 70여 참站의 철령위鐵嶺衛를 설치했기 때문이다. 명의 후군도독부後軍都督府는 요동백호遼東百戶 왕득명王得明을 고려에 보내 이 사실을 통보해 왔다.[54] 우왕은 병을 핑계로 왕득명을 만나 주지 않았고, 최영은 첩문牒文을 가져 온 요동 군인 22명 가운데 5명을 억류하고, 나머지는 모두 죽였다. 그리고 우왕은 1388년(우왕 14) 4월에 서해도에 가는 도중에 봉주에서 최영과 이성계를 불러 군사를 일으키라는 명령을 내렸다. 이성계는 4불가론을 부르짖었다.[55]

1. 작은 나라로서 큰 나라를 치는 것은 불가하다. 〔以小逆大 一不可〕
2. 농사지을 여름철에 군사를 일으키는 것은 불가하다. 〔夏月發兵 二不可〕
3. 온 나라를 동원해 원정에 임하면 그 틈에 왜구가 쳐들어오므로 불가하다. 〔擧國遠征 倭乘 其虛 三不可〕
4. 무덥고 비오는 여름철이라 활의 아교가 풀어지고 질병이 유행하면 불가하다. 〔時方暑雨 弓弩膠解 大軍疾疫 四不可〕[56]

우왕도 그럴듯하게 여겼으나, 이미 군사를 일으켜서 중지할 수 없다고 했다. 그러자 이성계는 아래와 같이 말했다.

> 꼭 대계大計를 이루고 싶으면 마땅히 서경西京에 주둔하셔서 가을에 출사出師하면 곡식이 들에 널려 대군이 먹을 것이 족할 것이니 북을 두드리며 앞으로 진격할 수 있을 것입니다. 지금 때가 아닌데 출정하면,

54) 《高麗史》 卷 137, 列傳 卷 第50, 辛禑 5(昌), 950쪽.
55) 《大隱實記》, 135~138쪽.
56) 《高麗史》 卷 137, 列傳 卷 第50, 辛禑 5(昌), 951쪽.

> 비록 요동의 한 성을 뺀다고 하더라도 비가 바야흐로 내려 전진할 수 없습니다.[57]

이에 우왕은 "경은 (요동정벌을 반대하다가 죽은) 이자송李子松을 보지 못했느냐?"고 협박했다. 그러자 이성계는 "이자송은 비록 죽었으나 아름다운 이름을 후세에 남겼지만, 신 등은 비록 살아 있으나 이미 실계失計를 한 것이니 무슨 소용이 있습니까?" 하고는 울면서 "생민生民의 화가 이로부터 시작되는구나!" 하고 탄식했다.[58]

우왕은 평양에 주둔해 각 도의 병사를 징발해 압록강에 부교浮橋를 놓고, 대호군 배거裵矩를 독려해 임견미·염흥방의 가재家財를 서경으로 실어 오게 했다. 뿐만 아니라 중외의 승도를 군사로 징발하고, 경기병을 동서강에 주둔시켜 왜구를 대비하게 했다.[59] 그리고 최영을 8도도통사, 조민수를 좌군도통사, 이성계를 우군도통사로 삼아 좌우군 3만 8800명, 겸인傔人 1만 1천여 명, 말 1만 1천여 필 등 10만이라 이를 만한 대군을 일으켰다. 우왕과 최영은 평양에 출진하고, 5월에 조민수와 이성계는 압록강 중류에 있는 위화도에 이르러 "상국의 국경을 침범하는 것은 위험한 일이며, 군측君側의 악을 없애서 생령을 편하게 해야 한다"고 하고 회군했다. 우왕과 최영은 개경으로 급히 돌아와 민병을 징발해 항전을 시도했으나 약간의 충돌 끝에 6월에 개경이 회군파에게 점령되었다.[60]

이 위화도회군에 변안열이 어떤 직책을 맡았는지는 알 수 없다. 그러나 그가 회군에 동조했던 것은 틀림없다. 홍건적과 왜구를 토벌하는 데 혁혁한 공을 세운 변안열이, 국가의 운명을 건 요동정벌에 참여했을 것은 확실

57) 《大隱實記》, 135~138쪽.
58) 《高麗史》 卷 137, 列傳 卷 第50, 辛禑 5(昌), 951쪽.
59) 앞과 같음.
60) 앞의 책, 955쪽.

하다. 그러나 그에 대한 언급이 보이지 않는다. 그러나 변안열이 죽은 뒤에 회군공신에 책록된 것을 보아도 참여 사실을 알 수 있다. 다만 역적으로 몰려 죽었기 때문에 《고려사》를 쓸 때 그와 관계된 기록을 삭제했던 것이 확실하다.

변안열은 우왕과 껄끄러운 사이였다. 1383년(우왕9) 9월에 우왕이 전 전공판서典工判書 왕흥王興의 집에 갔을 때, 왕흥의 딸을 자기에게 달라고 했다. 그런데 그 딸은 이미 변안열의 장자 변현邊顯과 정혼한 사이였다. 시중 조민수가 "변안열은 나라의 명장이요, 그 공이 아주 큰데, 이제 그 며느리가 될 사람을 빼앗으면 장신將臣이 누가 실망하지 않으오리까? 신 등은 전하를 위해 마음이 아프오니, 빌건대 혼인하는 것을 허락하소서"라고 말했으나 듣지 않고 그녀를 선비善妃로 맞이했다. 그런데 6월 병오丙午일에 최영이 고봉현高峰縣에 귀양 간 뒤 우왕이 환관 80여 명을 사주해 이성계·조민수·변안열의 집을 습격해서 죽이려 했으나, 집 밖에 주둔하고 있었기 때문에 실패했다.61) 이로 미루어 보아도 변안열이 이성계·조민수와 함께 회군 세력의 핵심이었음을 알 수 있다.

위화도회군으로 우왕은 강화도로 귀양 가고, 최영은 죽음을 당했다. 이성계 일파는 왕씨 가운데서 한 사람을 골라 새 왕을 시키고자 했으나, 조민수가 이색·변안열의 지지를 받아 우왕의 아들 창왕昌王을 세웠다. "이성계가 왕씨의 후예를 가려 세우려 했으나 조민수가 이인임李仁任이 추천해 준 은혜를 생각해 창을 세우고자 했으나, 여러 장수가 자기를 반대할까 걱정해 이색이 당시의 명유이므로 그 말을 빙자憑藉코자 가만히 물으니, 이색이 말하기를 '마땅히 전왕의 아들을 세워야 한다'고 하는지라, 신해辛亥일에 조민수가 정비定妃의 하교를 받아 창을 세웠다"고 했다.62) 변안열도

---

61) 《高麗史》 卷 137, 列傳 50 辛禑 5(연희대 동방학연구소, 1955), 956쪽.

62) 앞의 책, 957쪽.

"내가 목은牧隱과 더불어 정비定妃의 교지를 받들어 왕자王子 창昌을 옹립했다"고 하고는 통곡하고 두문불출했다.[63]

위화도회군 직후에 조준趙浚은 전제개혁안을 상소했다. 그러나 대신회의를 열어 투표를 해 보니, 참석자 53명 가운데 조준·정도전 등 18명은 찬성, 정몽주는 중립, 이색·조민수·변안열·이림李琳·우현보·권근權近·유백유柳伯濡 등 나머지 구가세족舊家世族들은 반대였다.[64] 이색과 변안열도 문란한 전제를 바로잡는 것은 찬성이었으나, 이성계 일파가 구舊귀족의 수조지收租地를 빼앗아 그들의 경제적 기반을 삼으려는 데에는 반대한 것이다. 변안열로서는 위화도회군 때까지 이성계의 친명 노선을 따랐으나, 창왕 옹립, 전제개혁 때부터 이색·조민수의 노선을 따랐다. 고려왕조를 수호하는 쪽으로 선회한 것이다.

9월에 우왕이 여흥驪興으로 옮겨지자 변안열은 그를 사사로이 찾아보고 우왕을 다시 왕으로 세우려 했다. 1389년(공양왕 1) 10월 11일은 이성계의 생일이었다. 당시 무장들은 사병을 거느리고 있었다. 역성혁명을 꾀하고 있던 이성계는, 언제나 정예병 200명을 거느리고[65] 공병을 장악해 전공이 많은 변안열이 마음에 걸렸다.[66] 그래서 자기 생일을 핑계로 정몽주와 변안열을 초청했다. 이성계는 아들 이방원을 시켜 〈하여가何如歌〉를 부르게

---

63) 鄭經世, (邊安烈)神道碑銘(《大隱實記》), 585쪽.

64) 《高麗史》 卷 118, 列傳 31, 趙浚; 《高麗史節要》 卷 34, 恭讓王 元年. 그러나 《포은집》 권 4에 실린 포은행장에 보면 "戊寅春 拜三司左使 時權奸專柄 豪奪民田 占至數圻 貪饕民瘠 公痛之 次骨請革私田 民賴以生"이라고 해 오히려 사전 개혁을 주장한 것으로 되어 있다.

65) 《原州邊氏醴泉派譜》(原州變氏醴泉派譜刊行所, 回想社, 1996), 摭實, 譜牒 120쪽. "항상 사병 2백을 거느리고 있어, 만일 적변이 일어나면 즉시 거느리고 나아가 무찌르니 가는 곳마다 이기지 않음이 없었다"고 기록되어 있다.

66) 변안열은 9년 동안 왕실을 호위하는 임무를 맡고 있었기 때문에 공병을 장악하고 이를 관리하는 구실을 해 왔다. 따라서 安祐를 따라 홍건적을 토벌할 때부터 義勇右軍이라는 공병을 동원했다. 공민왕은 1373년(공민왕 22)에 내우외환에 대비하고자 義勇左右衛를 세워 변안열은 밀직사로서 우군을, 柳淵은 문하평리로서 좌군의 장졸을 맡았다. 그리고 그 군사들은 경기·전라도에서 뽑았다(《原州邊氏叅判公派譜》 上卷; 朴翼煥, 《大隱 邊安烈先生에 대하여》, 回想社, 1989, 180쪽).

하자, 정몽주는 〈단심가丹心歌〉로, 변안열은 〈불굴가不屈歌〉로 화답했다.[67]

〈하여가何如歌〉 이방원李芳遠

이런들 어떠하며 저런들 어떠하리 此亦何如 彼亦何如
성황당 후원이 무너진들 어떠하리 城隍堂後苑 頹落亦何如
우리도 이같이 하여 죽지 않으면 어떠하리 我輩亦若此 不死亦何如

〈단심가丹心歌〉 정몽주鄭夢周[68]

이 몸이 죽고 죽어 일백 번 고쳐 죽어 此身死了一百番更死了
백골이 진토되어 넋이라도 있고 없고 白骨爲塵土魂魄有也
임 향한 일편단심이야 가실 줄이 있으랴 向主一片丹心 寧有改理也

〈불굴가不屈歌〉 변안열邊安烈[69]

내 가슴 말[斗]처럼 구멍 뚫어 穴吾之胸洞如斗
새끼줄로 길게 길게 꿰어 貫以藁 索長又長
앞에서 끌고 뒤에서 당겨 갈리고 찢길망정 前牽後引磨且戞
너희들 하는 대로 내 사양치 않으리라 任汝之爲吾不辭

---

67) 이성무, 《명장열전》(청아출판사, 2011), 171~172쪽. 〈불굴가〉는 《청구영언》에 필자미상으로 실려 있으나 변안열의 사위인 무안대군 芳蕃의 祭文에 "於乎 使公任之柱石者命也天也 使公死之斧鉞者命也天也 公於命何哉 我於天何哉 所不朽者 不屈歌 言不可長 哭不可遲"(《大隱實記》 卷 1, 附錄 祭文)이라고 해 〈불굴가〉를 언급하고 있고, 정몽주의 〈(변안열)전〉과 길재가 쓴 〈(변안열)유사〉에도 "穴吾之胸洞如斗貫 以藁索長又長 前牽後引磨且戞 任汝之爲吾不辭 有欲奪吾主 此事吾 不屈"이라고 해 〈불굴가〉 전문이 수록되어 있는 것으로 보아 변안열의 작품이 확실하다. 이숭인의 제문에도 〈불굴가〉가 언급되어 있다(위의 글). 〈불굴가〉는 《경신보》 잡록에 수록되어 있는 〈不從歌〉가 현재로서 찾을 수 있는 가장 오래된 기록인 것 같다(《大隱實記》, 404쪽).

68) "麗史 太宗大王設宴 邀致鄭夢周 至酒闌 太宗大王把盃作歌 以觀鄭夢周之意 公作歌以和 知其終不變之意也(大學本)."(《靑丘永言》)

69) 李穡, (邊安烈)行狀, 82쪽.

내 임금 빼앗는 일 나는 굽힐 수 없도다 有欲奪吾主此事 吾不屈

죽음을 무릅쓰고 이성계와 최후의 결별을 선언한 것이다. 그런데 1389년(공양왕 1) 11월에 대호군 김저金佇가 밤에 이성계를 죽이려다 미수에 그친 사건이 일어났다. 전 대호군 김저가 전 부령副令 정득후鄭得厚와 더불어 황려黃驪로 우왕을 만났다. 우왕이 울면서 "울울하게 여기 거처하며 손을 거두고 죽음에 나아감은 견딜 수 없으니, 다만 한 역사力士를 얻어 이성계를 처치하면 내 뜻이 가히 이루어질 것이다. 내가 본래 예의판서 곽충보郭忠輔와 잘 지냈으니 네가 가서 보고 이것으로 도모하라!"고 하고 칼 하나를 곽충보에게 보내면서 "이번 팔관일八關日에 가히 거사할 것이니, 일이 성공하면 비매妃妹로서 처를 삼아 주어 부귀를 같이 하겠다"고 했다. 김저가 곽충보에게 와서 전하니 곽충보가 거짓으로 승낙하고 이 사실을 이성계에게 고자질했다. 이성계는 팔관회에 나가지 않고 집에 있었는데, 김저와 정득후가 밤에 이성계의 집으로 갔다가 문객門客에게 잡히자, 정득후는 자살하고 김저는 옥에 갇혔다. 김저를 문초하니 처음에는 불복하다가 칼로써 발바닥을 몇 치가량 째고, 불로써 다리미질을 하니, 묻는 대로 모두 자백했다. "변안열·이림李琳·우현보禹玄寶·우인열禹仁烈·왕안덕王安德·우홍수禹洪壽 등과 공모해 우왕을 복립復立하려고 했다"고 분 것이다.70) 그런데 이 사건은 조작된 흔적이 보인다. 이성계의 경비가 삼엄했을 텐데 모의가 안이하고, 곽충보는 회군 후에 최영을 포박한 사람인데, 그런 사람을 믿고 우왕이 칼을 주면서 이성계를 살해해 달라고 부탁할 수 있었을까?71)

또 이림 열전에 간관 윤소종尹紹宗이 상소하기를

70) 《高麗史》 卷 137, 列傳 卷 第50 辛禑 5(연희대 동방학연구소, 1955), 968~967쪽.
71) 《大隱實記》, 179~180쪽.

> 이제 경상도 도관찰사 김주金湊, 집의 남재南在, 판사 손흥종孫興宗, 헌납 함전림咸傳霖 등이 함께 이귀생李貴生을 국문한 옥사獄辭를 보니 이르기를, 지난 해 10월에 우인열이 먼저 변안열의 집에 이름에 이귀생李貴生이 그 아버지 이림을 따라 뒤쫓아 이르렀는데, 변안열이 이림에게 말하기를 이을진李乙珍·이경도李庚道·곽충보 등을 시켜 시중 이성계를 살해한 뒤에 우인열은 왕안덕·우홍수 등과 함께 여흥에 가서 우왕을 맞이할 계책이 이미 정해졌다고 하니, 우인열이 말하지 아니하고 미소를 지었다 하니, 그 정상은 진실로 마땅히 국문할 만합니다.72)

라고 해 변안열이 이 사건에 주동이었다고 강변하고 있다. 그러니 이 사건은 변안열을 비롯한 정적들을 제거하고자 조작되었음이 틀림없다. 그런데 한 가지 의심스러운 일이 있다. 우왕은 자기 며느리를 빼아간 무도한 사람이었다. 게다가 우왕은 "나를 그르친 자는 변안열이다"73)고 원망하고 있지 않은가? 그리고 곽충보는 위화도회군 때 이성계를 위해 최영을 포박한 사람이 아닌가? 그런데도 곽충보를 믿고 이성계를 죽이고 우왕을 복립하려 했단 말인가? 물론 이성계 등이 역성혁명을 하려는 것을 막고자 그랬을 가능성도 있다. 그러나 자기가 세운 창왕이 재위하고 있는데 꼭 우왕을 복립할 필요가 있었는지 알 수 없다. 조작된 흔적이 역력하다.

이성계파는 변안열이 이 사건에 연루되었을 것이라며 대역죄로 몰아 죽이고자 했다. 처음에는 관련 사실을 강력히 부인하던 김저도 혹독한 형을 견디지 못해 거짓 자백했다.74) 이 사건으로 우왕은 강릉으로, 창왕은 강화로 추방되었다. 변안열은 공양왕을 세운 뒤에도 영삼사사領三司事로 승진했

72) 《高麗史》卷 116, 列傳 卷 第29 李琳, 552쪽.
73) 初禑歸江陵 謂人 曰誤我者 安烈(《高麗史》卷 126, 列傳 卷 第39, 奸臣 2, 邊安烈, 751쪽.
74) "問佇不服 以刀裂足掌數寸 許熨以火 隨問皆服 遂成獄詞 安烈亦坐罪."(위와 같음)

다. 변안열이 맡았던 관직 가운데 가장 높다.75)

1389년(창왕 1) 11월 정축丁丑일에 심덕부·지용기·정몽주·설장수·성석린成石璘·조준·박위朴葳·정도전 등 이성계파는 흥국사興國寺에 모여 윤소종尹紹宗의 헌의로 폐가입진론廢假立眞論을 결의했다. "우·창왕은 원래 왕씨가 아니니 가히 종사를 받들 수 없으며, 또한 천자天子의 명이 있으니 마땅히 가假를 폐하고 진眞을 세울 것이다. 정창군定昌君 요瑤는 신종神宗의 7세손으로 그 족속이 가장 가까우니 마땅히 세울 것이다"고 의론하다가, 의론이 분분해 결정하지 못했다. 그러자 이성계가 심덕부 등 8명과 함께 공민왕의 정비에게 나아가 군사로 위협해 재가를 받으니, 종친·백관이 모두 따랐다고 한다.76)

1390년(공양왕 2) 정월에 낭사郎舍 윤소종·이첨李詹·오사충吳思忠 등이 그를 사형에 처해야 한다고 상소했으나 왕은 듣지 않고 다만 파직만 했다. 이들은 홍영통洪永通·우현보·우인열·우홍덕禹洪德·왕안덕·정희계鄭熙啓·조방흥趙方興·이림 등 27명도 변안열과 공모했으므로 극형에 처해야 한다고 했다. 윤소종 등은 이렇게 아뢰었다.

> 홍영통洪永通·우현보禹玄寶·왕안덕王安德·우인열禹仁烈·정희개鄭熙啓 등은 실로 변안열과 더불어 역모를 도모했으니 왕씨의 신자로서는 불공대천不共戴天의 원수입니다. 원컨대 변안열·홍영통·우현보·우인열·왕안덕 등을 극형에 처하소서.77)
>
> 홍영통은 무리를 지어 이인임·임견미林堅味·염흥방과 부화附和해 악한 일을 같이하고, 서로 도우며, 흉악한 무리로서 살육을 일삼았습니다.

75) 李穡, (邊安烈)行狀, 83쪽.
76) 《大隱實記》, 143쪽.
77) 앞과 같음.

그리고 홍영통은 오직 우왕의 인척이기 때문에 수령首領 자리를 보존하고 있습니다. 우현보는 지위가 상상上相에 이르렀는데 자리를 잃을까 걱정하고, 많은 물품을 빼앗았으며, 간사하고 아첨하기를 좋아해 우리의 예의와 풍속을 흩트렸습니다. 왕안덕은 장수의 이름에 올랐으나 매번 싸움에 패했고, 남포藍浦 싸움에서는 전군全軍을 몰살시켜 나라의 위신을 크게 손상시켰습니다. 군법에서는 마땅히 사형될 죄입니다. 우인열은 이서吏胥 출신으로서 권세가에 연줄을 대어 지위가 정부政府에 속해 있으나 공덕은 이 나라 백성들이 아직 들어본 적이 없습니다. 정희계는 염흥방과 인척을 맺고 멋대로 불의를 자행했으며, 또한 우왕의 처 최천검崔天儉의 딸이 좋아함으로써 위화도회군 때 사형을 면했습니다. 이들 다섯 사람의 죄악은 너무나 커 반드시 주살해야 합니다. 하물며 변안열과 모의해 우왕을 추대하려 했으니 이는 더욱 천지가 용납할 수 없는 것이며, 임금이 사사로이 할 수 없는 바입니다. 바라건대 전하는 결단을 내려 대의大義를 사헌부에 하달해 국문하고 치죄治罪토록 하십시오.78)

이들은 변안열과 내통했다는 혐의로 극형에 처해질 운명에 처해 있었다. 이에 공양왕은

변안열은 이미 관직을 삭탈해 유배시켰고, 홍영통·우현보·정희계 등은 김저의 진술에 증거가 어긋나며, 왕안덕은 위화도회군 당시에 정책定策에 협모協謀했으며, 우인열은 일찍이 설장수와 함께 명나라에 들어가 우왕의 광란狂亂스럽고 패륜된 행동을 상주한 바 있어, 김

---

78) 앞과 같음.

> 저의 음모에 가담하지 않았음이 틀림없으니, 단지 그들의 관직만 파한다.[79]

고 회유했다. 비록 공양왕이 이성계 일파에 의해 세워졌지만 고려를 무너뜨리기 위해 과도하게 밀어붙이는 그들의 주장에 동조하지 만은 않았다. 그러면서 은밀히 밀직부사密直副使 유용생柳龍生을 보내 "내가 있으니 경들은 두려워하지 마라"고까지 했다.[80]

다음날 윤소종 등이 다섯 차례나 계속 상소하자 변안열을 삭직해 한양의 별업別業으로 귀양 보냈다. 그리고 12월에 우왕을 다시 강릉으로 귀양 보내 서인으로 격하했다가 정당문학 서균형徐鈞衡을 보내 죽이고, 창왕은 강화로 귀양 보내 서인으로 삼았다가 예문관 대제학 유순柳珣을 보내 죽였다.[81]

변안열은 한양 유배지에서 〈동국유거음東國留居吟〉 2수와 〈한양유소음漢陽流所吟〉 4수를 지었다.

〈동국유거음東國留居吟〉

나는 중국인으로 헌곡軒轡에서 나왔고, 粵余華姓自軒轡
제왕의 사승史乘에 실려 밝게 전해 오노라 昭載帝王世乘傳
애초에 현금玄禽을 시켜 성인을 내시고, 初名玄禽天降聖
다시 백마를 바치니 나라가 현인을 봉했노라 更朝白馬國封賢
대부 이름 백伯은 주周에 사는 조상이요 大夫名伯居周祖
공자의 자 변邊은 송나라 조상에서 나왔노라 公子字邊出宋先
동국땅 세 갈래에 하나를 맡아서 東土三支分一本

---

79) 앞의 책, 752쪽.
80) 앞과 같음.
81) 《高麗史》 卷 137, 列傳 卷 第50, 969쪽.

태천백泰川伯으로 봉해진 후 중엽에 면면히 성씨를 이어 왔네 泰川中葉氏綿綿

오랑캐가 천하를 짓밟아 일찍이 피지避地하니 左衽乾坤夙避地
대동大東은 스스로 소중화라 大東自有小中華
당요唐堯와 병립해 신단수神檀樹를 전하고 唐堯并立傳檀木
주周 무왕武王이 봉한 곳 무궁화가 둘러 덮었다 周武所封繞槿花
날 저문 섬에 비껴 누우니 바람이 지세고 島晩橫居風氣勁
바닷가를 거니노니 달빛이 비스듬하다 海餘連蹈月輝斜
산 높고 물 맑은 곳 우리 선조의 나라 高山麗水吾先國
소나무가 무성하듯 길이 복되기를 축원하노라 松茂承承祝永嘉

〈한양유소음漢陽留所吟〉
신주(中國)가 육침陸沈해 나는 동으로 왔노라 神州陸沈我徂東
문물이 뛰어난 기자箕子의 나라 여전히 그 기운 있구나 文物箕邦尙有風
바다를 건너 천자를 뵙고 대의를 비추며 航海朝天昭大義
책산柵山 벽지闢地에 뛰어난 공을 세웠도다 柵山闢地建殊功
한때 처소處所를 잃은 여莒의 왕손이요, 一時失處王孫莒
3년 만에 다시 받들어 돌아오게 된 동桐의 태갑太甲이라 三歲奉歸太甲桐
참됨과 거짓을 살핌은 뒤에야 있을 일, 眞僞且看來後事
저 푸른 하늘은 응당 붉은 마음을 알아주리라 彼蒼應識且丹衷

당사堂司 7월에 여흥을 찾아뵈오매 堂司七月享驪興
도리어 풍파를 일으켜 끝없이 계속되는구나 轉釀風波出始氷
공은 은왕殷王 면冕을 맞이하려는데 公議方迎殷王冕

깊은 근심은 장차 한漢의 금등을 두려워하노라 隱憂將恐漢金縢
구도舊都는 승지勝地라. 비록 온화하게 요양할 수 있으나 舊都勝地雖怡養
어린 임금을 하늘에 떳떳하게 받들어 모시노라 沖嗣彛天合奉承
전년에 누가 〈곽광전霍光傳〉을 읽었는가? 前年誰讀郭光傳
천리 밖 연燕나라 땅의 편지는 더욱 한 층이라 千里燕書更一層

현릉(공민왕)의 송백이 푸른 하늘을 떠받들고 玄陵松柏戴蒼旻
정정正正한 송지松枝에 자엽子葉이 싹튼다 正正孫枝子葉春
도리桃李 문전에 바람과 더불어 벗을 삼고 桃李門前風共伴
죽매원竹梅園에 눈이 외로운 이웃이로다 竹梅園裡雪孤鄰
자문[82] 중로에 사사로이 무엇을 호소하겠는가? 咨文中路私何訴
종사의 상왕(우왕)을 의롭게 받드노라 宗社上王義可遵
세 임금(공민왕·우왕·창왕) 계속 모시기 16년이니, 三世相承十六載
공들 가운데 누가 구조舊朝의 신하가 아니겠는가? 諸公孰不舊朝臣

내가 동쪽에 산 지 40년 自我居東四十春
정충·직절을 홀로 펴기를 구했노라 貞忠直節獨求伸
화산(安東)과 인월역引月驛에서 개가를 전하고 花山月驛傳歌凱
위화도와 탐라에서 의로운 깃발을 올렸도다 葳島耽羅擧義幡
세 임금(공민왕·우왕·창왕)을 거쳐 모셔 歷事三朝天寵舊
임금의 은총이 오래되니 책공이 1등에 이르렀구나 寵舊策勳一等地
어찌하여 …… 如何□□□□□(5字缺)
아직도 중흥을 생각하지 않으니 누가 본떠 따르겠는가? 未念中興孰效嚬[83]

---

82) 중국과 왕복하는 외교문서.
83) 《大隱實記》 卷 1, 附錄(大隱實記編纂委員會, 韓一文化印刷社, 1977), 543~546쪽 및 《原州

〈동국유거음〉은 변안열이 중국에서 고려로 와 정착할 때까지의 역사를 시로 간략히 서술한 것이요, 〈한양유소음〉은 유배지 한양에 와서 공민왕·우왕·창왕을 16년 동안 모시면서 많은 전공을 세웠으나 우왕을 복립하려다가 죽음을 당하게 된 자기의 처지를 한탄한 것이다. 그 가운데 누구나 고려의 신하가 아닌 사람이 없는데도 자기의 임금을 복립하려고 하지 않는 것을 가장 안타까워했다. 변안열은 무인으로, 젊었을 때부터 시를 잘한 것 같지는 않다. 이색 · 정몽주 등 대학자들과 교류하다 보니 식견이 늘어, 말년에는 이처럼 시를 잘 짓게 된 것이 아닌가 한다. 다만 그의 시문은 그가 역적으로 처단되었기 때문에 많이 전하지 않을 뿐이다.

또 그 무렵 성 밖에서 강도 사건이 일어나고, 궁정에 여우가 나왔다. 이성계파는 이것들이 다 변안열이 한 일이라고 몰아붙였다.[84] 대사헌 성석린은 변안열을 대역으로 몰았다. 그의 죄는 여흥에 귀양 가 있는 우왕을 만난 것과 그를 복립하려 했다는 것이다.[85] 군공을 많이 세운 3대 군벌의 하나인 변안열이, 조민수 실각 이후로 이색과 함께 반反이성계 세력의 핵심이었다. 이러한 변안열이 전제개혁을 반대하고 창왕을 세우며, 〈불굴가〉를 불러 고려왕조에 충성을 다하려는 마음을 바꿀 수 없다 하자 가차 없이 제거하려 한 것이었다. 이에 왕은 부득이 사헌부로 하여금 국문하지 말고 귀양지에서 사형을 집행하라고 했다.[86] 이 사건은 의혹투성이다. 사건에 직접 관계된 정득후는 자살하고, 김저는 곽충보와 한 번도 대질시키지 않았으며, 조방흥趙方興은 전격적으로 처형되었다. 또 윤소종과 같은 간관들이 여유를 주지 않고 관련자를 서둘러 처형하라고 했고, 동정적이던 공양왕마저 변안열에게 변명할 기회도 주지 않고 귀양지에 가서 다시 국문하지

邊氏醴泉派譜》漢陽流所吟 4首, 55~58쪽.

84) 《高麗史》卷 126, 列傳 卷 第 39, 奸臣 2 邊安烈, 752쪽.

85) 앞과 같음.

86) 李穡, (邊安烈)行狀, 83쪽.

말고 빨리 참하라는 명령을 내렸다. 뿐만 아니라 이들의 사주를 받은 한양부윤 김백흥金伯興과 녹사錄事 손원식孫元湜이 왜 그토록 빨리 밤을 도와 형을 집행했는가? 그리고 형을 집행한 김백흥이 어찌하여 옥중에서 폭사했는가? 평리사評理司(都評議使司)는 "대신은 그 연고를 심문하지 않고 바로 극형에 처해서는 안 된다"고 했다.87) 그래서 왕은 이성계파인 오사충吳思忠·남재南在를 보내 국문하도록 했다. 그러나 그들이 벽제역에 이르러서, 사헌부가 이미 1390년(공양왕 2) 정월 16일 밤중에 손원식을 시켜 한양부윤 김백흥金伯興에게 공문을 보내, 변안열을 정월 16일에 이미 처형했다는 것을 손원식으로부터 전해 들었다.88) 한양부사 김백흥이 사주를 받아 그를 멋대로 처형한 것이다.89) 변안열이 죽음에 이르러 탄식하면서 말하기를 "우왕을 맞아 오려고 모의한 것이 어찌 나 혼자뿐이랴!"라는 말을 하고자 했으나 김백흥은 형리에게 그를 데리고 나가 베게 했다.90) 그러나 뒤에 김백흥은 윤소종 등에 의해 변안열을 멋대로 죽였다고 탄핵을 받아 파면되었다.91) 끝내 김백흥은 옥중에서 죽었다.92)

그리고 변안열은 여름에 회군공신이 되었다. 왕은 "변안열은 이미 몸은 죽었으나 의義에 입각해 회군한 공로는 잊을 수 없다"고 했다. 1391년(공양왕 3)에 공신녹권을 받았으나 얼마 뒤 윤이尹彝·이초李初의 난이 일어나

87) 《大隱實記》, 185~188쪽. 심덕부와 이성계가 도평의사사에서 이 상소를 올린 것으로 되어 있고, 실록 태조총서에서도 "대간이 변안열을 목베기를 청하므로, 태조가 극력 구원했으나 창왕은 듣지 않았다"고 변명하고 있다(《太祖實錄》 卷 1, 總書 99번째 기사).

88) 李穡, (邊安烈)行狀, 89쪽.

89) "憲司 夜遣錄事孫元湜 移牒漢陽 府尹金伯興 誅安烈."(《高麗史》 卷 126, 列傳 卷 第39, 奸臣 2, 邊安烈, 752쪽)

90) 《大隱實記》, 367쪽.

91) 앞의 책, 240쪽.

92) "(金)伯興 黨逆掩覆之罪 不可不懲...伯興尋死獄中 王疑獄官嚴刑致死 謂鄭夢周曰 凡鞫囚 當徐 察其情 今巡軍不依法律 遽加慘毒 無辜或死 予甚憫焉 況宰相雖有重罪 賜死可地."(《高麗史》 卷 40, 世家 卷 第40 恭讓王 3) 이 기록으로 이성계파가 적법한 절차를 거치지 않고 역성혁명에 불리한 인사들을 마구 죽인 것을 알 수 있다.

자 다시 삭탈관작당하고 재산은 몰수당했다. 그러나 1392년(태조 1) 7월 17일 이성계가 즉위하자 즉시 관직을 돌려주고 재산을 환급했다. 그리고 두 옹주를 변안열의 두 손자에게 시집보냈다.[93] 의관은 오랫동안 양주楊州 주엽산注葉山에 매장되었다가 1468년(세조 14)에 광릉光陵에서 가깝다 해 양주 동풍양東豊陽 건천면乾川面 지사동芝沙洞 인좌寅坐로 옮겼다.[94]

변안열이 죽은 뒤 1824년(순조 24)에 3남의 선비들이 운봉雲峯 인월역引月驛에 사우祠宇를 세우려다가 실패하고, 다음 해인 1825년순조 25에 다시 그를 정몽주와 함께 용암서원龍巖書院에 추향追享하려 했으나 뜻을 이루지 못했다. 그러다가 1920년에 그를 배향配享하는 송곡서원松谷書院이 완성되었다.[95] 그리고 1984년에 원주변씨 세 거지居地 봉화奉化·거촌巨村·구동龜洞에 구양서원龜陽書院을 세워 대은 변안열을 주벽主壁으로, 백산栢山 변경회邊慶會와 변봉덕邊鳳德 그리고 변극태邊克泰를 배향으로 모셨다.

변경회는 임진왜란 때 포의布衣로 의병을 일으키고 재산을 모두 팔아 군량을 지원한 공으로 3품 관작을 받은 사람이고, 변극태는 변경회의 현손으로 몸으로 강도의 칼을 막아 부친을 구하고 자신도 중상을 입은 효자로서 동몽교관에 증직贈職된 사람이다. 이 서원은 1914년에 세덕사世德祠로 출발해 1924년에 구양사로 바뀌었다가 1984년에 유림들이 구양서원으로 승격시켰다.[96]

한편 1969년 4월 22일에 정경세鄭經世가 쓴 원천부원군대은변안열선생신도비原川府院君大隱邊安烈先生神道碑를 세울 때 박정희 대통령이 그 충절을 기리고자 고유했고,[97] 또한 이를 기념하고자 2007년 10월 성균관유도

---

93) 《大隱實記》, 440쪽. 정종의 3녀 덕천옹주는 邊尙服에게, 태종의 5녀 昭善翁主는 邊孝順에게 시집갔다. 그 이전에 변안열의 하나 밖에 없는 딸은 무안대군 방번에게 시집갔다. 변안열 집안을 회유하고자 겹사돈을 맺은 것이다.

94) 李穡, (邊安烈)行狀, 89~90쪽.

95) 《大隱實記》, 265쪽.

96) 金喆熙, 龜陽書院記(《原州邊氏叅判公譜》, 回想社, 1989), 171~173쪽.

회에서 발기해 변안열의 묘 앞에 이성무李成茂가 쓴 원천부원군대은변공안열신도비 박정희대통령고유기념비原川府院君大隱邊公安烈神道碑朴正熙大統領告由紀念碑를 세웠다.[98]

부인인 진한국부인 원주원씨는 은청광록대부銀靑光祿大夫 판추밀원사判樞密院事 원의元顗의 딸이다. 묘는 양주 동쪽 건천면 오리동梧里洞 자좌子坐에 있다. 남편의 묘에서 5리 정도 떨어져 있다.[99] 그러나 세조의 능과 가깝다 해 1468년(세조 14)에 양주 동쪽 건천면 지사동 인좌로 옮겼고,[100] 1985년에 다시 남양주시 진건면眞乾面 지사동에 남편묘 옆으로 옮겼다. 안열의 서제庶弟 안서安緖는 낭중령郎中令을 지냈으며 시령공파의 파조가 되었다. 《요동록遼東錄》에 따르면 안서 또한 형인 변안열을 따라 고려에 왔다고 되어 있다.[101]

(3) 변안열의 후예들

변안열은 3남 1녀를 두었는데, 장남은 변현邊顯, 차자는 변이邊頤, 3자는 변예邊預다. 그리고 1녀는 무안대군撫安大君 이방번李芳蕃에게 시집갔다.[102]

장자 변현은 1382년(우왕 8) 문과에 급제해 벼슬이 통훈대부 판봉상시사判奉常寺事에 이르렀다. 묘는 양주 건천면 오리동 동록東麓 성재동聖在洞 서북강西北崗 축좌丑座에 있다. 그러나 그 뒤 남양주시 진건면 지사동 변안

97) "告由文: 己酉辛卯朔二十二日壬子 大統領朴正熙謹告于高麗忠臣原川府院君大隱邊先生神道碑銘告成之 日 曰凜義烈忠 乾坤一蹴 於乎先生 扶綱誰激 瞻彼崧陽 江山嶷嶷 高仰萬情 偉節不息 永闡其功 蔚然 大石 歌長又長 千古無竊 楊路一明 先生降陟 伏惟尊靈 庶斯歆格 尙饗."(邊起兌 編著, 《百世忠義》, 원주변씨화수회, 도서출판 해조음, 2007, 179쪽)

98) 앞의 책, 173쪽.

99) 《黃州邊氏族譜》, 75쪽.

100) 《原州邊氏族譜》 卷 1(庚申譜) 1800 子二.

101) 앞의 책, 69쪽.

102) 《原州邊氏族譜》 권 1, 天編.

열 산소 아래에 축좌로 다시 옮겼다. 부인은 형조판서 전오륜全五倫의 딸 숙인淑人 정선전씨旌善全氏다.[103]

변안열은 3남 1녀를 두었는데, 장남은 변현邊顯, 차자는 변이邊頤, 3자는 변예邊預다. 그리고 1녀는 무안대군撫安大君 이방번李芳蕃에게 시집갔다.[104]

장자 변현은 1382년(우왕 8) 문과에 급제해 벼슬이 통훈대부 판봉상시사判奉常寺事에 이르렀다. 묘는 양주 건천면 오리동 동록東麓 성재동聖在洞 서북강西北崗 축좌丑座에 있다. 그러나 그 뒤 남양주시 진건면 지사동 변안열 산소 아래에 축좌로 다시 옮겼다. 부인은 형조판서 전오륜全五倫의 딸 숙인淑人 정선전씨旌善全氏다.[105]

〈표 5〉 변안열의 직계비속

安烈 –	顯 –	克忠 –	處寬
			處安
			處寧
			女＋金祚
			女＋元澶
		克愍(文)	
			載重
			女＋朴葵
			女＋朴大生

103) 앞과 같음.
104) 《原州邊氏族譜》 권 1, 天編.
105) 앞과 같음.

頤－次熹(生)

宏

定(進)

寧

富

女＋辛潤祖

女＋李閏昌

尙朝

浩

堯頌

女＋洪淀

女＋李晟

女＋韓致良

尙觀

孝同

孝南

女＋辛仁壽

女＋梁誠之

女＋李諧

女＋韓壽

尙會(生, 文)

佑(蔭)

人＋奐

伍千(武, 重)

脩(武, 重)

女＋趙鐵堅

女＋趙孝孫

尙同

孝順(柔川尉)+太宗女 昭善翁主

德順

義順

萬山

女+鄭苯(右議政)

女+尹三元

女+鄭永通(大司成)

女+李棣

尙聘

保(生)

石崙

石山

石崑

尙服(原川尉)+定宗女 德川郡主

堅(蔭)

厚(生, 武)

靖(武)

女+鄭由吉

女+李漸(義安大君 李和 孫女)

女+李承孫(左贊成)

預

永清

世清 (入居濟州)

女+撫安大君 李芳蕃-廣平大君 璵

차자 변이의 자는 이지頤之요 시호는 정중靖中[106]이다. 그는 풍채가 좋고, 기절奇絕이 특이해 약관弱冠에 이미 경세제민經世濟民에 뜻을 두었으나 아버지가 화를 당한 이후에는 슬퍼서 병이 들었다. 복服을 마치고 마의麻衣를 입고 풀로 혁대를 매고 두문불출했다. 벼슬에 뜻이 없어 조정의 강권에 따라 벼슬이 여러 번 내려졌어도 곧 사의辭意를 표하고 나가지 않으려 했으나, 허락을 받지 못하고 부득이 벼슬을 하기는 했다. 곧 1392년(태조 1)에 조선이 건국되자 이성계는 변안열의 자손들을 등용했다. 처음에 변이에게는 선공감역繕工監役이, 얼마 있다가 문경현감이 제수되었다. 그리고는 1393년(태조 2)에 의성현령, 1395년(태조 4)에 청도군수, 1397년(태조 6)에 밀양부사를 역임했다. 1399년(정종 1)에는 원주목사에 제수되고, 1401년(태종 1)에 원종공신에 훈록되었으며, 진주목사에 임명되었다. 그리고 1403년(태종 3)에 선정을 베풀었다 해 통정대부로 승진되고 강계부사가 되었다. 1405년(태종 5)에 임기가 만료되어 동부승지가 되고, 1406년(태종 6)에는 가선대부嘉善大夫에 올랐다. 1407년(태종 7)에 한성좌윤, 1408년(태종 8)에 공조참판이자 부총관에 제수되었다. 1411년(태종 11)에는 용양위 호군에 제수되었는데 상소를 올려 물러났다. 이때 전田 30결과 노비 30구를 하사 받았다. 이때부터 전원田園에 물러나 있었는데, 1419년(세종 1) 대마도對馬島 정벌 때 그를 좌군부총제사左軍副摠制使를 삼았으나, 나가지 않았다. 1422년(세종 4)에는 충청도안무처치사忠淸道按撫處置使에 제수되어 나가지 않으려 했으나 세종의 독촉으로 억지로 나갔다. 이어 관찰사에 오르고 1434년(세종 16)에는 북변北邊을 토벌할 때 그를 가선대부로 승진시켜 좌군통제사로 임명했는데, 임명장이 도착하기 전에 병으로 죽었다.[107]

---

106) 주) 26 참조. 李中轍이 쓴 '通訓大夫司憲府執義歸溪邊公墓碣銘'에만 변이의 호가 靖平으로 되어 있다. 근거를 더 찾아보아야 할 것 같다.

그는 풍채와 용모가 크고 훤칠했으며, 의기와 절개가 높고 뛰어나 약관에 경세제민經世濟民의 큰 뜻을 품었으나, 아버지가 화를 당하고부터는 슬퍼서 병이 났고, 3년상을 다 치른 뒤에도 베옷을 입고, 문을 닫고, 출세할 뜻이 없었다. 국가에서 여러 번 억지로 관직에 임명했으나 상소를 올려 사퇴하기를 빌었다. 그러나 끝내 허락을 받지 못해 부득이 취임했는데, 목민관으로 나가면 백성들이 떠난 뒤에 사모하는 비석을 세웠다. 그러나 친구들과 술로 세월을 보냈다. 그는 술을 먹으면 눈물을 흘리면서 가슴을 풀어헤치고 "내 가슴과 배에 과연 명리심名利心이 있는가 봐주시오. 깊은 산 속에 문 닫고 엎드려 여생을 마칠 것을 가만히 바랐는데, 그렇게 못하는 것이 한스럽소"라고 했다.[108]

조선 건국에 저항한 인사의 자손들을 억지로 벼슬시키려 하는 시국을 한탄한 것이다. 부인이 셋인데, 첫째 부인은 전리총랑典理摠郎 이달존李達尊의 딸이자 계림부원군鷄林府院君 문충공文忠公 이제현李齊賢의 손녀, 그리고 보문각제학寶文閣提學 상당군上黨君 백문보白頤正의 외손녀인 정부인 경주이씨다. 1남 1녀를 두었다. 둘째 부인은 대제학 의성군宜城君 양정공良靖公 남좌시南佐時의 딸인 의령남씨다. 1남 1녀를 두었다. 셋째 부인은 전농시승典農寺丞 이비李玭의 딸이요, 직제학 이충증李充曾의 손녀딸인 동성이씨東城李氏다. 5남 2녀를 두었다.[109]

셋째 아들 변예邊預는 무과에 급제해 판훈련원사判訓鍊院事를 지냈다. 첫째 부인은 지보주사知甫州事 김보린金寶麟의 딸인 안동김씨다. 둘째 부인은 판삼사사判三司事 노향盧珦의 딸이다.

앞에서 잠시 말했듯이 변안열의 딸은 무안대군 방번에게 시집갔다. 방번

107) 李彦迪, 左軍摠制邊公(頤)墓表;《原州邊氏醴泉派譜》(回想社, 1996), 203~205쪽.
108) 앞의 글, 205쪽.
109) 앞의 글, 206쪽.

이 변안열의 사위라는 것은 이색李穡의 변안열 행장行狀에도 있고, 《원주변씨족보》에도 있다.[110] 다만 《선원보璿源譜》에는 방번의 부인으로 개성왕씨(王瑀의 딸)만 기록되어 있고, 원주변씨는 보이지 않는다.[111] 아마도 변안열이 역성혁명에 저항하다가 죽자 《선원보》를 만들 때 삭제한 것이 아닌가 한다. 방번이 17세에 죽었고, 변안열이 고려 말에 죽었으니, 그의 딸인 원주변씨가 방번과 정략결혼을 했다면 원주변씨가 첫째 부인이었을 가능성이 높다.

큰아들 변현은 2남 2녀를 두었는데, 아들은 변극충邊克忠·변극민邊克慜이요, 두 딸은 박규朴葵와 박대생朴大生에게 시집갔다. 3세 변극충은 별좌別坐로서 가선대부 호조참판戶曹叅判에 증직되었다. 부인은 전의감판사典醫監判事 이효신李孝信의 딸, 대제학 공도공恭度公 이문화李文和의 손녀인 인천이씨다. 변극민은 천자天資가 청숙淸肅하고, 풍의風儀가 준수했으며, 벼슬이 형조참의에 이르렀다. 묘는 양주 성재동에 계좌癸座로 있었다. 그러나 자리가 좋지 않다고 해 1972년 4월 16일에 양주군 진건면 용정리龍井里 변안열의 산소 밑으로 이장했다. 부인은 정랑正郎 김상근金相瑾의 딸인 안동김씨다. 변극민의 외아들 변재중邊載重은 장예원 사의司議를 지냈으나 상소를 잘못 올려 태천泰川으로 귀양 갔다가 그곳에 눌러앉았다. 묘는 태천현 서읍내면西邑內面 송곡동松谷洞 와우산臥牛山에 자좌子坐로 있다.[112] 큰사위 박규의 반남박씨潘南朴氏는 유명한 박세당朴世堂의 집안이

---

110) 목은 이색이 쓴 대은변안열행장에 "변안열의 딸이 이방번에게 시집갔다(女適李芳蕃)"고 기록되어 있다.

111) 《원주변씨세보》 권 1, 上系(1959년 己亥本)에 시조 변안열의 딸이 무안대군 방번에게 시집갔다(女撫安大君芳蕃 系孫廣平大君璵)고 되어 있다. 그러나 《선원보》에는 방번의 부인으로 王瑀의 딸인 개성왕씨만 있을 뿐 변안열의 딸인 원주변씨는 없다. 변안열이 실력자로 있을 때 정략적으로 혼인했다가 변안열이 역적으로 몰리자 족보에서 삭제한 것이 아닌가 한다. 《원주원씨족보》 이방번조에 "按丁丑譜及柳氏源派譜 皆載邊安烈女撫安大君芳蕃 而璿源譜略不載 故姑不錄 子孫以俟後考"라고 해 《원주변씨족보》에는 있으나 《선원록》에는 기재되어 있지 않고 있음을 기록하고 있다.

요,[113] 둘째 사위는 목사를 지낸 밀양박씨 박시朴著의 집안이다.[114]

변안열의 둘째 아들 변이는 7남(次熹·尙朝·尙覲·尙會·尙同·尙聘·尙服) 3녀(鄭由吉·李漸·李承孫의 처)를 두었다. 맏아들 변차희는 변상희邊尙熹라고도 했으며, 자는 회문晦文이다. 첫째 부인 경주김씨의 아들로, 1392년(태조 1)에 태어났다. 천자天資가 준수하고 글을 잘했으며 기력이 장대했으나, 여러 번 과거에 응시했으나 합격하지 못해 과거를 포기했다. 1426년(세종 8)에 음직으로 헌릉獻陵 참봉에 제수되었으나 나가지 않았다. 1461년(세조 7)에 수직壽職으로 첨지중추부사를 받았다. 1462년(세조 8)에 부인과 함께 큰아들 변정邊定의 임소任所에 갔다가 병이 나 관아에서 죽었다. 향년 81세. 묘는 찾지 못하고 남양주시 지사동 변안열 묘역 아래에 제단만 만들어 놓고 있다. 행장은 좌찬성 이언적李彦迪이, 묘지명은 우찬성 권벌權橃이 지었다. 부인은 풍산군豊山君 정양공靖襄公 심구령沈龜齡의 딸인 숙부인 풍천심씨豊川沈氏다. 남편보다 며칠 앞서서 죽어 남편과 함께 묻혔다.[115]

변이의 맏아들 변차희는 첨추공파僉樞公派를 이루었는데 4남(宏·定·寧·富) 2녀(辛潤祖·李閨昌의 처)를 두었다. 장자 변굉은 장가들기 전에 자손이 없이 죽고, 차자 변정은 자를 안지安之라 하고, 호를 송와松窩라 했다. 실묘失墓해 변안열 묘역에 설단設壇했다. 1415(태종 15)에 한양 명례방明禮坊에서 태어나, 1474년(성종 5) 7월 8일에 죽었다. 향년 60세. 1441년(세종 23)에 진사가 되어 학행으로 세자세마世子洗馬에 임명되었다. 1454년(단종 2)에 의성현령에 임명되었으나 나가지 않았고, 1455년(단종 3)에 원종공신으로 녹훈되었다. 1457년(세조 3)에 마침 황해도에 흉년이 들자 왕이 그에게

112) 邊學永, 叅議公(克慤)墓碑文; 《原州邊氏族譜》(1959년 己亥譜) 卷 1, 上階 2006, 358~359쪽.
113) 《原州邊氏族譜》(1959년 己亥譜) 卷 1, 上階, 24쪽.
114) 위와 같음.
115) 앞의 책, 23B~27A 및 權橃, 獻陵叅奉邊公(尙熹)墓誌(《原州邊氏醴泉派譜》, 回想社, 1996), 215쪽.

사정을 알아보라고 했다. 이에 복명한 뒤 청도군수에 제수됐으나 나가지 않았다. 1458년(세조 4)에 금부도사, 한성주부, 사복시 주부를 역임하고, 1460년(세조 6)에 수천隨川군수를 거쳐 1467년(세조 13)에 영변寧邊부사, 선혜청 낭청, 한성서윤을 지냈다. 묘는 용인 남방곡南方谷에 있었다. 지금은 실묘해 변안열 묘역에 설단했다. 부인은 첨지중추부사 손서孫敍의 딸인 밀양손씨다. 1418년(태종 18)에 태어나 1432년에 변정에게 시집와 1474년(성종 5) 3월 26일에 죽었다. 향년 57세. 묘는 남편의 묘 뒤에 있었다.[116] 지금은 실묘해 아버지와 함께 변안열 묘역에 설단했다. 묘지명은 퇴계 이황이 지었다. 김종직金宗直의 제문과 만시輓詞가 전한다. 퇴계는 변정邊定을 지기知己라고 했다.[117]

변정은 4남(希哲·希李·希穎·希達) 1녀(金進明의 처)를 두었다. 장남 변희철은 첨지중추부사로서 부인은 선전관 최사청崔思淸의 딸 최씨다. 둘째 아들 변희리의 자는 선보仙甫요, 호는 귀계歸溪다. 1435년(세종 17)에 태어나 1509년(중종 4)에 죽었다. 향년 75세. 그는 태어나면서부터 남다른 자질을 지녀, 아버지 변정은 "이 아이는 반드시 큰 그릇이 될 것이다"고 했다고 한다. 1462년(세조 8)에 생원이 되고, 1466년(세조 12)에 효렴孝廉으로 천거되어 창선교위彰善校尉를 받고 곧 부사직副司直이 되었다. 그런데 1474년(성종 5)에 아버지를, 다음 해에 어머니를 여의고 슬퍼서 출세할 뜻이 없었다. 벼슬을 권하는 사람이 있으면 "부모를 여의고 근근이 붙어 있는 목숨으로 외롭게 사는 사람이 입신양명을 한들 무슨 영광이 되겠는가?"고 했다고 한다. 그러나 큰형 변희철의 권고에 따라 1486년(성종 17)에 문과에 급제해 승문원 정자에 임명되고 성현찰방省峴察訪이 되었다. 그러다가 1487년(성종 18)에 사헌부 감찰이 되고, 1488년(성종 19)에 형조좌랑,

116) 李滉, 原從功臣通訓大夫行寧邊都護府使邊公(定)墓誌;《原州邊氏醴泉派譜》, 218~222쪽.
117) 金宗直, 祭文;《原州邊氏醴泉派譜》, 222쪽.

1489년(성종 20)에 황산찰방黃山察訪을 지냈다. 1492년(성종 23)에 무장茂長현감이 되어 소신신召信臣과 두백杜伯[118]과 같은 치적을 이루었다. 임기를 마치고 이듬해 사간원 정원이 되었다가 사옥史獄[119]이 일어나 이극돈李克墩이 "이번 옥사는 나라의 큰일이다. 이세좌李世佐·변희리邊希李·노공필盧公弼이 각기 간언諫言의 직분을 맡고 있으니 3사三司가 함께 상주하는 것이 좋을 듯하다"고 말했다. 이에 변희리는 "인륜이 다하고 국가의 기강이 무너지고 말았다. 떠나지 않는다면 장차 어떤 화가 미칠지 알 수 없었다. 차라리 내가 죽을지언정 선비들을 무고하는 짓은 차마 할 수 없다"며, 사직司直 자리에 있는 사촌동생 변희예邊希乂와 함께 벼슬을 버리고 떠났다. 떠날 때 정승조鄭承祖에게 다음과 같은 시를 남겼다.

> 그대는 범맹박范孟博[120]이요, 君爲范孟博
> 나는 오문졸吳門卒[121]이라 我作吳門卒
> 양의 창자처럼 꾸불꾸불한 길로 떠나가노니, 羊腸去去路
> 서주의 호걸豪傑[122]에게 부끄럽구나 慙愧西州傑

118) 한나라 때 앞뒤로 남양태수가 되어 선정을 베풀었던 사람들. 당시 백성들이 이들을 칭송해 "전에는 召父가 있었는데 뒤에는 杜母가 있다"고 했다(《漢書》 卷 89, 循吏傳 召信臣; 《後漢書》 卷 31, 杜詩列傳).

119) 史草로 인한 옥사. 무오사화가 일어나기 전에 김일손이 훈구파 이극돈의 비행을 사초에 기록했다가 반목이 생겼다.

120) 후한의 范滂을 말함. 孟博은 그의 자. 효렴광록으로 천거되어 請詔使로 冀州에 나갔는데, 수레를 타고 고삐를 잡자 개연히 천하를 맑게 할 뜻이 있었다고 한다.

121) 한나라의 梅福을 일컬음. 매복은 《상서》와 《춘추곡량전》에 밝았는데, 왕망이 집권하자 성명을 바꾸고 吳州의 저자에서 문지기 노릇을 했다고 한다.

122) 晉나라 謝安을 일컬음. 사안은 新城을 지키다가 병이 위독해 부득이 서주의 성문이 열리게 되자, 평소 東山에 은거하려던 뜻을 이루지 못함을 매우 슬퍼했다. 그래서 그가 죽은 뒤 그의 생질인 羊曇이 외숙의 일을 가슴 아프게 여겨 서주의 길로 다니지 않았는데, 한번은 크게 취해 자신도 모르게 그곳을 지나다가 좌우 사람이 "이곳이 서주의 성문이다"라고 말하자, 양담이 슬픔을 견디지 못해 통곡을 하면서 지나갔다고 한다.

그는 배를 사서 예천醴泉의 귀래곡歸來谷에 은거해, 귀계歸溪를 호로 삼았다.[123] 집 앞에 버드나무를 심고 십류선생十柳先生이라 했다. 각건角巾을 쓰고 베옷을 입고 안개와 구름이 자욱한 계곡을 소요했다.

중종반정이 일어난 뒤 문학에 뛰어나고 정직하다고 해 그는 사헌부 지평에 임명되었다. 1507년(중종 2)에 고성固城현령이 되었다가 곧 병조정랑으로 옮겼다. 1508년(중종 3)에 시강원 사서司書, 1509년(중종 4)에 사헌부 장령과 집의가 되었으나, 병으로 집에서 지내고 있었다. 상경해 임명장을 받으라는 임금의 독촉이 성화같아 어쩔 수 없이 가마에 몸을 실어 길을 떠났으나, 1509년(중종 4) 3월 8일에 단양의 객사客舍에서 죽었다. 향년 75세. 그의 부음이 전해지자 임금은 특별히 비단과 말을 내려 장례를 치르도록 했다. 그의 둘째 아들인 변광대邊光大가 시신을 수습해 신계동新溪洞의 안산案山 주봉 아래 유좌酉坐로 장사 지냈다.[124] 묘표는 국오菊塢 강경순姜景淳이 짓고, 묘갈명은 진성이씨 이중철李中轍이 지었다.[125]

변희리는 타고난 자질이 순수하고 학문과 덕행을 겸비해 일찍이 조정에 나갔으나, 사화를 피해 은거했다. 애석하게도 그가 남겨 놓은 글은 없지만, 《전가록傳家錄》을 지은 것으로 유명하다. "집의執義 귀계공歸溪公 변희리의 《전가록》에 따르면"[126]이라는 인용문이 보이는 데서 《전가록》이라는 책이 있었음을 알 수 있다. 그러나 지금까지 《전가록》은 보이지 않는다. 다만 1949년에 예천 금곡金谷에 사는 족인가族人家의 바구니 속에서 옛 문서들이 발견되었는데,[127] 그 속에는 변안열에 대한 제문·전·행장·묘표 등이

123) 변희리는 서울에 있을 때 안침·이세좌·노공필 등 名流들과 驄馬契를 만들어 교류했으나, 예천으로 은거해서는 도연명의 〈귀거래사〉를 和韻해 賦를 지어 은거의 뜻을 굳혔다.

124) 《原州邊氏族譜》, 27AB 및 眞城 李中轍, 通訓大夫司憲府執義歸溪邊公墓碣銘幷序(《原州邊氏醴泉派譜》, 224~232쪽.

125) 李中轍, (邊希李)墓碣銘(《原州邊氏醴泉派譜》).

126) 《原州邊氏叅判公派譜》 上卷 雜錄附(回想社, 1989), 174쪽. 《전가록》에는 〈불굴가〉를 비롯한 많은 정보가 있는 것이라 보인다.

들어 있었다. 《전가록》은 이들과 대은연보, 그리고 후세 사서에서 수집한 사료들을 보탠 것이 아닌가 한다. 이러한 자료들은 1950년에 변종기邊鍾基가 《시조실기始祖實記》로 집성한 것을 뒤에 《대은실기大隱實記》에 수록한 것으로 보인다.[128] 《대은실기》 권 1에는 가歌(不屈歌)와 시詩(東國留居吟 2首, 漢陽流所吟 4首), 그리고 부록이 실려 있다. 권 2에는 척실摭實(譜牒·東史·彙纂麗史·諸賢評論)이 있는데, 윤근수·조진관·김약련 등이 변안열을 변호하는 글이 수록되어 있다.[129] 그리고 부록에는 변안열의 연보·제문(정몽주·이색·길재·이숭인·이방번)·전傳(정몽주)·유사遺事(길재)·행장(이색)·묘표墓表(朴承任)·묘표후지墓表後識(邊循)·명신전名臣傳(洪汝河)·송곡서원상량문松谷書院上樑文(金冕周) 등이 실려 있다.[130] 가장 오래된 《대은실기》는 1949년 양주성소회楊州省澆會에서 간행한 목판본 《고려원천부원군대은실기高麗原川府院君大隱實記》다.[131] 부인은 둘인데, 첫째 부인은 유유柳牖의 딸이자 안동김씨인 판관 김계권金係權의 외손녀인 진주유씨晉州柳氏다. 묘는 예천 북쪽 5리 쯤 있는 나부촌羅浮村 뒤 계명현鷄鳴峴 산록 끝에 을좌乙坐로 있다. 둘째 부인은 청암淸巖 이정위李正偉의 딸 숙인 전주이씨다. 묘는 남편 묘 아래 유좌酉坐로 있다.[132]

---

127) 《大隱實記》, 340쪽.

128) 〈大隱先生實紀序〉에 서문을 쓴 金秉矩에 의하면 遠孫 변종기가 1950년(庚寅)에 아마도 《전가록》에 있는 자료와 기타 자료들을 모아 《始祖實紀》를 편찬했고, 그것을 기초로 《대은실기》를 편찬한 것을 1977년에 신석호 선생 등이 실록, 《고려사》 기타 자료를 모아 《대은실기》(韓一印刷社, 1977)를 다시 편찬한 것이다.

129) 《大隱實記》, 210~211쪽.

130) 앞의 책, 504~670쪽.

131) 앞의 책, 209쪽. 이때 변종기가 《東史》 등에서 보충 자료를 뽑아서 《시조실기》라는 책을 만들었는데 오래 되어, 1949년에 예천 문중 집안에서 나온 《전가록》과 합쳐 楊州省墓會에서 《대은실기》를 간행하게 된 것이라 한다(乃者 族祖鍾基氏 惕然起慕 夙夜靡懈 考之譜牒抄諸東史 合而編之 曰始祖實記 在其中 籍者亦有年 所歲己丑 楊州省墓之會僉議發 方圖繡棗 得一小冊於醴泉族人家 卽當時諸先輩所箸祭文及傳行狀墓表神道碑銘也 靡挲奉玩 若壁裡殘經 僅免咸陽熱火 而復出於世也 於是乎. 《高麗原川府院君大隱先生實記》 卷 2, 識).

132) 앞의 책, 28.

〈표 6〉 변희리邊希李의 가계

次熹－宏

定

希哲(武)

希李(生, 文)

必大

光大(生進, 文)

成大

封(蔭)

女＋柳垣

女＋李貴枝

女＋德城守 灧

希頴

瓘(生)

應寧

希達

女＋金進明

변희리의 첫째 아들 변필대邊必大는 충순위忠順衛에 속해 있었고, 1472년(성종 3)에 태어나 1521년(중종 16) 4월 9일에 죽었다. 향년 50세. 묘는 아버지 묘 왼쪽에 자좌子坐로 있다. 부인은 별제 권선權善의 딸이자 한성부원군漢城府院君 문열공文烈公 이계전李季甸의 외손녀인 안동권씨다. 묘는 남편과 쌍분으로 묻혔다. 둘째 아들 변광대는 문과에 급제해 사간원 정언의 벼슬을 지냈다. 부인은 군수 신숙권申叔權의 딸이자 좌의정 신개申槩의 증손녀요, 남양홍씨 홍계상洪繼常의 외손녀인 숙인 평산신씨다.[133]

변정의 셋째 아들 변희영은 평시령平市令을 지냈고, 그 후손들은 문경을 거쳐 현재 경산 자인에 많이 살고 있다. 넷째 아들 변희달은 자가 세통世通인데, 1454년(단종 2)에 태어났고 벼슬이 함종咸從현령에 이르렀다. 그리고 1509년(중종 4) 4월 14일에 죽었다. 부인은 현령 계우啓佑의 딸 인천이씨이고, 1517년(중종 12)에 태어나 1542년(중종 37)에 죽었다. 묘는 용인 기곡器谷에 있다.[134]

변차희의 셋째 아들 변영은 정국공신靖國功臣으로 서천舒川군수를 지냈다. 그의 묘는 양주 미동리美洞里에 있다. 부인은 생원 임복생任復生의 딸 풍천임씨豊川任氏다. 변영은 3남(希俊·希乂·希康)을 두었다. 장자 변희준邊希俊은 부사직을 지냈다. 묘는 금천金川 강남면江南面 피곡陂谷에 있다. 부인은 부사 윤보상尹輔相의 딸인 파평윤씨다. 묘는 현縣에서 40리 떨어진 전석현磚石峴 북쪽 기슭에 계좌癸坐로 있다. 차자 변희예邊希乂는 충무위忠武衛 부사직을 지냈으며, 서울에서 처음 영주榮州로 내려와 살았다. 묘는 순흥順興 수민단壽民丹 요산동腰山洞에 자좌子坐로 있다. 부인은 이시생李始生의 딸 인천이씨다. 셋째 아들 변희강邊希康은 통제사統制使를 지냈고, 부인은 인천이씨다.

변차희의 넷째 아들 변부는 수의부위修義副尉로 부인은 여흥민씨다. 장녀는 판서 신인손辛引孫의 아들 신윤조에게 시집가서 신승담辛承聃·신성담辛成聃(進士) 등의 아들을 두었다. 둘째 딸은 인천이씨 이윤창李閏昌에게 시집갔는데, 자손이 없어 친정 조카인 집의執義 변희리를 시양자侍養子로 맞이해 지금까지 자손들이 이윤창의 제사를 받들고 있다고 한다.[135] 1남 변희일邊希一을 두었는데, 부인은 진주강씨다.[136]

---

133) 앞의 책, 27A~28A.
134) 앞의 책, 27A~29B.
135) 앞의 책, 27A~32B.
136) 앞의 책, 29B~32A.

변안열의 차자 변이의 둘째 아들 변상조는 남부령南部令을 지냈다. 부인은 정랑 김유공金有恭의 딸인 순천김씨다. 변상조의 아들 변호는 어모장군禦侮將軍 행충무위行忠武衛 대호군大護軍을 지냈다. 묘는 양주군 진관면眞官面 백양곡白楊谷에 곤좌坤坐로 있다. 부인은 참봉 오세吳洗의 딸 숙인 해주오씨다. 남편과 함께 묻혔다.137)

변이의 셋째 아들 변상근邊尙覲은 선절장군宣節將軍 충무시위사忠武侍衛司 중령호군中領護軍 겸 군기판관軍器判官이었다. 1443년(세종 25)에 죽었다. 묘는 시조묘 왼쪽에 건좌乾坐로 있다. 변상근의 아들 변효동邊孝同은 1460년(세조 6)에 무과에 급제해 명천明川부사를 지냈다. 부인은 공조판서 정延의 딸 경주이씨다.138)

변상근은 세종대에 최해산崔海山의 뒤를 이어 화약을 개량, 발전시키고 화기의 제조와 방사술放射術 교습에 힘쓴 인물로 유명하다. 그는 감련관監鍊官으로서 지방군의 화포 교습을 감독, 지휘하는 책임을 맡았고, 지방 지휘관인 수령·만호 등을 처벌할 수 있는 권한까지 부여받고 있었다.139)

고려는 1377년(우왕 3) 10월에 판사 최무선崔茂宣의 요구로 화통도감火㷁都監을, 1378년(우왕 4) 4월에 화통방사군火㷁放射軍을 설치해 화기火器 발달에 공헌했다. 이 화포를 이용해 정지鄭地가 진포鎭浦에 침입한 왜적을, 이성계가 운봉雲峰에서 왜적을 크게 물리칠 수 있었다. 그러나 화통도감은 그 뒤 10년을 못 가 1388년(창왕 1)에 조준趙浚 등의 요구로 혁파되어 군기시軍器寺에 편입되었다. 이성계 세력에 대항할 수 있는 무력을 싹트지 못하게 하기 위해서다. 그러나 조선이 건국된 뒤 화약과 화포는 다시 발전했다. 국가에서 4군과 6진의 개척, 대마도 정벌 등에 활용하기 위해서였

137) 앞의 책, 33A.
138) 앞의 책, 25AB.
139) 《韓國軍制史》(朝鮮前期篇); 《大隱實記》, 169~170쪽.

다.[140] 최해산崔海山은 아버지 최무선이 죽은 뒤에 어머니로부터 화약 제조법을 유서로 물려받아 화기 개량에 매진했다. 양촌陽村 권근權近은 태종에게 상소를 올려 화기 제조를 활성화하자고 해 최해산을 군기주부軍器主簿로 임명하게 했다.

변상근은 최해산의 뒤를 이어 세종의 명을 받아 군기감軍器監에서 화기 업무를 도맡아 해 왔다. 그러나 수양대군의 계유정난癸酉靖難으로 화기 제조가 한때 억제되었다. 다만 화포의 발달은 변상근의 사위인 눌재訥齋 양성지梁誠之에 의해 그 명맥이 유지되었다. 양성지는 총통위銃筒衛 혁파를 반대하고 화기의 증강을 역설했으며, 화기 제조법이 일본에 흘러들어가지 않도록 하기 위해 《총통등록銃筒謄錄》을 한글로 번역하고 한문 원본은 불살라 버려야 한다고 주장했다.[141] 변상근의 화포 제조술이 사위인 양성지의 국방 정책에 영향을 미친 것이다.

변이의 넷째 아들 변상회의 호는 무송당撫松堂이요, 자는 전해지지 않는다. 1399년(정종 1)에 태어나 1485년(성종 16) 10월 4일에 죽었다. 향년 87세. 1420년(세종 2)에 생원시에 합격하고, 1434년(세종 16)에 별시문과에 급제해(崔恒·朴元亨·朴彭年이 同榜), 승문원 정자·주서注書, 병조좌랑, 성균관 직강을 거쳐 함양군수로 나갔다. 임기를 채우고 사간원 정언에 임명되었다가 사헌부 지평으로 옮겼다. 사헌부 장령, 승문원 부지사, 판군자감사, 원주목사로 나갔다가, 내직으로 들어와 선공감 판사를 역임했다. 첨지중추부사를 거쳐 호조·예조참의가 되었으나, 사람들의 시기를 받아 벼슬을 버리고 고향집으로 돌아갔다.[142]

그는 뜰 앞의 늙은 소나무를 사랑해 그 집에 무송당撫松堂이라는 편액을

140) 앞의 책, 167~169쪽.
141) 앞의 책, 170쪽.
142) 李家源, 原平君墓誌, 《撫松齋》(原州邊氏叅判公宗親會, 도서출판 修書院, 2006), 54쪽.

달았다(撫松齋는 2006년 8월 15일에 재건되었다). 이것은 '날씨가 추워진 뒤에야 송백松柏이 나중에 시드는 것을 안다'는 뜻을 취한 것이다. 성종조에 늙었다고 검교호조참판을 제수하고 매달 고기와 술을 하사했다. 그 뒤 예조참판으로 옮겼으나 병이 걸려 1485년(성종 16) 10월 4일에 죽었다. 그리고 1486년(성종 17) 2월 16일에 양주 동면東面 주을동注乙洞 광암廣巖(남양주시 별내면別內面 광전리廣田里 산 141-2번지) 남쪽 언덕에 장사 지냈다. 뒤에 아들 변수邊脩의 훈공으로 예조판서 겸 예문관제학지경연춘추관사에 추증되고, 원평군原平君에 추봉되었다. 부인은 둘이 있었는데, 첫째 부인은 참의 김권金權의 딸인 청풍김씨다. 묘는 남편 무덤 뒤에 경좌庚坐로 있다, 둘째 부인은 전서典書 유태柳怠의 손녀요, 유역생柳易生의 딸인 진주유씨인데, 1410년(태종 10)에 태어나 1490년(성종 21) 9월 4일에 죽었다. 향년 81세. 묘는 남편의 무덤 오른쪽에 있다.[143]

변상회는 4남(佑·**僎**·伍千·脩) 2녀(趙鐵堅·趙孝孫의 처)를 두었다. 맏아들 우佑는 음사蔭仕로 한성서윤, 종부시 전첨典籤, 군자감 첨정僉正을 지냈고, 예조참의에 추증되었다. 묘는 아버지 무덤의 다음 유좌酉坐에 있다. 부인은 부사府使 정신석鄭臣碩의 딸 숙부인 연일정씨다. 남편과 함께 묻혔다. 둘째 아들 변환邊**僎**은 행절충장군行折衝將軍 월곡첨사月谷僉使를 지냈으며, 호조참판에 증직되었다. 묘는 광암廣巖 선영에 있다. 부인은 현감 전유의全由義의 딸인 정선전씨다. 남편과 함께 묻혔다. 변환은 외아들 변사겸邊士謙을 두었는데, 자가 흥생興生, 1446년(세종 28)에 태어났다. 음직으로 내금위에 근무하다가 중종반정에 가담해 정국공신 4등에 책봉되고, 원양군原陽君에 봉해졌다. 호조판서 겸 지의금부사에 증직되고 시호는 양호공襄胡公이다. 묘는 남양주시 별내면 광전리 주을동注乙洞 광암廣巖 선영에 있

---

143) 앞과 같음; 《原州邊氏叅判公派譜》 上卷, 208~211쪽; 邊時淵, 贈禮曹判書原平君行禮曹叅判撫松堂邊公行狀, 《撫松齋》, 208~209쪽.

다. 부인은 장령 이혼李渾의 딸이요, 연성부원군延城府院君 증영의정 문강공文康公 저헌樗軒 이석형李石亨의 손녀인 연안이씨다. 남편과 함께 쌍분으로 묻혔다.[144]

변상회의 셋째 아들 변오천邊伍千의 자는 무강無疆으로, 1445년(세종 27) 9월 24일에 태어나 1513년(중종 8)에 죽었다. 향년 69세. 1465년(세조 11)에 무과에 급제하고, 중시重試에 합격해 경력經歷, 훈련원 첨정·부정副正, 풍천豊川부사, 사복시 정正, 통예원 좌통례, 전라수사, 공주·나주목사, 전라병사를 역임하고, 승정원에 들어가 여러 번 승지를 지내고 내승內乘을 겸임했다. 성종이 특별히 화공畵工을 시켜 그의 상을 그리게 했다고 한다. 유고가 있었으나 6.25사변 때 없어졌다고 한다. 묘는 주을동注乙洞 아버지 무덤 가까이에 있다(남양주시 별내면 광전리 산 130번지). 부인은 선공감부정 박귀손朴貴孫의 딸인 운봉박씨다. 1450년(세종 32)에 태어나 1510년(중종 5)에 죽었다. 향년 61세. 남편과 함께 쌍분으로 묻혔다.[145]

변오천은 3남(士溫·士良·士儉) 5녀를 두었다. 큰아들 변사온은 평안도사, 병조참판을 지냈고, 1511년(중종 6)에 죽었다. 부인은 첨정 김훈조金薰祖의 딸인 경주김씨다. 둘째 아들 변사량은 무과에 급제해 풍저창수豊儲倉守, 남포藍浦·덕천德川의 수령을 지냈다. 원종공신에 책훈되었다. 묘는 광암 선영에 있다. 부인은 생원 김국량金國樑의 딸인 청풍김씨인데, 남편과 함께 쌍분으로 묻혔다.[146]

변상회의 넷째 아들 변수의 자는 영숙永叔이다. 1447년(세종 29)에 태어나 1524년(중종 19) 7월 10일에 죽었다. 향년 78세. 1469년(예종 1)에 무과에 급제하고, 1476년(성종 7)에 중시重試에 합격해 훈련원 정正이 되었으

144) 《原州邊氏叅判公派譜》 上卷, 210쪽.
145) 앞의 책, 211쪽.
146) 邊時淵, 贈兵曹叅判行全羅兵使邊公(伍千)墓表, 《原州邊氏叅判公派譜》 上卷 首卷, 221쪽.

며, 1478년(성종 9)에 임기가 차 공조참의로 승진했다. 1479년(성종 10) 3월에 동부승지가 되고,[147] 10월에는 우부승지로서[148] 평안도별선위사平安道別宣慰使로 파견되었다.[149] 11월에 좌부승지가 되었으며,[150] 다음 해 6월에 우승지가 되었다.[151] 무신으로 승지가 되기 어려웠는데, 변수가 승지에 임명된 이후에는 무신도 승지가 될 수 있었다. 1483년(성종 14) 12월에 형조참의가 되고,[152] 다음 해 4월에 병조참지,[153] 8월에 절충장군 경상우도수군절도사,[154] 그리고 12월에는 통정대부 호조참의[155]가 되었다. 1485년(성종 16) 정월에 사간원의 공박을 받아 물러가려 했으나 받아들여지지 않았다. 1489년(성종 20) 5월에 충청도병마절도사,[156] 1492년(성종 23) 11월에 경상우수군도절도사가 되었으나,[157] 1494년(성종 25) 4월에 만호 이극검李克儉이 수군 한 명이 왜적에게 죽은 것을 보고하지 않았다고 해 국문을 받았다[158]. 그 뒤 1497년(연산군 3) 8월에 영안북도절도사로 다시 발탁되었으나[159] 대간이 그의 자질을 문제 삼아 온성부사穩城府使로 좌천시켰다.[160] 영중추 정문형鄭文炯은 "이미 병사로서 적당치 못하다고 한 이상, 부사로 임명하는 것은 옳지 않다"고 해 장령 김물金勿이 변수를 내금위장으로 삼을 것을 건의했으나 받아들여지지 않았다. 1504년(연산군 10)

---

147) 《성종실록》 권 102, 성종 10년 3월 정묘
148) 《성종실록》 권 105, 성종 10년 6월 정해
149) 《성종실록》 권 110, 성종 10년 10월 신유
150) 《성종실록》 권 111, 성종 10년 11월 무자
151) 《성종실록》 권 118, 성종 11년 6월 정축
152) 《성종실록》 권 161, 성종 14년 12월 병술
153) 《성종실록》 권 169, 성종 15년 8월 정묘
154) 《성종실록》 권 162, 성종 15년 1월 신유
155) 《성종실록》 권 173, 성종 15년 12월 을축
156) 《성종실록》 권 228, 성종 20년 5월 을해
157) 《성종실록》 권 271, 성종 23년 11월 기묘
158) 《성종실록》 권 289, 성종 25년 4월 정해
159) 《연산군일기》 권 26, 연산군 3년 8월 을유
160) 《연산군일기》 권 26, 연산군 3년 8월 무술

4월에는 변수가 연산군의 어머니 윤씨를 폐비하는 데 가담했다고 장杖 70대에 처했다.[161] 그러다가 1506년(중종 1) 9월에 중종반정이 일어나자 그는 정난공신 2등에 녹훈되어,[162] 11월에 황후책봉을 하례하는 진하사進賀使로서 명나라에 다녀왔다.[163] 다녀와서 1513년(중종 8) 6월에 충청도수사가 되었고,[164] 8월에는 원천군原川君에 봉해지고 봉조하奉朝賀가 되었다.[165] 이와 같이 변수는 무신으로서 승지를 지낸 단초를 열었다. 1546년(명종 1) 9월에 영경영사 홍언필洪彦弼은

> 성종께서 변수邊脩·김세적金世勣에게 일시에 승지를 제배하신 것도 장재將材를 미리 대기시켜 두려는 뜻이었습니다. 옛말에 문무를 함께 쓰는 것은 장구책의 하나라고 했습니다. 지금 육조와 승정원에 무신도 함께 주의注擬하게 해 격려시키는 것이 어떻겠습니까? 그리고 오늘날 무신은 연소한 자만 귀하게 여기고 노쇠한 자는 버리다시피 하고 있는데, 옛날 한漢나라의 조충국趙充國과 진晉나라의 왕준王濬 같은 사람은 다 노년기의 사람이었습니다.[166]

라고 해 무신을 승지로 쓸 것을 주장했다. 성종조 이후의 문무교차文武交差 논의의 일환이다. 변수는 1524년(중종 19) 7월 10일에 죽었고, 그해 9월 9일에 양근陽根 동종면東終面 갈산리葛山里 임좌壬坐의 언덕에 장사지냈다(지금은 1997년에 강원도 홍천군 북방면 전치곡田峙谷 산 21번지로 이장했다). 죽은 뒤 병조판서에 증직되었다. 부인은 군수 김양신金良臣의 딸인 연안김씨다.

161)《연산군일기》권 53, 연산군 10년 4월 경진
162)《중종실록》권 1, 중종 원년 9월 갑신
163)《중종실록》권 1, 중종 원년 11월 기묘
164)《중종실록》권 18, 중종 8년 6월 병오
165)《중종실록》권 18, 중종 8년 8월 병진
166)《명종실록·》권 4, 명종 원년 9월 기묘

1451년(문종 1)에 태어나 1532년(중종 27) 8월 19일에 죽었다. 향년 82세. 남편과 함께 묻혔다.167)

그런데 1997년 12월 경기도 양평군 창대리에 있는 변수(1447~1524)의 묘가 발굴되었다. 시조 변안열의 부인인 원주원씨의 묘와 큰아들 변현의 묘를 이장하는 과정에서 많은 유물들이 발견된 것이다. 출토 유물 가운데에는 지석誌石과 목관木棺, 명기明器, 사발沙鉢, 경덕원보景德元寶, 황금동곳, 금정金錠, 은정銀錠, 운삽雲翣, 운아삽雲兒翣 등과, 요선철릭腰線帖裏을 비롯해 단령團領, 답호褡胡, 액주름포腋注音袍 저고리, 속바지〔袴〕, 모자帽子, 복건幞巾, 솜버선〔襪〕, 악수幄手, 멱목幎目, 이불, 허리띠, 손싸개 등 30여 점의 의류와 관복차림의 남·녀상像, 각종 악기를 연주하는 주악상奏樂像, 안장만 올려놓은 소형 말 등 22점의 목각인형〔木偶〕이 포함되어 있었다. 이들 유물은 국립민속박물관에 기탁되었는데, 조선시대 복식 연구나 생활사 연구에 중요한 자료가 된다.168)

변수는 2남(士信·士倫) 5녀를 두었다. 변사신邊士信은 음직으로 경안慶安찰방을 지냈고, 부인은 감찰 김광후金光厚의 딸인 청풍김씨다. 변사륜邊士倫은 자가 명보明甫로 1504년(연산 10) 2월 7일에 태어났다. 무과에 급제해 훈련원 첨정, 종성鍾城판관, 덕천군수를 지냈고, 죽은 뒤에 형조판서에 증직되었다. 부인은 셋이다. 첫째 부인은 현령 홍의손洪義孫의 딸인 남양홍씨, 둘째 부인은 경력 이적李適의 딸인 양성陽城이씨, 셋째 부인은 이형양李亨良의 딸인 공주이씨다. 공주이씨는 남편 변사륜과 같이 묻혔는데, 1997년에 양평에서 강원도 홍천군 북방면 전치곡리 산 21번지로 이장했다.169)

---

167) 《原州邊氏叅判公派譜》 上卷, 228~229쪽.
168) 《撫松齋》, 91~92쪽.
169) 《原州邊氏叅判公派譜》 上卷, 228~230쪽; 《原州邊氏世譜》 元, 原川君墓誌.

변상회의 참판공파叅判公派에서는 많은 인물을 배출했다. 변상회의 증손 변계윤邊季胤, 변계윤의 3자 변협邊協과 그의 아들 변응성邊應星, 변협의 동생 변열邊悅과 그의 아들 변응정邊應井·변응벽邊應璧·변응규邊應奎, 손자 변충범邊忠範 등이 그들이다.

변상회의 증손 변계윤은 4남(愷·悌·協·悅) 2녀(鄭昌贇·李德厚의 처)를 두었다. 음사로 면천군수와 중추부 경력을 지냈는데, 천성이 근후謹厚, 염개廉介했다. 변계윤은 원양군 영호공襄胡公 변사겸의 막내아들로 현령 효공孝恭의 양자가 되었다.[170] 1565년(명종 20) 11월 4일에 죽었다. 부인은 용성군龍城君 최자반崔子泮의 딸 수원최씨다. 1572년 3월 23일에 죽었다. 묘는 격장隔葬으로 쌍분이다. 변계윤의 장자 변개邊愷는 연기현령이었고, 차자 변제邊悌는 진사였으며, 셋째 아들 변협邊協은 포도대장, 공조판서, 증영의정, 원흥부원군原興府院君, 양정공襄靖公이었고, 막내아들 변열邊悅은 공조좌랑, 증공조참판이었다. 변개의 아들 변응두邊應斗는 무과에 급제해 첨지중추부사를 지냈고, 변제의 아들 변응각邊應角은 종성부사를 지냈으며, 변협의 아들 변응성邊應星은 훈련·포도대장, 병조참판, 한성판윤, 연천군淵川君, 양혜공襄惠公이었다. 또한 변열의 아들 변응정은 전라감사, 증병조판서, 충장공忠壯公이었고, 변응벽은 문과에 급제해 승지를 지냈으며, 변응규는 무과에 급제해 병사를 지냈다.[171]

변협邊協의 자는 자인子寅이다. 1528년(중종 23) 10월 22일에 태어나 1590년(선조 23) 9월 5일에 죽었다. 향년 63세. 나면서 기우氣宇가 남다르고, 붓글씨를 배운 지 얼마 안 되어 벽에 큰 글씨로 '장군가將軍家'라고 썼으며, 6세에 우물에 빠졌는데도 죽지 않았다고 한다. 새벽에 물 길러 온 사람을 보고 천천히 말하기를 "나는 주인집 가동家童이니, 모름지기 굵은 새

170) 《原州邊氏叅判公派譜》 上卷, 253~264쪽; 鄭晩錫, 原興府院君(協)行狀, 《原州邊氏遺稿略抄》
171) 邊時淵, 沔川郡守贈領議政邊公墓表, 《原州邊氏叅判公派譜》, 235~237쪽.

끼줄을 내려 구해 달라"고 했다. 온 집안이 놀라서 분주한데 그만은 편안하게 여겨 두려워하지 않았다고 한다. 그리고 10세에 여러 아이들과 함께 나무에 올라가 먼 가지를 잡고 다니다가 가지가 휘어, 몸이 매달렸고 밑은 절벽이었다. 여러 아이들이 두려워서 흩어졌으나 그는 천천히 바지를 벗기라고 하고 두꺼운 포단 위에 떨어져 부상을 입지 않았으니, 어려서부터 지려志慮가 남다른 데가 있었다.[172] 1548년(명종 3)에 무과 3등으로 급제해 선전관宣傳官이 되었다가 해남현령으로 나갔다. 1555년(명종 10)에 왜구가 쳐들어와 읍진邑鎭이 다 무너졌으나 그는 홀로 성색聲色을 바꾸지 않고 기계를 수선하고 험한 곳을 지켜 적의 눈을 속이기도 하고, 갑자기 출격해 적이 먹을 것이 모자란 틈을 타 요격해서 대파해 죽이거나 사로잡은 적이 많았다. 또 명나라 사람을 포로로 잡아 보내니 천자가 은銀과 비단을 상으로 내리면서 "현감 변협이 외로운 성을 홀로 지켰다"고 칭찬했다고 한다. 이때 변협의 나이는 겨우 28세였다.[173]

변협은 이 무공으로 장흥長興부사로 승진했는데, 난을 겪은 뒤 장흥부가 탕잔蕩殘되어 그가 무너진 집을 수리해 주고 상처를 입은 사람을 쓰다듬어 주니, 1년이 넘기 전에 관민官民이 전처럼 복구되었다.

〈표 7〉 변협邊協의 가계

安烈 –	頤 –	尙會 –	佑 –	孝恭 –	季胤 –	協 –	應星
					–	悅 –	應井
							應璧
							應奎

172) 앞과 같음.
173) 앞과 같음.

그러나 중풍에 걸려 5년 동안 문을 닫고 정양했다. 병이 좀 낫자 다시 훈련원 부정副正 겸 내승內乘에 임명되었다가 조양調養을 하라고 파주목사로 내보냈다. 그리고 파주에 있을 때 율곡 선생에게 《주역》을 배웠다. 이어 향약을 시행하니 읍의 풍속이 크게 변해 지금까지 유속遺俗이 남아 있다. 1563년(명종 18)에 통정대부로 승진해 만포滿浦첨사에 제수되고, 다음해에 제주목사로 이배移排되었다. 당시에 마침 요승妖僧 보우普雨가 제주에 귀양 와 있었는데, 변협이 보우를 장살杖殺하니 사림이 통쾌하게 여겨 편지를 보내 축하하자 "나라 사람이 죽인 것이지 내가 죽인 것이 아니다"고 했다.[174]

1565년(명종 20) 겨울에 아버지가 돌아가시자 변협은 날씨를 무릅쓰고 배를 띄우려 했으나, 선리船吏가 듣지 않았다. 강행했더니 바다 가운데 이르러 과연 태풍을 만나 돛이 부러지고 배가 거의 전복될 뻔 했으나 살아 돌아오니, 사람들이 효심에 감동한 결과라 했다. 복상服喪을 마치고 화양花梁첨사를 거쳐 경상좌도수사로 옮겼다가 전라병사가 되었는데, 아우 변열이 죽었다는 말을 듣고 어머니가 상심할까봐 아무 조처 없이 달려갔다. 1569년(선조 2)에 안변부사에 임명했으나 부임하지 않고 남도병사로 옮겼는데, 다 어머니를 봉양하기 편하게 하기 위해서였다. 한편 고미평古未坪은 우리 땅이었는데 내버려 두자 호로胡虜들이 잡거했었다. 이에 그는 상소를 올려 토지를 남에게 줄 수 없다고 하고 드디어 호로들을 쫓아냈다.[175]

1571년(선조 4)에 변협은 가선대부로 승진해 북도병사가 되었으나 어머니가 편찮아 상소를 올려 사임하고 돌아왔다. 어머니는 1572년(선조 5)에 죽었다. 당시 야인들이 서해평西海坪에 멋대로 살아 두통거리였으나 장수들이 여러 번 패해, 조정에서는 변협의 어머니 복상이 끝나는 것을 기다려

174) 앞과 같음.
175) 앞과 같음.

그를 즉시 평안병사에 임명했다. 그가 야인을 위엄과 시혜로 다스리자 야인들은 감히 변경 지방을 범하지 못했다. 1577년(선조 10) 여름에 조정으로 들어와 한성부 좌윤, 병조참판을 거치는 등 병조에 네 번, 한성부에 두 번, 동지중추부사 세 번, 오위도총부 부총관 등을 역임했다. 1582년(선조 15) 여름에 지중추부사에 임명되어 곧 판한성부사, 판공조사로서 언제나 도총관, 지훈련원사, 포도대장, 특진관, 비변사備邊司·군기시軍器寺·원유시苑囿寺의 제조提調를 겸임하고 이때부터 지방으로 나가지 않았다.176)

1587년(선조 20)에 왜구가 녹도鹿島에 쳐들어와 수장守將 이대원李大源이 전사하자, 선조는 신립申砬을 좌방어사로, 변협을 우방어사로 삼아 적을 막으라 했다. 변협은 "왜적이 본래 깊이 들어올 계책이 없기 때문에 반드시 오래 머물지 않을 것입니다. 지금쯤은 이미 물러갔을 것입니다"고 아뢰었다. 그랬더니 과연 왜적이 물러갔다. 1589년(선조 22)에 도요토미 히데요시豊臣秀吉가 소 요시토시[平義智]·겐소玄蘇 등을 보내어 공작새와 준마를 바치고 우리의 허실을 엿보려 했는데, 정신廷臣들이 통호를 하는 것이 좋다고도 하고 안 된다고도 해 의견이 일치되지 않았다. 이에 변협은 "보사報使를 보내 그쪽의 동정을 살펴보는 것이 좋겠다"고 건의했다. 의론이 정해져서 선조는 그를 병조판서에 임명하고자 상신相臣에게 물어보는 중에, 그가 병이 들어 1590년(선조 23) 9월 5일에 죽었다. 그해 광주廣州 초부면草阜面 운길산雲吉山 남록南麓 건좌乾坐에 장사지냈고(지금의 남양주시 鳥安面 松村里 산 26의 4번지) 뒤에 영의정에 증직되었다. 신도비는 문충공 이정구李廷龜가, 시장諡狀은 우의정 이병모李秉模가, 그리고 행장은 외6세손 정만석鄭晩錫이 지었다. 177)

변협은 벼슬하는 43년 동안 청렴결백했고, 사재를 모으지 않았으며, 군

---

176) 앞과 같음.
177) 앞과 같음.

사를 거느릴 때는 신상필벌信賞必罰하고 관맹득중寬猛得中했다. 평소에 특별히 좋아하는 것도 없었으나, 글씨와 바둑, 거문고, 매, 연꽃, 국화 등 여섯 가지를 좋아했다. 글씨는 고금古今을 증거하고, 바둑은 기축機軸을 보는 것이요, 거문고는 소리를 조화하고, 매는 영기英氣가 있으며, 연꽃은 성품을 정화하고, 국화는 만절晩節을 지키기 때문이라고 했다. 그는 천문·지리·수학·산학·의학에 정통하지 않은 것이 없고, 관서關西 지방의 변경 10여 군을 순찰할 때 산천·지리·험이險易를 한 번 보고 지도를 그리면 강 하나, 들 하나 틀리지 않았으며, 병영의 군부軍簿도 한 번 펼쳐 보면 한 사람도 빼지 않고 거기에 적힌 사람을 다 외웠다고 한다. 1584년(선조 17)에 그가 천상天象을 보고 태을太乙을 추산하더니, 집 사람들에게 10년 안에 나라가 병사兵事 때문에 크게 고생할 것이라고 예언했는데, 과연 1592년(선조 25)에 임진왜란이 일어났다. 특진관으로 있을 때 상소해 "신이 일찍이 왜적과 싸워 보니 그들은 능히 목숨을 가벼이 여기는데, 하물며 조왜朝倭는 3로의 형세를 숙지하고 있음에랴. 대마도는 다른 날의 근심이 될 우려가 있으니 가히 말하지 못할 것이 있으나, 신은 (죽은 뒤라) 보지 못할 것이다" 하고는 사촌동생 변응정을 천거했다. 1592년(선조 25) 4월에 왜적이 쳐들어오자 선조가 신립을 보내 막고자 했다. 선조가 신립에게 적이 어떻겠느냐고 물었더니, 신립은 가볍게 여겼다. 이에 선조가 "변협은 매번 말하기를 왜가 가장 어려운 적이라고 했는데, 경은 어찌 그리 쉽게 말하는가?"라고 했다고 한다. 신립이 나간 뒤에 선조가 "변협은 진실로 양장良將이라. 내가 항상 잊지 않는다. 만약 이 사람이 있었더라면 내가 어찌 왜적을 걱정하겠느냐"고 했다 한다. 변협이 죽은 지 3년 만에 신립이 패사敗死하고, 변응정이 계책을 올렸으나 채택되지 않아 변응정마저 전사했다. 시호는 충장공忠壯公이다.[178]

변협의 부인은 증참판 최유선崔惟善의 딸 화순최씨다. 1527년(중종 22)

정월 25일에 태어나 1594년(선조 27) 6월 17일에 죽었다. 향년 68세. 남편과 함께 묻혔다. 외아들 변응성이 있다.

변협의 아들 변응성의 자는 기중機仲이다. 그는 1552년(명종 7) 3월 29일에 태어나 1616년(광해군 8) 정월 27일에 죽었다. 향년 65세. 어려서부터 총명해 문예를 일찍 성취하고, 약관에 문과에 응시했으나 급제하지 못하자, 28세에 붓을 던지고 무과에 응시해 1579년(선조 12)에 급제했다. 9년 동안 선전관宣傳官, 훈련원 부정 겸 내승, 용강·함종·장단부사를 역임하고, 1587년(선조 20)에 통훈대부로 승진해 다음 해에 강계부사가 되었다. 선조가 비변사에 명해 무신 가운데 차서를 막론하고 쓸 만한 인재를 추천하라고 하자, 유홍俞泓·신립·이산해李山海·이순신李舜臣·변응정 등이 천거되었다.[179]

〈표 8〉 변협邊協·변응성邊應星의 가계

尙會 － 佑 － 孝恭
- 愷(蔭)
- 悌(進)
- 協(武)
  - 應星(武)
- 悅(蔭)
  - 應井(武)
  - 應璧(文)
  - 應奎(武)
- 女＋鄭昌斌＋貝
- 女＋李德厚

178) 앞과 같음.

179) 閔鍾顯, 淵川君請諡行狀, 《原州邊氏叅判公派譜》, 297~309쪽; 鄭晩錫, 淵川君行狀, 같은 책, 297~310쪽; 邊時淵, 漢城判尹淵川君贈兵曹判書諡襄惠邊公墓神道碑銘, 같은 책, 310~321쪽.

1590년(선조 23)에 변응성은 돌아가신 아버지 복상 중에 있었다. 그러나 경주는 영남의 큰 방어지인데다, 변협이 아니면 지키기 어렵다고 기복起復(상중에 있는 사람을 기용)해 경상좌도방어사慶尙左道防禦使이자 부윤府尹에 기용하고 막료를 가려 종군하도록 했다. 좀 지나 경상우도수사로 승진했고, 1593년(선조 26)에 광주목사로 옮겼다. 얼마 뒤 이천부사로 옮겨 경기방어사를 겸임해, 용진강龍津江 위에 진을 치고, 수책水柵을 설치하며, 토성을 쌓고, 척후를 살피며 병기를 수선하고, 군량을 비축하는 등 경기동부를 방어하는 데 만전을 기했다.[180] 그는 원호元豪와 협력해 1592년(선조 25) 6월 중순에 마탄馬灘에서 적장 모리 요시나리毛利吉成·아키즈키 다네나가秋月種長·다카하시 모토다네高橋元種 등과 싸워 적을 섬멸하는 공을 세웠다.[181]

왜적들이 원주에 웅거해 곧바로 서울로 쳐들어오자, 그는 사졸을 격려하고 한강 상류의 물을 막았다. 적군이 절반 정도 건너왔을 때 물을 트니, 적들이 크게 놀라 패주했다. 또 마탄馬灘에서 적을 맞아 안개가 자욱한 틈을 타 공격해 많은 적을 죽이거나 사로잡았다. 그런데 당시 북병사北兵使가 결원이라 왕이 대신들에게 "누가 적임인가?"를 물으니, 유성룡柳成龍이 "변응성이 가히 마땅하나, 지금 한강 상류가 급하니 외지로 내보내는 것은 불가합니다"고 했다. 얼마 뒤 왜적이 물러가자 왕은 그에게 독성禿城은 남도南道로 통하는 요충이라 하며 수원부사 겸 방어사에 임명하고, 면포綿布 100필을 하사했다.[182] 변응성이 몸소 장정 500여 명을 모아 군사를 조련하고, 상부에 상황을 보고해 준비를 단단히 했기에 적병이 침범했을 때 성을 잘 지킬 수 있었다.[183]

180) 鄭晩錫, 淵川君行狀, 《原州邊氏叅判公派譜》 上卷, 302~302쪽.
181) 邊應星將軍行狀, 《原州邊氏叅判公派譜》, 325쪽.
182) 閔鍾顯, 淵川君請諡行狀, 《原州邊氏叅判公派譜》 上卷, 291쪽.
183) 鄭晩錫, 淵川君行狀, 위의 책, 304쪽.

1594년(선조 27) 여름에 그의 어머니가 죽었으나 전쟁 중이라 경기방어사에 기용되어 복상을 하지 못했다. 난리 통이라 도둑이 성행하고, 백성이 도탄에 빠져 마을은 텅 비고 도로는 막혔다. 이에 변응성은 강가에 요충을 감시하고, 둔보屯堡를 설치하며, 토지의 비옥하고 척박한 것을 헤아려 유랑민을 모으고, 또한 이들을 안정시키니 동군東郡이 편안해졌다.[184] 1598년(선조 31)에는 경기방어사로서 광주廣州·이천利川의 사민士民을 규합해 한성漢城 방어에 힘썼다.

1602년(선조 35)에 윤두수尹斗壽가 유표遺表(신하가 죽을 때 올리는 表)에서 독성禿城을 굳건히 지켜야 한다고 하자, 선조는 변응성을 발탁해 이 일을 맡겼다. 그는 성을 높이 쌓고 도랑을 깊이 파는 한편, 노궁弩弓·석거石車·화포火砲 기계를 설치하고 병사들을 조련하며, 황무지를 개간하고 샘을 파서 백성으로 하여금 산업에 즐겁게 종사하게 하니, 한 해가 지나 성중의 인구가 200호 늘어나고 창고와 사찰이 100여 개소나 되어, 독성이 경기도의 큰 관문이 되었다. 이 말이 전해지자 왕이 가상히 여겨 구마廏馬를 내려주고, 따뜻한 유지諭旨를 내려 격려했다.[185]

1604년(선조 37) 9월에 부모의 묘를 개장改葬하기 위해 사임하고자 했으나 1606년(선조 39)에 가선대부로 승진, 남도병사에 제수되고 얼마 있다가 북도병사에 제수되었다. 1608년(선조 41)에 내직으로 들어와 훈련원 도정都正을 거쳐 포도대장으로서 주사당상籌司堂上을 겸하고, 양남兩南의 기무機務를 관장했다. 겨울에 조정에서 양남산성兩南山城을 폐치하려고 하자

> 양남은 오로지 지리산의 험고한 것을 의지해 촉석矗石과 교룡蛟龍이 바로 그 요새입니다. 국가의 존망이 양남을 얻고 잃음에 달려 있고, 양

184) 앞과 같음.
185) 앞의 글, 305쪽.

> 남의 얻고 잃음은 다만 험한 곳을 웅거해 요새를 지키는 여하에 달려 있습니다. 제齊나라 무왕武王은 백벽百壁에서 곤경을 당했고, 당나라 태종은 안시성安市城에서 굴복했습니다. 수비와 방어의 중요함은 이 두 성이면 또한 만족하지만 다만 일찍이 한 가지도 이로움을 얻지 못함으로써 사람들이 반드시 죽을 것으로 알고 이제 다 폐허가 되었습니다. 대저 병사에게 병기와 군량이 없어 당唐의 수양睢陽이 함락되었고, 백성들이 원망과 노여움을 품은 것은 조장자趙長子가 완전하지 못했던 것입니다. 수비를 갖추고도 장수가 능하지 못하면 또한 패하나니, 지난번의 진주가 그렇습니다. 만약 사람을 얻어 지키고, 그 조세를 감하며, 백성들은 병농兵農을 겸해 그 집을 보전하고, 그 성을 지키면 가히 양남을 보전해 국세가 굳건해질 것입니다.186)

라고 반대했다. 그리고 1609년(광해군 1) 여름에는 다음과 같은 방어책을 건의했다.

> 지금 노적老賊·홀적忽賊·왜적 등 3적이 있는데, 홀적은 장수 24인에 병사 각 500인이 있었으나, 문암門巖의 전투에서 사상자가 6천이었으니, 지금 만 명이 되지 못하고, 노적은 누차 홀성忽城에 다다라 헛되이 공갈만 칠 뿐, 능히 진격하지 못하고 화전和戰을 허락하고 있으니, 그 병력을 가히 알 수 있습니다. 또 중조中朝의 관방關防이 서로 대치하고 있으니, 이 2적은 감히 가벼이 움직이지 못할 것입니다.
>
> 그러나 왜적은 병사를 헤아리건대 50만에 이르는데, 사신을 보내어 길을 빌려 달라 하니, 속임수를 또한 헤아리기 어렵습니다. 우리나라

186) 앞과 같음.

는 병사가 적어 힘으로 제어하기 어려우니, 마땅히 형세로서 방비해야 할 것입니다. 서북이 험액險阨하니, 복병伏兵을 설치해 기계奇計를 내는 데 이로우니, 포화砲火를 갖추어 제어해야 하며, 동남은 평연平衍해 성을 쌓고 평야를 깨끗이 치우는 데 이로울 것이니, 주사舟師를 엄격히 훈련시켜 방어해야 할 것입니다. 모름지기 약속을 분명히 하고 사졸들을 가다듬어, 편안함으로 수고로움을 기다리고, 장점으로 단점을 쳐서, 그 군사가 늙고 사기士氣가 게으르게 될 것 같으면 적병이 가히 굴복할 것입니다.

또 반드시 장수를 선발하고 병사를 양성해야 하는데, 장재將材에 셋이 있으니, 지혜와 용맹과 힘이라. 3재三才가 한 마음이 되면 공을 마침내 보전할 것입니다. 초려草廬를 세 번 돌아봄에 제갈량諸葛亮이 나라를 위해 노고를 다 했고, 형제의 의를 맺어 관우關羽·장비張飛가 힘을 다 했으니, 3재의 충성을 다함은 또한 인주의 부린 바입니다. 병명兵名에 셋이 있으니, 왕자王者의 병兵은 의義로써 불인不仁을 치고 천벌을 공경히 행하기 때문에 무적이요, 패자覇者의 병兵은 곧음으로써 굽은 것을 쳐서 어려운 것을 널리 구제하기 때문에 반드시 승리하고, 능자能者의 병兵은 옳은 것은 상을 주고, 잘못한 것은 벌을 줘 시기를 보아 움직이기 때문에 반드시 강합니다. 능자의 병이 왕자·패자의 병을 오히려 제압하니, 하물며 무능자이겠습니까? 지금 장수가 그 재주가 없고, 병사가 전투를 알지 못해 수륙의 방어에 모두 획일함이 없으니, 마땅히 장재를 가리고 규율을 정하면 반드시 먼저 이기고 뒤에 싸우게 할 수 있을 것입니다. 그러나 신의가 없으면 일심一心의 병사가 반드시 없어질 것이며, 방비가 없으면 나라에 믿을 바가 없어질 것입니다. 오직 전하는 반드시 신의를 중히 하소서![187]

라고 해 장재를 가리고, 규율을 정하되 인주의 신의가 중요하다고 강조했다.

얼마 뒤 가의대부嘉義大夫로 승진, 훈련대장에 제수되고, 한성부윤, 도총부 부총관, 동지중추부사, 유도대장留都大將, 특진관, 군기시 제조 등의 관직을 역임했으며, 1613년(광해군 5)에 자헌대부資憲大夫로 승진, 한성부 판윤, 지중추부사, 지훈련원사 겸도총관 등의 관직을 역임했다.[188]

1613년(광해군 5) 4월에 계축옥사가 일어났다. 변응성이 병권을 가지고 있었기 때문에 이이첨 등의 핍박이 심했다. 정협鄭浹이 이이첨李爾瞻의 사주를 받고 이정구李廷龜·김상용金尙容 등과 함께 변응성을 사건에 연루시켜 폐고廢錮되어 광주廣州 선영 아래 물러나 칩거했다.[189]

그러다 1614년(광해군 6) 봄에 훈련원사에 임명되었으나 나가지 않으려 했다. 그러나 왕의 윤허를 받지 못했다. 1616년(광해군 8) 정월 27일에 병으로 정침正寢에서 죽었고, 뒤에 병조판서가 추증되었다. 그해 3월 광주廣州 초부면 용진리龍津里 운길산雲吉山에 건좌乾坐로 장사 지냈다.[190] 행장은 정만석鄭晩錫이, 청시행장請諡行狀은 예문제학 민종현閔鍾顯이, 신도비명은 종후손 변시연邊時淵이 지었다.[191]

그는 용모가 풍만하고 수염이 아름다우며, 천성이 탁월하고 평소에 마음이 평온했지만, 큰일에는 군건했다. 관직에서는 겸손하고 공손했으나, 권귀權貴 보기를 대수롭지 않게 여겼다. 또한 난리에 어머니를 잘 모셔, 군무를 보면서도 정성온청定省溫淸의 절차를 조금도 거스르지 않으려 했고 아버지가 아플 때는 분뇨를 맛보고 손가락을 베었다. 거상居喪에 슬픔으로 살고

187) 앞의 글, 305~307쪽.
188) 앞의 글, 307쪽.
189) 앞과 같음.
190) 앞과 같음.
191) 앞의 글, 286~321쪽.

자 하지 않았으나 국란으로 상을 제대로 지키지 못하는 것을 안타까워했다. 본래 검소하고 청백했으며, 오직 백성을 위해 정성을 다했다. 크고 작은 50여 차례의 전투에서 전공을 세웠으나, 공을 남에게 미뤘다. 그의 부인은 셋인데, 첫째 부인은 지훈련원사 백유검白惟儉의 딸 수원백씨이고, 둘째 부인은 부사 송율宋嵂의 딸 여산송씨이며, 셋째 부인은 진사 심대겸沈大謙의 딸인 청송심씨다. 아들이 없어 족자族子 변득邊得을 양자로 들였는데, 부사과를 지냈다. 변득은 1남 3녀를 두었다. 아들은 석징錫徵이요, 딸은 사인士人 이상신李相紳·유관兪糸官·이성하李成廈에게 각각 시집갔다.192)

변협의 아우는 변열이고 변열의 아들은 변응정·변응벽·변응규다. 변열은 무과를 거쳐 음직으로 공조좌랑을 지냈고, 1565년(명종 20)에 고성현령을 지낸 적이 있으며, 죽은 뒤에 아들 변응정의 출세로 공조참판에 추증되었다. 묘는 금촌金村 마산馬山 아버지 산소 아래 간좌艮坐로 있다. 부인은 병사 이흔李昕의 딸인 철성鐵城이씨다. 부인은 품성이 법도가 있어서 과부가 되었을 때 아들 변응정을 불러놓고 "내가 미망인으로서 이미 세 아들이 있으니, 교훈이 불가불 엄해야 하겠다"고 하고는, 세 개의 고리[環]를 주조해 오라고 해 교형敎刑의 자료로 삼았다. 그래서 세 아들의 재기才器가 성취되어 이름을 드러낼 수 있었다 한다. 석주石洲 권필權韠이 "世重二男俱死國 天有一子爲全家"라는 만시輓詩를 지어 애도했다. 1600년(선조 33)에 죽었고 시신은 남편과 함께 묻혔는데, 쌍분이다.193)

변열의 장자 변응정의 자는 문숙文叔이다. 1557년(명종 12) 10월 27일에 태어나 1592년(선조 25) 8월 27일에 전장에서 죽었다. 향년 36세. 어려서부터 절조節操가 있고 문예에 뛰어나 여러 차례 문과에 응시했으나 급제하지는 못했다. 그는 일찍이 아버지를 여의고 작은아버지인 변협에게 의탁하

192) 앞의 글, 308~309쪽.
193) 《原州邊氏叅判公世譜》 下卷, 241~241쪽.

고 있었는데, 중부仲父도 무과를 권했다. 그리하여 29세에 무과에 응시했지만 그 또한 떨어졌다. 그런데 선조가 일찍이 변협에게 장재가 될 만한 사람을 추천하라고 하자, "신의 조카 변응정이 문·무에 재주가 있습니다"라며 추천한 바 있다. 당시 북변이 소란해 조정에서 무과에 응시한 자는 다 파견해 그곳을 수비토록 했는데, 변응정도 거기에 포함되었다.194) 함흥에 이르니, 감사監司가 그의 문재文才를 사랑해 막하幕下에 두고 매양 시문을 칭탄하며 "그대의 문예로 만약 유과儒科(문과)에 진출했으면 가히 옥당에 발탁될 것이었는데, 활을 짊어지고 전장에 나섰으니, 애석하기 그지없다"고 했다. 그때 향시鄕試가 가까운 읍에서 실시되었는데, 향인들이 앞다투어 타도에서 응시한 사람들을 내쫓았다. 그는 시를 지어 "다북쑥 떨기 속에 솔나무는 천척千尺이요, 까막까치 지저귀는 속에 학의 일성이라"195) 고 했더니, 배척하던 자들이 위축되었다. 또한 그가 책문策問 시험에 장원을 하니, 무인으로서 과장科場에서 명예가 대단했다.196)

1588년(선조 21)에 식년무과에 급제해 처음에 월송만호月松萬戶에 제수되었다가 얼마 뒤 선전관에 뽑혀 들어갔는데, 행장行裝이 담박해 왕래할 때는 칼 한 자루만 몸에 지니고 다녔다고 한다. 집이 가난해 열읍列邑의 여러 진영鎭營에서 자용資用을 주고 청중廳中에서 쓰는 장구裝具를 갖추어 주었다. 선전관이 된 지 한 달이 못 되어 그는 남해현감으로 내려갔다. 남해안에 왜구가 나타나 조정에서 이를 막을 사람을 뽑아 보낸 것이다. 그러나 잠시 뒤에 차례를 건너뛰어 제주목사에 천거되었으나, 그런 문무전재文武全才는 중앙으로 불러들여야 한다고 해 승정원으로 불러 들어갔다.197)

---

194) 宋時烈, 忠壯公(應井)墓表, 《原州邊氏世譜》 首卷, 516~517쪽..

195) "蓬蒿叢裡松千尺 烏鵲喧邊鶴一聲(忠壯公贈兵曹叅判全羅水使邊公遺事."(《原州邊氏世譜》 首卷, 522쪽)

196) 앞과 같음.

197) 《原州邊氏叅判公派譜》 上卷, 359쪽.

1592년(선조 25)에 임진왜란이 일어나자 난민들이 자물쇠를 부수고 관청의 물건을 약탈해 갔다. 그가 주모자를 체포해 목을 베어 거리에 매달으니 경내가 두려워서 조용해졌다. 그는 상소를 올려 적들이 허술한 틈을 타 대마도를 기습해 그들의 수미首尾가 서로 내응할 수 없도록 하자고 했다. "곧바로 대양大梁으로 내닫는 것은 손빈孫臏의 승산勝算이고, 먼저 범양范陽을 취하는 것은 이필李泌의 기모奇謀입니다"라는 말을 식자識者들은 기이하게 여겼으나 조정에서는 채택하지 않았다. 그는 종 일력一力을 두 아우, 승지 변응벽과 병사兵使 변응규에게 보내어 "당당한 성대聖代에 역적의 왜인들이 강성함으로 말미암아 변장邊將이 방어하지 못하고, 여러 진영이 연이어 무너지며, 왜적이 도성을 핍박해 왕이 파천播遷하게 생겼으니, 신자臣子는 마땅히 죽어야 할 것이다. 또한 누구에게 들으니 어머니께서 출성했다고 하니 더욱 망극하다. 멀리 해외에 있어 가국家國의 화란을 함께 하지 못하니, 천지간에 큰 불충이요, 불효다"라는 편지를 전하게 했다. 그리고 의복을 벗고 손톱과 머리카락을 잘라 보내면서 "내가 난리에 임해 반드시 죽을 것이니 죽거든 이로써 장사지내라!"고 했다.198)

그가 항상 의기로써 사졸을 격려하고, 단속은 비록 엄히 하되, 어루만져 사랑함이 심히 지극하니, 군사들이 모두 쓰임을 즐겁게 여기고 감히 발길을 돌리는 자가 없었다. 드디어 주사舟師를 거느리고 고을 앞 바다에서 선봉에 서서 고단한 군사로서 적선을 크게 무찔렀다. 그리고 격문을 손수 써서 여러 고을에 통문通文을 내어 돌렸다.

> 소 요시토시[平義智]와 도요토미 히데요시豊臣秀吉가 병권을 탐해 함께 군사를 일으켜 쳐들어왔다. 땅은 준령峻嶺이 이롭고, 천혜의 요충은 장

198) 閔鎭厚, 〈忠壯公請諡行狀〉, 《原州邊氏叅判公派譜》, 338쪽.

> 강長江인데, 일찍이 20일이 못 되어 많은 우리 지방이 적에 손에 들어가고 많은 생령이 적의 칼끝에 죽었으며, 종사宗社가 피란길에 오르고, 산하가 피로 물들었으니, 무릇 혈기가 있는 자는 피를 마시지 않을 수 없게 되었다.
>
> 슬프다! 우리 장수와 사졸들이 차마 하늘을 함께 머리에 이고 있겠는가? 죽을힘을 다하고, 죽기로 각오함이 바로 오늘에 있음이라. 거가車駕가 도성을 떠나고 온 나라가 막혔으니 가속家屬들은 어디로 돌아가겠으며, 사생死生을 알기 어렵도다! 임금과 어버이를 다 버리고 충효가 둘 다 일그러졌으니, 사는 것이 가히 부끄러운지라. 무슨 낯으로 천지에 대하리오. 동국東國에 사람이 없음이니, 후세에 부끄럽기 한이 없다. 이제 들으니 동궁東宮이 이미 경기도에 임하시어 군사를 애무愛撫해 친히 출정한다 하시니, 신주神州를 능히 회복할 날을 손꼽아 기약할 수 있으리라. 국가의 회복이 오로지 호남에 달려 있으니, 금성에 주둔하고 있는 적을 급히 쳐서 승전을 이끌진대 국가의 수치를 가히 씻으리라. 남도의 백성들을 구원한 연후에 의병을 일으켜 즉시 서울로 다다라 천병天兵을 성원해 요기妖氣를 빨리 소탕하리라. 역사에 이름을 남기는 것이 요긴한 것이 아니요, 마땅히 우리의 직분이니, 어찌 또한 힘써야 하지 않겠는가?[199)]

이때 중봉重峯 조헌趙憲이 의병을 일으켜 금산錦山에 이르렀다는 소문을 듣고 권율權慄·조헌과 함께 금성산을 협공할 것을 약속하고 달려갔으나, 연락이 잘못되어 조헌군만 싸우다가 순절殉節한 뒤였다. 이에 그는 "내가 조헌 선생과 더불어 약속하고 지키지 못했으니, 어찌 하늘을 볼 수 있겠는

---

199) 앞의 글, 338~342쪽.

가?"[200]라고 하며 마침내 김제군수 정담鄭湛과 함께 동맹의 의를 맺었다. 또한 웅령熊嶺에 목책木柵을 설치하고 적과 크게 싸워 목을 베고 사로잡은 수가 헤아릴 수 없이 많았다. 마침 날이 저물자 적들이 아군의 화살이 동이 나고 후원이 끊긴 것을 알고 힘을 다해 공격해 왔다. 변응정은 기운을 다해 소리 높여 말하기를, "이곳이 우리가 죽어야 할 곳이다"고 하고 병사들과 함께 육박전을 치르다가 마침내 전사하니, 1592년(선조 25) 8월 27일이었다. 적들도 그의 죽음을 의롭게 여겨 큰 무덤을 만들어 '조조선국충간의담弔朝鮮國忠肝義膽'이라는 표목標木을 세워 주었다. 그리고 살아남은 병사들도 그의 기숙처寄宿處를 바라보며 서로 통곡하며 떠났다고 한다.[201]

이에 앞서 변응정이 바다에서 승전한 공을 관찰사 이광李洸이 나라에 알리자, 선조가 그를 전라수사로 임명했으나 길이 막혀 전하지 못해 그는 이 소식을 알지 못한 채 죽었다. 난리가 점점 평정되어 가자 우계牛溪 성혼成渾은 "조헌趙憲·고경명高敬命·변응정은 다 충의가 뛰어난 분들입니다. 진실로 마땅히 그 처자들을 구제하고 그 충혼忠魂을 위로해 사기를 격려함이 옳을 것입니다"고 상언해 변응정에게는 병조참판의 증직과 정문旌門이 내려지고, 자손을 녹용하는 조처가 내려졌다. 또한 금산錦山의 선비들이 조헌·고경명·변응정을 사당을 지어 향사享祀했다.[202] 서애西厓 유성룡柳成龍은 그의 《징비록懲毖錄》에서 "적의 정예병이 다 웅령熊嶺 전투에서 패함으로서 전라 일도가 온전함을 얻어 중흥의 기초를 세운 공적이 있었다"[203]고 적고 있다.

변응정은 문장에 능하고 시도 잘 지었다. 약간의 편이 세상에 전해지는데, 논평하는 사람들이 "골격骨格이 개장開張함이 그 위인과 같다"고 했다.

---

200) 尹根壽, 邊應井의 횡당촌싸움, 《原州邊氏參判公派譜》, 379쪽.
201) 앞의 글, 329쪽.
202) 앞과 같음.
203) 앞의 글, 330쪽.

또한 두 아우에게 보낸 서찰이 다행히 보존되어 있는데, 사의가 비장함이 추상열일秋霜烈日과 같고, 필세筆勢가 굳세어 지금 보더라도 사람으로 하여금 감동을 일으키게 한다. 이로써 가히 그의 기상의 일단을 알아볼 수 있다.[204]

그는 효성이 지극해, 집에 항아리와 그릇도 없으면서 어머니 음식은 안 떨어지게 했고, 어머니가 병이 나면 근심이 얼굴에 가득하고 허리띠를 풀지 않았으니, 곁에 있는 사람이 감동해 "고인古人이 이른바 충신은 효자의 가문에서 나온다"는 말이 맞다 여겼다.[205]

1393년(선조 26)에 연신筵臣 김진규金鎭圭가 변응정의 사적을 들어 표장할 것을 아뢰니, 선조는 "수립樹立이 탁이卓異하고 충절이 가상하도다. 마땅히 정경正卿의 증직을 더하고 특히 시호를 내리라"고 특명을 내렸다. 이에 예조는 "난리를 당해 승첩勝捷하고, 힘을 다해 싸우다가 의리에 순절했다"고 했다. 선조는 드디어 그에게 충장공忠壯公이라는 시호와 자헌대부 병조판서 겸 지의금부사 지훈련원사의 증직을 내렸다.[206]

월정月汀 윤근수尹根壽가 그의 무덤을 의총義塚이라 하고, 월사月沙 이정구가 그 사실을 자세히 기록했다. 우암尤庵 송시열宋時烈은 묘표를 지어 '만세불사萬世不死'라 했고, 의단義壇과 당재堂齋의 기記를 지었다. 〈변응정청시행장請諡行狀〉은 민진후閔鎭厚가, 가장家狀은 변정진邊挺鎭이, 〈임오충절사적초壬午忠節事績抄〉는 우산牛山 안방준安邦俊이, 〈변응정전적기邊應井戰績記〉는 윤근수가 지었다. 그뿐만 아니라 죽천竹泉 김진규金鎭圭는 경연에서 변응정을 포상할 것을 상주했다. 모두 노론 벌열들이 변응정의 현양을 주창한 것이다. 이는 그의 충의가 의리를 생명처럼 여기는 우암을 비롯

204) 앞과 같음.
205) 앞의 글, 330쪽.
206) 앞의 글, 330쪽.

한 노론 대가들의 구미에 맞았기 때문이 아닌가 한다.[207)]

변응정은 금산의 종용당從容堂에 배향되어 있는데, 이 당은 1646년(인조 24)에 창건되어 1663년(현종 4)에 사액賜額을 받았다. 그리고 그의 행적은 《삼강행실三綱行實》에 실려 있다. 묘는 양주楊州 동면東面 금촌金村 마산馬山 아버지 묘 아래에 간좌艮坐로 있다.[208)] 그의 부인은 현감 오윤경吳胤慶의 딸인 정부인 보성오씨이며, 남편과 함께 묻혔다.[209)]

변응정에게는 아들 하나가 있는데, 이름은 변충범邊忠範이요, 자는 군칙君則이다. 변충범은 1581년(선조 14)에 태어나, 1606년(선조 39)에 무과를 거쳐 종성부사가 되었다가 가선대부 동지중추부사 겸 부총관으로 승진했다. 1627년(인조 5) 정묘호란 때 오랑캐와 화친하는 것을 부끄럽게 여겨 〈관서비어8조소關西備禦八條疏〉[210)]를 올렸다. 그 상소 말미에는 '근화지의斥和之義' 8조를 첨부했는데, 1) 鎭形便也 2) 重師臣也 3) 鍊士卒也 4) 嚴軍律也 5) 開屯田也 6) 設舟師也 7) 任人才也 8) 固藩籬也 등 척화책을 늘어놓았다. 그는 1635년(인조 13) 8월 30일에 죽었다. 향년 75세. 묘는 아버지 묘 뒤에 간좌艮坐로 있다.[211)]

변충범은 충의의 가문에 태어나 형제가 난리를 만나고, 부자가 행방이 막혀 어버이의 유해를 거두지 못해 유서를 끌어안고 종신토록 통한했으니, 그는 효자이다. 또한 무과 출신으로 조정에 출사해 여러 번 군읍의 수령을 맡아 백성을 다스리고 병사를 훈련하는 데 두루 힘써 관찰사와 암행어사가 포상을 청하는 장계를 올려 승진의 특전이 있었으니, 그는 양리良吏이다. 광해군조에서 인륜을 거스를 때 백사白沙 이항복李恒福이 반대하

207) 邊挺鎭, 贈兵曹判書行全羅水使忠壯公家狀(《原州邊氏叅判公派譜》, 回想社) 1989. 338~352쪽.

208) 앞과 같음.

209) 《原州邊氏叅判公派譜》(回想社) 上卷 1989. 419~453쪽.

210) 邊忠範, 關西備禦八條斥和疏(《原州邊氏叅判公派譜》, 回想社) 1989. 419~453쪽.

211) 《原州邊氏叅判公世譜》 下卷(家乘미디어) 2006, 241~242쪽.

다가 유배 가는 것을 보고 국사를 통곡하며 강호에 물러나 낚시꾼과 벗을 했으니, 그는 정인正人이다. 그리고 정묘호란 때 오랑캐를 배척하는 〈관서비어 8조소〉를 올렸으니 그는 열사烈士이다.[212] 변충범은 어려서부터 골격이 보통 사람과 다르고, 기상이 뛰어났다. 종조 변협이 "우리 집안에 가성家聲을 길이 전하는 것은 이 아이에게 있다"고 했다. 또 임진왜란 때 아버지 변응정이 그 손톱과 머리카락을 잘라 서신을 집에 보내 영결永訣하자, 울면서 "나의 아버지께서 반드시 전장에서 돌아가실 터인즉, 부친은 충성을 다 하는데 자식은 홀로 피난해 부친이 돌아가신 곳을 알지 못한다면 어찌 자식의 도리이겠는가? 내 비록 어린아이지만 급히 가서 시석矢石을 무릅쓰고 시신을 거두겠다"고 했다. 그의 나이 열두 살 때였다. 비록 중부仲父와 계부季父가 말려 뜻을 이루지는 못했으나, 그의 충효는 하늘에서 타고난 것이었다.

아버지가 전장에서 죽었다는 말을 듣고 항상 남쪽을 향해 곡을 하며 복수할 뜻을 다지고, 피란하는 가운데도 낮에는 말을 타고 활쏘기를 익히며, 밤에는 병가서를 읽어 그 뜻을 해득했다. 또 매양 충신·열사의 말을 외우고, 무릎을 치며 눈물을 흘렸다. 광해군이 인목대비를 폐비하자 10여 년 동안 은거하다가, 임진왜란을 당해 계부 변응벽이 영변부사로 부임할 때 따라가 관서 지방의 산천의 험하고 평탄함과 도로의 멀고 가까움을 다 조사해, 1632년(인조 10) 봄에 관서를 방위할 〈관서비어8조소〉를 올린 것이다. 그는 이 상소를 통해 강력한 척화론을 전개했다. 그는 "오랑캐란 개돼지요, 호랑이, 이리와 같습니다. 개돼지는 물건을 탐하기를 한없이 하며, 호랑이와 이리는 성질이 포악해 물어뜯으니, 피폐皮幣나 주옥珠玉으로 어찌 그 한없는 탐욕을 충당하며, 형제의 서약인들 어찌 그 물어뜯는

---

212) 宋穉圭, 摠管公(忠範)實蹟(《原州邊氏叅判公派譜》,回想社) 1989. 417~419쪽.

사나움을 능히 막겠습니까?"라고 전제하며, "형편을 진정하고, 수신帥臣을 중히 여기며, 사졸을 훈련하고, 군율을 엄히 하며, 둔전屯田을 개간하고, 주사舟師를 설치하며, 인재를 기르고, 번리藩籬를 공고히 해야 한다"고 주장했다.213)

변응벽의 자는 명숙明叔이다. 1562년(명종 17)에 태어났다. 어려서부터 가업을 이어 궁마弓馬를 익히고 겸하여 문사文詞를 전공해 여러 차례 초시初試에 합격했다. 임진왜란 때 형 변응정은 해남 임소에 있고, 아우 응규는 만포진滿浦鎭 임소에 있었는데, 그가 모친을 모시고 관서에서 피난했다. 1600년(선조 33) 4월에 실시한 문과 전시에서 외민책畏民策으로 병과丙科에 급제해 승정원 가주서가 되었다.214)

선조가 4도도체찰사 이항복李恒福을 별전別殿에서 인견할 때, 그가 승지 민중남閔中男과 함께 입시했다. 해원부원군海原府院君 윤두수尹斗壽, 영돈령 이원익李元翼, 영의정 이항복, 좌의정 이헌국李憲國, 우의정 김명원金命元, 이조판서 한응인韓應寅, 좌찬성 심희수沈喜壽, 병조판서 신잡申磼, 호조판서 이정구李廷龜, 병조참판 한준겸韓浚謙, 동부승지 윤훈尹暈 등도 참여했다. 다음 해 주서注書로 승진했고, 나가서 경성판관이 되었으며, 1605년(선조 38)에 다시 들어와 호조좌랑으로서 춘추관 기사관을 겸임해 《명종실록》을 편찬했다. 그러다가 다시 외직으로 나가 황해도사가 되었는데, 첩을 거느렸다는 죄로 양재도찰방良才道察訪으로 좌천되었다. 그 뒤 함경도사, 길주목사를 지냈고, 다시 들어와 대간을 거쳐 벼슬이 동부승지, 첨지중추부사에 이르렀다.215)

일찍이 서장관으로 연경燕京에 갔을 때 예부상서 변모邊某가 "공(변응벽)

---

213) 副摠管邊公(忠範)鄕薦狀(《原州邊氏叅判公派譜》 上卷, 回想社) 1989. 459~466쪽.
214) 邊時淵, 同副承旨九江邊公行狀, 《原州邊氏叅判公派譜》 上卷, 400쪽.
215) 앞과 같음.

의 선조는 심양후이니, 구강태수 변양의 후손이다"고 해, 태수묘太守廟를 알현한 뒤 귀국해 호를 구강이라 했다. 1627년(인조 5)에 성절사로 동지사를 겸해 장차 출발하려 하는데, 설촌雪村 이흘李忔이 아래와 같이 14구의 시를 지어 송별했다.

구강재사를 누가 능히 당하랴 九江才士孰能當
기개와 풍류는 일찍이 과장에 떨쳤다 氣概風流早擅場
절묘한 재주는 일찍 유여각처럼 들리고, 妙藝曾聞游羿彀
맑은 문장은 정히 분우상과 합당하네 淸文端合賁虞裳
병법을 장군 막하에 잠시 시험했고, 龍蹈暫試靑油下
용병用兵은 멀리 만리 변방에 자원했네 虎竹遙分紫塞傍
보국에 가히 마음이 함께 붉었고, 報國可憐心共赤
우시에 그 어찌 머리가 푸르겠나? 憂時其奈髮垂蒼
장부 사업은 파함이 없는데, 丈夫事業無窮日
역사의 훈명은 헤아릴 수 없도다 竹帛勳名未可量
오랑캐를 평정해 번방의 수치를 씻고, 夷襄庶雪藩邦恥
천자의 진노에 한漢나라 번영을 기약하네 震疊方期漢道昌
대대로 장수가문 참으로 씨가 있고, 家世將門眞有種
만년의 유석에는 문득 빛이 나도다 暮年儒席便生光[216)]

등주登州 광록도廣鹿島에 이르러 큰 바람을 만나 서장관 윤창립尹昌立이 탄 배가 표류했다. 그는 급히 장계를 올려 명나라에 희종熹宗이 죽고, 의종毅宗이 즉위한 사실을 보고했다. 1628년(인조 6) 5월에 복명하니, 선조

216) 앞과 글, 398~401쪽.

가 서장관의 표류 사실을 묻고, 또 "모문룡毛文龍이 오랫동안 우리나라에 머무르고 있는데, 명나라에서 의심하지 않더냐?"고 물었다. 그는 "동지의 행례行禮시에 다만 이해利害만 묻고 별로 의아해 하는 일은 없었다"고 대답했다. 선조가 또 묻기를 "새 천자가 거룩하고 밝으시다고 하는데, 명나라의 사정이 전과 다름이 없느냐?"고 하자, "사람들이 성명聖明하다고 하나 옥하관玉河關에서의 수색搜索은 전보다 갑절이나 심합니다"고 대답했다. 선조가 또 묻기를 "명나라에서 장차 오랑캐를 토벌하고자 하던가, 다만 스스로 지키고자 하던가, 아니면 화의하고자 하던가?"고 묻자, "다만 스스로 지킬 계획이며, 오랑캐를 토벌할 계획을 잊지 않았으며, 화의도 또한 듣지 못했습니다"고 대답했다.[217]

만년에 이르러 집에 기오헌寄傲軒이라는 현판을 달고 이곳에 소요하며 스스로 즐기다가 죽었다. 묘는 양주 미금면渼金面 마산馬山의 선영 아래에 있다. 부인은 신향愼向의 딸 거창신씨다. 남편과 함께 묻혔다. 다섯 아들을 두었는데, 변충집邊忠執·변충렬邊忠烈·변충길邊忠吉·변충신邊忠信(무과)·변충익邊忠翊(진사)이다.[218]

변응규의 자는 광숙光叔이다. 응규가 일찍이 무과에 급제해 만포진 첨사가 되었고, 임진왜란이 일어나자 어머니는 중형인 변응벽이 모셨다. 얼마 안 되어 영변부사로 옮겼는데, 사헌부가 "왜적이 창궐해 사경四境이 잔파殘破되고, 국가에서 보전한 바가 다만 관서 1도뿐이며, 만포진은 강변의 큰 진으로서 오랑캐들이 왕래하는 요충입니다. 조석으로 방어할 일이 가히 염려되는데, 급히 진장鎭將을 바꾸는 것은 참으로 그 시기가 아니오니, 청컨대 바꾸지 말고 관서의 방어를 중히 하소서"라고 상소해 조방장助防將에 제수되었다.[219]

217) 앞의 글, 401~402쪽.
218) 앞의 글, 402쪽.

그가 여러 고을을 순행하면서 사졸을 조련했는데, 건주위建州衛 야인들 90여 명이 유랑민을 돌려보내고, 만포진에 와서 우리 군관이 대접하는 연회를 받지 않고, 방자한 뜻으로 산삼을 캐가려 했다. 병사 신집이 이 사실을 보고하니, 비변사에서 그 처리방안을 논의했다. 1656년(효종 7)에 변응규가 군사를 거느리고 만포진에 이르러 진을 치고 의외의 변을 대비하고 있는데, 이때 북병사가 결원이 되자 유성룡과 병조판서 심충겸沈忠謙이 그를 천거했다. 그러자 비변사가 상소했다.

> 직차職次가 상당하고 인격이 가합한 자로는 변응규만한 사람이 없습니다. 변응규가 일찍 이 만포진 첨사가 되어 자못 청렴하고 근신謹愼하다는 평이 있었고, 서변의 군졸들이 쓰이기를 즐거워했다고 합니다. 그리고 우의정 이원익李元翼도 병사를 바꾸려면 이 사람이 아니면 안 된다고 하니, 신 등이 가히 아뢥니다.[220)]

그리하여 그가 가선대부 평안병사에 임명되었다. 이때 오랑캐들이 변경을 노략질하자, 서애는 변응규가 잘하고 있으니 다른 장수를 보내지 않아도 된다고 해 그대로 두었다. 이에 그는 얼음이 얼기 전에 강가의 촌민들을 성 중으로 철수시키고, 마초馬草와 병량을 미리 장만해 환란이 있을 것을 대비했다. 그리고 오랑캐의 두목 노을가적老乙可赤의 성곽과 누각, 군졸과 전마 등의 실상을 아뢰고, 조정에서 확실히 상의해 처치하도록 건의했다. 선조는 병조판서 이덕형李德馨에게 아래와 같이 전했다.

> 변응규의 계책은 사람의 마음을 차츰 차츰 강하게 한다고 한다. 근래

---

219) 邊時淵, 平安兵使邊公行狀,《原州邊氏叅判公派譜》, 411~412쪽.
220) 앞의 글, 412쪽.

에 장수된 자들은 먼저 형장刑杖을 써서 위엄을 세우는데, 변응규는 이런 일이 없으므로 사졸들이 기꺼이 감복한다 하니 지극히 기쁜 일이다.[221]

1656년(효종 7) 3월에 죽으니, 왕이 "평안병사 변응규가 뜻밖에 죽었으니 놀랍고 슬픔이 이를 데 없다. 국사가 불행해 이와 같은데, 그 대신 누가 합당한가 알지 못하겠다. 비변사에서 의론해 아뢰라"고 했다. 이에 비변사가 "변응규는 성심을 다하고 또 변방의 정세를 잘 알았는데, 이제 갑자기 불행하게 되니 극히 애석합니다. 그 대신으로 십분 마땅한 자를 구하지 못하겠습니다"고 회계했다.[222] 그가 무과에 급제한 직후부터 서도西道에서 직급이 병사兵使에 이르고, 여러 사람의 신임을 얻었다. 주획籌劃과 무략武略이 있어 방어가 매우 치밀해 오랑캐들이 감히 노략질을 하지 못했다. 묘는 양주 선영 아래 있다. 부인은 현령 아무개의 딸 정부인 남원윤씨다.[223]

변이의 다섯째 아들은 변상동이다. 1400년(정종 2)에 태어나 1453년(단종 1) 10월 31일에 죽었다. 향년 54세. 통훈대부 행사헌부 감찰을 지냈다. 묘는 양주 건천면 지사동에 축좌로 있었는데, 실전失傳되어 2012년 용정리 대은 묘역에 제단비를 세웠다. 부인은 둘인데, 첫째 부인은 판관 이직생李直生의 딸 숙인 경주이씨요, 둘째 부인은 군수 권집지權執智의 딸 숙인 안동권씨다. 4남(孝順·德順·義順·萬山) 4녀(우의정 鄭苯, 尹三元, 대사성 鄭永通, 사과 李棣에게 각각 시집갔다)를 두었다.[224]

장자 변효순邊孝順은 1428년(세종 10)에 유천위柔川尉에 봉해졌다. 1457년(세조 3) 3월 병술에 죽었다. 그는 태종의 사위(柔川尉)로 시호는 강이康

221) 앞의 글, 412~413쪽.
222) 앞의 글, 413쪽.
223) 앞과 같음.
224)《原州邊氏叅判公世譜》, 211쪽.

夷다(信柔好樂曰康 安心好靜曰夷). 그의 성품은 온아하고, 행실은 공손했다. 평생에 3대졸三大拙이 있었으니, 처심졸處心拙, 치가졸治家拙, 그리고 대인접물우졸待人接物又拙이다. 부인은 태종과 신빈신씨信嬪辛氏의 딸인 소선옹주昭善翁主다.[225] 1437년(세종 19) 6월 갑술에 죽었다. 이틀간 조회를 정지하고, 관곽棺槨과 미두米豆 100석, 종이 150권, 포布 40필을 내렸다. 소선옹주는 태종 후궁 신령궁주信寧宮主 신씨辛氏의 딸이다. 봉상시奉常寺 소윤少尹 변계량卞季良에 명해 호상護喪을 보게 하고, 장례를 특별히 후하게 하라고 했다.[226]

차자 변덕순邊德順은 1417년(태종 17)에 태어나 평시서령平市署令을 지냈다. 묘는 양주 건천면 지사동 조모 남씨묘 아래 묘좌卯坐로 있다. 부인은 둘인데, 첫째 부인은 정랑 오비吳備의 딸이요, 개국공신 조인옥趙仁沃의 외손녀인 공인恭人 보성오씨요(남편과 함께 묻혔다), 둘째 부인은 사인 정인조鄭寅祖의 딸인 공인 동래정씨다. 동래정씨의 묘는 2005년 9월 17일에 진천군鎭川郡 문백면文白面 평산리平山里 산 37번지 인좌寅坐로 옮겼다.[227] 변덕순의 장자 변상邊祥은 자가 상지祥之, 또는 선옹善翁이다. 1486년(성종 17) 10월 13일에 문과 병과에 3종 변희리邊希李와 동방同榜으로 급제해 1491년(성종 22) 5월에 사간원 정언이 되고, 이어 세자시강원 보덕輔德으로 승진했다. 묘는 양주군 건천면 지사동 변안열묘 근처에 인좌寅坐로 있다. 부인은 순성군順城君 이개李䪗의 딸이요, 양령대군 이제李禔의 손녀인 숙인 전주이씨다. 남편과 함께 묻혔고, 2005년에 함께 진천군으로 이장되었다.[228]

225) 《원주변씨참판공세보》에는 昭信翁主로 되어 있으나, 《선원세계》에는 '소선옹주'(昭善翁主下嫁柔川尉邊孝順)로 되어 있다. 여기서는 후자를 따른다. 信寧宮主 辛氏는 뒤에 신빈신씨로 승격된 것 같다.

226) 앞의 책, 211~212쪽.

227) 앞의 책, 212쪽.

228) 앞과 같음.

변이邊頤의 여섯째 아들은 변상빙이다. 세종조에 행대감찰行臺監察로서 홍원숙洪元淑과 함께 경기좌우도전사京畿左右道轉司를 적간摘奸해 원종공신 3등에 녹훈되고, 벼슬이 통정대부 행간성현감行杆城縣監에 이르렀다. 묘는 여주군 강천면康川面 도전리道全里 원심동遠深洞 산 93번지에 인좌寅坐로 있다.

변상빙의 부인은 주부 민린생閔麟生의 딸 여흥민씨다. 남편과 함께 묻혔다.229) 4남을 두었는데, 장남 변보邊保는 양성부사陽城府使를, 차남 변석륜邊石崙은 창성부사昌城府使를 지냈다. 3남은 변석산邊石山이요, 4남 변석곤邊石崑은 강계부윤을 지냈다. 변석륜의 손자사위는 세조의 4남(근빈박씨謹嬪朴氏 소생) 창원군昌原君 이혜李𢘿이다.230)

변안열의 차자 변이의 일곱째 아들은 변상복이다. 변상복은 정종의 셋째 딸인 덕천옹주德川翁主에게 장가가서 원천위原川尉로서 불천위不遷位가 되었다. 왕의 아들딸이나, 종묘나 문묘에 배향된 사람, 훈신이나 충신에게는 부조묘不祧廟를 세워 5세가 지나도 사당에서 계속 제사 지내게 되어 있었다.231) 그는 1455년(세조 1)에 강릉부사로 있다가 관아에서 죽어, 왕이 호조에 명해 쌀과 콩 각 10석과 종이 60권을 관곽과 함께 하사했다. 묘는 남양주 진건면 용정리龍井里 지사도芝沙洞에 축좌丑坐 미향未向으로 있고, 그의 부조묘는 대전광역시 동구 직동稷洞 641번지에 있다. 3남을 두었는데 장남 변견邊堅은 사용司勇을, 차남 변후邊厚는 생원시와 무과에 합격해 현령을, 그리고 막내아들 변정邊靖은 무과에 급제해 전라병사를 지냈다.232)

변상복은 〈엽자보葉子譜〉를 쓴 것으로도 유명하다. 그 서문에 의하면 아

---

229) 《原州邊氏叅判公世譜》 上卷, 1989.
230) 邊泰用, 通政大夫行杆城郡守邊公(尙聘)行狀, 《原州邊氏世譜》 首卷, 734~737쪽.
231) 邊時淵, 原川尉邊公不祧廟記, 위의 책, 746~749쪽.
232) 邊時淵, 駙馬公(尙服)墓表, 위의 책, 742~745쪽. 《선원세계》에는 태종의 "三女德川翁主下嫁行府使邊尙服"라고 기록되어 있다(9쪽).

래와 같이 〈엽자보〉가 탄생하게 된 내력을 적고 있다.

> 1435년(세종 17) 겨울에 상복이 선친의 말씀을 들어 가로대 '오호라! 호적戶籍이 첫 번째 금金나라가 쳐들어왔을 때, 두 번째 홍건적이 쳐들어왔을 때, 세 번째 변안열이 벽제碧蹄에서 화를 당했을 때,[233] 화를 입었다. 다행히 선자先子(아버지 邊顒)께서 호적에 관한 기록 45대袋를 내게 주시면서, 엽자보葉子譜를 만들라고 하셨다. 내가 그 큰 약속을 두려워해 시일을 다투어 보태고 깎기를 1년 동안 해서 하나의 엽자대葉子袋를 만들었는데, 6번 접어 내외로 배행排行 50본이었다. 아손兒孫들에게 아홉 살짜리는 차고 다니게 하고, 열두세 살짜리는 읽어보게 하고, 나머지는 내가 받아두었다'고 했다.[234]

그러니 이 〈엽자보〉는 15세기 중반에 이미 만들어진 것이다. 우리나라에서 가장 빠른 족보는 1476년(성종 7)에 만들어진 《안동권씨성화병신보安東權氏成化丙申譜》다.[235] 이보다 앞서서는 보첩譜牒, 족도族圖, 가첩家牒, 가계도家系圖, 세계도世系圖 등이 유행했었다.[236] 이 가운데 〈엽자보〉는 족도에 해당하는데, 종이를 여섯 번 접어 만들어졌다. 이 족도 가운데 가장 오래된 것은 〈해주오씨족도〉이며, 이는 1401년(태종 1) 11월에 오선경吳先敬이 완성한 것이다. 이 족도를 만들기 시작한 것은 고려 말에 전서를 지낸 오광

---

233) 변안열이 벽제에서 죽은 것은 아니고 공양왕이 오사충 등을 시켜 변안열을 조사하게 했는데, 이들이 벽제에 이르러 그가 이미 처형되었다는 소식을 들은 것이다. 죽기는 한양에서 한양부윤 김백흥에게 죽었다.

234) 宣德十年乙卯冬 孤尙服述先言 曰嗚呼 先籍相禍于金 再禍于紅巾 三禍于碧蹄 幸先子記四十五袋 命孤約葉子譜 孤懼其太約 時日承裁 鍊删一年 淸書一葉子袋 六摺內外排行五十本 兒孫九歲者佩之 十二三者讀之 餘授于孤

235) 이성무, 〈한국의 성씨와 족보〉, 《韓國系譜研究》, 韓國系譜研究會, 2010, 23쪽.

236) 앞의 글, 402쪽.

정吳光廷이었지만, 마친 것은 그의 둘째 아들인 오선경이었다. 〈엽자보〉는 변상복이 그의 아버지 변이가 전해준 여섯 포대의 자료를 바탕으로 15세기 중반에 만든 것이다. 그러니 이 원주변씨의 〈엽자보〉는 간략하기는 하지만 〈해주오씨족도〉보다 조금 늦은 시기에 만들어진 한국에서 가장 빠른 족도 가운데 하나임을 알 수 있다. 〈엽자보〉의 내용은 다음과 같다.

一世 諱 玄: 一作么 號小黃子 本宋人 子姓 邊氏 世居黃鄉 趙宋 建炎中 入青嶼 主0場 聽人自 買 又好施 晚徒之高麗黃州 明王 丙辰(1196)卒 葬黃之三田西原 ○ 夫人崔氏 後公 三日卒 祔 一子

二世 諱 呂: 丙辰(1256) 喪小黃子 三年 高王丙子(1216) 丹兵屠 黃公見俘 以奇綏師 存王京 王 求之 封泰川伯 己卯(1219)卒 戒世葬于黃子孫 貫黃 ○ 夫人金氏 丙寅(1266)卒 后祔 一子

三世 諱 允: 一作胤 字允之 號西海先生 明王 壬寅(1182)生 丁巳(1197)進士 高王 甲寅(1254) 起疾 按西海元王復位再起 壬申(1272)樞密 忠烈王元年(1276)三月丁卯卒 戒辭謚葬 同 ○ 夫人崔氏 父俶政堂 戊辰(1268)卒 后祔 一子一女 鄭文鑑直學士 士節死 邊氏 亦隨死

四世 諱 宥: 初諱保 神王己未(1199)生 高王庚戌(1250)政堂 元王丁卯(1267)按忠清 流月餘 宥 還 西海公志而更呼 戊辰1268)卒 葬同 ○ 夫人皇甫氏 父琦平章 壬午(1282)卒祔 一子

五世 諱 制: 高王丁丑(1217)生 丁巳(1257)舍人 元王癸酉(1273)政堂 忠烈王己丑(1289)卒 葬同 ○ 夫人李氏 父昭中書 辛卯(1291)卒 祔 一子

六世 諱 訥: 字昌言 高王癸未(1223)生 丁巳(1257)卒 葬同 ○ 夫人白氏 父華郎中 十一月卒 祔 二子

七世 諱 碩: 祗侯

諱 順: 字 順之 高王丁未(1247)生 元王九年(1268)元使脫朶兒以公歸 見世祖帥瀋八年 至 元乙亥(1335)爵侯 武宗至大元年(1308) 高麗世子倎有功王瀋 公罷師 家居爲附城 己酉(1309)卒 葬瀋之伯安洞北原 ○ 夫人吳氏 父佑侍郎壬子卒 祔 一子

八世 諱 諒: 字亮父 至元甲子生(1264) 十五歲試鹵簿郎 從幸上都 射雁鴈中 世祖雅悅侯公 特 命世爵 庚戌(1310)嗣順帝 至元戊寅(1338)卒 ○ 夫人郭氏 父偕左丞 後公三日卒 二子

九世 諱 安伯: 嗣侯 至正戊戌(1358)死瀋

諱 安 烈: 字文成 英宗至治癸亥(1323)生 十五六師事脫脫 至正三年(1343) 脫脫擧工部郎中 旋失河幟家居 壬辰(1352)恭愍王偕魯主東還 帶公及姪肅 癸巳(1353)封戚里原州元顥女 食豊壤田柴 戊戌(1358)納僮三百人馬 五十疋誓脫紅巾 授安祐策功 禑 八年(1382)却倭封君婦鄕 恭讓王庚午(1390)正月禍 卒于碧蹄 葬楊州注葉山 太 祖元年(1392) 復勳錄 孤 ○ 夫人元氏 三月卒 葬楊之豊壤五弄洞東原 明成化四 年(1468)立光陵 遷公墓于夫人兆西北芝沙洞 萬曆庚辰(1580)樹碑于五弄 三子一 女女恭順君芳蕃

庶子 安緖: 郎中

十世 諱 顯: 洪武壬戌(1382)以 內謁者監 登文科 官通訓大夫判奉常寺事 二月九日卒 葬豊之 乾川面聖齋洞西北崗 ○ 夫人全氏

父五倫判書 七月十八日卒 葬同 一子二女 女 朴葵判書 朴大生節度使

諱 頤: 字頤之 恭愍王庚子(1360)生 我太祖癸酉(1393)主簿 定宗己卯(1399)原州前後七 官 有碑 太宗辛巳(1401)叅佐命功臣原從 戊子(1408)叅判 世宗壬寅(1422)觀忠淸 甲寅(1434)北征都摠制 未肅而卒 葬豊之芝沙府院君兆右崗 ○ 三夫人李氏 父達 尊中丞 葬同 祔 一子一女 女鄭由吉功臣 南氏父佐時大提學宜城君 葬摠制公兆 右前 X 祔 二子一女 女李漸都摠制 李氏父毗一寺丞 葬同 祔 四子一女 女李承

孫左贊成

諱 預: 判訓鍊

原本葉子譜 終

그리고 맨 끝에 누가 썼는지 알 수 없는 발문跋文이 붙어 있다.[237] 발문에 따르면 〈엽자보〉는 소략한 대로 가필하지 않고 그대로 전해온 것 같다. 한국의 최초의 족보라는 점에서 눈여겨봐야 할 것이다.

변안열의 말남末男 변예는 변영청邊永淸, 변세청邊世淸 두 아들을 두었다. 변영청은 사용을 지냈고, 부인은 상호군 계啓의 딸인 여흥민씨다. 묘는 법곡法谷 마산麻山 술좌戌坐에 연분連墳으로 있다. 변세청은 중령中領 중랑장中郎將을 지냈는데, 처자와 더불어 제주로 입거했다. 부인은 이씨다.[238]

---

237) 謹按右葉子譜 卽駙馬公諱尙服 承摠制公面命撰述 老而顧於舊譜 未曾印刊 文獻之晦則有數而然耶 今見傳本不可闕滿 故姑爲附錄於世紀下 而每世配夫人上 加圈以標之 駙馬公序文亦爲並錄 以示原本所由云.

238) 《原州邊氏世譜》(己亥譜) 卷 1, 上階, 1959, 46~47쪽.

3. 대은 변안열에 대한 평가

변안열은 《고려사》 권 126, 열전 39, 간신 2에 들어가 있다. 그러나 변안열이 간신전에 들 만한 행위를 한 흔적은 별로 없다. 《고려사》 찬자들이 기록해 놓은 데에서 굳이 찾아본다면, "변안열이 임견미林堅味·이인임李仁任과 함께 정방政房을 휘어잡고 무릇 공장工匠 및 재용財用을 반드시 먼저 사용했다"는 정도이다.[239] 따라서 그는 이성계의 역성혁명에 반대했으니, 오히려 반역 열전에 넣을 수 있을지언정 간신전에 넣는 것은 이상하다. 그렇기에 윤근수가 《월정만필》에서 "변안열 등이 한 일과 행동에서 처음부터 끝까지 간사스런 증상이 있음을 알지 못한다"고 토로하지 않았는가? 안정복安鼎福도 "조민수·변안열이 간신전에 들어 있는데, 이는 공정한 기록이 아닌 것 같다"고 했다.[240]

그러면 그는 왜 간신으로 판정된 것인가? 간신이란 간사한 신하를 말한다. '간사'하다는 말은 '성질이 간교하고, 행실이 바르지 못한 것'을 말한다.[241] 그러면 과연 변안열이 성질이 간교하고, 행실이 바르지 못했나? 변안열의 죄는 오히려 1) 창왕을 옹립하는 데 찬동했고, 2) 사전개혁私田改革을 반대했으며, 3) 우왕을 복립하려 했던 점이라고 했다.

첫째, 창왕을 옹립하는 데 찬동한 점이다. 위화도회군 이후 이성계파는 우왕의 아들이 아닌 왕씨를 허수아비로 옹립하려 했다. 그러니 역성혁명은 위화도회군으로부터 싹텄다고 할 수 있다. 회군 때 남은南誾과 조인옥

---

239) 安烈與堅味李仁任 提調政房 同欲相濟 凡工匠及有財者 必先用之(《高麗史》 卷 126,列傳 卷 第 39, 邊安烈傳).

240) 曺敏修邊安烈 皆入奸臣傳 似非公筆(《順菴集》 卷 10, 東史問答)

241) 이희승, 《국어대사전》(민중서관, 2010) 57쪽.

趙仁沃 등이 역성혁명을 하자고 했으나, 이방원이 시기상조라고 말렸다고 한다.[242] 그러나 조민수曺敏修가 이색에게 자문을 구해 창왕을 옹립한 것이다. 이 때문에 역성혁명이 일차적으로 차질을 빚게 되었다. 이것은 뒤에 윤소종尹紹宗의 제의로 폐가입진론廢假立眞論을 내세워 우왕과 창왕이 신돈辛旽의 혈통이라고 주장함으로써 뒤집혔다. 그러나 이종학李鍾學의 말처럼, 공민왕이 이미 우禑를 강령군江寧君으로 책봉해 후계자로 삼았는데, 이성계가 무엇인데 감히 공민왕의 명을 어기고 우왕을 폐위시키느냐는 것이다.[243]

그리고 이색도 그때 분위기로 보아, 창왕이 신돈의 혈통임에도 우격다짐으로 옹립했을 리가 없다. 창왕이 왕위에 오를 당시에는 신씨설이 아직 표면화되지 않았고, 우왕에게 공요攻遼의 책임을 지고 왕위에서 물러나게 해 대명관계를 원만히 하려고 했다. 실제로 《고려사》에는 우왕이 강화도에 가서 휴양하면서 상왕의 자격으로 고려 조정의 정중한 예우를 받았고(생일과 명절에 의복을 바치고 향연을 베풀어 드림), 아들 창왕에게 부왕으로서 자상하고도 경건한 태도로 교훈의 글을 보냈다고 기록되어 있다. 이런 형편이고 보면, 이색이 전왕의 아들을 세워야 한다는 주장이 너무나 당연하다.[244] 더구나 우왕이 이미 14년 동안이나 재위했고, 이성계파도 그 신하였지 않은가? 그런데도 우·창왕을 가짜라고 하는 것은 오히려 이성계가 역적이 되는 것이다.

창왕이 신돈의 혈통이라는 확실한 증거는 없다. 오히려 원천석元天錫은 야사를 지어 우왕이 공민왕의 아들이라 했다.[245] 미암眉岩 유희춘柳希春도

---

242) 自葳化島回軍之時 南誾輿趙仁沃等 密議推戴 以告太宗 太宗曰 此大事 不可輕言 時衆心皆歸(《燃黎 室記述》 卷 1, 太祖朝)

243) 其子鍾學倡言曰 玄陵既以禑封江寧君而立府矣 天子爵命矣 李成桂何人 敢違玄陵之命而廢我驪興王乎 (安鼎福, 《東史綱目》 17 下(景仁文化社, 1970), 450쪽.

244) 李佑成, 高麗末에 있어서 牧隱 李穡의 政治的 處地와 그 主義(《高陽漫錄》-韓國學의 底邊-, 景仁 文化社, 2005, 11쪽).

예문관 곳간에서 고려 말 실록을 보았는데, 우왕을 공민왕의 아들로 기록했다고 했다.[246] 안정복 또한 《동사강목》에서 "우왕이 비록 폐해졌으나, 오히려 상왕의 호칭으로 존대되었다. 우왕이 신씨라는 설을 밝힐 수가 없다고 했다"[247]고 전했다.

이색은 창왕이 선 뒤, 이 어린 왕을 받들고 고려왕조를 존속하려 애썼다. 그러나 이미 대세가 이성계에게 기울어서 국내에서는 손을 쓸 수 없었다. 이에 이색은 하정사賀正使로 자원해 명의 천자를 만나 창왕의 친조親朝로 이성계 세력을 견제하고자 시도했으나 뜻을 이루지 못했다. 명의 예부禮部는 오히려 창왕이 가짜 왕씨라면서 친조를 반대했다.[248] 이성계파가 미리 손을 쓴 것이 아닌가 의심된다. 이럴 즈음에 김저 사건이 일어나 사태가 급전직하했다. 이성계파는 변안열을 이 사건에 관련시켜 재판 없이 죽였다.

둘째, 사전 개혁에 반대한 점이다. 변안열은 여러 번 군공을 세웠고, 공신이 되어 많은 공신전을 받았을 것이다. 예컨대 그는 1363년(공민왕 2)에 원주원씨와 혼인할 때 풍양豊壤의 전시田柴를 식읍으로 받았고, 군공으로 여러 차례 공신전을 받은 데다가, 계속 고위직에 있었으므로 과전科田을 받았을 것이다. 그리고 그의 딸을 권력자인 이성계의 아들 무안대군撫安大君 방번芳蕃과 혼인을 시키는 등 권문세족으로 군림한 것은 사실이다. 그리고 1399년 수도를 개경으로 옮겨 태조가 개경에 갔을 때 변안열의 집에 묵었던 것을 보면, 그의 집이 크고 좋았던 것을 알 수 있다.[249]

이색도 "구법舊法을 가벼이 고칠 수 없고, 구차하게 개혁하면 사군자士君

---

245) 原州進士 元天錫 麗末人也 作野史 以辛禑爲恭愍子(《松都記異》 附錄).
246) 앞과 같음.
247) 安鼎福, 《東史綱目》 第 17, 下 開書筵.
248) 李佑成, 高麗末에 있어서 牧隱 李穡의 政治的 處地와 그 主義(景仁文化社, 2005), 12~13쪽.
249) 《정종실록》 권 1, 정종 1년 3월 경진

子의 생리生理가 날로 쪼그라들어서 반드시 공상工商을 추구할 것"이라 하면서 원칙적으로 사전 개혁에 반대했다. 이에 동조한 사람은 이림李琳·우현보禹玄寶·변안열·권근權近·유백유柳伯濡 등 구가세족들이었다.[250] 그러나 이색도 문란해진 전제를 개혁하는 데는 반대하지 않았다. 이색은 오히려 1352년(공민왕 1)에 호강豪强의 전지 겸병을 반대해 사전 개혁을 주장한 바 있다. 다만 이 사전개혁이 이성계파의 경제적 기반을 제공하는 데에 반대한 것이다. 이성계파는 변안열 등이 유종儒宗인 이색을 내세워 사전 개혁을 반대했다고 몰아붙였다. 이 때문에 변안열은 창왕 옹립, 사전개혁 반대로 이색의 뒤에 줄을 서게 되었다. 안정복도 "이색 등이 반대한 것은 스스로 이익이 되기 때문이 아니라, 민심이 이로 말미암아 이성계에게 돌아갈까 두려워해서였다"고 했다.[251] 그는 다시

> 살피건대, 충신의 임금을 섬김은 반드시 법령이 임금으로부터 나오게 하고 신하로부터 나오지 아니한 것으로 하고자 한다. 그렇게 함으로써 백성으로 하여금 내 임금을 마음으로 사랑하고 떠받들되, 다른 사람을 사랑하고 떠받들지 않게 하고자 한다. 이때를 당해 우리 태조(이성계)는 조야의 촉망하는 바 되었고, 정령의 선포와 시행으로 사랑하고 민심의 떠받듦이 다 우리 태조에게만 있었으니, 어찌 목은과 포은의 제공이 바라는 바이겠는가! 사전을 겸병하는 폐단은 진실로 빨리 제거해야 할 문제임은 의심의 여지가 없었으나, 제공이 개혁을 반대한 것은 자신의 이익을 위함이 아니라 오직 민심이 이로 인해 점차로 태조에게 돌아갈

250) 我太祖與大司憲趙浚欲革田制 李穡以爲不可輕改舊法 持其議不從 而李琳禹玄寶邊安烈 皆欲革以穡 爲儒宗 籍其口 以惑衆聽 革復之論未決 藝文館提學鄭道傳大司成尹紹宗 同浚議 厚德府尹權近判內 府寺事柳伯濡 同穡議 贊成事鄭夢周 衣違兩間 乃令各司議革復利害 議者五十三人 欲革者八九 其不 欲者 皆巨室子弟也(《高麗史節要》 卷 34, 恭讓王 1).

251) 是豈牧圃諸公之所欲哉 私田兼併之弊 誠亟去之物疑 而諸公之阻革者 非爲自利也 惟恐民心之因此而 漸歸太祖也(安鼎福, 《東史綱目》).

> 까 두려워함이다. 저 후배의 애써 논쟁함은 반드시 개혁하고자 하는 자 고려의 충忠이 아니요, 곧 태조에게 충이라 함이다. 자취를 두고 논하건대, 제공이 고려 왕실을 위해 고심한 것은 가히 공경할 만하고 가히 법 받을 만한 것이다.[252]

라고 논평했다. 민심이 이성계에게 돌아가는 것을 막기 위해서 사전 개혁을 반대했다는 것이다. 사전 개혁은 역성혁명의 두 번째 단계였다.

셋째, 김저가 이성계를 죽이고 우왕을 복립하려던 사건에 연루되었다는 점이다. 1389년(공양왕 1) 11월에 대호군 김저가 전 부령 정득후와 함께 여흥으로 우왕을 찾아갔다. 우왕이 원래부터 잘 안다는 예의판서 곽충보에게 칼 한 자루를 전해 주면서, 팔관회 날 이성계를 암살하라고 했다. 그러나 곽충보는 거짓으로 허락하고 이성계에게 고해 바쳤다. 끝내 암살에 실패하자 정득후는 자결하고, 김저는 잡혀 옥에 갇혔다. 김저는 처음에는 연루자를 불지 않다가, 칼로 발바닥을 벗기고 다리미질을 하자 견디지 못하고[253] 조방흥趙方興·변안열·이림·우현보·우인열·왕안덕·우홍수 등과 공모했다고 불었다. 이를 빌미로 우왕을 강릉, 창왕을 강화로 귀양 보냈다. 변안열의 가산은 몰수되었다.[254] 그런데도 우왕은 "나를 그르친 자는 변안열이다"[255]고 했다. 왜일까? 오히려 변안열 때문에 죽게 되었다고 생각한 모양이다.

이성계와 심덕부·지용기池湧奇·정몽주·설장수·성석린·조준·박위朴葳·정도전 등이 흥국사興國寺에 모여 군대를 둘러세우고 폐가입진론을 주창했

---

252) 安鼎福,《東史綱目》第17 上 改定田制).

253) (前略) 問佇不服 以刀裂足掌數寸許 熨以火 隨問皆服 遂成獄事 安熱亦坐罪(《高麗史》卷 126, 列傳 卷 39 邊安烈).

254)《高麗史》卷 126, 列傳 卷 39, 姦臣 2, 邊安烈.

255) 只削職 流禑漢陽 初禑歸江陵 謂人曰 誤我者安烈(아ㅠ의 글).

다. 이에 창왕을 폐하고 공민왕비 정비定妃를 협박해 신종의 7세손인 요瑤를 공양왕으로 추대했고[256] 김저는 옥에서 폭사 당했다. 변안열과 대질할 수 없게 하고자 그들이 죽인 것이다. 그런데 이성계는 "나는 처음부터 살해할 마음이 없었는데, 작은 선비[小儒]들이 어찌 이 지경에 이르렀는가?"고 하면서 관련자들을 헌사憲司에 넘겨 국문해야 한다고 했다.[257] 책임 회피성 발언이었다. 그리고 정당 서균형徐均衡을 강릉에 보내 우왕을 죽이고, 대제학 유순柳珣을 강화에 보내 창왕을 죽였다. 그리고 변안열을 한양으로 귀양 보냈다가 조사도 하지 않고, "우왕을 복립하려는 것이 어찌 내 혼자뿐이랴!"라고 하면서 말할 것이 있다고 하는데도 한양부윤 김백흥金伯興을 시켜 급히 죽였다.[258] 전광석화와 같이 단숨에 해치운 것이다. 왜 그렇게 서둘렀을까? 반대파가 반격할 겨를을 주지 않기 위해서였다.

변안열은 1389년(공양왕 1) 10월 11일 이방원의 〈하여가〉에 〈불굴가〉로 화답한 뒤 이성계 세력과는 이미 결별했다. 그러한 결기가 변안열로 하여금 여흥으로 우왕을 찾아가게 한 것이다. 다만 자기가 찬동해서 세운 창왕이 있는데, 자기와 별로 좋은 사이가 아닌 우왕을 굳이 복립하려 했을까? 게다가 우왕은 자기의 며느리가 될 사람을 가로채지 않았던가? 그렇다면 이성계의 역성혁명을 막기 위해 취한 행동인가? 그러나 변안열이 이성계를 제거하는 데 직접 나선 것은 아니다. 그러니 김저의 옥에 변안열이 관련되었다는 것도 믿을 수 없다. 이성계파들이 이 사건에 변안열을 엮어 넣어 처단한 것이라고 볼 수 있다. 변안열의 처족인 원상元庠은 구가세족들이 사전개혁을 저지하고자 우왕을 복립하려 했다고 했다.[259] 김저의 옥은

---

256) 安鼎福, 《東史綱目》 17 上(경인문화사), 446쪽.
257) 《太祖實錄》 卷 3, 太祖 2年 1月 戊午
258) 앞의 글, 452쪽.
259) 命臺諫同巡軍鞠庠 庠曰但怨革私田 欲迎立辛禑 以阻其事耳(《高麗史》 卷 126, 列傳 39, 邊安烈).

이성계의 역성혁명의 세 번째 단계이다.

변안열은 명장이었다. 처음 원나라에서 고려에 왔을 때는 10년 동안 공민왕과 노국공주를 호위하는 일에 몰두했다. 그러나 1373년(공민왕 22) 8월에 공병公兵인 의용좌우위義勇左右衛를 설치해 그 우군을 맡은 이후에는 강병을 거느릴 수 있었다. 그래서 홍건적·왜구와 싸워 연전연승한 것이다. 황산대첩도 이성계의 무용담을 늘어놓고 있으나, 실은 초전에 가당치 않은 실패를 했고, 싸움에 이긴 것은 변안열 등 제장의 공로가 컸을 것이다. 대첩 뒤에 이성계와 변안열에게 똑같은 황금 50냥을 하사한 것만 보아도 알 수 있다. 그리고 황산대첩을 변안열 열전에 장황하게 소개한 것도 변안열의 전공이 컸기 때문이라 할 수 있다. 이것이 《고려사》를 개찬해 가는 과정에서 오로지 이성계의 전공으로 둔갑한 것이 아닌가 한다.

변안열을 급히 처단한 것도 이성계와 맞먹는 강군을 거느리고 있는 그를 그대로 두고는 역성혁명이 불가능했기 때문이다. 그래서 〈불굴가〉를 듣자마자 적법한 과정을 거치지도 않고 변안열을 제거한 것이다. 변안열의 약점은 원나라에서 이주해 와서 국내의 기반이 튼튼하지 못했던 데에 있었던 것 같다. 1391년(공양왕 3) 7월 순령군順寧君 담聃과 성균사예 유백순柳伯淳의 설화舌禍 사건이 있자, 종친·귀척을 가리지 않고 "말을 만들고 정치를 어지럽히는 자는 벼슬을 즉시 몰수하고 국문해 죄로 다스리고 왕이 그들을 만날 때도 경연에서 공공연히 말하라"고 했다. 이는 국왕의 이목을 막으려 한 것이다. 그리고 1392년(공양왕 4) 7월 17일에는 조선왕조가 개창했다. 이것이 이성계의 역성혁명 네 번째 단계이다.

그러면 왜 변안열에 관한 기록이 날조되었는가? 조선왕조를 세우는 역성혁명에 방해되기 때문이다. 역성혁명에 반대하는 세력을 그대로 두면 혁명을 달성할 수 없다. 그러다 보니 역성혁명을 정면으로 반대한 변안열에 관한 기록이 남아 있을 리 없고, 있는 기록 또한 날조·변조·축소·탈락될 수밖에 없었다. 《고려사》와 《고려사절요》, 그리고 《조선왕조실록》은 대표적인 기록들이다. 이들 관찬사서는 유교사관을 바탕으로 쓰였으므로 충·역의 문제가 중시되었으며, 더욱이 여선교체麗鮮交替와 같은 정치적인 사건은 조선의 건국을 합리화하고자 많은 부분이 날조되었다. 특히 《고려사》는 1394년(태조 3) 《고려국사》로부터 1454년(단종 2) 10월까지 정도전, 정인지鄭麟趾, 김종서 등에 의해 여러 번 개찬되었다. 조선왕조 건국을 합리화하기 위해서였다. 전후 50년이나 걸린 것이다. 상촌象村 신흠申欽은

> 고려사에서 여탈하는 바는 모두 믿을 만한 것은 못 된다. 말년의 사적은 더욱 잘못이 심하다. 이것은 물론 나라에서 꺼리는 일이라서 자연 제약을 받은 까닭이겠으나, 진실을 전해야 하는 사기가 어찌 사실을 모조리 몰각하고 덮어버리는 일을 용납하는가? ······ 《고려사》를 엮은 이는 정인지鄭麟趾다. 정인지는 세종과 문종 두 왕조에서 사랑을 각별히 받고, 자리는 재상에까지 이르렀으나, 마침내는 임금을 죽인 적신이 되었다.260)

고 평하고 있다. 《청야만집青野謾輯》에도

> 생각건대 저 정인지의 무리는 그 좁은 마음으로 비뚤어진 붓대를 놀려 그 사실을 마치게 했으니 특히나 가통하다.261)

고 했다.

실록도 왜곡해 서술되기는 마찬가지였다. 고려 말에 사관史官 이행李行

260) 《燃黎室記述》 卷 1, 太祖朝)
261) 惟彼鄭麟趾輩 以其偏心 作爲曲筆 終歸其實 殊可痛也(《青野謾輯》).

이 이성계가 우왕, 창왕과 변안열을 죽였다고 직필해 처벌된 적이 있다.[262] 공양왕은 무진년(1388년 위화도회군) 이후의 사초史草를 바치라고 해 그 사초를 직접 확인하고 그를 울진으로 유배시켰다.[263] 이와 같이 태조 조에 정도전·정총鄭摠·윤소종 등에게 명해 전조실록을 수찬할 때, 여러 사관이 다 사초를 고쳐 써서 바쳤는데, 이행만은 그대로 내 죄를 받았다고 한다.[264]

정몽주와 변안열은 다 같이 고려를 지키려다가 죽음을 당한 사람이다. 정몽주가 문신의 대표라면, 변안열은 무신의 대표다. 이방원의 〈하여가〉에 대해 정몽주는 〈단심가〉를, 변안열은 〈불굴가〉를 지어 고려왕조에 대한 충성을 맹약했다. 그런데 변안열은 죽은 뒤에 간신전에 넣어 역사에서 매장해 버린 데 견주어, 정몽주는 충신으로 현양한 까닭은 무엇인가?

태종은 1401년(태종 1) 즉위하자마자 권근의 요청에 따라[265] 정몽주를 영의정부사 익양부원군에 추증하고, 문충文忠이라는 가장 좋은 시호를 내리며, 자손을 녹용하도록 했다.[266] 그리고 1432년(세종 14)에 《삼강행실》을 편찬할 때 정몽주를 충신전忠臣傳에 넣게 했으며,[267] 1517년(중종 12) 9월 7일에는 태학생 권석權碩의 상소로 정몽주를 문묘에 종사하고, 예관禮官을 보내 분묘를 수축하고 초목樵牧을 금하게 하고 비석을 세우게 했

262) 司憲府上書 前]藝文春秋館學士李行 嘗爲恭讓知申事 職兼史官修撰 乃阿李穡鄭夢周 誣書我主上殿 下 殺辛禑辛昌及邊安烈 請收職牒 鞫問論罪 上允之(《太祖實錄》 卷 2, 太祖 2年 正月 戊午).

263) 上命進戊辰已後史草 遂親見行所記 以誅安烈及禑昌父子等事 皆指斥上 以爲無罪被殺(同上).

264) 臣聞太祖之時 命鄭道傳鄭摠尹紹宗 修撰前朝實錄 諸史官皆改書史草而納之 惟李行不然 故未免囚繫 (《太宗實錄》 卷 27, 太宗 14年 5月 壬午).

265) 歲在乙酉 先正文忠公權近上書 請 加封贈錄其子孫 以勵後人 殿下嘉納(《圃隱文集》 卷 4, 行狀).

266) 建文三年辛巳 太宗大王命 贈先生大臣輔國崇祿大夫領議政府事修文殿大提學兼藝文春秋館事益陽府 院君 諡文忠(《圃隱文集》 卷 4, 年譜).

267) 命儒臣編輯古今忠臣孝子烈女之卓然可法者 隨事記載幷著詩贊...名曰三綱行實 廣布中外 仍命以鄭夢 周列於忠臣傳(《燃黎室記述》 卷 3, 世宗朝 纂述製作).

다.[268] 그 까닭은, 정몽주 같은 충신을 박해하면 조선을 위한 충신도 나오지 않을 것이기 때문이다. 그뿐만 아니라 재야세력이었던 사림파가 절의를 숭상한 것도 정몽주가 부상한 중요한 이유 가운데 하나였다. 사림파가 절의의 대표로 내세운 사람은 정몽주와 사육신死六臣이었다. 그리고 그들은 정몽주–길재–김숙자–김종직–김굉필–조광조–이언적–이황으로 이어지는 이른바 조선 도학道學 계보를 정통으로 삼아, 그 가운데 정몽주·김굉필·정여창·조광조·이언적·이황을 문묘에 종사했다.[269] 송시열 또한 정몽주는 절의만이 아니라 도학을 일으킨 공이 있다고 했다.[270] 정몽주가 친명노선을 걸었던 것도 그를 숭배하는 이유가 되었다.[271]

그러나 포은을 현창하는 데 대해서는 반대 의견도 있었다. 난신을 어떻게 충신을 만드느냐는 것이었다.[272] 한강寒岡 정구鄭逑는 퇴계 이황에게 이렇게 물었다.

> 조남명曺南冥이 일찍이 정포은의 나오고 처한 일을 의심했습니다. 저의 생각에도 포은의 죽음은 자못 가소롭습니다. 공민왕조의 대신으로 30년을 지내며 불가한 것에 대해서는 곧 이를 멈추는 의로움을 했어야 했습니다. 또 신우辛禑 부자를 섬길 때는 우왕을 왕씨의 소생으로 여겼단 말입니까? 곧 다른 날에는 우왕과 창왕을 몰아내는 일에 간여

---

268) 中宗大王 因太學生權碩等上疏 議于廷臣 命從祀文廟 實九月十七日也 又下禮官 修墳墓 禁樵牧 立 碑(《圃隱文集》 卷 4, 年譜).

269) 이성무, 《조선시대 사상사연구》(지식산업사, 2009), 179쪽.
光祖之學之正 其所傳者 有自來矣 自少受業於金宏弼 宏弼學於金宗直 宗直之學 傳於其父司藝臣叔 滋 叔滋之學 傳於高麗臣吉再 再之學得於鄭夢周之門 夢周之學 實爲吾東方之祖則其學問之淵源類 此(《圃隱文集》 續錄 卷 3, 館學生朴謹等 請靜菴先生伸寃疏略).

270) 領府事宋時烈啓曰 吾東方自箕子聖以後 至于麗季 闡開道學有功斯文 無如鄭夢周之比 而至使人人得 知君臣父子之倫 內憂外夷之義者 亦皆夢周之功也(同上, 筵臣奏辭 3).

271) 鄭夢周於本朝 旣無君臣之分 論其人物 則不獨節義 文章炳耀千載 學行踐履有功於斯文 爲東方理學 之祖 是實前代忠賢之最者也(同上, 禮曹啓辭).

272) "臺諫論啓曰 亂臣豈可謂忠臣 近之疏妄矣 上排衆議 從之."(《楓岩輯話》 卷 1)

> 했으니 어찌 된 일입니까? 10년 동안을 신하로서 복종하고 섬기다가 하루아침에 쫓아내서 죽이니 차마 할 수 있는 일입니까? …… 또 복종하고 그의 녹을 이와 같이 먹고 후일에 죽인 것은 깊이 이해할 수 없는 일입니다.[273)]

정곡을 찌른 질문이다. 이에 대해 퇴계는

> 정자가 말하기를, '사람은 허물이 있는 가운데서 허물없기를 구해야 하며, 허물없는 가운데서 허물 있기를 구해서는 안 된다'고 했습니다. 포은의 정충精忠은 큰 충절로서 가히 천지를 경위經緯하고 우주를 동량棟樑할 만한 것으로 말할 수 있는데, 세상이 의론을 좋아해 쳐서 드러내기를 기뻐하며, 사람의 아름다운 점을 이루는 일을 즐기지 않음을 두려워 마지않습니다. 황滉은 이런 소리가 들려 올 때마다 귀를 가리고 듣지 않으려고 합니다. 그대도 이 병에 걸려 있을 줄이야 생각도 못했습니다.[274)]

라고 비판을 원천봉쇄했다. 사림파의 종장으로서 학통의 시작이요, 절의의 상징인 포은에 대한 비판은 듣고 싶지 않았던 것이다. 그러나 우왕과 창왕을 끝까지 배신하지 않은 대은 변안열의 정충과 견주면 흠이 되지 않는 것은 아니다.

---

273) "寒岡鄭逑問於退溪李滉曰 曺南冥嘗以鄭圃隱出處爲疑 鄙意 圃隱一死 頗可笑 爲恭愍朝 大臣三十年 於不可則止之 義已爲可愧 又事辛禑父子 謂以禑爲王出歟 則他日放出已 亦預焉何也 十年服事 一朝 放殺 是可忍乎...又從而食其祿如是 而有後日之死 深所未曉."(《增補退溪全書》2, 卷 39, 書 答鄭道 可述問答, 大東文化硏究院, 景仁文化社, 1971, 291쪽)

274) "程子曰 人當於有過中 求無過 不當於無過中 求有過 以圃隱之精忠 一大節 可謂經緯天地 棟樑宇宙 而世之好議論 喜攻發 不樂成人之美者 嘵嘵不已 滉每欲掩耳而不聞 不意君亦有此病也."(앞의 책)

오히려 목은 이색은 우왕 옹립, 사전 개혁, 김저의 옥, 윤이·이초의 난 때 일관된 충절을 보였다. 이 가운데 윤이·이초의 난은 변안열이 죽은 뒤의 일이지만, 그 사건에도 변안열이 관계된 것으로 되어 있다. 상촌象村 신흠申欽이 이렇게 말하였다.

> 왕씨가 망하자 사람들이 다만 포은圃隱·야은冶隱만이 큰 절개를 이룬 것을 알고 목은牧隱은 알지 못하니 아까운 일이다. 태조가 건국한 뒤에 고려 조정에 일제히 무릎을 꿇었으나, 태조가 가장 두려워하고 꺼리던 사람은 유독 이색과 권근 두 사람뿐이었다.

그런데도 사람들은 이색에 대해 공양왕이 오라면 오고 가라면 갔다고 그의 절의를 의심한다. 권근도 이색에게 세상 사람들의 이목이 있으니 개경에 드나들지 말라고 했다. 그러나 이색은 임금의 신하된 도리로 왕이 부르면 와야 하고 죽는 한이 있어도 피하지 말아야 한다고 했다. 조선이 건국된 뒤 태조가 이색을 불렀다. 태조가 용상에서 내려와 "어리석고 어두운 나를 버리지 마십시오" 하니, 이색이 "망국대부는 살기를 도모하지 않으며, 다만 해골을 고향 산천에 장사지내고자 합니다"고 했다. 그리고 왕은 그에게 한산백韓山伯을 제수했으나 받지 않았다. 이색의 지지를 얻어야 민심을 수습할 수 있었기에 계속 설득한 것이다. 설득에 실패하자 1396년(태조 5) 5월 8일 벽란도에서 여흥으로 피서 간 이색을, 정도전 등이 보낸 짐독鴆毒을 탄 술을 먹여 죽게 했다.[275]

이로 미루어 보면, 변안열은 황산대첩, 위화도회군까지는 친명파로서 이성계와 노선을 같이 했지만, 창왕 추대, 전제개혁, 김저의 난, 윤이·이초의

275) 이성무, 〈이색의 절의〉(《한국일보》 2009년 11월 3일자, 〈이성무의 선비 이야기〉 7).

옥까지는 이색과 노선을 같이 한 것이다. 정몽주도 반反이성계 세력이었다는 점에서는 변안열과 쌍벽을 이루는 충신이었으나, 우·창왕에 대한 태도는 달랐다. 그리고 보면, 이성계의 가장 철저한 반대자는 변안열이었다고 할 수 있다. 그러니 이성계파들이 그를 재판도 없이 죽이고, 간신전에 편입시켜 매장한 것이다. 그렇다면 현재의 객관적인 입장에서, 변안열을 간신이 아니라 고려의 충신으로 재평가해야 하지 않을까?

제2장 해주정씨의 세계世系와 인물

1. 머리말

서초동 법원 앞에 '정곡鄭谷'이라는 표석이 서 있다. 그 근처가 해주정씨의 근거지이기 때문이다. 해주정씨는 고려 말 정역鄭易 대에 와서 이방원李芳遠의 문과 동방이고, 그 딸이 태종의 둘째 아들 효령대군孝寧大君에게 시집감으로써 왕실혼의 길을 열었다. 그리고 정역의 외아들 정종鄭悰이 문종의 외딸 경혜공주敬惠公主에게 장가감으로써 이중의 왕실혼이 이루어졌다. 그리고 정역의 두 아들, 정충경鄭忠敬과 정충석鄭忠碩도 문과에 급제했다. 그리하여 해주정씨의 가격家格이 높아졌다.

그러나 노산군이 계유정난癸酉靖難으로 세조에게 죽임을 당하자 정종도 저항하다가 처형되었다. 그리하여 해주정씨는 시련을 겪게 되었다. 그런데 정종의 외아들 정미수鄭眉壽가 문종의 유일한 혈손血孫이라 해 기용되어 성종·중종 등과 가까이 지냈고, 공신의 반열에 들게 되었다. 그 뒤 현종 조에 이르러 정효준鄭孝俊의 5자 1손이 문과에 급제해 명문으로 도약했다. 비록 명종 조에 정언각鄭彦慤이 윤원형尹元衡의 당여로서 양재역良才驛 벽서 사건을 고발해 사림을 박해한 죄로 사림들의 비난을 피하지 못했지만, 해주정씨에서는 많은 인물들을 배출했다. 이에 이 글에서는 해주정씨의 가계와 배출한 인물들을 개략적으로 살펴보고자 한다.

2. 세계世系

해주정씨의 세계는 고려 신종神宗조에 문과에 급제해 전법정랑典法正郎을 지낸 정숙鄭肅으로부터 시작되었다. 자료는 정기조鄭箕祚가 편찬한《해주정씨가승海州鄭氏家乘》과 박능서朴能緖가 편찬한《한국계행보韓國系行譜》(보고사, 1992), 조종운趙從耘이 편저한 《씨족원류氏族源流》(보경문화사, 1991)를 참고했다.

해주정씨 종손가계는 〈표 1〉과 같다.

〈표 1〉 해주정씨 종손가계[1)]

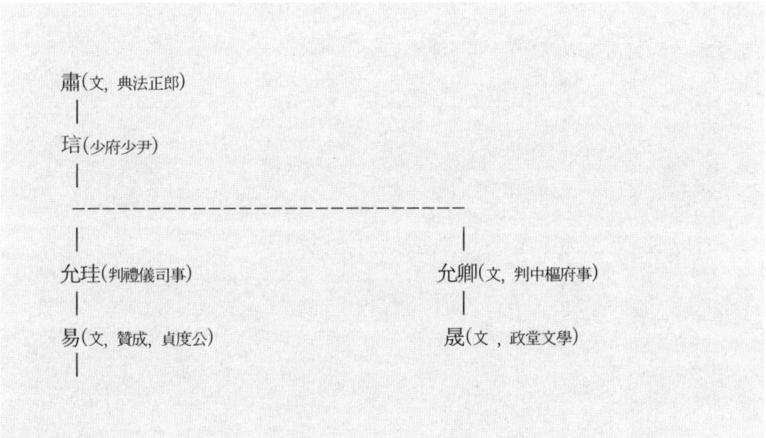

---

1) 鄭箕祚,《海州鄭氏家乘》
趙從耘,《氏族源流》海州鄭氏, 保景文化社, 1991.
朴能緖,《韓國系行譜》地 海州鄭氏, 寶庫社, 1992.

女+孝寧大君　女+李繼長　忠敬（文, 刑叅）　忠碩（蔭, 同中樞府事）　女+權蹲

忠敬

悰+敬惠公主（寧陽尉, 獻愍公, 文宗駙馬）　女+奇軸　女+金瑛　女+永膺大君　女+申碩敦

眉壽（蔭, 贊成, 海平府院君）

承休（郡守）

元禧（縣監）

欽（縣令, 海內君）

孝俊（生, 知敦寧, 海豊君）

植（司馬, 文,府使）　楹（文, 贊成）　晳（文, 叅判）　樸（文, 大司憲）　積（文, 掌令）

植

重徽（文, 叅判）　重昌　重遠　重萬（副正）

忠碩（蔭, 同中樞府事）

忱（文,戶議）　忻（執義）　憺（縣監）　忭（生）　憐（生）　恬（縣監）　女+李承召（文,禮判）　女+金永錘（府使）　女+陳猷

```
|
-----------------------------------------------------------------
|            |              |              |                |
有慶         延慶           興慶           女+李德根        女+權惇
(主簿)       (蔭, 府使)     (郡守)         (牧使)           (宣傳官)
|            |
|
-----------------------------------------------------------------
|            |           |           |               |       |       |
希恭(副尉)   希良(生壯)  希儉(進)    希信(武, 虞候)  希昌    希尹    女+權詮
|                        |
彦孝                     彦殼(進, 文, 叅判)
```

鄭楡의 가계

```
楡
|
--------------------------------------------------------------
|                   |                     |                  |
重泰                重器                  重夏               重朝
|                   |                     |                  |
--------            |              --------                  |
|       |           |              |       |                 |
惠寧    義寧        德寧(系)       德寧(出) 一寧             秀寧
|                   |                      |                 |
---------       ----------------       -------               |
|        |      |       |      |       |       |             |
運來(系) 運來(出) 運升   運興   運弘    運集    運來          運光
|               |       |      |       |                     |
|               |       |      |       ----------------      |
|               |       |      |       |       |      |      |
天祚            履祚    宜祚   延祚    玄祚    龜祚   旭祚   奕祚
```

鄭晳의 가계

```
 晳
  |
-----------------
|               |
重基            重規
|               |
------          |
|    |          |
世寧 處寧(出)   處寧(系)
|               |
|          -----------
|          |    |    |
運復       運啓 運敍(出) 運一
|          |         |
永祚       麟祚      毅祚
```

鄭樸의 가계

```
 樸
 |
--------------------------------------
 |       |       |       |       |
重載    重戩    重誠    重諴    重茂
 |               |       |       |
-------          |       |       ----------------
|     |          |       |       |    |    |    |
九寧(系) 得寧   濟寧(系) 斗寧(系) 九寧(出) 斗寧(出) 奎寧 濟寧(出)
```

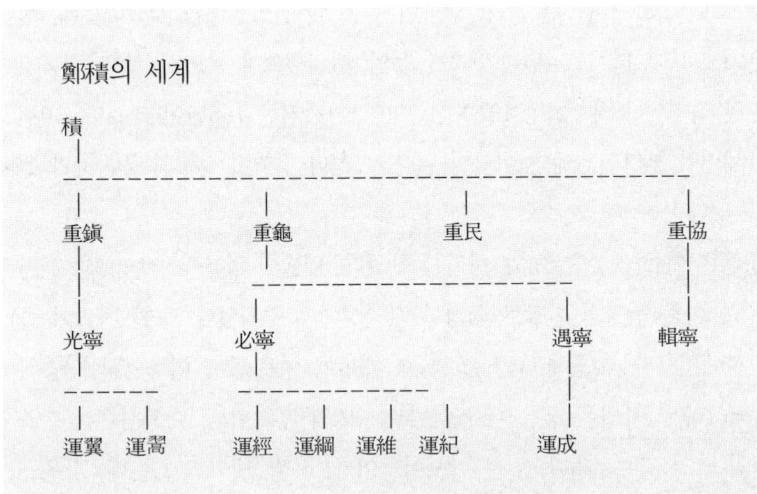

3. 해주정씨 종손계의 인물들

(1) 상계上系

해주정씨의 시조는 정숙鄭肅이다. 그가 언제 태어났는지 알 수 없다. 그러나 《가승家乘》에 따르면, 신종(재위 1198~1204) 때 문과에 급제해 벼슬이 전법정랑典法正郎에 이르렀고, 중현대부中顯大夫 전객서典客署 서령署令으로 치사致仕했다고 한다.[2)]

정숙의 후손으로 정언鄭琂이 있다. 1694년(숙종 20)에 《갑술보첩甲戌譜牒》이 편찬되기 전에는 정언이 정숙의 아들인 줄 알았다. 그러나 년대를

2) 鄭箕祚, 《海州鄭氏家乘》 권 1, 앞으로는 《家乘》이라고 줄여서 쓰겠다.

따져 보면 아들이 될 수 없다. 정숙이 신종 때 전법정랑을 지냈다는데, 신종은 1198년부터 1204년까지 7년 동안 재위했으니, 1198년부터 정숙의 증손인 정역이 등제登第한 1363년(공민왕 12)까지는 165년이나 된다. 30년을 1세대로 본다면 5세대 이상이 된다. 그러니 정역이 정숙의 증손자가 될 수가 없다.[3)]

정언은 아들 정윤규鄭允珪 하나를 두었다. 벼슬이 정용랑장精勇郎將에 이르렀고, 아들 정역의 현달로 의정부 좌찬성에 추증되었다. 또한 벼슬이 중대광판예의사사상호군重大匡判禮儀司事上護軍에 이르렀고, 이조판서에 증직贈職되었다.[4)] 부인은 홍유후弘儒侯 설총薛聰의 후손이요, 대사성 설문우薛文遇의 딸인 경주설씨다. 설문우는 아들이 없고 딸 넷이 있었는데, 정윤규의 부인은 셋째 딸이었다.[5)]

(2) 정역

정윤규는 아들 정역 하나를 두었다. 정역의 자는 순지順之요, 호는 백정柏亭이며, 해주인海州人(大寧人)이다.[6)] 1363년(우왕 9)에 이방원과 함께 김한노金漢老가 지공거知貢擧인 문과 시험에 급제해 좌정언, 지평持平, 정랑을 거쳐 교주도交州道 안렴부사安廉副使로 나갔다가 들어와 사헌부 지평을 거쳐 벼슬이 참지의정부사, 예문대제학, 판중군도총제부사判中軍都摠制府事에 이르렀다.[7)]

---

3) 앞과 같음.

4) 앞과 같음, 貞度公鄭易神道碑銘

5) 앞과 같음, 郎將公事蹟.《慶州薛氏譜》에 따르면 설씨의 世系는 薛文德(1世)−礜(2世)−喬(3世)−承務(4世)−伊琴(5世)−思(6世)−聰(7世)−公裕(8世)−景成(9世)−文遇(10世) 등이다(附夫人慶州薛氏譜).

6)《家乘》卷1, 貞度公事蹟 및 朴能緒,《韓國系行譜》地 海州鄭氏 1111쪽.

7) 앞과 같음.

정역은 천성이 간엄簡嚴하고 기질이 혼후渾厚하며, 경전에 기본을 두고 문장을 겸해 일세가 추중推重했다. 처음에 이방원과 동방同榜[8]으로 친했으나, 조선왕조가 개창될 때 협력하지 않고 두문불출해 공명功名에 뜻이 없었다. 그런데 태종 이방원이 친히 문병을 가고, 둘째 아들 효령대군을 정역의 딸과 혼인하게 했다. 이에 정역은 특별한 예우에 감격해 비로소 나와 벼슬하고 신왕조에 협조했다. 그리하여 연안延安·안변安邊·남원南原 등 6읍의 수령을 거쳐 내직으로 들어와 사간원 좌정언, 사헌부 지평, 이조정랑, 예문관 직제학, 형조참의, 호조참의를 역임했다. 1404년(태종 4) 정월에 정역은 지형조사知刑曹事가 되어[9] 그해 9월 19일에 창령부원군昌寧府院君 성석린成石璘과 함께 경전에 밝고 행실을 닦은 선비를 세자의 요속僚屬으로 보충해 줄 것을 진언했다.[10] 10월에 지사간원사 정역은 대사간 유량柳亮 등과 함께 이거이李居易의 반역죄를 처벌할 것을 상소했다가 귀양 갔다.[11] 그러나 태종은 정역 등을 곧 불러 올렸다.[12]

정역은 1406년 8월에 우사간대부에 임명되었고,[13] 9월에

전하께서 초지草地에 이어移御해 계심은 공구수성恐懼修省해 이변을 없애

8) 1383년(우왕 9)의 癸亥文科榜目에 따르면 이방원은 병과(7인)에, 정역은 동진사(23인)에 급제했다. 그러나 당시가 고려 말이라 정역은 잣나무로 정자를 짖고, 호를 柏亭이라 하면서 장차 은거하려고 했으나 조선이 건국되자 태종이 潛邸 시대의 옛 친구라 해 정역을 개국원종공신에 록훈해 주었다. 이에 감격한 나머지 나가서 협조했다. 그리하여 1394년(태조 3)에 연안부사로 나가 교수 鄭達夢과 힘을 합쳐 연안향교를 일으켰다(權近, 延安鄕校廳壁記). 그러나 별안간 어머니 상을 당해 3년상을 마친 다음에 사간원 좌정언, 사헌부 대사헌, 황해도관찰사, 예조판서 등을 거쳐 찬성으로 죽었다. 단, 1420년(세종 2)에 卞季良이 지은 〈元敬王后誌文〉에는 효령대군이 호조판서 정역의 딸을 얻어 5남 1녀를 두었다고 하고, 獻陵神道碑에는 4남을 두었다는 차이가 있다(《家乘》 卷 1, 癸亥文科榜目 後記).

9) 《태종실록》 권 7, 태종 4년 1월 계해

10) 《태종실록》 권 8, 태종 4년 9월 정사

11) 《태종실록》 권 8, 태종 4년 10월 기축

12) 《태종실록》 권 8, 태종 4년 12월 병자

13) 《태종실록》 권 12, 태종 6년 8월 을사

고자 하심인데, 오늘 사냥을 구경하심은 옳지 못한 듯합니다.[14]

라고 해 태종이 사냥을 나온 것을 비판했다. 그러자 태종은 사냥을 구경해도 곡식을 밟아 손상시키는 일은 없을 것이라 했다.[15]

1408년(태종 8) 2월에 정역의 딸 정씨로 숙의옹주淑儀翁主를 삼았다.[16] 그런데 3월에 형조참의 정역은 양전量田 경차관이 되었는데, 전지田地를 고중高重하게 측량했다고 해 정직되었다.[17] 정역은 1410년(태종 10) 3월 황해도 관찰사로서 황해도의 기근 대책을 상소해 경기·강원·황해도의 군사로 하여금 번상番上해 시위侍衛하는 것을 정지하게 했다.[18] 1410년 10월에는 형조판서 임정林整과 중군동지총제中軍同知摠制 정역을 명년 정조正朝를 하례하기 위해 경사京師에 보냈다.[19] 명나라에 다녀와서 정역은 1411년(태종 11) 2월 23일에 중군동지총제를 겸임했다.[20] 정역은 하정사賀正使로 다녀와서 4월에 한성판윤이 되었으며,[21] 5월에는 좌명원종공신에 책봉되고, 참지의정부사가 되었다.[22] 1412년(태종 12) 1월에 정역은 참지의정부사로서 이렇게 충고했다.

전일에 전하께서 하교하시기를, '대간臺諫은 대소 조사와 더불어 서로 과도하게 좇지 말라[過從]고 하셨는데, 신등은 생각하건대, 대간은 전하의 이목耳目이니, 마땅히 견문을 넓혀야 할 것입니다. 무릇 입법하는

---

14) 《태종실록》 권 12, 태종 6년 9월 신유
15) 앞과 같음.
16) 《태종실록》 권 15, 태종 8년 2월 병신
17) 《태종실록》 권 15, 태종 8년 3월 계해
18) 《태종실록》 권 19, 태종 10년 3월 임진
19) 《태종실록》 권 20, 태종 10년 10월 병오
20) 《태종실록》 권 21, 태종 11년 2월 갑인
21) 《태종실록》 권 21, 태종 11년 4월 임진
22) 《태종실록》 권 21, 태종 11년 5월 기묘

> 것은 반드시 만세에 전하는 것이니, 삼가지 않을 수 없습니다.[23]

대간의 풍문탄핵風聞彈劾을 금지하는 태종의 하교를 반대한 것이다. 세자(양령대군)도

> 간원諫院은 주상의 이목이요, 서연書筵은 신의 요속인데, 일전에 신이 오로지 학문에 힘쓰게 하다가 도리어 폄출貶黜을 당했습니다. 이와 같이 한다면 뒷사람이 누가 신을 위해 규계規戒하는 말을 진달하려 하겠습니까?[24]

라고 했다. 태종이 누가 시켜서 이렇게 말하느냐고 묻자,

> 신이 일찍이 청할 마음이 있었는데, 빈객賓客 이래李來 등에게 물으니, '가'하다고 하기에 감히 청했습니다.[25]

고 했다. 태종도 가납加納했다.

그 후 사헌부 대사헌, 예문관 제학, 예조·형조·호조·이조판서를 역임하고, 의정부 좌찬성이 되었다. 또 북경에 사은사로 다녀와 예문관 대제학으로 판중군도총제부사를 겸임했다. 그러나 풍질風疾로 관직을 사임하고 한가히 살면서 두 아들에게 "나는 평생에 다만 임금께 충성하는 한 마음이 있었을 뿐이었다. 너희들도 나의 뜻을 본받으라"고 했다. 왕은 공안부윤恭安府尹 정역에게 병을 치료하라고 술을 내려 주었다.[26] 이때 상복도감喪服

23) 《태종실록》 권 23, 태종 12년 1월 정유
24) 앞과 같음.
25) 앞과 같음.
26) 《태종실록》 권 23, 태종 12년 5월 병술

都監·빈전도감殯殿都監·국장도감國葬都監·재도감齋都監 등 4도감을 두었는데 정역은 상복도감 제조提調가 되었다.[27] 8월 21일에 정역은 대사헌이 되었다.[28] 대사헌으로서 정역은

> 상벌은 나라의 대전大典이니, 반드시 그 공과 죄가 합당한 뒤에야 사람들의 마음이 따라오고, 악한 짓을 하는 자가 두려워 할 것입니다. 신들이 엎드려 보건대, 역신 박만朴蔓·임순례任純禮 등은 법으로 용서받지 못할 자들이오나, 구차하게 목숨을 보전해 주군州郡으로 횡행하기를 일반 사람과 다름없음이 12년[一紀]이 되었습니다. 이것은 비록 전하가 호생好生의 어지심으로 그렇게 된 것이오나, 진실로 신상필벌信賞必罰의 영전令典에 어긋나는 것으로 중외의 신민들이 결망缺望하지 않는 사람이 없습니다. …… 특별히 유음諭音을 내리셔서 역신 박만·임순례·조순화趙順和 등을 법으로 처치하소서.[29]

라고 아뢰었다. 그러나 태종은 "이미 알고 있으니, 다시 말하지 말라"고 했다.[30] 그리고 태종은 계속 이와 같은 주장을 하면 대간을 조참朝參에 참여하지 못하게 하겠다고 협박했다. 이에 정역은

> 호생好生하는 덕은 비록 아름답다 하더라도 그것이 대전大典에 있어서 어떠하겠습니까? 또 조참에 참여하지 말게 하면 기대에 어긋남이 많습니다.[31]

27) 《태종실록》 권 23, 탠종 12년 6월 무인
28) 《태종실록》 권 24, 태종 12년 8월 계유
29) 《태종실록》 권 24, 태종 12년 8월 경진
30) 《태종실록》 권 24, 태종 12년 10월 무진
31) 《태종실록》 권 24, 태종 12년 10월 기사

고 대들었으나 들어주지 않았다.

1413년(태종 13) 2월 30일에 효령대군이 충령군忠寧君과 아동 곽금郭金·막금莫金·막승莫升·덕중德中 등과 타구打毬 놀이를 하다가 공이 다리 밑으로 굴러 들어가자 장난으로 혜정교惠正橋 아래 물에 빠졌다. 유모가 구해서 효령대군의 장인인 대사헌 정역에게 고했다. 형조가 이들을 고발하자 태종은

> 이 아이들은 모두 10세에 불과하니, 요언妖言을 조작한 것으로 논함은 불가하며, 또 동요라 이를 수도 없다. 예전에 이른바 동요란 이런 것이 아니다. 비록 이것이 동요라 하더라도 또한 무죄이니, 동요의 율은 즉시 대언사代言司로 하여금 형조와 함께 불태우게 하라![32]

고 무마했다. 1413년(태종 13) 3월 16일에 대사헌 정역은 다음과 같이 상소 했다.

> 시중의 물가가 뛰어오르니, 청컨대 중국 착세着稅의 법을 따르소서. 모든 물건은 그 추세麤細·장단長短·경중輕重의 다름을 살펴서 반드시 절가折價해 세를 먹인 뒤에 매매하게 하소서.[33]

그러자 왕이 의정부에 내려 의논하게 했다.

4월 7일에 정역은 예문관 제학이 되었고[34], 1414년(태종 14) 10월 13일에 충청도관찰사가 되었다.[35] 충청도관찰사 정역은

32) 《태종실록》 권 25, 태종 13년 2월 기묘
33) 《태종실록》 권 25, 태종 13년 3월 을미
34) 《태종실록》 권 25, 태종 13년 4월 을묘
35) 《태종실록》 권 28, 태종 14년 10월 계미

> 생生을 좋아하고, 사死를 싫어함은 사람과 사물이 같습니다. 전傳에 말하기를 '갓 나온 벌레는 죽이지 않고, 갓 자라나는 풀은 꺾지 않는다'고 한 것은 바로 이런 까닭입니다. 이제 무지한 농부들이 경칩驚蟄으로 만물이 소생하는 때를 당해 불을 놓아 전답을 태우는데, 산과 들에까지 연소되어 드디어 모든 벌레가 타 죽게 만드니, 원컨대 이제부터는 경칩 이후에 방화하는 것을 일체 모두 엄하게 금지하소서.[36]

라고 상소해 경칩에 전답을 태우지 못하게 했다. 1415년(태종 15) 1월 26일에 정역은 판한성부사가 되었고,[37] 5월 17일에는 예조판서가 되었다.[38] 그런데 태종은 전일 조계朝啓에서 삼십세일지법三十稅一之法(곡물이나 상품에서 1/30을 세로 거두는 것)을 행하자고 했으나 예조판서 정역이 반대해 실시하지 못했다. 태종은 이 법은 중국 성왕聖王의 유제遺制인데 이를 반대하는 것을 보니 재상은 모름지기 글을 읽은 사람을 써야 하겠다고 했다.[39] 1415년(태종 15) 6월 19일에 정역은 형조판서가 되어[40] 주현병합을 반대했으나,[41] 이에 대해 태종은

> 하는 일이 바르면 비록 어리석은 백성이 원망하더라도 하늘이 싫어하겠는가? 이와 같이 한다면 재상이 어떻게 그 조租를 거두며 국가가 어떻게 다스려지겠는가?[42]

---

36) 《태종실록》 권 29, 태종 15년 1월 계묘
37) 《태종실록》 권 29, 태종 15년 1월 을축
38) 《태종실록》 권 29, 태종 15년 5월 계축
39) 《태종실록》 권 29, 태종 15년 5월 임술
40) 《태종실록》 권 29, 태종 15년 6월 갑신
41) 《태종실록》 권 30, 태종 15년 8월 을축
42) 《태종실록》 권 30, 태종 15년 8월 을축

라고 하면서 받아들이지 않았다. 그리고 승령부承寧府(1402년 5월에 세자의 공궤供饋를 위해 설치한 관청. 1418년 6월에 양령대군이 폐세자가 되자 순승부順承府로 바뀌었다)의 전지와 인구를 경승부로 옮긴 것에 대해

> 혁거革去한 사사寺社의 노비 8만여 구口를 오로지 전농시典農寺에 붙이면 생산한 것과 물고物故한 것을 다 상고하지 못할까 두렵습니다. 청컨대 각사各司에 나누어 붙이는 것이 편할까 합니다.[43]

고 해 혁거사사革去寺社 노비 8만 구를 전농시에 편입시키지 말고 각사에 나누어 주자고 했다. 이에 대해 이조판서 박은朴訔과 병조판서 박신朴信은 반대했다. 태종은

> 승령부를 지금 전농시에 합병하고 전농시로 하여금 동궁東宮의 술을 공봉供奉하게 하는 것이 심히 명분과 실상에 어긋난다. 마땅히 승령부의 전지와 노비를 경승부에 합병해 오로지 세자의 의복·음식을 공봉하기를 공안부恭安府의 예와 같이 하면 내자시·내섬시가 또한 조금 어깨를 펼 것이다.[44]

고 했다. 또한 11월 24일에 형조판서 정역은

> 시직時職·산직散職 3품 이하 9품 이상이 2품 이상을 꾸짖는 자는 《대명률》의 '수령 및 통속관統屬官이 5품 이상 장관을 꾸짖는 예'에 비해 장杖 80대를 때리고, 7품 이하와 양인 등이 6품 이상을 꾸짖는 자는

---

43) 《태종실록》 권 30, 태종 15년 8월 계사
44) 《태종실록》 권 30, 태종 15년 8월 계사

《대명률》의 '6품 이하 장관을 꾸짖는 것은 3등을 감하는 예'에 비해 태笞 50대를 때려 시행하소서.[45]

라고 해 육조에서 장관을 욕할 경우 처벌하는 규정을 왕명을 받아 제정해 올리고 왕의 윤허를 받았다. 그리고 12월 24일에 그는

대역은 천지에서 용납하지 않는 것이고, 왕법에 마땅히 죽이는 것입니다. 역신 민무휼閔無恤·민무회閔無悔 등이 종지宗支를 제거하고자 하고 사직을 위태롭게 하기를 꾀해 정상이 나타나고 일이 명백하게 되어 이미 스스로 항복했으나, 마땅히 극형에 처해야 하는데 전하가 송씨의 연고 때문에 외방에 안치하니, 신 등은 사은私恩과 공의公義가 어떤 것이건대, 전하는 대의大義로 단결해 밝게 전형典刑대로 처치해 신민의 울분을 쾌하게 하소서.[46]

라고 상소해 민무휼과 민무회 형제를 대역죄로 다스릴 것을 주장했다.

12월 28일에 정역은 예문관 대제학이 되었으며[47], 1416년(태종 16) 9월 27일에 호조판서가 되었다.[48] 태종은 호조에 명해 꾸어준 군자軍資를 독촉해 받으라고 했다. 호조판서 정역은 "환자(還上)의 일은 호조에 달렸으나, 독촉해 받는 일은 의금부·한성부가 실지로 맡고, 본조에서는 오로지 고찰하는 것을 맡았습니다"고 하자 태종은 "엄하게 고찰해 세전歲前에 다 거두도록 하라"고 엄명했다.[49]

---

45)《태종실록》권 30, 태종 15년 11월 정사
46)《태종실록》권 30, 태종 15년 12월 정해
47)《태종실록》권 30, 태종 15년 12월 신묘
48)《태종실록》권 32, 태종 16년 9월 을묘
49)《태종실록》권 32, 태종 16년 12월 기미

그런데 12월 25일에 사헌부는 호조판서 정역 등이 역신 유기柳沂의 아우 유한柳漢을 아울러 처치하지 않았다고 탄핵했으나, 태종은 그에 대해 논하지 말라고 했다.[50] 1418년(태종 18) 3월 16일에 호조판서 정역은 태조의 어진과 공신의 화상을 사훈각思勳閣에 안치하도록 청했으나 태종은 태조의 소원所願을 고칠 수 없다고 해 반대했다.[51] 그리고 그해 4월 15일에는 정종이 병이 나 문병 가는 일을 의논했다. 호조판서 정역은

> 송도는 영구히 있을 땅이 아니고 마침내 반드시 돌아갈 것이요, 또 상왕이 전하에게는 실로 군부君父이니, 사람을 시켜 문병하는 것은 예에 있어서 불가합니다. 만약 대고大故(죽음)에 이르면 때가 장차 더운 여름인데, 동가動駕해 갔다가 돌아오기도 또한 대단히 어렵습니다. 또 비록 음양의 설이라 하더라도 점쟁이가 모두 말하기를 '전하의 재액은 다만 4월뿐이라' 하니, 이제 4월은 이미 다 갔고 5월의 절기가 24일에 들어가니, 의당 환도하심이 마땅합니다.[52]

라는 의견을 냈다. 그리하여 태종은 정종을 문병했다.

1418년(태종 18) 7월 8일에 정역은 이조판서가 되었다.[53] 그리고 그해 8월 6일 왕세자가 명나라에 조현朝見하게 되었다. 이조판서 정역은 다음과 같은 의견을 냈다.

> 세자가 조현할 때를 당해 황제가 후의를 보이고자 한다면, 반드시 머무르게 해 정조正朝를 지나게 할 것이니, 10월에 조현해 두 달이나 머

50) 《태종실록》 권 32, 태종 16년 12월 임오
51) 《태종실록》 권 35, 태종 18년 3월 신미
52) 《태종실록》 권 35, 태종 18년 4월 을미
53) 《태종실록》 권 36, 태종 18년 7월 병진

> 물러 있는 것은 옳지 않을 것 같습니다. 10월에 출발해 11월에 조현하면 다만 한 달을 지날 뿐입니다. 이렇게 하면 따로 정조의 공물貢物을 갖출 필요가 없을 것이며, 또 천하의 회동會同(황제 알현)하는 모습을 크게 볼 것입니다. 비록 중궁이 편찮다고 핑계 대더라도 황제가 반드시 약을 내려 주어 먼저 사람을 보내게 할 것입니다.[54]

그러자 태종은 "어찌 약을 내려 주고 강제로 머물게 하겠는가?"고 하면서 8월 28일에 출발하도록 했다.[55] 그리고 8월에 태종이 죽고 세종이 섰다. 세종은 8월 24일에 이조판서 정역을 안주安州에 보내 선온宣醞을 가지고 가서 사신을 위로했다.[56]

1418년(세종 즉위년) 10월 30일에 이조판서 정역은 다음과 같이 제안했다.

> 사표師表의 직임은 중대하다고 아니할 수 없사온데, 생원과 진사로서 교도敎導가 된 사람 중에 비열한 무리들은 대체大體를 돌아보지 아니하고 취직한 지 오래지 않아 문득 관작을 스스로 사퇴하니, 외람되게도 차함借銜(실지로는 근무하지 않고 이름만 빌리는 관직)과 다름없으며, 더욱이 관에서 주는 녹만 허비하게 됩니다. 이제부터는 도호부 이상은 문과 출신자로 임명해 보내고, 그 나머지는 전과 같이 학장學長을 두게 하소서.[57]

간단히 말해 도호부 이상은 문과 출신 교도를 두고, 그 나머지는 학장을

54) 《태종실록》 권 36, 태종 18년 8월 계미
55) 앞과 같음.
56) 《세종실록》 권 1, 세종 즉위년 8월 신축
57) 《세종실록》 권 1, 세종 즉위년 10월 병오

두자는 내용이다. 본래 500호 이상 군현에는 문과 출신 교도를 두고, 그 이하의 군현에는 관품도, 월봉도 없는 학장을 두게 된 것이다. 그러나 그러한 학장은 실력도 없고 자질도 부족해 향교 교육을 부실하게 하는 원인이 되었다. 1419년(세종 1) 3월 5일에 정역은 의정부 찬성贊成이 되었다.[58] 5월 4일 판부사 이종무李從茂와 찬성사 정역은 우리나라는 3면이 바다이니, 전함을 폐지해서는 안 된다고 말했다. 세종이 각 도와 각 포구에 병선이 없어 허술해 뜻밖에 변을 당하면 적에 대항하지 못할 것이니, 전함을 폐하고 육지만을 지켜야 한다고 했기 때문이다.[59] 그해 7월 7일에 정역은 판한성부사를, 이종무는 동지총제同知摠制를 맡았다. 중국으로부터 돌아온 적선 30척이 7월 3일 소청도에 이르고, 7월 4일에는 안흥양安興梁에 와서 우리 배 9척을 노략질하고 도로 대마도로 향한 사건이 일어났다. 그리하여 우박禹博과 권만權蔓을 중군절제사, 박실朴實과 박초를 좌군절제사, 이순몽李順蒙과 이천李蕆을 우군절제사로 삼아 각각 병선 20척씩 거느리게 해 도체찰사 이종무로 하여금 그들을 거느리고 대마도로 가게 했다. 다만 육지에 내리지 말고 바다에서 기다리게 하고, 박성양을 중군절제사, 유습을 좌군절제사, 황상을 우군절제사로 삼아 각각 병선 25척을 거느리고 요해처를 지키게 했으며, 적이 돌아오는 길을 협공하라고 했다.[60]

1419년(세종 1) 8월 15일 정역은 형조참판 홍여방洪汝方(부사)과 함께 명나라에 사은사로 갔다.[61] 그리고 8월 25일에 정역은 의정부 찬성에, 이종무는 장천군長川君에 임명되었다.[62] 세종은 수강궁에서 전송했다.[63] 정역은 12월 7일에 북경에서 돌아왔다.[64] 상왕 태종과 왕인 세종이 함께 낙천정에

58) 《세종실록》 권 3, 세종 1년 3월 기유
59) 《세종실록》 권 4, 세종 1년 5월 무오
60) 《세종실록》 권 4, 세종 1년 7월 경술
61) 《세종실록》 권 5, 세종 1년 8월 정해
62) 《세종실록》 권 5, 세종 1년 8월 정유
63) 앞과 같음.

거동해 사신으로 다녀온 정역 등을 위로했다. 정역은

> 황제가 지극히 독실하게 불도佛道를 숭봉하니, 청컨대 황제가 일찍이 하사한 《명칭가곡名稱歌曲》 등 불서를 중국의 예에 의해 임시로 누각을 지어 간직하고, 또 외워 읽게 해 존경하는 뜻을 표시하소서.[65]

라고 상계했으나, 상왕이 거짓으로 높이는 것은 옳지 않으니, 그 가운데 상서로운 것이 있으면 시가를 짓고 관현管絃에 올려서 성덕을 찬양하는 것이 옳다고 했다. 그러나 경령군敬寧君 이비李裶가 북경에 갔을 때, 정역이 실례한 것이 문제되었다. 상왕이 정역에게 물으니, 정역이 "경령군이 북경으로 가는 도중에 남의 말을 잘 듣지 아니해 고집불통이었습니다"[66]고 하자, 상왕이 "일찍부터 경의 순직함을 아는 까닭에 이번에는 논책하지 않겠다"[67]고 했다.

1420년(세종 2) 1월 7일에 세종은 찬성 정역을 시켜 혼전魂殿에서 사우제四虞祭를 지내게 했고,[68] 1월 9일에는 오우제五虞祭를 지내게 했다.[69] 윤 1월 29일에는 세종이 교서를 내려 신하들의 진언을 요구했는데, 찬성사 정역은

> 각 관청의 전임 제조관提調官이 비록 오랫동안 재직했으나, 근무성적을 고사考査한 적이 없으니, 이조로 하여금 조사해, 다시 서용할 수 있도록 하옵소서.[70]

---

64) 《세종실록》 권 6, 세종 1년 12월 정축
65) 《세종실록》 권 6, 세종 1년 12월 무인
66) 《세종실록》 권 6, 세종 1년 12월 계미
67) 앞과 같음.
68) 《세종실록》 권 7, 세종 2년 1월 병오
69) 《세종실록》 권 7, 세종 2년 1월 무신

라는 진언을 들였다. 그리고 4월 6일에 정역은 효령대군 이보李補, 박은과 함께 벽제역에 가서 명나라 사신을 영접해 술을 대접해 위로했다.[71] 효령대군은 정역의 사위다.

1420년(세종 2) 4월 12일에 정역은 호조판서가 되었다.[72] 그리고 7월 10일에는 대비의 국장도감의 제조가 되었으며,[73] 10월 17일에는 예문관 대제학이 되었다.[74] 그런데 이상한 사건이 일어났다. 정역의 종이 영의정 유정현柳廷顯의 장리를 쓰고 흉년이라 갚지 못하자 가마〔釜〕와 솥〔鼎〕을 모조리 빼앗아 갔다. 정역이 사위 효령대군에게 일러 효령이 유정현의 아들 유장柳璋을 불러

> 네 아비가 지위가 수상에 이르러 녹을 받은 것이 적지 아니하고, 또 주상의 백성을 아끼어 주시는 뜻을 본받아 살게끔 구휼해 주는 것이 그의 직분이거늘, 이제 궁핍한 종놈의 솥과 가마를 빼앗아 가니, 수상된 본의가 어디에 있는가? 만일 돌려보내지 아니하면 내가 조예를 잡아다가 엄하게 때리고 임금에게 계달啓達할 것이니, 너는 돌아가서 너의 아비에게 고하라![75]

고 했다고 한다. 유장은 자기 아버지가 자기 말을 듣지 않은 지 오래 되었으니 다른 사람을 시켜 고하라고 했다. 대체로 유정현이 인색해 추호도 남을 도와주는 일이 없어 "비록 죽을지언정 다시는 영의정의 장리는 꾸어 쓰지 않겠다"는 말이 돌게 되었다 한다.[76]

---

70) 《세종실록》 권 7, 세종 2년 윤1월 무술
71) 《세종실록》 권 8, 세종 2년 4월 갑진
72) 《세종실록》 권 8, 세종 2년 4월 경술
73) 《세종실록》 권 8, 세종 2년 7월 병자
74) 《세종실록》 권 10, 세종 2년 10월 임자
75) 《세종실록》 권 23, 세종 6년 1월 병오

정역은 1425년(세종 7) 정월 26일에 죽었다. 실록 졸기卒記에

자는 순지順之요 본관은 해주다. 1375년(우왕 1)에 비로소 벼슬하고, 공무를 다스리는 여가마다 학문에 힘쓰더니, 1383년(우왕 9)에 과거에 급제해 좌정언에 임명되고, 외임으로 나아가 교주도 안렴부사가 되고, 내직으로 들어와 사헌부 지평·전리정랑·형조의랑이 되고, 다시 연안·안변·남원·양주·재령·함주 6읍의 수령을 역임했다. 그 후 예문관 직제학·지형조사·좌간의·우사간·형조참의·호조참의를 거쳐 풍해도도관찰사·중군동지총제에 임명되고, 하정사賀正使로 북경에 갔다가 돌아와 한성부윤에 임명되고, 참지의정부사로 태종의 원종공신녹권을 받았다. 대사헌·예문관 제학으로 천전되고, 충청도도관찰사가 되었으며, 들어와 판한성부사에 임명되었고, 예조·형조·호조·이조의 4조 판서를 역임하고, 의정부찬성사가 되었다. 또한 한성부사로 사사연사謝賜宴使가 되어 북경에 갔다가 돌아와서 의정부찬성사가 되고, 예문관 대제학과 판중군도총제부사를 역임하다가 병으로 사면했다. 한가로이 살면서 두 아들에게 경계해서 말하기를 "나는 평생에 다만 임금께 충성하는 한 마음이 있었을 뿐이었다. 너희들도 나의 뜻을 본받으라!" 하더니, 이에 이르러 병으로 졸했다. 사람됨이 중후하고 근검해 집에서 거처함에 사치하지 않았으며, 비록 왕실과 혼인해 벼슬이 1품에 이르렀으나 교만한 빛이 없었고, 행정에 있어서는 너그러움과 간소함을 위주로 했다. 태종이 일찍이 말하기를 "정역은 마음가짐이 충직하니, 덕 있는 사람이다" 하고, 그의 딸을 효령대군의 부인으로 삼았다. 임금도 또한 후한 예대禮待를 가했고, 그가 질병이 있을 때 어의를 보내어 위

76) 앞과 같음.

> 문하고, 약물과 주찬酒饌을 내렸으며, 졸함에 미쳐서는 내관을 보내어 조상하고, 3일간 조회를 정지했으며, 장사를 관에서 지내주었다. '정도貞度'라 시호를 내리니, 청백으로서 절개를 지킨 것을 '정貞'이라 하고, 마음으로 능히 의義를 제어하는 것을 '도度'라 한다. 두 아들은 정충경鄭忠敬과 정충석鄭忠碩이다.[77]

라고 그의 일생을 논평했다.

죽은 뒤에 영의정부사領議政府事에 증직하고, 시호를 정도貞度(淸白守節曰貞 心能制義曰度)라 했으며, 사제문賜祭文을 내렸다. 부인은 삼중대광三重大匡 화원군花原君 권중달權仲達의 손녀요, 판종부시사判宗簿寺事 권사종權嗣宗의 딸이며, 통례문부사通禮門副使 이군상李君常의 외손녀인 안동권씨다. 1428년(세종 10) 3월 8일에 죽었다. 묘는 처음에 남편과 함께 고양高陽 봉현蜂峴에 있었는데, 1457년(세조 3)에 덕종德宗의 능인 경릉敬陵을 정할 때 대토를 받고 1430년(세조 12)에 과천果川 백석동白石洞으로 이장했다.[78]

2남 3녀를 두었는데, 장자 정충경은 음보蔭補로 형조참판을 지냈고, 좌의정에 증직되었으며, 차자 정충석은 동지중추부사를 지냈다. 장녀 예성부부인蘂城府夫人은 태종의 둘째 아들 효령대군孝寧大君에게, 차녀는 부사 이계장李繼長에게, 삼녀는 참판 권준權蹲(안동권씨)에게 시집갔다.[79]

정충경은 아들 정종鄭悰의 현달로 좌의정 겸영경연서연관사에 증직되었다. 부인 정경부인 여흥민씨는 목사 민호덕閔好德의 딸로 1남(悰) 5녀(奇軸·金瑛·永膺大君 琰·申碩敦·潘碩輔의 처)를 두었다.[80]

77) 《세종실록》 권 27, 세종 7년 1월 정유
78) 《家乘》 卷 1, 鄭翊周, 貞度公鄭易神道碑銘
79) 앞과 같음.
80) 《家乘》 卷 1, 叅判公事蹟 遺事

여흥민씨는 1455년(세조 1)의 단종 선위나, 1458년(세조 4)에 단종이 사약을 받았을 때 죽었을 것 같으나 확실한 것은 모른다. 또 정도공 정역의 묘 계단 아래 몇 발자국 밖에 큰 무덤이 하나 있는데, 족보의 기록이나 비문이 없기 때문에 그것이 정충경의 무덤인지 알 수 없다. 그리고 정도공 정역의 묘도 1458년(세조 4)에 고양에서 과천 백석동으로 옮겼으니 그때 이 묘도 함께 옮겨졌는지도 알 수 없다. 근래 수원 종인이 쌍부창雙阜倉 서쪽 수리數里 되는 서재동書齋洞에 그의 묘가 있다고 해서 가 보았더니, 윤씨네 후산後山인데 봉분은 이미 뭉개져버렸고, 형적만 남아 있었다. 혹 지석誌石이 있나 장정을 사서 파보았으나 아무것도 찾지 못했다.[81] 한편《정씨만성보丁氏萬姓譜》에 정충경의 묘가 양주 서북쪽 송산松山에 있다고 했다. 그리하여 1674년(현종 15) 4월 8일에 해흥공海興公이 양주목사가 되자 동월 10일 참찬공叅贊公이 편지를 보내 정충경의 묘를 찾아보라고 했으나 찾지 못했다. 거기에는 정충석의 장자 정침鄭忱(叅議公)의 묘가 있고, 그 아래 의심스러운 묘가 하나 있었으나 그것이 정충경의 묘인지는 알 수 없었다 한다.[82]

장녀는 풍저부사豊儲副使를 지낸 행주인 기축奇軸에게, 차녀는 사직司直 김영金瑛에게, 3녀는 세종의 아들 영응대군永膺大君 이염李琰에게, 4녀는 평산인 신석돈申碩敦에게, 5녀는 반석보潘碩輔에게 시집갔다.[83]

정역의 차자 정충석의 자는 효부孝夫다. 정충석의 아버지는 찬성 정도공貞度公 정역鄭易이요, 어머니는 선수선무장군제군만호부만호宣授宣武將軍諸軍萬戶府萬戶이자 판종부시사 권사종의 딸인 안동권씨다. 1406년(태종 6) 6월 정축일에 태어나 1473년(성종 4) 7월 8일에 죽었다. 향년 68세. 그는

81) 앞과 같음.《驪興閔氏譜》에 따르면 閔好德은 沔城君 具鴻의 딸 綾城具氏와의 사이에 세 딸을 두었는데, 장녀는 趙克寬에게, 차녀는 정충경에게, 3녀는 金演에게 시집갔다.
82) 앞과 같음.
83) 趙從耘,《氏族源流》, 保景文化社, 1991, 353쪽.

1424년(세종 6)에 음보蔭補로 수의부위修義副尉(무산계 정8품) 좌군부사정左軍副司正에 임명되었다. 1425년(세종 7) 정월 26일에 어머니를, 1428년(세종 10) 3월 8일에 아버지를 여의였다. 1432년(세종 14)에 무공랑務功郞(문산계 정7품) 의령고義盈庫 직장直長에 임명되어, 내구서령內廐署令·사섬시司贍寺 주부를 거쳐, 1438년(세종 20)에 사헌부 감찰로 승진된 뒤 중군부사직中軍副司直 겸 중추원 도사都事 겸 형조도관좌랑都官佐郞, 의령고사義盈庫使를 역임했다. 1445년(세종 27)에 천령현감川寧縣監으로 나갔다가 들어와 한성판관으로 있다가 형조도관정랑刑曹都官正郎·수내자시소윤守內資寺少尹으로 옮겼다. 1451년(문종 1)에 조봉대부朝奉大夫(문산계 종 4품 하계)로 승진해 1453년(단종 1)에 한성소윤·지통례문사知通禮門事을 역임했다. 1457년(세조 3)에 통정대부通政大夫(문산계 정3품 당상관)로 승진해 판군자감사判軍資監事·판제용감사判濟用監事·판사재감사判司宰監事를 지냈다. 1460년(세조 6)에 공주목사로 나갔다가 임기가 차서 지중추부사로 옮겼다. 1466년(세조 12)에 가선대부嘉善大夫(문산계 종2품 하계)로 승진해 동지중추부사를 지냈고, 1473년(성종 4) 7월 8일에 집에서 병으로 죽었다.[84]

정충석은 성품이 순수하고 말을 삼가며, 웃음이 적었다. 중외의 관직을 역임하면서 청렴하고 근면한 것으로 이름이 있었다. 부모가 말년에 다 병이 걸려 여러 해 자리에 누워 있어 모시는 사람들이 모두 피곤한 기색이 있었는데, 그는 홀로 주야로 자리를 뜨지 않고 수발을 했다고 한다. 그래서 족당族黨이 그의 지효至孝에 감탄했다고 한다. 부인 연일정씨는 고려 수문하시중 정몽주의 손녀딸로[85] 1408년(태종 8) 11월 갑자에 태어나 1465년(세조 11) 7월 27일에 죽었다. 향년 58세. 그해 9월 29일에 양주 어룡성산

84) 앞의 책, 嘉善大夫同知中樞府事鄭公(忠碩)墓標陰記

85) 延日鄭氏는 1세 鄭襲明-2세 鄭燮均-3세 鄭謙牧-4세 鄭麟信-5세 鄭之泰-6세 鄭宗興-7세 鄭世林-8세 鄭仁壽-9세 鄭裕-10세 鄭云瓘-11세 鄭夢周-鄭宗城-12세 鄭倄·鄭保 女+順成君·女+鄭忠碩으로 이어진다(앞의 책, 附夫人延日鄭氏譜).

魚龍城山에 장사지냈다. 그러나 남편이 죽자 1474년(성종 5) 정월 6일에 과천 백석동白石洞으로 옮겨 정역의 묘 왼쪽에 합장했다.86)

부인은 6남 3녀를 두었다. 장남 정침鄭忱은 호조참의를 지냈고, 차남 정흔鄭忻은 사선첨정을 지냈는데, 모두 문과에 등제했다. 3남 정담鄭憺은 전의현감을 지냈고, 4남 정변鄭忭과 5남 정련鄭憐은 생원시에 합격했으며, 6남 정념鄭恬은 낭천현감浪川縣監을 지냈다. 장녀는 예조판서 양성군陽城君 이승소李承召에게, 차녀는 서령署令 진유陳猷에게, 3녀는 판관 김영추金永錘에게 시집갔다.87)

정침은 3남(有慶·延慶·守慶) 2녀(李德根·權惇의 처)를 두었다. 정유경은 내자주부內資主簿를, 정연경은 음직으로 부사를, 정수경은 청도군수를 지냈다. 정수경의 부인은 좌의정을 지낸 정문형鄭文炯의 딸이요, 현감 정속鄭束의 손녀요, 판서 정진鄭津의 증손녀딸인 봉화정씨다. 2남(弘道·承休) 1녀(李淸의 처)를 두었다. 그런데 정랑 정승휴는 출계出系해 정미수의 뒤를 이었다.88) 정연경은 정희량鄭希良(생원 장원)·정희검鄭希儉(진사)·정희신鄭希信(무과, 虞侯) 등 세 아들을 두었으며, 정수경은 세마洗馬를 지낸 정희윤鄭希尹을 아들로 두었다.89)

(3) 정종鄭悰

정충경의 외아들이 영양위寧陽尉 정종鄭悰이다. 정종은 세종 때 좌찬성을 지낸 정충경과 목사 민호덕閔好德의 딸 여흥민씨 사이에서 외아들로 태어났다. 1450년(세종 32) 1월 14일에 정종은 순의대부順義大夫(의빈계 종2품

---

86) 앞의 책.
87) 앞의 책.
88) 앞의 책, 淸道郡守公事蹟(遺事)
89) 朴能緖,《韓國系行譜》地 海州鄭氏, 1111쪽.

하계)가 되었다.[90] 그리고 1450년(세종 32) 1월 24일에 문종의 외동딸 경혜공주敬惠公主에게 장가가 영양위寧陽尉가 되었다.[91]

그 후 정종은 7월 6일에 다시 숭덕대부崇德大夫(의빈계 종1품 하계)로 승진했다.[92] 문종은 사위인 영양위 정종에게 집 한 채를 새로 지어주고 싶어 양덕방陽德坊에 지으려는데, 그러기 위해서는 민가 30채를 뜯어내야 했다. 이에 사헌부 지평 윤면尹沔 등이 민력民力을 아끼고자 공사를 중지할 것을 요구했다. 이에 문종은

> 경혜공주가 지금 집이 없으므로 그 집을 지으려는 것이다. 그러나 바쁘게 하려는 것이 아니라 천천히 민력을 보아가며 점차로 성취하려고 할 따름이다. 너희들이 실지로 무엇에 쓰려는지 몰라서 와서 말하는가?[93]

라고 해 집 짓는 것을 강행하려 했으나 대간이 인가를 많이 헌다고 말려 연기되었다.[94] 그러나 곧 역사役事를 시작해 집 40채를 헐어냈다.[95] 그러나 1452년(단종 즉위년) 5월 21일에 우헌납 조원희趙元禧는 영양위 집을 반드시 기한 안에 영건할 것이 없으니, 청컨대 집 짓는 것을 정지해 백성의 힘을 펴게 해야 한다고 상소했다. 그러다 조원희가 물러나자 김종서가

> 가석한 일이다. 선왕의 외딸이 아직도 집이 없다니. 신 등은 마땅히 힘써 지어 선왕의 뜻에 맞게 하겠다.[96]

---

90) 《세종실록》 권 127, 세종 32년 1월 임진
91) 《세종실록》 권 127, 세종 32년 1월 경자
실록에는 정종이 平昌郡主에게 장가갔다고 했다(《문종실록》 권 13, 문종 2년 9월 경인).
92) 《문종실록》 권 2, 문종 즉위년 7월 무신
93) 《문종실록》 권 7, 문종 1년 4월 기사
94) 앞과 같음.
95) 《문종실록》 권 7, 문종 1년 4월 신미

고 했다. 그리고 8월 17일 정종은 문종의 빈전殯殿에 진향進香했다.[97]

1453년(단종 1) 3월 9일에 노산군은 정종의 집으로 옮겨서 거처했다.[98] 그해 5월 21일에 단종은 살곶이〔箭串〕 목장 안에 내포內圃(궁내의 용도에 쓰는 채소밭)의 가까운 땅을 영양위 정종에게 주려고 했지만, 사복시 주부 권절權節이 반대했다. 그 안에 마조단馬祖壇(병을 제사하는 단)·선목단先牧壇(말을 처음으로 기른 선목을 제사하는 단)·마사단馬社壇(마술을 처음으로 시작한 마사를 제사하는 단)·마보단馬步壇(말에게 재앙을 준다는 잡신인 마보를 제사지내던 단)의 네 단壇을 옮겨야 하기 때문에 안 된다는 것이다.[99] 노산군은 영양위에게 내려준 땅이 목장 밖에 있고, 말을 기르는 데 적당치 않으며, 내려 주었다가 다시 뺏어서야 되겠느냐고 했다.[100] 그러나 의정부 사인舍人 이예장李禮長은

> 조종조에서 목장에 적합하지 아니한 땅을 골라서 모두 내려주었으니, 지금은 내줄 땅이 없습니다. 만약 한 번 단서端緖를 열어 놓으면 청하는 자가 벌떼처럼 일어날 것이니, 장차 어떻게 이를 대우하겠습니까? 영양위에게 내려 준 전지를 마땅히 목장에 환속하소서.[101]

라고 반대했다. 또 10월 19일에 정종은

> 문종 때에 있어서 이용李瑢(안평대군)이 신에게 노비 50구와 집 1좌座

96)《단종실록》권 1, 단종 즉위년 5월 계축
97)《단종실록》권 2, 단종 즉위년 8월 정축
98)《단종실록》권 5, 단종 1년 3월 병인
99)《단종실록》권 6, 단종 1년 5월 정축
100)《단종실록》권 6, 단종 1년 5월 경진
101)《단종실록》권 6, 단종 1년 5월 신사

를 주었는데, 이용이 이미 죄를 받았으니 신이 그대로 가지고 있을 수 없습니다.[102]

고 사양했다. 그러나 이에 대해 사인 황효원黃孝源은 오히려 영양위의 노비와 집은 그전대로 두는 것이 좋다고 했다.[103]

11월 8일 정종은 광덕대부光德大夫(의빈계 종1품 상계) 영양위로 삼았다.[104] 12월 15일에 사정司正 이창李昌 등이 세조를 모해하고자 한 정보를 영양위에게 알리자 영양위가 승정원에 비밀리에 아뢰었다. 그러나 수양대군은 자기와 관련된 일이라 의논할 수 없다고 했다.[105] 그리고 12월 27일에 정종은 성록대부成祿大夫(의빈계 정1품 하계)로 승진했다.[106] 그뿐만 아니라 다음 해인 1454년(단종 2) 5월 8일에는 정종에게 노비 10구와 전지 100결을 주었다.[107]

6월 5일에는 정효전鄭孝全의 반역을 고한 공으로 공신을 삼고자 했으나 의정부와 육조가 반대해 상을 주는 데 그쳤다.[108] 그리하여 8월 5일에는 정종에게 정효전의 역모를 고한 공으로 공신 대신 노비 10구를 내려 주었다.[109]

또 8월 28일에 영양위가 문종 상에 안평대군과 금성대군 등이 풍악을 울리며 연회를 베풀었고, 계유정난 때는 금성대군이 임영대군臨瀛大君에게 "안평대군에게 고해야 한다"고 했다고 고발했다. 그러나 수양대군은 자기와 관련된 일이라고 움직이지 않았다고 한다.[110] 노산군은 수양대군·양녕

102) 《단종실록》 권 8, 단종 1년 10월 임인
103) 《단종실록》 권 8, 단종 1년 10월 임인
104) 《단종실록》 권 9, 단종 1년 11월 경신
105) 《단종실록》 권 9, 단종 1년 12월 정유
106) 《단종실록》 권 9, 단종 1년 12월 기유
107) 《단종실록》 권 11, 단종 2년 5월 무오
108) 《단종실록》 권 11, 단종 2년 6월 병술
109) 《단종실록》 권 12, 단종 2년 8월 갑신
110) 《단종실록》 권 12, 단종 2년 8월 정미

대군·정종 등에게 말 한 필씩을 내려 주었다.[111] 계유정난 이후 각도에 사는 난신亂臣의 노비를 나누어 주었는데, 경혜공주에게는 노비 5구를 주었다.[112]

1455년(단종 3) 2월 29일에 정종은 개성부 선위사宣慰使가 되었다.[113] 단종은 사재직장 최정崔廷의 집을 경혜공주에게,[114] 최잠崔涔의 집을 정종에게 주었다.[115] 그러나 수양대군이 윤 6월 11일에는 정종이 혜빈 양씨, 금성대군 등과 결탁해 반역을 도모했다고 해 혜빈 양씨는 청풍으로, 금성대군은 삭령으로, 정종은 영월로 귀양 갔다. 그리고 한확이 앞장서서 노산군이 수양대군에게 선양하도록 유도했다.[116] 그리고는 사헌부가 금성대군과 정종 등을 공격했다.[117] 그리하여 정종은 양근으로 이배移配되었다.[118] 그러나 세조는

> 정종의 죄는 (금성대군) 이유李瑜 등의 예가 아니다. 다만 사람이 경박해 죄인과 사귀어 결탁했기에, 내가 경각警覺시키려고 했을 뿐, 본시 외방에 오래 있게 하려는 것이 아니다. 또 공주는 문종의 맏딸인데 내 어찌 문종을 잊고 그렇게 하겠는가? 어제 들으니, 공주가 편치 않다고 한다. 내 몹시 놀라고 걱정되어 시녀로 하여금 문병하게 하고, 또 의원과 약물을 보내었다. 이제 상왕께서 사람을 보내어 이르시기를, '영양위의 공주가 그 병을 내게 고해 왔는데, 그의 의중이 아마도 정

111) 《단종실록》 권 12, 단종 2년 9월 정묘
112) 《단종실록》 권 13, 단종 3년 1월 경오
113) 《단종실록》 권 13, 단종 3년 2월 을사
114) 《단종실록》 권 14, 단종 3년 4월 계미
115) 《단종실록》 권 14, 단종 3년 4월 갑신
116) 《세조실록》 권 1, 세조 1년 윤6월 을묘
117) 《세조실록》 권 1, 세조 1년 윤 6월 무오
118) 《세조실록》 권 1, 세조 1년 윤 6월 경신

종을 돌아오게 하려는 것 같다'고 했다. 내가 명을 듣고 황공해 드디어 의금부에 전지해 정종을 놓아 보내게 하라고 했다.[119]

고 하고 강원도 관찰사에게 정종을 올려 보내라고 했다. 그러나 의정부와 육조는 정종을 공주의 병 때문에 특별히 소환하는 것은 부당하다고 상소했다.[120] 사간원도

정종은 공주의 병으로 말미암아 명해 방환放還한 것입니다. 신 등이 생각하기를 공주의 병이 나으면 반드시 배소로 돌아가야 할 것이라고 했는데, 이제 병이 나았는데도 그대로 서울에 있는 것은 불가하며, 또 그 범한 바가 지극히 중해 다만 부처付處한 것도 오히려 불가한데, 하물며 서울에 있는 것이겠습니까?

라고 탄핵했다. 이에 세조는 하는 수 없이 정종을 수원으로 이배했다.[121] 그리고 경기관찰사에게 유시해

정종과 경혜공주 및 데리고 간 노비에게 매월 양료糧料를 주고, 형편에 따라 주육酒肉과 찬구饌具도 줄 것이며, 공주가 만약 서울로 왕래하고자 하거든 노비까지도 아울러 공궤하도록 하라![122]

고 명했다. 사간원은 율문律文에 따라 처벌할 것을 주장했다.[123] 세조는

119) 《세조실록》 권 1, 세조 1년 윤 6월 신유
120) 《세조실록》 권 1, 세조 1년 윤 6월 병인
121) 《세조실록》 권 2, 세조 1년 8월 을묘
122) 《세조실록》 권 2, 세조 1년 8월 병진
123) 《세조실록》 권 2, 세조 1년 8월 무오

다음과 같이 명했다.

> 정종의 경외의 재산은 그 노비를 관에서 적몰함으로 말미암아 도용盜用이 염려되니, 경중京中의 주장관과 소재지 수령이 사람을 위촉해서 간수看守해 유실됨이 없도록 하고, 계문啓聞한 뒤에 돌려주도록 하라.[124]

그뿐만 아니라 경기관찰사에게 유시하기를

> 이제 정종을 통진通津으로 유배하니, 자기 농장에서 편히 살도록 허용하고, 전에 내린 유서에 의해 매월 양료와 찬구를 주도록 하라![125]

고 명했다. 또 정종 등이 거주하고 있는 집을 소재 읍으로 하여금 적당히 고쳐 주라고까지 했다.[126] 대간에서 그 부당함을 계속 주장했으나 세조는 들어주지 않았다. 세조는 사냥한 사슴을 경혜공주에게,[127] 정종에게 《삼강행실도》 한 질帙을 내려 주었다.[128] 정종 내외에게 세조가 특별히 신경을 쓰는 까닭은 문종에 대해 죄스러운 마음 때문일 것이다.

그런데 1455년(세조 1) 11월 4일, 정종의 반인伴人 김기金旗가 나주와 조유례趙由禮의 귀양지 광양光陽을 왕래하다가 발각되는 사건이 일어났다.[129] 이에 세조는 정종의 고신告身을 거두고, 의금부에

> 조유례·김옥겸金玉謙 등이 난역亂逆을 꾀했으니, 그 죄는 본시 죽여 마

---

124) 앞과 같음.
125) 《세조실록》 권 2, 세조 1년 8월 임술
126) 《세조실록》 권 2, 세조 1년 8월 을축
127) 《세조실록》 권 2, 세조 1년 9월 임인
128) 《세조실록》 권 2, 세조 1년 10월 경신
129) 《세조실록》 권 2, 세조 1년 11월 을해

> 땅하나, 내가 일신에만 관계된다는 이유로 특별히 용서해 부처했던 것인데, 종친·부마·대신·대간들이 논청해 마지않았으나, 다 죽일 수는 없는 것이다. 이제 애써 여러 사람들의 논의에 따라 그 더욱 중한 자를 가려서 교수형에 처하고, 그 나머지는 모두 관노로 삼아, 이로써 두마음을 품었던 무리들을 징계하니, 지금 이후로는 새로이 괴이한 음모가 있지 않으면 논청하지 말도록 하라![130]

고 전지했다.

1456년(세조 3) 3월 18일, 세조는 정종의 배천白川 집과 전토田土, 광주光州 전토를 좌승지 구치관에게 내려주었다.[131] 그리고 그에 대한 감시가 더욱 심해졌다.[132] 또한 정종과 연루된 인사들에 대한 처벌도 강화되었다.[133] 끝내 6월 27일 정종은 광주光州로 이배되었다.[134] 그러나 처첩과 자녀들과 일정한 수의 노비는 자원에 따라 모여살 수 있게 하고,[135] 생활필수품을 공급해 주도록 했다.[136] 술과 고기를 내리기도 했다.[137] 그러면서도 감시는 더욱 철저히 하게 했다.[138]

1457년(세조 3) 10월 21일 양녕대군 등이 금성대군·정종 등을 죽여야 한다고 극력 주장하자 세조는 금성대군은 사사하고, 송현수宋玹壽(노산군의 장인)는 교수형에 처하되, 나머지는 논하지 말라고 했다. 이 소식을 듣고 노산군이 목매어 자살했다.[139] 의금부에서는 정종 등의 죄인을 감시하는 방

130) 《세조실록》 권 2, 세조 1년 11월 경진
131) 《세조실록》 권 2, 세조 2년 3월 정해
132) 《세조실록》 권 4, 세조 2년 6월 신축
133) 《세조실록》 권 4, 세조 2년 6월 갑자
134) 《세조실록》 권 4, 세조 2년 6월 을축
135) 앞과 같음.
136) 《세조실록》 권 5, 세조 2년 8월 병인
137) 《세조실록》 권 5, 세조 2년 11월 갑술
138) 《세조실록》 권 8, 세조 3년 6월 경신

법으로 다음과 같은 4가지를 제시했다.

1) 담장〔欄墻〕 밖에 녹각성鹿角城(십자 모양으로 울타리를 만들어 놓은 방어물)을 설치할 것.
2) 바깥문은 항상 자물쇠로 잠그고, 조석거리는 10일에 한 차례씩 주며, 또 담 안에 우물을 파서 자급하게 하고, 바깥사람들과는 서로 통하지 못하게 할 것.
3) 바깥사람들이 왕래·교통하거나 혹 물품을 주는 자가 있으면 불충으로 논단할 것.
4) 수령이 불시에 점령하고, 문을 지키는 자가 혹 비위 사실이 있으면 율문에 의해 죄를 과단科斷하게 할 것.140)

1457년(세조 3) 11월 18일, 종부시宗簿寺는 금성대군·정종 등을 종친보첩이나 돈령부첩에서 삭제하고, 부록에 기록했다.141)

그런데 1461년(세조 7) 7월 26일에

> 광주光州에 안치되어 있는 정종이 본월 19일에 지키는 사람을 불러 말하기를 "내가 21일을 먹지 않고 앉아 참선해 지금 이미 성불成佛했고, 사리舍利가 분신分身해 향기로운 냄새가 방에 가득하고, 상서로운 기운이 하늘에 연했으니, 만약 계달을 늦추면 이 고을 사람들을 다 죽이겠다"고 하면서 몸을 떨쳐 뛰어오르고 발로 문짝과 담장을 차며, 망령되게 미친 말을 했는데, 지키는 사람들이 주위를 살펴보니 바깥

139)《세조실록》 권 9, 세조 3년 10월 신해
140)《세조실록》 권 10, 세조 3년 11월 무인
141) 앞과 같음.

문 위에 사람의 자취가 있으므로 곧 찾아서 중〔僧〕 성탄性坦이라는 자를 잡아서 단단히 가두고, 아울러 지키는 사람과 일에 간여한 자를 가두었습니다. 정종이 가지고 있던 경문經文 한 장을 올려 보냅니다. 정종이 바깥사람과 교통해 담을 넘어 불러들인 형상을 보면 잡인과 서로 통한 것은 하루아침의 일이 아닌 것이 명백하니, 죄악이 깊고 무겁습니다. 목사 유곡柳穀은 조금도 금방禁防하지 않았으니, 청컨대 아울러 유사로 하여금 국문하게 하소서.[142)]

라고 치계했다. 세조는 의금부 진무鎭撫 이번李蕃을 시켜 이들을 잡아들였다. 그리고 우승지 홍응洪應을 의금부에 보내 정종을 국문하게 했다. 홍은은

한 차례 고신拷訊하니, 정종이 말하기를 "내가 충신이 되어 주상께 죄를 받았으니, 어찌 아픔이 있으리오" 했으나, 모양은 아픈 것 같았습니다. 앞으로 할 바를 물으니, 말하기를 "다만 성상의 은혜를 입고자 할 뿐이며, 다른 뜻은 없습니다" 했습니다.[143)]

라고 보고했다. 그런데 이때 정종이 병이 나서 내의에게 약을 싸가지고 가서 치료하게 했다.[144)] 10월 20일, 좌의정 신숙주申叔舟는 홍응을 불러 정종의 죄를 의논했는데, 정종 등 5인은 능지凌遲 한 명, 참형斬刑 한 명, 유곡은 교형絞刑에 처하되, 기훼제서율棄毁制書律(왕의 문서를 버리고 훼손하는 것)의 죄로 죽여야 한다고 했다.[145)] 그리고는 환관 임용林用을 광주에 보내 정종의 아내 경혜공주를 데리고 오게 했으며,[146)] 정종의 족친을 연좌하지

142)《세조실록》 권 25, 세조 7년 7월 갑자
143)《세조실록》 권 25, 세조 7년 8월 기축
144)《세조실록》 권 25, 세조 7년 8월 임진
145)《세조실록》 권 26, 세조 7년 10월 병술

말도록 했다.[147] 세조비도 경혜공주를 박대해서 버리는 것은 불가하다고 했다. 세조는 영의정 정창손鄭昌孫 등을 불러

> 정종의 처는 문종의 적녀이며, 또한 죄가 없으니, 내가 집과 전민田民의 공름公廩을 주고자 한다.[148]

고 했다. 그리고 의금부에 전지해 정종의 자녀를 연좌하지 말라고 했다.[149] 예종도 영의정 한명회가 정종의 아들을 법대로 처단해야 한다고 하자

> 정종의 아들과 아내가 입궐해 알현하니, 세조가 보고 불쌍히 여겨 눈물을 흘리시고, 나로 하여금 전지를 쓰게 하시어 연좌시키지 말라고 하셨으니, 지금 내가 어찌 감히 법대로 처치하겠는가?[150]

라고 했다. 그뿐만 아니라 1469년(예종 1) 4월 10일에는 예종이 경혜공주에게 황금 2정丁과 백금 6정을 돌려주면서

> 공주는 문종의 딸로 영양위 정종에게 시집갔는데, 정종이 주살되어 가재가 모두 적몰籍沒되었다. 뒤에 세조가 공주를 불쌍히 여겨 갑제甲第 1구區와 아울러 몰수한 재산과 노비를 돌려주었는데, 오직 보물만 돌려주지 않았으므로 이때에 이르러 돌려준 것이다.[151]

---

146) 《세조실록》 권 26, 세조 7년 10월 기축
147) 《세조실록》 권 26, 세조 7년 11월 경자
148) 《세조실록》 권 26, 세조 7년 12월 경진
149) 《세조실록》 권 35, 세조 11년 4월 정축
150) 《예종실록》 권 3, 예종 1년 1월 갑신
151) 《예종실록》 권 5, 예종 1년 4월 계해

고 했다. 그리고 4월 12일 다음과 같은 전교를 내려

> 지난번에 내가 세조를 모시고 있었을 때, 세조께서 전교하시기를 '경혜옹주의 아들은 난신의 아들로 논해서는 안 된다' 하시므로 내가 곧 써두었는데, 지금 일기日記를 상고해 보니, 성훈聖訓이 들어 있다. 마땅히 종친의 예로 서용하라![152]

고 했다. 그리고 이조와 병조에 전지해 "경혜공주의 아들을 다른 사람의 예에 따라 서용하라"고 했다.[153]

정종이 광주로 귀양갈 때 경혜공주도 따라가 그가 죽자 예를 갖추어 애도했다. 1461년(세조 7)에 세조가 불러 죽을 때까지 1품록을 받도록 해 주었다. 공주는 정종이 죽은 뒤 17년 되는 1474년(성종 5)에 죽었다. 슬하에 1남(鄭眉壽) 1녀(일찍 죽었다)를 두었다.

정미수는 1454년(단종 2)에 태어나 1461년(세조 7) 그가 7살 때 공주를 따라 대궐로 들어갔다. 세조는 그를 불쌍히 여겨 미수라고 이름을 지어 주었다. 커서는 여러 관직을 거쳐 벼슬이 우찬성에 이르렀다. 그리하여 중종조에 정국공신靖國功臣이 되고, 해평부원군海平府院君에 봉해졌다. 정미수는 병충적덕보조공신영의정영양부원군秉忠積德補祚功臣領議政寧陽府院君에 녹훈되었다. 처음에 단종비 정순왕후定順王后 송씨가 사저私邸에 있을 때 "문종의 혈속血屬은 오직 정미수 뿐이니 청컨대 시양자侍養子로 삼아 제사를 받들게 해 달라"고 해 정미수가 단종 내외의 제사를 함께 받들게 했다. 그러다가 1698년(숙종 24)에 노산군이 단종으로 복위되자 사육신도 다시 현창되었다. 그러나 정미수는 이미 관직이 주어졌으므로 거기에는 끼지 못했

152) 《예종실록》 권 5, 예종 1년 4월 을축
153) 앞과 같음.

다.[154] 정종의 시호는 헌민공獻愍公이다.[155]

경혜공주는 문종과 중추원사 권전權專의 딸인 현덕왕후顯德王后 권씨 사이에서 태어났다. 현덕왕후는 1418년(태종 18)에 태어나 1431년(세종 13)에 대궐로 뽑혀 들어와 문종을 모셨다. 1435년(세종 17)에 경혜공주를 낳았다. 경혜공주는 1450년(세종 32)에 정종鄭悰에게 시집갔다. 1455년(단종 3)에 정종이 광주光州로 귀양 가자 공주도 따라갔다. 그리하여 보통 사람도 견디기 어려운 곤혹을 당하면서도 조금도 원망하는 기색이 없었다 한다. 정종이 죽고 1461년(세조 7)에 세조가 서울로 불러 노비 50구와 1품록을 종신토록 주고 대왕대비가 더욱 권애眷愛해 때때로 불러들여 며칠씩 대궐에 머물게 했다. 1465년(세조 11)에 집을 한 채 하사하고, 1469년(예종 1)에 예종이 또 노비 50구를 하사했다. 1473년(성종 4) 12월에 병이 걸려 왕이 내의內醫를 보내 약을 지어 수게 했으나 끝내 28일에 죽었다. 향년 40세. 왕이 제사와 부의賻儀를 내리고 관에서 장례를 지내주었다. 1474년(성종 5) 3월 29일에 고양高陽 망산望山 대자동大慈洞에 태좌진향兌座震向으로 장사 지냈다. 공주는 1남(鄭眉壽) 1녀를 두었다. 외아들 정미수는 돈령참봉을 지냈다.[156] 경혜공주가 순천부順天府의 관비官婢가 되었는데 부사 여자신呂自新이 관비로 부리려 하자 대청에 교의交椅를 갖다 놓고 앉아서 "나는 왕녀다. 내가 비록 죄를 지어 귀양을 왔으나 수령이 어찌 감히 나를 관비로 부릴 것이냐?"고 해 끝내 사역을 시키지 못했다 한다.[157]

---

154) 《家乘》 卷 1, 贈純忠積德補祚功臣大匡輔國崇祿大夫議政府領議政兼領經筵觀象監事寧陽府院君行崇　德大夫寧陽尉鄭公(悰)行狀

155) 앞의 책, 附錄遺事

156) 앞의 책, 有明朝鮮國敬惠公主墓誌銘.

157) 앞의 책, 敬惠公主遺事.

(4) 정언각鄭彦慤

정충석鄭忠碩의 장자는 정침鄭忱이다. 정침은 1453년(단종 1)에 문과에 급제해 감찰·예조정랑·예문관 직제학을 거쳐 호조참의를 지냈고, 1485년(성종 16)에 죽었다.158) 3자는 정담鄭僧이다. 아버지는 정충석이요, 어머니는 이조참의 정종성鄭宗城의 딸인 연일정씨다. 그는 음보로 전의全義·군위軍威 현감을 지냈다. 부인은 증감찰贈監察 전수田秀의 딸인 담양전씨다. 2남 1녀를 두었는데, 장남 정수경鄭守慶은 군수를, 차남 정희경鄭熙慶은 현감을 지냈으며, 딸은 현감 권침權忱에게 시집갔다. 정수경은 2남 1녀를 두었는데, 장자 정홍도鄭弘道는 정랑을, 차자 정승휴鄭承休는 도사를 지냈다. 승휴는 뒤에 소평공昭平公 정미수에게 입후했다. 1녀는 좌윤 이청李淸에게 시집갔다. 정희경은 1남을 두었는데, 우후를 지냈다. 권침은 3남 2녀를 두었는데, 권흠權欽·권추權錘·권유權鍒 세 아들은 현감을 지냈고, 딸 둘은 첨정 이린李璘과 군수 왕담王曇에게 시집갔다.159)

정충석의 고손이요, 정침의 증손자요, 정희검鄭希儉의 아들이 정언각鄭彦慤이다. 정언각은 1516년(중종 11)에 생원이 되고, 1533년(중종 28)에 문과에 급제했다. 중종은 당시의 문과 시관들에게 이렇게 전교했다.

> 강경講經과 제술製述에서 모두 입격한 자가 12인이니 모두 뽑되 1등 1인, 2등 3인, 3등 8인으로 해 출방出榜하라.160)

이때 1등 1인은 원계검元繼儉이요, 2등 3인은 정언각·한주韓澍·이도남李

158) 朴能緖, 《韓國系行譜》 地 海州鄭氏(寶庫社), 1922, 1111쪽.
159) 《家乘》 卷 1, 全義縣監公史蹟(遺事)
160) 《중종실록》 권 74, 중종 28년 4월 신축

圖南이요, 3등 8인은 경혼慶渾·임열任說·이세구李世球·이희손李希孫·이현충李顯忠·김기金祺·곽회영郭懷英·김언부金彦傅였다.[161] 그런데 앞에서 합격했다가 뒤에 떨어진 자는 곽희영과 김언부요, 앞에서 떨어졌다가 뒤에 합격한 자는 윤원형·민구·박붕린·남궁숙이었다.[162] 아무래도 문정왕후의 동생 윤원형이 낀 것은 공정하지 않은 것 같다. 정언각은 문과를 거쳐 검열檢閱이 되었는데, 1533년(중종 28) 7월 5일, 사헌부는

> 검열 정언각은 인물이 간사해 유생 때부터 동배들 간에 용납되지 못한 지 오랩니다. 사관史官에 합당치 못하니 체직시키소서.[163]

라고 탄핵해 체직되었다. 그러나 1538년(중종 33) 5월 13일에는 글짓기를 잘 했다고 홍문관 정자 정언각 등에게 4서 가운데 한 책을 하사했다.[164] 그해 8월 12일에 정언각은 박사를,[165] 11월 14일에는 부수찬을 제수했다.[166]

1539년(중종 34) 윤 7월 7일에 이약빙李若氷의 상소가 문제되었다. 홍문관에서는 구언求言의 명을 내려놓고 상소한 사람을 처벌해서는 안 된다는 의견이 대다수였는데, 정언각과 안현安玹만은 자못 불쾌하게 생각했다. 그러나 좌중은 드디어 상소문 가운데 잘못된 것을 공격하고, 이어서 치죄할 수 없다는 뜻을 밝힐 것을 의결한 다음 정언각·임열任說 나세찬羅世纘으로 하여금 차자를 짓게 했다.[167]

---

161) 앞과 같음.
162) 앞과 같음.
163) 《중종실록》 권 75, 중종 28년 7월 병오
164) 《중종실록》 권 87, 중종 33년 5월 을유
165) 《중종실록》 권 88, 중종 33년 8월 임자
166) 《중종실록》 권 89, 중종 33년 11월 갑신
167) 《중종실록》 권 91, 중종 34년 윤 7월 임인

1539년(중종 34) 11월 9일에 정언각은 정언이 되었다.168) 그러나 대간은 정언각이 6품이 된 지 10여 개월 만에 5품에 올랐으니 안 된다는 것이었다. 이에 대해 중종은 정언각은 인물이 그 직위에 쓸 만하나 다만 6품이 된 지 얼마 되지 않아서 안 된다고 하니, 좀 기간이 오래 되기를 기다렸다가 승진시키는 것이 좋겠다고 했다.169)

정언각은 1541년(중종 36) 12월 19일에 지평에,170) 1542년(중종 37) 1월 23일에 장령에171) 임명되었다. 그는 장령으로 있으면서

> 국가가 과거제도를 만들어 선비를 뽑는 것은 그 법이 매우 중요한 것입니다. 요즈음 거관 유생 가운데 월강月講(예조에서 매월 관학에서 고강하는 것)에 '통通'을 받은 자는 명부에 기록해 두었다가 회강會講(왕이나 왕세자가 여러 사람을 모아놓고 고강하는 것) 때 분수分數를 준다고 합니다. 만약 사서삼경에서 다 '통'을 받았다면 그 유생은 이미 그것으로 급제한 것입니다. 회강 때 시관試官과 대간臺諫을 장막 밖에 앉게 하는 것은 매우 중요한 일입니다. 이렇게 회강 때 급분給分한다면 과거의 공도公道는 폐지되는 것입니다. 법이 만들어지는 처음에는 사私가 없다고 해도 끝내는 사정私情을 쓰는 것을 어떻게 금할 수 있겠습니까? 조종조에서는 법을 만든 뒤에는 반드시 사헌부에 알려 서경署經을 하게 마련이었는데, 지금은 법이 만들어져도 서경하지 않으니 매우 온당치 못합니다.172)

168) 《중종실록》 권 92, 중종 34년 11월 임인
169) 《중종실록》 권 92, 중종 34년 12월 을유
170) 《중종실록》 권 97, 중종 36년 12월 경오
171) 《중종실록》 권 97, 중종 37년 1월 갑진
172) 《중종실록》 권 97, 중종 37년 3월 병오

고 아뢰었다. 중종은 새 법이 제정되면 반드시 사헌부에 알려 서경을 받으라고 했다.[173]

1542년(중종 37) 8월 2일 조강朝講에 정언각은 시독관侍讀官으로 참여했다. 그는

> 재상전災傷田을 순심巡審할 때 재결災結을 실결實結이라고 한 것이 50부負 이상이면 죄주고, 실결을 재결이라고 한 것이 10부 이상이면 죄주게 되어 있는 것이 구법입니다. 그러나 위의 것을 덜어서 아래에 보태는 것과, 아래 것을 덜어서 위에 보태는 것에 대해 그 법이 달라야 할 것 같습니다. 이 법은 나랏일에 해로움이 있습니다.[174]

고 아뢰었다. 중종도 "과연 말대로이다. 그러나 이는 구법이다"라고 답했다.[175]

그해 8월 19일에 정언각은 사헌부 장령이 되었다.[176] 그리고 1543년(중종 38) 2월 4일에 그는 다시 홍문관 응교가 되었다.[177] 또 2월 7일에 정언각은 시강관으로서 석강에 참여해

> 동궁이 불탄 뒤에 즉시 개조하도록 하고, 이미 도감을 설치했는데, 음양의 술수에 구애되어 즉시 정지하고 도감을 파하라고 명하셨습니다. 저 관상감 제조가 이른바, 주상을 범하는 기휘忌諱라고 한 것은 진실로 신하의 마음에 차마 할 수 없는 것입니다. 그러나 전하께서 즉위하신

---

173) 앞과 같음
174) 《중종실록》 권 99, 중종 37년 8월 기묘
175) 앞과 같음.
176) 《중종실록》 권 99, 중종 37년 8월 병신
177) 《중종실록》 권 100, 중종 38년 2월 무인

> 지 40년이 다 되도록 날마다 경연에 나아가셨으므로 성상의 학문이 매우 고명하게 되었습니다. 그런데 음양의 술수에 구애되어 동궁을 짓지 않으신다면 그 누가 전하께서 술가의 술수에 의혹되지 않았다고 하겠습니까?[178]

라고 아뢰었다. 그해 3월 12일에는 수원에 추고경차관推考敬差官으로 나갔다. 그는

> 수원의 죄수 이수손李守孫의 종 잉질손芿叱孫과 용인의 죄수 여종 막덕莫德 등의 공초에, 이수손의 아내 김씨가 그 아들 균均·돈墩과 공모해 이수손을 살해한 일을 일일이 승복했고, 안성에 살다가 죽은 동지同知 유운柳雲의 아내인 이수손의 딸도 흉모에 참여했다고 하므로 이씨도 법에 의해 항쇄項鎖를 채워 양지현으로 옮겨 수감했습니다.[179]

고 보고했다. 중종은 사안이 중요하니 중앙에 불러다가 심의하는 것이 어떻겠느냐고 했다.[180] 정언각은 옥사가 일어난 군현에 읍호를 강등해야 한다고 주장했다.[181]

정언각은 같은 해 7월 29일에 사간원 사간으로,[182] 8월 25일에 사헌부 장령으로[183] 제수되었다. 그리고 1544년(중종 39) 11월 에 중종이 죽고 실록청이 개설되자 정언각은 《중종실록》 편수관이 되었다. 1546년(명종 1) 3월 12일, 정언각은 홍문관 부응교가 되었다.[184] 사간이 된 정언각은

178) 《중종실록》 권 100, 중종 38년 2월 신사
179) 《중종실록》 권 100, 중종 38년 3월 병진
180) 앞과 같음.
181) 《중종실록》 권 100, 중종 38년 4월 을유
182) 《중종실록》 권 101, 중종 38년 7월 임신
183) 《중종실록》 권 101, 중종 38년 8월 정유

> 평소에 대간이 말미를 얻으면 말을 지급하는 것이니, 각 역驛에서의 대우가 봉명사신에게와 다름없는 것이 전례입니다. 신이 어제 고양에 내려갔을 때 소분掃墳(조상의 분묘에 대한 제사)을 위해 말미를 얻었습니다. 영서역迎曙驛의 역리가 하등의 말을 지급하더니, 오늘 올라올 적에는 탔던 말을 교체해 주지 않을 뿐만 아니라 한 명의 역리도 나오지 않았습니다. 그 완악함이 막심하니, 앞으로 국가에 아무리 급한 일이 있어도 명을 전달할 수 없을까 염려됩니다. 소신을 박대한 사건으로 천청天聽을 번거롭게 하는 것이 매우 황공하나, 근래에 아랫사람이 윗사람을 능멸하는 풍습이 점차 늘어 그 폐단이 이미 고질화되었기 때문에 역리가 감히 그렇게 하는 것입니다. 이는 실로 국가의 기강에 관계되는 일이요, 소신의 한 몸에 관계되는 일이 아니기에 감히 아룁니다.[185]

고 아뢰었다. 자기 개인의 문제를 거론한 것이 흠이기는 하다. 그 후 정언각은 사옹원 정(9월 3일)[186]·의정부 검상檢詳(9월 9일),[187] 의정부 사인(10월 15일)[188], 전한典翰(10월 23일)[189]·홍문관 직제학(12월 29일)을 역임했다.

1547년(명종 2) 4월 18일, 선위사 정언각은 일본 사신 안심동당安心東堂이 짐이 무겁다는 것을 핑계로 싣고 온 단목丹木·호초胡椒를 포소浦所에 그냥 두게 해 달라고 청하는데 어떻게 하면 좋으냐고 문의했다. 중종은 그대로 두었다가 다시 오거든 의논하도록 하라고 했다.[190] 정언각은 그해 6월

184) 《중종실록》 권 3, 중종 1년 3월 기사
185) 《명종실록》 권 4, 명종 1년 8월 기해
186) 《명종실록》 권 4, 명종 1년 9월 정사
187) 《명종실록》 권 4, 명종 1년 9월 계해
188) 《명종실록》 권 4, 명종 1년 10월 기해
189) 《명종실록》 권 4, 명종 1년 10월 정미
190) 《명종실록》 권 5, 명종 2년 4월 기해

20일에 홍문관 직제학,[191] 6월 26일에 홍문관 부제학[192]이 되었다.
그런데 1547년(명종 2) 9월 18일에 부제학 정언각은

> 신의 딸이 남편을 따라 전라도로 시집가는데, 부모 자식 간의 정리로 멀리 전송하고자 해 한강을 건너 양재역良才驛까지 갔습니다. 그런데 벽에 붉은 글씨가 있기에 보았더니, 국가에 관계된 중대한 내용으로서 지극히 놀라운 것이었습니다. 이에 신들이 가져와서 봉해 아룁니다. 이는 익명서匿名書이므로 믿을 수는 없습니다. 그러나 국가에 관계된 중대한 내용이고 인심이 이와 같다는 것을 알리고자 해 아룁니다."[193]

고 고발했다. 이른바 양재역 벽서사건의 발단이다. 명종은 영부사와 3공을 불렀다. 벽서의 내용은 "여주女主가 위에서 정권을 잡고, 간신 이기李芑 등이 아래에서 권세를 농간하고 있으니, 나라가 장차 망할 것을 서서 기다릴 수 있게 되었다. 어찌 한심하지 않은가?(중추월中秋月 그믐날)"라고 되어 있었다.[194] 향간에는 죄인을 가리켜 '무복誣服했다'고 하고, 훈신勳臣은 '무공자無功者'라는 말이 나돌았다. 이기·윤원형 등은

> 지금 이 서계는 이 벽서를 보고서 비로소 서계하는 것이 아닙니다. 신들이 의논한 지가 여러 날 되었습니다. 당초에 역적의 무리에게 죄를 줄 적에 역모에 가담했던 사람을 파직도 시키고 부처付處도 시켜서 모두 가벼운 쪽으로 해 법대로 따르지 않았습니다. 그래서 사론이 이와 같은 것입니다. 공신이 긴요하지 않다는 말까지도 많이 있습니다. 그

191) 앞과 같음.
192) 《명종실록》 권 5, 명종 2년 6월 을사
193) 《명종실록》 권 6, 명종 2년 9월 병인
194) 앞과 같음.

렇게 분명한 일에 사론이 그치지 않고 있으니, 이것은 화근이 되는 사람이 아직 남아 있기 때문입니다. 신들이 함께 의논해 아뢰니, 즉시 죄를 정해 교서에 자세히 시록해서 중외가 다 알게 하소서."[195]

라고 해 법을 엄격히 적용해 역모에 가담했거나, 관련된 사람들을 죄를 주라는 교서를 내리게 했다. 이에 삼공은 봉성군鳳城君 이완李岏·송인수宋麟壽·이약빙李若氷은 사사하고, 이언적李彦迪·정자鄭磁는 극변極邊에 안치하고, 노수신盧守愼·정황丁熿·유희춘柳希春·김난상金鸞祥은 절도絕島에 안치하고, 권응정權應挺·권응창權應昌·정유침鄭惟沈·이천계李天啓·권물權勿·이담李湛·임형수林亨秀·한주韓澍·안경우安景祐는 원방遠方에 부처하고, 권벌權橃·송희규宋希奎·백인걸白仁傑·이언침李彦忱·민기문閔起文·황박黃博·이진李震·이홍남李洪男·김진종金振宗·윤강원尹剛元·조박趙璞·안세형安世亨·윤충원尹忠元·안함安馠은 부처하라고 했다.[196]

명종은 벽서를 고발한 정언각을 기특하게 생각했다. 임형수는 윤원형을 죽여야 한다고 말했다가 사사되었다.[197] 이때 진복창陳復昌이 임형수를 몹시 미워했는데, 정언각이 부제학이 되고서 진복창과 결탁해 윤원형의 앞잡이가 되어 옥당에서 큰 소리로 말하기를, "임형수가 늘 윤원형을 죽여야 한다고 했으니, 이는 딴 마음이 있는 자다. 이번에 극형으로 다스리도록 청해야겠다"고 했으나, 한 사람도 응하는 자가 없었다. 윤결尹潔이 "죄주어야 한다"고 말하고, 드디어 차자를 올려 논박했다. 윤결이 평시에는 말할 때마다 임형수를 치켜세우면서 속으로는 진복창에게 붙어 사의邪議를 도왔으니, 생각에 주관이 없음을 알 수 있다. 임형수는 그때 파직되어 집에 있었

195) 앞과 같음.
196) 《명종실록》 권 6, 명종 2년 9월 병인
197) 《명종실록》 권 6, 명종 2년 9월 무진

는데, 죽을 적에 양친에게 배사拜辭하고, 그 아들을 돌아보며 말했다. "내가 나쁜 짓을 한 일이 없는데 마침내 이 지경에 이르렀다. 너희들은 과거에 응시하지 마라!"고 하고, 다시 말하기를, "무과일 경우는 응시할 만하면 응시하고, 문과는 응시하지 마라!"고 했는데, 조금도 동요하는 표정이 없었으며, 약을 들고 마시려고 하다가 의금부 서리를 보고 웃으며 말하기를 "그대도 한 잔 마시겠는가?" 했다. 어떤 이가 집 안에 들어가서 죽는 것이 좋겠다고 하니, 임형수는 "나는 마땅히 천지의 신기神祇가 둘러서서 환히 보는 데서 죽을 것이다. 어찌 음침한 곳에 가서 죽겠는가?" 하고, 드디어 약을 마시고 죽었는데, 듣는 이들이 슬퍼했다.[198)]

그해 윤 9월 5일에 홍문관 부제학 정언각 등은 봉성군 이완의 반역죄를 물어야 한다고 주장했다. 명종은 "아무리 생각해도 마음이 몹시 쓰라리므로, 조정의 공론을 따를 수 없다"고 했다.[199)] 사신은 정언각을 다음과 같이 논평했다.

> 정언각은 본디 사독경복邪毒傾覆한 사람인데, 정미년(1547)에 화를 가장 먼저 일으켜 사림을 죽였으므로 사람들이 모두 이를 갈았다. 그런데 그를 후설喉舌(대간)의 자리에 두어 왕명을 출납하게 맡겼으니, 아! 위태하도다![200)]

정언각은 1548년(명종 3) 1월 10일에 우부승지,[201)] 3월 14일에 좌부승지,[202)] 11월 16일에 우승지[203)]가 되었다.

---

198) 《명종실록》 권 6, 명종 2년 9월 기사
199) 《명종실록》 권 6, 명종 2년 윤9월 계미
200) 《명종실록》 권 6, 명종 2년 10월 기미
201) 《명종실록》 권 7, 명종 3년 1월 정해
202) 《명종실록》 권 7, 명종 3년 3월 기축
203) 《명종실록》 권 8, 명종 3년 11월 정해

1549년(명종 4) 4월에 이홍윤李洪胤 역모 사건이 일어났다.[204] 이홍윤은 "나의 아비를 죽인 자는 정언각이고, 나의 장인(윤임)을 죽인 자는 이기李芑와 윤원형尹元衡이다."[205]고 하고 충주를 중심으로 사람을 모아 반란을 도모했다. 참찬관 정언각은

> 신이 근일 추국청에 참석했습니다. 처음 이홍윤을 보았을 때, 나이도 어리고 몸집도 쥐새끼 같아서 마음속으로 '저런 자가 역모를 하고자 한들 어떻게 할 수 있겠으며, 또 어찌 따를 자가 있겠는가? 이는 다만 불초한 자의 난언亂言일 뿐이다'고 여겼습니다. 그러나 이홍남李洪男의 서찰에 "함께 연좌되면 국가의 상형이 있다"는 말은 의미가 깊어 난언일 뿐만 아닌 듯했습니다. 이에 그의 모의계획을 힐문했더니, 그 역모가 더없이 흉특凶慝하고 계획한 것도 한두 가지가 아니었으며, 부도한 말에 이르러서는 차마 들을 수 없는 것이기에 초사에 쓰지 않았습니다. …… 임금이 벌을 씀에 있어서는 진실로 율을 따라야 마땅합니다.[206]

고 아뢰었다. 이홍윤은 충주와 서울의 장사와 병기를 모아 아버지 이약빙과 장인 윤임의 원수인 이기·윤원형·정언각과, 친족이지만 자신을 돌봐주지 않은 이준경을 죽이고, 모산수를 왕으로 추대하고자 했다. 그러나 형 이홍남이 고변해 처형되었다.[207] 이홍윤은 난언율亂言律로 다스리고, 나머지는 난언을 알고도 고하지 않은 죄로 입계入啓하려 했으나, 형방승지 정언각이 이기에게

204) 《명종실록》 권 9, 명종 4년 4월 경신
205) 《명종실록》 권 9, 명종 4년 5월 갑술
206) 《명종실록》 권 9, 명종 4년 5월 갑신
207) 이성무, 《영의정의 경륜》, 지식산업사, 2012, 70쪽.

> 이들이 이미 난언율로 조율照律되었으나 그들이 난언을 발설할 적에 하려던 일이 무엇이었는지 묻지 않았으니, 이것이 실로 미진하다. 상께서 하문하신다면 무어라고 아뢰겠는가?[208]

고 이의를 제기해 마침내 반역율로 얽어매어 죽였다.[209]

옥사가 있은 뒤 5월 24일에 정언각은 도승지都承旨로 승진했다.[210] 그리고 8월 5일에 명종은 정언각을 가자加資해 경기감사로 삼으라 했다.[211]

1550년(명종 5) 7월 13일에 정언각은 다시 장례원판결사가 되었다. 사관은 그의 행적에 대해

> (정)언각은 윤원형에게 아부해 명사들을 많이 죽였으므로 당시 사람들이 염라대왕의 사자라고 했다. 일찍이 그의 친구인 성언박成彦博과 을사년의 일을 말하다가 "계림군桂林君 이류李瑠는 실제로 모의에 참여하지 않았다"고 했는데, 이 사실을 정언각이 고변하려는 것을 이읍李揖이 극력 구원해 중지했다. 그는 평생 동안 마음 쓰는 것이 흉악·교활하지 않음이 없었고, 끝내는 타고 다니던 말의 발에 채여 죽으니, 당시 사람들이 그 말을 의마義馬라 했다.[212]

고 했다. 정언각은 그해 8월 9일에 한성부 우윤,[213] 12월 10일에 전라도 관찰사[214]가 되었다.

---

208) 《명종실록》 권 9, 명종 4년 5월 경인
209) 앞과 같음.
210) 《명종실록》 권 9, 명종 4년 5월 계사
211) 《명종실록》 권 9, 명종 4년 8월 임인
212) 《명종실록》 권 10, 명종 5년 7월 갑진
213) 《명종실록》 권 10, 명종 5년 8월 경오
214) 《명종실록》 권 10, 명종 5년 12월 기사

1551년(명종 6) 3월 24일에 전라도관찰사 정언각은 해남현에 귀양와 있는 양윤온梁允溫이 역적과 공모한 자인데도 편안히 관사官舍에 앉아 있으니 추국해야 한다고 상소를 올렸다.215)

이에 대해 사신은

> 이제 양윤온이 정언각의 모함에 빠졌는데, 오늘 형장을 가하고, 내일 또 형장을 쳐서 기어이 죽이고자 하니 원통한 기운이 위로 하늘에 사무친 것은 괴이할 것이 없다. 그런데도 기우祈雨에만 급급하니, 지엽적일 뿐이다.216)

고 비아냥거렸다. 결국 양윤온은 옥중에서 죽었다. 이에 사신은

> 정언각이 이미 양재역의 벽서를 고발해 정미년(1547)에 화를 크게 일으키고 이기·윤원형에게 총애를 받았는데, 이것도 오히려 부족해 또 양윤온을 무고해 자기 한 몸에 총애를 굳히는 기반으로 삼았다. 아! 정언각의 화가 독하다. 이와 같이 불선함을 쌓으니 어찌 그 자신에게 재앙이 없겠는가?217)

1551년(명종 6) 7월 27일, 전라감사 정언각은 남의 노비를 마구 빼앗고, 형장을 치며 심문까지 했다.218) 이에 사헌부는

> 감사 정언각은 한 도의 주인으로서 그 도의 백성과 노비를 가지고 서

215) 《명종실록》 권 11, 명종 6년 3월 임자
216) 《명종실록》 권 11, 명종 6년 4월 무진
217) 《명종실록》 권 11, 명종 6년 4월 기사
218) 《명종실록》 권 11, 명종 6년 7월 계축

> 로 송사訟事할 수 없는 처지입니다. 그러나 더구나 사사로운 감정을 품고 이열李悅에게 성을 내어 엄한 형벌로 그를 제재했을 뿐만 아니라, 그 일족까지도 모두 관역官役을 정해 준 것이 이미 금부의 추안에 들어났으니, 하루도 그 직에 있게 해서는 안 됩니다. 먼저 파직시킨 뒤에 추고하소서.[219]

라고 탄핵해 감사에서 해임되었다. 이에 대해 사신은

> 정언각은 사특하고 악독한 사람이다. 항상 남을 해할 마음을 가지고 있었고, 부자간에도 은애를 손상시키고 패려한 행위를 많이 했다. 이기에게 아부해 공신에 참여하려고 (양재)역의 벽에서 익명서를 뜯어다가 계문해 사림들을 남김없이 죄망罪網에 걸리게 해 그 화가 하늘까지 뻗치게 했으므로 사람들은 그를 맹수와 독약 보듯 했는데, 오래지 않아 얼음판에서 낙마해 죽었으니, 하늘이 무심하다고는 할 수 없다. 다만 그가 죽기 전에 그의 죄를 밝혀서 바로잡지 못한 것이 한스러울 뿐이다.[220]

고 논평했다.

1551년(명종 6) 12월 6일에 정언각은 동지중추부사가 되어,[221] 1552년(명종 7) 5월 4일에 성절사로 북경에 다녀왔다.[222] 사신은 또

> 정언각은 사악하기가 시랑과 범 같아, 평생의 용심이 모두 사람을 해

219) 《명종실록》 권 12, 명종 6년 8월 정사
220) 앞과 같음.
221) 《명종실록》 권 12, 명종 6년 12월 기미
222) 《명종실록》 권 13, 명종 7년 5월 을유

> 치는 일이 아님이 없어서 사람들이 모두 두려워하면서 피했다. 1545년(인종 1) 가을에 이기·윤원형이 구감舊憾을 품고 흉모를 부려 온 조정의 명현을 일망타진一網打盡했는데, 정언각이 그 사이에서 주구走狗 노릇을 해 마구 독을 뿜었다. 그 후 벽서사건을 아뢰었는데 그것도 자신이 쓴 것이었다. 교묘하게 죄상을 얽어매어 또다시 큰 옥사를 일으킴으로써 조정의 선류善類가 거의 없어지게 되었으므로, 정언각이 오랫동안 청반淸班에 참여해 국론을 쥘 수 있었다. 사람의 기용이 이러했으니 국가의 일을 알만하다. 아! 가슴 아픈 일이다.[223]

고 논평했다. 정언각에 대한 사평史評이 좋지 않은 것은 이기·윤원형 등 권신에 아부해 사림을 해친 행적 때문이기도 하지만 선조 대부터 반대파인 사림파가 정권을 잡게 되었기 때문이다.

1552년(명종 7) 10월 21일, 정언각은 호조참판이 되었다.[224] 1553년(명종 8) 1월 10일에 그의 아들 정척鄭惕이 사간원 정언이 되었는데, 사관은 또 "정척은 정언각의 아들로 정언각은 성균관에 있을 때부터 사람들이 모두 그를 더럽게 여겼는데, 뒤에 이양李樑에게 붙어 제멋대로 해 간사하고 음흉한 짓을 하게 되자 동열同列들도 모두 좋지 않은 눈으로 보았다. 그는 얼굴색이 귀신같이 푸르죽죽해 외모도 그 심보와 같았다"고 논평했다.[225] 권신에 아부해 사림을 박해한 행위를 대를 물려 비난한 것이다. 정치적으로 권신이 사림에게 패배한 결과이다. 그해 7월 25일에 정언각은 경상도관찰사가 되었다. 사관은 다시

223) 앞과 같음.
224) 《명종실록》 권 13, 명종 7년 10월 경오
225) 《명종실록》 권 14, 명종 8년 1월 정해

> 정언각은 악독하고 간교하며 속임수를 잘 써 비위에 거슬리는 자가 있으면 평생토록 잊지 않았다가 조그만 원한도 반드시 보복했다. 체구는 작으면서도 독이 있었으므로 당시 사람들은 독침에 비교했다. 1545년(인종 1) 가을에 몰래 '여주女主가 나라를 담당하고 간신 이기가 권력을 남용한다'는 등의 말을 써 놓고 스스로 양재역의 벽에서 얻었다고 고변하고는 또 그날 즉시 이기의 집에 가서 좌우를 물리치고 음모해 큰 옥사를 일으켜서 이름 있는 선비로서 귀양살이 하던 자들을 축출했으므로 사람들이 그를 잡아먹으려 했다.[226]

고 논평했다. 명종이 즉위하자 간신인 윤원형·정순붕鄭順朋·이기·임백령林百齡·허자許磁는 을사사화를 일으켰는데, 이들은 사람을 죽이는 일로써 어린 임금을 인도하는 한편, 외척의 권세로 모든 사람들을 제압했다. 간사하고 탐독한 정언각·권찬權纘·윤춘년尹春年·진복창의 무리가 큰 간신(윤원형 등)에게 붙어 선한 신하들을 배척했는데, 조금이라도 강개한 말을 하는 자가 있으면 "이것은 모두 조광조의 여습이다"고 하면서 원수 같이 미워해 거의 다 죽여, 임금으로 하여금 방향을 알지 못하게 하고, 옳고 그름을 분별하지 못하게 했다.[227]

1554년(명종 9) 7월 19일에 경상도관찰사 정언각은 병을 핑계로 사직한 고령현감 이희안李希顔을 잡아다가 추고해야 한다고 주장했다. 이에 대해 사신은

> 이희안은 전원에 살며 이름이 알려지기를 바라지 않고 옛사람처럼 할 수 있기를 기했으니, 그의 인품을 대개 알 수 있다. 정언각은 본래 간

226) 《명종실록》 권 15, 명종 8년 7월 기사
227) 《명종실록》 권 15, 명종 8년 10월 계미

> 사하고 악독한 사람으로 유일遺逸 이희안을 능욕해 용납될 수 없게 했으니, 현능한 사람을 미워하고 나라를 해롭게 하며, 임금을 속인 죄가 크다.228)

고 논평했다. 이희안은 추고될 뻔 했으나, 대간이 만류해 무사했다. 그해 11월 25일에 정언각은 한성부 좌윤이 되었고,229) 1555년(명종 10) 2월 5일에는 동지중추부사가 되었다.230)

그러나 정언각은 1556년(명종 11) 8월 23일에 죽었다.231) 졸기는 다음과 같다.

> 정언각은 성품이 음흉하고 간사하며, 악독했다. 일찍이 1519년(중종 14)에 칙한 신비들을 비워했으므로 현달하지 못했을 적부터 많은 사람들이 그가 소인이라는 것을 알았다. 김안국金安國이 병조판서로 있을 때 정언각이 낭관으로 있었는데, 김안국은 그가 올 때마다 번번이 계단에 내려가 맞이하므로 사람들이 괴이하게 여겨 물으니, 대답하기를 "이 사람의 간사함은 후일 뜻을 얻게 되면 반드시 사림에 해를 끼칠 것이다"고 했다. 그가 조정에서 일을 할 때 인물을 상해하지 않음이 없었다. 1547년(명종 2) 가을에 양재역 벽의 익명서 사건을 고변해 1545년(인종 1)에 죄를 입고 난 나머지 사람들이 거의 다 귀양 가거나 죽음을 당해 한 사람도 벗어난 사람이 없었다. 어떤 사람은, 벽서는 바로 정언각 자신이 지은 것이라고도 한다. 또 1548년(명종 3), 형방승지로서 국문에 참여했는데, 그때 충주 사람이 추관이었다. 추관이 난

---

228)《명종실록》 권 17, 명종 9년 7월 정사
229)《명종실록》 권 17, 명종 9년 11월 임술
230)《명종실록》 권 18, 명종 10년 2월 경오
231)《명종실록》 권 21, 명종 11년 8월 기유

언의 율로 죄를 주려고 했는데, 정언각이 이기에게 "과연 이는 난언이다. 이런 난언을 저지른 데에는 어떤 뜻이 있을 것이다" 하니, 이기가 흔연히 그 말을 따라 마침내 큰 옥사를 일으켰다. 이희안이 일찍이 유일로 천거되어 고령현감이 되었는데, 정언각이 감사로 있으면서 모욕을 주니, 이희안이 벼슬을 버리고 고향으로 돌아갔다. 정언각이 이에 법조문을 엄하게 적용하는 장계를 올려 기필코 죄를 주고자 했으나, 그 당시의 정승이 잘 변호해 죄를 면할 수 있었다. 이때 말에서 떨어져 발굽에 얼굴을 밟혀 상처를 입었는데, 얼마 안 되어 죽었으니, 천도天道는 돌려주기를 좋아한다는 것을 알 수 있다.[232]

그 후 1570년(선조 3) 5월 15일에 재이災異가 생기자 삼공이 합사하기를

정언각은 간사하고 탐욕스러운 사람으로서 전부터 동료들에게 용납되지 못했으므로 눈 한 번 흘긴 원망까지도 모두 죄에 얽어 넣었으니, 간사함을 품고 분노를 축적한 것이 하루 이틀이 아닙니다. 역벽驛壁의 근거 없는 글은 사실 그가 꾸며 만들었다는 것이 사림들 사이에 전파된 지 이미 오래입니다. 그뿐만이 아니라 1549년(명종 4)에 충청도 사람들을 추국할 때 정언각이 승지로 참여했으며, 이기가 사람들의 죄를 논할 때 당해서는 옆에서 방조하면서 반드시 심각하게 벌을 주게 하자, 이기가 그대로 따라서 모두 극형으로 다스려 형벌이 친속에게 미치고, 재산을 몰수당하기에 이르렀으니, 그가 악을 도와 저지른 죄는 위로 하늘에 통했고, 죄 없는 선비들이 무궁한 원통함을 품은 채 지하에 누워 있습니다. 그런데 이 두 사람은 죽어서도 오히려 관작을 보존

232) 앞과 같음.

> 하고 있으니, 이것이 하늘과 사람이 함께 분개하는 바이고, 재앙을 거듭 이르는 이유입니다. 이기와 정언각의 관작을 모두 추탈하소서.[233]

라고 해 이기와 정언각의 관작을 박탈하자고 했다. 그러나 선조는 먼저 왕 때에 이루어진 일을 수십 년 지난 지금 와서 고칠 수 없다고 듣지 않았다.[234]

(5) 정미수鄭眉壽

정종의 외아들이 정미수다. 정미수의 자는 기수耆叟요, 호는 우재愚齋다. 아버지는 문종의 사위 영양위寧陽尉 정종鄭悰이요 어머니는 문종의 외동딸인 경혜공주敬惠公主다. 세조 초에 죄에 걸려, 부인 경혜공주를 모시고 광주光州로 귀양 갔다. 1461년(세조 7)에 경혜공주가 서울로 불려 올라갔고 그때 정미수의 나이가 7세였다니 그는 1454년(단종 2)에 태어난 것이 분명하다. 1457년(세조 3)에 아버지 정종이 처형된 뒤 1461년(세조 7)에 세조가 경혜공주를 서울로 불러 올렸는데, 그때 어머니와 함께 올라왔다. 그는 자태와 골상이 단아하고 기품과 도량이 숙성했는데, 세조는 그를 불쌍히 여겨 자산군者山君(뒤에 성종)을 모시고 있게 했다. 커서는 돈령부 직장을 시작으로 벼슬을 하기 시작했다. 1473년(성종 4) 4월 8일에 대사헌 서거정徐居正은

> 이달 초 5일 비지批旨에 정미수를 돈령부 직장으로 삼았는데, 정미수는 정종의 아들로서 정종이 종사에 죄를 지었으므로 그 자손은 속적屬籍을 마땅히 끊어야 할 것입니다. 이제 정미수는 그 어미인 공주를 따

---
233) 《선조실록》 권 4, 선조 3년 5월 임오
234) 《선조실록》 권 4, 선조 3년 7월 갑신

> 라 항상 왕 밑에 있으니 법으로 생각해도 옳지 못한데, 다시 벼슬을 제수하니 종사를 존중하고 난적을 징계하는 도리가 아닙니다. 엎드려 바라건대 빨리 정미수를 파직하소서.[235]

라고 아뢰었으나. 성종은

> 대왕대비의 전교에 이르기를 "세조께서 일찍이 예종께 이르시기를, 정종의 아들을 내가 쓰고자 하나 미치지 못할까 두렵다. 너는 이 말을 잊지 말도록 하라고 하며, 예종으로 하여금 손수 그를 쓰게 하시고 또 난신안亂臣案에서 이름을 삭제했다"고 했으니, 다시는 와서 말하지 마라![236]

고 했다. 대왕대비도

> 정종의 아들을 세조께서 예종에게 녹용하라고 친히 하교하시고, 난신안에서 이름을 삭제했으므로 내가 주상께 고해 벼슬을 제수했으니, 다시 말하지 마라![237]

고 못 박았다. 이에 대해 사관史官은

> 정종은 세조조에 죄로 사형을 당했으니, 사군嗣君(뒤를 이은 임금)은 그 아들을 결코 쓸 수 없는 것이다. 대간과 충훈부에서 법에 의거해 간했

---

235) 《성종실록》 권 29, 성종 4년 4월 무진
236) 앞과 같음.
237) 《성종실록》 권 29, 성종 4년 4월 기사

> 으나 받아들여지지 않은 것은 무엇 때문인가? 대저 세조가 문종의 아들 없음을 민망하게 여기시고, 공주가 한 어린 아들이 있는데 겨우 강보를 면한 것을 보고 가엽게 여기셔서 이 유교가 있었던 것이다. 그러니 지난번 정희왕후貞熹王后(세조비)의 거룩한 덕으로 유교를 받들어 내전內殿에서 힘써 주장하시지 않았다면, 임금이 홀로 여러 사람의 논의를 물리치고 서용하기가 또한 어려웠을 것이다. 아아! 거룩하도다![238]

고 논평했다. 이에 성종은 "정미수를 동반 초직初職으로 낮추어서 서용하라!"고 전교했다.[239] 대왕대비는 세조가 곧 그를 서용하려 했는데 나이가 어리고 정종이 광망狂妄해 스스로 허물을 짓는 바람에 늦어진 것이라고 했다.[240] 충훈부 당상 신숙주申叔舟는 세조가 정종이 처음에 안평대군과 내통했을 때는 그가 어리고 광망하다 해 죄를 주지 않다가, 뒤에 금성대군의 단종 복위 운동에 연루되자 광주光州로 유배시켰던 것이라 했다. 그런데도 뉘우치지 않고 또는 일부러 미친 척하거나 담장을 넘어 달아나 주벌을 당한 것이라고 했다.[241] 그러자 성종은 정미수를 허통한 세조의 전지를 찾아서 아뢰라고 했다.[242]

1474년(성종 5) 1월 1일에 경혜공주가 죽었다. 성종은 호조에 명해 부의로 쌀·콩을 아울러 70석, 정포正布 50필, 종이 100권, 석회 60석, 촉랍燭蠟 30근을 내려 주었다. 사신은 다음과 같이 논평했다.

> 처음에 정종이 주살되니, 공주는 머리를 깎고 여승이 되었는데, 매우

238)《성종실록》권 29, 세종 4년 4월 신미
239)《성종실록》권 29, 성종 4년 4월 기묘
240)《성종실록》권 29, 성종 4년 4월 무자
241)《성종실록》권 30, 성종 4년 5월 임진
242)《성종실록》권 30, 성종 4년 5월 갑오

> 가난했으므로 세조가 불쌍히 여겨 노비를 돌려주고, 내수사로 하여금 집을 지어서 주게 했다. 아들 정미수는 나이 16세로 공주가 병이 위독해지면 약을 반드시 먼저 맛보고, 옷은 띠를 풀지 않았으며, 똥을 맛보기까지 하면서 병을 보살폈다.[243]

1476년(성종 7) 3월 11일에 정미수는 문과를 응시하게 해 달라고 상언했다. 성종은 그를 허통한 어필御筆을 찾아서 올리라고 명했다. 그러나 찾아내지 못하고, 승정원일기 1469년(예종 1) 4월 12일조에

> 전교하기를, "지난번에 내가 옆에서 모시고 있을 때 세조의 전교를 친히 받들었는데, '경혜공주의 아들은 난신의 아들의 예例로서 논할 수 없다'고 하셨으므로 내가 즉시 일기를 썼었다. 지금 일기를 상고하니, 성훈聖訓이 그대로 계시니, 마땅히 종친의 예로써 서용하도록 하라"고 하니, 원상 한명회와 승정원에서 아뢰기를 "정종은 선왕조에 죄가 종묘·사직에 관계되니, 그 아들이 목숨을 보전할 수 있는 것만도 다행한 일인데, 지금 가볍게 용서할 수 없습니다. 또 태종 조에 죄를 지은 사람들은 끝내 세종조에 서용되지 않았으니, 정종은 선왕조에 죄를 지었으므로 종실의 예로써 서용할 수 없습니다"고 했다. 전교하기를 "내가 친히 세조의 전교를 받아서 경혜공주의 아들을 쓰는데, 무슨 불가한 점이 있겠는가?" 하고, 이어서 이조와 병조에 전지를 내려 "경혜공주의 자식은 다른 예에 의해 서용하라!"고 했다.[244]

고 기록되어 있었다. 성종은 이 기록을 근거로 정미수를 문과에 응시하게

---

243) 《성종실록》 권 38, 성종 5년 1월 정해
244) 《성종실록》 권 65, 성종 7년 3월 갑인

했다.[245] 정미수가 선전관이 되자 대사간 이세좌李世佐가 반대했으나 들어주지 않았다.[246]

1483년(성종 14) 4월 1일 정미수를 비호하던 정희왕후가 죽었다.[247] 그런데 어머니 경혜공주의 상喪을 마친 뒤에는 형조정랑으로 승진했다. 그러나 1488년(성종 19) 1월 20일에 선왕의 외손이 의친議親에 포함되어야 한다는 상소를 올렸다. 정미수가 한명회의 발인 때 상여를 메는 인부들이 질서가 없었던 일로 의금부에 잡혀갔는데, 신문관이 머리에 형틀을 씌우려고 하기에 자기가 문종의 외손이니, 의친에 해당하므로 형벌에서 특혜를 받아야 한다는 주장이다. 《대명률》 명례名例 팔의八議에 첫째는 의친이라고 한 주註에 "황가皇家의 단문袒免 이상친이 포함된다"고 되어 있다. 그런데 '단문 이상'의 '이상' 안에 내·외손을 다 포함해야한다는 주장이다. 그는 옥에 갇혀 있으면서 상소하기를

> 율문律文에서 '황가皇家'라 칭하는 것은 일대一代를 통틀어 가르쳐 말하는 것으로 단문이라고 한 것은 동성同姓 무복친無服親을 말한 것입니다. 그 말하기를 '이상자以上者'라 한 것은 동성·이성異姓의 유복친을 겸해서 가리키는 것입니다. 율관律官은 단지 단문이 동성친이 되는 것만 알았지 '이상' 2자가 소원해 상복이 없는 내·외 유복친을 들고 있는 것을 모르는 것입니다. 만약 단지 당대만 말한다면 율문에서 왜 황가를 통칭했겠습니까? 그 말하기를 '황가'라 한 것은 선왕의 유복친도 또한 의친議親에 포함되는 것이 자명합니다. 그 식견의 정미精微함과 논의의 통창함이 실로 국체國體와 관계되는 것입니다.[248]

245) 앞과 같음.
246) 《성종실록》 권 79, 성종 8년 4월 병진
247) 《성종실록》 권 153, 성종 14년 4월 계해
248) 《성종실록》 권 211, 성종 19년 1월 을묘

고 했다. 율문 8의八議 조에 황가 단문 '이상친'이라 한 말을 가지고 그를 의친으로 논하려 하지 않아 장차 처벌을 받게 된 것이다. 이 상소가 올라가자 그 말이 옳다고 해 드디어 예조에 내려 정법定法으로 삼았다.

1489년(성종 20) 2월 28일에 정미수는 조산대부朝散大夫(문산계 종4품 상계) 사헌부 장령이 되었다.[249] 3월 5일 종실 여자가 음간淫陰한 일이 발각되어 모든 증거를 자복自服하고 조정의 의견도 마땅히 고신拷訊해서 자복을 받아내어 사형에 처하자고 했다. 그러나 그는 홀로

> 그 여자는 태종의 손녀로 의친이니 마땅히 용서해야 합니다. 또 그 죄가 국가와 관계가 없으니, 지금 마땅히 고신을 면제하고 증거에 의해 죄를 정해서 은의恩誼와 법제法制를 병행하면 사체가 합당할 것 같습니다.[250]

고 해 왕이 드디어 불문에 부쳤다. 그러나 그 여자(이씨)는 사사되었다. 당시에 우승지 한언韓堰 등이 왕의 물음에 대답을 잘못해 처벌을 받게 되었다. 이에 정미수는 "인군이 일을 볼 때 반드시 널리 중의를 물어 그 말이 옳으면 따르고, 혹 맞지 않으면 또한 죄를 주어서는 안 됩니다. 지금 한언은 비록 대답을 잘못했으나 청컨대 넉넉히 용서하소서"라고 간쟁諫諍했다.[251] 조정이 그의 말을 듣고 모두 옳다고 여겼으나 드디어 그는 사섬시 첨정으로 좌천되었다. 얼마 있다가 한성부 서윤으로 옮겨갔다가 인천부사로 나갔다. 1493년(성종 24) 2월 2일, 대간이 인천부사 정미수가 척리戚里

249) 《성종실록》 권 225, 성종 20년 2월 병진
250) 《성종실록》 권 226, 성종 20년 3월 계해
251) 《성종실록》 권 228, 성종 20년 5월 기묘

한건韓健의 부탁을 받고 주인이 있는 해택海澤을 빼앗아 주었다고 탄핵했으나 증거가 불충분해 죄를 받지는 않았다.[252] 성종은

> 한건·정미수가 청탁했다는 것은 정상이 드러나지 아니했으며, 죄가 의심스러운 것은 가벼운 쪽으로 처벌하는 것이니, 죄를 더할 수는 없다.[253]

고 해 처벌을 유보했다. 대간이 계속 물고 늘어지자 성종은 한건은 내버려 두고, 정미수는 단지 오결誤決한 것으로 죄를 주도록 하라고 했다.[254]

1494년(성종 25)에 성종이 죽자 정미수는 산릉 일을 맡은 공으로 1495년(연산군 1) 5월 10일에 당상관으로 승진했다.[255] 이에 대한 대간의 반대가 심했다. 왕은 "정미수는 문종의 외손이고, 도차사원都差使員으로 서무에 분주해 공이 있으므로 특별히 당상관으로 승진시켰다"[256]고 했는데, 잠저시의 성종과의 특별한 관계 때문이다. 연산군은 대간에 대해

> 내가 보니, 근래 임금이 어떤 일을 하려고 하면 대간이 반드시 그것을 어겨 고치려 해 조정의 권한이 다 대간의 손에 있게 되니 옳으냐?[257]

고 짜증을 냈다. 조신들이 계속 반대하자 연산군은 가자만 하고 승직陞職은 하지 말라고 했다.[258]

1495년(연산군 1) 8월 25일에 정미수는 장례원 판결사가 되었다가[259],

252) 《성종실록》 권 274, 성종 24년 2월 정유
253) 《성종실록》 권 274, 성종 24년 2월 계축
254) 《성종실록》 권 274, 성종 24년 2월 을묘
255) 《연산군일기》 권 5, 연산군 1년 5월 임진
256) 《연산군일기》 권 5, 연산군 1년 5월 계사
257) 《연산군일기》 권 5, 연산군 1년 5월 병신
258) 《연산군일기》 권 5, 연산군 1년 5월 갑진

윤 3월 21일에 충청도관찰사가 되었다.[260] 충청도 관찰사 정미수는 전 현감 임미林敉의 아들 진사 임계번林季蕃과 학생 박의朴義의 첩자 박말산朴末山을 효자로 추천해 임계번은 관직을 내려 주고, 박말산은 천인이라 정문旌門을 내리고 부역을 면제해 주게 했다.[261]

1498년(연산군 4) 2월 19일에 동부승지가 되었다.[262] 동부승지 정미수는 이천의 양가여자 우음덕迂音德이 역자驛子 복산福山과 사간하고, 밤중에 복산과 모의해 남편 박옥선朴玉先을 죽였으니, 우음덕을 능지처참, 복산은 참형에 처하게 했다.[263] 그해 7월 2일에 정미수는 우부승지, 우승지, 좌승지, 그리고 11월 9일에 도승지로 옮겼다.[264] 1499년(연산군 5) 4월 5일에 정미수는 경기관찰사가 되었다.[265] 그런데 경기도에 흉년이 들었다. 그는 경창京倉의 콩 2만 석을 내어 경기 인민에게 나누어 주자고 요구해 1만 석을 주라는 전교를 받아냈다. 1500년(연산군 6) 5월 10일에 정미수는 호조판서,[266] 8월 21일에 함경도 관찰사[267], 1502년(연산군 8) 3월 12일에 공조참판,[268] 그해 6월 16일에 지돈령부사[269]로 옮겼다. 정미수는

신이 함경도 감사로 있을 때 …… 신이 계집종 18명과 사내종 3명을

259) 《연산군일기》 권 8, 연산군 1년 8월 을해
260) 《연산군일기》 권 14, 연산군 1년 윤 3월 무진
261) 《연산군일기》 권 22, 연산군 3년 4월 임오
262) 《연산군일기》 권 29, 연산군 4년 2월 을유
263) 《연산군일기》 권 29, 연산군 4년 4월 갑오
264) 《연산군일기》 권 30, 연산군 4년 7월 병신
《연산군일기》 권 30, 연산군 4년 7월 기사
《연산군일기》 권 30, 연산군 4년 7월 임술
《연산군일기》 권 31, 연산군 4년 11월 신축
265) 《연산군일기》 권 33, 연산군 5년 4월 갑오
266) 《연산군일기》 권 37, 연산군 6년 5월 계해
267) 《연산군일기》 권 38, 연산군 6년 8월 계묘
268) 《연산군일기》 권 43, 연산군 8년 3월 갑신
269) 《연산군일기》 권 44, 연산군 8년 6월 병진

> 거느리고 있었습니다. 그러나 홀로 신만이 법을 범한 것이 아니라 전례가 재상이 가족을 거느리고 멀리 관외關外로 나가게 되면 사세가 그렇게 되지 않을 수 없습니다.[270]

고 아뢰었다. 왕은 그가 문종의 외손이라 해 가자했다.[271] 이에 대해 대간이 이의를 제기하자 정미수는 지중추부사를 사직했으나 왕이 들어주지 않았다.[272]

1502년(연산군 8) 11월 5일에 정미수는 한성판윤이 되었다.[273] 지돈령부사 정미수가 목욕과 휴가를 위해 해주로 가니, 도승지 김감金勘을 명해 교외에 가서 전송하게 했다.[274] 그는 공조판서가 되어 병조판서 강구손姜龜孫과 함께 동화문 동쪽 단봉문丹鳳門까지의 궁궐 담 밑 인가 20여 곳을 철거하자고 해 그대로 따랐다.[275] 공조판서 정미수는

> 함경도는 역로驛路가 피폐하니, 백성들이 캐어 쓰고 관청에 세납을 바치게 해, 불리려는 자에게는 여행증명을 주어 감사 및 수령으로 하여금 검찰케 해 납을 캐게 한다면 서울에 수송하기가 어렵겠으니, 바라건대 사사로이 캐는 자는 저화楮貨(종이 돈)를 위조한 자와 같은 죄를 주는 것이 어떻습니까?[276]

고 아뢰어 호조와 의논해 온당하게 처리하라는 전교를 받았다. 정미수에

---

270) 《연산군일기》 권 44, 연산군 8년 6월 신유
271) 《연산군일기》 권 44, 연산군 8년 6월 임술
272) 《연산군일기》 권 45, 연산군 8년 7월 갑신
273) 《연산군일기》 권 47, 연산군 8년 11월 갑술
274) 《연산군일기》 권 50, 연산군 9년 8월 기미
275) 《연산군일기》 권 51, 연산군 9년 11월 을해
276) 《연산군일기》 권 51, 연산군 9년 11월 정축

집에는 연산군의 아들이 피접避接해 있어서 1504년(연산군 10) 2월 9일에 왕이 쌀 서른 섬과 나례儺禮 놀이를 그의 집으로 보내게 하고,277) 2월 15일에는 다시 쌀 스무 섬과 황두 열 섬을 그의 집으로 보냈다.278)

1504년(연산군 10) 윤 4월 23일에 정미수는 의금부 관원이 되어 해치려는 마음이 없어 무릇 역사를 상고해 죄를 의논하는 데 힘써 구원했으며, 사람들이 혹 그 힘으로 살아나기도 했다.279) 그러나 이세좌李世佐의 아들로서 평안도에 안치된 세 사람, 함경도에 안치된 친인척 두 사람은 의금부 낭청을 보내 교수형에 처해야 한다고 해 그대로 되었다.280) 그 공으로 정미수는 특별히 숭정대부崇政大夫(문산계 종1품 하계)로 승진했다. 승지들은

> 정미수는 사체를 알고 글도 압니다. 또 문종의 외손이니, 특별히 한 자급을 더하는 것이 매우 마땅합니다.281)

고 했다. 사관은

> 정미수는 문종의 외손으로서 용모가 풍만하고 아름다우며, 행동거지가 한가롭고 정중해 바라만 보아도 곧 그가 왕손임을 알 수 있다. 젊어서 과거 공부를 하다가 성취하지 못하고, 문사들과 사귀기를 좋아했는데, 달통하고 민첩하며 숙련되어 벼슬을 해서도 그르친 일이 없으므로, 높은 관작에 이르게 되었다. 일찍이 왕자를 집에서 양육하므로 전토와 노비를 주었으며, 왕이 이로 인해 총애하고 신임하게 되어 특별

277) 《연산군일기》 권 51, 연산군 9년 12월 경신
《연산군일기》 권 52, 연산군 10년 2월 신축
278) 《연산군일기》 권 52, 연산군 10년 2월 정미
279) 《연산군일기》 권 53, 연산군 10년 윤 4월 계미
280) 《연산군일기》 권 53, 연산군 10년 5월 계사
281) 《연산군일기》 권 53, 연산군 10년 5월 정미

> 히 뽑아 등용했다. 이때 왕이 크게 형벌을 남용했는데, 정미수가 의금부 일을 보면서 힘써 옥사를 완화했다. 그러나 퍽 탐욕스럽고 비루해 재산 모으기를 좋아했으며, 집에 드센 종이 있어 왕자의 세력을 빙자해 황포했는데, 알면서도 금지하지 않았다.[282]

고 논평했다. 그해 5월 28일, 정미수는 의정부 우참찬이 되었고,[283] 6월 2일 연산군은 정미수에게 숙마熟馬 한 필을 내렸다.[284] 1505년(연산군 11) 7월 18일에 연산군은 좌참찬 정미수에게 양마良馬 한 필을 내렸다.[285] 사신은 정미수에 대해

> 정미수는 성품이 염치가 적어, 성준成俊이 죽임을 당하고 (재산이) 적몰 될 때, 그 집에서 보내온 뇌물을 받고 성준의 집을 매우 힘써 감쌌다.[286]

고 논평했다. 그해 8월 23일에 연산군이 또 정미수의 집에 중미中米 50석, 황두 30석을 보냈다.[287] 그리고 연산군은 갑자사화 때 죄수를 엄하게 다스리라고 명했다. 그러나 의금부 당상인 김수동金壽童·이계남李季男·정미수가 힘써 온전히 살리려 했으므로, 한 사람도 억울하게 곤장을 맞아 죽은 사람이 없었다.[288] 1506년(연산군 12) 2월 5일에 연산군은 빈嬪을 정미수의 집으로 옮기고 집값 5천 필을 쳐 주라고 했다.[289] 연산군의 아들인 창

---

282) 《연산군일기》 권 53, 연산군 10년 5월 정미
283) 《연산군일기》 권 53, 연산군 10년 5월 정사
284) 《연산군일기》 권 54, 연산군 10년 6월 신유
285) 《연산군일기》 권 58, 연산군 11년 7월 신축
286) 앞과 같음.
287) 《연산군일기》 권 59, 연산군 11년 8월 을해
288) 《연산군일기》 권 60, 연산군 11년 10월 을묘

령대군昌寧大君을 수양收養한 까닭이다.[290] 7월 23일에 정미수는 우찬성이 되었다.[291]

1506년(중종 1) 9월 2일, 중종반정이 일어났다. 우찬성 정미수도 영의정 유순柳洵·우의정 김수동金壽童 등과 함께 길거리에 나갔다.[292] 9월 8일, 중종 반정공신을 책정했는데, 정미수는 3등공신에 책봉되었다.[293] 이조吏曹에서 우찬성 정미수는 정1품이니 찬성에 있어서는 안 된다고 했으나, 중종은 전일 황수신黃守身이 정1품으로 찬성을 맡은 전례가 있으니 체차할 필요가 없다고 했다.[294] 그러나 삼공三公이 다시 이의를 제기하자 체직시켰다.[295] 그리고 정미수는 해평海平부원군으로 책봉되었으며,[296] 반차班次는 서반西班에 서립序立하게 했다.[297] 그는 곧 겸경연사가 되었다.[298] 그러나 대간은

> 정미수는 1품 재상으로서 연산군의 아들 창령대군을 청해 모셔 양육하고 세력을 빙자, 횡렴橫斂했으니, 그 마음이 몹시 간사합니다. 이런 사람으로 영경연을 삼을 수 없습니다.[299]

고 이의를 제기했다. 그래서 영경연사를 체직시켰다.[300]

---

289)《연산군일기》 권 61, 연산군 12년 2월 을묘
290)《연산군일기》 권 63, 연산군 12년 7월 계미
291)《연산군일기》 권 63, 연산군 12년 7월 경자
292)《중종실록》 권 1, 중종 1년 9월 무인
293)《중종실록》 권 1, 중종 1년 9월 갑신
294)《중종실록》 권 1, 중종 1년 9월 기축
295)《중종실록》 권 1, 중종 1년 10월 무진
296) 앞과 같음.
297)《중종실록》 권 1, 중종 1년 9월 경인
298)《중종실록》 권 1, 중종 1년 9월 임인
299)《중종실록》 권 1, 중종 1년 10월 갑인
300)《중종실록》 권 1, 중종 1년 10월 을묘

10월 27일, 정미수는 보국숭록대부輔國崇祿大夫(문산계 정1품 하계)로 승진되고 해평부원군에 봉해졌다.[301] 그런데 그해 정월 초에 정미수가 병이 나서 김공저金公著를 불러 진맥을 하게 했는데, 간세奸細한 무리들이 유자광柳子光·박원종朴元宗을 해하려 한다는 말을 듣고 즉시 고발하지 않았다고 해 심문을 받았다.[302] 박경朴耕은 그 두 사람 대신 정미수를 정승으로 삼으면 풍속이 자연히 변할 수 있을 것이라 했다고 한다.[303] 그리하여 정미수는 2월 1일에 고신을 빼앗기고, 훈적을 삭탈당했으며, 울진에 부처되었다.[304] 무령武靈부원군 유자광도

> 정미수는 무오년(1498) 일에 관여하지 않았습니다. 그러나 정미수는 곧 문종의 외손으로 소릉昭陵(현덕왕후)이 그 조모이니, 정미수 역시 세조에게 원한이 없지 않은 자입니다. 김종직金宗直·남효온·김일손 등의 소릉을 회복하자는 상소 또한 정미수가 시킨 것입니다. 반정 후 사면을 논하던 날 먼저 발언해 무오년에 연좌된 사람들을 석방하자고 의논한 자 역시 정미수였는데, 신 역시 해가 오래여서 놓아주어야 하겠기로 논계해 놓아주었던 것입니다.[305]

고 걸고 넘어졌다. 좌의정 박원종도 김공저·유숭조柳崇祖 같은 무리들이 자기를 해치려 하는데, 정미수는 대신으로서 알고도 고하지 않았다고 불평했다.[306] 이 일로 정미수는 외방으로 귀양 갔다.[307] 이때 문종의 후궁

301) 《중종실록》 권 1, 중종 1년 10월 임신
302) 《중종실록》 권 2, 중종 2년 윤 1월 신미
303) 《중종실록》 권 2, 중종 2년 윤 1월 경오
304) 《중종실록》 권 2, 중종 2년 윤 1월 계유
《중종실록》 권 2, 중종 2년 2월 을해
305) 《중종실록》 권 2, 중종 2년 2월 병자
306) 《중종실록》 권 2, 중종 2년 2월 정축

문씨가 나이 80세로 생전에 정미수를 보기를 청했다. 재상들은

> 정미수의 죄는 조정에서 이미 의논해 처치했는데, 만일 (문씨의) 상언으로 인해 석방하게 된다면, 같은 때에 죄를 입은 김감金勘은 어떻게 처리하면 되겠습니까?[308]

고 해 가까운 곳으로 귀양지를 옮겨 만나 볼 수 있게 했다.[309] 그러나 중종은 곧 정미수와 김감을 풀어주고 직첩도 돌려주었으며, 다시 서용하라고 명했다.[310] 그리하여 정미수는 다시 해평부원군으로 책봉되었다.[311] 그뿐만 아니라 공신 지위도 회복시켜 주었다.[312]

들어와 형조참의가 되었는데, 그때 어떤 사람이 국가의 장서를 훔쳤다가 형조에 잡혀 죽게 생긴 일이 있었다. 그러나 그는 홀로 "율문에 창고의 전량錢糧을 훔친 자는 마땅히 사형에 처해야 하지만 서책은 흥학興學의 도구이니 훔쳐서 팔았다고 해도 또한 다른 점이 있으니 극형에 처하는 것은 신은 미안하게 생각합니다"고 상계했다. 이 말을 듣고, 왕 또한 그 말을 따라 사형을 면해 주었다 한다. 얼마 뒤 동부승지가 되었다가 가선대부(문산계 종2품 하계)에 올라 도승지가 되었다. 곧 가정대부(문산계 종2품 상계)로 승진해 경기도관찰사·호조참판·함경도관찰사·공조참판 등의 관직을 역임했다. 얼마 되지 않아 자헌대부(문산계 정2품 하계)로 승진해 한성부 판윤·공조판서·의정부 참찬 등을 역임했다. 또 숭정대부(문산계 종1품 하계)로 뛰

307) 《중종실록》 권 2, 중종 2년 4월 임진
308) 《중종실록》 권 3, 중종 2년 5월 계묘
309) 앞과 같음.
310) 《중종실록》 권 3, 중종 2년 6월 계미
《중종실록》 권 3, 중종 2년 7월 을사
311) 앞과 같음.
312) 《중종실록》 권 3, 중종 2년 7월 임자

어올라 판의금부사를 겸임했다. 이때 사화가 일어나 많은 사림들이 화를 입었다. 그는 사류를 동정해 많은 사람을 살렸다. 1506년(중종 1)에 중종반정이 일어났다. 정미수는 우찬성으로 승진했다. 그해 9월 병충분의정국공신秉忠奮義靖國功臣이 되고 보국숭록대부로 승진해 해평부원군에 봉해졌다. 그리하여 아버지 정종은 영의정에, 할아버지 정충경은 좌찬성에 추증되었다. 1507년(중종 2)에 일에 걸려 울진현에 유배되었다가 얼마 있다가 풀려 나와 복관되었다. 그는 관직에서 물러나 한가하게 살면서 노년을 즐겼는데 방에는 책이 그득했다고 한다. 그리고 1512년(중종 7) 4월 15일에 죽었다. 1454년(단종 2)에 태어났으니 향년 58세. 글을 잘했으나 여러 번 과거에 낙방했다. 그러나 재식才識과 명망名望으로 세상에 중히 쓰여 마침내 고위직에 올라 문지門地를 높이는 데 기여했다. 시호는 소평공召平公이고, 부인은 명가인 이덕량李德良의 딸인 전의이씨다. 생졸년은 불명이다. 그러나 1543년(중종 38)에 부인이 양손養孫에게 재산을 별급別給할 때 나이가 89세였고 아직 건강했다고 하니 장수한 것 같다. 그러나 슬하에 자식이 없어 족질族姪 이승휴李承休를 양자로 들였다.[313]

정미수가 대궐에 들어오게 된 내력이 따로 있었다. 경혜공주가 남편 정종을 따라가 광주 적소에 있다는 말을 듣고 중사中使에게 명해 "사내아이를 낳았거든 죽이고, 딸아이를 낳았으면 데리고 오라"고 했다. 그러나 정희왕후貞熹王后가 몰래 남녀를 불문하고 데리고 오라고 해 정미수를 궁중에서 스스로 길렀다. 그런데 6~7세가 되어 궁중에서 놀고 있는데 세조가 보고 누구네 집 아이냐고 물었다. 정희왕후가 "문종의 혈육은 오직 이 아이

---

313) 《家乘》 卷 1, 召平公事蹟 姜渾, 秉忠奮義靖國功臣輔國崇祿大夫行議政府右贊成兼領經筵事判義禁府事海平府院君贈謚召平公(眉壽)神道碑銘

부인 전의이씨의 가계는 1세 棹-2세 康-3세 秀英-4세 文景-5세 允寬-6세 順-7세 阡-8세 華-9세 得榮-10세 丘直-11세 貞幹-12세 士寬-13세 智長-14 德良-15세 連孫 女+權健女+鄭眉壽다(《家乘》 卷 1, 附夫人全義李氏譜).

만 남았으니 차마 죽이지 못하고 데리고 와서 사사로이 길렀다"고 했다. 그러자 세조가 불러서 무릎 위에 앉히고 슬피 울면서 미수眉壽라는 이름을 지어 주었다. 대개 오래 살 것을 기약한 것이다. 그리고 자산군을 모시게 했다. 이어서 1461년(세조 7)에 경혜공주를 불러 올렸다. 그런데 《나주호장일기》에 따르면 1460년(세조 6)에 광주 안치 정종의 아들을 이라고 신고했더니 금부도사 변교시邊敎是가 5월 초 4일에 광주에 왔다가 초 9일에 돌아갔다. 《광주호장일기》는 왕래하는 사신들의 정황을 모두 기록하는 것이 임무니 이 기록을 신용할만하다. 그러니 세조가 정미수를 처음 본 것은 1460년(세조 6)이고 다음 해에 경혜공주가 불려 올려 간 것이 확실하다. 세조는 "사가인私家人은 궁중에 살 수 없으니, 너는 마땅히 나가서 살라. 집을 줄 테니 편안히 살아라" 하니 정미수가 "신이 어찌 궐문闕門에서 멀리 떨어진 데 살 수 있겠습니까? 원컨대 가까운 곳으로 정해 주십시오"라고 해서 돈령동敦寧洞에 집 한 채를 하사했다. 처음에 정미수는 사마시 초시 2등에 합격했다. 좋아하지 않는 자가 있어서 "이는 공주의 아들이기 때문이다"고 하자, "내가 비록 합격은 못했으나 누가 내 전로前路를 막느냐" 하고는 과거에 응시하지 않았다. 1473년(성종 4) 12월 29일에 아버지가 죽고, 이달 27일에 공주가 정미수에게 가사家舍와 전토를 하사했다. 그의 나이 19세 때로 장가들기 전이었다. 그러면서 돈령부 직장(참봉)을 시작으로 벼슬살이를 시작했다. 세조는 노산군의 부인인 정순왕후定順王后가 노산군이 귀양 가 있는 곳에 집을 짓고 살고 싶어 해 동대문 밖 관왕묘關王廟 근처에 집을 지어 주었다(1771년에 비석과 전각을 지었다). 정순왕후는 그 집을 스스로 정업원淨業院이라 했다. 이 집터는 1511년(중종 6)에 정미수에게 하사했다. 그리고 영월이 잘 보이는 봉우리를 동쪽을 바라본다고 해 동망東望이라 했다. 1518년(중종 13)에 정순왕후는 노비와 재산과 집을 정미수의 처 이씨에게 하사했다. 왕후가 정미수를 시양자로 삼았으나 이미 죽고 후사가 없어 그의 처마저 죽으면 노산군은 제사를 지내 줄 사람이 없게 되어 이승휴를 양자로 맞이하게 했다. 1506년(중종 1) 9월 1일에 박원종과 성희안成希顔이 훈련원에 모여 사람을 정미수에게 보내 반정에 참여할 것을 권유했다. 정미수가 공복公服을 입고 가려 하자 부인이 융복戎服을 지어 주면서 입고 가라고 했다. 융복 차림으로 나가자 역사力士 두 사람이 동구 밖에 숨어 있다가 나와 "박원종 등이 공복을 입고 나오면 혼군昏君이니 죽여 버리고, 융복 차림으로 나오면 의거에 참여할 뜻이 있는 것이니 데리고 오라"고 했다고 한다. 그리하여 그는 정국靖國 3등공신이 될 수 있었다. 연산군이 평일에 활을 잘 쏴, 쏘면 맞추었다. 어느 날 전국새傳國璽를 근정문勤政門 앞에 세워 놓고 누가 오면 문득 쏴 죽이려 했다. 박원종 등이 이를 우려해 그가 국척國戚이라고 가 보라고 했다. 갔더니 연산군이 활을 당기며 기다리고 있었다. 정미수가 "천명·인심이 이제 돌아갈 바가 있는데, 왕의 화살은 다 떨어졌고, 조선인은 다 떨어질 수 없습니다"고 하자 연산군이 노해서 "아저씨도 또한 이와 같습니까?" 하면서 전국새를 발로 차서 전정殿庭에 떨어지게 했다. 정미수가 그것을 주워 가지고 돌아왔다고 한다. 조위曺偉가 쓴 묘표에 정미수는 젊어서 점필재佔畢齋 김종직金宗直에게 배웠고, 신종호申從濩·권건權健·정석견鄭錫堅·채수蔡壽·유호인兪好仁·이창신李昌臣·허침許琛 등과 사귀었다고 했다. 정미수는 5월 14일은 문종의 기일, 7월 24일은 정순왕후의 기일로 제사를 받들었다.314)

정미수의 양자[繼后子]가 정승휴다. 정승휴의 자는 계지繼之다. 생부는 정수경鄭守慶이다. 생모는 좌의정 정문형鄭文炯의 딸 봉화정씨요, 양모養母는 판서 이덕량李德良의 딸 전의이씨다. 그는 1486년(성종 19)에 음보로 돈령부 주부가 되어 벼슬이 충훈부 도사에 이르렀다. 죽은 뒤에 사위 금원군

---

314) 《家乘》 卷 1, 召平公遺事

錦原君 때문에 숭정대부의정부좌찬성겸판의금부사崇政大夫議政府左贊成兼判義禁府事에 증직되고, 해림군海林君에 봉해졌다. 부인은 지중추부사 증찬성 충민공忠愍公 권건權健의 딸 정경부인 안동권씨다.[315] 부인은 1남(元禧) 6녀(錦原君 岺-중종 3남 熙嬪 홍씨出·曺輝遠·權擘·李寬·南孟夏·崔忠國의 처)을 두었다.[316]

정승휴의 아들은 정원희鄭元禧다. 정원희의 자는 경유景綏다. 아버지는 정승휴이고 어머니는 충민공 권건의 딸인 안동권씨다. 1527년(중종 22) 9월 4일에 태어나 1548년(명종 3)에 음보로 재랑齋郎이 되고, 6품으로 승진해 적성현감으로 나갔다가 들어와 사헌부 감찰이 되었다. 적성현감으로 있을 때 임꺽정林巨正이 개성부 청석동靑石洞에 근거를 두고 경기·황해도에 출몰했다. 그는 토병을 이끌고 수로水路를 통해 추포책追捕策을 마련해 임진강 상류에 배를 띄워 가을에서 겨울까지 애를 썼으나 배 가운데서 병을 얻어 체임되었다. 1568년(선조 1) 12월 19일에 집에서 죽었다. 향년 42세. 죽은 뒤에 손자 해풍군海豊君 때문에 가선대부호조참판겸동지의금부사오위도총부부총관 해령군海寧君에 추증되었다. 부인은 이조판서 김광준金光準의 딸 정부인 상주김씨다. 1527년(중종 22) 10월 2일에 태어나 정원희에게 시집와 1605년(선조 38) 3월 1일에 죽었다. 향년 79세. 묘는 할아버지 정미수의 묘 계단 아래 남편과 함께 묻혔다. 3남(欽·鎔·鑑) 4녀를 두었다. 정흠은 돈령부 판관, 증판서 해성군海城君을, 정용(호는 梧亭)은 증이조참판을, 정감은 호조정랑을 지냈다. 정흠은 2남(孝俊·友俊) 3녀를 두었다.[317]

정흠의 자는 흠재欽哉요, 호는 송천松泉이다. 아버지는 사헌부 감찰 정원

---

315) 부인 안동권씨의 가계는 10세 守平-11세 韙-12세 明-13세 溥-14세 皐-15세 僖-16세 近-17세 踶-18세 覽-19세 健-20세 懿 女+全城君 忭, 女+鄭承休, 女+申潘이다(앞의 책, 附夫人安東權氏譜).

316) 앞의 책, 附錄 古實.

317) 앞의 책, 海寧君事蹟(遺事)

희요, 어머니는 이조판서 김광준金光準의 딸인 숙부인 상주김씨다. 정흠은 1557년(명종 12) 3월 11일에 태어나 1635년(인조 13) 6월 20일에 죽었다. 향년 79세. 그는 12세에 부모를 여의었으나 어른처럼 예를 다했다. 그때 왕대부인 안동권씨가 살아 있어 《소학》을 외워서 가르쳐 주고 일생동안 몸으로 행했다. 할머니가 병이 나자 몸소 탕약을 다려드리고 여가에 공부를 열심히 해 약관에 사마시에 합격했다. 할머니가 돌아가시자 묘 옆에서 3년상을 났다. 복상을 마치자 유성룡柳成龍이 노산군 제사를 받든다 해 선공감 참봉에 제수했다. 그 후 내섬시 봉사·빙고氷庫 별감·풍저창 주부·대흥현감 등을 역임했다. 그러다가 아버지가 죽어 상을 마치고 조용히 은거하다가 만년에 양천현감·돈령부 판관을 지냈다가 1635년에 죽었다. 묘는 양주 해평리海坪里에 유좌酉坐로 있다. 가법이 엄해 중문 안에 노복이 들어가지 못하게 했고, 더운 여름에도 의관을 정제하고 종일토록 엄숙히 앉아 있었다. 제사에도 더욱 정성을 다했고, 제물도 친히 검사했다. 가묘에 배알하는 것을 늙도록 폐하지 않았고, 사람들이 부액하고 절했다. 증조할머니 이씨가 일찍이 노비 600구를 영원히 종가에 전하게 했는데, 내가 홀로 차지할 수 없다고 해 형제자매에게 모두 나누어 주었다. 부인은 행호조판서 신점申點의 딸인 정부인 평산신씨다. 정흠보다 1년 뒤에 죽었다. 향년 78세. 남편과 함께 묻혔다. 2남(孝俊·友俊) 3녀(尹喜元·趙希逸·兪汝櫻의 처)를 두었다. 정효준은 해풍군海豊君에 봉해졌고, 정우준은 일찍 죽었다. 조희일은 글을 잘했는데, 문과를 거쳐 참판을 지냈다가 광해군 때 요승妖僧 성지聖智가 백문白門 근처에 왕기王氣가 돈다고 해 왕이 크게 토목공사를 벌였다. 정흠의 집도 석물이 많아 모두 가지고 갔다. 광해군이 김상궁을 시켜 그의 집을 뺏으려 하자 정흠은 "이는 선왕조에서 사여賜與한 것이니, 환납還納하면 했지 팔아버릴 수는 없다"고 했다. 그리하여 돌값으로 통정대부(문산계 정3품 상계)의 관계를 내려 주었다. 이후로 집안 제사와 가묘제사에 망건을 쓰지 않았다고

한다.[318)]

정원희의 차자 정용鄭鎔의 자는 백련百鍊이요, 호는 오정梧亭이다. 아버지는 사헌부 감찰 정원희요, 어머니는 판서 김광준의 딸인 정부인 상주김씨다. 1559년(명종 14) 12월 20일에 태어나 1599년(선조 32) 4월 3일에 죽었다. 향년 41세. 포의로부터 과거를 말하지 않고 선조의 업적이 많아도 자랑하지 않았으며, 오직 시詩와 술[酒]로 스스로 즐겼다. 10세에 어머니를 잃었다. 어머니 김씨가 그를 가장 사랑해 다른 아들보다 많은 땅과 노비를 주었다. 그러나 별급 문건을 불에 태워 버리고 남을 위해 희사했다. 약관부터 시를 좋아해 이백李白의 시를 베껴 조석으로 외웠다. 친구들이 과거를 보라고 권해서 응시는 했으나 성편成篇하지 않고 제출했다. 시험관이 합격시키려 하다가 격식을 어겼다고 빼버렸다. 어떤 명관이 그의 명성을 듣고, 내가 전장銓長 집에서 오는 길인데, 그가 정용을 쓰고자 하니 가부를 대답하라고 하자, 그는 그것을 비루하게 여겨 대답하지 않고 얼굴에 침을 뱉고 일어났다고 한다. 1598년(선조 30) 정유재란 때 해서에 피란 갔다가 연안 농장에 계속 머물렀다. 1599년(선조 31)에 죽어 용인 남서촌南西村 신천新阡에 오향午向으로 묻혔다. 문관 승지인 정승鄭勝 때문에 가선대부(문산계 종2품 하계) 이조참판 겸동지의금부사에 추증되었다. 시문은 대부분 없어지고 외워서 남은 약간 편은 《동인시화》에 실려 있다. 부인은 군수 이황李璜의 딸인 함평이씨다. 1645년(인조 23) 6월 5일에 수원 농사農舍에서 죽었다. 향년 85세. 남편과 함께 묻혔다. 3남(勝·賸·騰) 3녀(李幼源·洪命顯·李弘燁의 처)를 두었다.

318) 앞의 책, 海城君事蹟(鄭晳, 有明朝鮮國贈嘉善大夫戶曹參判兼同知義禁府事海城君行通政大夫敦寧府判官鄭公(欽)墓碣銘)

(6) 정효준鄭孝俊

정효준의 자는 효우孝于요, 호는 낙만樂晩이다. 아버지는 돈령부 판관 해성군 정흠이요, 어머니는 공조판서 신점申點의 딸인 정부인 평산신씨다. 1577년(선조 10) 3월 1일에 태어나 1665년(현종 6) 6월 12일에 죽었다. 향년 89세. 어려서 고궁으로 봄 구경을 갔다가 지은 시를 보고 외할아버지 신점이 극찬하면서 "이 아이는 기재奇才라. 끝내는 반드시 멀리 도달하리라!"고 했다. 1618년(광해군 10)에 사마시에 합격했으나 문과에는 여러 번 떨어졌다. 1618년에 성균관에 들어가 어몽염魚夢濂·정택뢰鄭澤雷 등과 함께 인목대비를 폐비시키려는 이이첨李爾瞻 등을 맹렬히 공격하는 상소를 올렸다.[319]

그는 폐비를 주장하던 재임齋任들이 앉았던 자리라 해 식당을 물로 씻은 뒤에 앉았다 한다. 그는 폐비를 반대한 영의정 이원익李元翼을 두호하고, 이위경李偉卿·정조鄭造·윤인尹認 등의 죄를 공격했다. 이 때문에 이이첨 등이 벽에다 그의 이름을 붙여 놓고 그를 잡아넣으려 하자 그는 북변에 피해 있다가 1629년(인조 7)에 김상룡金尙容이 불러올려 재랑齋郎에 발탁되고, 이어 1629년(인조 7)에 효릉참봉·전생서典牲署 봉사奉事를 역임했다. 1635~1636년(인조 13~14)에 아버지·어머니 상을 당했다. 상이 끝나고 1644년(인조 22)에 찰방이 되고, 1646년(인조 24)에 공신적장으로 공신회맹에 참여해 가자되어 오위장·첨지중추부사를 거쳐 1652년(효종 3)에 돈령부 도정에 이르렀다. 1656년(효종 7)에 나이가 많다고 가자되어 해풍

319) 1615년(광해군 7) 3월 25일에 진사 鄭澤雷 등과 연명해 올린 상소에는 정효준을 비롯해 생원 許國·韓命吉·李元瑞·許長生·張仲仁·崔晥·鄭時望·嚴愕· 權純慶·朴由玄·李以省·沈磨·李顯門·李斗瞻·崔挺然·沈臍·柳淑·高溥川·魚夢濂·柳樑·李純馨·李得養 嚴可誠·權勳·李泓·蔡裕後 金鑊·崔皦 등이 함께 서명했다(앞의 책, 乙卯三月二十五日與進士鄭澤雷等聯名疏).

군을 승습承襲하고 동지돈령부사에 임명되었으며, 곧 지돈령부사로 승진했다.[320]

그런데 5자(植·榏·晢·樸·積) 1손(重徽)이 모두 문과에 급제해 1663년(현종 4)에 예조판서 김수항金壽恒이 "5자가 등과하면 나라 법에 그 부모가 살아 있으면 쌀을 내려 주고, 죽었으면 증직贈職과 치제致祭를 베풀게 되어 있는데 동지돈령부사 정효준은 5자가 모두 문과에 급제했으니, 특혜를 받을 만 합니다"고 건의했다. 이에 정유성鄭維城·원두표元斗杓·홍명하洪命夏 등이 국조 이래에 5자가 문과에 등제한 일은 드문 일이고 또 정효준이 나이가 많으니 별도로 특전을 주어야 마땅하다고 했다. 현종은 정효준과 그의 5자를 불러들였다. 당시에 차자 정익鄭榏은 동부승지였고, 셋째 아들 정석鄭晢은 사간이었다. 현종이 아버지가 몇 살이냐고 물었더니 정익이 87세라 했다. 이에 현종이 특별히 쌀 5섬〔石〕을 내려 주어 세상 사람들이 모두 이를 영예롭게 여겼다. 그리고 얼마 있다가 지돈령부사로 승진했다.[321]

그는 특히 부부가 다 건강해 병 없이 해로偕老했다. 늘 아들들에게 이르기를 자손이 잘된 것은 하나는 조상의 덕이요, 하나는 국가의 은혜 때문이니, 부모에게 효도하고, 나라에 충성해야 한다고 일렀다. 자손들도 가까운 읍의 수령을 번갈아 맡으면서 부모를 잘 모셨다. 나이가 같은 고구故舊로는 홍무적洪茂績·신계영辛啓榮·김기국金耆國·곽희태郭希泰·한덕韓德 등이 있었는데, 계契를 만들어 돌아가면서 잔치를 베풀고 즐겼다.[322] 그는 일생 약을 먹지 않아도 아프지 않고 정력과 총기가 여전했다고 한다. 1665년(현

320) 앞의 책, 海豊君事蹟

321) 앞과 같음. 5자등과의 사례는 고려말 廣州李氏 李唐의 5자인 仁齡·元齡·希齡·自齡·天齡, 성종 때 李仁孫의 5자인 克培·克堪·克增·克墩·克均, 현종 때 鄭孝俊의 5자인 植·榏·晢·樸·積 등이다.

322) 1652년(효종 3) 3월 3일의 慶壽宴會帖에 따르면 契員은 具宏·金大德·李景稷·姜弘重·金榮祖·金蓍國·洪得一·洪霔·李德洙·辛啓榮·邊彦璜·朴由憲·韓耆英·趙樸·沈㒘·洪茂績·韓德及·朴景範·柳希培·金尙績·李愈·朴由寬·韓撝謙·黃澈先· 郭希泰·鄭孝俊·徐後績·李永俊·張洵 등이다(앞의 책, 壬辰三月三日 慶壽宴帖).

종 6)에 6월 12일에 며칠 앓다가 죽었다. 1665년(현종 6) 4월 4일에 제순齊順(執心克莊曰齊 和比于理曰順)이라는 시호를 받았다. 그는 성격이 온화하고 화락했으며, 일을 만나면 강단이 있었고, 사람과 사귈 때 틈을 두지 않았다.323)

첫째 부인은 현감 유영하柳永賀의 딸 전주유씨요, 둘째 부인은 감찰 유중광柳重光의 딸 진주유씨요, 셋째 부인은 호군 한부길韓富吉의 딸 청주한씨다. 그러나 모두 아들이 없었다. 첫째 부인에게 딸 둘(吳翻·成後奭) 이 있을 뿐이었다. 넷째 부인이 경상우병사 이진경李眞卿의 딸이요, 좌참찬 이준민李俊民의 손녀인 전의이씨다. 정효준의 부인 전의이씨는 1597년(선조 30) 12월 10일에 태어나 1664년(현종 5)에 죽었다. 향년 68세. 성품이 총명해 글 읽는 소리만 들어도 외우고 그 뜻을 알았다 한다. 17세에 정효준에게 시집을 왔는데, 판서공이 보고 "이 며느리가 반드시 우리 집의 복록을 일으킬 것"이라고 했다고 한다. 과연 부인은 닭이 울면 일어나 집안일을 보살피고, 자식들을 친히 가르치며, 일과를 정해 주어 잘 하지 못하면 회초리를 들었다. 아들이나 손자 가운데 과거에 급제하는 사람이 있으면 노비를 별급했다. 자식들이 생신을 잘 차려 주면 사치하지 말라고 경계했다. 가법이 정숙正肅하고 규문閨門이 화락했으며, 며느리와 손자들을 편애하지 않고, 노복을 은위恩威로써 다스리고, 친척들과 화목하게 지냈다. 그리하여 여중군자女中君子라는 말을 들었다. 이 때문에 영락한 가문이 부인이 시집온 지 50년에 자손이 번성하고 복록과 경사가 연이어 칭송이 자자했다고 한다. 1665년(현종 6) 2월 25일에 죽었다. 1666년(현종 7) 3월 2일에 양주 해평리海平里 선산에 남편과 함께 묻혔다.324)

전의이씨에 대해서는 다음과 같은 설화가 전한다. 정효준이 장가가기 전

323) 《家乘》 2, 齊順公事蹟(鄭檢,資憲大夫知敦寧府事海豊君家狀)

324) 앞의 책 및 姜栢年, 鄭孝俊墓誌銘. 姜栢年, 鄭孝俊神道碑銘. 姜鋧,鄭孝俊諡狀.

꿈에 어떤 사람에게 이끌려 한 곳에 이르렀다. 그 사람이 자주색 옷을 입은 여자를 가리키며 "이 사람이 너의 처인데 너희 집을 복되게 할 것이다"고 했다. 그가 잠에서 깨어나서 매우 이상하게 여겼다. 장가는 갔으나 연달아 세 처를 잃고 자식도 없었다. 47세가 되던 해에 병사 이진경과 더불어 동리에 왕래하면서 바둑을 두며 소일했는데, 이진경에게 시집가지 않은 딸이 있었다. 그가 홀연히 꿈에 계란 다섯 개를 던졌더니 다 용으로 바뀌었다. 꿈에서 깨어나 이를 매우 이상하게 여겼다. 하루는 둘이 바둑을 두다가 네 번째 장가가는 일을 의논했다. 정효준이 딸을 자기에게 달라고 했더니 이진경은 나이 50에 궁한 유생이라서 안 된다고 거절했다. 정효준도 부끄러워 발길을 끊었다. 그날 밤 이진경의 꿈에 왕(단종 혼령)이 와서 딸을 정효준에게 주라고 연 3일 동안 계속 현몽했다. 딸도 똑같은 꿈을 꾸었다. 그리하여 드디어 혼인이 이루어져 5자를 낳아 모두 문과에 급제시켰다. 또한 손자인 정중휘鄭重徽도 문과에 급제했다.[325)]

전의이씨는 5남(植·檢·晳·樸·積) 1녀(南聖熏의 처)를 두었다. 장남 정식鄭植의 자는 백야白也요, 호는 악남岳南이다. 아버지는 지돈령부사 해풍군 정효준이요, 어머니는 병사 이진경의 딸 전의이씨다. 1642년(인조 20)에 사마시에 합격했으나 여러 번 문과에 떨어지다가 1650년(효종 1)에 문과에 급제해 승문원에 분관되었다. 이어 정언이 되었으나 언사로 미움을 받아 오랫동안 대간에 들어가지 못했다. 그뿐만 아니라 거산居山찰방으로 좌천되었는데, 당로자가 불쌍히 여겨 시강원 문학에 임명했다.[326)] 1657년(효종 8) 1월 9일에는 지평,[327)] 3월 15일에 정언,[328)] 9월 30일에 지평이 되었다.[329)] 그

325) 朴能緒, 《韓國系行譜》 地 海州鄭氏 1112쪽.
326) 《효종실록》 권 17, 효종 7년 12월 경자
327) 《효종실록》 권 18, 효종 8년 1월 임자
328) 《효종실록》 권 18, 효종 8년 3월 무오
329) 《효종실록》 권 19, 효종 8년 9월 기사

러나 아버지를 봉양하고자 남양부사로 나갔다가 병으로 그만두고 곧 사복시 정으로 승진했다. 1662년(현종 3) 4월 8일에 집에서 죽었다.[330]

정효준의 3남이 정석鄭晳이다. 정석의 자는 백야白也요, 호는 악남岳南이다. 아버지는 지돈령부사를 지낸 해풍군 제순공齊順公 정효준이요, 어머니는 병사 이진경의 딸인 전의이씨다. 1619년(광해군 11) 9월 5일에 태어나 1677년(숙종 3) 7월 17일에 죽었다. 향년 69세. 형제 5인이 모두 문과에 급제했다. 1642년(인조 20)에 생원·진사 양시를, 1649년(인조 27)에 문과 별시에 급제해 승문원 주서에 임명되고, 응지應旨로 희우시喜雨詩를 지어 바쳐 상을 받았다. 이어 전적·정언·사서司書(1654)·병조 정랑·호남 황장목黃場牧 경차관등의 관직을 역임했다. 1654년(효종 5)에 지평으로 있을 때 남파南坡 홍우원洪宇遠이 직언直言을 하다가 북도로 귀양 가게 된 것을 정석이 힘껏 싸워 구원했다. 그래서 영산靈山으로 귀양 가는 데 그쳤고, 1655년(효종 6)에 대신이 부모가 늙었다는 이유를 들어 풀려나도록 했다. 1658년(효종 9)에 지평이 되어 시정득실을 극론해 채택된 것이 많았다. 문학 겸 지제교가 되었고, 1660년(현종 1)에 장령이 되었으며, 1662년(현종 3)에 집의·장악원 정·사준司罇·부수찬·수찬·교리·사간·태복시 정 등을 역임했다. 1680년(현종 1)에 윤선도尹善道가 송시열의 복제 논의를 공격하는 극열한 상소를 올려 죄를 받게 되자 그 불가함을 논하다가 서인의 미움을 크게 샀다. 이어서 장령에 임명되고, 부천현감으로 나갔다가 1662년(현종 3)에 다시 집의로 불려 들어왔다. 1663년(현종 4)에 부모를 봉양하고자 남양부사로 나갔는데, 부모상을 연달아 당해 복상을 마친 다음에 응교 겸 남학교수·동래부사 등의 관직을 지냈다. 통정대부로 승진해 성곽을 수축하고 군액을 늘이자는 상소를 올렸으나 채택되지 않았다. 1672년(현종 13)에 판결

330) 朴能緒,《韓國系行錄》地 海州鄭氏, 寶庫社, 1992, 1112쪽.

사가 되고, 곧 동부승지가 되었다가 좌승지 제조諸曹 참의를 역임했다. 1674년(현종 15)에 현종실록 수찬관이 되고, 대사간에 제배되었다. 대사간으로 있을 때 그는

> 전하께서는 입지立志가 너무 예리하시고, 정사를 너무 급하게 하시며, 처벌을 너무 엄하게 하십니다. 무릇 너무 예리하면 오래 지속할 수 없고, 정사가 너무 급하면 점차적으로 하는 것을 잃습니다. 처벌이 너무 엄하면 하정下情을 살피지 못합니다. 무릇 이 몇 가지는 다 족히 정사를 해치는 것이요 백성을 병들게 하는 것입니다.

고 상소했다. 왕이 술을 내리고 상소의 내용을 가납했다. 그 뒤로 승지가 되어 경연에 자주 참석하고, 1675년(숙종 1)에 예조참판 겸 비변사유사당상에 올랐으며, 1676년(숙종 2)에 병조참판, 다음해 봄에 도승지, 그해 여름에 부총관, 한성서윤 등의 관직을 역임하다가 1676년(숙종 2) 7월 17일에 병으로 집에서 죽었다. 여주 연하산烟霞山 아래에 유좌酉坐로 장사지냈다. 갑인예송 이후로 서남당쟁이 치열해 관각館閣 당상이나 평양감사 같은 자리에 의망되었으나 이 때문에 가로막혀 임명되지 못했다. 부인은 좌랑 박수소朴守素의 딸인 밀양박씨다. 1619년(광해군 11) 2월 19일에 태어나 1689년(숙종 15)에 죽었다. 향년 71세. 남편과 함께 묻혔다. 2남(重基·重規) 2녀를 두었다. 정중기는 군수를, 정중규는 진사를 지냈다.[331)]

5형제가 등과했는데, 장남 정식은 사복시 정을, 차남 정익은 승정원 우승지를, 3남 정석은 홍문관 교리를, 4남 정박은 사헌부 장령을, 5남 정적은 승문원 부정자를 지냈다. 정식은 4남(重徵·重昌·重遠·重萬) 4녀(任相元·李善徵·

331) 鄭毅祚, 嘉善大夫禮曹叅判兼五衛都摠府副總管鄭公(晳)墓碣文(《家乘》卷 5, 禮曹叅判諱晳事蹟)

李萬夏·某의 처)를, 정익은 3남(重泰·重夏·重朝) 3녀(吳挺昌·金盛最·某의 처)를, 정석은 2남(重基·重規) 2녀를, 정박은 6남 4녀를, 정적은 사인 홍우원洪宇遠의 딸을 맞이해 3남 1녀를 두었다.[332]

(7) 정중휘鄭重徽

정식의 장남이 정중휘鄭重徽다. 정중휘의 자는 신백愼伯이요, 호는 돈곡敦谷이다. 아버지는 시강원 필선을 지낸 해원군海原君 정식이요, 어머니는 홍문관 응교를 지낸 엄성嚴惺의 딸인 영월엄씨다. 1631년(인조 9) 6월 병오일에 대묘동大廟洞 집에서 태어나 1677년(숙종 23) 3월 15일에 죽었다. 향년 67세. 나면서 준수해 증조할아버지 정흠이 사랑해 옆자리의 작은 책상에 앉히고 "너는 반드시 우리 문중을 크게 일으킬 터인데 내가 늙어서 보지 못하는 것이 한스럽다"고 했다 한다. 1652년(효종 3)에 진사시에 합격해 성균관에 들어갔고, 1657년(효종 8)에 문과 병과에 급제해 승문원 권지정자가 되었다.[333] 1659년(현종 즉위년) 5월 4일 효종이 창덕궁 대조전에서 죽었다. 검열 정중휘는 사관으로서 종이에 '대점大漸'이라는 두 글자를 크게 써서 외정에 내보냈다.[334] 9월 19일에 정중위는 예문관 봉교[335]가 되었다. 1660년(현종 1) 2월 21일에 공조참의 심광수沈光洙가 사관으로서 기사記事를 소홀하게 썼다고 공격하자 봉교 정중휘 등을 금부에 내려 추고하도록 했다.[336] 도승지 조형趙珩은

332) 《家乘》 卷 2, 齊順公事蹟(鄭榏, 資憲大夫知敦寧府事海豊君(孝俊)家狀)
333) 任守幹, 朝鮮國嘉善大夫京畿觀察使兼兵馬水軍節度使巡察使開城府留守海興君鄭公(重徽)墓誌銘(《家乘》 卷 3, 海興君事蹟)
334) 《현종개수실록》 권 1, 현종 즉위년 5월 갑자
335) 《현종개수실록》 권 1, 현종 즉위년 9월 정축
336) 《현종개수실록》 권 2, 현종 1년 2월 병오

> 사관은 임무가 중하니 잠시도 자리를 비우게 할 수 없습니다. 그런데 봉교 정중휘와 송창宋昌이 현재 나추拿推 중이어서 겸춘추가 대신 입직하고 있으니, 일이 매우 구차스럽게 되었습니다. 전 검열 유명윤兪命胤이 부자간에 상피相避해야 할 일로 부직付職이 안되었는데, 현재 다른 인원이 없으니 예문관으로 하여금 품달해 변통하게 하소서.[337]

라고 했다. 이에 영돈령부사 이경석이 정중휘의 소행을 가증스러우나 용서하고 다시 쓰도록 하자고 해 봉교직을 회복했다.[338] 그 후 정중휘는 1660년(현종 1) 11월 13일에 사간원 정언,[339] 1661년(현종 2) 1월 17일에 사헌부 지평[340]이 되었다.

1662년(현종 3) 2월 5일, 정중휘가 함경도사로 있을 때의 일이다. 정중휘가 낙강落講 교생校生 등의 성명을 기록해 아뢰었는데, 계본啓本 가운데 한 줄을 칼로 긁어낸 자국이 있었다. 이에 승정원에서 함경도사를 추고하라고 청했으나 담당 관청으로 하여금 조사해 보니, 도사의 영리營吏 박진운朴振雲이 장계를 가지고 있던 색리色吏와 함께 낙강자인 이원로李元老로부터 뇌물을 받고 이원로의 이름을 지워버린 것이 드러나 처벌받는 것으로 마무리되었다.[341] 1662년(현종 3)에 어머니가 죽어 3년상을 마쳤다. 1664년(현종 5) 4월 9일에 지평에 임명되어,[342] 송시열宋時烈을 공격한 죄로 병조정랑으로 좌천되었다가 파직되었다.[343] 그는 1665년(현종 6) 12월 18일에 권점圈點 6점을 받아 홍문록弘文錄에 새로이 입록되었다.[344] 그러나 정언 원만

337) 《현종개수실록》 권 2, 현종 1년 2월 임자
338) 《현종개수실록》 권 2, 현종 1년 2월 갑인
339) 《현종개수실록》 권 4, 현종 1년 11월 갑자
340) 《현종개수실록》 권 5, 현종 2년 1월 정묘
341) 《현종실록》 권 5, 현종 3년 2월 기유
342) 《현종실록》 권 8, 현종 5년 4월 신축
343) 《현종실록》 권 8, 현종 5년 윤6월 을유

리元萬里는

> 원양도사原襄都事 정중휘는 일찍이 언관의 자리에 있으면서 마음 씀이 불미스러워 대간의 탄핵이 무섭게 발했는데, 이 일로 인해 오랫동안 청현직에 들어오지 못했으니, 공의가 엄함을 알 수 있습니다. 그런데 갑자기 홍문록에 참여되었으므로 물정이 모두 해괴하게 여깁니다. 이에 신이 홍문록弘文錄에서 삭제하자는 뜻으로 발론했습니다. 그러자 다른 동료들은 끝내 이견을 제시하지 않았는데, 유독 아장亞長(두 번째 책임자)만이 정중휘에게 사정私情을 두어서 논란하며 따지는 즈음에 아무런 근거도 제시하지 않으면서 단지 "홍문록에서 삭제하기는 곤란하다"고만 했습니다. 이에 반나절이나 서로 버티다가 끝내는 소란이 일어나고 말았습니다. 이는 모두가 신이 경시당한 탓에 일어난 일입니다. 체직해 주소서.[345]

라고 인피引避했다. 그 아장이 사간원 사간 오두인吳斗寅이었던 모양이다. 오두인은 사정을 둔 것이 아니라 신중히 하자는 것이었는데 배척을 받았으니 자기도 물러나야겠다고 했다. 정중휘가 언론으로 불미스럽게 물러난 것은 1664년(현종 5)에 집의 민유중閔維重이 서필원을 탄핵해 서용하지 말라고 했는데, 현종이 오히려 민유중을 체직시킨 일이 있었다. 그런데 정중휘는 지평으로서 서필원의 일에 대해 현종과 의견이 다르므로 대간의 논사에 참여할 수 없어 정계停啓했다. 그랬더니 언사를 가지고 우물우물했다고 처벌성 체직을 당한 것이었다.[346] 현종도 "몇 년 전에 한 가지 일을 실수한

344) 《현종실록》 권 11, 현종 6년 12월 기사. 이때 권점 7점을 받은 사람은 李翊相·閔蓍重 두 사람이요, 6점을 받은 사람은 李溟翼·李東溟·金澄·李觀徵 · 鄭重徽·鄭載嵩·李梲·趙聖輔·李奎鎭·洪萬衡·申命圭·李奎齡·金萬重 등 13인이다.

345) 《현종실록》 권 14, 현종 8년 8월 임진

것을 가지고 어찌 홍문록에서 삭제하기까지 한단 말인가? 원만리의 이번 일은 반드시 속뜻이 있어서 발론한 것이다. 이런 습관은 징계하지 않을 수 없으니, 먼저 파직한 다음에 추고하라!"[347]고 했다.

1669년(현종 10) 7월 28일에 정중휘는 사헌부 지평,[348] 그해 10월 13일에 사헌부 장령,[349] 12월 6일에 헌납,[350] 1670년(현종 11) 4월 22일에 사간원 정언,[351] 8월 23일에 장령,[352] 1673년(현종 14) 10월 13일에 헌납,[353] 12월 1일에 다시 집의,[354] 1674년(현종 15) 1월 17일에 홍문관 수찬,[355] 2월 1일에 시강원 필선,[356] 3월 21일에 다시 헌납,[357] 4월 4일에 다시 필선이 되었다.[358]

정중휘는 1675년(숙종 1) 3월 27일 남인정권의 경상도관찰사가 되었다.[359] 그는 6월 6일에 성주에 독용산성禿用山城을 쌓자고 상소해 왕의 재가를 받았다. 독용산성은 큰 길에서 매우 멀어서 요충要衝과 보장保障의 지대가 아니다. 그러나 산의 형세가 험해서 병란을 피하기에는 적합했다. 이원정李元楨이 성주에 있었는데 대개 그의 집에서 가깝기 때문에 스스로 피난할 계책으로 성을 쌓고자 했다. 정중휘는 이원정과 같은 남인에 소속되어 있고 혼인을 맺은 사이였음으로 여기에 산성을 쌓게 된 것이다. 그러나 경

346) 앞과 같음.
347) 《현종실록》 권 14, 현종 8년 8월 을미
348) 《현종실록》 권 17, 현종 10년 7월 기미
349) 《현종실록》 권 17, 현종 10년 10월 계유
350) 《현종실록》 권 17, 현종 10년 12월 을축
351) 《현종실록》 권 18, 현종 11년 4월 무신
352) 《현종실록》 권 18, 현종 11년 8월 정미
353) 《현종실록》 권 21, 현종 14년 10월 기유
354) 《현종실록》 권 21, 현종 14년 12월 병신
355) 《현종실록》 권 22, 현종 15년 1월 임오
356) 《현종실록》 권 22, 현종 15년 2월 병신
357) 《현종실록》 권 22, 현종 15년 3월 을유
358) 《현종실록》 권 22, 현종 15년 4월 무술
359) 《현종개수실록》 권 3, 현종 1년 3월 을유

상도의 백성들이 기근에 시달려 원망의 소리가 높아져 이 산성을 무용산성無用山城이라 했다. '독禿'은 '무無'와 통하기 때문이다.[360] 그는 1676년(숙종 2) 1월 13일에 문위사로 일본에 갔다 온 역관 한시열韓時說의 말을 듣고, 오삼계의 움직임을 탐문해 보고했다. 오삼계는 호광胡廣·사천泗川·섬서陝西 등지를 석권하고 일본에 청병請兵해 청나라를 괴롭히고 있다고 보고했다.[361] 그해 7월 21일에 정중휘는 승지가 되었다.[362]

1677년(숙종 3) 1월 22일, 승지 정중휘는 남인으로서 문외출송門外出送된 서인 참찬 민유중을 풀어주는 것을 다음과 같이 반대했다.

> 민유중은 빈청에 모여 의논할 때를 당해, 선왕의 명을 거역하며 죄인들의 괴수(송시열)를 찬양하고 4종설四種說을 제기해 기탄없음이 심합니다.[363]

예송禮訟에서 서인은 송시열의 4종설을 지지하고, 남인은 허목許穆의 3년설을 지지했다. 민유중은 서인이었고, 정중휘는 남인이었다. 이것이 견해차의 원천이었다. 정중휘의 반대에 대해 숙종은

> 민유중이 비록 사실대로 대답하지 않는 죄가 있기는 했지만, 삭출한 지 3년이나 되었으니, 죄가 징계되었을 것이다. 재질과 역량이 있는 사람을 끝까지 버릴 수 없는 것이니, 하자를 씻어버리고 수용收用하는 것이 무슨 해로움이 있겠는가?[364]

---

360) 《현종개수실록》 권 4, 현종 1년 6월 계해
361) 《숙종실록》 권 5, 숙종 2년 1월 병신
362) 《숙종실록》 권 5, 숙종 2년 7월 신축
363) 《숙종실록》 권 6, 숙종 3년 1월 기해
364) 앞과 같음.

고 했다. 그해 7월 2일 정중휘는 승지가 되었다.[365] 이에 서인 유학幼學 윤헌경尹憲卿 등 100여 명의 사람들이 윤휴尹鑴 등 남인들이 겉으로는 송시열의 위리안치圍籬安置를 공언하면서 속으로는 송시열의 오례誤禮를 고묘告廟하고자 한다고 공격하자, 정중휘 등 남인들은 윤헌경을 처벌해야 한다고 주장해 웅천熊川으로 유배가게 했다.[366] 11월 5일, 정중휘는 도승지가 되었다.[367]

그러나 1678년(숙종 4) 1월 18일, 정중휘가 왜관倭館을 옮길 때 비재費材를 너무 과다하게 일임一任했다고 해 양주楊州로 유배되었다.[368] 1692년(숙종 18) 6월 16일, 형조참판을 거쳐 다시 도승지가 되었다.[369]

그는 1694년(숙종 20) 5월 19일에 경기관찰사가 되었다.[370] 그러나 8월 9일, 정언 임원구任元耇가

> 고양 사람 이옥李沃이 왕비(인현왕후)께서 사제私第에 물러가 계실 때 감히 한 장의 소를 지어 모해하려는 흉계를 부리려 하다가, 사람들이 제지하자 마침내 올리지 못했습니다. 본군의 유생 김정로金井老 등이 일제히 모여 벌을 주자, 이옥이 도리어 도신道臣(경기 관찰사) 정중휘을 시켜 고양·교하, 이 두 고을로 하여금 사실을 밝히게 했는데, 유생들이 변핵辨覈에 나가지 않으려고 하므로, 이로 인해 인혐引嫌하게 되었습니다. 그런데 김정로는 통문한 일에 우두머리가 되었다 해 도신으로 하여금 귀양 보내게 했습니다. 정중휘가 드디어 잡아다가 형신刑訊했으므로 여러 선비들이 오랫동안 수치스럽게 여기고 분개했습니다. 청

365) 《숙종실록》 권 6, 숙종 3년 7월 정축
366) 《숙종실록》 권 6, 숙종 3년 7월 신축
367) 《숙종실록》 권 6, 숙종 3년 11월 무인
368) 《숙종실록》 권 7, 숙종 4년 1월 경인
369) 《숙종실록》 권 24, 숙종 18년 6월 갑오
370) 《숙종실록》 권 26, 숙종 20년 5월 병진

컨대 정중휘를 파직하고, 형조 당상을 추고하기 바랍니다.[371]

고 해 숙종은 정중휘를 먼저 파직한 다음에 추고하게 했다.

1696년(숙종 22) 1월 24일에 그는 다시 도승지가 되었다.[372] 1698년(숙종 24) 11월 9일, 숙종은 단종비 정순왕후定順王后가 추숭되자, 정중휘의 이름을 신주에 방제傍題하게 했다. 정중휘가 정미수의 자손이고 정미수는 단종의 유일한 혈손으로 정순왕후를 그의 선산에 모시고 제사를 받들어 왔기 때문이다.[373] 그뿐만 아니라 정순왕후를 모신 사릉思陵 관내에 있는 해주정씨 묘소도 그대로 두게 했다.[374]

그 당시에 인평대군의 세 아들이 교만하고 사치스럽게 살았다. 그의 막냇동생은 그들의 매서妹壻였다. 그의 아들이 인평 제자諸子의 이웃에 살았는데 공무가 아니면 집문을 나서지 않았다 한다. 그리하여 얼마 후에 그들이 역옥에 연루되어 화를 입었을 때 정중휘는 무사했다. 곧 예조참의가 되고, 1680년(숙종 6)에는 해풍군海豊君을 승습했다. 그리고 아버지가 죽어 양주 묘 옆에서 여묘廬墓살이를 했다. 복을 마치고 경신환국으로 남인이라 수년간 은거하다가 광주목사·동지의금부사가 되었다. 1689년(숙종 15)에 기사환국으로 보사공신이 날아가고 강자降資되었으나 대신의 청으로 복구되었다. 그리고 형조참판 겸부총관이 되었다. 그 후 갑술환국으로 남인의 세상이 되어 한성우윤·도승지·병조참판·경기관찰사 등을 역임했다. 그러나 인현왕후 복위로 그는 다시 탄핵을 받았다. 그러나 얼마 있다가 동지의금부사·한성우윤을 역임하다가 1677년(숙종 23) 3월 15일에 서울 집에서 죽었다. 4월에 양주군 선산에 장사지냈다. 그러나 단종이 복위되어 정순왕

371) 《숙종실록》 권 27, 숙종 20년 8월 갑진
372) 《숙종실록》 권 30, 숙종 22년 1월 신사
373) 《숙종실록》 권 32, 숙종 24년 11월 경진
374) 《숙종실록》 권 33, 숙종 25년 2월 경술

후의 묘가 사릉思陵으로 승격되자 정중휘의 묘는 양주군 와초면瓦草面으로 임시로 옮겼다가 1705년(숙종 31) 4월에 다시 충주 봉황산鳳凰山 남쪽에 축좌丑坐로 옮겼다.375)

부인은 남인인 증찬성 오정규吳挺奎의 딸이요, 한음漢陰 이덕형李德馨의 외증손녀인 동복오씨다. 1668년(현종 9) 3월 15일 남편과 같은 날에 죽었다. 2남(以寧·志寧) 4녀(尹彙升·李世晟·李龜命·李昌馨의 처)를 두었다. 이령은 일찍 죽었고, 지령은 직장을 지냈다. 윤휘승과 이세성은 진사였고, 이구명은 찰방이었으며, 이창형은 생원이었다.376)

정중휘의 장남이 정이령鄭以寧이다. 정이령의 자는 사안士安이다. 아버지는 해흥군海興君 정중휘요, 어머니는 증찬성 오정규의 딸 동복오씨다. 1653년(효종 4) 8월 26일에 태어나 1677년(숙종 3) 2월 16일에 죽었다. 향년 25세. 묘는 사릉思陵 관내의 해림공海林公 묘 오른쪽에 있다. 1698년(숙종 24)에 정순왕후의 묘가 사릉으로 추존되자 아버지인 정중휘와 함께 그의 묘는 양주 동쪽 와초면에 옮겼다가 1705년(숙종 31)에 충주 봉황산으로 다시 옮겼다. 부인은 참판 경취慶冣의 딸 청주경씨다. 1656년(효종 7) 2월 1일에 태어나 1730년(영조 6) 10월 11일에 죽었다. 향년 75세. 동생 지령의 아들 운희運熙를 입양했다. 운희는 음보로 군수를 지냈다.

정이령의 양자가 정운희다. 그의 자는 장경長卿이다. 생부는 정지령鄭志寧인데 큰아버지인 정이령에게 양자로 갔다. 1680년(숙종 6)에 태어나 1746년(영조 22)에 죽었다. 향년 66세. 양모養母는 예조참판 경취慶冣의 딸 청주경씨다. 첫째 부인은 관찰사 남익훈南益熏의 딸 의령남씨요, 둘째 부인은 풍산김씨로 아들 정택조鄭宅祚를 두었다.377)

---

375) 任守幹, 朝鮮國嘉善大夫京畿觀察使兼兵馬水軍節度使巡察使開城府留守海興君鄭公(重徽)墓誌銘(《家乘》卷 3, 海興君事蹟)

376) 앞과 같음.

377) 尹彙貞, 有明朝鮮國通訓大夫行鎭岑縣監公州鎭管兵馬節制都尉鄭公墓誌銘

정운희의 외아들이 정택조鄭宅祚다. 정택조의 자는 명규命揆다. 아버지는 현감 정운희요, 어머니는 관찰사 남익훈의 딸인 의령남씨다. 1702년(숙종 28) 12월 19일에 태어나 1771년(영조 47) 3월 6일에 죽었다. 향년 70세. 10세 때 아버지가 종이를 주고 100자를 가득 채워 쓰라고 했더니 자획을 쓸수록 정교했다. 또 시제詩題를 주고 시를 지어보라고 하자 즉석에서 시를 지었다. 이 때문에 아버지가 더욱 기특하게 여겼다고 한다. 25세에 사마시에 합격해 1744년(영조 20)에 효릉참봉에 임명되었으나, 이듬해 아버지가 죽어 양주에 장사지냈다. 그리고는 벼슬할 뜻이 없어 4~5년 쉬다가 장릉莊陵(당종릉)참봉이 되었다. 노산군이 세조에게 왕위를 물려 준 뒤 외생外甥인 정미수 이후 8대 동안 노산군 내외의 제사를 받들어 왔다. 그러다가 1698년(숙종 24)에 단종이 복위되자 장릉참봉직을 2년 동안 수행하다가 장흥고 봉사·종부시 직장·중부도사·과천현감·음성현감 등의 관직을 역임했다. 1698년(숙종 24)에 영양위 정종에게 민헌愍獻이라는 시호가 내리자 어려운 가운데도 연시연延諡宴을 열었다. 1699년(숙종 25)에 임기가 차서 은퇴해 증조 이하 양대 묘를 양주 오룡동五龍洞으로 옮겼다. 또《가승》도 만들었다. 그리고 송당松塘을 파 그곳에 연꽃을 심어 만년을 유유자적하게 즐기다 1711년(숙종 37) 3월 6일에 죽었다. 그해 5월에 묘동廟洞에 해좌亥坐로 장사 지냈다. 부인은 도정 이홍모李弘模의 딸 전주이씨다. 1700년(숙종 26) 4월 22일에 정택조에게 시집와서 1709년(영조 35) 10월 2일에 죽었다. 처음에는 이현伊峴에 장사 지냈으나 1717년(숙종 43) 10월에 남편 무덤 오른쪽으로 옮겼다. 2남(淳養·淳慶) 2녀(南胃寬·南鶴玄의 처)를 두었다.[378)]

정중기鄭重基의 자는 만시萬始다. 아버지는 참판을 지낸 정석鄭晳이고,

---

378) 鄭其祚, (鄭宅祚)行錄(《家乘》 卷 4, 貞陵令事蹟)

어머니는 좌랑 박수소朴守素의 딸 밀양박씨다. 1646년(인조 24) 8월 21일에 태어나 1717년(숙종 43) 5월 16일에 죽었다. 향년 62세. 1675년(숙종 1)에 생원·진사 양시에 합격했으나 1687년(숙종 13)에 아버지가 죽어 3년상을 난 다음 왕의 특지로 금정도金井道 찰방에 임명되었다. 임기가 찬 다음에 전생서典牲署 직장이 되었다가 6품계로 승진해 지평砥平·현감을 거쳐 호조정랑·군자감 판관(1691)·한산군수·익산군수·예빈시 주부(1707) 의빈부儀賓府 도사(1708) ·함양군수 등의 관직을 역임했다. 그러나 얼마 있다가 상피相避에 걸려 함안군수를 그만두었다. 이에 함양 이민吏民이 송덕비를 세워 그의 치적을 칭송했다. 8년 뒤인 1714년(숙종 40)에 의금부 도사를, 또 8년 뒤인 1721년(경종 1)에 형조관원을 역임하고, 겨울에 사도시 첨정으로 옮겼다. 일찍이 입시했을 때 왕이 장자長者라고 극찬했다. 그의 풍채가 준수하고 신채神彩가 사람을 움직였기 때문이다. 그러나 가장家藏이 없어져서 그의 이력이 전하지 않는 것이 안타깝다. 묘는 여주 발산鉢山 아래 감좌坎座로 있다. 첫째 부인은 승지 성후설成後卨의 딸 창령성씨다. 1644년(인조 22) 7월 27일에 태어나 1667년(현종 8) 11월 8일에 죽었다. 향년 24세. 묘는 여주의 시아버지 묘 아래 태좌兌座로 있다. 둘째 부인은 참봉 이제하李齊夏의 딸 전주이씨다. 1655년(효종 6) 2월 7일에 태어나 모년 6월 7일에 죽었다. 묘는 선영에 오좌午坐로 있다. 첫째 부인은 2남(世寧·處寧) 1녀(李庭睦의 처)을 두었다.[379]

정중규鄭重規의 자는 기직幾直이다. 아버지는 참판을 지낸 정석이요, 어머니는 밀양박씨다. 1652년(효종 3) 4월 23일에 태어나 1691년(숙종 17) 10월 10일에 죽었다. 향년 40세. 26세에 생원·진사 양시에 합격했으나 현달하지는 못했다. 묘는 사릉의 향산向山 아래 1리 가량 되는 야우현野于峴

379) 鄭毅祚, 咸陽郡守諱重基事蹟(동상)

에 묘좌卯座로 있다. 첫째 부인은 목임춘睦林春의 딸 사천목씨다. 제삿날은 12월 11일이다. 묘는 통진 선산 뒤에 있다. 둘째 부인은 진사 송정필宋鼎弼의 딸 진천송씨다. 1672년(현종 13) 4월 2일에 태어나 1733년(영조 9) 4월 13일에 죽었다. 향년 62세. 묘는 과천 부곡富谷에 태좌兌座로 있다. 아들 정처령鄭處寧은 형인 정중기의 차남으로 양자이다.[380]

정석의 손자요, 정중규의 아들이 정처령이다. 정처령의 자는 계안季安이다. 생부 정중기의 둘째 아들이지만, 삼촌인 정중규鄭重規에게 양자로 갔다. 어머니는 송정필의 딸 진천송씨다. 생모는 승지 성후설의 딸인 창령성씨다. 1667년(현종 8) 10월 25일에 태어나 1702년(숙종 28) 6월 13일에 죽었다. 향년 36세. 묘는 여주 발산 아래 선영 동쪽 기슭에 술좌戌座로 있다. 첫째 부인은 정랑 경운회慶雲會의 딸 청주경씨다. 묘는 파주 선산에 있다. 둘째 부인은 양만梁曼의 딸인 남원양씨다. 1671년(현종 12) 4월 8일 에 태어나 1736년(영조 12) 8월 8일에 죽었다. 묘는 수원 삼봉三峰 북쪽 기슭에 태좌兌座로 있다. 남원양씨는 3남(運啓·運敍·運一)을 두었다.[381]

정세령의 외아들이 정운복鄭運復이다. 어머니는 참판 유명견柳命堅의 딸 진주유씨다. 1687년(숙종 13) 11월 6일에 태어나 1724년(영조 22) 6월 25일에 죽었다. 향년 38세. 부인은 부사 이위李蘤의 딸이요, 이원철李元哲의 손녀인 전주이씨다. 1686년(숙종 12) 12월 29일에 태어나 1722년(경종 2)에 죽었다. 향년 37세. 묘는 여주 선영에 있다. 1남(永祚)을 두었다.

정처령은 3남(運啓·運敍·運一)을 두었다. 정운계의 자는 성응聖應이고, 어머니는 양만의 딸 남원양씨다. 1691년(숙종 17) 윤 7월 10일에 태어나 1768년(영조 44) 2월 11일에 죽었다. 향년 78세. 묘는 수원 삼봉三峰에 감좌坎座로 있다. 첫째 부인은 성정삼成鼎三의 딸인 창령성씨다. 1693년(숙종

380) 鄭毅祚, 成均進士諱重規事蹟(앞의 책).
381) 鄭毅祚, 通德郞諱處寧事蹟(앞의 책).

19) 4월 5일에 태어나 1772년(영조 48) 9월 28일에 죽었다. 향년 82세. 남편과 함께 쌍분으로 묻혔다. 2남(潾祚·達祚) 2녀(崔宗宅·閔師健의 처)를 두었다.382)

정운복의 아들이 정영조鄭永祚다. 정영조의 자는 경수景叟다. 아버지는 정운복이요, 어머니는 부사 이위의 딸인 전주이씨다. 1716년(숙종 42) 5월 21일에 태어나 1757년(영조 33) 12월 14일에 죽었다. 향년 42세. 묘는 여주 발산 선연에 있다. 부인은 원몽필元夢弼의 딸 원주원씨다. 1722년(경종 2) 5월 10일에 태어났다. 아들 하나를 두었는데 정시인鄭時仁이다.383)

정효준의 4남이 정박鄭樸이다. 정박의 자는 자문子文이다. 아버지는 지돈령부사를 지낸 해풍군海豊君 정효준이요, 어머니는 병사를 지낸 이진경李眞卿의 딸 전의이씨다. 1621년(광해군 13) 12월에 태어나 1692년(숙종 18)에 죽었다. 향년 72세. 1642년(인조 20)에 생·진 양시에 합격하고, 1652년(효종 3)에 절제節製의 수석으로 전시에 직부直赴해 가을에 문과 병과로 급제했다. 그리하여 승문원에 분관되어 박사에 임명되고, 1657년(효종 8)에 저적으로 승진했다. 그 후 그는 병조 좌랑·정랑에 임명되었으나 형제들이 병조에 근무했기 때문에 병조 낭관직에 네 번, 전적에 한 번 임명되었다가 교체되었다. 1658년(효종 9) 여름에 개성 경력經歷, 1659년(효종 10) 가을에 장령에 제수되었으나 또 대간에 중형이 있어 바뀌었다가 10월에 장령이 되었다. 그 후 사예·경상도사(1660)·정언을 지냈는데 장령으로 있을 때 조경趙絅이 윤선도의 복제소服制疏를 비호하다가 서인에게 공격받자 이를 구원하다가 죄를 받지는 않았지만 서인들의 미움을 샀다. 가을에 경상좌도에 경차관으로 나가 답험踏驗했다. 1662년(현종 3)에 직강이 되고, 가을에 훈국랑訓局郞을 겸임했으며, 조금 있다가 사복시 정, 겨울에 양주목사를 지

382) 鄭毅祚, 通德郎諱運啓事蹟(앞의 책).
383) 鄭毅祚, 學生永祚事蹟(앞의 책).

냈다. 양주목사로 있을 때 양전을 하는데 법대로 하자 훈척들이 불만이 있어 그를 잡아넣어 파직되었다. 1664~1665년 사이에 부모상을 당해 3년상을 치르고 1667년(현종 8) 가을에 통례원 우통례가 되었으나 병으로 물러났다. 1668년(현종 9) 봄에 직강에 제수되고, 조금 있다가 사복시 정이 되었으며, 여름에 사은사의 서장관으로 연경에 다녀왔다. 그는 일제 물건을 사오지 못하게 하고 복명할 때 자세한 일기를 써서 바쳤다. 성천부사로 나가서는 교육을 장려해 등과자가 많이 나게 했고, 관아官衙를 새로 지었으며, 민력을 번거롭지 않게 하고, 이서吏胥의 부정을 차단해 사민이 크게 기뻐했다. 1671년(현종 12) 가을에 함경감사가 조그만 일을 트집 잡아 처벌하려 했으나 사민이 울고불고 하면서 탄원해 무마되었다. 1672년(현종 13)에 강계부사에 초배超拜되었는데, 정박은 적유령狄踰嶺이 원래 험해서 왕래하는데 인마人馬가 많이 죽었다. 그는 돌을 쪼고, 나무를 베어서 원도垣道를 만들어 왕래하는 데 편하게 하고, 담비[貂]와 인삼을 저축해 군수청軍需廳과 고마청雇馬廳을 설치해 군수품과 말을 사오게 했다. 그러나 일이 있어 파직되는 바람에 시행되지는 못했다. 1674년(현종 15) 여름에 동부승지에 제배되었으나 조그만 일로 연좌되어 파직되었다. 6월에 우부승지가 되고, 공조참의로 옮겼다가 겨울에 또 우부승지가 되었으나 병으로 그만두었다. 얼마 있다가 다시 우부승지가 되었다가 우승지가 되었으나 중형이 도승지로 있었기 때문에 상피相避에 걸려 공조참의로 옮겼다. 1676년(숙종 2) 봄에 다시 우부승지에 제배되었다가 우승지가 되었는데, 또 중형 때문에 상피에 걸려 형조참의로 옮겼다. 여름에 좌부승지·부승지가 되었는데 그때 윤휴尹鑴가 탁남 허적許積을 공격하자 서인이 윤휴를 소인으로 모는 것은 부당하다고 상소해 왕의 지지를 받았다. 겨울에 호조참의에 임명되고 곧 병조참의가 되었다가 1677년(숙종 3) 봄에 좌승지가 되었으나, 동생이 도승지였기 때문에 상피에 걸려 호조참판으로 옮겼다. 조금 있다가 경상감사가 되었는데 업무가 적체되었으나 결재를 물 흐르듯이 처결했다고 한다. 왜관의 역役과 대동법을 진심으로 규획規畫해 조금도 흠결이 없게 하고, 진휼정책도 극히 상세히 준비해 영남 백성들의 민심을 얻어 추모비가 섰다. 겨울에 병으로 그만두었다. 1678년(숙종 4) 봄에 형조참의가 되어 진위부사陳慰副使로서 명나라에 갔다가 와서 첨지중추부사가 되었다. 8월에 공조참의로 복명했는데 가져온 것이 없었다. 1679년(숙종 5) 봄에 판결사에 제배되었다가 좌승지로 옮겼으나 혼인으로 인한 상피로 체임되었다가 다시 좌승지·예조참의·좌승지·대사간이 되었으나 경신환국으로 광주光州목사로 좌천되었다. 그러다가 기사환국으로 공조참의·대사간이 되었다. 그는 완론緩論을 주장해 시의時議를 진정시키려 했으나 좋아하지 않는 사람이 많았다. 그 뒤 그는 예조참의·한성우윤·좌승지·도승지·동의금부사·강도유수·형조참판·동지중추부사·행판결사·형조참판·대사간·공조참판 등의 요직을 두루 거쳤다. 그러다가 1692년(숙종 18) 6월에 죽었다. 9월에 임시로 양주 육안동六安洞에 건좌乾坐로 장사지냈다가 양근楊根 노문蘆門으로 옮겼다. 부인은 광흥창수 민여진閔汝鎭의 딸 여흥민씨다. 1622년(광해군 14)에 태어나 1679년(숙종 5)에 죽었다. 향년 57세. 5남(重載·重戩·重誠·重諴·重茂) 4녀(朴綱·李橚·李頤晩·閔彦相의 처)를 두었다.[384]

정박의 장남이 정중재鄭重載다. 정중재의 자는 백후伯厚다. 아버지는 대사헌을 지낸 정박이요, 어머니는 첨정 민여진의 딸 여흥민씨다. 1653년(효종 4) 7월 24일에 태어나 1716년(숙종 42) 9월 11일에 죽었다. 향년 64세. 그는 일찍부터 과거 공부를 했으나 여러 번 떨어져서 현달하지는 못했다. 행의行誼가 전할 만한 것이 많았으나 기록이 모두 없어졌다. 다행히 옛 상자 속에서 시문 한 권이 발견된 것이 고작이다. 묘는 양근군 노문리蘆門里

384) 姜鋧, 有明朝鮮國嘉善大夫司憲府大司憲鄭公(樸)神道碑銘幷序(《家乘》卷 5, 司憲府大司憲諱樸事蹟)

에 자좌子坐로 있다. 첫째 부인은 판서 유하익俞夏益의 딸 기계杞溪유씨로, 1남(九寧) 4녀(崔守仁·李命熙·李益炫·李長敷의 처)를 두었다. 정중재는 막냇동생 정중무鄭重茂의 장남 구령九寧을 양자로 들였다. 둘째 부인은 이관운李觀運의 딸 전주이씨로, 남편과 함께 묻혔다. 3녀를 두었다.385)

정중재의 장남系子이 정구령鄭九寧이다. 정구령의 자는 사범士範이다. 생부는 정중무인데 정중재에게 양자로 왔다. 어머니는 유하익의 딸 기계유씨다. 1686년(숙종 12) 6월 28일에 태어나 1769년(영조 45)에 죽었다. 향년 84세. 1766년(영조 42)에 노직으로 통정대부(문산계 정3품 당상관) 첨지중추부사를 받았고 5위장을 거쳤다. 부인은 허돈許墩의 딸인 양천허씨다. 1687년(숙종 13)에 태어나 1716년(숙종 42) 9월 4일에 죽었다. 향년 30세. 1남을 두었는데 정운도鄭運燾다. 정운도는 2남(弼祚·良祚) 2녀(宋實·許皓의 처)를 두었다.386)

정구령의 외아들이 정운도鄭運燾다. 정운도의 자는 도원道元이다. 아버지는 오위장을 지낸 정구령이요, 어머니는 허돈許墩의 딸 양천허씨다. 1716년(숙종 42) 9월 3일에 태어나 1792년(정조 16) 정월 1일에 죽었다. 향년 77세. 그런데 태어난 다음날 어머니가 죽어 유모가 키웠다. 그리하여 7세에도 잘 걷지 못하고 15세가 되어서야 공부를 하기 시작해 20세에 과거를 보러 갔으나 병이 생겨 끝내 과거에 합격하지 못했다. 묘는 양근 서종면西終面 노문리蘆門里에 자좌子坐로 있다. 첫째 부인은 유욱柳煜의 딸인 전주유씨다. 남편과 함께 묻혔다. 1남(弼祚) 1녀(宋實의 처)를 두었다. 둘째 부인은 최동형崔東亨의 딸 강릉최씨다. 1남(翼祚) 1녀(許皓의 처)를 두었다.387)

---

385) 通德郎諱重載事蹟(앞의 책).
386) 五衛將諱九寧事蹟(앞의 책).
387) 同知公諱運燾事蹟(앞의 책).

정운도의 외아들이 정필조鄭弼祚다. 정필조의 자는 인숙仁叔이다. 아버지는 동중추부사를 지낸 정운도요, 어머니는 유욱柳煜의 딸인 전주유씨다. 1739년(영조 15) 6월 12일에 태어나 1813년(순조 13) 정월 11일에 죽었다. 향년 75세. 소과에 합격하고 1789년(정조 13) 51세에 문과에 급제해 병조정랑·지평을 지냈다. 1791년(정조 15) 가을에 정조가 사릉에 행차해 영양위의 자손은 조관朝官이나 유학幼學을 막론하고 모두 홍살문 앞에 모이게 했다. 이때 그는 무직이었다. 정조는 승정원에 삼사 가운데 빈자리가 없느냐고 물었다. 마침 장령 자리가 비어 그를 특채하도록 했다. 그리고 대가大駕를 따라오게 해 혜빈惠嬪 양씨楊氏와 그 아들인 한남군漢南君·영풍군永豊君을 치제하도록 했다. 단종 복위 운동과 관계가 있기 때문이다. 1813년(순조 13)에 죽었다. 첫째 부인은 좌랑을 지낸 이경민李景憫의 딸 연안이씨다. 자손이 없다. 둘째 부인은 권득범權得範의 딸 안동권씨다. 정필조의 묘는 양근 서종면 노문리에 자좌子坐로 있다. 두 부인의 묘는 북부 성산리城山里 용지龍池 위에 임좌壬坐로 있다. 2남(淳榮·淳陽) 2녀(許稜·柳春의 처)를 두었다.[388]

정박의 차남이 정중전鄭重戩이다. 정중전의 자는 기중祺仲이다. 아버지는 대사헌을 지낸 정박이요, 어머니는 첨정 민여진의 딸 여흥민씨다. 1658년(효종 9) 2월 20일에 태어나 1733년(영조 9) 8월 2일에 죽었다. 향년 76세. 부인은 현감 유장원柳長元의 딸 진주유씨다. 묘는 과천 백석동白石洞 선영에 임좌壬坐로 있다. 남편과 함께 묻혔다. 1남(得寧) 1녀(李垕의 처)를 두었고, 정득령은 2남(運會·運耆) 1녀(李尙祚의 처)를 두었다.[389]

정박의 3자가 정중계鄭重誡다. 정중계의 자는 근숙謹叔이다. 아버지는 대사헌을 지낸 정박이요, 어머니는 첨정 민여진의 딸인 여흥민씨다. 1661년

388) 司諫院正言公諱弼祚事蹟(앞의 책).
389) 通德郎諱重戩事蹟(앞의 책).

(현종 2) 10월 18일에 태어나 1719년(숙종 45) 6월 24일에 죽었다. 향년 59세. 부인은 감사 박순朴純의 딸인 밀양박씨다. 묘는 충주 오곡梧谷에 있다. 1남(濟寧) 1녀(李孝全의 처)를 두었다.[390)]

정박의 3자가 정중함鄭重諴이다. 정중함의 자는 함경咸卿이다. 아버지는 대사헌을 지낸 정박이요, 어머니는 첨정 민여진의 딸인 여흥민씨다. 1663년(현종 4) 정월 27일에 태어나 1724년(경종 4) 정월 13일에 죽었다. 향년 62세. 부인은 장령 이명은李命殷의 딸인 전주이씨다. 묘는 양주 육안동六安洞에 있다.

정박의 4자가 정중무鄭重茂다. 정중무의 자는 무숙茂叔이다. 아버지는 대사헌을 지낸 정박이요, 어머니는 첨정을 지낸 민여진의 딸인 여흥민씨다. 1724년(경종 4) 11월 13일에 태어나 1774년(영조 50) 2월 24일에 죽었다. 향년 51세. 부인은 윤경주尹慶冑의 딸인 파평윤씨다. 묘는 양근 미원창迷原倉 아래에 있다. 4남(斗寧·九寧·奎寧·濟寧) 3녀(李弼咸·李倫·李聖集의 처)를 두었다.[391)]

---

390) 通德郎諱重諴事蹟(앞의 책).
391) 通德郎諱重茂事蹟(앞의 책).

제3장 오리梧里 이원익李元翼의 생애와 치적治績

1. 머리말

이원익李元翼(1574~1634)은 선조·광해군·인조 3대에 걸쳐 영의정을 지낸 종실宗室 출신 현상賢相이다. 이원익은 태종의 왕자인 익령군益寧君의 4세손으로 1569년(선조 2)에 문과에 급제해 1634년(인조 12) 죽을 때까지 65년 동안 관직에 있었고, 그 가운데 44년 동안 재상의 직위에 있었다. 그동안 1592년(선조 25)에 임진왜란을 맞이해 이조판서로 평안도도순찰사平安道都巡察使를 겸임해 관서關西 지방을 방위하는 데 앞장섰고, 이여송李如松과 함께 평양平壤전투를 승리로 이끌었으며, 1595년(선조 28)에는 우의정으로서 4도도체찰사를 겸임해 성주星州에 부府를 두고 남쪽 지방을 진무鎭撫했다. 그뿐만 아니라 1624년(인조 2) 이괄난李适亂 때는 78세의 고령인데도 불구하고 도체찰사가 되어 난을 평정했다.

무엇이 이원익으로 하여금 목숨을 걸고 나라를 지키는 데 앞장 설 수 있게 했을까? 그는 키가 작았으나 담대하고 사명감에 가득 차 있었다. 그는 국란을 당해 나라를 수호하고 국왕을 호위했다. 이러한 공으로 이원익은 40여 년 동안 여섯 차례 영의정을 역임하면서 국정의 중심에 설 수 있었다. 그러나 그는 청렴결백해 아주 가난하게 살았으며, 비록 국왕이라도 잘못을 저지르면 신랄하게 비판하고 바른 소리를 했다. 병이 있어서였기도 했지만 큰 일이 없으면 관직에서 거듭 물러가기를 원했으며, 왕이 내려 주는 선물이나 녹봉을 사절했다. 이러한 자세는 조선시대 공직자의 모범이요, 선비정신의 전형이라고 할 수 있다.

이 글에서는 이러한 오리 이원익의 생애와 치적治績을 상세히 살펴 후

세 사람들로 하여금 그의 올바른 공직자 정신과 선비정신을 본받게 하고자 한다.

2. 가 계

오리 이원익은 전주이씨[1]로 시조는 신라 문성왕文聖王 때 사공司空 벼슬을 한 이한李翰이며, 중시조는 태종의 12번 째 아들인 이치李袳다. 이원익은 이치의 4세손이다. 왕손은 4대가 되어 친진親盡이 되면 일반 양반처럼 과거시험을 보아 벼슬할 수 있었다. 이원익의 직계 존·비속을 도표로 그려보면 〈표 1〉과 같다.

이원익의 고조는 익령군 이치李袳다. 그는 태종의 12남(遺腹子)으로 시호는 소강공昭剛公이요, 불천위不遷位(공이 있는 사람으로 5세가 되어도 신주를 묻지 않고 계속 제사를 지내는 신위神位)였다. 1422년(세종 4) 10월에 태어나 1464년(세조 10) 7월 10일에 죽었다. 향년 43세. 묘는 경기도 고양군 원당면元堂面 성사리星沙里 산 144번지 별라산別羅山에 묘좌卯坐로 있다. 1466년(세조12)에 세운 표석表石이 있다. 어머니는 숙선옹주淑善翁主(뒤에 善嬪으로 改封되었다)로 1468년(세조 14) 6월 17일에 죽

1) 全州는 신라 景德王 때부터 붙여진 지명인데 본래 백제의 完山이었다. 完山은 府 남쪽 3리에 있는 小山(일명 남복산. 혹은 客舍 뒤의 造山을 완산이라 했다고도 한다) 으로 이 때문에 이곳을 完山이라고 부르기도 했다. 대개 공민왕 때부터 다시 完山이라 칭해 전주이씨를 완산이씨라고도 했다. 그리하여 度祖의 제3자 子宣을 完山伯에 봉하고, 환조桓祖를 完山君을 삼았으며, 太祖의 庶弟 李元桂도 完山君이라 했다. 그러나 1403년(태종 3)에 다시 완산을 전주부로 고친 이후로 《璿源譜略》이나 先賢文集에서 이씨의 본관을 전주로 쓰고 있다(《全州李氏益寧君派譜》 上卷, 源派記, 1994).

〈표 1〉 이원익李元翼의 직계直系 존·비속尊·卑屬[2]

袳(益寧君)+淑善翁主 安氏
太宗 12男

承恩(義泉君) 貞恩(秀泉君) 女+金信 女+元謹禮 女+朴禎 女+鄭之推

彪(青杞君) 豹(缶林守) 玄(結杞守) 越(武寧守)

億正(甫川副正) 億載(咸川君) 億齡(崇川都正) 億同(提川令) 億舜(端川令) 億壽(德川令) 女(李岏, 尹洽, 安孝宗, 李文琦)

元輔 元翼 元慶 元祉 女+李澮 女+韓應仁 女+朴允福

義傳 孝傳 悌傳 女+李廷稷 女+金汝賢 女+朴允章 女+尹誠 女+宋興築 女+李時行 女+李喬 女+尹鋏

守約 守紀 守綱 女+許穆 女+尹克和 女+李慶需 女+權矗 女+鄭好恭

2) 《全州李氏益寧君派譜》, 回想社, 1980.1–3, 157~163쪽.

```
-----------------------------------------------------------------
|      |      |      |      |            |            |            |            |
曾賢  師賢  象賢  景賢  女+李后勉  女+成楚老  女+權以經  女+韓相五  女+沈之泳
|
----------------------------------
|          |          |          |
存道(系)   顯道      光道      女+南夏龜
|
-------------------
|               |
仁復           女+鄭運衡
```

었다. 부인은 둘인데 첫째 부인은 절제사 박종지朴從智의 딸이요, 판서를 지냈고 시호가 충숙공忠肅公인 박신朴信의 손녀요, 판윤을 지낸 박지의朴之誼의 증손녀요, 재신宰臣 윤향尹向의 외손녀인 군부인郡夫人 청송靑松(璿源譜에는 雲峯) 박씨다. 묘는 익령군묘 뒤에 묘좌卯坐로 있고, 딸 하나를 두었다. 둘째 부인은 첨지중추부사 조철산趙鐵山의 딸이요, 평양부원군 조견趙狷의 손녀요, 판서 조덕유趙德裕의 증손녀요, 전주이씨 이수량李守良의 외손녀요, 평양부원군 조인규趙仁規의 5세손인 군부인 평양조씨다. 묘는 경기도 시흥군 서면 소하리所下里 산 137번지 삼석산三石山 동쪽 기슭에 사좌巳坐로 있다. 표석이 있으며, 의천군義泉君 승은承恩과 수천군秀泉君 정은貞恩 두 아들을 두었다. 딸 넷은 김신金信·원근례元謹禮·박정朴禎·정지추鄭之推에게 시집갔다.3)

의천군義泉君 이승은李承恩은 익령군의 장자로 자는 백총伯寵이요, 의천군義泉君은 그 시호이다. 아버지는 익령군 이치요, 어머니는 평양조씨다.

---

3) 《全州李氏益寧君派譜》, 回想社, 1980, 1~2쪽.

1451년(문종 1)에 태어나 1489년(성종20) 정월 15일에 죽었다. 향년 39세. 묘는 고양군 남면 별라산에 있다. 표석表石과 묘갈墓碣이 있다. 처음에 의천정義泉正이 되었다가 익령군을 봉사奉祀하기 때문에 의천군으로 승진했다. 그는 도량이 넓었으며, 생산生産을 일삼지 않았다. 효성이 지극해 박씨 부인을 자기를 낳은 어머니처럼 섬기고, 조상을 받드는 일에 열심이어서 속절俗節에 반드시 사당에 새 물건을 올렸다. 다만 술이 지나쳐 이 때문에 병을 얻어 일찍 죽었다. 그의 병이 위중했을 때 성종이 특별히 의약을 하사하기도 했다. 부인은 참의 정계우鄭繼禹의 딸이요, 판서 정구진鄭龜晉의 증손녀인 현부인縣夫人 광주정씨光州鄭氏다. 1518년(중종 13) 12월 13일에 죽었다. 묘는 남편의 묘의 뒤에 자좌子坐로 있다. 1남 1녀를 두었는데, 아들은 수성정水城正 수장壽長이요, 딸은 충순위忠順衛 강세응姜世應에게 시집갔다. 측실에서 2남 1녀를 두었는데 두 아들은 유산령柔山令 수양壽楊과 조종령朝宗令 수견壽堅이요, 딸은 충의위 이예李禮에게 시집갔다.[4)]

이원익의 증조 수천군秀泉君 이정은李貞恩은 익령군의 차자다. 자는 정중正中, 호는 월호月湖, 또는 남곡嵐谷, 설창雪窓, 시호는 수천군秀泉君이다. 어머니는 평양조씨다. 동모형同母兄 의천군義泉君이 수천군을 장사지낸 것이 1505년(연산군 11) 9월이니 죽은 것도 이때일 것이다. 그가 태어난 1451년(문종 1, 신미)으로부터 1505년까지 한 갑자가 돌지 않았을 것이니 55년을 산 셈이다.[5)] 처음에 수천부정秀泉副正이 되었다가 뒤에 도정都正, 군君으로 추봉되었으니, 손자 함천군咸川君이 공신이 되었기 때문이다. 그는 타고난 바탕이 총명하고 특히 음률音律에 능했다. 손가락으로 퉁기고 손바닥을 움직이는 것과 굽히고 꺾는 것, 고음高音과 화성和聲을 신묘하게 하고 막히지

4) 앞과 같음 ; 李壽長 立, 昭剛公一子正義大夫義泉君墓碣陰記(《全州李氏益寧君派譜》卷 上, 1994, 21~22쪽).
5) 李存道, (秀泉君)行錄(《全州李氏益寧君派譜》), 1994, 32~33쪽.

않았다 한다. 그리하여 때로는 슬픈 곡조를 타면 강개慷慨해서 듣는 자들이 모두 울었다 한다. 그는 나면서부터 부귀했으나 지위로써 교만하지 않았고, 비단옷을 벗어던지고 선비의 흰옷을 입었다. 1602년(선조 35) 9월에 이원익은 우찬성 심희수沈喜壽에게 부탁해 그의 묘갈명을 짓게 했다. 심희수는 기록이 별로 없기 때문에 추강秋江 남효온南孝溫의 〈사우록師友錄〉을 참작해 다음과 같은 명銘을 지었다.

번쩍번쩍 빛나는 왕손 濯濯天枝
금처럼 정교하고 옥처럼 광택이 나네 金精玉潤
재주는 갖추지 않은 것이 없고, 才無不備
학문을 근본으로 삼았네 學以爲本
학문을 갈고 닦아 切磋琢磨
사람 사귀는 데 화기로웠네 藹然三益
몸은 부귀에 있었어도, 身居富貴
뜻은 산과 못에 있었네 志在山澤
가슴 속의 율려律呂는 胸中律呂
다른 사람을 감응해 움직였네 感物而動
화락하고 순한 데서 나온 바이니, 和順所發
어느 것이 기묘하지 않으랴 孰非妙用
모든 것을 씻어 깨끗이 하니, 消融蕩滌
이것으로 마음을 길러, 要以養心
원망하지 않고 수고롭게 하지 않았네 不怨不勞
태평시절의 음률이라, 治世之音
궁상宮商이 번갈아 변하네 宮商迭變
사방에 둘러앉은 사람들이 눈물을 흘리고, 四座掩淚

마음 상하는 소리가 들려도 仰秼出聽
혹 이런 이치가 있을 수 있다네 容有是理
평생의 주옥같은 글들은 平生咳唾
세상에 알려진 것이 거의 없네 行世無幾
글 한 구절도 남기지 않은 것은 禁黴隻句
또한 하나의 나머지 일일세 亦一餘事
돈독히 증손을 낳으니, 篤生曾孫
어진 상국相國이었네 憲憲相國
정성이 깊어 먼 조상을 추모하고, 誠深追遠
선현의 유적을 적어서 表述先蹟
금양衿陽의 언덕에 비갈을 세웠네 以竪碣衿陽之阡
효성스런 생각이 법도가 있으니, 孝思維則
남은 경사가 길이 이어지리 餘慶綿綿[6]

묘갈명은 우찬성 심희수沈喜壽가 짓고, 글씨는 외현손인 청음淸陰 김상헌金尙憲이 썼다. 유사遺事는 이원익의 손서인 미수眉叟 허목許穆이 짓고, 행록行錄은 7세손 완성군完成君 이존도李存道가 지었다.[7] 증손 영의정 이원익이 출세해 숭헌대부崇憲大夫에 추증되었다.[8]

문학으로 세상에 한때 이름이 나서 말하기를 "학문을 하는 데는 이치를 먼저하고, 글을 뒤에 했으며, 덕을 행하는 데는 안을 먼저 하고 밖을 뒤에 했고, 시를 짓는 데는 격조格調를 먼저 하고 글을 뒤로 했다고 했다. 검약儉約을 좋아했으며 가난한 선비와 같았다. 평생에 사람과 충애忠愛하기를

---

6) 沈喜壽, 昭剛公二子崇憲大夫秀泉君墓碣銘幷序(《全州李氏益寧君派譜》, 1994, 24~28쪽).
7) 《全州李氏益寧君派譜》, 回想社, 1980, 2쪽.
8) 《全州李氏益寧公派譜》, 1994, 27쪽.

잘하고, 위태로운 말이나 격앙된 의논을 좋아하지 않았다. 그리하여 무오·갑자사화 때 명사들이 모두 화를 당했으나 공에게는 화가 미치지 않았다. 널리 음률音律에 통해 거문고를 잘 탔는데 곡조가 간략하고도 절개가 있고 청렴하고도 곧아서 뛰어난 소리라고 일컬었다. 사화 이후에는 세상일을 다 버리고 매양 달밤에 사람이 없을 때 거문고를 어루만지면서 탄식했다. 유고遺稿가 있었으나 모두 불태워 버려서 세상에 전하지 않는다. 손자 함천군咸川君 이억재李億載도 음악을 즐겨 수천군은 거문고를 타고 함천군은 경쇠를 쳤다고 한다. 추강 남효온의 사우록師友錄에 수천군이 수문首門으로 적혀 있다.[9] 같이 놀았던 사람들은 한훤당寒暄堂 김굉필金宏弼, 동봉東峯 김시습金時習, 추강 남효온, 소총篠叢 홍유손洪裕孫, 월창月窓 안응세安應世, 풍애楓崖 유선언柳善言, 처사處士 권안權晏, 학사學士 이종준李宗準, 학사 권경유權景裕, 죽계竹溪 이윤종李尹宗, 무풍정茂豊正 이총李摠, 신영희辛永禧, 민귀손閔龜孫, 이달선李達善, 이원李黿, 이분李玢, 강흔姜訢, 남표南慓 등이다. 이 가운데 김시습·남효온·안응세·권안과 가장 친하게 지냈다. 김시습은 방외인方外人으로 기개氣槪가 보통 사람보다 높아서 눈에 두려운 사람이 없었고, 비록 한 때 높은 벼슬에 있던 자라도 종처럼 꾸짖었는데, 홀로 수천군 이정은·남효온·안응세와는 끝까지 친하게 지냈다. 안응세는 세상에 뛰어난 재주를 가졌으나 일찍 죽고, 권안도 기사奇士로서 수천군보다 20여 세 위인데 일찍이 말하기를 "내가 다행히 죽지 않고 늦게 세 벗을 얻었다"고 했으니, 수천군·남효온·이윤종을 두고 한 말이다. 수천군의 음률은 세상에 으뜸이어서 김유金紐가 그 곡조를 평해 "시냇가의 매화"라고 했다. 그가 1485년(성종 16) 가을에 남효온·우선언·무풍정 이총 등과 안화동安和洞과 첨성대瞻星臺를 구경했는데, 때는 중양절重陽節이요 경치가 좋았다. 우

9) 眉叟 許穆, (李貞恩)遺事, 《全州李氏益寧君派譜》, 1994, 28~29쪽.

선언이 흥이 나서 일어나 춤을 추고 수천군은 비파를 타거나 또는 북을 치는데 합하고 그치는 것과 고저가 모두 절주節奏에 맞아 산에 가득한 사녀士女들이 울지 않는 사람이 없었다. 작별하게 되자 수천군이 산주山主에게 사례하기를 "만일 다시 우리 일행을 보려거든 모름지기 장안長安 시중市中에 물어보라!"고 하니, 주인이 치사하기를 "궁벽한 곳에서 음악소리를 듣지 못하다가 이제 신선 같은 음악을 듣고 먹은 귀가 잠시 뚫렸으니 어찌 천행이 아니겠는가"고 했다 한다. 이때 산 위에 올라 사방을 돌아보니 해는 떨어지고 달은 돋는데 바람이 일어 나무들이 운다. 이에 수천군이 〈청산별곡青山別曲〉을 타니 중들이 모여들어 귀를 기울이고 듣다가 눈물을 흘리지 않는 자가 없었다. 그 가운데 한 늙은 중이 수천군을 가장 좋아했는데 빌기를 "선객仙客이 이 절에서 논 것은 옛날에는 최치원崔致遠이요, 오늘날은 공들이 아니겠는가?"고 했다고 한다. 돌아오는 길에 말 위에서 타기를 그치지 않으니 길가의 행인들이 모두 발길을 멈추고 들었다고 한다. 남효온이 말하기를 "수천군의 음률은 무풍정 백원百源과 이름이 가지런한데, 의논하는 자들은 말하기를 '백원은 웅혼雄渾하지만 손이 거칠고, 수천군은 격조는 높으나 기氣가 편벽하다'고 하는데 내가 친히 수천군의 거문고 뜯는 것을 보니 듣는 자가 반드시 우는지라 백아伯牙(고대에 거문고를 잘 타던 사람)가 죽은 지 천 년 이후에 이 사람이 제일이 아닌가? 기운이 편벽되다는 말은 너무 지나친 말이 아닌가? 백원은 일찍이 악기를 갖추어 밤낮으로 익혔고, 수천군은 집에 아무 것도 없어서 가는 곳마다 우연히 악기를 잡으면 순전히 나에게 복종하는 것 같아 그 솜씨가 몹시 높다. 그러나 지음知音하는 자는 혹 기롱譏弄하기를 '수천군의 거문고 재주는 백아와 같으나 그 때의 사정에 맞추는 것은 백원에 미치지 못한다'고 하니 어찌 경제經濟의 재주가 갖추어져서 조그만 재주에 돌려보냈기 때문에 편벽되게 나오는 것이 아니겠는가? 나는 눈물을 흘리면서 그가 펴지 못한 것을 아

쉬워 한다"고 했다.10)

수천군은 중년 이후로 세도世道가 잘못되는 것을 보고 매양 슬픈 노래로 감개感慨하고 때로 눈물을 흘렸으니 이는 대개 1494년(연산군 즉위년)에 연산군이 왕위에 오르자 날마다 마음대로 음란하고 사납게 굴어 사람을 죽이는 것을 그치지 않으니 사람마다 두려워서 아침저녁을 보존할 수 없었다. 어느 날 김굉필이 말하기를 "남효온이 거리낌 없이 말하고 겸손할 줄 모른다"고 하자 그는 드디어 옛 습관을 모두 버리고 문을 닫고 교제를 끊고서 절대로 시사時事를 말하지 않았다. 또 평일에 저술한 시문 수편을 모두 불태웠다. 그 후 무오·갑자사화가 계속 일어나서 사류들이 모두 죽었으나 그는 온전할 수 있었으니 군자들이 말하기를 명철보신明哲保身했다고 했으나 애석하게도 그 높은 심정과 뛰어난 음향音響이 성시聲詩로 전해진 것이 하나도 집에 간직된 것이 없고, 《추강집秋江集》에 약간 편이 전해져 올 뿐이다.11)

수천군은 종실에 태어나 조정의 직책을 맡을 수 없었기 때문에 그가 가지고 있는 재능을 조금도 베풀지 못하고, 또 혼란한 때를 당해 숨어서 살았으나 뒷사람들에게 덕을 심고 도운 것이야 다 헤아릴 수가 없다.12)

첫째 부인은 감찰 유중발柳重發의 딸이요, 감사監司 유장柳暲의 손녀딸이며, 영의정을 지냈고 시호가 정숙공貞肅公인 월정月亭 유정현柳廷顯의 증손녀인 현부인 문화유씨다. 묘는 경기도 시흥군 서면 소하리所下里 산 101번지 도당점禱堂岾 남쪽에 해좌亥坐로 있으며, 표석이 있다. 아들 하나를 두었는데, 청기군靑杞君 이표李彪가 그 사람이다. 둘째 부인은 양천허씨로, 부림수缶林守 이표李豹, 결기수結杞守 이현李玄, 무령수武寧守 이월李越 등 세

10) 李存道, (秀泉君)行錄, 《全州李氏益寧君派譜》, 1994, 33~35쪽.
11) 앞의 책, 36쪽.
12) 앞의 책.

아들을 낳았다. 묘는 남편의 무덤 계하階下에 정좌丁坐로 있다.[13]

이원익의 할아버지가 청기군靑杞君 이표李彪다. 이표는 처음에 청기수靑杞守가 되었다가 청기군으로 승진했다. 품계는 소덕대부昭德大夫였다. 묘는 소하리 산 101번지 도당점禱堂岾 아래에 해좌亥坐로 있다. 표석이 있다. 부인은 생원 조경趙璟의 딸인 배천조씨白川趙氏다. 남편과 함께 묻혀 있다.[14]

부림수 이표는 가정대부嘉靖大夫로 창선대부彰善大夫에 추봉되었다. 부인은 둘인데, 첫째 부인은 평산신씨平山申氏요, 둘째 부인은 민숭영閔崇英의 딸인 여흥민씨驪興閔氏다. 묘는 이원익묘에서 자방子方으로 75척尺에 신좌辛坐로 있다. 부인 둘과 함께 묻혔으며 표석이 있다. 결기수 이현의 부인은 참판 최명창崔命昌의 딸인 개성최씨다. 무령수 이월의 부인은 부정副正 김우윤金禹胤의 딸이요, 영의정 김국광金國光의 증손녀인 광산김씨光山金氏다.[15] 남편과 함께 경기도 파주시 북면 이천梨川에 유좌酉坐로 묻혔다.[16]

청기군靑杞君은 6남 4녀를 두었다. 장남은 보천부정甫川副正 이억정李億正이요, 차남은 이원익의 아버지인 함천군咸川君 이억재李億載요, 3남은 숭천도정崇川都正 이억령李億齡이요, 4남은 제천령提川令 이억동李億同이요, 5자는 단천령端川令 이억순李億舜이요, 6자는 덕천령德川令 이억수李億壽다. 보천부정 이억정은 1500년(연산군 6)에 태어나 처음에 보천부수甫川副守가 되었다가 뒤에 보천부정甫川副正으로 승진했다. 묘는 아버지 청기군 묘의 위쪽 술방戌方으로 32척에 임좌壬坐로 있으며, 표석이 있다. 부인은 둘이 있었다. 첫째 부인은 진사 정황鄭璜의 딸인 정부인貞夫人 초계정씨草溪鄭氏

13) 《全州李氏益寧君派譜》, 1980, 2쪽.
14) 앞의 책, 2쪽.
15) 앞의 책, 7쪽.
16) 앞의 책, 8쪽.

다. 묘는 수천군 묘에서 묘방卯方으로 45척에 유좌酉坐로 있다. 슬하에 자녀가 없었다. 둘째 부인은 별좌 윤항尹沆의 딸인 정부인 파평윤씨다. 남편과 함께 묻혔다.[17]

함천군咸川君 이억재李億載는 이원익의 아버지다. 자는 대년大年이다. 아버지는 청기군 이표요, 어머니는 국자생원 조경趙璟의 딸인 배천조씨다. 1503년(연산군 9) 11월 9일에 태어나 1584년(선조 17) 8월 13일에 죽었다. 향년 80세. 처음에 함천부수咸川副守가 되었다가 1535년(중종 30)에 시예試藝에 뽑혀 창선대부彰善大夫 함천정咸川正으로 승진했다. 1544년(중종 39)에 중종이 죽자 직혼전直魂殿에 뽑히고, 3년 뒤에 명선대부明善大夫로 승진했다. 1560년(선조 15)에 나이 80이 되어 정의대부正義大夫 함천군에 피봉되었다. 1584년(선조 17) 8월에 그가 죽자 10월에 금천현衿川縣 소하리所下里 오리동梧里洞 청기군 묘하에서 사방巳方으로 29척에 해좌사향亥坐巳向으로 장사지냈다. 그리고 차남 이원익이 영의정이 되어 은예恩禮로 순충적덕보조공신純忠積德補助功臣에 추봉되고, 정1품 현록대부顯祿大夫에 올랐다.[18]

함천군은 충성스럽고 성실해서 착하지 않은 것을 보면 자기 몸이 더러워지는 것 같이 여겼다. 또한 음악에 조예가 깊어 수천군 이정은의 재주를 이었다고 했다. 매양 달밤에 사경砂磬을 치면서 스스로 마음을 붙이면 사람들이 눈물을 흘리지 않는 사람이 없었다. 그러니 지금 대악大樂이 사경에 그 소리가 전하는 것은 그에게서 시작되었다고 할 수 있다. 그는 오행五行의 운행을 잘 알아 항상 이원익에게 경계하기를 "큰 나라에서는 경卿이 되고, 작은 나라에서는 상相이 될 것이나, 늦게는 화액禍厄이 있고 위험할 것

---

17) 앞의 책, 2쪽.
18) 許穆, 贈純忠積德補助功臣顯祿大夫行正義大夫咸川君墓誌銘,《全州李氏益寧君派譜》上卷, 1994, 39~42쪽.

이다" 했다고 이원익이 늘 말했는데 그 말이 다 맞았다고 한다. 그는 귀한 신분으로 후덕하고 오래 살았으며 자손이 현달했다. 손자사위 허목은 묘지명에서 이렇게 읊었다.

아아! 嗚呼
개결한 지조와 介潔之操
넓고 맑은 글이로다 博雅之文
덕이 두텁고 세운 것이 순박해, 德厚而樹淳
돈독히 밝은 사람을 낳았네 篤生哲人[19)]

부인은 둘이다. 첫째 부인은 첨지僉知 우정禹鼎의 딸이요, 첨지 우윤공禹允恭의 손녀이며, 예안군禮安君 정장공靖莊公 우제禹磾의 6세손인 군부인 예안우씨禮安禹氏다. 묘는 시흥군 서면 일직리日直里에 사좌로 있다. 표석이 있다. 슬하에 자녀가 없다. 둘째 부인은 감찰 정치鄭錙의 딸이요, 영의정 문정공文貞公 정창손鄭昌孫의 4세손이며, 감사 최중홍崔重洪(和順崔氏)의 외손녀인 군부인 동래정씨다. 1512년(중종 7) 정월 20일에 태어나 1555년(명종 10) 4월 26일에 죽었다. 향년 44세. 남편과 함께 묻혔다. 김귀영金貴榮이 짓고, 김응남金應南이 쓴 신도비와 동계洞溪 정온鄭蘊이 지은 묘지명과 미수眉叟 허목許穆이 지은 묘지명이 있다. 정온은 부인 동래정씨의 묘지명도 지었다.[20)]

함천군 이억재의 부인이요, 영의정 이원익의 어머니인 군부인 동래정씨는 천성이 온유하고 손순遜順해 깊은 덕이 있었는데, 중매쟁이가 상서로운 것을 점쳐서 함천군에게 시집갔다. 부인은 남편을 섬기는 데 어긋난 행동

19) 앞의 책, 40~41쪽.
20) 《全州李氏益寧君派譜》, 1980, 3쪽.

이 없고 아들을 가르치는 데 사랑과 의리가 있었다. 집을 다스리는 데 조리가 있고, 비복婢僕을 거느리는 데 은의恩義가 있었다. 함천군이 종실로서 부귀를 누리면서 어진 종실이 된 것과, 아들 이원익이 40년 동안 관각館閣에 출입하면서 청백하게 국가의 안위를 지킬 수 있었던 것도 동래정씨의 주선 때문이었다. 정온은 동래정씨의 묘지명에서 이렇게 읊었다.

동래의 정씨는 東萊之鄭
동쪽 나라의 으뜸이네 甲于東國
고려로부터 지금까지 自麗迄今
높은 벼슬이 끊이지 않았네 冠冕不絕
부인의 계통은 夫人之系
두어 대 동안 벼슬이 낮았네 數世官卑
여자의 행동은 女子之行
다시 나르는 수가 있네 有以復飛
덕문德門에 출가해 于歸德門
순종하기만 하고 어김이 없었네 有順無違
아들이 경사롭고 배필이 좋아 胤慶配良
이에 상공을 낳았네 乃生相公
아아! 상공은 猗歟相公
나라를 위해 종실의 주석柱石이 되었고, 爲國臣宗柱石
여러 조정에 우리 종묘를 도왔네 累朝扶我宗祧
오직 이 빛나는 빛은 維此耿光
부모의 가르침이요, 父母之敎
이름을 드날려 나타난 것은 揚名以顯
상공의 효도일세 相公之孝

옛 지문을 고쳐 圖改舊誌

산이 옮겨지고 골짜기가 변하도록 길이 전하니 以永於傳山移谷

명銘이 어둡지 않으리 銘不昧旃[21]

청기군의 3자는 숭천도정崇川都正 이억령李億齡이다. 이억령의 자는 대우大羽다. 1514년(중종 9) 10월 17일에 태어나 1596년(선조 29) 9월 15일에 죽었다. 향년 83세. 처음에 숭천부수崇川副守가 되었다가 명선대부 숭천도정으로 승진했다. 묘는 경기도 시흥군 서면 소하리 산 101번지 도당점禱堂岾 아래 해좌亥坐로 있으며, 표석이 있다. 부인은 호군 한극침韓克忱의 딸이요, 좌찬성 문정공文靖公 한계희韓繼禧의 현손녀인 청주한씨다. 묘는 소하리 삼석산三石山 아래 마산馬山 머리의 수천군 묘 오른쪽 언덕에 유좌酉坐로 있으며, 표석이 있다.[22]

청기군의 4자는 제천령堤川令 이억동李億同이다. 이억동의 묘는 부인 이씨와 함께 이원익 묘의 왼쪽 산록에 술좌戌座로 있으며, 쌍분雙墳이다.[23]

청기군의 5자는 단천령端川令 이억순李億舜이다. 이억순의 자는 대수大叟다. 1524년(중종 19)에 태어나 1574년(선조 7)에 죽었다. 향년 51세. 그는 일찍 아버지를 여의었으나 스스로 기개氣槪와 풍도風度가 있어 족히 사람을 움직였다. 그러나 조그만 절도節度에 구애되지 않고 방종放縱해 자연 그대로 맡겨 두어 산업을 돌보지 않았다. 할아버지 수천공秀泉公 이정은의 유풍을 이어받아 음률에 밝았다. 집이 남교南郊 밖에 있었는데, 오상吳祥·강극성姜克誠·고경명高敬命 등의 명사들과 함께 남당南塘에 모여 피리를 불면

---

21) 鄭蘊, 東萊郡夫人鄭氏墓誌銘幷序, 《全州李氏益寧君派譜》, 1994, 42~44쪽.
22) 《全州李氏益寧君派譜》(回想社) 全, 1980, 4~5쪽.
23) 앞의 책, 5쪽.

사람들이 듣고 이는 "아무 공자公子가 함께 노는 것이다"고 했다 한다. 일찍이 잘못된 비방을 받아 남양南陽으로 내쫓겨 살다가 일 년이 못 되어 서울로 돌아왔다.[24)]

부인은 셋이다. 첫째 부인은 고성固城김씨로 소생이 없다. 묘는 청기군 묘 왼쪽 인방寅方 80척尺에 유좌酉坐로 있다.[25)] 둘째 부인은 청주한씨로 1남 2녀를 두었다. 아들은 이원득李原得인데, 진사가 되어 음보蔭補로 사평司評을 지냈고, 두 딸은 내금위 이승남李承男과 무과를 거쳐 첨지를 지낸 민항閔沆에게 시집갔다. 셋째 부인은 한산이씨인데 소생이 없다. 둘째·셋째 부인은 남편과 함께 묻혔다.[26)] 세 번째 부인을 얻을 때 그의 나이 50세가 가까워 친구들이 말렸다. 그러나 그는 "자녀들이 어린데 내가 만일 일찍 죽으면 자녀를 거두어 키우는 것은 정실正室이 아니면 안 된다"고 하면서 결행을 했다고 한다. 과연 그가 죽은 뒤에 한산이씨는 아이들을 잘 키웠다 한다. 셋째 부인은 1570년(선조 3) 2월에 죽었다.[27)]

청기군의 여섯 째 아들은 덕천령德川令 이억수李億壽다. 1537년(중종 32)에 태어났다. 처음에 덕천부령德川副令이 되었다가 뒤에 명선대부 덕천령으로 승진했다. 효자로 정려旌閭를 받았다. 묘는 시흥 선영의 도당점禱堂岾 아래 해좌亥坐로 있다. 부인은 둘이다. 첫째 부인은 윤방손尹邦孫의 딸 파평윤씨로 1남 1녀를 두었다. 아들은 이원의李元義요, 딸은 군수 이희보李希甫에게 시집갔다. 둘째 부인은 첨지 신종원申宗元의 딸 평산신씨로 2남 2녀를 두었다. 아들은 이원례李元禮·이원지李元智요, 딸들은 전일원全一元, 판관 최충일崔忠一에게 각각 시집갔다. 부인 둘은 모두 남편과 함께 묻혔다.[28)]

---

24) 李元翼, 端川令墓碣陰記,《全州李氏益寧君派譜》上卷, 1994, 46~47쪽.
25)《全州李氏益寧君派譜》(回想社) 全, 1980, 6쪽.
26) 앞과 같음.
27) 李元翼, 端川令墓碣陰記,《全州李氏益寧君派譜》上卷, 1994, 47쪽.

청기군 이표李彪의 네 딸은 진사 이완李岏, 현감 윤흡尹洽, 인의引儀 안효종安孝宗, 이문기李文琦에게 각각 시집갔다.29)

함천군 이억재는 4남 3녀를 두었다. 4남은 이원보李元輔·이원익李元翼·이원경李元慶·이원지李元祉요, 3녀는 한산인 현감 이회李澮, 청주인 한응인韓應仁, 박윤복朴允福에게 각각 시집갔다.30)

장자 이원보李元輔의 자는 백익伯益이다. 1530년(중종 25) 10월 13일에 태어나 1589년(선조 22) 8월 8일에 죽었다. 향년 60세. 어려서 학문에 뜻을 두어 1576년(선조 9)에 생원이 되고, 1577년(선조 10)에 처음 귀후서歸厚署 별제가 되었다. 그 후 1578년(선조 11)에 의금부 도사, 1580년(선조 13)에 한성부 참군叅軍을 역임했는데, 재판을 공명하게 잘 판결한다는 평이 있었다. 1581년(선조 14)에 내섬시 주부, 1582년(선조 15)에 통진현령이 되었으나 아버지가 돌아가 벼슬을 내놓고 돌아왔다. 이에 백성들이 정치를 잘했다고 유덕비遺德碑를 세워 주었다. 1586년(선조 19)에 복을 마치고 흡곡歙谷현령에 임명되어 맑게 몸을 지키고 어진 정치를 했다. 1589년(선조 22)에 몸이 아파 그만두고 같은 해 8월에 죽었다. 금천현衿川縣 소하리所下里에 해좌亥坐 사향巳向 언덕 위에 장사 지냈다.31) 이원익의 《갑진록》에 따르면 1591년(선조 24)에 호종원종공신에 책훈되어 좌승지를 증직했다고 한다.32) 표석과 참판 박숭원朴崇元이 지은 묘갈, 동생 이원익이 지은 묘갈음기墓碣陰記가 있다. 부인은 별좌 증영의정 최숭조崔崇祖의 딸이요, 종사랑從仕郎 최명손崔命孫의 손녀, 선전관 최효공崔孝恭의 증손녀, 좌찬성 평도공平度公 최유경崔有慶의 후손인 숙부인 전주최씨다. 남편과 함

---

28) 《全州李氏益寧君派譜》(回想社) 全, 1994, 6쪽.
29) 앞의 책, 6~7쪽.
30) 앞의 책, 2~4쪽.
31) 李元翼, 通訓大夫 行歙谷縣令李公墓碣陰記, 《全州李氏益寧君派譜》 上卷, 1994, 48~49쪽.
32) 앞과 같음.

께 묻혔다.33)

함천군 이억재의 차자는 영의정을 지낸 이원익이다. 자는 공려公勵요, 호는 오리梧里다. 1547년(명종 2) 10월 24일에 태어나 1634년(인조 12) 정월 29일에 죽었다. 향년 88세. 문과에 급제해 1595년(선조 28)에 영의정이 되었다. 광해군이 즉위할 때도, 인조가 즉위할 때도 영의정에 임명되었다. 임진왜란을 극복하는 데 공로가 많아 선무공신宣撫功臣, 호종공신扈從功臣에 녹훈되고, 완평부원군完平府院君에 책봉되었다. 1623년(인조 1)에 궤장几杖을 받고, 1627년(인조 5)에 시흥에 은거하자 집을 하사했다. 시호는 문충文忠이다. 묘는 시흥 삼석산三石山 아래 건좌乾坐로 있다. 부제학 창석蒼石 이준李埈이 지은 신도비명, 우의정 허목이 지은 행장行狀이 있고, 호군 이식李植이 지은 시장諡狀, 대학사 권유權愈가 지은 속행장續行狀이 있다. 여주와 안주安州에 서원이 있고, 평양에 생사당生祠堂이 있다.34)

부인은 현신교위顯信校尉 정추鄭樞의 딸이요, 군수 정세신鄭世臣의 손녀이자 참봉 정홍문鄭洪文의 증손녀요, 문충공文忠公 정몽주鄭夢周의 7세손이자 함종인咸從人 어계호魚季瑚의 외손녀인 정경부인 연일延日정씨다. 남편과 함께 묻혔다.35)

오리 이원익은 3남 8녀를 두었다. 3남은 이의전李義傳·이효전李孝傳·이제전李悌傳이요, 8녀는 군수 이정직李廷稷(한산인), 무첨사武僉使 김여현金汝賢, 박윤장朴允章, 낭청 윤성尹誠(파평인), 송흥축宋興築(진천인), 이시행李時行(경주인, 오성 이항복李恒福 손자), 이교李喬(양성인), 윤영尹鍈(남원인, 충무공 이순신 외손자)에게 각각 시집갔다.36)

이원익의 장자 이의전의 자는 의중宜仲이다. 1568년(선조 1) 11월 23일

---

33) 《全州李氏益寧君派譜》(回想社) 全, 1980, 2~3쪽.
34) 《全州李氏益寧君派譜》 全 上卷, 1994, 54쪽.
35) 앞의 책, 3~4쪽.
36) 앞과 같음.

에 태어나 1617년(광해군 9) 7월 22일에 죽었다. 향년 50세. 31세에 비로소 벼슬하기 시작해 4현(고창·인천·양성陽城·과천), 5군(풍덕·안산·양근2·가평), 2부(철원·이천)의 고을 원을 지냈다. 아버지 이원익은 항상 "청렴하면 공변되고, 공변되면 밝아진다. 정치를 하는 데는 백성에게 어질게 하고 물건을 사랑하는 것으로 마음을 삼아야 할 것이니, 호령이 공평하고 상벌이 사사롭지 않으면 백성이 따를 것이요, 인심이 흩어지면 만사가 다 그릇된다"고 훈계했다. 이에 그는 한결같이 아버지의 훈계에 따랐더니 가는 곳 마다 칭송이 자자했다. 양근군수로 있을 때 왕으로부터 표리表裏를 하사받고 통정대부(정3품 당상관)로 승진한 것도 그 때문이며, 두 번째 양근군수로 있을 때 창석蒼石 이준李埈이 이 고을을 지나가다가 "맑은 기운이 사람을 엄습한다"고 논평한 것도 그 때문이다. 또 1627년(인조 5)에 정묘호란이 일어나 원수元帥가 철원으로 들어와 그가 군사를 정돈하고 척후를 엄하게 하고 군량을 조달하니 부중이 편안하게 되었다. 1634년(인조 12)에 아버지 이원익이 죽자 그는 67세의 고령인데도 묘하에서 여묘 3년을 살았다. 그런데 궤연几筵을 거리가 두어 마장이나 떨어져 있는 정당正堂에 차려 놓아 하루에 두 번씩 왕래했다. 효성이 지극하지 않으면 할 수 없는 일이었다.37)

1636년(인조 14)에 병자호란이 일어나자 인조를 따라 남한산성에 들어갔다. 이때 임금을 모신 공으로 가선대부(종2품 하계)로 승진하고 완선군完善君에 피봉되었다. 좌찬성을 증직했다. 그러나 그는 이미 70세가 되어 서호西湖에 있으면서 봉조하奉朝賀로 왕래할 뿐이었다. 1617년(광해군 9) 에 노직老職으로 자헌대부를 받았고, 같은 해 7월 22일에 중풍으로 죽었다. 묘는 삼석산 아래 제일강第一岡에 유좌묘향酉坐卯向으로 있다. 묘표

---

37) 許穆, 資憲大夫完善君李公墓表陰記(《全州李氏益寧君派譜》 全 上卷, 1994, 66~69쪽).

음기는 허목이 짓고 유하익兪夏益이 썼다.[38)]

그는 담박하고 화려한 기운이 없었다. 책을 좋아해 고을을 다스릴 때도 손에서 책을 놓지 않았다. 특히 5음五音(宮·商·角·徵·羽) 6율六律(12율 가운데 양성陽聲에 속하는 黃鐘·大蔟·秙洗·蕤賓·夷則·無射) 의 변하는 것을 알아서 음악에 통달해 이를 집안 대대로 이어 왔다. 이원익이 늘 말하기를 "수천군(이정은)은 거문고를 뜯고, 함천군(이억재)은 경쇠를 친다"고 했다. 그러나 아버지 이원익이 죽은 뒤에 그는 다시는 거문고를 뜯지 않았다고 한다.[39)]

부인은 안향安珦의 후손으로, 장사랑 안굉安宏의 딸이요, 봉사 인응원安應元의 손녀, 생원 안선무安善武의 증손녀인 정부인 순흥안씨다. 1570년(선조 3) 11월 15일에 태어나 1617년(광해군 9) 10월 30일에 죽었다. 향년 48세. 남편과 함께 쌍분으로 묻혔다.

이의전李義傳은 3남 5녀를 두었다. 3남은 이수약李守約·이수기李守紀·이수강李守綱이요, 5녀는 현감 허교許喬의 아들인 우의정 미수 허목(陽川人), 판서 윤탁연尹卓然의 아들인 윤극화尹克和(漆原人), 동지 이호李灝의 아들인 이경수李慶需(慶州人), 권집權鏶의 아버지인 권촉權矗(安東人), 정홍鄭泓의 아버지인 정호공鄭好恭(延日人)에게 각각 시집갔다.[40)]

이의전의 큰 아들은 이수약李守約이다. 이수약의 자는 이성而省이다. 할아버지는 영의정 이원익이요, 어머니는 통사랑 안굉安宏의 딸인 정부인 순흥안씨다. 1590년(선조 23) 3월 18일에 태어나 1668년(현종 9) 2월 16일에 죽었다. 향년 79세. 10세에 비로소 글을 배워 경사經史를 섭렵했다. 17세에 국자초시(생원진사 초시)에 합격했으나 회시에는 합격하지 못했다.

---

38) 《全州李氏益寧君派譜》(回想社) 全, 1980. 158쪽.
39) 앞과 같음.
40) 《全州李氏益寧君派譜》 全, 1994, 157-163쪽.

1615년(광해군 7)에 그가 26세가 되었을 때 할아버지가 인목대비仁穆大妃 폐비를 반대하다가 죄를 얻어 과거를 보지 못했다.[41]

그러나 인조반정이 일어나 할아버지가 다시 영의정이 되자 벼슬길이 열려 선공감역이 되고, 이듬해에 장원서 별좌가 되었다. 그해에 생원시 2등 제9인으로 뽑혀 사헌부 감찰, 장예원 사평, 연풍현감을 역임했다. 연풍현延豐縣은 폐현廢縣이었는데, 다시 현으로 승격해 그를 현감으로 보낸 것이다. 그랬더니 과연 잘 다스리고 돌아오자 현민들이 비석을 세워 기렸다. 1633년(인조 11)에 사헌부 감찰이 되고, 1634년(인조 12)에 공조좌랑이 되었으며, 1636년(인조 14)에 양천현령이 되었다. 1636년에 병자호란이 일어나자 아버지 이의전이 남한산성에 들어가 인조를 호종했다. 인조가 삼전도三田渡에서 청나라에 항복하자 아버지가 영남으로 귀양가게 되었다. 이에 그는 즉시 벼슬을 내놓고 아버지를 따라갔다가 1639년(인조 17)에 형조좌랑으로 다시 기용되었다. 그 후 용담현령이 되고, 1645년(인조 23)에 포천현감이 되었으나 병으로 곧 물러났다. 1647년(인조 25)에 아버지 완선군完善君이 죽었다.[42]

1624년(인조 2)에 이괄난이 일어나자 공신들이 내변內變이 일어날 것을 두려워 해 공신들이 고상故相 기자헌奇自獻 등 37인을 죽였다. 그리고 상국相國 김모의 시장諡狀에 "마땅히 3공三公을 베어 죽여야 한다"고 했다. 이때 이수약은 아버지 상중에 있었는데, 상소를 올려 할아버지의 죄를 변명하니 인조가 태상시太常寺에 명해 시장을 고치게 했다. 1650년(효종 1)에 순창군수가 되었는데, 1년 만에 상사上司의 미움을 받아 파면되었다. 이듬해 할아버지 이원익이 인조 묘정에 배향되자 효종은 그를 장원서 별제에 제수하고, 가을에 종친부 전첨典籤에 승진시켜 주었다. 일찍이 윤대輪對에

---

41) 許穆, 通訓大夫行宗親府典籤李公(守約)墓誌銘,《全州李氏益寧君派譜》上卷, 1994, 70~71쪽.
42) 앞의 책, 71쪽.

서 종친부의 폐단을 갖추어 아뢰니 이를 모두 들어주었다. 효종이 "군현을 다스린 것이 몇 번이냐?"고 묻자 "신이 일찍이 군현에 나간 것이 다섯 번입니다"고 대답했다. 윤대가 끝나자 모든 사람들이 "이 사람은 일에 익숙한 자이다. 일을 아뢴 것이 볼만했다"고 칭찬했다.[43]

1653년(효종 4)에 광흥창수로 옮겼다가 고성군수로 나갔는데 1년 뒤에 또 상사에게 좋지 않게 보여 파면되었다. 그는 이로부터 벼슬에 뜻이 없어 원림園林을 다스리면서 세월을 보냈는데 1658년(효종 9)에 사재감 첨정으로 다시 임용되었다. 그는 비록 벼슬을 즐거워하지는 않았으나 관직을 맡으면 반드시 직책을 다하고 감히 게을리하지 않았다. 그리고 항상 말하기를 "대대로 나라에 은혜를 받았으니 벼슬이 비록 낮더라도 부지런히 애써서 임금께 보답해야 한다"고 했다.[44]

1660년(현종 1)에 장악원 첨정이 되었다가 다시 광흥창수로 옮겼으나 늙어서 벼슬을 그만두었다. 이때 그의 나이 73세였다. 그 뒤 몇 년 동안 병으로 앓다가 1668년(현종 9) 2월 16일에 죽었다. 같은 해 4월 28일에 수천군묘 뒤에 장사 지내니 그의 명을 따른 것이다.[45]

이수약은 부모를 잘 섬겼고, 검소한 것을 좋아했으며, 밖으로 장식하는 것을 좋아하지 않았다. 착한 것을 사모하며 하고 싶은 일을 좋아하듯 하고, 착하지 않은 것을 보면 마치 몸이 더러워지는 것처럼 여겼다. 일에 있어서는 평생에 몸을 욕되게 하는 것과 남에게 아첨하는 것을 부끄럽게 여겼다. 창석 이준은 "이수약은 선상국先相國의 풍도가 있다"고 했고, 우복愚伏 정경세鄭經世는 "가히 어진 상국의 손자로다"고 했다. 글 보기를 좋아하며, 《한중잡록閑中雜錄》 10권을 지었다.[46]

43) 앞의 책, 72쪽.
44) 앞의 책, 73쪽.
45) 앞과 같음.
46) 앞의 책, 73~74쪽.

그는 손자 완성군完成君 이존도李存道 덕분에 이조참판에 증직되었고 완능군完陵君에 피봉되었다. 묘는 수천군 묘 위에 곤좌坤坐로 있다. 묘갈명과 묘지명은 미수 허목이 지었고 참판 조위명趙威明이 묘지명의 글씨를 썼다. 부인은 둘이다. 첫째 부인은 도승지 백인영白仁英의 고손녀요, 동지 남복흥南復興의 외손녀인 정부인 수원백씨다. 1588년(선조 21) 4월 9일에 태어나 1626년(인조 4) 4월 9일에 죽었다. 향년 39세. 묘는 시아버지 이의전의 묘 아래 유좌酉坐로 있다.[47] 수원백씨는 이수약이 어려서 10년 동안 병을 앓아 거의 죽게 된 것을 밤낮으로 하늘에 명을 빌어 병을 낫게 하니 일문이 어질다고 했다.[48] 4녀를 두었는데 군수 이돈李惇의 아들인 참봉 이후면李后勉(延安人), 진사 성하길成夏吉의 아들 성초노成楚老(昌寧人), 권순형權順衡의 아들인 권이경權以經(安東人), 진사 한상오韓相五(淸州人)에게 각각 시집갔다. 둘째 부인은 감찰 서필화徐必華의 딸이요 참봉 서경직徐敬直의 손녀요, 증참의 관호당觀湖堂 서희적徐希積의 증손녀요, 돈령부정 이우빈李禹賓(전주인)의 외손녀인 부여扶餘서씨다. 1607년(선조 40) 정월 24일에 태어나 1691년(숙종 17) 11월 30일에 죽었다. 향년 85세. 4남 1녀를 두었다. 4남은 이증현李曾賢·이사현李師賢·이상현李象賢·이경현李景賢이고, 외딸은 심항沈伉의 딸 심지영沈之泳에게 시집갔다.[49]

완선군 이의전의 차자는 이수기다. 이수기는 1594년(선조 27)에 태어나 판관을 지냈다. 묘는 형수인 이수약의 부인 정부인 수원백씨의 산소 아래 묘방으로 24척에 유좌로 있다. 부인은 이대일李大一의 아들, 구암龜岩 이정李楨의 증손녀인 사천泗川이씨다. 1남 2녀를 두었다. 아들은 이진현李晉賢으로 1621년(광해군 13)에 태어났다. 부인의 묘는 시흥 선영 아래 있다. 딸

---

47) 《全州李氏益寧君派譜》 全, 1994, 158쪽.
48) 許穆, 通訓大夫行宗親府典籤李公(守約)墓誌銘, 《全州李氏益寧君派譜》 上卷, 1994, 74쪽.
49) 앞의 책, 157~161쪽.

둘은 강익제姜翼濟, 정시태鄭始泰에게 각각 시집갔다.[50]

완선군 이의전의 3자는 이수강이다. 이수강의 자는 자유子維다. 1608년(광해군 즉위년) 5월 15일에 태어나 1674년(현종 15) 9월 8일에 죽었다. 향년 67세. 통정대부로 부사府使를 지냈다. 묘는 광주 퇴촌면退村面 족자동簇子洞에 신좌로 있다. 부인은 둘인데, 첫째 부인은 첨지 심종직沈宗直의 딸인 숙부인 청송심씨다. 1650년(효종 1) 8월 30일에 죽었다. 이정현李鼎賢(1640년생)·이태현李台賢(1643년생)·이하현李夏賢(1655년생) 등 세 아들을 두었다.[51]

완성군完成君 이수약李守約의 장자는 이증현李曾賢이다. 이증현의 자는 효사孝思다. 1629년(인조 7) 11월 4일에 태어나 1694년(숙종 20) 10월 23일에 죽었다. 향년 66세. 1657년(효종 8)에 선조조 3대신의 후손을 녹용하라는 명이 있어서 사옹원 참봉에 임명된 후 예빈시 봉사, 종묘서 직장, 사축서司畜署 별제, 예빈시 별제, 광흥창 주부, 사재감 주부, 군자감 주부, 내섬시 주부, 장예원 사의司議, 교하현감, 고산高山현감, 영유永柔현감, 회덕현감, 영천永川군수, 선산善山부사, 풍덕豊德부사, 공주목사를 역임했다. 관직을 역임하는 동안 감사와 어사들이 훌륭한 업적을 올렸다고 상신해 구마廐馬와 표리表裏 등을 하사받거나 준직準職(당상관에 올라가기 전에 필수적으로 거쳐야 하는 관직)에 임명되기도 했다. 1634년(인조 12)에 성주목사에 임명되었으나 나이 때문에 사임하고 그해 10월 23일에 죽었다. 죽은 뒤에 그의 아들 완성군完成君 이존도李存道의 영달로 이조판서에 추증되고, 완성군完成君에 피봉되었다. 묘는 이원익 묘 오른쪽 위에 건좌乾坐로 있다.[52]

이증현은 간중簡重해서 다른 사람들과 잘 어울리지 않고 항상 문을 닫고

---

50) 《全州李氏益寧君派譜》, 回想社, 1980, 162쪽.
51) 앞의 책, 162~163쪽.
52) 앞의 책, 158쪽.

화려하고 이익이 되는 것으로부터 스스로 지켰으며, 욕심이 없어 청렴결백했고 선조의 훈계를 잘 지켰다. 스스로 묘지명을 지었는데 그 명銘은 다음과 같다.

> 일찍이 과거공부를 했으나 蚤學擧業
> 여러 번 떨어졌네 屢屈不利
> 화려한 것보다 조용한 것을 옳게 여겨 華恬靜是
> 음직蔭職을 받아 벼슬했네 承蔭筮仕
> 군읍郡邑의 수령을 역임하되 歷典郡邑
> 삼가 상도常度를 따랐도다 謹循常度
> 항상 넘치는 것을 두려워해 恒恐忝厥
> 사람들과 사귀지 않고 不事交遊
> 평생 졸拙한 것을 지켰네 平生守拙
> 화려한 것을 좋아하지 않고 無喜芬華
> 편안하고 조용한 것을 즐겼네 恬靜是樂
> 세상과 더불어 맞지 않아, 與世齟齬
> 구멍을 뚫은들 어찌 들어갈고 鑿枘何入
> 무리하게 내 실적을 儘吾實蹟
> 감히 꾸미지 않으리 非敢贅飾[53]

부인은 수찬 김설金卨의 딸이요, 광해군조에 절개를 지킨 대사헌 충정공忠貞公 성옹醒翁 김덕성金德誠의 손녀요, 정사공신靖社功臣 연평부원군延平府院君 이귀李貴의 외손녀인 정부인 상산商山김씨다. 1628년(인조 6) 10월

53) 앞과 같음.

7일에 태어나 1700년(숙종 26) 12월 29일에 죽었다. 향년 73세. 남편과 함께 묻혔다.[54]

완성군 이수약의 차자는 이사현李師賢이다. 이사현의 자는 경보敬甫다. 이사현은 1633년(인조 11) 5월 22일에 태어나 1700년(숙종 26) 정월 8일에 죽었다. 향년 68세. 참봉을 지냈다. 문을 닫고 스스로 지켜 덕을 감추고 벼슬을 하지 않았다. 그는 자질이 보통을 넘어 어려서 큰 뜻을 가졌고, 뜻이 크고 의분에 북받쳐 슬퍼하고 한탄해서 과거를 보지 않고, 성리학을 탐구해 움직이고 조용히 있고 말하고 말하지 않을 때 법도에 따라 움직여서 고결高潔한 행의行義는 일대一代에서 추중推重했다. 한 전관銓官(銓郎)이 듣고 장차 벼슬에 천거하려 하자 즉시 편지를 써서 야단을 치고 드디어 끊어버렸다. 그 뒤 누차 추천을 받았으나 드디어 사양하고 나아가지 않았다. 평일에 조신해 벼슬 보기를 뜬 구름같이 해서 그렇다. 묘는 삼석봉三石峯 아래 도근애道勤崖에 건좌乾坐로 있다. 표석表石이 있다. 부인은 도사 한필진韓必震의 딸인 공인恭人 청주한씨다. 1633년(인조 11) 11월 12일에 태어나 1714년(숙종 40) 4월 15일에 죽었다. 향년 82세. 남편과 함께 쌍분으로 묻혔다. 이사현은 2남 1녀를 두었는데 아들은 이현도李顯道·이광도李光道요, 딸은 세마洗馬 남수정南壽挺의 아들 남하구南夏龜(의령인)에게 시집갔다.[55]

완성군 이수약의 3자는 이상현李象賢이다. 이상현의 자는 선술善述이다. 이상현은 1635년(인조 13) 정월 5일에 태어나 1705년(숙종 31) 12월 6일에 죽었다. 향년 71세. 어려서 과거를 준비하기 위해 미수 허목에게 배웠다. 1675년(숙종 1)에 학천學薦으로 의금부 도사로 추천되어 전별서典別署 검교관檢敎官, 세자익위사 익위翊衛, 장악원 주부, 군자감 판관, 삭령朔寧군

54) 앞과 같음.
55) 앞의 책, 159쪽.

수에 임명되었으나 모두 사양하고 나가지 않았다. 그리고는 이원익의 영당影堂을 왕이 내려준 집의 터에 세우고, 인조의 교서를 따서 당堂의 편액을 관감觀感이라 했다. 손자 이인복李仁復이 상소해 영조가 특명으로 이조참의에 추증했다. 묘는 현부인 유씨의 묘 왼쪽 위에 해좌亥坐로 있다. 제학 이서우李瑞雨가 지은 묘갈명과 묘지명이 있다. 부인은 둘이 있었는데, 첫째 부인은 현감 증참판 송흥시宋興詩의 딸이요, 대사간 증예조판서 송표옹宋瓢翁의 손녀인 숙부인 진천송씨다. 남편과 함께 묻혔으며, 허목의 묘지명이 있다. 2남 1녀를 두었는데, 2남은 이태도李泰道와 이형도李衡道이고, 딸은 참의 정시윤丁時潤의 아들인 정도제丁道濟(羅州人)에게 시집갔다. 둘째 부인은 통덕랑 박호朴壕의 딸이요, 감찰 박문엽朴文燁의 손녀인 숙부인 고령박씨다. 남편과 함께 묻혔다. 딸 하나를 두었는데 유경운柳慶雲(진주인)에게 시집갔다. 이상현은 3남 2녀를 두었다. 3남은 이존도李存道(曾賢에게 出系)·이태도李泰道·이형도李衡道요, 2녀는 참의 정시윤丁時潤(나주인), 유경운柳慶雲(진주인)에게 각각 시집갔다.56)

완성군 이수약의 4자는 이경현李景賢이다. 이경현은 1637년(인조 15)에 태어나 1676년(숙종 2)에 죽었다. 묘는 완선군 이의전 묘의 왼쪽 경좌庚坐에 있다. 부인은 군수 조송년趙松年의 딸인 한양조씨다.57) 이열도李悅道라는 아들 하나를 두었다.58)

이증현의 외아들은 이존도다. 이존도의 자는 문백文伯이요, 호는 망와忘窩다. 이증현이 아들이 없어 동생 증이조참의 이상현의 장자 이존도를 양자로 들였다. 1659년(효종 10) 5월 14일에 태어나 1745년(영조 21) 정월 20일에 죽었다. 향년 87세. 1677년(숙종 3)에 진사가 되고, 1692년(숙종

56) 앞의 책, 161쪽.
57) 앞의 책, 161쪽.
58) 앞과 같음.

18)에 벼슬길에 올라 선공감역 의금부 도사, 군자감 주부, 형조좌랑, 정랑, 세자익위사 위솔衛率, 익찬翊贊 등의 관직을 역임하고, 통정대부, 가선대부로 승진해 동지중추부사에 제수되고, 완성군完成君에 습봉襲封되었다. 시종신侍從臣인 아버지 덕으로 가의嘉義대부로 승진하고 나이가 많다고 자헌資憲대부(정2품 하계), 정헌正憲대부(정2품 상계)로 승진해 지중추부사가 되었다. 5현, 2군, 2부의 수령을 지냈다. 청산青山·양성·용궁龍宮은 두 번이나 수령으로 나갔다. 아들 완양군完陽君 이인복李仁復이 원종공신이 되어 이상貳相에 증직되었다. 묘는 서면 경확리驚鶴里 산 164번 원유리元柳里에 자좌子坐로 있다.[59] 이존도는 기도器度가 남다르고 성품이 효성스러워 선대를 모시기를 진심을 다했다. 또한 공부를 많이 해 많이 알았으며, 《전사통감全史通鑑》 60권·《망와만록忘窩漫錄》 4권 등의 저술이 있다. 의능관懿陵官으로 있을 때 재지齋誌 중에서 익령군 부인 숙선옹주의 구갈舊碣을 찾아 3월 15일을 정해 제사를 지내왔는데, 중간에 병화로 실전되었다. 또 문충공 이원익의 묘갈음기를 짓고, 묘산기墓山記를 속간했으며, 각각 묘위전墓位田을 두고, 파보를 처음으로 만들었다. 이것들은 모두 문충공 이원익의 유지遺志에 따른 것이다.[60] 1740년(영조 16)에 그린 영정이 전한다.[61]

부인은 둘이다. 첫째 부인은 군수 송수도宋守道의 딸이요, 대사간 송응개宋應漑의 후손인 정경부인 은진송씨다. 1658년(효종 9) 2월 11일에 태어나 1680년(숙종 6) 5월 27일에 죽었다. 향년 23세. 둘째 부인은 첨지 증참판 권석權碩의 딸인 정경부인 안동권씨다. 남편의 묘 왼쪽에 묻혔다. 딸 하나가 있었는데 현감 정지령鄭志寧의 아들인 정운형鄭運衡에게 시집갔다.[62]

완성군 이존도의 외아들은 이인복李仁復이다. 이인복의 자는 내초來初요,

59) 앞의 책, 157~158쪽.
60) 앞과 같음.
61) 李存道影幀(《오리 이원익 종가의 이야기》, 충현박물관, 2005, 18~19쪽).
62) 앞의 책, 158쪽.

호는 신절재愼節齋다. 1683년(숙종 9) 10월 14일에 태어나 1730년(영조 6) 정월 10일에 죽었다. 향년 48세. 1705년(숙종 31)에 생원이 되고, 1710년(숙종 36)에 금부도사가 되었다. 1714년(숙종 40)에 증광문과 갑과 제3인에 급제해 홍문관 수찬·응교가 되고, 통정대부 승지, 가선대부 도승지·참판으로 승진했으며, 완양군完陽君에 습봉襲封되었다. 그 뒤 곡산谷山부사, 안동부사로 나갔는데 치적이 좋아 칭송이 자자했다. 문장으로 유명해 국포菊圃 같은 사람과 지기知己로 지냈다. 묘는 완성군 묘 아래 10자되는 곳에 자좌子坐로 있다. 표석이 있다. 문집 6권이 전한다. 부인은 목사 남수명南壽明의 딸인 정부인 의령남씨다. 이인복은 2남 2녀를 두었다. 아들은 이언수李彦秀·이언충李彦忠이요, 딸들은 유성지柳誠之·홍수洪䆃에게 각각 시집갔다.63)

3. 이원익(1547~1634)의 생애

이원익의 자는 공려公勵요, 호는 오리梧里다. 1547년(명종 2) 10월 24일 미시未時에 태어나 1634년(인조 12) 정월 29일에 죽었다. 향년 88세. 아버지는 함천군咸川君 이억재李億載요, 어머니는 감찰 정치鄭錙의 딸이요, 영의정 정창손鄭昌孫의 4세손인 군부인 동래정씨다. 이원익은 서울 유동楡洞 천달방泉達坊에서 태어났다. 어머니 동래정씨는 1555년(명종 10) 4월 26일에 죽었다.64)

이원익은 어려서부터 명민하고 영특했다. 글을 읽을 때는 눈에 한번 거

---

63) 앞의 책, 157~158쪽.
64) 李元翼,《國譯 梧里先生文集》, 驪江出版社, 續集 附錄 第1卷 年譜, 721쪽. 앞으로는 '연보'라고만 쓰겠다.

치면 곧 외웠다. 3살 때 어머니가 배고픈데 젖을 빨리 주지 않는다고 어머니 머리털을 다 뜯어 놓았다. 어머니가 아파서 눈물을 흘리자 놀라서 슬피 울었다. 그 때문에 자라서도 자주 이런 말을 하며 늙을 때까지 잊지 않았다 한다.[65] 5살 때 이원익은 중병에 걸렸다. 그런데 집 앞을 지나가던 한 노인이 "아깝다! 이 아이가 죽지만 않고 살아난다면 장차 40년 정승을 할 인물인데 몹쓸 병에 걸려 저렇게 되다니…"라고 중얼거렸다. 이원익의 아버지 함천군이 그 노인을 붙들고 병을 고쳐 줄 것을 간곡히 부탁하자 산삼 싹이 있어야 한다고 했다. 이에 이원익의 어머니가 친정의 서까래 틈에서 싹이 튼 산삼을 찾아다가 살려냈다고 한다. 이처럼 이원익은 어렸을 때부터 병약한데다가 지나치게 책을 많이 읽어 위장병으로 몸이 야위고 뼈만 남아 옷도 주체할 수 없을 정도였는데 나중에 키 작은 재상(3자 3치)이라 불린 것도 그 때문이었다.[66]

이원익은 스스로 옷을 이길 만한 나이가 되면서부터는 항시 바깥사랑에서 잤다. 장가가기 전에 서모가 시험 삼아 젊은 여종으로 하여금 번갈아 모시게 했으나 끝내 그들을 가까이 하지 않았다.[67] 중년에 밤늦도록 책을 너무 많이 읽어 소화불량에 걸렸고, 10여 년 동안 약을 먹어 겨우 나았다.[68] 1559년(명종 14)에 13세의 나이로 동학東學에 입학해 마음을 단단히 먹고 글을 읽어 침식을 잊을 정도였다 한다. 17세 되던 1563년(명종 18)에 진사초시에 합격했으나 그 진사시가 무효가 되었다. 보은과 김제의 향시에 참가한 유생들이 시험부정 때문에 소란을 피워서이다.[69] 그리하여 18세가 되던 1564년(명종 19)에 생원초시에 합격하고, 가을에 복시覆試에 3등 제

65) 《李相國行錄》(奎 4250-49A)
66) 양원철 편저, 《梧里 李元翼》-民의 정치를 추구한 經世濟民의 실천가-, 광명문화원, 17쪽.
67) 李埈, 完平府院君李元翼神道碑銘, 《梧里先生文集》 卷 2, 續集附錄, 1955, 850쪽. 앞으로는 '神道碑銘'이라고만 표기하겠다.
68) 《李相國行錄》(奎 4250-49A)
69) 양철원 편저, 《梧里 李元翼》, 광명문화원, 18쪽.

35인으로 합격했다. 이 생원시는 율곡 이이李珥가 주관한 시험이었다.[70] 그는 평소에 남과 어울려 노는 것을 기뻐하지 않고 혼자 들어앉아 있어 먼지가 방에 가득했으나 아랑곳하지 않았다. 하루는 서애西厓 유성룡柳成龍이 지나가다가 그를 보고 크게 찬탄했다.[71]

이원익은 동고東皐 이준경李浚慶의 제자이다. 그는 이준경의 문집인《동고유고東皐遺稿》문생록門生錄에 정탁鄭琢·심수경沈守慶·이덕형李德馨·이항복李恒福·유영경柳永慶·최흥원崔興源·심희수沈喜壽·윤담휴尹覃休·정언신鄭彦信 등과 함께 맨 첫머리에 실려 있다.[72] 이준경이 황희黃喜의 후손인 축옹蓄翁 황효헌黃孝獻에게《소학》을 배웠고, 정암靜菴 조광조趙光祖의 제자인 종형 탄수灘叟 이연경李延慶에게 성리학을 배웠으니 조광조계라고 할 수 있다.[73] 이로 미루어 보아 황효헌의 청백리淸白吏 정신, 조광조의 도학 성신, 이순경의 친우인 남명南冥 조식曺植의 실천 정신이 이원익에게 영향을 주었을 것으로 생각한다.[74] 이원익은 형이상학적 이기론보다는 실천을 중시하는 경세가적 면모가 짙은 인물이었다. 이준경은 1547년(명종 2)에 성중에서 보니 자색 기운이 있어 나라를 도울 인재가 태어났다고 생각했는데, 그가 바로 이원익이었다고 한다. 그는 이원익이 22세에 역병이 걸려 위독해지자 왕이 약재를 하사해 구해 주기도 했다.[75]

생원으로 성균관에 들어가 윤담휴尹覃休·유영부柳永孚 등과 함께 재방齋房(東·西齋의 방)에 앉아있는데, 어떤 사람이 창문 틈으로 동기생을 헐뜯는 쪽지를 집어넣었다. 이에 이원익은 그것을 찢어 버렸다. 익명서匿名書는 유포되지 못하게 하는 금령이 있었기 때문이다. 그런데 유영부가 이를 다시

70) 앞과 같음.
71) 神道碑銘, 852쪽.
72) 양철원 편저,《梧里 李元翼》, 광명문화원, 28쪽.
73) 이양희,〈오리 이원익의 임진왜란기 군사활동〉,《韓國人物史硏究》제4호, 2005, 58쪽.
74) 양철원 편저,《梧里 李元翼》, 광명문화원, 29쪽.
75) 앞의 책, 28쪽.

주워 붙여서 다른 사람에게 보여 주었다. 뒤에 재회齋會에서 이 일을 논의했는데 모두 이원익의 생각이 옳다고 했다.[76)]

19세가 되던 1565년(명종 20)에 정몽주鄭夢周의 7세손이요, 현신교위顯信校尉 정추鄭樞의 딸인 연일延日정씨에게 장가갔다. 1567년(명종 22)에 관학유생들이 종각鐘閣 옆 노제보인老除保人 안희수安希壽의 집에서 막을 치고 중 보우普雨를 베라는 상소를 올렸는데 이원익도 거기에 참여했다. 그런데 그 집은 안팎이 가려 있지 않고 창문이 떨어져 있었다. 그 집에는 여자 아이들이 많기 때문에 주인이 괴로운 기색이었다. 이에 이원익은 아침밥을 먹을 때 밥풀을 남겨 두었다가 창구멍을 발랐다. 주인이 보고 크게 감탄해 후일에 반드시 대인군자가 될 것이라고 했다고 한다.[77)]

23세가 되던 1569년(선조 2) 10월에 윤담휴尹覃休가 주관한 부태묘별시祔太廟別試에서 병과丙科 제4인으로 급제했다. 그리하여 다음해에 승문원 권지정자에 임명되었다가 부정자로 발령을 받았다. 이때 문관 다섯 사람을 뽑아 승문원에 소속시켜 직접 《노걸대老乞大》와 《박통사朴通事》 등의 책을 친강親講했는데, 이원익은 매번 우등을 차지해 여러 번 포상을 받았다.[78)] 그는 매양 퇴근한 뒤에 문을 닫고 혼자 앉아서 중국어를 열심히 공부해 얼굴을 볼 수 없었다고 한다. 그래서 사람들이 그를 처자정자處子正字라 했다고 한다.[79)] 이때 배운 중국어는 그가 뒤에 대명외교를 하는 데 유용하게 쓰였다.

1571년(선조 4)에 승문원 정자에서 저작著作으로 승진해 봉상직장奉常直長을 겸임했다. 이때 그는 창릉昌陵 전사관典祀官으로 차출되었는데, 태상시의 어린 종 곤이昆伊가 잣[栢子]을 훔쳐 먹어 교수형絞首刑을 당하게 되

76) 앞과 같음.
77) 앞과 같음.
78) 《李相國行錄》(奎 4250-49A)
79) 연보, 722~723쪽.

어 있었다. 그러나 그가 재상들에게 말해 곤이를 죽이지 않고 귀양 보내 부모와 함께 살게 해 주었다. 이것을 보고 친구 강서姜緖는 "공이 이 아이를 살렸으니 공의 수복壽福이 길 것이다"고 했다고 한다.80) 1572년(선조 5)에 박사博士, 다음 해 성균관 전적典籍으로 승진했고, 1573년(선조 6)에는 성절사聖節使 권덕여權德輿의 질정관質正官으로 연경燕京에 다녀와서 12월에 호조정랑이 되었다.

연경에 갔을 때 이런 일화가 있다. 질정관은 직급이 낮아 역관들조차 괄시했다. 그들은 이원익이 중국말을 아는지도 모르고 중국말로 희롱하기까지 했다. 그는 연경에 도착한 뒤 예부禮部를 찾아가 중국말로 조목조목 따지니 예부상서가 놀라 자신도 모르는 사이에 의자에서 일어나 "잘 알았습니다" 하고는 다 들어주었다. 이를 보고 역관들이 그를 두려워하고 감복했다 한다. 본국에 돌아왔을 때도 그의 짐은 초라해 그의 청백에 감복했다고 한다. 그는 관서에서 어떤 기생에게 정을 주었는데, 연경에서 돌아오는 길에 그 기생을 다시 만나 의주에서 서흥瑞興에 이르기까지 같이 왔지만 가까이 하지 않았다고 한다.81)

1574년(선조 7) 3월에 예조정랑, 5월에 형조좌랑, 7월에 예조정랑, 9월에 황해도사에 임명되었다. 이원익은 젊은 나이에 과거에 급제했으나 출세에 급급하지 않고 스스로 지조를 지켜 사람들은 그를 알지 못했다. 그가 성균관 직강을 거쳐 황해도사 겸 경차관에 임명되자 황해감사 이이李珥가 그의 인품이 비범하다는 것을 알고 감영의 군적軍籍 정리를 맡겼다.82) 감사 이이는 "그대의 본직은 도사都事이니 모름지기 먼저 나를 도와 문서를 다스리고 군적에 관한 업무는 일과의 여가에 하라"고 하고 무릇 어려운 일

80) 《李相國行錄》(奎 4250-49A)
81) 연보, 723쪽.
82) 앞과 같음.

은 그에게 물어서 했다.[83] 그해 정부에서는 병조 낭관 2인을 낭청郎廳으로 삼아 군적을 정리하고, 각도에서도 똑똑한 사람을 뽑아 군적을 정리해야 했다. 그런데 황해도는 민기문閔起文·권덕여·이이 등 감사들이 죽거나 병으로 물러나 군적을 정리하지 못했다. 이원익은 도사로서 이 일을 맡아 군적을 잘 정리해 이재吏才가 뛰어나다는 것을 인정받았다.[84] 그 후 이이가 병으로 교체되어 조정에 돌아와 이원익의 재능과 덕행이 쓸 만하다고 말했기 때문에 홍문록에 등록되었고 얼마 안 돼 사간원 정언으로 임명되었다.[85] 이때 대신이 정목政目을 보고 "이와 같은 영재가 오래도록 큰 벼슬길에 오르지 못했구나! 잠자코 있는 사람이지만 이제 결국 남이 알아보는구나!"라고 했다고 한다.[86]

1576년(선조 9)에 병으로 잠시 정언 자리에서 물러났다가 다시 복직되고 뒤에 지평, 형조좌랑으로 옮겼다. 1577년(선조 10)에는 예조정랑, 군기시 판관, 사헌부 지평, 사간원 정언, 사헌부 헌납, 성균관 직강·사예를 역임했다. 1578년(선조 11)에는 다시 사헌부 장령, 홍문관 수찬·교리, 성균관 사예·사성, 사간원 사간을, 1579년(선조 12)에는 성균관 사예·사성, 홍문관 교리, 사간원 사간, 사헌부 집의, 1580년(선조 13)에는 사헌부 사간, 사헌부 집의, 홍문관 교리를, 1581년(선조 14)에는 사간원 사간 사헌부 집의, 홍문관 부응교를 역임했다.[87] 이들 관직은 모두 문관 청요직淸要職이다. 청요직을 역임한 사람들만이 당상관으로 올라가 정승이 될 수 있었다.

부응교로 있을 때 선조가 정전正殿에 나아가 왜사倭使를 접대할 때 여악女樂을 쓰려 했다. 이원익은 김우옹金宇顒과 함께 반대했다. 오히려 아동에

83) 李植, 謚狀(《梧里先生文集》 卷 2, 續集附錄), 1995, 864쪽.
84) 《李相國行錄》(奎 4250-49A)
85) 《선조수정실록》 권 10, 선조 9년 정월 병신
86) 《선조실록》 권 9, 선조 8년 12월 병술
87) 연보, 724쪽.

게 춤을 가르쳐 춤을 추게 하라는 것이었다. 물론 이 의견은 채택되지 않았으나 식자들이 옳게 여겼다.88) 1582년(선조 15) 봄에 응교, 5월에 동부승지, 우부승지, 겨울에 첨지중추부사, 호조참의를 역임했다. 이원익은 5~6년 동안 경연經筵에 가장 많이 참여했다. 그의 강설講說은 자세하고 분명하며 목소리가 소탈하고 맑았으므로 선조가 경청했고, 장차 그를 발탁해야 하겠다는 생각을 들게 했다. 그리고 10월에 우부승지로서 영위사迎慰使가 되어 조사詔使 황홍헌黃洪憲·왕경민王敬民을 정주定州에서 영접했는데, 황홍헌은 사람을 알아보는 재주가 있어서 이원익의 행동거지를 보고 역관을 불러 분명히 소년 재상이 될 것이라 했다고 한다.89)

1583년(선조 16)에 이원익은 다시 우부승지에 임명되었다. 이때는 동서분당東西分黨이 있던 때였다. 동인인 도승지 박근원朴謹元은 서인인 영의정 박순朴淳이 하는 일을 사사건건 못마땅하게 생각했다. 그러면서 자기를 반대하는 유생들의 상소는 물리쳤다. 이에 8월에 왕자사부王子師傅 하락河洛이 승정원이 언로를 막는다고 공격했다. 선조는 승정원의 계사啓辭를 누가 지었느냐고 물었다. 이원익은 "이 일은 승정원의 승지 전원이 한 것이니 특정한 집필자 한 사람만 처벌하는 것은 옳지 않다"고 버텼다. 선조는 승지 모두를 갈아치우고 박근원·송응개·허봉許封 등 동인 세 사람을 귀양 보냈다. 이를 계미삼찬癸未三竄이라 한다.90)

1584년(선조 17) 8월 13일에 아버지 함천군 이억재가 죽었다. 함천군은 오래 앓았는데 위독할 때마다 선물을 싸가지고 국의國醫 안덕수安德壽를 찾아가 약을 지어다 써서 효과를 보았다. 안덕수는 늙고 각기병이 걸려 손님을 만날 수가 없었다. 그래서 이원익은 몸소 약 지으러 왕래해 그

88) 연보, 724쪽 및 《선조실록》 권 15, 선조 14년 3월 신사
89) 앞과 같음.
90) 연보, 724~725쪽 ; 《선조실록》 권 17, 선조 16년 8월 을묘

가 벼슬살이를 하는 사람인지 몰랐다고 한다. 그는 금천衿川에서 시묘살이를 했다.[91]

1587년(선조 20) 봄에 풍악산楓嶽山을 유람했다. 이원익은 산수를 좋아해 삼각산의 백운대, 개성의 성거산聖居山·천마산天磨山, 영평의 백로주白鷺洲, 합천의 해인사海印寺, 안음의 황석산黃石山, 선산의 금오성金烏城, 향산香山의 상원上元, 해주의 수양동首陽洞, 장연의 금사사金沙寺 같은 곳을 구경했으며, 풍악산을 제일 좋아했다. 그리하여 그는 "70년 벼슬의 영화를 누린 것이 산천을 노닐면서 쾌활한 기분을 얻는 것만 못하다"고 했다. 그는 집이 낙산駱山 밑에 있어서 매일 그곳에 올라가 거문고를 타며 노래했다고 한다. 증조 수천군秀泉君 이정은李貞恩, 아버지 함천군咸川君 이억재李億載, 서숙부 이억순李億舜이 모두 음악에 조예가 있어서인지 그도 거문고를 잘 탔다.[92]

그해 10월에 안주목사에 기용되었다.[93] 이조참판 권극례權克禮가 "안주는 버려진 땅이 되었으니 그 폐단을 구제할 사람은 이원익뿐이다"고 해 선조가 윤허한 것이다. 안주에 부임해 보니 흉년이 들어 굶어 죽는 사람이 많았다. 이원익은 단신으로 말을 타고 부임하자마자 환곡還穀 만 섬을 감사 김수金睟에게 요청해 종자를 내주고 농사를 장려했다. 가을에 가서 대풍이 들어 환곡을 갚고도 창고가 그득 찼다.[94] 한편 그는 조선漕船을 삼화三和, 함종咸從 등 곡식이 있는 곳과 바닷가 군현에 보내 세금을 직접 실어다가 기민饑民을 구제했다. 그리고 안주 고을은 도적이 많았는데 법을 제정해 엄격히 다스리니 도적이 없어졌다고 한다. 또한 뽕나무를 심어 수익

---

91) 연보, 725쪽.

92) 앞과 같음. 端川令 李億舜은 長簫와 短簫에 능했다고 한다(이영춘, 〈梧里 이원익의 청백리 정신과 관료적 리더쉽〉, 《梧里 李元翼의 학문과 사상》, 한국역서문화연구원, 오리기념사업회 주최, 2012. 4. 30. 147쪽).

93) 《선조수정실록》 권 21, 선조 20년 4월 경신

94) 앞과 같음.

을 올리게 했다. 그래서 그 뽕나무를 이공상李公桑이라 했다고 한다.[95]

안주는 군액의 결원이 많아 족징族徵, 인징隣徵의 피해가 많았다. 이원익은 병사 신립申砬에게 "주성州城을 쌓는데 1년에 군포 37동同이면 쌀 3천 여석을 살 수 있다. 이 곡식으로 헐어진 주성을 쌓게 하고 이 곡식은 원환자(元還上)에 합해 내게 하면 1석石 4두斗 족징·인징과 방납이 해결될 수 있다"고 했다.[96] 또 주세州稅를 의례히 변읍邊邑에 갔다 내어 아전들이 그 사이에 농간을 부릴 여지가 있었다. 이원익은 주세를 직접 내게 해 아전들의 작간을 막게 했다. 안주가 잘 다스려지자 평양감사 윤두수尹斗壽가 왕에게 보고해 포상하고 옷 한 벌을 하사 받게 했다. 그 결과 이듬해 임기가 찼는데도 불구하고 그를 유임시키는 동시에 가선대부로 승진시켜 주었다.[97]

1591년(선조 24) 2월에 치적이 훌륭해 형조참판으로 조정에 불려 올라와 3월에 대사헌으로 옮겼다. 그는 대사헌으로서 대사간 이덕형李德馨과 함께 기축옥사己丑獄事를 너무 부풀려서 적용한 정철鄭澈을 탄핵해 변방에 위리안치하게 했다.[98] 7월에 자헌대부로 승진해 호조·예조판서가 되어[99] 경연에 나아갔으며, 9월에는 이조판서로서 도총관과 판의금부사를 겸임했다.[100]

그런데 1592년(선조 25) 4월 임진왜란이 일어났다. 왜병이 갑자기 쳐들어오자 이원익은 "신은 나라의 후한 은혜를 받았으므로 가만히 앉아서 나라가 전복되는 것을 볼 수 없으니, 전쟁터에서 죽음으로써 보답하기를 원

---

95) 연보, 726쪽.
96) 《李相國行錄》(奎 4250-49A)
97) 연보, 72쪽.
98) 李存道, 忠勤貞亮效節協策扈聖功臣大匡輔國崇祿大夫議政府領議政兼領經筵弘文館藝文館春秋館觀象監事世子師完平府院君行錄撮略, 《全州李氏益寧君派譜》 上卷. 1994, 55쪽.
99) 《선조실록》 권 25, 선조 24년 7월 기사
100) 《선조실록》 권 25, 선조 24년 9월 기축

합니다"고 했다. 그러나 대신들은 "이원익은 하나의 병든 서생書生인데 주린 범에게 던지는 것이 무엇이 유익하겠습니까?"고 반대해 선조는 그를 어가御駕가 가기 전에 이조판서로서 평안도도순찰사를 겸임해 관서의 병마를 점검하도록 했다.[101] 선조는 선정전宣政殿에 나아가 징병체찰사徵兵體察使 이원익에게 다음과 같이 명했다.

> 경은 전에 안주를 다스릴 때 관서 백성들의 민심을 크게 샀던 관계로 지금까지 잊지 않는다고 한다. 경은 평안도로 가서 늙은이들을 타일러 인심을 수습하라. 적군이 남쪽 지방으로 깊이 쳐들어 와 여러 고을들이 날마다 연이어 함락되는데 만약 적이 수도 가까이 들이닥치면 응당 서쪽으로 옮겨 가야 할 형편이다. 이런 의사를 경은 잘 알아야 할 것이다.[102]

그러자 평안도도순찰사 이원익은 이렇게 제안했다.

> 각 고을에서 군사들을 불러 모아 놓고 기다리는 지가 벌써 오래 되었고, 여러 고을에서 식량을 대게 했는데 길이 너무 멀어서 굶는 사람이 많습니다. 비변사에서 강변 고을의 토병土兵에 대해서는 술과 고기를 먹이고 무명을 주어 잘 돌봐 주면서 유독 안쪽 지방의 군사들에 대해서는 강 건너 불 보듯 합니다. 호조를 시켜 조세나 혹은 창고에 저축된 쌀과 콩을 나누어 주도록 해 주시기 바랍니다.[103]

---

101) 연보, 726쪽.
102) 《선조실록》 권 26, 선조 25년 4월 정사
103) 《선조실록》 권 26, 선조 25년 5월 갑신

그해 5월 3일에 적의 선봉이 서울에 들어오고 어가가 개성을 거쳐 5월 6일 평양으로 갔다가 다시 영변寧邊-의주로 피신했다.[104] 적이 5월 10일에 대동강大同江으로 진격하자 유성룡과 윤두수·박동량 등은 평양을 고수하자고 하고, 정철·심충겸·이덕형 등은 평양에서 철수하자고 했다. 이원익은 "국왕은 사직을 위해 죽음을 불사해야 합니다. 비록 부모의 나라라 하더라도 의리상 가서는 안 되는데 지금 가면 어디로 가겠습니까?"고 했다. 선조는 철수하기로 결심하고 이원익을 정헌대부로 진급시켜 평양감사 겸 순찰사로 임명했다. 그리하여 평양은 좌의정 윤두수와 평안감사 이원익에게 군사 3천을 주어 지키게 했다.[105] 이때 영변절도사 이윤덕李潤德이 대동강 여울목을 지키고 있었는데 5월 14일 밤에 이원익이 비밀리에 지시해 고언백高彦伯·문언文言 등으로 하여금 강을 건너가 왜의 병영兵營을 부수고 적 몇 명을 죽이고, 말 80여 필을 빼앗아 가지고 돌아왔다. 그러나 지방 군사 40~50여 명이 적의 추격을 받아 강물에 빠져 죽고 대동강 상류의 낮은 왕성탄王城灘이 노출되어 그쪽으로 왜군이 쳐들어왔다.[106]

이원익은 토병土兵의 역할을 강조했다. "토병은 남쪽 군사와 달라서 잘 쓰기만 하면 무너져 흩어지게까지는 안 될 것입니다"고 아뢰었다. 그래서 토병 김운성金雲成이 왜장을 쏘아 맞추었으니 상을 주어야 한다고 했다. 선조가 지난 번 여울목은 왜 못 지켰느냐고 묻자, 이원익은 "여울물이 너무 얕은데다가 토병 수가 너무 적었기 때문"이라고 했다. 당시 적군은 얼마나 되었느냐고 묻자 2천 명은 되지 않는다고 했다. 우리 군사는 몇 명이나 되었느냐고 물었더니 600명 가운데 240명이었다고 답했다. 그러자 선조는 군사 수가 모자른 것이 아니라 무너져 흩어지기 때문에 적을 막아내지 못 하

---

104) 《李相國日記》 券第一, 宣祖朝 二十五年 壬辰(奎 4250-49A), 1쪽.

105) 연보, 727쪽.

106) 《선조실록》 권 27, 선조 25년 6월 기해

는 것이라 했다.107) 방어사 김응서金應瑞와 별장 박명현朴命賢 등이 용강, 삼화, 증산, 강서 등 바닷가의 여러 고을 군사 만여 명을 거느리고 20여 군데에 주둔해 평양 서쪽으로 바짝 접근해 적을 쳤으나 적들이 끝내 나오지 않았다. 별장 김억추金億秋는 수군을 거느리고 대동강 어귀를 차지하고, 중화별장 임중량林仲樑은 군사 2천 명을 거느리고 보루를 쌓고 지키고 있었다. 조정에서는 명나라 군사만 기다릴 수 없다고 해 조선군만으로 적들을 세 번 쳤으나 다 이기지 못했다.108)

그런데 원수元帥 김명원金命元, 한응인韓應寅, 권징權徵이 모두 도순찰사라 하면서 이원익과 동등한 자격으로 서로 윗자리에 앉으려 했다. 이원익은 그 옳지 못함을 말하고 스스로 먼저 몸을 낮추어 원수에게 배알하니 비로소 군령이 한 곳에서 나오게 되었다고 한다.109)

이원익은 강가에 있는 군현을 따라 올라가면서 군사를 모집하고, 그 길로 의주에 가서 선조를 보고 정주로 돌아왔다. 그는 "8도 가운데 7도가 와해되고 평안도의 수십 고을만 온전하니 이곳이 7도를 회복할 근본이 되리라"고 했다. 그래서 그는 왕명을 받은 이래로 밤낮으로 노력해 인심을 은혜로써 어루만지고 진정시켰다. 비록 위급한 전쟁 중이라도 말과 동작이 침착하고 아무리 번잡한 사무라도 신처럼 잘 처리했다. 임금에 대한 봉공奉供이든 명군에 대한 궤향饋餉이든, 모두 힘들이지 않고 즉시 해결했다. 그리하여 서도 사람들은 그를 신명처럼 받들고 부모처럼 우러러 보았으며, 뒤에 생사당生祠堂을 지어 숭배했다(안주에도 있다).110)

7월 18일 새벽에 요동총병遼東總兵 조승훈祖承訓과 유격遊擊 사유史儒가 5천 군을 거느리고 아군 3천 명과 함께 평양성을 공격했으나 대패했다. 성

107) 《선조실록》 권 28, 선조 25년 7월 신유
108) 《선조수정실록》 권 26, 선조 25년 8월 무자
109) 연보 727쪽.
110) 앞과 같음.

중의 왜병은 5천~6천 명 정도 있었다.[111] 이원익과 김명원·이빈李薲은 창황히 정주로, 이윤덕李潤德은 병영兵營으로, 송언신宋彦愼은 희천熙川로, 윤두수는 행재소行在所로 갔다. 그리하여 평양 이서의 열읍의 인민들은 놀라서 모두 달아났다. 창곡倉穀도 다 탕진되었다. 정주목사 이징李徵은 수삼 관인을 거느리고 창곡 300여 석을 굳게 지키고 있어 이원익 등이 정주에서 군사 수백 명을 모집할 수 있게 했다. 이원익은 영변으로 가서 토병土兵을 모집했는데, 조정에서도 이미 어사 유영경柳永慶을 보내 강변에서 모병하게 했다. 이원익은 의주로 가서 선조를 만나 방어책을 협의하고 다시 정주로 와서 7월 10일까지 토병 1천여 명을 모집했다. 이원익은 이들을 거느리고 순안順安 읍내로 가 평양 근교 50리 되는 곳에 진을 쳤으며, 이빈은 평안병사가 되어 영변寧邊에서 역시 군사를 거느리고 뒤이어 도착했고, 도원수 김명원도 숙천肅川에 주둔했다. 총병摠兵 조승훈祖承勳과 유격遊擊 사유史儒는 군사 3천 명을 거느리고 순안을 거쳐 7월 18일 새벽에 평양성을 덮쳤다. 군사행동이 신속했기 때문에 왜군들이 미처 명군이 온 것을 알지 못했고, 성문도 닫지 못했다. 명군은 칠성문七星門으로 쳐들어갔으나 많은 왜병이 달려들어 명군의 전군前軍이 많이 다쳤다. 또 비가 밤늦게까지 그치지 않았고, 급히 오느라고 군사가 피로했고, 길이 질어서 말이 달리기가 어려웠다. 전군前軍이 후퇴했으나 후군後軍이 도착하지 않아 200여 리 떨어진 가산강嘉山江 가로 후퇴했다. 조선군 3천 명도 조승훈군과 함께 성 밖까지 쳐들어갔으나 역시 후퇴했다. 그뿐만 아니라 부산釜山에 있던 왜군이 성 밖 10리 되는 곳까지 증파되어 아군도 다시 순안으로 후퇴해 진을 쳤다. 성 안에는 고니시 유키나가小西行長, 소 요시토시〔平義智〕, 겐소玄蘇, 다이라 시게노부平調信 등 왜장들이 5천~6천 명 가량의 왜군을 거느리고 일

111) 《李相國日記》卷 第1, 宣祖朝 二十五年壬辰(奎 4250-49A), 2~3쪽.

체 밖으로 나오지 않고, 다만 나무하는 왜군만 멀지 않은 곳에 나가게 했는데, 왜 그랬는지 알 수 없었다. 아마도 성중에 군량이 많아 견딜 만했고 나갔다가 명병을 만날까봐 그런 것으로 보인다. 이 때문에 평양의 서·남·북군郡이 보전될 수 있었고, 군사와 군량을 마련해 뒷날의 성공을 거둘 수 있었던 것이 아닌가 한다. 평양을 둘러싸고 서쪽 순안에는 이원익과 병사 이빈이 5천 군, 북쪽 강동江東 등에는 순변사 이일李鎰, 조방장 박명현朴命賢, 별장 고충경高忠卿, 장이덕張以德 등이 5천 군, 남쪽의 강서江西·함종咸從 등에는 방어사 김응서金應瑞, 조방장 이사명李思命, 수령 이응해李應獬, 이수李璲, 별장 최침崔琛, 이록李祿, 김몽연金夢淵, 김용해金龍海, 정기남鄭箕南 등이 9천 9백 군과 중화中和에는 별장 임중량林仲樑 등이 2천 군을 각각 거느리고 주둔하고 있었다. 조정에서는 8월에 이들로 하여금 삼면에서 세 차례에 걸쳐 평양성을 공격하게 했으나 전세가 불리했다. 다만 정예군사를 성 밖에 매복시켰다가 나무하러 간 왜적을 몇 사람 잡아 죽였을 뿐이었다. 8월 말에 명은 절강인浙江人 유격 심유경沈惟敬을 보내 순안에 주둔하고 있는 조선군 진중에서 조선군을 사열했다. 조선군의 강약을 탐지하기 위해서였다. 그러나 진짜 이유는 명 병부상서 석성石星이 용병하기 어렵다는 것을 알고 심유경을 보내 강화講和를 맺어 왜적을 퇴각시키고자 한 데 있었다. 심유경은 군사가 진격할 도로를 살펴 본다는 핑계로 성에서 10리 가량 떨어진 감복산甘福山 아래까지 시찰하고 돌아왔다. 이때 순찰사 이원익과 병사 이빈이 수행했다. 하루는 심유경이 가정家丁을 데리고 평양성에 들어가 고니시 유키나가와 만나 성밖 수리되는 곳에서 강화 회담을 열 것을 약속하고 돌아왔다. 그러나 무슨 얘기가 오갔는지는 알 수 없었다. 아마도 왜의 조공을 허락하고 왜군이 물러간다는 내용이 아니었을까 한다. 이 밀약 이후로 평양성 밖 4면 30리까지는 서로 경계선을 넘지 못하게 되었다. 아군이 심유경에게 싸워야 한다고 압력을 가했으나 소용이 없었다. 심유경은 명으로 돌아가고 조정은 반대 의견으로 들끓었다. 명의 계획은 소강상태에서 병마를 정비해 총병 이여송으로 제독을 삼고 양원楊元·이여백李如栢·장세작張世爵을 부책임자로 삼아 추가병력을 투입하고자 한 것이다. 그러나 심유경이 기한이 넘을 때까지 오지 않자 왜군은 군사를 다시 일으키겠다고 협박했다. 실상은 심유경이 오다가 청석령靑石嶺에 이르러 말이 넘어져 엉덩이에 부상을 입어 들것에 실려 오느라고 늦었다고 한다. 그렇지만 이여송 제독은 12월 15일에 4만 5천군을 이끌고 압록강을 건너오고 심유경도 역시 따라왔다.[112] 그리하여 2월에 어가가 영유永柔로 돌아와 이원익을 숭정대부(종1품 하계)로 진급시켰다.[113] 그는 장계를 올려 사양했으나 들어주지 않았다.

1593년(선조 26) 정월 2일에 유격 사대수査大受가 순안 진중에 이르러 부산원斧山院에 가서 평양성에 대고 "심유경이 대관大官과 함께 지금 다시 왔다. 화의가 이미 이루어졌다. 너희들은 빨리 나와 맞이하라"고 했다. 그 속임수를 모르고 소장小將 몇 사람이 나왔다가 죽임을 당했다. 그리고 5일에 이여송이 숙천에서 달려와서 이령李寧을 잡아 왜적을 다 잡지 못하고 도망가게 두었다고 죽이려 했다가 주위에서 말려 곤장 40대로 감형해 주었다. 이날 각 영의 군사들이 모두 순안에 집결해 6일에 평양성을 공격했다. 적은 북성 밖 모란봉牧丹峯 높은 곳에 돈대墩臺를 짓고 총을 쏘아대 접근할 수 없었다. 7일 밤에 왜군이 서쪽 성으로 나와 남병南兵 오유충吳惟忠의 진영을 공격했으나, 오유충이 움직이지 않고 기다리고 있어서 접근하지 못하고 돌아갔다. 이후로 적은 다시 나오지 못하고 성의 서남 10여 곳에 첩석堞石을 떼어내고 도로를 만들어 출병할 것처럼 보이게 했는데, 왜 그런 전술을 썼는지 알 수 없다. 8일 새벽에 제독 이여송이 일제 공격을 명

---

112) 《李相國日記》 卷 第1(奎 4250-49A), 宣祖朝 二十五年 壬辰, 2~4쪽.
113) 《선조수정실록》 권 27, 선조 26년 5월 갑인

했다. 조선군은 남성南城을, 남병은 서성西城을 공격했다. 이여송은 말을 타고 왕래하면서 큰소리로 "성에 먼저 올라가는 자에게는 은 1만 냥을 상으로 준다고 소리쳤다. 대포를 일제히 쏘아 소리가 천지를 진동했다. 그리고 동풍이 돌연 서풍으로 바뀌어 포연砲煙이 적의 군중을 덮어 적들이 눈을 뜰 수 없었다. 남병이 먼저 성을 올라가고, 조선군이 다음으로 올라갔다. 그리하여 적의 수급 1천 3백여 급을 베고 나머지 적들은 다 도망쳤다. 저녁에 군사를 거두어 성 밖에 진을 쳤다. 조선군은 밤에 동쪽 길에 매복을 두어 도망가는 왜군을 치고자 했으나 명군이 말려 그만두었다. 이날 밤 적은 배고프고 피로해 다 도망쳤다. 다음 날 낮에 이여송이 마병馬兵 5백 명으로 왜군을 추격했으나 미치지 못하는 척하고 일부러 놓아 주었으며, 조선군이 추격하는 것도 말렸다. 조정에서는 병사 이일李鎰이 왜적을 추격하지 않았다고 처벌하려다 명군의 반대로 처벌하지 못했다.[114]

적은 대패해 서울로 후퇴했다. 함경도의 가토군도 서울로 후퇴해 원래 있던 왜병과 합쳐 군세가 수만 명에 이르렀다. 유격 사대수가 정병精兵을 거느리고 나가 성 밖 10리에서 왜병을 많이 잡아 죽였다. 이에 이여송이 왜적을 만만히 보고 1천여 마졸을 거느리고 벽제참碧蹄站을 공격하다가 패해 개성으로 돌아와서 심유경沈惟敬을 보내 고니시 유키나가와 화친을 의논하게 했다. 이원익이 평양에서 말을 타고 달려가 정탐해 화친이 이미 결정된 것을 알고 아뢰기를 "제독과 심유경이 화친을 정하고 전혀 싸울 뜻을 갖지 않습니다. 장차 한 하늘 아래에 같이 살지 못할 원수가 온전히 돌아갈 수 있게 되었으니 통탄하지 않을 수 없습니다"고 했다.[115]

1593년(선조 26) 4월에 평안도관찰사 이원익은 강화 문제에 대해 다음과 같이 보고했다.

---

114) 앞의 책, 4~5쪽.
115) 앞과 같음.

유격 심유경이 강화 문제를 가지고 시랑侍郎 송응창宋應昌에게 문의하니 시랑이 곧 비준하고 7대의 지휘 깃발을 떠나보내되 절반은 왜놈에게 주고 절반은 명나라 장수에게 주게 했으며, 명나라 군사들에게는 적을 죽이지 못하게 하고 우리 군사도 적과 맞서 싸우지 못하게 했습니다.

유격은 왜놈을 호송해 부산까지 가게하고 사상공謝相公을 참장參將이라는 이름으로, 서상공은 유격이라는 이름으로 일본 땅에 보냈다가 그냥 왜놈을 데리고 영파부로 들어가 조공하게 한다고 하며, 왕자와 사로잡혀간 재상들은 심유경이 저쪽에 도착한 직후에 곧 보낸다고 합니다. 가토 기요마사加藤淸正가 자기의 공로를 믿고 즐겨 물러가려 하지 않을 때에는 진군해 그를 죽인다고 합니다.

대체로 명이 강화할 것을 벌써 결정했고, 토벌할 뜻이 전혀 없습니다. 한 하늘을 이고 살 수 없는 원수인 흉악한 무리로 하여금 온전히 돌아갈 수 있게 되었으니 한없이 통분함을 금할 수 없습니다.[116]

명군이 왜군과 강화를 맺고 추격하지 않으려 한다는 것이다. 이윽고 적은 조선의 두 왕자를 돌려보내고 남해상으로 물러가 주둔했다. 선조는 이원익의 공로를 감안해 특별히 숭정대부(종1품 하계)로 승진시켰다.[117] 평안도 백성들에게는 조세를 반으로 깎아 주었다.[118] 유총병劉摠兵은 "왜적들은 절대로 물러가지 않을 것이다"고 했다. 선조는 "중국에는 오직 유총병이 있을 뿐이요, 조선에는 이원익이 있을 뿐"이라 했다.[119] 또 말하기를

116) 《선조실록》 권 37, 선조 26년 4월 경인
117) 權愈, 梧里 李元翼 行狀(《梧里先生文集》 續集 附錄 第2卷, 803쪽).
118) 《선조실록》 권 37, 선조 26년 4월 무술
119) 《선조실록》 권 45, 선조 26년 11월 신축

> 바닷가 일대의 땅은 이미 적의 깊은 해자垓字와 높은 보루로 바뀌어 쉽사리 공격할 수 없으니 반드시 10만 군사와 1년분의 군량이 있어야만 합니다. 귀국이 복이 있으면 적들 속에서 내란이 일어날 것입니다.[120]

고 했는데 이것은 싸우기 어렵다는 말이었다.

1593년(선조 26) 10월에 선조는 서울로 돌아가면서 이원익에게 계속 관서를 진무鎭撫하라고 했다. 그는 먼저 학교를 수리해 생도를 유치했다. 또한 부역賦役을 경감해 백성들이 곤궁한 것을 조금이라도 면하게 해 주려고 애썼다. 또한 군사 만여 명을 뽑아 싸우고 수비하는 법을 가르쳐 군사와 마필이 매우 정예했다. 이에 선조는 교서를 내려 포유褒諭하고 특별히 숭록대부(종1품 상계)로 진급시켰다.[121] 관동관찰사 윤승길尹承吉이 장차 감영으로 부임하려 할 때 선조는 그를 불러 보고 흐느껴 울면서 말하기를 "오늘날 중외의 임무를 부여받은 신하 중에서 오직 이원익만이 나라를 위해 성의를 다 하고 그 밖에는 한 사람도 비슷하게 하는 자가 없으니 나는 매우 통탄스럽다"고 했다.[122] 그뿐이 아니었다. 선조가 말하기를 "평안감사 이원익은 재주가 있을 뿐만 아니라 검박하게 처신하고, 나라를 위해 정성을 다하며, 무기와 군무에 대해서도 다 극진히 조치를 취하면서 밤낮으로 애쓴다고 하니 만일 8도에 다 이런 사람을 얻어서 임명한다면 힘을 드리지 않고서도 성과를 이룩할 수 있을 것이다"고 했고, 유성룡은 "충성심이 있는 사람입니다"고 했으며, 도원수 김명원金命元은 "성품이 너그럽고 도량이 넓어서 일을 처리하는 과정에 말이나 얼굴빛이 달라지지 않으니 그

120) 앞과 같음.
121) 《선조수정실록》 권 29, 선조 28년 3월 갑술
122) 權愈, 行狀, 803쪽.

의 사람됨은 참으로 탄복할 만합니다"고 했다.[123)]

1594년(선조 27) 4월에 명은 도독都督 이종성李宗城과 총병 양방형楊方亨을 보내어 도요토미 히데요시豊臣秀吉를 왕으로 봉하려 했다. 이는 심유경의 계책을 따른 것이다. 명은 칙서勅書를 내려 1) 왜의 봉공封貢을 허락한다. 2) 다시는 조선을 침략하지 않는다. 3) 왜인 한 사람도 조선에 남아 있지 않고 모두 바다를 건너간다는 것을 조건으로 걸었다. 그러나 고니시가 속임수를 잘 쓰기 때문에 사신이 도착하기도 전에 이미 어디까지 왔다고 속이다가 드디어 심유경과 함께 부산 왜영에 들어갔다. 그런데 왜가 사신을 예로써 대접하지 않고 일본에 가면 구속될 것이라는 소문을 들었다. 그리하여 이종성은 미복微服 차림으로 도망해 며칠 동안이나 허기 속에서 헤매다가 산을 타고 경주를 거쳐 요양遼陽으로 돌아갔으나 명나라는 그를 잡아갔다. 한편 양방형은 왜영에 그대로 머물러 있었는데, 왜장들이 도요토미 히데요시와 의논해 가토 기요마사 등 왜장들을 철병한다고 하고 실상은 철병하지 않았다. 그리고는 명 사신에게 일본으로 오라고 했다. 명나라는 양방형을 상사上使로, 심유경을 부사副使로 삼아 6일에 일본으로 건너갔다. 조선에서는 통신사를 파견할 것인가를 오랫동안 결정하지 못하다가 7월 뒤에 비로소 문학文學 황신黃愼을 통정대부(정3품 당상관)로 올려 정사로 삼고, 대구부사 박홍장朴弘長도 역시 통정대부로 올려 부사로 삼아 일본으로 파견했다. 일본은 사신을 영접하지 않을 뿐 아니라 여러 가지로 모욕을 주고 돌아가라고 협박했다. 도요토미 히데요시는 명나라가 우리 말을 듣지 않고 "나를 일본국왕에 봉한다고 하는데 내가 왜 명나라의 봉함을 받은 후에 왕이 되겠느냐?"고 화를 냈다. 또 조선에서는 미관말직을 사신으로 보냈는데 우리를 깔보는 것이냐고 하면서 1596년(선조 29)

---

123) 《선조실록》 권 50, 선조 27년 4월 을축

겨울에 두 나라 사신을 쫓아내고 정유재란丁酉再亂을 일으켰다.[124)]

1594년(선조 27) 11월에 선조는 영의정 유성룡에게 정승 후보자를 추천하라고 했다. 유성룡은 심수경沈守慶·최흥원崔興源·이원익李元翼·김응남金應南 등을 추천했다. 선조는 이원익을 정승으로 발탁하기 위해 "평양감사를 교체하게 되면 누구를 임명해야 할까?"를 물었다. 유성룡은

> 평양감사의 임무가 오늘에 있어서 매우 중요하므로 경솔하게 교체해서는 안 될 것입니다. 설사 다른 사람으로 임명한다 하더라도 결국은 이원익이 그대로 눌러 있는 것만 못할 것입니다. 신이 그 의도를 모르지 않습니다만 그에게 인망이 집중되어 있기에 추천하지 않을 수 없습니다. 대신할 만한 사람은 창졸간에 잘 모르겠습니다.[125)]

고 했다. 선조는

> 평양감사는 실로 중요하기는 하나 아무렴 대신만 하겠는가? 만약 이원익을 정승으로 임명하고 이어 체찰사를 맡겨서 남쪽으로 내려가 여러 장수들을 닦달하고 통솔하게 하는 한편 이덕형을 그의 대신으로 임명하면 어떻겠는가?[126)]

고 했다. 유성룡도 수긍했다. 그리하여 1595년(선조 28) 2월에 이원익은 숭록대부(종1품 상계)로 승진되었다.[127)] 이원익은 난리를 겪은 백성들을 안정시키고 군사 8천 명을 뽑아 규정대로 훈련시켰다.[128)]

---

124) 《李相國日記》(奎 4250-49A) 卷 第1, 宣祖朝 二十五年 壬辰, 5~7쪽.
125) 《선조실록》 권 57, 선조 27년 11월 경진
126) 《선조실록》 권 57, 선조 27년 11월 경인
127) 《선조실록》 권 60, 선조 28년 2월 무오

이때 도원수 권율權慄이 영남에 있으면서 민심을 많이 잃어 도원수를 바꾸자는 의논이 있었다. 대신들은 이원익이 도원수가 될 만 하다고 했다. 선조는 서북지방을 맡고 있어서 안 된다고 했다.[129] 그래서 권율을 그대로 두었다. 그러나 유영경柳永慶은 "평안도가 아무리 중요하다고 하더라도 남쪽이 더 긴급하니 이원익을 남쪽으로 보내는 것이 옳다"고 했다. 권율은 김응서金應瑞를 시켜 왜인과 만나게 했다는 혐의를 받고 있었다. 그리고 명에서는 송응창 대신 고양겸顧養謙을, 고양겸 대신 손광孫鑛을 군 지휘관으로 교체했다.[130]

1595년(선조 28) 6월에 이원익은 우의정으로 승진되고 4도(경상·전라·충청·강원)도체찰사를 겸임했다.[131] 선조는 이원익이 병으로 야윈 것을 염려해 독부督府를 서울에 개설하라고 했으나 멀리서 여러 도를 총괄할 수 없다고 해 드디어 남쪽 지방을 순시했다.[132] 그는 김륵金玏을 부체찰사로, 남이공南以恭을 종사관從事官으로 삼았다.[133] 선조는 4도의 일은 도체찰사가 우선 집행하고 보고하라고 했다.[134]

8월에 한산도로 통제사 이순신李舜臣을 찾아가 영루營壘를 살펴보고 방수방략防守方略을 점검해 본 뒤 크게 기특하게 여겼다. 이순신이 "체찰사께서 이미 진鎭에 이르렀으니 어찌 군사에게 크게 잔치를 베풀어 임금의 은택을 선포하지 않으십니까?"고 했다. "소고기와 술을 준비돼 있는가?" 물었더니, "이미 마련해 놓았습니다"고 했다. 이원익이 장사들을 모아 시험해 상을 주고 바다 곁에 있는 산으로 올라가 소를 잡아 군사들에게 크게 잔치

128) 《선조수정실록》 권 29, 선조 28년 3월 갑술
129) 權愈, 行狀, 804쪽.
130) 《선조실록》 권 60, 선조 28년 2월 계해
131) 權愈, 行狀, 804쪽.
132) 앞과 같음.
133) 《선조실록》 권 65, 선조 28년 7월 을유
134) 《선조실록》 권 67, 선조 28년 9월 무술

를 베풀었다. 이에 이순신은 "장사들로 하여금 목숨을 아끼지 않게 만든 것은 상공이었다"고 했고, 후인들이 그 산을 '정승봉政丞峯'이라 불렀다. 이원익이 호남에서 영남으로 옮겨 성주에 독부督府를 개설한 다음 군사장비를 점검하고 명을 따르지 않는 사람은 군율로써 엄격히 다스렸다. 이때 도원수 권율도 장계를 올려 파직했다. 군사들이 소속감이 없어서 명을 받고도 달려가지 않았기 때문이다. 그러다가 이때에 와서 체찰부의 호령이 엄격해져 감히 범하지 못했다.135) 또한 영남은 땅이 넓어서 갑자기 급한 일이 생기면 지시를 전달하기 어렵다고 해 좌·우도로 나누어 감사를 두자고 했다.136)

성주에 주둔할 때 금오金烏·용기龍紀·부산富山·공산公山·황석黃石·화왕火王·벽견壁堅산성을 쌓아 위급할 때 백성들로 하여금 그 성에 들어가 잘 보전하게 했다. 그리고 적은 바다 위에 있으면서 달콤한 말로 마치 화친이 결정돼 곧 바다를 건너 갈 것처럼 하면서 수시로 군사를 놓아 살인과 약탈을 자행하고 있었다.137)

이에 이원익은 다음과 같이 상소했다.

> 적이 간교하므로 필시 재침해 올 것이니, 통제사 이순신으로 하여금 거제巨濟를 지키게 하고, 또 곽재우郭再祐는 명장인데 그를 서울로 불러올리면 별 할 일이 없으니, 그로 하여금 변방에 있으면서 뜻밖에 닥쳐올 일에 대비해야 합니다. 그리고 순심어사巡審御使 정경세鄭經世는 영남 사람으로 이곳 지리와 인정을 잘 알고 있으니, 그로 하여금 그 지방에 머물러 있으면서 성 쌓는 일을 주관하게 하소서. 또 호서안찰

135) 權愈, 行狀, 804쪽.
136) 앞과 같음.
137) 앞과 같음.

> 사湖西按察使 이시발李時發이 훈련시킨 수천 명의 군사는 매우 정예한데, 원균元均에게 소속시켜 패하게 해서는 안 됩니다. 이시발은 이미 군사의 실정을 잘 아는 사람이니 그로 하여금 스스로 군사를 거느리고 별도로 행동하게 하소서.[138]

그리고 선조는 이를 그대로 따랐다. 권율이 파직되고 이원익이 도원수를 겸임한 지 여러 달 만에 "미리 원수를 세워 호서와 호남 사이에 주둔하게 하라"고 상신해 권율이 다시 도원수가 되었다.[139]

왜적이 다시 쳐들어오자 국내 인심이 흉흉해졌다. 선조는 이원익으로 하여금 다시 남쪽 변방을 진정시키게 했다. 선조가 방비책과 여러 장수들의 능력을 물으니 이원익은 원균이 군사들의 마음을 잃고 같은 또래와 화합하지 못하는 것과 달리 이순신은 충성스럽고 용맹스러운 장수라고 대답했다. 이에 선조는 "위로 명나라가 있고, 아래로 경이 있으니, 적은 두려워 할 것이 없다"고 했다. 이원익은 다시 "지금 전란이 끝나지 않았으니 백성을 보호하는 일이 급합니다. 원컨대 성상께서는 용만龍灣(의주)에 계실 때의 일을 잊지 마시고, 재물을 절약해 백성을 편하게 해야 합니다"고 아뢰었다. 그리고 성주로 내려와 적이 재차 침범할 것을 미리 알고 이순신으로 하여금 부산과 남해, 한산를 나누어 지키도록 했다.[140]

이원익은 왜군의 동태에 대해 "적의 속셈은 예측할 수 없습니다. 그러나 그들에게는 천벌이 내릴 것이니 스스로 패망할 조짐도 없지 않습니다. 우리나라가 몇 해 동안에 좀 준비를 하면 자체로 해볼 수도 있을 것입니다. 만일 맞서서 싸우자고 한다면 수적으로 차이가 있기 때문에 절대로 감당해

---

138) 앞의 책, 805쪽.
139) 앞과 같음.
140) 앞의 책, 729쪽.

내지 못할 것입니다"[141]고 했다. 정확한 전황 판단이다. 군사 형편에 대해서도

> 장수들에게는 군사를 통솔할 만한 능력이 없고, 변경 군사들은 장기간의 싸움에 지칠 대로 지쳐 아무리 격려하고 신칙해도 군사들의 마음은 점점 해이해져 가고 일에는 허술한 구석이 많아져 가니 대단히 안타까운 노릇입니다.[142]

고 했다. 참으로 어려운 형편이었다.

> 난리 통에 죽은 사람이 열의 일곱쯤 되고, 두세 명이 겨우 살아있는 셈이어서 전혀 추스를 가망이 없습니다. 게다가 고을의 원조차 적임자가 못되니 관청 일을 빙자해 사리사욕만 채우고 있습니다. 알면서 범하는 사람도 있지만 몰라서 범하는 사람도 있습니다.[143]

임란의 생생한 정황이다.

선조는 이순신에 대해 이원익에게 물었다.

> 선 조: 통제사 이순신이 열심히 일하는가?
> 이원익: 그 사람은 만만하지 않은 사람으로 애써 일하고 있습니다. 한산도에다 군량을 많이 마련해 놓았다고 합니다.
> 선 조: 처음은 왜적을 잡는 데 열성이었는데 그 뒤에 듣자니 태만해진

141) 《선조실록》 권 81, 선조 29년 10월 무진
142) 앞과 같음.
143) 앞과 같음.

점이 없지 않다고 한다. 그 사람됨이 어떠한가?

이원익: 신이 보기에는 여러 장수들 가운데서 제일 쟁쟁한 사람입니다. 싸움을 하는 마당에서 처음에 열성을 내다가 나중에 해이해진다는 문제에 대해서 신으로서는 모를 노릇입니다.

선 조: 군사를 통솔하는 재간이 있는가?

이원익: 신의 생각에는 경상도의 여러 장수들 중에 순신이 제일이라고 봅니다.[144]

선조는 서인의 시각으로 이순신을 평가하고 있는 것이다. 선조는 인기가 없고, 이순신은 인기가 높으니 그를 위험시하는 것이기도 하다. 서인은 유성룡을 견제하고자 원균을 지지하고 이순신을 비판하고 있었다. 원균에 대해서도 인물평이 극명하게 다르다.

이원익: 원균의 경우는 사람이 몹시 고집스럽고 까다로운 탓에 대체로 상급 관청에서 공문을 띄워 절제를 하면 어느 때나 맞서서 옥신각신하곤 합니다마는 싸움터에 나가서는 꽤 쓸 만하다고 합니다.

선 조: 원균에 대해서는 계미년(1583)에 많이 들었다. 나랏일을 위해 매우 열성이 있을 뿐 아니라 죽음을 겁내지 않는다고 한다.

이원익: 원균은 싸움의 공로가 있기 때문에 인정해 주지, 그렇지 않으면 절대로 쓰지 못할 사람입니다.

김순명金順命: 충청도 사람들은 그를 좋지 않게 여깁니다.

선 조: 무뚝뚝하기 때문이다.

---

144) 앞과 같음.

이원익: 원균에게는 미리 군사를 맡겨서는 안 됩니다. 싸움판에 가서 맡겨서 돌격을 시키는 것이 좋습니다. 평상시에 군사를 맡겼다가는 필시 원망하고 배반하는 사람들이 많이 생겨날 것입니다.145)

원균을 보는 선조와 이원익의 시각은 극명하게 다르다. 비상한 시국에 이순신이 마음만 먹으면 왕좌도 지키지 못할 것이라 생각해서이기도 하다.

1596년(선조 29) 11월 7일 미시에 선조가 별전에서 대신들을 접견했다. 이때에도 이순신과 원균을 비교하는 논의가 있었다.

선 조: 원균은 어떤 사람인가?

유성룡: 옛날에는 육지에서 싸움을 잘하는 장수는 바다 싸움에 서툴렀고, 바다에서 싸움을 잘 하는 장수는 육지 싸움을 잘 못했습니다. 그러나 원균은 목숨을 아끼지 않고 어디서나 용감하게 싸우는 것이 그의 장점입니다. 만약 지친 군사들을 무마하라고 요구한다면 그가 감당하지 못할 것입니다. 혹시 그 임무를 감당할 만한 다른 사람이 있다면 등용하는 것이 좋을 것입니다.

정 탁: 바다에서 싸우는 것이 그의 장점입니다. 이제 그의 단점을 버리고 장점을 써먹게 하는 것이 나을 것입니다.

유성룡: 원균이 힘껏 싸웠다는 것은 사람들이 다 알고 있는 것이기도 하지만 일단 바다 싸움이 있은 뒤로 잘못을 저지르자 영남의 수군들이 대부분 그를 원망하고 있으니 원균을 쓸 수 없

145)《선조실록》권 81, 선조 29년 10월 갑신

다는 것은 뻔합니다. 더구나 이순신과 원균의 사이가 나쁘다는 것도 조정에서 알고 있는 사실입니다. 신은 바다와 육지가 다르지만 응당 협력해야 한다고 보았기 때문에 두 사람이 모여 협의하도록 했는데도 원균은 성이 나서 발끈거리기만 했습니다.

선　조: 이순신도 그렇던가?

이원익: 이순신은 별로 자신에 대한 변명을 하지 않았지만 원균은 언제나 성내는 기색을 보였습니다. 옛날 장수들 가운데에도 공로를 다투는 사람이 있었지만 원균은 너무 심했습니다. 듣자니 신이 올라 온 뒤에도 원균이 이순신을 향해 분기에 찬 말을 많이 했다고 합니다.

이순신을 한산도에서 옮기게 해서는 절대로 안 됩니다. 옮기기만 하면 매사가 다 틀어져 나갈 것입니다. 전하가 지시를 내려 병사로서 눌러 있게 하는 것이 나을 듯합니다. 아무리 조정에서 여러모로 타이른다 하더라도 그의 뜻을 꺾어서는 안 되기 때문에 이런 위급한 때에 응당 마음을 합해서 함께 난국을 타개해 나가야 한다고 신도 말해 주었지만 원균은 노기가 가라앉지 않았습니다. 이래서야 곤란하지 않겠습니까?

선　조: 곤란하겠다. 내가 듣자니 애당초 군사를 요청해 바다에서 싸우는데 원균이 공로를 많이 세웠고 이순신은 따라 다녔다고 한다. 또 듣자니 이순신이 왜적을 많이 잡았으니 원균보다 낫지만 그렇듯 공로를 이룩하게 된 것은 실지 원균으로부터 시작된 것이라고 한다.

이원익: 신이 조용히 원균의 공로가 이순신을 능가할 수 없다고 말해

주었더니 원균은 말하기를 "이순신은 물러가 있으면서 구원 해 주지 않았소. 천 번 만 번 불러서야 비로소 군사를 데리고 왔었소"라고 했습니다. 원균은 적이 침입한 지역에 있었으니 적과 맞닥뜨리기 마련입니다. 이순신이 원균과 같은 때에 나가 싸우지 못한 것은 사정이 그렇게 된 것입니다.

이덕열: 이순신은 15번이나 불러서야 나가 적의 배 60척을 붙잡아 가지고 제일 먼저 공로를 보고했다고 합니다.

이원익: 호남으로 적의 배가 들어와 자기 진지로 돌입한다면 그 적도 수없이 많을 것이기 때문에 부득이 뒤에 간 것입니다. 원균은 애초에 많은 실패를 했습니다. 이순신이 따라가 옆에 서서 제 손으로 적을 잡지는 않았다고 하더라도 부하들이 잡은 것이 역시 많았습니다. 만일 적의 목을 많이 벤 것을 가지고 논한다면 원균보다 많을 것입니다.

정 탁: 그들이 공로 다툼을 하는 심리를 놓고 말한다면 두 장수에게 다 일장일단이 있습니다. 그러나 이순신도 만만치 않은 장수인 만큼 전하가 지시를 내려 화해를 붙이는 동시에 앞으로 공로를 세우도록 요구하는 것이 어떻겠습니까?

이원익: 원균은 처음에 많은 실패를 했지만 이순신은 한 번도 실패하지 않고 공로를 세웠습니다. 옥신각신하는 시초는 여기서 시작된 것입니다.146)

이원익·유성룡·정탁은 남인으로서 이순신을 지지했지만 선조는 역시 원균을 지지하고 있다.

---

146) 《선조실록》 권 82, 선조 29년 11월 기해

1597년(선조 30) 정월 정유재란이 일어났다. 유성룡은 이를 그 전 해에 짐작하고 있었다.

> 신의 생각에는 적이 반드시 내년에 출동할 것이고 출동해서는 먼저 호남으로 접어들 것으로 봅니다.[147]

이에 대해 선조는 이렇게 말했다.

> 어째 내년까지 가겠는가? 지금이 두렵다. 우리나라에 들어왔다가 돌아가서 소굴을 지키고 있을지도 모른다. 만약 적에게 빌붙은 사람이 우리나라의 지형을 모두 말해 준다면 하루 사이에도 갑자기 군사를 일으킬 수 있을 것이니 막아낼 도리가 없을 것이다.[148]

그러나 다시 바다를 건너오자니 이순신이 걸렸다. 고니시 유키나가는 요시라要時羅라는 이중간첩을 김응서 장군에게 보내 어느 날 어느 시에 가토 기요마사가 어느 지점에 상륙할 것이니 군사를 보내 잡으라고 했다. 선조와 조신들은 그 말에 속아 이순신으로 하여금 나가서 잡으라고 했다. 그러나 이순신은 속임수인 것을 알고 나가지 않았다. 조정에서는 왕명을 거역했다며 이순신을 투옥시켰다. 수군통제사는 원균에게 돌아갔다. 유성룡을 싫어하는 세력(서인)이 이순신을 얽어 넣음으로써 유성룡을 실각시키기 위한 당략이었다.[149]

이원익은 두 번이나 상소를 올려 "이순신을 체직시켜서는 안 되고, 원균

---

147) 앞과 같음.
148) 《선조실록》 권 82, 선조 29년 11월 기해
149) 연보, 729쪽.

을 대신 맡겨서도 안 된다"고 극력 만류했으나 선조는 듣지 않았다. 그러나 곧 원균이 칠천량漆川梁 해전에서 패해 죽자 부랴부랴 사형을 시키려다 정탁 등의 만류로 권율 휘하에 백의종군白衣從軍시켰던 이순신을 통제사로 재기용했다. 또한 명나라 장수 양원이 3천 군을 이끌고 남원에 주둔하고 있었는데, 왜군의 공격을 받아 수백 명만 살아남고 나머지는 몰살했다.[150]

이순신이 부임해 보니 배는 불타 없어지고 군사는 흩어졌다. 배 12척을 가지고 재기해 왜적과 싸우는 족족 이겼다. 이순신은 이렇게 이야기했다.

> 내가 오랫동안 밖에 있었으므로 내부에 틈이 많이 생겼구나! 그러나 상국이 나의 계책을 전적으로 써 주었기 때문에 오늘날 수군이 약간 보존될 수 있었으니 이것은 나의 힘이 아니고 상국의 힘이다.[151]

9월에 이원익이 성주에서 개령開寧으로 옮겨 성을 사수하려 했는데 얼마 안 가서 병이나 다시 청주로 갔다. 10월에 다시 불러 서울로 돌아와 병 때문에 체찰사를 사임하려 했으나 그대로 머물러 양호楊鎬의 군량을 조달하게 했다. 9월에 왜적이 다시 쳐들어와 직산을 공격하자 조선은 명에 사신을 보내 왜의 재침 사실을 알렸다. 명 황제는 우첨도어사右僉都御史 양호楊鎬를 경리조선군무經理朝鮮軍務로 삼아 남·북 군사를 거느리고 가서 돕게 했다. 왜적은 양호에게 밀려 울산과 순천 사이로 후퇴해 7~8백 리 구간에 위세를 떨치고 있었다. 선조는 서울이 걱정되어 이원익을 불러올렸으나 병 때문에 체찰사를 사임하고자 했다. 그러나 양호가 이원익의 명성을 듣고 군량 조달을 일임해 잘 처리하자 그를 극찬했다.[152]

---

150) 《李相國日記》(奎 4250-49A) 卷 第1, 宣祖朝 二十五年 壬辰, 8쪽.
151) 앞과 같음.
152) 연보, 730쪽.

7월 8일에 6백여 척의 일본배가 와서 부산 앞바다에 정박했다. 조선에서도 이미 7일 밤에 경상우도 수군을 다대포 앞바다에 줄지어 정박하게 하고, 8일에는 적선 10척을 붙잡았다.[153] 도체찰사 이원익은 다음과 같이 급보를 올렸다.

> 적들의 배가 이미 바다를 건너왔는데 그 수는 대단히 많습니다. 방어하는 데는 군사들이 많으면 많을수록 좋지만 경상도에 현재 있는 군량은 그 수량이 넉넉하지 못합니다. 만일 명나라 군사들이 기회를 보아 전진한다면 우리 군사들의 군량이 떨어질 형편에 있습니다. 군사가 아무리 많아도 정예가 아니면 소용이 없습니다. 얼마간의 정예한 군사를 뽑아서 내려보내 주시면 순찰사와 의논해 어떤 방법으로든지 군량을 마련해 보겠습니다.[154]

비변사는 무과출신자들 가운데 정예한 자들을 선발해 보냈다. 총병 양원楊元은 군사 3천 명을 거느리고 전주에 주둔하고 있었다. 이원익은 서둘러 전투를 해야 한다고 주장했다. 그러나 양원은 가을에 대군이 오면 싸우자고 했다. 이원익이

> 교활한 적이 우리나라를 병들게 한 지 이미 6년이나 되어 비축된 곡식은 다 떨어지고 백성은 흩어져서 나라가 망하게 생겼는데 만약 조금이라도 머뭇머뭇하면 구제하려 해도 될 수가 없다. 또 이미 우리 군사를 육지와 바다에 나누어 주둔시켰으니 적이 침범하면 어찌 군사를 묶어 두고 가만히 앉아서 보고만 있을 수 있겠는가? …… 산성은

153) 《선조실록》 권 90, 선조 30년 7월 계묘
154) 《선조실록》 권 90, 선조 30년 7월 경술

> 험하고 부성府城은 약하니 교룡蛟龍산성을 지켜야 한다.155)

고 했으나 양원은 듣지 않다가 대패했다.

7월에 적이 간첩을 보내 "왜선이 내일 올 테니 맞아 공격하라!"고 했다. 이 말을 믿고 원균이 칠천도漆川島에 나갔다가 전사했다. 적이 승세를 타고 남원을 공격하니 양원이 성을 버리고 도망친 것이다.156)

도원수 권율은 호남에 주둔하고 있었다. 이원익은 권율이 군사에 노련한 장수라 해 전에 절도節度를 어긴 것을 의리로 권면하면서 그와 더불어 군사에 관한 일을 협의했는데, 권율은 이원익에게 보고하지도 않고 서생포西生浦 죽도竹島에 주둔하고 있는 가토 기요마사를 공격했다. 그러자 이원익은 왕에게 "신이 능히 통솔하지 못해 권율로 하여금 마음대로 군사를 사용하게 했으니 이는 신의 죄입니다. 신의 죄를 다스려 주소서"라고 했는데, 선조는 이원익을 위로하면서 권율도 문책하지 않았다. 권율도 잘못을 뉘우치고 이후 체찰사의 명을 어기지 않았다.157)

8월에 해상에 둔을 치고 있던 모든 적들이 쳐들어 왔다. 이원익은 김응서로 하여금 성을 굳게 지키게 했는데 적이 오자 김응서는 성을 버리고 도망쳤다. 이원익은 비장을 보내 김응서의 목을 베도록 했으나 도원수 권율이 숨겨 주어 살아났다. 황석성黃石城을 지키던 장수들은 도망하고 안음현감 곽준郭䞭과 전 군수 조종도趙宗道는 죽었다. 화왕성火旺城을 굳게 지킨 의병장 곽재우郭再祐만 살아남았다.158)

이원익은 한 방면을 감당할 인재로서 이순신과 곽재우를 추천했다. 그리고 원균은 반드시 패할 것이라고 예언했다. 이 말들이 모두 맞았다. 이 두

---

155) 앞과 같음.
156) 앞과 같음.
157) 權愈, 行狀, 808쪽.
158) 權愈, 行狀, 809쪽.

사람의 활약으로 전라도와 경상도 강우江右 지역이 평온했다.

양호는 12월에 제독 마귀麻貴 등과 함께 울산의 왜적을 쳤으나 외책外柵만 깨트리고 내성內城은 깨뜨리지 못했다. 왜적 4백 명을 죽였으나 날이 추워지고 비가 내린데다가 왜의 지원군 수천 명이 도래해 후퇴했다. 이 전투로 명의 군사와 말이 많이 상했고, 양향糧餉·기계器械를 많이 잃었다. 양호는 전과를 허위보고하다가 병부주사兵部主事 정응태丁應泰에게 탄핵을 받아 불려들어 가고 만세덕萬世德이 대신 파견되었다. 정응태는 다음과 같이 조선을 무함誣陷했다.

> 속번屬藩의 간사함은 증거가 있고, 적당賊黨의 떼 지은 음모는 이미 들어났습니다. …… 전년에 조선이 요동 백성과 쟁송爭訟하자, 요동도사遼東都事가 여러 차례 단안을 내렸는데, 조선 사람들이 불평을 가지더니 만력 20년(1592)에 끝내 저들 나라에 세거하는 왜인을 사주해 왜노倭奴를 불러 군사를 일으켜서 함께 천조天朝를 침략함으로써 요하遼河 동쪽을 탈취해 고구려의 옛 땅을 회복하려 했습니다.159)

조선이 성을 굳게 쌓아 잃어버린 요동 땅을 회복하려 하고, 명나라와 마찬가지로 '종宗'이니, '조祖'니 하는 참람한 용어를 쓴다고 공격했다. 선조는 양호의 억울함을 변명해 주고 정응태의 주장이 사실이 아니라는 것을 변명하고자 상신 가운데서 누가 사신으로 가 주기를 바랐다. 실상은 영의정 유성룡이 가 주기를 바랐다. 그러나 유성룡은 양호가 점령군처럼 국정을 전횡한 것을 싫어해 노모를 핑계로 가지 않았다. 이원익은 선조에게 "영상은 단지 90세의 노모가 있을 뿐 아니라, 이처럼 어지러운 때 유성룡

159) 《梧里先生文集》 권 2, 奏文, 丁應泰의 誣告를 변명하는 주문, 驪江出版社, 1995, 77쪽.

을 밖에 있게 할 수 없으니, 신이 비록 매우 야위었으나 대신 가기를 청합니다. 제가 비록 병으로 야윈 몸이나 그래도 한 번은 갔다 올 수 있습니다"고 했다. 그리하여 이원익이 양경리변무사楊經理辨誣使로 가게 되었다.[160]

이원익 일행은 압록강에 이르러 중국에서 나오는 정응태丁應泰를 만났다. 정응태는 두세 장관將官을 보내 되돌아가라고 했다. 이원익은 중국말로 "우리들은 국왕의 명을 받들고 명나라 조정에 들어가는데 지금 만일 중지한다면 이는 임금의 명을 무시하는 것이다. 너희들의 힘이 우리 일행을 포박할 수 있으니 우리를 포박해 싣고 가라. 그러면 국왕에게 할 말이 있으니 그래도 좋겠느냐?"고 하자 더 이상 강요할 수 없음을 알고 되돌아갔다.[161] 1598년(선조 31) 9월에 연경에 도착한 이원익은 통정사通政司에 주본奏本을 올려 정응태가 조선을 모함한 정황을 극력 진술했다. 정응태는 이원익 사행이 양호를 두둔하려는 것을 알고 이는 거론하지도 않고 조선이 왜를 끌어들여 명나라를 침범하려 한다느니, 참람하게 '조'와 '종'을 쓴다느니 하면서 모함했다. 그는 부사副使 허성許筬, 서장관 조정립趙正立과 함께 6부과관六部科官과 13도 어사에게 머리를 땅에 짓찧어 피가 흐르도록 간절히 변론했다.

> 소국은 황상께서 두 번 살려 주신 은혜를 입어 임진년에 망하지 않고 오늘날까지 보존되어 있으니, 소국 군신은 비록 몸이 부서지고 뼈가 가루가 된다 하더라도 황상의 은혜를 갚을 길이 없습니다. 망하지 않은 나라, 죽지 않은 백성이 실낱같이 연명해 온 지 이제 7년인데, 이제 다시 사람들로부터 밀침을 당해 악역의 구덩이에 떨어져 스스로 벗어날 길이 없으니, 단지 소국의 사정이 참으로 애통할 뿐만 아니라,

---

160) 權愈, 行狀, 811쪽.
161) 神道碑銘, 855쪽.

> 황상께서 여러 해 동안 적극 구제해 주신 은혜가 끝내는 한 역적을 보호한 데로 돌아가고 말았으니, 배신陪臣들은 몹시 가슴이 아픕니다.162)

지성이면 감천이라 했던가. 통정사가 각로閣老에게 주문을 올려 달라고 애걸하라고 했다. 각로에게 사정하니 각로도 "이 일은 우리들이 이미 알고 있다"고 했다. 그러나 통정사가 "배신이 주본을 올리는 것은 전례가 없다"고 하며 받아들이지 않았다.163) 예부가 빨리 돌아가기를 재촉하니 그는 "이 누명을 쓰고 돌아가기보다는 차라리 여기서 죽겠다"고 했다. 예부는 "황상께서 정응태의 상소를 접어두고 쓰지 않으니 이것이 바로 억울함을 씻어준 것이다"고 했다. 이원익의 주본이 정응태의 저지로 황제에게 전달되지는 않았으나 그의 폭로에 따라 그 뒤에 다시 사신을 보내지 않아도 조선의 주장이 명 조정에 명백히 전달되었다. 황제는 "짐은 너희 나라를 보존시키는 데 힘을 다할 것이다. 너희 나라가 대대로 충성해 오는 것을 생각하면 사람의 말로 말미암아 의혹할 수 없다"고 포유褒諭했다.164)

1599년(선조 32) 정월에 복명復命하니 선조가 그의 공로를 칭찬하고 좌의정에 임명했다.165) 이원익은 5월에 사직하고 판중추부사가 되어 동호초당東湖草堂에 은거하다가 9월에 영의정으로 승진되었다.166)

유성룡은 연경에 사신으로 가지 않은 것을 이유로 이이첨李爾瞻 등이 공격해 영의정에서 파직되었다. 이유는 주화오국主和誤國이었다. 이원익은 유성룡의 억울함을 상소하고 병을 핑계로 출근하지 않았다.

---

162) 《梧里先生文集》 권 2, 奏文, 정응태의 무고를 변명하는 주문, 驪江出版社, 1995, 82쪽.
163) 연보, 730~731쪽.
164) 權愈, 行狀, 812쪽 ; 연보, 730쪽.
165) 《선조실록》 권 99, 선조 31년 4월 병자
166) 《선조수정실록》 권 33, 선조 32년 9월 정미

> 유성룡은 정사를 도운 지 10년 동안에 한 가지의 도움도 드리지 못했으니 이것으로 죄를 준다면 그도 무슨 변명을 하겠습니까? 하지만 지금은 사사로운 무리를 널리 박아 놓았다느니, 표창과 형벌에 대한 권한을 훔쳐 갔다느니, 뇌물 바치는 사람이 문간에 가득 찼으며, 간사하고 탐욕스러워 조정을 어지럽혔다는 등의 말로 공격하면서 죄악을 한두 가지만 늘어놓은 것이 아닙니다. 비록 임금을 우롱하고 나라를 뒤집어엎은 옛날의 큰 간신도 이보다 더할 수는 없을 것이니 아, 이것이 어찌 정확한 논의라고 하겠습니까? 그 중에 화의를 주장했다는 한 가지 문제를 가지고 비난한 사람의 의견은 물론 정당하지만, 그 문제의 내막도 서로 맞지 않는 것이 적지 않습니다. 신이 이전에 보건대 유성룡은 언제나 청렴하고 지조 있는 사람으로 자부했으며, 나라를 근심하는 그의 한 가닥의 충성에 대해서는 실로 동정할 바가 있는 것입니다.
>
> 지금 유성룡이 일단 배척되자 유성룡과 아주 친한 사람이라고 해 배척받는 사람도 있고, 다른 의견을 가진 사람이라고 해 배척받는 사람도 있습니다. 이른바 아주 친한 사람이라든지 다른 의견을 가진 사람들은 선비 출신들 가운데 원래 많은 것인데, 이런 사람들을 하루아침에 모두 배척하는 것은 조정의 복으로 되지 않을 것입니다.[167]

유성룡의 억울함을 정면으로 읍소한 것이다. 이에 대해 홍문관 부교리 이이첨은

> 신 등은 영의정 이원익이 올린 차자箚子를 보았습니다. 그 요지는 유

167) 《선조수정실록》 권 33, 선조 32년 정월 병오

성룡을 규탄한 말들이 정확한 논의가 아니며 또 그와 가까운 사람들에게까지 파급되지 않게 하려는 것이었습니다. 현임 대신으로서 될 수 있으면 문제를 가라앉히기 위해서 한 말인 만큼 역시 일정한 소견이 없는 것은 아닙니다. 그러나 말을 하는 데서는 너무나 경중을 전도해 놓았습니다. 단지 편견을 경계해야 한다는 것만 알았지 그 자신이 도리어 공정한 논의와 어긋나는 줄은 깨닫지 못했습니다.[168]

고 받아쳤다. 그리고 화의를 주장한 죄에 대해서도 언급했다.

유성룡은 화의를 주장하면서 무엇을 구실로 했는지 모르겠습니다. 명나라 군사가 계속 나오고 있어서 황제의 위력을 믿을 수 있었으며 호서와 호남이 아직 온전하고 백성들의 형편도 좀 괜찮아졌으니 제때에 자체의 힘을 강하게 하기 위해 힘썼더라면 아마 성공할 수도 있었을 것인데 편견을 더욱 고집하고 제 주장만 내세웠던 것입니다.[169]

선조는 그만두려는 이원익을 위로하면서 출근하라고 했다. 그러자 대간은 다음과 같이 말했다.

신 등이 지난번에 영의정 이원익이 사직을 청하면서 올린 글을 보았습니다. 거기에는 견해와 주장이 시속 사람들과는 대립되어 있다는 말이 있었는데, 그가 말한 시속 사람이란 어떤 사람을 가리킨 것이며, 대립되어 있다는 것은 무슨 일을 염두에 둔 것인지 신 등은 알 수 없었습니다.

---

168) 《선조실록》 권 108, 선조 32년 정월, 303~304쪽.
169) 앞과 같음.

> 유성룡은 자신이 영의정으로 있으면서 남보다 먼저 화의를 주장해 사람들로 하여금 점점 그릇된 생각을 하게 했고, 나라의 형세를 날로 약해지게 만들어 하마터면 임금도 몰라보는 세상으로 될 뻔 했지만 끝내 아무런 수습책도 강구하지 못했던 것입니다. ……
> 그런데 이원익은 명나라 수도에서 돌아온 지 며칠 되지도 않아서 전하에게 글을 올려 별의별 소리를 다 하면서 유성룡을 변명했고, 그 글의 끝 부분에서는 심지어 '화의를 주장했다고 규탄한 것은 그 논조가 물론 옳기는 하지만 사실과 부합되지 않는 것들도 있습니다'고까지 했던 것입니다. 이는 바로 세상의 공론을 속이려고 한 것이며 동시에 화의를 주장해 나섰던 그의 죄를 엄폐하려는 것이었습니다.170)

영의정 이원익이 동호東湖로 은거하자 우의정 이헌국李憲國은

> 이원익은 일심으로 나라를 위하니 전하께서도 이미 그의 어짊을 알고 계실 것입니다. 그가 어제 필마로 교외에 나가니 길 가던 사람들은 한탄을 하고 심지어 눈물을 흘리며 우는 사람까지도 있었습니다. 신은 이제부터는 함께 일할 수 있는 사람이 없습니다.171)

고 상소했다.

이때 노량해전을 승리로 이끈 이순신이 순직했다. 그러나 겨우 약간의 부의를 하는 정도로 끝났다.172) 그리고 이원익은 10월에 당쟁의 폐해를 극론했다. 누구는 어느 당이고, 누구는 어떤 이론을 주장하는가를 낱낱이

---

170) 《선조실록》 권 113, 선조 32년 5월 갑인
171) 權愈, 行狀, 816쪽.
172) 《선조실록》 권 99, 선조 31년 4월 정축

지적하고 어진 사람을 등용하고 어질지 못한 사람을 내쳐야 한다고 주장했다. 더욱이 홍여순洪汝諄, 임국노任國老 같은 위인을 조심하라고 했다. 그는 홍여순과 본래 친했으나 그의 소행을 보고 절교했다고 한다.[173)]

이원익이 1600년(선조 33) 정월에 체직되었다가 4월에 좌의정에 임명되었다.[174)] 대간이 즉시 반발했다. 지평 박효생朴孝生과 정언 박사제朴思齊는

> 좌의정 이원익이 이전에 대신의 반열에 있을 때 유성룡과 한 짝이 되어 부당한 주장을 애써 비호해 나서면서 별의별 짓을 다 했습니다. 다행히 전하의 명철한 판단에 따라 공론을 속이기 어렵게 되자 김신국金藎國, 남이공과 같은 경박한 무리들과 안팎으로 결탁해 차자를 올릴 때나 접견 좌석에서 선비들을 강력하게 배척하고 간사한 무리들을 은밀히 비호해 주는 말들을 했습니다. 그래서 사람들 속에서 버림을 받은 지 오래였습니다. 뜻밖에도 좌의정으로 임명하는 지시가 갑자기 내리자 깜짝 놀라면서 격분해 하지 않는 사람이 없습니다. 교체하시기 바랍니다.[175)]

고 해 당장 교체할 것을 요구했다. 이에 대해 선조는 오히려

> 좌의정은 나랏일에 정성을 다하는 어진 정승이다. 옛날에도 견줄 만한 사람이 드물었거니와 지금도 그를 앞설 사람이 없다. 이런 사람을 버린다면 어떤 사람을 쓰겠는가? 그에게 편견이 없지 않았다고 말하는 것은 옳다. 대체로 그것은 그의 견해가 그렇다는 것이지 처음부터 그

173) 연보, 731쪽.
174) 《선조실록》 권 124, 선조 33년 4월 무인
175) 《선조실록》 권 124, 선조 33년 4월 기묘

의 마음속에 사심이 있어서 그렇게 두둔할 꾀를 낸 것은 아니다.[176]

고 반박했다. 이헌국은 선조의 대신을 대하는 도리가 일반 관리들만도 못하다고 불평했다.[177] 이원익도 다음과 같이 말했다.

> 임금이 신하의 말을 듣는 데서 귀에 거슬리지 않으면 옳은 말이라고 하고, 귀에 거슬리면 틀린 말이라고 하는데, 부디 귀에 거슬리는가 거슬리지 않는가를 가지고 기뻐하거나 성내지 말고, 반드시 도리에 비추어 보면 참소하는 말을 듣고 마음이 움직이지 않게 될 것입니다.[178]

1600년(선조 33) 6월에 의인왕후懿仁王后가 죽어 이원익은 영돈령부사로 대궐에 들어가 사은숙배謝恩肅拜하고 이내 동호에 머물렀다. 그리고 8월에 명나라 군사가 돌아가려고 하자 조정에서는 명군을 남방 변방과 관서에 주둔시켜 줄 것을 청했다. 이때 이원익은 "중국은 변방의 적이 장차 외국에 걱정을 끼칠 것을 염려해 미리 군둔軍屯을 설치해 외국을 보위하지 않을 것이니 바랄 것이 못됩니다. 오직 남방에 주둔할 일만을 청할 수 있습니다"고 했다. 이에 선조는 이원익을 4도(호서·호남·영남·관동)체찰사에 임명했다. 그리하여 그는 9월에 영남으로 내려가 군사를 훈련시키고 백성을 모집해 창원·울산·동래에 둔전을 설치했다.[179] 그는 수찬 강첨姜籤을 종사관으로 대동하고 갔다. 그러나 이원익이 비장과 위장이 상해서 음식을 제대로 먹을 수 없게 되었다. 선조는 관리를 보내 고기를 먹도록 하고 서울로 불러올려 그곳에서 병무를 보도록 했다.[180] 그는 병 때문에 결국 1601

176) 《선조실록》 권 124, 선조 33년 4월 신사
177) 《선조실록》 권 125, 선조 33년 5월 신유
178) 《선조수정실록》 권 33, 선조 32년 11월 병오
179) 權愈, 行狀, 817쪽.

년(선조 34) 1월에 사직하고 금천衿川으로 돌아왔다.

그러나 8월에 다시 3도(평안·함경·황해)도체찰사가 되었다.181) 북쪽 오랑캐가 조선의 변장邊將을 죽이는 사건이 일어났기 때문이다. 비록 중요한 직책을 맡기기는 했으나 사실은 지방으로 돌리는 것이었다. 대체로 이원익이 유성룡을 구원하려고 한 뒤부터 조정에서 공격하는 사람이 많았으며, 임금도 그를 멀리했던 것이다.182) 또 그를 양서관북도체찰사로 삼았으나 병 때문에 체찰사직을 수행할 수 없다고 했다. 선조는 서울에 있으면서 일을 보라고 했다. 이원익이 임진왜란 때 관서를 잘 다스린 공이 있기 때문에 그 일을 맡긴 것이다.183)

선조는 9월에 이원익을 별전에 불렀다. 이원익이 남쪽에 가서 수고했는데 또 수고하게 되었다고 다독이고 언제 어디로 갈 것이냐고 물었다. 겨울이 되기 전에 함경도를 거쳐 평안도로 가겠다고 했다. 이번에 가는 것은 군사를 훈련시키기 위함인데 임진왜란 때와는 사정이 많이 달라졌다고 했다.

> 왜란이 일어난 초기에는 왜적이 오랫동안 평양을 차지하고 있었기 때문에 평양부에 있는 사람은 높고 낮은 구별이 없이 다 군사로 나섰습니다. 군영에 소속된 노비나 관청에 소속된 노비나 군사로 동원되는 것을 면할 수 없었습니다. 그 후에 적들이 물러가기는 했지만 여전히 나라의 경계 안에 머물러 있었기 때문에 그대로 훈련시키고 표창도 하면서 고무해주었으며, 다른 부역은 지우지 않고 여기에 전심했기 때문에 사람들이 꺼리지 않았습니다. 신이 그곳에 가서 있을 때만 해도 적이 물러간 지가 오래되어 관속들은 고을 수령이 침해하고 사노비는

180) 《선조실록》 권 131, 선조 33년 11월 기유
181) 《선조실록》 권 140, 선조 34년 8월 병자
182) 《선조수정실록》 권 34, 선조 33년 8월 신미
183) 權愈, 行狀, 818쪽.

> 상전이 침해하는 통에 형편이 변해 처음만 못했습니다. 지금 이미 모두 흩어진 것은 형편상 그럴 수밖에 없습니다. …… 그리고 감사는 그 도의 주인이고 체찰사는 손님인 만큼 감사가 착실하게 집행해야만 할 수 있습니다. 감사가 달가워하지 않을 때는 한 장의 빈 종이로 공문을 띄우는 데 지나지 않을 것입니다.184)

임란 때는 관청이나 군영의 노비까지 모아서 훈련시킬 수 있었지만 지금은 수령과 상전이 침해해 사람들이 다 흩어져 어렵다는 것이다. 그리고 전에는 4도도체찰사로서 평양감사를 겸임하고 있었으나 지금은 다른 사람이 평양감사를 맡고 있기 때문에 서로 협조를 잘 해야 하는 문제가 있다고 했다. 그러면 어찌 해야 하나.

> 지금 해야 할 일은 임진년과 마찬가지로 모든 것이 황폐하고 혼란한 때인 만큼 반드시 경비를 줄여야만 무슨 일이고 할 수 있습니다. 옛날 사람들의 말이 "재물을 절약하고 사람을 사랑하라!"고 했고, 그 주석에는 "비용을 절약해야만 나라의 근본이 공고해질 수 있다"고 했습니다. 전란으로 재해를 입은 백성들에게서 어떻게 함부로 거두어들일 수 있겠습니까? 이른바 백성들의 힘을 덜어 주어야 한다고 하는 것이 바로 이런 것을 두고 하는 말입니다. 그렇게 해야만 백성들이 살아가는 낙이 있을 것입니다. 중요한 문제가 한두 가지가 아니지만 이것이 제일 앞세워야 할 문제입니다.185)

재물을 절약하고 백성을 사랑해야 한다는 것이다. 그러자면 국가재정을

---

184) 《선조실록》 권 141, 선조 34년 9월 경자
185) 앞과 같음.

절약하고 백성을 착취하지 말아야 한다는 것이다. 유교적인 절검·애민 사상이다.

이원익은 영흥을 거쳐 성천成川에 부府를 세우고, 그곳에 곡식이 없기 때문에 종사관을 먼저 내려보내 군량을 마련하게 해 변경을 침입한 홀라온忽剌溫을 치고자 했다.[186] 그러나 책립황태자冊立皇太子의 조사가 와서 서도의 경비가 많이 들자 병마를 조련하는 것을 중지했다. 이원익이 12월에 서도로 나갈 때 선조는 초엄貂掩과 호피虎皮를 하사했다.[187]

1601년(선조 34) 10월에 2품 이상 관료들을 명초패命招牌로 불러 청렴하고 조심하는 사람 네 명을 의논해 뽑았는데 이원익·유성룡·허잠許潛·이시언李時彦이 그들이다. 염근리廉謹吏로 뽑힌 사람은 대신은 그 아들에게 벼슬을 주고, 그 밖의 사람에게는 품계를 올려 주었다.[188]

1602년(선조 35) 2월에 여러 번 차자를 올려 사직하고자 했으나 들어주지 않았다. 그러나 몸이 아파 금천衿川에 가서 성묘하고 동호로 돌아왔다. 더구나 높은 언덕에서 떨어져 병이 악화되었다. 선조는 어의 허준許浚을 보내 진찰케 하고, 내복內卜 함충헌咸忠憲을 시켜 이원익의 길흉을 점쳐 보게 했다. 또 강가에 있는 집이 바람이 차다 해 어실御室에 있는 담요와 발을 거둬 내려 주었다.[189] 권희權憘는 "이원익이 지금 수도에 있는데 자주 식량이 떨어지곤 합니다. …… 지금 병중에 있으니 먹을 것을 내려 주어야 합니다"고 해 식량을 내려 주기도 했다.[190]

3월에도 여러 번 사직소를 올려 윤 6월에 지중추부사에 임명되었다.[191]

---

186) 앞과 같음.
187) 權愈, 行狀, 818쪽.
188) 《선조실록》 권 142, 선조 34년 10월 경진 ; 처음에는 14인을 뽑았으나 대간이 "많이 뽑으면 혼란하기 쉽다"고 해 네 명으로 줄였다고 한다(연보, 732쪽).
189) 연보, 733쪽.
190) 《선조실록》 권 147, 선조 35년 2월 을미
191) 《선조실록》 권 151, 선조 35년 윤 6월 신해

4도도체찰사는 이덕형이 임명되었다.[192] 조정에서 호성공신扈聖功臣과 선무공신宣撫功臣을 책정했는데 이원익은 양 공신에 다 포함되어 있었다. 이에 그는 상소를 올려 선무공신을 굳이 사양했는데, 선조가 더욱 어질게 여겨 허락하지 않았다. 1603년(선조 36) 2월에 공신도감은

> 난 중에 전하를 따라다닌 공신은 당초에 비준해 내려보낸 명단이 있기 때문에 그 중에서 조금 의논할 것이 있는 사람과 명단에 이름이 없더라도 역시 후보자로 의논에 붙여야 할 사람을 모두 써서 올립니다. 왜적을 친 공신에 대해서는 전에 지시한 세 공신뿐만 아니라 또 간단한 것이나마 되도록 더 찾아보라는 지시가 있었기 때문에 신 등이 감히 제 마음대로는 할 수가 없어 모두 토의에 붙였던 사람으로 지시를 받고자 문의합니다.[193]

고 문의했다. 이에 선조는 "순안의 진영에는 김명원이 원수로 있었다. 그 군사의 승리와 패배는 그 책임이 원수에게 달린 것인데 김명원을 제쳐 놓고 이원익을 취하는 것이 옳을지 모르겠다"[194]고 했다. 이에 대해 공신도감은 "김명원은 원수로 있었으나 세 곳에서 퇴각해 이곳으로 와 주둔하고 있었으니 사태를 수습하고 적의 진격을 차단한 공로가 이원익만 못하다"고 반박했다.[195] 그리하여 1604년(선조 37) 6월에는 충근정양갈성효절협책호성공신忠勤貞亮竭誠效節協策扈聖功臣 2등 제3인에 봉해지고[196] 이어 7월에 완평부원군完平府院君에 피봉되었다.[197] 사관史官은 이원익을 "몸가짐이 청

192) 《선조수정실록》 권 35, 선조 34년 정월 경자
193) 《선조실록》 권 159, 선조 36년 2월 임진
194) 앞과 같음.
195) 앞과 같음.
196) 《선조실록》 권 175, 선조 37년 6월 갑진 ; 2등 공신에게는 화상을 그려 후세에 전하며, 품계를 2등급 올려 주었다(《선조실록》 권 180, 선조 37년 10월 기해).

백하고 소박하며, 언제나 나랏일을 근심한다"고 평가했다.198)

이원익은 1602년(선조 35)부터 5~6년 동안 집에 물러와 있었다. 그리하여 1606년(선조 34)에는 수천군 묘갈문(심희수), 함천군 묘비명(김귀영이 씀)을 수십 부 인쇄해 종족들에게 나누어 주었다. 그리고 1) 풍설에 구애되지 말고 자손들의 장사는 반드시 선영에 지낼 것, 2) 시조 익령군 및 숙선옹주 이하의 묘제墓祭는 차례로 돌아가며 지낼 것, 3) 증조 수천군 이하 3세의 묘소와 여러 종족의 묘소의 좌향이나 서로 떨어져 있는 거리 등을 모두 기록해 후세에 알게 할 것을 강조했다. 아울러 익령군, 숙선옹주의 묘를 수묘修墓했다.199)

1608년(선조 40) 2월에 선조가 죽고 광해군이 왕이 되었다. 선조가 일찍이 장지를 건원릉健元陵 곁으로 정해 놓았는데 이때에 와서 술관術官이 장지가 조상의 묘에 가까운 것을 불길하다고 하자 이원익은 "명나라의 모든 능은 다 한산에 안장되었으니, 이것은 옛날 족분묘族墳墓(동족을 한 곳에 합장함)의 뜻이고, 또한 부장불서附葬不筮(먼저 묘를 정할 때 이미 길한 곳을 정한 것이기 때문에 부장附葬할 때는 새로 길흉을 볼 필요가 없다는 것)라는 말에 어긋나지 않습니다"고 이의를 제기했으나 윤허를 받지 못했다.

광해군이 즉위하자 영의정 유영경柳永慶이 파직되고 이원익을 영의정으로 임명했다.200) 선조가 일찍이 광해군에게 말하기를 "여러 신하 중에 오직 이원익만이 정승을 삼을 만한데, 다만 그 사람이 남과 화합하는 일이 적으므로 나는 그를 잘 쓰지 않았으나, 모름지기 성심으로 그 사람을 쓰라!" 고 해 그를 영의정에 기용했다고 한다.201) 이원익이 사의를 표하자 광해군

197) 《선조실록》 권 176, 선조 37년 7월 임자
198) 《선조실록》 권 182, 선조 37년 12월 신해
199) 연보, 734쪽.
200) 《광해군일기》 권 1, 광해군 즉위년 2월 신미
201) 연보, 734쪽.

은 이렇게 말했다.

> 경이 정승으로 들어오니 조야가 서로 경하하고 군민軍民이 모두 축하하니, 어찌 옛날의 어진 정승보다 못하겠는가? 오늘날 영의정의 소임은 경이 아니면 불가하니 경은 안심하고 사직하지 말고 부덕한 나를 도우라.[202]

이와 달리 유영경은 경흥으로 귀양 가 그곳에서 사사되었다. 유영경은 뒤에 서울 네거리에서 부관참시剖棺斬屍(관을 쪼개고 시체를 베는 형벌)되었다. 그의 죄목은 무엇인가? 광해군이 1) 임진왜란 때 분조分朝를 해 중흥의 공로가 있는데도 선무공신으로 책정하는 것을 방해했고, 2) 세손의 원손元孫 책봉과 혼인을 지연시켰으며, 3) 선조가 병이 위중해 광해군에게 왕위를 물려주려는 것을 방해했다는 것이다.[203] 도리어 유영경을 탄핵한 죄로 귀양을 가던 정인홍鄭仁弘과 이이첨李爾瞻은 풀려나 요직에 임명되었다.[204]

한편 삼사三司는 "임해군臨海君 진珒이 몰래 몽둥이와 칼을 상차喪次에 들여보내 역모를 꾀했는데, 문을 지키는 장졸 중에 그것을 본 자가 있습니다"고 고변했다. 옥사를 다스릴 때 공경들은 아무도 두려워서 말하지 못하는데, 이원익만은 "지금 삼사가 고변했으니 삼사가 이 옥사를 입증해서는 안 됩니다"고 했다. 그런데 문을 지키던 장졸들이 몽둥이와 칼을 실제로 보지 못했다고 했다. 이에 이원익은 "옥사가 지친至親에서 일어났으니 은혜와 의리를 겸해야 옳고, 억울하게 연루된 자가 많으니 용서해야 합니다"

---

202) 《광해군일기》 권 1, 광해군 즉위년 2월 무신
203) 이성무, 《조선시대 당쟁사》 1, 아름다운 날, 2007, 152쪽.
204) 앞과 같음.

고 했다. 그러자 그들은 그에게 역적을 두호한다고 했다. 어떤 재상이 "이제 만일 왕자를 위해 죽으면 후일 폐모론廢母論은 누가 다시 막겠는가?"며 묻자 그는 "죄없이 왕자를 죽이는 것이 작은 일인가? 부당하게 일을 하는 것을 나는 차마 못하겠다"고 했다.205) 광해군은 궁노宮奴 가운데 죄가 있는 자를 달래어 사건을 입증해 옥사가 이루어졌다.206) 양사가 정인홍을 귀양 보내지 말고 석방하라고 하면서 이원익에게 "대신이 말하지 않기 때문에 대간이 따르지 않는다"고 협박을 했으나 끝내 따르지 않았다. 이 때문에 정인홍이 그를 미워했다. 1608년(광해군 즉위년) 6월에 지주知州 만애민萬愛民과 도사都司 엄일괴嚴一魁가 명의 차관差官으로 와 왜 장자인 임해군을 놔두고 차자인 광해군이 왕이 되었는지를 임해군을 만나 조사하겠다고 했다. 이에 대해 이원익은 "이제 면질面質해 임금을 정하려고 하니 이것은 진실로 상국에서 외국을 대하는 도리가 아니다. 그러나 이미 황제의 명이 있으니 다만 사실에 의거해 명백히 말해 주는 것이 옳고, 또 선왕의 취사선택과 국민의 향배 여부 및 임해군의 죄상을 자세하게 갖추어 차관이 복명하기 전에 먼저 명나라에 아뢰면 일이 반드시 잘 풀릴 것이다"고 의견을 냈다. 차관이 임해군을 보자고 하자, 정인홍 등 당로자들은 임해군의 머리를 베어 차관에게 보이자고 했다. 그러나 이원익은 "황제의 명을 어길 수 없으니 어기면 반드시 화가 있을 것이다"라는 이유로 반대했다.207)

그는 차자를 올려 공역工役을 줄이고, 세금을 깎아 주며, 붕당을 깨트려야 한다고 주장했다. 이어서 "지금 전하께서 우러러 섬길 분은 오직 자전慈殿(어머니) 뿐이고, 자전이 의지할 바는 오직 전하일 뿐입니다. 여러 왕자들이 걱정 속에 떨고 있는데, 그들을 안심할 수 있게 하는 것도 오직 전하일

---

205) 李埈, 李元翼神道碑, 《梧里先生文集》 卷 2, 續集附錄, 驪江出版社, 1995, 858쪽.
206) 權愈, 行狀, 819쪽.
207) 權愈, 行狀, 821쪽.

뿐이니, 원컨대 전하께서는 위로는 자전에게 순종하고, 아래로는 왕자들에게 우애가 있게 해 틈이 나지 않게 하소서"라고 했다.[208] 이러한 이원익의 전은론全恩論을 역적을 두둔하는 것이라 미워해 좌·우의정과 함께 계속 사직서를 올렸다.[209]

영의정 이원익은 명에 선조의 부고를 전하고 왕위 계승을 요청하는 청원서를 올렸다. 사신은 연릉부원군 이호민李好閔과 행용양위 상호군 오억령吳億齡이었다.[210] 이원익은 6~7년 동안 병을 앓아 6번째 사직상소를 올렸다. 광해군은

> 경은 벼슬에서 물러날 만한 이유도 없는데, 무엇 때문에 계속 글을 올려 여러 번 사임하면서 나를 도와주려고 하지 않고 저버리려고 하는가? 비록 나는 변변치 못해서 함께 큰일을 할 만하지 못하다고 해도 선대 임금을 저버리고 백성들을 저버릴 수 있겠는가? 경은 벼슬을 사임하지 말고 마음 놓고 몸조리를 할 것이며, 날짜에 구애받지 말고 평상시와 같이 회복된 뒤에 관청에 나오라.[211]

고 회유했다. 사신史臣은 이원익을 다음과 같이 평했다.

> 이원익은 어진 정승이다. 다만 한때 선비들이 더 없이 존경했을 뿐 아니라 비록 평상시에 미워하던 사람들까지도 누구나 탄복하지 않는 사람이 없으므로 왕위를 계승한 초기에 영의정으로 뽑아서 등용시켰던 것이다. 그리하여 사람들의 마음은 흡족해 했으며, 선비들은 서로 축

---

208) 權愈, 行狀, 820쪽.
209) 앞과 같음.
210) 《광해군일기》 권 1, 광해군 즉위년 2월 무인
211) 《광해군일기》 권 2, 광해군 즉위년 3월 계묘

하했다. 이는 바로 크게 무엇인가 할 만한 때였다. 또한 이원익은 임금의 비위를 거스르는 바른 말과 당대의 정사를 바로잡을 대책에 대해 차자를 올려 제의하곤 했는데, 이 차자도 특히 그런 내용을 올린 것이다. 그런데 한갓 문구文具(빈 문서)로 만들었고 결국 시행하지 않은 채 수 개월 동안 잠잠하게 지냈던 것이다. 그리하여 대신들로서 벼슬에서 물러간 선비들과 착한 선비들을 추천한 실례가 없었으며, 조정에서는 음흉한 무리들이 뒤덮여 있으면서 차자 속의 말과는 크게 어긋나게 행동했으니, 애석한 마음 어찌 금할 수 있겠는가?[212]

1609년(광해군 1) 정월에 이원익은 병 때문에 사직소를 올리면서 당쟁의 폐해를 다음과 같이 상소했다.

조정에서 무리를 나누어 짓는 징조가 30년 전에 시작되었는데, 근년에 와서 더욱 고질화되었습니다. 그가 어진 사람인가, 어리석은 사람인가, 취할 사람인가, 버릴 사람인가를 갈라 보지 않고 각각 자기 무리의 인물만 내세웁니다. 그리하여 어진 사람과 어리석은 사람이 뒤섞이고, 옳은 의견과 그른 의견이 뒤섞이게 되었습니다. 한 사람을 등용하면 등용된 사람이 아무리 어질다 하더라도 반드시 말하기를 '그 파이기 때문이다'고 하고, 한 사람이 규탄을 받으면 규탄받은 사람이 아무리 어리석다 하더라도 반드시 말하기를 '그 파가 아니기 때문이다'고 합니다.[213]

이원익은 23번이나 사직소를 올린 끝에 1610년(광해군 2) 정월 신유일

212) 《광해군일기》 권 3, 광해군 즉위년 4월 무인
213) 《광해군일기》 권 12, 광해군 1년 임진

에 드디어 퇴직을 허락받았다.[214] 그러나 1611년(광해군 3) 8월에 이원익은 다시 영의정으로 임명되었다.[215] 이에 대해 사관이 논평했다.

> 이원익은 순결하고 지조가 굳은 사람으로 오랜 덕행과 높은 명망으로 세상에서는 속수涑水(헹구는 물)와 비교했다. 무신년(1608)에 임금이 맨 먼저 영의정으로 임명하고 은총이 특별히 높았으나 얼마 후에 병으로 교체되었다. 우의정 심희수가 바른 말을 한 사람을 추천했기 때문에 파면되자 외부의 의논에서는 '이번에 정승으로 임명될 사람은 정인홍이 아니면 정창연일 것이다'고 했는데, 막상 지시가 내린 것은 이원익이었다. 그래서 중앙과 지방에서 서로들 기뻐했다. 오랫동안 병으로 사양하면서 나오지 않다가 이때에 와서 벼슬에 나온 것이다.[216]

이원익이 사임하려고 하자 광해군은 다음과 같이 말했다.

> 경이 나왔다는 말을 들으니, 참으로 마음이 놓인다. 이 글(사직서)을 보고 지극한 정성은 잘 알겠지만 경이 나오고 들어가는 것은 온 나라 백성들의 고락과 관계된다. 단지 원하는 것은 집에 있으면서 도리를 논하고 나랏일을 보아 달라는 것뿐이다. 반드시 조정 반열에 따라다니면서 몸을 상하게 할 것이야 있겠는가? 나의 뜻을 체현하고 사임을 청하지 말 것이며, 아울러 영구히 나를 도와야 할 것이다. 이제 사모紗帽와 이령耳領을 내려 보내니 추위를 막는 데 쓸 것이다. 사양하지 마라.[217]

---

214) 《광해군일기》 권 19, 광해군 1년 신유
215) 《광해군일기》 권 44, 광해군 3년 8월 신묘
216) 《광해군일기》 권 46, 광해군 3년 10월 임신
217) 앞과 같음.

참으로 극진한 대접이다. 그러면 광해군은 왜 군이 병 때문에 그만두려고 하는 이원익을 영의정 자리에 붙들어 두려고 한 것인가? 북인의 독주로 좋지 않아진 여론을 무마하기 위해서였다. 그러려면 청렴하고 공명한 이원익을 상징적으로 영의정 자리에 붙들어 두어야 했을 것이다. 이원익은 광해군이 차차 음란하고 사치해지자 경연에서

> 대체로 신하의 처지는 백성의 처지와 다릅니다. 백성이란 각기 살아갈 길을 따르기 때문에 임금이 자기의 도리를 잃으면 스스로 반란을 일으키게 마련입니다. 그러므로 민심의 동향에 따라 하늘의 의사가 어떻게 움직이는가 하는 것이 결정되는 것입니다. 신하의 처지에서는 비록 걸桀이나 주紂 같은 임금을 섬긴다 하더라도 그 임금을 위해 목숨을 바치지 않는다면 절개를 잃은 신하로 되는 것을 면할 수 없는 만큼 이야말로 백이伯夷, 숙제叔齊에게 죄를 진 사람입니다. 이 두 가지 경우는 어느 한 가지도 무시할 수 없는 것입니다.[218]

고 해 인심은 천심이니 이를 어기면 민란이 나고 신하는 임금이 잘못하면 목숨을 걸고 간쟁해야 한다고 했다. 이는 유교 정치의 본령이기는 하지만 신하는 임금에게 목숨을 걸고 바른말을 해야 한다는 데 초점이 있다. 신하가 바른말을 하면 임금이 이를 수용해야지 오히려 처벌을 하면 누가 바른말을 하겠느냐는 것이다. 그러므로 상벌賞罰이 중요하다는 것이다. 이원익은

> 신이 오늘날의 형편을 보건대 표창하거나 처벌하는 정사는 모두 없어졌다고 할 수 있습니다. 무슨 일이라고 하나하나 집어 말할 수는 없어

218) 《광해군일기》 권 46, 광해군 3년 10월 경진

> 도 전하가 원칙을 지키지 않기 때문에 이렇게 되는 것입니다. 대체로 상벌이 명확해진 뒤에야 규율이 서는 법입니다. 전하는 마땅히 사사로운 뜻을 없애야 할 것입니다.[219]

고 광해군을 준엄하게 타일렀다. 원로대신으로서 왕에게 유교정치의 원론을 강론한 것이다. 상을 주거나 표창을 하는 것은 인재를 통제하기 위한 것이니 공로가 있는 사람에게 상을 주고 잘못한 사람에게 벌을 주어야지 이 기준이 무너지면 나라를 망치게 된다는 것이다. 상과 벌이 공정하면 규율이 서고 안으로는 모든 관리가, 밖으로는 온 나라 사람이 지시에 복종하게 된다는 것이다. 옛사람이 이르기를 "임금이 어질면 신하가 곧고 바르다"고 한 것이 그것이다.

그렇게 하자면 경연에 열심히 참여해야 하고, 결재를 미루지 말고, 간언을 받아들이고, 재물을 아껴야 한다고 했다. 광해군은 이원익의 충고를 잘 유념하겠다고 했다.[220] 유생 남탁南倬이 이원익의 덕을 칭송하는 글을 올리자 그는 "나라에 체통이 엄하지 못해 성상께서 맨 먼저 신을 등용해 영상을 삼은 것을 보고 감히 아첨한 말을 지어 성상께 아뢰니 이것은 마땅히 법을 적용해 죄를 주고 또 칭찬을 받은 사람도 죄를 받아야 마땅합니다. 청컨대 신을 먼저 파직해 기강을 엄하게 세우소서"라고 했다.[221] 이원익은 여러 번 사직소를 올려 영돈령부사가 되었다.[222]

1613년(광해군 5) 5월에 영창대군永昌大君의 옥사가 일어났다. 그러나 이원익은 병을 핑계로 영창대군을 처벌하는 정론廷論에 한 번도 참여하지 않았다. 영의정 이덕형이 차자를 올려 "의㼁는 어려서 아무 것도 모르는데 신

---

219) 앞과 같음.
220) 앞과 같음.
221) 權愈, 行狀, 821쪽.
222) 《광해군일기》 권 75, 광해군 6년 2월 임인

들은 공론에 핍박되어 부득불 논하게 되나 마음은 실로 민망하고 측은합니다"고 하니 삼사가 역적을 두호한다고 처벌할 것을 청했다. 이에 이원익은 차자를 올려 "충성치 못해 임금을 위태롭게 만드는 것은 남의 신하로서 지극한 죄를 짓는 것이고, 만일 논의의 어긋난 일을 가지고 불측한 지경에 빠트리는 것은 나라의 복이 아닐 듯합니다"고 구원했다. 광해군이 대신 가운데 정의廷議에 참여하지 않은 사람이 누구냐고 묻자 우의정 심희수가 아무 아무라고 대답했다. 이에 광해군은 "이원익은 병이 위중하니 그가 참석하지 못하는 것은 형편이 그러하기 때문이다"며 부르지 않았다. 이는 이원익이 참석하면 이 의논에 방해될 염려가 있기 때문이었다.[223] 장악첨정掌樂僉正 정온鄭蘊이 영창대군의 억울함을 극력 진언하자 광해군은 그를 사형에 처하려 했다. 이에 이원익은 차자를 올려 심한 죄를 주는 것은 불가하다고 해 결국 제주도 대정현大靜縣으로 유배 보내는 데 그쳤다.[224] 정온의 공술 가운데

> 정항鄭沆(당시 강화부사)이 부임한 초기에 의(영창대군)는 가시 울타리 안에서 즉시 화로 불을 치워버리고 밖에서 밥을 가져다주었습니다. 3일에 병이 났으면 곧바로 급보를 올렸어야 할 터인데 나중에 보고를 올렸고, 이어 바로 죽었다고 보고했습니다. 이 몇 가지만 가지고도 사람들의 의심을 자아내기에 충분합니다. 전하 역시 과오를 추궁하라는 지시를 내렸으니 전하의 의도가 어디에 있었다는 것을 똑똑히 알게 되었습니다.[225]

---

223) 연보, 737쪽.
224) 앞과 같음.
225) 《광해군일기》 권 79, 광해군 6년 6월 을사

고 한 것을 보면 영창대군을 무리하게 죽게 한 것은 사실인 것 같다.

1615년(광해군 7) 정월에 사역원 도제조를 사임했다.[226] 그리고 2월에 대궐 안에 저주咀呪의 변이 있었는데 교서에 인목대비가 거론되자 이원익은

> 어머니가 아무리 자애롭지 못하더라도 아들로서는 불효하게 처신할 수는 없는 것입니다. 어머니와 아들 사이는 명분과 지위가 더없이 큰 것이며, 윤리가 지극히 중대한 것입니다. 성인은 인간 윤리의 극치에 이른 것인데 전하의 세대에 어떻게 이런 일이 있을 수 있겠습니까?[227]

라고 비판했다. 그러자 광해군은 다음과 같이 말했다.

> 효성스럽지 못하다는 것이 어떤 죄악인데 나에게 의혹을 품으면서 도리어 항간에 돌아다니는 말을 믿고 있는 것인가? 어째서 나에 대해서는 오히려 길가는 사람보다도 못하게 대하는가? …… 덕이 없는 내가 이렇게 큰 변고를 당해 밤낮으로 주의를 하면서 더욱 더 높이 모시고 있는데, 경이 이렇게 말하고 있으니 봉양하는 일을 빠트린 적이 있거나, 문안하는 예의를 그만둔 적이 있었는가? …… 경의 말을 들으면서부터 마음이 불안해 침식을 잊은 지 여러 날이 된다. 경은 그 문제를 숨김없이 진술함으로써 나의 죄를 풀어주고 나의 아픈 마음을 위로해 줄 것이며, 외부 사람들에게만 혜택을 베풀지 말고 나 한 사람에게 대해서도 걱정해 줄 것이다. 그리고 지시문을 공포하는 문제를 놓고 말하자면 난들 어째서 그렇게 하기를 좋아하겠는가? 사

226) 연보, 737쪽.
227) 《광해군일기》 권 87, 광해군 7년 2월 임오

> 실은 부득이한 데서 나온 것이다. 방자한 사건과 흉악한 편지에 대한 문제는 모두 다 역적들의 지휘 아래 이루어진 것이고, 모두 궁녀들이 한 것이니 대비야 무슨 상관이 있겠는가?[228]

그러자 대간이 이원익의 관직을 박탈하고 귀양 보내야 한다고 벌떼처럼 들고 일어났다. 그리고 이원익의 배후에는 그의 종사관을 지낸 남이공이 있다고 주장했다. 그러나 진사 홍무적洪茂績 등 100여 명은 이원익의 억울함을 하소연하다가 멀리 귀양 갔다.[229] 그리고 이원익은 중부 지역에 거주를 제한하고, 남이공은 관직을 박탈하고, 시골로 가게 했다.[230] 광해군은 4월에 드디어 이원익을 홍천현洪川縣에 부처付處하고 남이공을 송화松禾로 귀양 보냈다.[231] 이원익이 홍천에 이르자 가물다가 큰 비가 왔다. 그리하여 그곳 사람들은 이를 상국우相國雨라고 했다고 한다.[232]

얼마 있다가 유배지를 홍천에서 여주로 옮겼다. 이때 광해군이 은銀을 바치면 죄를 면해 주겠다는 명을 내렸다. 그때 박승종朴承宗이 은을 대신 바치고 그의 죄를 용서받으려 하자 정승 심희수가 "이것은 완평完平의 뜻이 아니다"고 해 그만두었다 한다.[233]

그 후 1618년(광해군 10) 10월에 예조참판 이성李偕이 이원익 등을 풀어주자고 해[234] 1619년(광해군 11) 5월에 이원익, 남이공 등 14인을 집으로 돌려보냈다.[235] 이때 우의정 정인홍은 이원익을 귀양 보낸 것은 가벼운 벌

228) 앞과 같음.
229) 연보, 737쪽.
230) 《광해군일기》 권 89, 광해군 7년 4월 신사
231) 權愈, 行狀, 825쪽.
232) 연보, 738쪽.
233) 李竣, 李元翼神道碑銘, 《梧里先生文集》 卷 2, 驪江出版社, 1995, 858쪽.
234) 《광해군일기》 권 133, 광해군 10년 10월 무오
235) 《광해군일기》 권 140, 광해군 11년 5월 병신

이니 마땅히 형국刑鞫을 가해야 한다고 했고, 향간에는 이원익이 "귀양 간 무리와 오가며 모의한다", "이원익이 서울에 있는 빈객들을 통한다"는 유언비어가 난무했다. 그는 "벌을 받으면서 어떻게 사람을 보겠는가? 친척 이외는 모두 보지 않았다"고 했다. 이때 경리經理 양호가 요동에 있다가 우리 사신을 보고 이원익의 안부를 묻자 밖에 있다고 대답하니, "오리와 오성은 어진 재상인데, 너희 나라가 쓰지 않으니 필시 소인들이 정권을 잡고 있는 모양이다"고 했다고 한다.[236] 3년 8개월을 홍천에서 귀양살이를 하고 1619년(광해군 11) 5월에 이원익은 여강驪江가 앙덕리仰德里에 우거寓居했다. 초가 두어 칸이 비바람을 가리지 못했고, 처자들은 하루걸러 끼니를 걸렀으므로 얼굴에 주린 빛이 있었으나 그는 돗자리를 짜서 연명하면서 태연했다고 한다. 이때 인목대비가 이미 서궁西宮(경운궁)에 갇히고 나라는 극히 위태로웠다. 어떤 사람이 이원익을 찾아와서 당시에 일어난 일을 말해 주었으나 그는 눈물을 흘리며 대꾸하지 않았다. 여강 가에 우거할 때 친하게 지낸 사람은 양양부사 정엽鄭曄과 종사관이었던 이유록李綏祿이다. 이때 인조반정을 모의했는데 어떤 사람이 정엽에게 동참할 것을 의논했으나 거절하고, 이원익에게도 의논하려 했으나 정엽이 불가하다고 하면 어떻게 하겠느냐고 해 그만두었다 한다.[237] 이원익은 여강 가에서 3년 10개월을 지냈다.

1623년(인조 1) 3월에 인조반정이 일어나 이원익을 다시 영의정에 기용했다. 반정한 인조와 공신들이 인기가 없자 명망 있는 지도자인 이원익을 영의정으로 추대함으로써 이를 만회해 보려는 의도에서였다. 혁명정부는 이원익에 대해 다음과 같이 평가했다.

236) 연보, 738쪽.
237) 앞과 같음.

이원익은 충직하고 청백한 사람으로 선왕 때부터 재상의 지위에 있으면서 온 나라 사람들에게 두터운 신망을 받고 있었다. 광해군 때에 임해군 사건이 일어나자 은전을 베풀라는 의리를 제일 먼저 말했으며, (인목)대비를 폐비시키자는 논의가 한창 벌어지던 초기에도 차자를 올려 효성을 다하는 도리를 힘써 진술했다. 흉악한 무리들이 몹시 미워해 거의 죽을 지경에 이르렀다가 홍주에서 5년 동안 귀양살이를 하고 풀려나 시골로 돌아갔다. 이때에 다시 영의정으로 등용되자 조정과 민간에서 서로 축하했다. 임금이 승지를 불러 그가 성안으로 들어오는 날에 도성의 백성들과 함께 축하하며 맞이했다.[238]

인조는 명광전明光殿에서 영의정 이원익을 인견했다.

인 조: 경의 허리 병이 요즘 어떤가? 먼 길을 오느라고 고생이 많았으리라 생각한다.

이원익: 엄한 지시가 두 번이나 있었기에 달려오고 싶은 마음은 한 시각이 급했으나 몸에 병이 있어 즉시 길을 떠나지 못했습니다. 태만한 행동을 변명할 길 없어 황공하기 그지없습니다.

인 조: 나는 재능도 덕도 없는 사람으로 외람되게 임금 자리에 올라 밤낮으로 걱정하면서 경을 기다려 나랏일을 의논해 처리하려고 했다. 경이 나를 저버리지 않고 병을 무릅쓰고 올라왔으니 매우 기쁘고 다행스럽다. 지금 나라가 위험한 지경에 이르렀지만 경의 도움을 받아서 종묘와 사직을 편안케 하기를 바란다.

---

238) 《인조실록》 권 1, 인조 1년 3월 병오

이원익: 신의 나이가 80이 되어 감으로 정신도 근력도 쇠퇴해진 것을 느끼게 되었으니 나라에 무슨 도움을 줄 수 있겠습니까? 앞으로 나랏일 가운데 곤란한 문제가 대단히 많겠지만 그 가운데서도 큰 나라의 군사들을 구제하고 적 누르하치努爾哈赤를 방비하는 것과 같은 일들은 더욱 어려운 것입니다. 전하의 애타는 근심이 어찌 끝이 있겠습니까? 그러나 듣기에 요즈음 일을 처리하는 데 이미 갈피가 잡혀가고 있다고 하니 이 뒤로는 걱정될 것이 없을 것 같습니다.

인 조: 지금 급한 일 가운데서도 인재를 얻는 문제가 제일 시급하다. 경은 오랫동안 지방에 있었는데 숨어 있는 인재에 대한 말을 들은 적이 없는가?

이원익: 옛사람이 이르기를 '어진 이를 구할 때는 힘을 다 해야 하고 적임자를 얻은 다음에는 일을 일임해야 한다〔勞於求賢 逸於得人〕'고 했습니다. 적임자를 얻기만 한다면 나라를 다스리는 데 무엇이 어렵겠습니까? 신은 외진 시골에 처박혀 세상일과 인연을 끊고 지내서 만나는 사람이란 농부나 일반 백성들뿐입니다. 비록 숨은 인재가 있다고 한들 어디에서 들을 수 있겠습니까? 신이 오는 도중에 전하가 등용한 사람은 모두 어질고 능력 있는 선비들이라는 말을 듣고 기쁘고 다행한 마음을 금할 수 없었습니다.

전하가 어진 이를 등용하는 문제를 급선무로 삼은 이상 어진 인재들이 저절로 많이 나오게 될 것이며, 이조판서를 이미 적당한 사람으로 임명했으니 그가 사람을 가려 쓸 것입니다. 무엇을 다시 근심하겠습니까?

인 조: 어찌 그렇겠는가? 조정에 있는 사람이라면 이조나 병조에서

알 수 있겠지만 시골에 묻혀 있는 사람이야 어떻게 다 알 수 있겠는가?

이원익: 대신의 직책은 사람 문제를 가지고 임금을 섬기는 것이니 신이 만약 알고 있다면 어찌 전하의 지시를 기다린 후에 보고하겠습니까? 전하는 한창 나이인 만큼 힘을 가다듬어 정사를 잘할 수 있을 것이며, 인재를 구하는 방도에서도 전하의 마음을 근본으로 삼아야 할 것입니다. 이것을 내버려 두고 말단의 일에만 매달린다면 무슨 소용이 있겠습니까?

옛사람이 말하기를 '왕업을 이룩하기는 쉬우나 그것을 지켜 나가는 것은 어렵다〔創業易 守成難〕'고 했습니다. 지금 나라 형편을 보면 만사가 파탄되어 전하는 왕업을 이룩하는 어려움과 그것을 지켜 나가는 어려움을 모두 당하고 있으므로 이제 앞으로 속을 태우는 일이 틀림없이 많을 것입니다.

인　조: 경에게 모든 것을 맡긴다. 경은 반드시 모든 관리들을 다 통솔하고 나를 힘껏 도우라. 재상의 자리 하나가 비었어도 즉시 후보자를 선택할 것이다. 선대 임금들이 수백 년 지켜 온 종묘와 사직이 거의 망하게 되었는데 경의 도움을 받아 이를 일으켜 세우려고 한다.

이원익: 나라를 위하는 마음이야 어찌 감히 조금이라도 늦추겠습니까? 다만 힘이 닿지 못할까 걱정할 뿐입니다.

인　조: 내가 왕위에 오른 지 이미 10여 일이 지났으나 모든 일이 아직 두서가 잡히지 않았으므로 경이 오기를 큰 가뭄에 구름을 바라듯 했다.

이원익: 전하의 생각이 이처럼 지극하시니 모든 일이 저절로 이룩되어 나갈 것입니다.

인 조: 널판 위가 차니, 자리로 나와 앉으라. 나는 백성들의 폐해를 없애려고 인재를 모아들이고 있으나 아직 무슨 폐해를 없애야 백성들이 기뻐하고 어떤 사람을 등용해야 직책에 적합한지를 몰라 밤낮으로 혼자 걱정만 하고 있다.

이원익: 모든 일처리를 앞에서 행해지던 것을 그대로만 따른다면 사람들의 사기를 북돋우기가 어려울 것입니다. 반드시 큰 조치가 있어야만 사람들의 마음을 감복시킬 수 있을 것입니다. 앞으로 적 누르하치를 막고 큰 나라 군사를 구제하는 것과 같은 일은 처리하기가 매우 어려운 문제입니다.

지금 백성들은 도탄 속에 빠져 있고, 나라의 재정은 고갈되었으니 반드시 수입을 타산해 지출하고 비용을 절약해야 합니다. 또한 백성들을 아끼며 힘겨운 부역과 관련되는 일들을 백성들에게 지우지 않음으로써 그들의 부담을 조금이나마 줄여 줄 수 있도록 해야 합니다. 그렇게 되면 백성들이란 매우 민감해 큰 나라 군사들에게 공급하라고 해도 원망하지 않고, 적 누르하치를 치라고 해도 꺼리지 않을 것입니다. 그것은 비록 임금과 신하 사이의 큰 의리를 잘 알지는 못하지만 모두 임진년의 우리나라를 다시 일으켜 세워 준 큰 나라의 은혜에 감격하고 있기 때문입니다.

지난 시기에는 간악한 무리들이 조정에 가득했으니, 누가 기꺼이 큰 나라 군사들과 합세해 오랑캐를 치자고 하겠습니까? 요즈음 듣건대 전하가 결단을 내리시어 사기를 돋우는 조치를 많이 취했다고 합니다. 인심이 굳게 결합하면 막대기를 가지고도 적을 막을 수 있을 것입니다.

우리나라 군사는 원래 천하의 강한 군사라고 일컬어 왔습니다. 정말 민심을 얻기만 하면 사람들은 모두 즐겨 싸움에 나설 것이니 이따위 적에 대해 무엇이 어려우며 방어하는 데 무엇이 근심이 있겠습니까?

인 조: 경의 말이 옳다. 오늘날의 힘겨운 부역을 가볍게 감해 주고 부세賦稅를 덜어 주어 먼저 민심을 결합시키는 것보다 더 좋은 계책은 없다.

이원익: 신이 듣건대 이제 경연을 열고자 강론할 책을 물어 보셨다 하니 신은 기쁨을 금할 수 없습니다. 전하의 학문이 이미 고명해지셨다 하지만 만약 자주 경연을 열지 않으면 착한 말이 들어 올 길이 없어질 것이니 무엇에 근거해 인재를 기르겠습니까? 민간의 폐해나 국가의 정사에 이르기까지 경연에서는 강론하지 않는 것이 없습니다. 그러므로 옛 임금들이 설사 싸움을 하는 중에서도 학문을 강론하는 것을 그만두지 않는 것은 실로 이 때문인 것입니다.

전하도 꾸준히 노력해 마음 수양이 잘 되었다면 나라를 다스리는 데 무엇이 어렵겠습니까? 옛사람이 말하기를 '공정한 것만이 사람들을 감복시킨다〔唯公復人〕'고 했습니다. 전하가 만약 공정한 마음으로 정사를 해 터럭만큼도 사사로운 것을 보이지 않는다면 온 나라 백성들을 감화시키는 덕화는 소리에 대한 반향보다도 더 빨라서 궁중에도 사사로운 일이 없어지고 백성들은 새로운 눈으로 바라볼 것입니다. 그러나 만약 털끝만 한 사사로운 생각이라도 보이면 백성들은 실망할 것입니다.

한여직韓汝溭(승지): 우리나라에서는 기강이 해이해지고 인심이 불순해 조정 안에서 붕당을 만드는 폐단이 생겼습니다. 전하가 한결같이 공정한 마음으로 사람을 등용해 조금도 사정을 쓰는 일이 없도록 한다면 인재가 스스로 나올 것입니다.

이원익: 붕당을 만드는 폐단은 옛날부터 있었습니다. 붕당이 생겼다면 깨트리기 어려울 것 같지만 오직 임금의 마음 하나에 달린 것입니다. 사람을 쓰고 버리며 올리고 떨구는 것을 한결같이 공정하게만 한다면 어진 사람들은 올라서고 못된 자들은 물러나서 조정 안이 저절로 깨끗해질 것입니다.

인 조: 붕당을 만드는 것이 오늘날에 고질적인 폐단이 되었으므로 나도 근심하고 있다. 비록 좋지 않은 사람들이라고 하지만 그 가운데는 왜 쓸 만한 인재가 없겠으며, 비록 좋은 사람들이라 하지만 그 가운데에는 어찌 다 적합한 사람들이겠는가? 이조와 병조의 판서들이 한결같이 공정한 도리로만 생각한다면 붕당을 만드는 폐단이 저절로 없어질 것이다.

이원익: 임금의 본심이 깨끗하면 아랫사람들 속에서 어찌 공정하지 못한 결함이 있겠습니까?[239]

인조는 이원익을 의지해 난국을 풀어 가고자 했다. 인재 발굴, 안민 정책, 재정 절감, 경연 참여, 공정한 마음가짐, 붕당 타파 등 광범한 정책에 대해 의견을 나누었다. 그만큼 이원익에 대한 신뢰가 깊고 의지할 만하다고 생각해서였을 것이다. 아울러 누르하치의 여진이 쳐들어오는 것을 방어하고자 군사를 모집해 훈련할 것도 건의했다.[240] 그리고 공물貢物대납의 폐해를 빨리 해소해 줄 것을 건의했다.[241] 인목대비도 이원익에게 의례하

239) 《인조실록》 권 1, 인조1년 3월 임자

240) "무술훈련과 백성을 편안히 하는 것이 가장 급합니다."(《인조실록》 권 1, 인조 1년 3월 계축).

241) 앞과 같음.

는 바가 컸다.

> 경은 일찍이 나를 위해 바른말을 하다가 죄에 걸려 쫓겨났으니 경의 충성은 하늘의 해를 꿰뚫을 만하다고 하겠다. 홀몸으로 된 나는 덕이 없어 국모노릇하기에 맞지 않기에 그만 천지개벽 이래로 있어본 적이 없는 변고를 당하게 되었다. 다행히 옥황상제의 보살핌과 황천에 있는 선왕 신령의 도움을 받아 이처럼 어진 아들을 얻어 다시 오늘과 같은 일이 있게 되었다. 경은 더욱 충성을 다하고 새 임금을 잘 받들어 위로는 선대 임금들의 반석 같은 터전을 넓히고 아래로는 끊어져 가는 백성들의 생명을 구원하기를 바란다. 이 임무를 오직 경의 한 몸에 맡기니 나도 이제는 침식을 좀 편안히 하게 될 것이다.242)

3월에 원상이 되었다.243) 이때 폐모론을 주장했던 자 가운데 수죄자首罪者는 모두 처벌했으나, 그 다음 형벌을 받을 자들은 재산 적몰籍沒을 면제해 주고, 연좌緣坐(죄에 연루됨), 협종脅從(협박 때문에 억지로 따름), 괘오詿誤(남에게 속아 그릇된 방향으로 인도됨)의 경우는 죄를 반으로 깎아주자고 해 그대로 되었다.244) 민심을 빨리 안정시키기 위해서였다.

그런데 4월에 인목대비가 명나라에 보내는 외교문서에

> 1) 내가 광해군이 왕위를 물려받을 때 그가 못된 자인지 모르고 내 이름으로 황제에게 추천한 것은 황제를 속인 죄라는 것
>
> 2) 내가 갇혀 모욕을 당한 기간이 10년이라는 것

---

242) 앞과 같음.
243) 연보, 739쪽.
244) 앞과 같음.

3) 외척들이 간악한 무리들과 공모해 나의 아버지 형제들을 반역죄로 몰아 죽인 것
4) 유구국琉球國 세자가 표류되어 온 것을 변방의 신하를 시켜 몰래 죽인 것
5) 광해군 부자의 죄악이 극도에 달했으므로 제때에 형벌을 가해 (죽여서) 관리들과 백성들을 위로할 것

등을 꼭 집어넣으라고 승정원에 지시했다. 이에 영의정 이원익은 예조판서 이정구李廷龜, 대제학 신흠申欽과 함께

1) 광해군은 처음에는 어질다고 여기고 종묘와 사직을 받들도록 했으나 오늘에 와서는 도리를 어기고 행동이 나쁘기 때문에 내쫓지 않으면 안 되었다고 쓰는 것이 옳다.
2) 외척들이 화를 초래했다는 등의 말은 원래의 보고가 명백하게 되어 있으니 더 말할 필요가 없다.
3) 갇혀 욕을 본 햇수는 마땅히 사실대로 써도 좋다.
4) 그러나 광해군을 '제때 형벌을 가해야 한다'는 것을 보고서에 넣으면 마치 그를 원수처럼 취급하고 있는 듯이 보여 명나라가 듣고 놀라지 않을까 걱정이 된다. 명나라 사람들의 것이 어찌 대비 혼자의 생각이라고 여기겠는가? 그 책임이 임금에게 돌아올 것이니 조심해야 한다. 또 우리와 광해군 사이에는 임금과 신하의 의리가 있으니 형벌을 가한다면 우리도 그만두어야 한다.

는 이유 등을 들어 인조와 인목대비에게 제의했다. 그래서 광해군은 죽이지 않고 강화도로 귀양 가게 되었다.[245] 광해군이 강화도로 갈 때 이원익

은 신하 가운데 일찍이 광해군을 섬긴 자들을 거느리고 남쪽 교외에 가서 꿇어 앉아 "임금으로 하여금 이 지경이 되게 한 것은 저희들의 죄입니다"라면서 눈물을 흘렸다 한다.246) 이원익은 또한 언제 변란이 생길지 모르니, 무사 가운데 쓸 만한 사람 10명을 뽑아 그들로 하여금 관청과 개인 노비 가운데서 한 사람이 100명씩 군사를 뽑게 해 정예군으로 훈련시킬 필요가 있다고 건의했다. 인조는 그들을 특별히 대우할 방도를 찾아보라고 했다.247)

이때 참찬관 민성징閔聖徵이 이원익은 원로대신이니 남녀藍輿(대로 엮어 만든 가마)를 타고 대궐에 들어오게 하고, 조회에 들어올 때는 부축해 주며, 닷새의 한 번 정도만 출근하게 하고, 중대한 문제가 생기면 해당 관리를 집으로 보내 자문하도록 하자고 해 그대로 되었다.248)

5월에 광해군의 아들 이지李祬가 위리안치 도중에 도망했는데 이원익이 용서해 주어야 한다고 하자 대사헌 이귀가 "신은 이원익을 본래 존경해 왔으나 오늘의 이 행동으로는 사람의 마음을 만족시킬 수 없습니다. 대신들이 그러한 자세를 가지고 어떻게 신망을 받겠습니까?"249)고 비판하자 사의를 표했다.250) 인조는 "요즘 젊은이들이 그의 잘못에 대해 경솔하게 말하고 있다"251)고 하면서 유신儒臣을 보내 문병하게 하고 또 해당 관아에 명해 궤장을 내리게 했다. 9월 6일에 무악舞樂을 가지고 사궤장연賜几杖宴을 베풀게 하고, 중관中官을 보내 선온주宣醞酒를 하사했다.252) 이때 3공6

245) 《인조실록》 권 1, 인조 1년 4월 신유
246) 權愈, 行狀, 828~829쪽.
247) 《인조실록》 권 1, 인조 1년 4월 병자
248) 《인조실록》 권 1, 인조 1년 4월 병술
249) 《인조실록》 권 2, 인조 1년 7월 신묘
250) 《인조실록》 권 2, 인조 1년 7월 임진
251) 《인조실록》 권 2, 인조 1년 7월 갑오
252) 연보, 740쪽.

경을 다 모이게 했다. 학사 유근柳根이 시를 지어 축하하자 이원익이 화답했다. 그리고 빙초氷綃에 이를 그림으로 그렸다.253) 이때 도당상회연都堂相會宴과 기영연회耆英宴會도 함께 열렸으며, 이때 수창酬唱한 《계해사궤장연첩癸亥賜几杖宴貼》 한 권이 세상에 전한다.254)

1624년(인조 2) 정월에 이괄난이 일어났다. 이원익은 영의정이었기 때문에 2월에 팔도도체찰사가 되었다. 형조판서 이시발李時發과 대사간 정엽을 체찰부사, 최현崔晛과 김시양金時讓을 종사관에 임명했다. 이원익은 임진왜란 때 평양감사로서 백성들을 안정시킨 경험이 있다면서 스스로 나가 싸우겠다고 했다. "신이 비록 늙고 병들었지만 어찌 나라를 위한 일에서 목숨을 아끼겠습니까?"고 한 말에서 그의 살신성인殺身成仁의 의지를 볼 수 있다.255) 그러나 늙고 병들었다고 나가지 못하게 했다.

정부에서는 이경직李景稷을 시켜 왜관의 왜병을 불러오려 했으나 그들이 본국의 허가를 받으려면 시간이 많이 걸리고, 또 이것을 빌미로 많은 왜병이 오면 의외의 우환이 생길 수 있다고 해 그만두었다.256) 이괄난 이전에 어떤 사람이 고발해 기자헌 등 38인을 체포한 일이 있었다. 이원익은 "기자헌의 죄상이 드러나지 않았고, 하물며 이 사람은 폐모론을 반대하다가 멀리 귀양 가기까지 했으니 10세를 용서할 자이다"고 했으나, 공신들이 밤중에 모두 베어 죽여 버렸다.257) 도원수 장만張晩은 병이 심해 사직을 원했으나 황해병사를 겸임케 해 잠시 쉬도록 했다. 이원익은 도감군과 도성 백성들을 거느리고 적을 맞아 치려고 했다. 그런데 조금 뒤에 적이 임진강에 이르자 인조는 끝까지 수비하겠다던 도성을 버리고 공주로 피란했다.

---

253) 李埈, 李元翼神道碑銘, 《梧里先生文集》 卷 2, 驪江出版社, 1995, 859쪽.
254) 연보, 740쪽 ; 《개관5주년기념 충현박물관 소장유물도록》, 충현박물관, 2008, 18쪽.
255) 《인조실록》 권 4, 인조 2년 1월 기묘
256) 《인조실록》 권 4, 인조 2년 2월 갑오
257) 연보, 740쪽.

이원익도 군사를 거느리고 따라갔다. 며칠 뒤 이괄이 패해 잘린 목이 행재소에 전해졌다. 그래서 여러 도의 군사들을 해산해 보냈다. 이원익도 인조를 따라 서울로 돌아왔다. 도원수 장만은 머뭇거렸다는 죄로 일단 백의종군하도록 명했다. 그러나 이원익은 "장만이 끝내 여러 장수들과 함께 적을 깨트렸으니 전일의 죄를 사면할 만합니다"고 건의해 사면되었다.258) 그리고 인조가 "사민士民 가운데 적에게 붙은 자가 많으니 어떻게 다스려야 하나?"를 묻자 그는 "정말 적에게 붙은 명백한 증거가 있는 자는 마땅히 베어 죽여야 하지만 만일 들은 대로 베어 죽인다면 원한 관계로 서로 모함해 사람마다 위태롭게 될까 두렵고, 또 이제 뒤섞어 형벌을 가해 원망을 부르는 것은 마땅치 않습니다"고 해 형벌을 줄이게 했다.259)

이원익은 광해군의 폭정으로 도탄에 빠진 백성들이 또 이괄난으로 민심이 동요되기 쉬우니 재생청裁省廳을 설치해 경비를 절약하고 부세를 경감해 주어야 한다고 했다. 그러기 위해서는 우선 종묘와 여러 능의 제수祭需를 줄이고, 3전三殿(왕, 왕비, 대왕대비전)에 올리는 물자를 감손해야 한다고 했다. 그리고 대동법大同法을 여러 도에 실시해 부담을 고르게 해야 한다고 했다. 그러나 대동법은 거실巨室의 반대로 널리 시행되지 못했다.260) 또 강도江都와 남한산성의 방어 기구를 수리해 여진족의 침입에 대비해야 한다고 했다.261) 3월에 흰 무지개가 해를 꿰뚫는 변이 일어났다. 이에 이원익은 "전번부터 살육된 자와 유배된 자가 많으니, 한번 특사의 은전을 베풀어 인심을 기쁘게 하소서"라고 해 많은 죄인을 풀어주었다.262)

인조는 영의정 이원익이 사는 집이 초라하다고 해 관청에서 몰수한 집

---

258) 權愈, 行狀, 831쪽.
259) 앞의 책, 832쪽.
260) 앞과 같음.
261) 연보, 741쪽.
262) 權愈, 行狀, 832쪽.

가운데 골라서 주라고 지시했다. 그는 차자를 올려 사양했으나 받아들이지 않았다.[263] 그리하여 교동校洞에 있는 정조鄭造의 집을 골라 주었으나 그가 기어이 고사하고 받지 않았다 한다.[264] 조정의 의논에서 광해군이 올린 선조의 휘호徽號를 깎으려 하는 것을 "비록 혼조昏朝에서 한 일이나, 이미 휘호를 올렸으니 지금 추론하는 것은 마땅치 않다"고 반대해 그만두었다. 그리고 이원익이 처음 조정에 들어왔을 때 어떤 사람이 정철의 관작을 회복시켜 주자고 청하자 그는 "신이 선조先朝에서 대사헌이 되어 정철의 죄를 논했거니와 정철이 기축옥사를 다스린 데에는 실로 사람으로서는 차마 못할 일을 많이 했습니다"고 해 그 논의를 중단시켰다. 이때 정철의 아들 정종명鄭宗溟이 아버지의 억울함을 풀어달라고 하자 그는 "정철이 죄를 얽어 죽인 사람들은 분명히 억울한 누명을 쓴 것이니, 그 사람들의 관작을 회복시킨 뒤에 정철의 복관을 논할 수 있습니다"고 해 이를 저지했다. 그래서 기축옥사로 죽음을 당한 사람들은 모두 복관시켜 주었다.[265]

공주에서 서울로 돌아오자 병이 심해져 해직을 청했다. 그는 "처음 신이 어가를 호위할 때에 살 가망이 없어서 미리 동행인에게 '내가 길에서 죽으면 꼭 길가에 묻어 달라'고 부탁했는데 지금 다행히 다시 성상의 얼굴을 뵙게 되었습니다"고 하자 인조는

> 경의 한 몸은 나라가 흥하는가, 망하는가, 다스려지는가, 어지러워지는가에 관계되는 만큼 조정에 나오고 물러가는 것을 경솔하게 해서는 안 된다. 경은 반드시 나와 고락을 같이해 시종 협력하고 보좌해야 할 것인데 오늘 병 때문에 이렇게까지 물러나겠다고 사임을 청할 줄이야 생각

263) 《인조실록》 권 5, 인조 2년 3월 정묘
264) 연보, 741쪽.
265) 權愈, 行狀, 833쪽.

> 이나 했겠는가? 나는 매일 같이 경이 관청에 나오기를 바라고 있는데 경의 사임 문건이 또 올라왔다. 나는 나라 일을 생각할 때 마음을 걷잡을 수 없다.[266]

고 해 이원익의 진퇴는 국가의 흥망과 관계가 있다고까지 말했다. 이에 인조는 8도도체찰사직을 풀어 주었다.

1624년(인조 2) 11월에 이원익의 사위 박윤장의 공초에 이대온李大溫이라는 사람이 반역 음모를 이원익에게 말했다고 해 대죄했다. 인조는 위로하고 대죄하지 말라고 했다.[267] 이원익은 21차례나 영의정을 사직하는 상소를 올린 끝에 영중추부사로 전직되었다.[268] 그러나 1625년(인조 3) 8월에 다시 영의정이 되었다.[269] 10월에 차자를 올려 김자점金自點과 심기원沈器遠이 붕당을 지어 자기들의 뜻을 어기는 사람은 체포하는 행위를 고발했다. 인조는 이에 대해 "뜻있는 약석藥石의 말이로구나. 진실로 오늘날 듣지 못한 바로다. 내가 감히 가슴에 새기지 않겠는가?"고 했다.[270] 11월에 인성군仁城君 공珙이 역모와 연루되었으나 사실이 아니므로 풀어주고 대궐과 가까운 곳에 옮겨 살도록 했다.[271]

1626년(인조 4) 정월 14일에 인조의 생모인 계운궁啓運宮 구씨가 죽었다.[272] 계운궁의 병세가 위독해지자 영의정 이원익, 좌의정 윤방尹昉, 우의정 신흠申欽, 예조판서 김상용金尙容은 인조가 선조에게 들어가 대통大統을

---

266) 《인조실록》 권 7, 인조 2년 11월 을묘
267) 朴弘耇의 옥사에 그의 조카인 朴允章은 공초에서 李大溫은 張晩의 군관으로 李适의 무리들과 반역음모를 꾸미다가 체포되었다(《인조실록》 권 7, 인조 2년 11월 경신).
268) 《인조실록》 권 8, 인조 3년 2월 갑진
269) 《인조실록》 권 9, 인조 3년 8월 계미
270) 연보, 742쪽.
271) 앞과 같음.
272) 《인조실록》 권 11, 인조 4년 1월 무오

이었으므로 낳아 준 부모에 대해서는 상복을 내려 지팡이를 잡지 않는 1년복을 입어야 한다고 주장했다. 그러나 인조는 들어가 대통을 이은 것은 인정하나 자신이 양자로 간 적이 없고, 아직도 (계운궁을) 어머니라고 부르고 있는 점을 들어 3년복을 주장했다. 1년설은 사계沙溪 김장생金長生이, 3년설은 잠야潛冶 박지계朴知誡가 예론적 근거를 제공했다.[273] 당시 조야朝野의 사림들은 김장생의 지팡이를 짚지 않는 1년복을 지지했고, 인조와 반정공신들은 박지계의 3년복을 지지했다. 영의정 이원익 등은

> 3년상으로 말하면 천자로부터 일반 백성에 이르기까지 공통된 것입니다. 이것은 물론 성인이 교화를 펴는 원칙이고 오늘날의 문제는 변칙적인 예법입니다. 전하는 직접 선조의 뒤를 이은 만큼 선조는 할아버지이지만 아버지의 도리가 있고, 전하는 손자이지만 아들의 도리가 있습니다. 선대 임금의 종통宗統으로 말하면 원칙상 더없이 중요한 문제인데 친부모를 위해서 3년상을 입을 도리가 어디에 있겠습니까? 심지어 '고考'라고 부른 것으로 말하면 그것은 대체로 친족의 칭호를 고칠 수 없기 때문입니다. 어찌 친족의 칭호를 '고'라고 한다고 해서 상복제도에 착오를 가져올 수 있겠습니까? 신 등의 의견이 단연코 이러하므로 끝내 전하의 지시를 받들지 못하겠습니다.[274]

고 했고, 이에 대해 인조는

> 3년상으로 말하면 천자로부터 일반 백성에 이르기까지 누구에게나 다 공통된 것이다. 왕위에 오른 뒤에도 부모라고 불러왔는데 어째서 3년

273) 李成茂, <17세기의 禮論과 黨爭>(《朝鮮兩班社會硏究》, 一潮閣) 1995, 453쪽.
274) 《인조실록》 권 11, 인조 4년 1월 무오

> 상을 시행하지 못한단 말인가?[275]

고 반론을 제기했다. 이런 원칙에 따라 1) 능원군陵原君(인조의 동생)을 상주로 세우는 것, 2) 금분金粉으로 명정銘旌을 쓰려는 것, 3) 6일 만에 상복을 입으려는 것은 안 되며, 나라의 장례 규례대로 거행해야 한다고 주장했다.[276] 사관은 이러한 논의를 다음과 같이 논평했다.

> 이원익의 이 차자로 말하면, 한 마디 한 마디가 절실한 말들이다. 임금도 옳고 그른 것을 모르지 않았지만 지극한 인정에 가려서 끝내 선뜻 깨닫지 못한 채 예법이 아닌 예법을 시행하게 되었다. 얼마나 애석한 일인가?[277]

그러나 인조는 성복成服하는 날 자의로 지팡이를 짚는 1년복[杖朞服]을 입었다. 그뿐만 아니라 소상小祥 후에도 길복吉服을 바꾸어 입지 않고 심상 3년心喪三年을 행했다. 인조는 실상 3년복을 입고 싶었지만 조신들의 강력한 반대로 지팡이를 짚는 1년복을 입은 것이다.[278]

인조가 자기의 의견을 선뜻 받아들이지 않자 이원익은

> 전하는 위에서 큰 권한을 쥐고 있고 아래에다 큰 권한을 행사하는 자리에서 정말 하고 싶은 것을 실현하려고만 한다면 무슨 일인들 못하겠습니까? 결국에 가서는 조정의 신하들도 어쩔 수 없을 것입니다. 하지만 선대 임금의 계통이 두려운 노릇이고 신하와 백성들의 공정한

---

275) 앞과 같음.
276) 《인조실록》 권 11, 인조 4년 1월 신유
277) 앞과 같음.
278) 李成茂, 〈17세기의 禮論과 黨爭〉, 《朝鮮兩班社會硏究》, 一潮閣, 1995, 457쪽.

> 의견도 고려해야 할 것입니다. 고명한 전하로서 응당 생각하는 것이 있어야 할 것입니다. 한갓 그지없는 애통한 심정만 가지고 상사에 관한 예법을 문란시키지는 말아야 할 것입니다. 자식이 부모를 섬길 때 해야 할 일을 하지 않는 것이나 하지 않아야 할 일을 하는 것은 다 같이 효성스럽지 못한 것으로 됩니다. 더구나 종통과 사적인 친족 관계와는 원칙상 엄격히 구별되는 만큼 나라 상사의 규례를 적용하는 것은 효도를 다하는 것이 아닙니다. 죽을 날을 눈앞에 둔 신은 조정의 신하들과 함께 날마다 전하 앞에서 간할 수가 없기 때문에 한 번 차자를 올린 다음 땅 속에 들어가고 말 것입니다. 뒷날 천만 년 종묘와 사직에 관한 근심이 전하에게 달려 있습니다. 늙은 신이 오늘날 말하지 않았다고는 말하지 말아야 합니다.[279]

고 말해 인조가 고집을 부리면 하고 싶은 대로 하겠지만 국법에 따라 공변되게 상사를 치러야 한다고 충고했다. 그리고는 30여 번에 걸쳐 사직소를 올리고 금양衿陽으로 물러났다. 이에 인조는 할 수 없이 1626년(인조 4) 12월에 그를 영중추부사로 전임시켰다.[280] 인조는 해당 관아로 하여금 대궐 아래에 있는 민가를 수리해 이원익에게 주라고 했으나 사양하고 사용하지 않았다.[281] 그는 훈련원 제조도 사임하고자 했으나 받아들여지지 않았다.[282]

1627년(인조 5) 정월에 후금이 침입해 평산平山에 이르자 인조는 강도로 피란했다. 남이흥南以興이 안주를 지키다가 패해 죽었다.[283] 인조는 이원

279) 《인조실록》 권 11, 인조 4년 1월 신유
280) 《인조실록》 권 14, 인조 4년 12월 무신
281) 權愈, 行狀, 837쪽.
282) 《인조실록》 권 14, 인조 4년 12월 계해
283) 權愈, 行狀, 839쪽.

익을 경기·충청·전라·경상 4도도체찰사로 삼아 세자(소현세자)를 따라 전주에 가서 주둔하게 했다. 장만은 평안·함경·황해·강원 4도도체찰사로,[284] 김류金瑬를 이원익의 부체찰사로 임명했다.[285] 인조는 "경은 비록 늙었더라도 누워서 여러 장수를 거느리면 사방이 반드시 기뻐서 몸을 솟구칠 것이오"라고 하자 그는 "세자의 지위는 조정 안팎에 관계가 있으니, 청컨대 조정을 나누어 남쪽으로 내려가 삼남의 민심을 유지시키게 하소서"라고 요구했다. 인조는 세자의 나이가 어리다고 다시 생각해 보라고 했다. 이에 그는 "이것은 사직을 위하는 큰 계책이니 신들은 승낙을 받아야 물러가겠습니다. 만일 궁중에서 의논한다면 잘 되지 않을 것입니다"고 하자 인조가 "세자가 어려서 배움이 없는데 경은 장차 어떻게 받들어 주선할 것인가?"고 했다. 이원익이 "감히 사력을 다하지 않겠습니까?"고 하고 그날로 우의성 신흠과 함께 세자를 따라 남쪽으로 내려갔다. 이때 산관散官들이 분조를 따르는 사람이 많아 일행이 요란하자 그가 군법을 엄히 시행했더니, "체부體府가 적은 치지 않고 물러나 행장行裝이나 검속하므로 막중幕中의 정예병들이 모두 울분을 토하고 있으니 체찰사는 군사를 거두어 스스로 떠나라!"고 하는 사람이 있었다. 이원익은 "이게 무슨 소린가? 임금께서 어린 아들을 늙은 신하에게 부탁했는데 내가 어찌 차마 일각인들 떠날 수 있겠는가? 곧 일행이 나를 몰아내더라도 나는 듣지 않을 것이다"고 해 행렬을 정돈했다. 그리고 행렬 가운데 이의가 있을 때는 지성으로 설득해 열복시켰다.[286] 이원익은 화의를 받아들일 수밖에 없고, 백성의 부담을 덜어 주고, 재물을 아껴 쓰고, 백성을 사랑할 것을 건의했다.[287]

---

284)《인조실록》권 15, 인조 5년 1월 을유
285) 위와 같음.
286) 연보, 743쪽.
287)《인조실록》권 16, 인조 5년 4월 을묘

3월에 후금과 강화하자 4월에 세자를 모시고 서울로 돌아왔다. 5월에 3번 차자를 올려 훈련원 제조직을 바꾸어 줄 것을 요구해 허락을 받았다. 그가 금천에 가서 성묘할 것을 청하자 인조는 본도에 명해 음식물과 제수를 넉넉히 지급하라고 했다. 9월에 병을 이유로 벼슬을 그만두려 했으나 허락하지 않았다.[288] 인조는 승지 강홍중姜弘重을 시켜 이원익이 어떻게 지내는지 알아보라고 했다. 승지는 다음과 같이 보고했다.

> 이원익은 매우 심하게 야위었고 근력이 쇠약해 몸을 돌리거나 앉거나 누울 때 반드시 남의 부축을 받아야 합니다. 또한 그가 살고 있는 집은 초가집 두서너 칸뿐인데다 바람도 막지 못합니다. 비록 여러 대의 조상 무덤이 있는 산 아래에 살지만 1무畝의 토지나 몇 명의 노비도 없고 온 집안은 달마다 주는 녹봉만 가지고 겨우 입에 풀칠이나 한다고 합니다.[289]

이에 대해 인조는

> 40년 간 정승으로 있으면서 두서너 칸짜리 초가집에 비바람도 막지 못한다고 하니 그의 청백한 생활은 옛날에도 없는 것이다. 내가 한평생 그를 존경하는 것은 그의 공로와 덕행뿐이 아니다. 공의 청백한 생활을 모든 관리들이 본받는다면 무엇 때문에 백성들이 곤란하게 사는 것을 근심하겠는가? 그의 검소한 덕도 표창해 들어나게 하지 않을 수 없는 만큼 해당 도에서 번듯한 집을 지어 주게 하며 또 해당 조에서 베 이불과 흰 요를 주게 함으로써 그가 숭상하는 검소한 덕을

288) 연보, 744쪽.
289) 《인조실록》 권 24, 인조 9년 1월 을유

> 실현하도록 할 것이다.[290]

고 했으나 이원익은 받지 않으려 했다. 그러나 인조가 타이르자 그 집에 들어가 살았다.[291] 뒤를 이어 선조를 호종한 공으로 주는 공신노비를 내려 주었다.[292] 이원익은 인조가 창고를 맡은 아전을 시켜 녹봉을 실어다 주었으나 받지 않았다.[293]

직위가 1품에 이르렀을 때 받은 녹봉을 가난한 일가에게 나누어 주어 때로는 식량이 떨어지기도 했다. 거처하는 집은 매우 협소해 무릎을 제대로 펼 수 없었지만 그는 태연하게 거처했다. 임금이 누차 적몰한 역적의 집을 하사했으나 사양하고 받지 않았다. 임금이 유사에게 명해 오리동梧里洞에 집을 짓도록 했으나 그는 두 번이나 사양했다. 그리고 다만 두어 칸 집을 지어 거처했다. 1631년(인조 9) 겨울에 임금이 흰 이불과 흰 요를 각각 하나씩을 하사하고 이어서 "청렴하고 검소한 것이 바로 경의 신조이니 지금 이것으로 표창한다"고 했다. 선조 때 유성룡과 함께 청백리로 뽑혔는데 그는 "나는 벼슬에 있을 때 비록 조금 근신하기는 했으나 곤궁에 처할 때에는 누가 물건을 주면 사양한 적이 없었는데 오히려 청렴이라고 할 수 있겠는가?"고 했다. 그가 수령을 지낸 곳에서 생사당과 청덕비淸德碑를 세운 것을 모두 사람을 시켜 밤에 헐어 버렸다.[294]

---

290) 앞과 같음.

291) 연보, 745쪽. 이 집을 觀感堂이라 했다. 편액은 1693년(숙종 19) 10월에 芹谷 李觀徵이 썼다. '관감'이란 '보고 느낀다'는 뜻으로 인조가 "내가 집을 하사하는 이유는 신민들이 그대의 청백리의 삶의 자세를 보고 느끼게 하고자 하는 것"이라는 말에서 따 온 것이다. 이 집은 1630년(인조 8)에 하사했는데, 1637년(인조 15) 병자호란 때 소실되어 이원익의 증손 李象賢이 이원익 서거 60주년을 기념하고자 梧里影宇와 함께 복원했다. 관감당과 오리영우는 1996년에 경기도 유형문화재 제161호로 지정되었다. 오리영우의 편액도 이관중이 썼다(《오리 이원익 종가의 이야기》, 충현박물관, 관감당과 오리영우, 2005, 119쪽).

292) 《인조실록》 권 24, 인조 9년 1월 을유

293) 《인조실록》 권 24, 인조 9년 4월 정사

294) 李埈, 神道碑銘, 《梧里先生文集》 卷 2, 續集附錄, 驪江出版社, 1995, 860쪽.

1631년(인조 9) 6월 후금이 가도椵島를 친다는 명목으로 쳐들어오자 금천에서 들어와 인조를 만났다. 인조가 어떻게 하면 좋으냐고 하자 이원익은 평시에 군사를 정비해 강화도와 남한산성을 지키고 3남을 수습해 백성들의 고통을 덜어주어야 한다고 대답했다.

> 백성은 나라의 근본인 만큼 근본이 튼튼해야 나라가 편안한 법입니다. 백성이 없으면 먹을 것이 없고, 먹을 것이 없으면 백성이 없게 마련이므로 백성들의 수고로움을 덜어 주고 백성들의 먹는 문제를 풍족하게 해야 한다.[295]

지극히 원론적인 얘기지만 이는 유교정치의 근본이기도 했다. 적이 물러가자 이원익은 사직하고 금천으로 물러갔다.[296] 인조는

> 기덕耆德을 멀리하면 이것이 난풍亂風이라 했는데, 지금 영부사가 먼 곳에 있으니 어찌 기덕을 멀리한 것이 아니겠는가? 비록 관직은 맡지 않더라도 만일 조정에 있게 되면 구정대려九鼎大呂(주나라 보기寶器, 중한 지위)가 족히 나라를 진정한 것과 같은데, 다만 그 뜻이 어떠한가를 알지 못할 뿐이다. 나는 들으니 옛날 정승 황희가 언젠가 술에 취해 누워 있을 때 비가 와서 집이 새니 우산을 받쳐 비를 막았으므로 세상에서 그 청렴을 알아주었는데 지금 영부사의 청백이 어찌 황희에게 조금인들 양보하겠는가? 이것이 바로 내가 더욱 심복하는 바이다.[297]

---

295) 《인조실록》 권 25, 인조 9년 7월 병자
296) 《인조실록》 권 25, 인조 9년 7월 정축
297) 權愈, 行狀, 841쪽.

고 해 이원익의 청백함이 황희와 맞먹는다고 했다.

1632년(인조 10) 6월에 인목대비가 죽었다. 이원익은 서울에 들어와 곡을 하고 돌아갔다. 겨울에 인조의 병이 악화되어 별궁으로 거처를 옮기자 이원익은 다시 들어와 인조를 만났다. 인조는 그에게 초구貂裘를 하사했다. 이원익이 물러간 지 8년 동안에 다섯 번 서울에 왔고, 그때마다 쌀과 반찬을 하사했으며, 시골집에 있을 때는 인조가 보내는 사신이 끊이지 않았다.[298]

1633년(인조 11) 12월 이원익은 대궐에 들어가 왕에게 하직 인사를 했다.[299] 나이가 86세나 되고 병이 심하니 더 이상 말릴 수도 없었다. 1634년(인조 12) 봄에 인조가 또 승지를 보내 문병했다. 그는 편지를 써서 당시 정승들에게 "성군을 힘써 섬기라!"고 하고 정월 29일 정당에서 죽었다. 향년 88세. 인조는 승정원에 다음과 같이 지시했다.

> 영부사 이원익은 선대 임금 때의 원로로서 청렴한 덕이 비할 데 없으므로 내가 속으로 기뻐하고 진심으로 감복했다. 거북이나 시초로 점친 것처럼 믿고 나라의 귀중한 기물처럼 중하게 여겨 왔는데 나라의 운수가 불행해 훌륭한 스승을 갑자기 잃고 보니 비통한 마음을 진정할 수 없다. 부고를 들은 날에 곧 상사를 발표하는 의식을 가지려 했으나 병으로 그렇게 하지 못했으니 내가 몹시 한스러워 하는 바이다. 관리를 보내어 제사 지내 주는 일을 일반 규례대로만 할 수 없으니, 특별히 승지를 보내 제사를 지내, 공경하고 추모하는 나의 뜻을 표시하라.[300]

---

298) 앞과 같음.
299) 《인조실록》 권 27, 인조 10년 12월 정묘
300) 《인조실록》 권 29, 인조 12년 2월 경오

그리하여 승지 이민구李敏求를 금천으로 보내 제사를 지내게 했다. 인조는 조회를 3일 동안 폐하고, 어고御庫에 간직한 관재棺材를 하사했다. 세자는 건덕방建德坊에 있는 이원익의 옛집에 나아가 곡을 했고, 백관들도 모두 회곡會哭했으며, 도성 백성들은 모두 저자를 파하고 모여서 곡을 했다. 궁벽한 시골 백성들까지도 "우리 공이 아니면 우리는 남아나지 못했을 것이다"고 하면서 슬피 울었다고 한다.[301] 2월에 인조는 도승지를 보내 치제致祭했다. 묘는 4월 6일에 시흥 삼석산 아래 건좌로 썼다. 부인 정경부인 정씨와 함께 쌍분雙墳으로 묻혔다.[302]

이원익은 일찍이 사위 윤영을 불러 다음과 같이 일러두었다.

> 나의 평생 지론이 혹 맞지 않기도 하고, 재물에 다다라 혹 피하지 않기도 했으며, 옳은 것을 보고 혹 용맹을 떨치지 않기도 했으니 많고 적은 허물들은 이제 뉘우친들 소용이 없다. 내가 죽은 뒤에 만일 묘에 새기는 글을 서로 모르는 사람에게 부탁하면 혹 너무 떠벌려 사실보다 지나치게 해 나의 부덕함을 가중시킬까 염려된다. 생각건대 평일에 서로 깊이 아는 사람으로서는 오직 이준李埈이 세상에 살아 있을 뿐이니 그로 하여금 나의 평생 이력을 순서대로 적도록 부탁하라.[303]

자기가 죽은 뒤에 자기의 이력을 부풀려 쓸까봐 평소에 잘 아는 이준에게 행장을 쓰도록 부탁하라고 자손들에게 당부한 것이다. 신도비와 묘지墓誌는 부제학 이준이 짓고, 우의정 허목이 썼다. 행장은 대제학 이집李楫이,

301) 연보, 747쪽.
302) 權愈, 行狀, 843쪽.
303) 연보, 746쪽 및 李埈, 忠勤貞亮效節協策扈聖功臣大匡輔國崇祿大夫議政府領議政兼領經筵弘文館藝文館春秋館觀象監事完平府院君李公神道碑銘(《梧里先生文集》 卷 2, 續集附錄, 驪江出版社, 1995, 851쪽).

속행장은 대제학 권유權愈가, 시장은 택당澤堂 이식李植이, 유사遺事는 우의정 허목이 각각 지었다.[304] 그리고 18년 뒤인 1651년(효종 2) 6월에 문충文忠이라는 시호를 받고, 인조 묘정에 배향되었다.[305] 저술로는 《오리집梧里集》, 《속오리집續梧里集》, 《이상국일기李相國日記》[306]가 있다.

이원익은 일찍이 자손들에게 말하기를 "삼대三代 이전에는 풍수설風水說이 없었는데, 한漢·당唐 이후에 그 술법이 유행했다. 우리 조상들의 장지는 여러 번 병란을 겪어 풀 속에 매몰되었는데, 나는 여러 종족과 더불어 그 처소를 살펴 찾아서 집에 간직한 어지럽게 쓴 글 속에 기재하고 자손들로 하여금 명절을 만나면 성묘하고 전奠을 드리게 한다"고 했다. 그리고는 그가 금천에서 종장宗丈이 되어, 이씨 성을 가진 사람은 모두 다른 곳에 장사를 지내지 못하게 하고, 이미 다른 곳에 장사를 지낸 자도 아울러 옮겨 오도록 했으며, 풍수설에 구애받지 말고 비늘처럼 이어 붙여 쓰게 했다. 산의 주위는 그렇게 크지는 않았으나 사면의 구릉이 또한 많으니, 이후 비록 백대를 내려가더라도 묘를 쓸 땅이 없을 걱정이 없다. 살아서는 한 집에 살고 죽어서는 한 영역에 묻히는 것이 정리 상 편안한 일이다. 더구나 풍수설은 허탄하고 방서方書는 각각 달라 저기서는 길하다고 하고 여기서는 흉하다고 했으니 혹 저 말에 따라 이미 장사 지낸 자가 있고, 또 이 말에 따라 이장을 하게 된다. 일찍이 듣건대, 땅을 골라 장사한 것이 3~4대를 가지 못해서 처소를 잃어버리고, 그 위에 밭을 일구고 집을 짓되 묘소인 줄을 알지 못한다고 했다.[307] 대단히 합리적인 사상이다. 그리고 1630년(인

304) 《全州李氏益寧君派譜》 上卷, 1994, 4쪽.

305) 연보, 747쪽.

306) 日記는 두 종류가 남아 있다. 하나는 표지에 《稗林》〈李相國日記〉라고 쓰인 古 4250-49와 표지에 〈梧里日記〉라고 쓰인 古 4250-49A가 있다. 후자의 경우 1 책 서두에 〈李相國家錄〉이 있어 梧里의 생애를 개관하고 있다. 전자는 1930년에 일인들이 간행한 《稗林》에 수록된 〈李相國日記〉를 재록한 것이다. 이 책들은 병자호란 때 다 타버렸는데 오리의 庶女가 암송해 남아 있는 것이라 한다. 선조·광해군·인조 조에 정승을 지낸 오리 이원익이 쓴 일기이니 만치 이 시대를 연구하는 데 중요한 자료가 된다(한명기 해제).

조 8)에 남긴 유서遺書에도

> 풍수가〔山家〕의 말은 본래 분명하지 않아 알기 어렵고, 또 주장이 여러 갈래이다. 길흉이 서로 달라서 더욱 신빙할 수가 없다. 인생은 본래 천수가 있는 것인데, 그 길흉화복이 어찌 장지 때문에 달라지겠는가? 내가 본 것이 많고 내가 들은 지가 오래인지라 너희들은 절대로 풍수설〔地術〕에 현혹되지 마라! 다만 마땅히 한 산지에 같이 장사해 한 집의 골육으로 하여금 서로 소원疎遠하지 말게 할 것이며, 자손 대대로 찾아볼 수 있게 해 그 처소를 잃어버리지 않으면 좋을 것이다. 나의 선묘는 금천 오리동에 있는데, 고조모 이하 이제 이미 8대에 이르렀다. 늙은 내가 집안의 어른〔門長〕이 되어 같은 성씨의 문중 가족에게 엄책하노니 모두 다 와서 이곳에 매장토록 하라! 묘산의 산세가 둘러가며 있어 산등성이와 언덕이 무척 많으니 만일 순서대로 즐비하게 쓴다면 얼마든지 쓸 수 있을 것이다. 내 자손 중에 혹시 내 말을 위배하고 타지로 나가 장사 지내는 자가 있다면 나의 자손이 아니다. 내가 죽어서라도 영혼이 감시할 것이니 내 자손들은 마땅히 함께 꾸짖어야 할 것이다.308)

고 해 풍수지리를 절대 신봉하지 않을 뿐만 아니라 자손들에게 금천 오리동 선산에 차례대로 산소를 쓸 것을 유언했다. 그리고 형제 사이의 화목을 유지하기 위해 제전祭田에 대해서는

> 초록된 전답 각 곳은 종가에서 소유해 자손들에게 분등分等하지 말

---

307) 逸事狀(《梧里先生文集》 附錄 卷 1, 驪江出版社, 1995, 263쪽).
308) 遺書, 《오리 이원익 종가의 이야기》, 충현박물관, 2005, 56~57쪽.

> 고, 대대로 묘지기에게 주어 생활을 할 수 있게 하고 묘소를 수호하게 하되, 우리 내외 자손이 대대로 이러한 취지를 준수하고 바꾸지 말라![309]

고 해 제전을 다른 자손에게 나누어 주지 말고 종가에서 소유해 묘지기에게 주어 묘소 수호를 하게 하라고 엄명했다.

그 후 1658년(효종 9) 금양 사람들이 이원익을 위해 금천현 한천동寒泉洞에 한천사寒泉祠를 세웠다. 이 사당에는 이원익과 고려 태사太師 강감찬姜邯贊, 장령 서견徐甄을 함께 모셔 삼현사三賢祠라고도 불렀다. 또 1660년(현종 1)에는 여주에 기천서원沂川書院에도 그를 배향했으며, 1676년(숙종 2)에는 예조좌랑 박징朴徵을 보내 한천사에 충현서원忠賢書院이라는 사액을 내렸다. 1694년(숙종 20)에 증손 이상현李象賢이 금양에 하사한 집 옛터에 사당을 짓고 유상遺像을 봉안하고 해마다 제사를 지냈다. 이 집은 인조가 하사한 것이어서 그 은혜를 나타내는 의미에서 그 편액을 관감당觀感堂이라 했다.[310] 오리 영정影幀은 1) 1604년(선조 37)에 그린 〈평양 생사당生祠堂 구장舊藏 영정〉(1978년 10월 10일 경기도 유형문화재 제 80호), 2) 1604년에 호성공신 도상圖像을 그리기 전에 그린 〈완평부원군이원익화상초完平府院君李元翼畵像草〉, 3) 1604년에 그린 〈호성공신이원익화상(2005년 7월 7일 국가문화재 보물 1435호)〉 등 3본과 흉배 윗부분과 아래 족좌부분만 남아 있는 17세기에 그린 것으로 추정되는 〈잔결본殘缺本 이원익영정〉 1본이 현전한다.[311]

이원익은 자기의 성품에 대해

---

309) 子孫等成文, 《오리 이원익 종가의 이야기》, 충현박물관, 2005, 50~51쪽.
310) 權愈, 影堂記(《梧里先生文集》 卷 2, 續集附錄, 驪江出版社, 1995, 848~849쪽.
311) 초상화, 《오리 이원익 종가의 이야기》, 충현박물관, 2005, 10~17쪽.

> 나는 본래 용렬하며 남과 사귀는 일이 적었습니다. 성균관에서 있은 지 7년이요, 조정에 벼슬한 지 40년이었으나 남과 우정을 맺은 적이 적었고 남이 깊은 교의로 나를 대하는 자도 역시 적었습니다.[312)]

고 할 정도로 과묵한 인품의 소유자였다. 그러나 타고난 자질이 총명하고 기억력이 뛰어났으며, 기품의 과불급을 스스로 살펴 몸을 변화시키는 데 엄격하고 이치를 바르게 했다. 자신에게 편리한 것만을 일삼지 않고, 사사로운 뜻을 가지고 남을 대하지 않았다. 천한 데서부터 귀하게 되고, 낮은 데서부터 높이 되었으나 하는 바는 항상 일정한 마음을 가졌다. 그는 백성을 사랑했다. 그리하여 그가 발하는 정령에 백성들이 기쁜 마음으로 따르고, 그가 떠날 때는 비석과 사당을 지어 추모했다. 그래서 그가 근무한 안주와 성주에는 공덕비가 서고, 평양에는 생사당이 세워졌다. 공훈이 중국에까지 알려졌고, 잘못한 것이 없는데도 백방으로 모함하는 사람이 있었다. 그는 인목대비 폐비를 반대하다가 죽을 뻔 했다. 그런데도 인조반정이 일어나 혁명 정부에서 광해군을 죽이려 하자 항복한 왕은 죽여서는 안 된다고 하고 자기가 모시던 왕이라고 그가 강화도로 귀양 갈 때 그 전에 광해군을 왕으로 모신 관료들을 데리고 전송하면서 자기들이 잘못 보좌한 죄가 있다고 했다. 그는 흉금과 도량이 밝고 넓었으며 표리가 일치했다. 그리고 평소에는 사기辭氣가 온화하고 얼굴빛과 웃는 모습이 사랑스러웠으나 일에 다다르면 마치 산악처럼 우뚝해 움직이지 않았다. 어떤 재상이 "누가 지금 세상에 성인이 없다고 말하는가? 완평이 참으로 성인이다"고 했다. 어려울 때를 당하면 묘당廟堂에서 반드시 그의 말을 기다려서 결정했다. 그는 글을 지을 때 이치를 가지고 근본으로 삼고 수식을 일삼지 않았으나

---

312) 副提學 李廷馨에 대한 祭文(《국역 오리선생문집》, 驪江出版社) 권 1, 祭文, 61쪽.

체재가 모두 갖추어졌으니 보면 간략하고 담담한 것 같으나 의미는 매우 심장했다. 임금에게 고하는 말은 지성이 넘쳐 임금을 감동시켰다. 그러므로 소차疏箚가 올라가면 사람들이 서로 전해 가면서 외웠다. 그러나 그는 지은 글들을 즉시 없애 버려 집에 간직한 사고私稿가 없었다. 그는 "명예는 뜬 구름 같은 것"이라 했다. 그는 천하의 화복을 들어도 족히 그 마음을 움직이지 않았고, 그의 자율의 엄격함은 털끝만큼의 사사로운 누累로도 그 지조를 더럽히지 않았다. 거취의 용맹으로 말하면 마치 냇물이 쏟아져 흐르듯, 화살이 맹렬하게 날아가듯 했다. 그는 60여 년간 항상 혁혁한 이름을 지니고 있었으니 비록 부인이나 어린 애들도 모두 그가 어진 정승임을 알아 공경했다. 사돈(큰아들 이의전이 이준의 사위) 이준은 그를 '원우元祐(송 철종의 연호. 이때 당쟁이 심했다)의 완인完人'이라 했다.[313] 그는 요행을 바라지 않았고, 세상에 구차하게 야합하지 않았다. 그는 선조조에 영의정이 두 번 되고(1599년 1월, 9월), 두 번 도체찰사(1600년 6월 4도도체찰사, 1601년 8월 3도도체찰사)가 되었다. 광해조에는 두 번 영의정(1608년 2월, 1611년 8월)이 되었다. 인조조에도 영의정이 두 번(1623년 4월, 1625년 8월) 되었고, 두 번 도체찰사(1624년 8도도체찰사, 1627년 1월 4도도체찰사)가 되었다. 전쟁으로 북쪽이 위태로우면 북쪽으로, 남쪽이 위태로우면 남쪽으로 파견되어 목숨을 바쳐 싸웠다. 그러나 인조는 반정공신들을 의식해 그의 말을 전적으로 쓰지 못했고, 또 병 때문에 관직에 계속 머무를 수도 없었다. 그는 앞일을 잘 내다보기로도 유명했다. 죽기 전에 "나는 늙어 죽게 되었는데 지금 인사가 극도로 어지럽고 천도도 변했으니 큰 화가 미칠 것이다"고 예언한 바 있다. 아니나 다를까 그가 죽은 지 3년 만에 병자호란이 일어나 청에게 항복하는 사건이 일어났다.[314]

313) 李埈, 李元翼神道碑銘(《梧里先生文集》 卷 2, 續集附錄, 驪江出版社, 1995, 860~863쪽.
314) 權愈, 行狀, 844~847쪽.

권유는 이원익의 일생을 '충忠'과 '신信'으로 요약했다.

> '충'은 '덕德'의 올바른 것이고, '신'은 '덕'의 견고한 것이니, 유교에서 귀하게 여기는 바이다. 무릇 '충'과 '신'은 나에게서 발해 스스로 다하고 사물에게 미치니 처음도 잘 되고 나중도 잘 될 수 있다. 백성들의 뜻을 모을 수도 있고 천지신명을 감동시킬 수도 있다.[315]

이준(이원익의 서자 悌傳의 庶壻)은 이원익은 신하로서 '직直'과 '충忠'을 중시했다고 했다. 평상시에는 온화하다가도 임금에게 충언할 때는 자신의 이해를 돌보지 않았다는 것이다.[316] 상식적으로 판단해 공평무사하게 일을 처결하고, 나라가 위태로울 때는 남보다 앞서 목숨을 걸고 싸웠다. 항상 민심을 수습하고자 백성들의 어려움을 먼저 해결해 주고 세금을 줄여 주자고 했다. 형벌을 완화하고, 먹고살 길을 모색해 주자고 했다. 대동법이 그 예이다. 이것이 정승이 할 일이 아닌가?

이원익은 40년 동안 재상직에 있으면서 훌륭하다고 인정한 사람들이 많았다. "유성룡은 공경하게 섬긴 사람이요, 이순신은 충용하고 지략이 있는 사람이요, 조정립趙正立은 깨끗하고 바른 것을 지켰고[恬潔守正], 조중립趙中立은 고집스럽게 지켜 흔들리지 않았고[執守不撓], 정홍익[鄭弘翼]은 곧고 강했고[鯁直剛果], 강서姜緖는 학식이 높고 사리에 밝았고[高識達理], 오억령吳億齡은 온화하고 밝았다[溫和明亮]"고 인정했다. 또 "윤담무尹覃武는 충신하고 독실하나 단정하지 못한 벗을 사귀어 허물을 면치 못했고, 노경임盧景任은 명민하고 독실했으며[明敏篤敬], 곽재우郭再祐는 더러 잘못은 있으나 호협하고 의리를 좋아했는데, 내가 책망하면 얼른 깨달았다. 김우옹金宇顒

---

315) 앞의 책, 844쪽.
316) 神道碑銘, 862쪽.

은 우아하고 곧고 신실했으나[儒雅直諒], 정인홍을 멀리 피해 경기도에 떠돌았다. 정엽鄭曄과 이유록李綏祿은 여주에 살 때 같이 살았는데 서로 대단히 친했다"[317]고 했다. 이원익의 문인은 윤휴尹鑴·허목許穆 등 남인계가 중심이었지만, 김상헌金尙憲·조익趙翼·윤방尹昉·강석기姜碩期 등 시인 일부까지 확산되어 있었다. 특히 그는 손서인 허목을 뒷날 내 자리를 이어받을 사람이라고 특별한 기대를 보였다.[318]

이항복이 김장생金長生에게 이원익과 유성룡 가운데 누가 더 나으냐고 물었더니, "이원익의 재상으로서의 위업은 유성룡에 비할 바가 아니다"고 했다. 이항복이 "유성룡은 문집을 남겼지 않았나" 하니, 김장생이 "그것은 문사文詞일 뿐이다"고 했다. 이원익이 이 말을 듣고 "두 사람의 말이 내게는 틀렸다. 나는 받아들일 수 없다. 단지 이것은 뒤에 벼슬하는 사부士夫들에게 근본에 힘쓰라고 권하기 위한 말일 뿐이다"고 했다고 한다.[319]

4. 치 적

(1) 청백리淸白吏

조선시대의 공직자들은 우선 청렴결백해야 하고, 행정 능력을 갖추어야 했다. 청백리란 제도가 따로 있었던 것이 아니라 그때그때 깨끗한 성품을

317) 逸事狀, 《梧里先生文集》 권 1, 附錄, 驪江出版社, 1995, 260~261쪽.
318) 김학수, 〈이원익(1547~1634)의 학자·관료적 생애와 조선후기 남인학계에 미친 영향〉, 《梧里 李元翼의 학문과 사상》, (사)한국역사문화연구원·오리이원익기념사업회 공동주체, 2012. 4. 30, 308~314쪽.
319) 《李相國行錄》(奎 4250-49A)

가지고 직무에 충실한 사람을 뽑아 '염근리廉謹吏'라 했다.[320] 청백리는 염근리의 다른 이름이다. 그러니 깨끗한 성품만 갖추고 직무에 소홀한 사람은 염근리가 될 수 없다.

이런 관점에서 보면 이원익은 조선시대의 대표적인 청백리라 할 수 있다. 이원익은 장자 이의전에게

> 청렴하면 공변되고, 공변되면 밝아진다. 정치를 하는 데는 백성에게 어질게 하고 물건을 사랑하는 것으로 마음을 삼아야 할 것이니, 호령이 공평하고 상벌이 사사롭지 않으면 백성이 따를 것이요, 인심이 흩어지면 만사가 다 그릇된다.[321]

고 훈계했다. 그리고 보면 청렴은 유교 정치의 하나의 덕목이요, 시발점이기도 하다. 청렴해야만 인사나 상벌에 공평할 수 있고, 백성을 사랑할 수 있는 것이다. 다시 말하면 인정仁政과 덕치德治가 유교 정치의 기본이요, 청렴은 그 시발점이라는 뜻이다. 그러므로 공직자가 되려면 우선 자기 자신이 청렴해야 했다.

이원익은 이미 1601년(선조 34) 10월에 유성룡柳成龍·허잠許潛·이시언李時彦 등과 함께 2품 이상 염근리에 추천된 바 있다.[322] 그러나 이원익은 이에 다음과 같이 말하며 사양했다.

> 신臣은 세업世業이 풍부하지 못한데다 전란 뒤에 더욱 피폐했으니, 생활에 힘입을 만한 전택이나 노비가 없고 10년의 전쟁 속에 녹봉이 이

320) 이영춘 외, 《조선의 청백리》, 가람기획, 2003, 18쪽.
321) 許穆, 資憲大夫完善君李公墓表陰記, 《全州李氏益寧君派譜》 上卷, 1994, 70~71쪽.
322) 《선조실록》 권 141, 선조 34년 9월 경자

어지지 못했습니다. 그래도 가족들이 춥지 않게 옷 입고 굶주리지 않게 밥 먹으며 편안히 살아 온 것은 어찌 스스로 농사를 짓고 어찌 스스로 길쌈을 해서이겠습니까? 자세히 따지면 터럭 끝만 한 것도 모두 다른 사람의 물건인 것입니다. …… 친구로서 외직에 있는 자가 선물을 보내온 것도 일찍이 받지 않은 적이 없었습니다. 종시 한 바가 이와 같은데, 무엇 때문에 이런 이름이 신에게 가해졌는지 모르겠습니다. 만일 신이 탐욕에 이르지 않았다고 해 이 이름을 가했다고 하면, 조정에 있는 여러 신하들이 모두 이 선발에 참여되어야 마땅합니다. …… 신은 전후를 통해 집안의 사적인 일을 가지고 남에게 요구하기도 하고, 청탁한 것이 한두 가지가 아니어서 남의 이목에 알려져 있으므로 신은 스스로 엄폐할 수 없습니다. 이와 같은데도 청렴하다고 한다면 어떻게 신하들을 권장할 수 있겠습니까?[323]

이원익은 벼슬에서 물러난 뒤 무척 가난하게 살았다. 권희權憘가 "이원익이 지금 수도에 있는데 자주 식량이 떨어지곤 합니다. 지금 병중에 있으니 먹을 것을 내려 주어야 합니다"고 해 식량을 내려 주었다. 그리고 강가에 있는 집이 바람이 차다 해 어실御室에 있는 담요와 발을 걷어 내려 주기도 했다.[324] 그뿐만 아니라 인조는 1631년(인조 9) 정월에 승지 강홍중姜弘重을 시켜 이원익이 벼슬에서 물러나 어떻게 지내는지 알아보라고 했다. 강홍중은 다음과 같이 보고했다.

이원익은 매우 심하게 야위었고 근력이 쇠약해 몸을 돌리거나 앉거나 누울 때 반드시 남의 부축을 받아야 합니다. 또한 그가 살고 있는 집

---

323) 李埈, 神道碑銘, 국역《梧里先生文集》, 驪江出版社, 1995, 860쪽.
324) 연보, 733쪽.

> 은 초가집 두 서너 칸뿐인데다 바람도 막지 못합니다. 비록 여러 대의 조상 무덤이 있는 산 아래에 살지만 1무畝의 토지나 몇 명의 노비도 없고 온 집안은 달마다 주는 녹봉만 가지고 겨우 입에 풀칠이나 한다고 합니다.[325]

고 해 40년 동안 정승으로 있으면서 두서너 칸 초가집에 비바람도 막지 못할 정도로 가난하게 살았다고 했다. 이에 인조는 "내가 한 평생 이원익을 존경하는 것은 그의 공로와 덕행뿐 아니다. 그의 청백한 생활을 모든 관리들이 본받는다면 무엇 때문에 백성들이 곤란하게 사는 것을 근심하겠는가?"하고 해당 도로 하여금 번듯한 집을 지어주게 하고 베 이불과 흰 요를 내려 주었다.[326] 이원익은 그것도 사양했으나 인조가 설득해 겨우 들어가 살았다.[327] 뒤이어 인조는 창고를 맡은 아전에게 녹봉을 실어다 주게 했으나 받지 않았다.[328]

직위가 1품에 이르렀지만 녹봉은 가난한 일가에게 나누어 주어 때로는 식량이 떨어지고, 집이 좁아 무릎을 제대로 펼 수 없었지만 태연하게 거처했다. 임금이 누차 집을 하사했으나 받지 않았다. 임금이 오리동梧里洞에 집을 짓도록 했으나 그는 두 번이나 사양했다. 그리고 겨우 두어 칸 집을 지어 거처했다. 이에 인조는

> 나는 들으니 옛날 정승 황희黃喜가 언젠가 술에 취해 누워 있을 때 비가 와서 집이 새니 우산을 받쳐 비를 막았으므로 세상에서 그 청렴을 알아주었는데, 지금 영부사(이원익)의 청백이 어찌 황희에게 조금인들

325) 《인조실록》 권 24, 인조 9년 1월 을유
326) 앞과 같음.
327) 연보, 745쪽.
328) 《인조실록》 권 24, 인조 9년 4월 정자

> 양보하겠는가? 이것이 바로 내가 더욱 심복하는 바이다.[329]

라고 했다. 그가 수령으로 있던 곳에서 생사당生祠堂이나 청덕비淸德碑를 세우면 사람을 시켜 밤에 몰래 헐어 버렸다.[330] 한편 유생 남탁南倬이 상소해 이원익의 덕을 칭송하니 그는 광해군에게 "나라의 체통이 존엄하지 못해 초야의 사람이 성상에게 맨 먼저 신을 등용해 영상을 삼은 것을 보고 감히 아첨하는 말을 지어 성상께 아뢰니 이것은 마땅히 법을 적용해 죄를 주고 또 칭찬을 받은 자도 죄를 받아야 마땅합니다"고 했다.[331] 그러므로 사관도 "이원익은 몸가짐이 청백하고 소박하며, 언제나 나랏일을 근심한다"고 논평했다.[332]

이러한 사례를 보건대 이원익은 3대 왕을 모시고 40년 동안 6번 영의정을, 4번 도체찰사를 역임했지만 청렴결백해 생활은 대단히 곤궁했음을 알 수 있다. 청렴이 인정과 덕치의 기본이니 공직자로서 당연한 덕목이라고 하지만 이러한 덕목을 실천하기는 대단히 어려웠다. 게다가 이원익은 공직자로서 사명감과 소신이 있었다. 임진왜란이 일어나자 이원익은

> 신이 나라의 후한 은혜를 받았으므로 가만히 앉아서 나라가 전복되는 것을 볼 수 없으니, 전쟁터에서 죽음으로써 보답하기를 원합니다.[333]

고 하면서 목숨을 바쳐 진충보국盡忠報國할 것을 다짐했다. 그러나 서생을 전쟁터에 내보내는 것은 무모한 짓이라 이조판서로서 평안도도순찰사를

---

329) 權愈, 行狀, 841쪽.
330) 李埈, 神道碑銘(《梧里先生文集》 卷 2, 續集附錄, 驪江出版社, 1995, 860쪽.
331) 權愈, 行狀, 821쪽.
332) 《선조실록》 권 159, 선조 36년 2월 임진
333) 연보, 726쪽.

겸임하게 했다. 1624년(인조 2) 정월 이괄난이 일어났을 때도 이원익은 "신이 비록 늙고 병들었지만 어찌 나라를 위한 일에서 목숨을 아끼겠습니까?"고 했다.334) 그리하여 도체찰사가 되어 국란을 타개하는 데 목숨을 걸고 앞장섰다. 그가 문신인데도 불구하고 국란을 당할 때마다 네 차례나 도체찰사로써 총사령관을 맡을 수 있었던 것도 그의 특유의 소신과 사명감에서 말미암은 것이었다. 이에 선조도 "오직 이원익만 나라를 위해 성의를 다하고, 그 밖에는 한 사람도 비슷한 사람이 없다"고 했다.335)

그뿐만이 아니었다. 이원익은 선조 말에 주화오국主和誤國의 혐의를 받고 있는 유성룡을 두둔하다가 정인홍, 이이첨에게 공격을 받아 곤경에 처한 적도 있다. 그리고 그를 대신해 명나라에 사신으로 자청해 가서 왜와 공모해 고구려의 고토를 되찾으려 한다는 명의 오해를 불식시켰다.336) 그리고 임해군 옥사와 영창대군 옥사, 그리고 인목대비 폐비 때에도 전은론全恩論을 내세워 목숨을 걸고 북인의 전횡을 몸으로 막다가 홍천으로 귀양가 죽을 뻔하기도 했다. 그는 붕당을 지었다는 죄로 친청파인 김자점金自點을 제거했다. 인조는 이 말을 듣고 "뜻있는 약석藥石의 말이로구나! 진실로 오늘날 듣지 못한 바로다. 내가 감히 가슴에 새기지 않겠는가?"고 했다.337) 그리고 비록 왕이라도 잘못이 있으면 원로대신으로서 충고를 아끼지 않았다. 예컨대 광해군이 북인만 두둔해 정국이 혼란해지자 이원익은

> 전하가 원칙을 지키지 않기 때문에 이렇게 되는 것입니다. 대체로 상벌이 명확한 뒤에야 규율이 서는 법입니다. 전하는 마땅히 사사로운 뜻을 없애야 할 것입니다.338)

334) 《인조실록》 권 4, 인조 2년 1월 기묘
335) 《선조실록》 권 45 선조 26년 11월 신축
336) 연보, 730~731쪽.
337) 연보, 742쪽.

고 바른 소리를 했다. 또한 인조의 어머니 계운궁啓運宮 구씨가 죽었을 때도 인조가 주상主喪으로서 3년복을 입으려는 것을 예법대로 1년복을 입어야 한다고 주장했다.339) 또 인조반정 직후에 인목대비가 기어코 광해군을 죽이려 하자, 광해군은 자기가 모시던 군주이니 그가 난정을 베푼 것은 신료들이 잘못 보좌해서 그런 것이다. 그러니 자기를 비롯한 신료들이 먼저 물러가야 한다고 맞서 강화도로 귀양 보내는 데 그쳤다. 그리고 광해군이 강화도로 귀양 가던 날에는 광해군을 모신 바 있는 신료들을 거느리고 남쪽 교외에 가서 "임금으로 하여금 이 지경이 되게 한 것은 저희들의 죄입니다"고 하면서 그를 전송하기까지 했다.340) 왕이나 대비가 좋아하지 않아도 공론에 어긋나면 따르지 않거나 반론을 제기한 것이다.

(2) 안민책安民策

이원익은 다음과 같이 말한 바 있다.

> 백성은 나라의 근본인 만큼 근본이 튼튼해야 나라가 편안한 법입니다. 백성이 없으면 먹을 것이 없고, 먹을 것이 없으면 백성이 없게 마련이므로, 백성들의 수고로움을 덜어 주고 백성들의 먹는 문제를 풍족하게 해야 됩니다.341)

유교의 민유방본民惟邦本 정신이었다. 백성이 임금을 따르고 따르지 않

338) 《광해군일기》 권 46, 광해군 3년 10월 임신
339) 《인조실록》 권 11, 인조 4년 1월 무오
340) 權愈, 行狀, 828~829쪽.
341) 《인조실록》 권 25, 인조 9년 7월 병자

는 것은 임금이 백성을 학대하느냐 어루만지느냐에 달려 있다고도 했다.[342] 이원익이 연풍현감으로 부임하는 손자 이수약에게 써 준 글에 이러한 내용이 있다.

> 왕소소王昭素가 평소 송나라 임금에게 아뢰기를 '세상을 다스리는 데는 백성을 사랑하는 것보다 더한 것이 없고, 몸을 닦는 데는 욕심을 적게하는 것보다 더한 것이 없다'고 했으니 비록 사대부에게도 사리는 마찬가지다[343]

이원익은 이러한 원칙에 따라 백성의 생활을 안정시키는 데 온갖 노력을 다했다. 그가 1587년(선조 20) 10월 안주목사로 가서 보니 백성들이 관청의 착취와 기근으로 굶어 죽은 시체가 즐비했다. 이에 이원익은 감영으로 달려가 곡식 만여 섬을 달라고 해 굶는 백성을 구제하고 조선漕船을 멀리 있는 바닷가 고을에 보내 세곡稅穀을 직접 실어오게 했다. 그리고 종자를 나누어 주고 가을에 갚으라 했더니 대풍이 들어 곡식이 창고에 그득했다. 또한 법을 제정해 도적을 엄단하고 뽕나무를 심어 잠업蠶業을 장려하니 굶어 죽는 사람이 없어졌다.[344] 평양감사 윤두수는 이러한 선정을 왕에게 보고해 선조는 이원익에게 옷 한 벌을 하사했다. 더욱이 안주는 군액의 결원이 많아 족징族徵·인징隣徵이 횡행했다. 이원익은 창고에 있는 곡식으로 군포를 사서 백성에게 나누어 주어 가을에 갚도록 해 간교한 아전들의 농간을 방지했다. 그리고 이러한 일을 그가 직접 가서 해결해 줌으로써 아전들이 감히 작간을 하지 못하게 했다. 그러자 백성들이 술과 기생을 준비

342) 筵中論事,《國譯梧里先生文集》권 4, 驪江出版社, 1995, 147쪽.
343) 書與孫守約赴延豊縣,《오리 이원익 종가의 이야기》, 충현박물관, 2005, 52쪽.
344) 연보, 726쪽.

해 이원익을 환대하고자 했으나 물리치고 받지 않았다.[345)]

이 때문에 임기가 찼는데도 이원익은 그 자리에 유임시키고 전임시키지 않았다. 여기서 이미 이원익은 재상이 될 신임을 받게 된 것이다. 이러한 능력을 인정받아 1592년 임진왜란이 일어나자 이원익을 이조판서로서 평안도도순찰사로 삼아 관서의 병마를 관장하게 한 것이다. 선조는 이원익을 보내면서

> 경은 전에 안주를 다스릴 때 관서 백성들의 민심을 크게 샀던 관계로 지금까지 잊지 않는다고 한다. 경은 평안도로 가서 늙은이들을 타일러 인심을 수습하라. 적군이 남쪽 지방으로 깊이 쳐들어와 여러 고을들이 날마다 연이어 함락되는데, 만약 적이 수도 가까이 들이닥치면 응당 서쪽으로 옮겨가야 할 형편이다. 이런 의사를 경은 잘 알아야 할 것이다.[346)]

고 해 이원익이 안주목사로서 민심을 안정시켜 관서 백성의 인기를 얻고 있는 점을 이용해 선조가 장차 평안도로 피란했을 때 신변의 안전을 도모하고자 했다. 이에 대해 이원익은 비변사로 하여금 강변 고을 토병들에게 술과 고기를 먹이고 무명을 주어 잘 돌봐 주어야 한다고 했다.[347)] 백성을 사랑해야 그들이 국가를 위해 목숨을 바치고 군량을 조달할 수 있기 때문이다.

전쟁 중에는 명군에게 제공할 군량을 준비하는 것이 급선무였다. 그런데 이러한 군량은 백성들로부터 걷지 않으면 안 되었다. 이와 다르게 명군

---

345) 앞과 같음.
346) 《선조실록》 권 26, 선조 25년 4월 정사
347) 《선조실록》 권 26, 선조 25년 5월 갑신

의 작폐가 심했다. 이 때문에 민란의 조짐이 상존하고 있었다. 이러한 상황에서 이원익은 영의정 유성룡과 함께 군량을 모으고 부교浮橋를 놓는 등 백성을 동원하는 일을 맡았다. 그리하여 선조의 신임을 받아 1593년(선조 26) 10월 선조가 서울로 돌아가면서도 이원익은 계속 관서에 남아서 군민을 진무하게 했다. 유성룡도 이원익을 대신해서 평양감사를 맡을 사람이 없다고 해 유임을 지지했다.[348] 이에 이원익은 부역을 탕감해 주고 학교를 세워 교육에 힘써 백성을 안정시켰다. 1600년(선조 33) 8월에 3도(평안·함경·황해)도체찰사가 되었을 때도 그는

> 지금 해야 할 일은 임진년과 마찬가지로 모든 것이 황폐하고 혼란한 때인 만큼 반드시 경비를 줄여야만 무슨 일이고 할 수 있습니다. 옛날 사람들의 말이 '재물을 절약하고 사람을 사랑하라! 비용을 절약해야만 나라의 근본이 공고해질 수 있다'고 했습니다. 전란으로 재해를 입은 백성에게서 어떻게 함부로 거두어들일 수 있겠습니까? 이른바 백성들의 힘을 덜어 주어야 한다고 하는 것이 바로 이런 것을 두고 하는 말입니다. 그렇게 해야만 백성들이 살아가는 낙이 있을 것입니다. 중요한 문제가 한두 가지가 아니지만 이것이 제일 앞세워야 할 문제입니다.[349]

고 한 바 있다. 선조는 이러한 언행을 보고 "평양감사 이원익은 재주가 있을 뿐 아니라 검박하게 처신하고, 나라를 위해 정성을 다하며, 무기와 군무에 대해서도 극진히 조치를 취하면서 밤낮으로 애쓴다고 하니, 만일 8도에다 이런 사람을 얻어서 임명한다면 힘을 들이지 않고서도 성과를 이룩할 수 있을 것이다"[350]고 했다.

---

348) 《선조실록》 권 57, 선조 27년 11월 경진
349) 《선조실록》 권 141, 선조 34년 9월 신미

이러한 안민책은 서애 유성룡이 1594년(선조 27) 4월에 올린 유성룡의 진시무차進時務箚에서 다음과 같이 언급한 것과 유사하다.

> 오늘날 급한 일은 또한 여러 말에 있지 않습니다. 오직 급히 백성들을 편안하게 해 주는 정책을 쓰고, 또 수시로 변통해서 양향을 조치하고, 정용精勇한 군사를 불러 모아 주야로 훈련을 시키는 것뿐입니다. 대개 먹는 것이 부족하면 사람을 모을 수 없고, 사람을 모을 수 없으면 군사를 훈련시킬 수 없는 것은 필연의 이치입니다.351)

유성룡과 이원익은 같은 남인으로서 정치 노선도 같고 함께 임진왜란을 대처하는 데 협력해 공을 세운 바 있음은 잘 알려진 사실이다. 공물·부역 제도의 개혁도 안민책의 일환이었다. 관부에 바치는 것을 공물이라 하고, 왕실이나 국가의 제사를 위해 바치는 것을 진상進上이라 했고, 지방관이 특수한 행사에 바치는 진상물을 방물方物이라 했다.352)

세종대의 공법貢法은 정전제井田制의 공법에 토지의 등급을 나누는 전분육등제田分六等制와 연분구등제年分九等制를 결합한 새로운 수조법이었다. 공법은 풍년에는 농민에게 유리하지만 흉년에는 세금 부담이 많아서 농민에게 불리했다. 조선 중기에는 공납의 불균형을 해소하는 것이 급선무였다. 그래서 수미법收米法이 대두된 것이었다.353)

공물에 대한 부담은 연산조 이래로 크게 늘어나 토지세보다 무거워졌다. 공물은 개인당 부담이 명시되어 있지 않고 다양한 토산물로 납부하므로 부

---

350) 《선조실록》 권 50, 선조 27년 4월 을축

351) 西厓先生年譜(《西厓全書》 권 3, 附錄) 261~262쪽.

352) 이헌창, 〈오리 李元翼(1547~1634)과 대동법〉, 《梧里 李元翼의 학문과 사상》, (사)한국역사문화연구원·오리 이원익기념사업회 공동주체, 2012. 4. 30, 207쪽.

353) 池斗煥, 仁祖代의 大同法 논의(《歷史學報》 第155輯), 63~64쪽.

담이 불균등하고 아전의 농간의 여지가 많았다. 이에 방납이 횡행해 백성의 생활이 곤궁해졌다. 그리고 조선 전기에 사족층이 군역을 지지 않고 그 부담을 평민들에게 전가하며 군역을 지지 않는 노비 인구가 늘어남에 따라 소민小民의 군역부담이 늘어나게 되었다. 이에 방군수포放軍收布(군인은 집으로 돌려보내고 군포를 챙기는 것)·황구첨정黃口添丁(어린 아이를 군정에 편입해 군포를 걷는 것)·백골징포白骨徵布(죽은 사람에게 계속 군포를 거두는 것)의 폐해가 만연했다.

이이는 1569년(선조 2) 〈동호문답東湖問答〉에서 공물을 토지세로 전환해 1결結에 쌀 1말을 거두는 수미법으로 방납의 폐단을 막고자 했다. 그러나 그는 실상 공안개정貢案改正을 실현하고자 하는 데 그쳤다. 그 후 유성룡은 1594년(선조 27)에 공물작미의貢物作米議를 발의해 각사 관원으로 하여금 정부에 필요한 물자를 시전市廛에서 구매하도록 했다. 안민책·군량확보책의 일환이었다. 이 수미법은 1599년(선조 32)에 폐지되었지만 후일에 실시된 대동법의 전신이 되었다.[354]

이원익도 안민론의 일환으로 대동법을 실시하는 데 일조를 했다. 대동법을 경기도에 처음으로 실시하고 이 일을 담당할 선혜청宣惠廳을 설치하게 한 공이 있었다. 1608년(광해군 즉위년) 2월 26일에 영의정 이원익은

> 삼가 듣자옵건대, 공물貢物·군역軍役 등의 일이 백성에게 걱정을 끼친다는 전교가 반포된 지 이미 오래인데도 신이 사직원을 제출하고 있고, 좌상과 우상도 서로 잇달아 연고가 있었으므로 일을 맡은 사람이 아직까지 일을 처리하지 못했다 합니다. 무릇 백성은 나라의 근본이니 백성이 없으면 나라가 없게 됩니다. 예로부터 백성을 걱정하는 임금의

354) 이헌창, 〈서애 류성룡의 경제정책론〉, 《유성룡의 학술과 경륜》, 태학사, 2008, 122~130쪽.

> 경우는 그 나라가 항상 번창했고, 백성을 잊은 임금의 경우는 그 나라가 항상 망했습니다. 지금 백성들이 곤경에 처해 주검이 가까이 닥쳤으니, 신은 매우 송구스러운 마음을 견디지 못하겠습니다. 속히 명하셔서 백성의 일을 잘 아는 사람 4~5명을 정밀하게 뽑아 별도로 한 국局을 설치해 그 일을 전담시키고 시기와 실지를 조사해 궁한 백성에게 혜택을 베풀게 하소서.[355]

라고 해 안민책의 일환으로 대동법을 실시하고 이를 담당할 국局을 하나 설치하자고 제안해 선혜청이 탄생되게 했다. 그러나 1609년(광해군 1) 2월 9일 광해군은

> 지난날 승지 유공량柳公亮이 말하기를, 공물을 쌀로 거두는 일은 어려운 점이 많으니 오래 행할 수 없다고 하기에 나도 이것은 본디 행하기 어려운 것으로 여겼다. 건국 이래로 지역에 따라 공물을 바치게 한 것은 그 뜻이 있었던 것이다. 방납防納(공물을 대신 바치고 그 대가를 곱절로 받는 행위)과 조등刁蹬(간교한 꾀를 써서 물가를 오르게 하는 일)의 폐단을 고치려고 공물을 쌀로 거두는 일을 하게 되었는데, 만일 폐단을 고쳐 백성을 편하게 하려고 한다면 마땅히 먼저 기강을 세우고 혹 기강을 범한 자가 있으면 무거운 법으로 다스릴 것이나 옛 법을 변경하는 일은 삼가지 아니할 수 없다. 가령 이 일이 폐단은 없고 이익만 있다고 하더라도 궁한 봄에 쌀을 내게 하는 것은 시기가 적절치 않은 것 같다. 조사가 돌아가고 가을이 되어 곡식이 흔할 때를 기다려 다시 의논해도 늦지 않으니, 이 뜻을 대신들에게

355) 時務를 진달하는 차자, 《국역 오리선생문집》, 驪江出版社, 권 3, 疏箚, 118쪽.

> 말해 아뢰라![356]

고 해 가을에 작미作米하는 일은 다른 대신이 출사할 때까지 연기하기로 했다.[357]

인조 초에 이원익이 제기한 경기 선혜법은 1623년 9월 23일에 충청·전라·강원 3도 대동법으로 확대되고, 낭청 네 명을 두어 우의정 신흠申欽의 건의대로 경상도를 제외하고 대동법을 시행했다.[358] 이것은 방납·공납 불균형을 시정하고자 실시되었지만 흉년, 호강豪强의 반대, 방납자의 반발, 보관과 운송의 문제 등 때문에 대동법 실시가 여의치 않았다. 게다가 1624년(인조 2) 1월 24일 이괄난으로 재정이 궁핍해지자 이 틈을 타 공물 등의 수취가 가중되었다. 이에 호강들이 우선 반대동半大同(중앙에만 대동법을 실시하는 것)의 폐해를 들어 대동법을 강력히 반대했다.[359] 그 뒤 이괄난이 진압되자 1624년(인조 2) 8월 29일에 경외의 모든 잡역을 포함시키는 응행사목應行事目이 만들어졌다.[360] 이전의 진상이나 잡역을 대동미에 포함시키지 않았던 반대동 단계에서 진상이나 잡역 등을 모두 포함시키는 대동법으로 발전한 것이다. 이는 대동미의 부담을 가중하기 때문에 공안개정과 양전을 통한 균전이 필요했다. 그리하여 12월 17일 삼도대동청은

> 큰 읍이나 작은 읍이나 서울로 상납하는 9두 이외에 1결당 5두를 받아 본읍 소수所需·각영 소용所用 및 각양 진상방물進上方物을 모두 여기에

356) 선혜청에서 쌀 거두는 일을 정파하지 말라고 청하는 啓辭(《국역 오리선생문집》, 驪江出版社, 권 3, 485쪽).

357) 앞의 책, 486쪽.

358) 設三道大同廳 置郞廳四員 分掌其事(《인조실록》 권 3, 인조 1년 9월 경술)

359) (前略) 京貢物防納之弊雖除 而外方橫斂 猶自依舊 此其所以未盡者也 而外方人所以有半大同之說 不免於怨苦者也 然則民之不便者也(《浦渚集》 권 14, 論大同啓辭, 《韓國文集叢刊》 85책, 243~244쪽).

360) 《인조실록》 권 4, 인조 2년 1월 기묘

> 포함시켜 지급해도 만석이 남습니다. 이렇게 하면 서울에 상납하는 9두 외에 외방에서 받는 것은 단지 5두로 모든 역을 그 가운데 있게 하고 다시는 더 받지 않으면 매우 편할 것 같습니다.361)

고 해 모든 잡역을 포함하는 대동법 실시를 건의했다. 그러나 서성徐渻, 최명길崔鳴吉, 심열沈悅 및 호강들이 반대해 2년 만인 1625년(인조 3) 2월 7일에 제안자인 이원익이 대동법을 폐지할 것을 요청하기에 이르렀다.362) 게다가 정묘호란 등 국가의 대사가 겹쳐 대동법 부활을 미루어 오다가 1633년(인조 11) 9월 사헌부가 고 판서 권분權昐이 공청감사로 있을 때 준비해 놓은 공안에 따라 공충도에서라도 대동법을 시행하자고 했다.363) 그리고 사헌부에서는 1634년(인조 12) 12월에 양전을 하자고 했고,364) 1635년(인조 13) 6월에 삼남 지방에 양전을 실시했다.365)

그러나 병자호란으로 무산되었다가 1637년(인조 15) 11월에 사헌부가 다시 공안을 개정하고 대동법을 실시할 것을 주장했다.366) 그리고 1638년(인조 16) 9월 27일 충청감사 김육金堉은

> 선혜청의 대동법은 실로 백성을 구제하는 데 절실합니다. 경기와 강원도에 이미 시행했으니 본도에 행하는 것이 어찌 어렵겠습니까? 신이 도내 결부結負의 수를 모두 계산해 보건대, 매 결마다 면포 1필과 쌀 2말씩 내면 진상하는 공물값과 본도의 잡역인 전선戰船·쇄마刷馬

---

361) 《인조실록》 권 7, 인조 2년 12월 정유

362) 李廷喆, 〈17 세기 朝鮮의 貢納制 改革論議와 大同法의 成立〉(高麗大學校大學院 史學科 博士學位論文, 2004), 27~28쪽.

363) 《인조실록》 권 28, 인조 11년 9월 경자

364) 《인조실록》 권 30, 인조 12년 12월 갑진

365) 《인조실록》 권 31, 인조 13년 6월 신사

366) 《인조실록》 권 35, 인조 15년 11월 임신

> 및 관청에 바치는 물건이 모두 그 속에 포함되어도 오히려 남는 것이 수만입니다. 지난날 권분이 감사가 되었을 때 도내의 수령들과 더불어 이 법을 시행하려고 하다가 하지 못했습니다.[367]

라고 해 경공물京貢物만 수미收米하던 반대동을 지방 잡역까지 포함하는 완전한 대동법을 충청도에 실시하게 해 달라고 요구했다.[368] 이와 같이 이원익이 제기한 대동법은 정묘·병자호란을 겪은 뒤 군자軍資 마련의 방편으로 효종 때 김육에 따라 전국적인 대동법으로 결실을 맺게 되었다. 대동미 16두만 내면 모든 공물의 부담을 해결하게 된 것이다.

이원익은 군병의 방수제도防守制度도 개편했다. 종래에는 병졸들이 1년에 3개월씩 네 번 입번入番하게 되어 있던 것을 1년에 2개월씩 입번하도록 고쳤다. 그만큼 백성들의 부담을 줄여준 것이다. 이 제도는 뒤에 황해감사 윤두수尹斗壽의 건의로 전국적으로 실시하기에 이르렀다.[369]

(3) 당쟁관

이원익은 당쟁에 대해 다음과 같이 말했다.

> 신이 보건대, 수십 년 이래로 조정에 당파가 분열되어 서로 공격해 하나의 전쟁터가 되어 나라 일은 관심 밖에 두고 있습니다. 신은 가슴을 치며 뼈에 사무치게 비통해 합니다. 만약 신 또한 편당을 짓는 마음이 있어 차자를 올려 임금을 속였다면, 그 죄는 죽임을 당해 마

367) 《인조실록》 권 36, 인조 16년 9월 병술

368) 金堉, 《潛谷全集》(대동문화연구원) 권 6, 書狀 請行本道大同狀, 1975, 140쪽.

369) 姜周鎭, 《梧里大監 李元翼 小傳》, 探究堂, 1990, 157~158쪽.

땅합니다.[370]

그는 당쟁의 폐해를 누구보다 잘 알고 있어 되도록 편당을 짓지 않고 객관적으로 일을 처리하고자 했다. 그러나 당쟁은 사림정치의 부산물이기 때문에 시대적인 필요악이기도 했다. 사림파가 막강한 훈구파와 대결할 때는 일치단결했으나 선조조 이후 사림정치 시대가 되자 스스로 분열해 붕당이 생기고 붕당 사이에 당쟁이 생기게 된 것이다. 같은 사림이지만 정치적인 견해 차이로 동·서·남·북당이 생긴 것이다. 그러니 이 시대에 정객이라면 누구나 자의건 타의건 어느 당파에나 소속되기 마련이었다.[371] 이원익은 동·서·남·북당이 생긴 내력을 다음과 같이 설명했다.

> 예부터 내대로 당을 나눈 적은 있었으나 오늘날처럼 심한 적은 없었습니다. 당초 당을 세울 때에는 동東과 서西로 이름을 붙였었는데, 서쪽이 이미 물러간 뒤에는 동 속에서 남南이 생기고 또 북北이 생기며, 북 속에서 또 소북小北과 대북大北이 생겼습니다. 이것은 바로 항간에서 붙인 이름이어서 매우 조잡하고 부끄러운 명칭이지만 그 명칭 또한 그들이 하는 것과 서로 부합했기 때문에 진달한 것입니다. 이와 같이 갈라져 번갈아 나아가고 물러가니 어찌 나랏일이 피폐하지 않을 리가 있겠습니까?[372]

선조·광해조에 동서분당, 남북분당의 상황을 왕에게 보고한 내용이다. 이원익은 이들 붕당 가운데서 분류한다면 남인에 가까운 사람이었다. 물론

370) 양철원, 《梧里 李元翼》, 광명문화원, 30쪽.
371) 이성무, 《조선시대 당쟁사》, 아름다운 날, 2007, 29쪽.
372) 引見할 때의 啓辭, 《국역 오리선생문집》(驪江出版社) 권 2, 2005, 100쪽.

이원익은 재상으로서 어느 당에도 속하지 않는 불편부당한 처사를 한 사람으로 유명하다. 임진왜란 때 당론에 휩싸이지 않고 독자적인 활동을 전개한 끝에 그의 불편부당한 마음을 모든 사람들이 인정하고 있었기 때문에 40년 동안 재상자리에 있을 수 있었고, 여섯 차례나 영의정을 역임할 수 있었던 것이다.[373] 그러나 세상 사람들은 그를 남인으로 분류했다. 이러한 정황은 다음과 같은 선조와 이원익의 대화를 통해서도 감지할 수 있다.

선 조: '남南'이라고 하는 것은 누구를 가리키는가?

이원익: 유성룡 때 사람을 가리킨 것입니다. 유성룡 때 사람들이 쫓겨난 뒤에는 조정이 더욱 무너져서 일을 할 수가 없습니다.

선 조: 경은 매번 유성룡을 가지고 말하니, 경의 주된 뜻은 유성룡을 내쫓은 것을 잘못으로 여기는 것이다.

이원익: 유성룡의 하는 일이 어찌 다 옳은 것이며 그때 사류들이 어찌 다 착한 사람들이겠습니까? 그 사이에는 좋지 못한 습관과 치우치고 사사로운 일이 많이 있었기 때문에 신은 그 당시에 매번 그들의 허물을 헐뜯었던 것입니다. 작년에 그들이 쫓겨난 뒤에 만일 대신 일어나 나라를 돕는 자들이 모두 어진 사람과 올바른 선비로서 바른 도를 넓히고 나라 일을 정리한다면 신도 또한 마땅히 훌쩍 뛰어 일어나서 협심해 봉직할 것입니다. 유성룡 때 사람들은 마음에 잊은 지 오래인데, 그 대신 일어난 자들이 사람들의 온건하지 못함을 크게 누르지 못하고 오히려 일을 그르치고 있는 것을 보기 때문에 신은 매번 전일의 사람들이 이들보다 낫다고 생각한 것

373) 이양희, 〈오리 이원익의 임진왜란기 군사활동〉, 《韓國人物史硏究》, 83쪽.

> 입니다. …… 남인이 국정을 맡을 때에는 사私가 본디 많았고, 공公도 또한 10분의 3~4는 있었으나 북인이 일어난 뒤에는 공도가 멸절하고 사정私情이 크게 행했습니다. 북인이 대북, 소북으로 갈린 뒤에는 오히려 사류로 자처한 자들이 많이 있었으나 대북의 경우는 대부분 사당私黨이어서 순전히 사사로운 정을 쓰니 이들이 일어나 일을 본다면 국사는 끝장입니다.[374]

이 대화를 보면 이원익은 유성룡을 중심으로 하는 남인에 속했음을 알 수 있다. 신진 사류로서 선배당인 서인보다는 후배당인 동인에 소속되어 있었고, 급진파인 북인보다는 온건파인 남인에 속해 있었던 것이다. 1591년(선소 24) 대사헌이 되었을 때 기축옥사己丑獄事를 너무 부풀려 동인을 일망타진한 서인 정철鄭澈을 탄핵한 것도 그런 이유 때문이며[375], 1595년(선조 28)에 원균을 배격하고 이순신을 지지한 것[376] 또한 그런 이유에서였다. 1599년(선조 32)에 유성룡이 주화오국主和誤國의 책임을 지고 쫓겨났을 때 그의 억울함을 상소한 것도 같은 맥락이다.[377] 물론 사리에 합당해서 남인의 주장을 지지했겠지만 다른 사람들에게는 같은 정치적 입장을 가진 당인(남인)으로 비추어질 수 있었다. 어떠했든 이원익이 조선왕조 초유의 전란인 임진왜란을 당해 유성룡과 난국을 헤쳐 나가는 데 뜻을 같이 했던 것은 사실이다. 이준경의 유소遺疏 때에도 유성룡의 견해를 지지했고 임진왜란 때도 유성룡의 명에 따라, 또는 유성룡의 뒤를 이어 남인의 종장으로서 정국을 헤쳐 나갔다.

---

374) 앞의 책, 100~101쪽.
375) 李存道, 李元翼行錄撮要,《全州李氏益寧君派譜》上卷, 1994, 55쪽.
376)《선조실록》권 82, 선조 29년 11월 기해
377)《선조수정실록》권 33, 선조 32년 정월 병오

이원익은 남인의 종장으로서 유성룡·곽재우·김우옹·노경임·정경세·이준·정온 등 16세기 후반에서 17세기 초반에 활동한 영남남인의 명사들과 학문·정치적 교류를 맺고 있었으며, 이 가운데는 통혼을 매개로 세의를 맺고 있는 경우도 있었다. 이는 이후 경남京南과 영남嶺南의 교류에 영향을 미치기도 했다.[378]

이이가 동·서인을 조정했다고 한 것에 대해서도 다음과 같이 논평했다.

> 두 사람이 술에 취해 언덕 아래서 싸움을 하고 있었다. 그 때 한 사람(이이)이 언덕 위에서 타일러 말리다가 두 사람(동·서인)을 뜯어 말리려는데, 결국 같이 끌리고 밀리고 한다면 어떻게 되겠는가?[379]

이이의 동·서인 조정이 실패로 돌아가고 오히려 서인의 우두머리로 지탄을 받은 사실을 비유한 말이다.

그는 더욱이 북인을 미워했다. 광해군이 적자嫡子도 아니요, 장자도 아니었기 때문에 북인이 정체성을 확립하고자 무리한 행위를 할 뿐 아니라 이를 밀어붙이고자 독재정치를 했기 때문이다. 임해군옥사, 영창대군옥사, 인목대비 폐비 때마다 전은론을 내세워 마침내는 홍천으로 귀양을 가기까지 했으며, 정인홍, 이이첨, 홍여순 등 북인을 미워한 것도 그 때문이다.

378) 김학수, 〈이원익(1547~1634)의 학자·관료적 생애와 조선후기 남인학계에 미친 영향〉, 《梧里 李元翼의 학문과 사상》, (사)한국역사문화연구원·오리이원익기념사업회 공동 주최, 2012. 4. 30, 302쪽.

379) 李肯翊, 《국역 연여실기술》 (고전국역원) 권 13, 선조고사본말.

(4) 이원익과 임진왜란

이원익은 평양과 관서 지방을 잘 다스린 공으로 재상의 자리에 오른 사람이다. 1587년(선조 20) 10월에 이원익은 안주목사에 임명되어 잘 다스렸다. 그런 경험 때문에, 1592년(선조 25) 4월 임진왜란이 일어나서 선조가 평양으로 피란가게 되자, 이원익을 이조판서로서 평안도도순찰사를 겸임시켜 관서의 병마를 점검하게 했다.[380)]

이원익은 우선 백성을 안정시키고 군량을 마련하며 군사를 모집하는 일에 급급했다. 이원익은

> 각 고을에서 군대를 징발해 대기한 지 오래입니다. 각 고을로 하여금 계속해서 군량을 지급하게 하고 있으나 도로가 멀기 때문에 굶주리는 자가 많습니다. 비변사에서 강변의 토병에게 술·고기와 면포를 주어 구휼한다는 뜻을 보였으나 유독 내지內地 군대에게는 남의 나라 사람 보듯 하고 있으니 호조로 하여금 전세미나 창고에 저장된 쌀과 콩을 지급하게 하소서.[381)]

라고 해 군사들에게 군량을 지급할 것을 요청했다. 영의정 유성룡도 적을 막는 데 가장 중요한 것은 1) 양향, 2) 군병, 3) 성지城地, 4) 기계라고 했다.[382)] 이를 보면 당시에는 군량 조달이 가장 급했던 것 같다. 중종조에 2백~3백만 석에 이르던 국가의 저축미가 임진왜란 때에는 50만 석으로 줄어들었고, 그나마 왜군이 점령한 지역에는 양곡이 불타거나, 약탈당

---

380) 연보, 727~728쪽.
381) 《선조실록》 권 26, 선조 25년 5월 갑신
382) 柳成龍, 《懲毖錄》 卷 16, 軍門謄錄, 〈移京畿巡察使文〉

했다. 다행히 이순신 때문에 전라도가 온전했으나 실어 오기가 어렵고, 관리가 제대로 되지 않았으며, 관군이나 의병들이 무절제하게 허비하고 있었다.[383]

그러나 난초亂初에는 그래도 조정에서 파견한 조도사調度使와 사민들의 모곡募穀 활동으로 관병, 의병, 명병에 대한 군량 조달이 비교적 원활하게 될 수 있었다. 이들에 의해 모아진 양향은 바다 길로 행재소行在所가 있는 관서 지방으로 옮겨져 국왕을 봉양하고 명군의 양식을 대는 데 쓰였다. 1592년 11월 평양 이서의 적이 침입하지 않는 지역에는 쌀이 5만 석, 콩이 4만 석이 있어서 군량보다는 훈련된 병사가 없어서 걱정이었는데, 많은 명나라 원병이 도래하자 이제는 군사는 명병으로 대체하면 되었지만 군량 조달이 문제되었다. 이에 조선정부는 군공청軍功廳을 설치해 양곡을 바치는 자에게는 군공이 있는 것으로 간주해 관직을 주도록 했다. 그리고 호남 양곡을 옮기는 책임자의 직급을 당상관으로 올려 운송에 만전을 기하도록 했다.[384] 또한 명병이 올 때는 군사만 온 것이 아니라 무기와 군수, 그리고 군량도 왔다. 그러나 그 군량은 의주까지만 운송되었기 때문에 이를 명군에게 실어다 주는 것은 조선의 책임이었다. 명군이 가져 온 양곡과 은銀 583만 2천 냥兩, 교역미두交易米豆 3백만 냥, 실용양미實用糧米 수십만 곡斛, 제장상은諸將賞銀 3천 냥, 산동양山東糧 20만 곡이었다.[385] 양곡운송에는 처음에 육로로 했기 때문에 연로자와 부녀자를 포함한 민간인, 훈련이 덜 된 조선군, 의병, 승군까지 동원되었다. 명군이 남쪽으로 진격해 오랫동안 주둔하게 되자 군량운반 문제는 더욱 심각해졌다. 그리하

---

383) 李章熙, 〈壬辰中 糧餉考〉-明兵의 軍糧調達을 중심으로-, 《史叢》 15·16, 金學燁敎授華甲紀念論叢》, 1971, 551~552쪽.
384) 앞의 책, 359쪽.
385) 앞의 책, 360쪽.

여 정유재란 이후에는 해로운송을 택했다. 이에 따라 운량선을 급조하지 않을 수 없었다. 운량이 제때 되지 않으면 국내 양곡으로 대치할 수밖에 없었다. 부족한 군량미를 조달하기 위해서는 곡식을 바치는 자에게는 관직을 주거나 천인을 양인으로 신분을 상승시켜 주거나, 서얼을 허통해 주거나, 또는 과거 합격증을 줄 수밖에 없었다. 이로 말미암아 신분질서가 무너지게 되었다.[386]

이러한 상황에서 이원익은 군량의 조달과 군병의 모집·훈련, 왜적방어를 동시에 해결해야 할 책임을 지고 있었다. 이에 이원익은 별장 고언백과 출신 김진 등에게 토병 수백 명을 이끌고 밤중에 능라도에 있는 적진을 공격해 약간의 전과를 올렸으나 왜군의 추격을 받아 물에 빠져 죽은 사람이 많았다. 더구나 군사들이 돌아오는 길에 수심이 얕은 왕성탄으로 건너와 적들이 그곳을 통해 들어와 평양을 함락시키고 말았다.[387] 평양성 함락 이후 이원익은 순안으로 가서 패잔병을 모으고 전력을 수습할 수밖에 없었다. 그리고 조선정부는 명나라에 원병을 청하지 않을 수 없었다. 명은 처음에 오랑캐들끼리 싸우게 놔두려 했으나 왜군을 조선에서 막는 것이 유리하다고 판단해 원병을 보내게 되었다.[388]

그리하여 1592년 7월 17일 조승훈祖承訓이 이끄는 명군 3천 명이 평양을 서둘러 공격했으나 대패했다. 이에 1592년 12월에 이여송에게 4만 5천 군을 보내 조선을 구하게 했다. 이때 요동을 방비하는 비왜경력備倭經歷은 우시랑右侍郎 송응창宋應昌이었고, 병부상서는 형개邢玠였다.[389] 그러나 명군은 빨리 움직이려 하지 않았다. 도체찰사 유성룡은 이여송에게 평양 지도를 건네주고, 정주-안주-평양으로 이동하는 명군을 위해

386) 앞의 책, 360~369쪽.
387) 이양희, 〈오리 이원익의 임진왜란기 군사활동〉, 《韓國人物史硏究》 4, 64쪽.
388) 한명기, 《임진왜란과 한중관계》, 역사비평사, 1999, 34쪽.
389) 앞의 책, 35~39쪽.

대정강大定江과 청천강淸川江에 부교를 놓아 주기도 했다.[390] 그런데 평양 지도를 만들고 군사를 동원해 부교를 놓을 수 있었던 것은 평안도도체찰사인 이원익의 도움이 없이는 어려운 일이었다.

명군은 강화 교섭에 매달렸고, 일본은 화전和戰 양면 작전을 쓰고 있었다. 조선정부는 왜군을 완전히 축출할 때까지 강화 교섭에 동의할 수 없었다. 이에 유성룡·이원익·이중·홍성민·한응인 등은 이여송을 찾아가 조속히 진군할 것을 촉구했다.[391]

10월에 선조는 환도했다. 그러나 이원익은 여전히 진무관서사鎭撫關西使로서 서북 지방을 계속 통활하고 있었다. 이즈음 송응창과 이여송이 조정을 속이고 대일강화를 했다고 해서 행인行人 사헌司憲을 보내 일본군이 철병하지 않고 남해안에 남아 있는가를 조사하게 했다. 사헌이 명으로 돌아갈 때 이원익을 만났는데, 이때 이원익은 일본군의 사정을 말해주고, 조속히 군대를 출동시켜 줄 것을 요구했다.[392] 결국 송응창과 이여송이 소환되고, 계요보정총독薊遼保定總督 고양겸顧養謙이 새 경리經理로 파견되었다. 그런데 당시 일본군의 완전 철수를 약속한 일본 관백關白(도요토미 히데요시)의 항표降表가 심유경의 위조임이 들어났다. 이에 고양겸은 조선 정부에게 일본을 대신해 명나라에 봉공을 청해 줄 것을 요구했다. 끝내 조선은 본의 아니게 명·일의 강화 교섭에 말려들게 되었다. 이에 명은 1595년(선조 28) 정월에 도독첨사都督僉事 이종성李宗城을 보내어 도요토미 히데요시에게 봉왕封王하고자 했다가 이종성이 왜영에서 위협을 느껴 도망쳐, 도지휘都指揮 양방형楊方亨을 대신 보냈다. 그러나 도요토미 히데요시가 속은 것을 알고 정유재란을 일으켰다.[393]

390) 한명기, 〈임진왜란 시기 류성룡의 외교활동〉, 역사비평사, 2008, 278쪽.
391) 《선조실록》 권 36, 선조 26년 3월 을해
392) 《선조실록》 권 46, 선조 26년 12월 신유
393) 이양희 앞의 논문 71~72쪽.

이원익은 유성룡이 교체할 만한 사람이 없다고 해 평안도도관찰사에 유임되었다. 그는 조세를 감면하는가 하면 향교를 수리해 유교교육을 강화하고 군졸을 훈련시켜 정예병을 확보했다.[394] 이원익은 총병 유정劉綎과 만나 군량 조달이 어렵지만 일본군을 몰아낼 수만 있다면 사력을 다해 군량을 조달하겠다고 약속했다.[395] 또한 조선 정부는 이원익으로 하여금 평안도의 조련군을 모아 중국사신 앞에서 대대적인 사열을 하도록 했다.[396]

선조는 평양탈환의 공이 있는 이원익에게 숭정대부를 제수했다. 선조는 이렇게 극찬했다.

> 이원익은 평안도도관찰사로 있으면서 선정을 베풀었으므로 한 도의 인민들이 부모처럼 사랑했고, 군졸을 훈련시켜 큰 성과를 거두었으므로 특별히 임금의 총애를 받아 이와 같이 품계를 올린 것이다.[397]

이처럼 이원익은 전란의 소용돌이에서 평안도순찰사 겸 관찰사로서 다양한 시책을 통해 지역의 민심을 수습하고, 지역의 군사제도를 개편하며, 군사훈련, 식량 조달 등 다방면에 공로를 남겼다. 전쟁 초기에는 일본군에게 일방적으로 밀리다가 평안도를 지켜내 전세를 역전시킨 것은 이원익의 덕이었다.[398]

왜군은 남해안에 웅거해 전력을 비축해 호시탐탐 재침의 기회를 노리고 있었다. 이에 1595년(선조 28) 6월에 이원익은 유성룡의 추천으로 우의정 겸 4도도체찰사에 임명되었다.[399] 체찰부사는 김륵, 종사관에는 남이공이

---

394) 《선조실록》 권 52, 선조 27년 6월 신미
395) 《선조실록》 권 56, 선조 27년 10월 신해
396) 《선조실록》 권 56, 선조 27년 10월 신유
397) 《선조실록》 권 60, 선조 28년 2월 무오
398) 이양희, 〈오리 이원익의 임진왜란기 군사활동〉, 《韓國人物史硏究》 4호, 73쪽.
399) 4도는 강원·충청·전라·경상이요, 당시의 도체찰사는 전쟁수행의 책임자로서 도원수 이하

임명되었다. 이원익은 이순신을 한산도로 방문해 완벽한 군비태세를 보고 소를 잡아 잔치를 베풀어 주었다. 그래서 이때 잔치를 벌인 봉우리를 정승봉이라 했다.[400]

이원익은 호남 지방을 돌아보고 성주로 와 그곳에 체찰부를 열었다.[401] 그는 군율을 엄격히 집행했다. 예컨대 권율·송언신과 같은 거물도 잘못하면 여지없이 처벌했다.[402] 그는 영남을 좌·우도로 나누고 금오·용기·부산·공산·황석·화왕 등의 산성을 보수하도록 했다.[403] 그리고 이순신은 거제도를, 곽재우는 해변을 지키게 했다. 산성 수축은 영남 출신인 정경세를 기용했고, 이시발에게는 별군別軍을 육성하게 했으며, 파직된 권율을 다시 기용했다.[404] 그는 더욱이 선조가 원균을 지지하는데도 불구하고 이순신을 비호하는 데 앞장섰다. "신의 생각에는 경상도의 여러 장수들 가운데 이순신이 제일입니다"거나 "원균에게는 미리 군사를 맡겨서는 안 됩니다"는 말만 들어봐도 알 수 있다.[405]

1596년(선조 29) 지루하게 계속되던 강화 회담이 결렬되었다. 그러자 이원익은 다시 남부 지방으로 파견되었다. 이원익은 선조에게 "고생하는 백성들을 생각해 항상 평안도 피난시절과 같이 생활하시면 백성들에게 미치는 혜택이 클 것입니다"[406]고 충고했다. "또한 유사시에 임금이 파천하면 민심은 더욱 동요되고 중국에게만 의지한다면 국가는 유지될 수 없기 때문에 내전內殿만 강화도로 피난시키고 임금은 끝까지 서울을 지켜야 합니

의 인사권을 가지고 있었다(車文燮, 〈朝鮮中期 倭亂期의 軍令·軍事指揮權研究〉, 《韓國史學》 5, 한국정신문화연구원, 1983, 11쪽).

400) 《선조실록》 권 63, 선조 28년 7월 정해

401) 《선조수정실록》 권 29, 선조 28년 8월 신축

402) 權愈, 行狀, 728쪽.

403) 앞과 같음.

404) 앞과 같음.

405) 《선조실록》 권 82, 선조 29년 11월 기해

406) 《선조실록》 권 82, 선조 29년 11월 기해

다"[407]고 건의하기도 했다.

1596년(선조 29) 11월 일본군의 재침 조짐이 보이자 조선정부는 도체찰사 이원익과 도원수 권율의 지휘 아래에 이덕형·김수金粹 등으로 흥복군興復軍을 창설케 하고 병력을 모집하도록 했다. 한편 정기원鄭期遠을 고급청병주문사告急請兵奏聞使로 삼아 명나라에게 강남병과 수군을 파견해 줄 것을 요청했다. 이원익 등은 평지전보다는 산성전山城戰·청야전淸野戰을 준비했다.[408]

그런데 서인들과 선조는 이순신을 못마땅하게 여겨 그를 잡아 가두고 원균을 대신 파견했다. 이중간첩 요시라의 작간을 들어주지 않았기 때문이다. 이원익은 "이순신과 원균은 그 맡은 바가 각각 있으니 처음에 가서 구원하지 않았다고 그것이 죄될 것이 무엇인가?"[409]고 해 이순신을 적극적으로 편들었다. 이때 도원수 권율이 체찰부의 허가 없이 병력을 파견한 적이 있었다. 이원익은 선조에게 자기가 잘 다스리지 못했으니 자신을 처벌해 달라고 요구해 권율을 복종시킨 바 있다.[410] 이원익은 스스로 성주의 금오산성金烏山城을 지키면서 관찰사들의 산성전·청야전을 감독하고, 한편으로 종사관 남이공南以恭을 한산도에 보내어 수군을 한산도와 운도에 나누어 주둔하게 했다.[411]

한편 1597년(선조 30) 3월에 병부좌시랑 형개邢玠를 경략어왜겸리양향經略禦倭兼理糧餉으로, 우첨도어사 양호楊鎬를 경리조선군무로, 도독 마귀麻

407) 《선조실록》 권 82, 선조 29년 11월 을사

408) 柳成龍, 《西厓集》 권 15, 山城說.

409) 柳成龍, 《懲毖錄》 권 2. 李舜臣의 下獄과 水軍의 覆沒

410) 李元翼, 《梧里集》 別集 권 2, 引見時奏事 體相時從事官引對 이원익은 김해부사 백사림에게 안음의 黃石山城을 지키게 했는데 권율이 이원익의 허락을 받지 않고 兩湖의 군사로 언양·양산을 차단하고, 백사림으로 의령을 방어하도록 했다(《선조실록》 권 46, 선조 26년 12월 무진).

411) 孫鍾聲, 〈講和會談의 決裂과 日本의 再侵〉, 《한국사》 29, 국사편찬위원회, 1995, 113~114쪽.

貴를 도독비왜총병관都督備倭總兵官으로 임명해 5만 5천 명의 군사를 파병했다.[412] 당시 부총병副總兵 양원楊元이 3천 명을 거느리고 남원에 주둔하고 있었는데, 이원익이 양국의 군대를 총동원해 적을 공격할 것을 촉구했다.[413] 원균이 칠전량 해전에서 패해 전사하자 왜군은 남해의 제해권을 확보하고 진주, 남원, 전주로 진격해 왔다.[414]

그러나 이순신이 삼도수군통제사로 복귀해 남해안의 제해권을 되찾고, 가토 기요마사가 곽재우에게 화왕산성에서 패한 뒤 다시 성주에서 상주목사 정기룡鄭起龍에게 패하자 왜군의 북상이 어려워졌다. 양호는 군량 조달을 독촉했으나 현실적인 조건이 맞지 않아 왜군에 대한 대공세를 늦출 수밖에 없었다. 그 뒤 조·명연합군이 울산을 공격했으나 이기지 못하고 후퇴했다. 이것이 제1차 울산성 전투이다.[415]

그런데 형개의 참모인 병부주사兵部主事 정응태丁應泰가 패전을 속였다고 양호를 탄핵했다. 이에 선조는 7월에 진주사 최천건崔天健을 보내 양호를 변명해 주었으나 양호는 소환되고 만세덕萬世德이 대신 파견되었다.[416] 당시 정응태는 조선이 일본을 끌어들여 요동 땅을 회복하려 한다느니, 참람하게 왕의 묘호로 조祖와 종宗을 쓴다느니 하는 무고를 했다. 선조는 이를 변파하고자 영의정 유성룡이 사신으로 가 주었으면 했다. 그러나 그는 노모가 있다는 이유로, 좌의정 김응남은 몸이 아파서 갈 수 없다고 했다. 이원익은 유성룡에게 자원해 자기가 대신 가게 해 줄 것을 자청했다.[417] 그리하여 이원익이 양경리변무사楊經理辨誣使로 갔다. 정응태는 압록강에서 이원익 일행에게 돌아가라고 협박했다. 이원익은

412) 崔永禧, 《壬辰倭亂》, 세종대왕기념사업회, 1974, 175쪽.
413) 이양희, 앞의 논문, 79쪽.
414) 앞과 같음.
415) 崔永禧, 《壬辰倭亂》, 세종대왕기념사업회, 1974, 179~186쪽.
416) 李肯翊, 《燃藜室記述》 권 17, 宣祖朝故事本末 楊鎬劾去遣使辨誣.
417) 앞과 같음.

> 우리들은 국왕의 명을 받들어 천자에게 아뢰려는 것인데, 이제 만약 중지하면 이것은 임금의 명을 어기는 것이다. 너희들이 힘으로 우리 일행을 묶어서 거꾸로 실어 돌려보낸다면 우리들은 국왕에게 할 말이 있을 것이다.418)

고 하면서 끝까지 버텼다. 정응태는 거기서 그치지 않았다. 그는 명나라 황제에게

> 신이 조선에 도착해 길가에 떨어져 있던 작은 책을 주웠는데, 모두 조선이 왜를 섬기는 절목이었으며, 또 국왕의 선대는 다 조祖니 종宗이니 하는 칭호를 썼습니다. 지금 왜구가 왔는데, 수상 이원익이 국왕과 함께 길을 빌려 유인했으니, 이제 이원익을 금의옥錦衣獄에 가두고 엄하게 문초하면 그 실정을 알 수 있을 것입니다.419)

고 모함했다. 위기일발이었다. 이에 이원익은 1598년(선조 31) 9월에 연경에 도착해 통정사通政司에 주본奏本을 올려 정응태가 조선을 모함한 정황을 낱낱이 진술했다. 이원익은

> 소국은 황상께서 두 번 살려주신 은혜를 입어 임진년에 망하지 않고 오늘날까지 보존하고 있으니, 소국 군신은 비록 몸이 부서지고 뼈가 가루가 된다 하더라도 황상의 은혜를 갚을 길이 없습니다. 망하지 않는 나라, 죽지 않는 백성이 실낱같이 연명해 온 지 이제 7년인데, 이제 다시 사람들로부터 밀침을 당해 악역의 구덩이에 떨어져 스스로

418) 앞과 같음.
419) 《선조실록》 권 105, 선조 31년 10월 경신

> 벗어날 길이 없으니, 단지 소국의 사정이 참으로 애통할 뿐만 아니라, 황상께서 여러 해 동안 적극 구제해 주신 은혜가 끝내는 한 역적을 보호한 데로 돌아가고 말았으니, 배신들은 몹시 가슴이 아픕니다.[420]

고 억울함을 호소했다. 이원익은 부사 허성, 서장관 조정립趙正立과 함께 6부과관六部科官과 13도 어사에게 머리를 땅에 짓찧어 피가 흐르도록 간절히 변론했다. 각로들도 "이 일은 우리들이 이미 알고 있다"고 했다. 예부도 "황상께서 정응태의 상소를 접어 두고 쓰지 않으니 이것이 바로 억울함을 씻어준 것이다"라는 해명을 듣고 귀국했다.[421]

귀국하자 이이첨 등이 유성룡이 사신으로 가지 않았다는 이유로 주화오국主和誤國의 죄명으로 탄핵해 파직시켰다. 이원익은

> 유성룡은 정사를 도운 지 10년 동안에 한 가지의 도움도 드리지 못했으니, 이것으로 죄를 준다면 무슨 변명을 하겠습니까? 하지만 지금은 사사로운 무리를 널리 박아 놓았다느니, 표창과 형벌에 대한 권한을 훔쳐 갔다느니, 하는 말로 공격하면서 죄악을 한두 가지만 늘어놓은 것이 아닙니다. …… 그 가운데 화의를 주장했다는 한 가지 문제를 가지고 비난한 사람의 의견은 물론 정당하겠지만, 그 문제의 내막도 서로 맞지 않는 것이 적지 않습니다.[422]

고 유성룡의 억울함을 변호했다. 이는 선조가 자신의 잘못을 유성룡에게 뒤집어 씌워 쫓아내는 것을 옳지 않게 여긴 데서 나온 행위였다. 또한 화

420) 《국역오리선생문집》 속집부록 권 2, 奏文, 丁應泰의 誣告를 변명하는 奏文, 驪江出版社, 1995, 77쪽.

421) 연보, 730쪽.

422) 《선조수정실록》 권 33, 선조 32년 정월 병오

의가 명·일 사이에 부득이하게 진행된 것이고 그 화의에 조선을 배제하고 있었으니, 화의의 죄를 논하려면 명·일에게 책임을 물어야 할 것이다. 유성룡과 이원익은 온몸으로 임진왜란이라는 국란을 극복하고자 노심초사한데 견주어 선조가 한 일은 무엇인가? 의주로 피란했다가 여차하면 명나라에 귀의歸依하려 한 것뿐이고, 연전연승하는 이순신을 감옥에 잡아 가두었다가 죽이려 한 것 밖에 더 있는가? 적반하장賊反荷杖이었다.

제4장 한음 이덕형의 생애와 치적

1. 머리말

이덕형李德馨(1561~1613)의 본관은 광주廣州, 자는 명보明甫, 호는 한음漢陰, 쌍송雙松, 포옹산인抱雍散人이다. 그는 광해군조에 오리梧里 이원익李元翼, 백사白沙 이항복李恒福과 함께 혼조3이昏朝三李로 추앙되는 명상名相이었다. 이덕형은 광주이씨 둔촌공파遁村公派에 속하는 좌의정 이극균李克均의 5세손으로, 1580년(선조 13) 20세에 문과에 급제한 뒤 34년 동안 관직 생활을 하면서 문형文衡에 세 번, 영의정에 세 번, 체찰사에 두 번이나 임명된 훌륭한 지도자였다. 그는 31세에 문형을, 38세에 정승(우의정)에 기용될 정도로 빠르게 승진을 했다. 이는 종친을 빼고 가장 빠른 승진 사례다.

더욱이 백사 이항복은 이덕형보다 5살 위인데 문과에는 이덕형이 먼저 급제했으나 비슷한 시기에 앞서거니 뒤서거니 하면서 홍문관직을 역임하고, 재상이 되어서는 교대로 의정직을 맡아 국정을 선도했다. 어려서 같은 마을에 산 것은 아니나(이항복은 서부 양생방養生坊에서 태어나 19세에 장가간 뒤에는 장인인 권율權慄의 필운동弼雲洞 집에서 살았으며, 이덕형은 남부 성명방誠明坊, 지금의 서울 중구 대우문화재단 자리에 살았음), 과거 급제 뒤 형제처럼 국가를 보위하고자 목숨을 걸고 지도력을 발휘했다.

이덕형은 임진왜란이 일어나자 스스로 요동도사遼東都司를 찾아가 울면서 원병援兵을 유치했고, 이여송李如松·양호楊鎬·유정劉綎의 접반사接伴使를 맡아 명군을 직접적으로 도왔으며, 4도관찰사로서 군사를 진두지휘해 국란 극복에 앞장섰다. 다시 말하면, 임진왜란과 같은 미증유의 국란을 맞이해 국가의 국방과 외교 등의 문제를 담당했다. 일본군이 이덕형을 지목해 화의和議 회담의 상대로 삼은 것만 보아도 그의 인품이나 자질이 얼마나 훌륭했나를 알 수 있다. 그는 풍채가 좋고 천품天稟이 고매해 겉으로는 나약한 것 같으나 결기가 있고 대인 관계가 좋았다 한다.

그리고 광해군조의 대북 정권이 적자도 장자도 아닌 광해군의 정치적 위상을 견고하게 하고자 임해군臨海君, 영창대군永昌大君, 그리고 인목대비仁穆大妃를 차례로 죽이거나 내쫓으려 했다. 이에 3이가 함께 전은론全恩論을 내세워 목숨을 걸고 반대하다가 차례로 죽거나 귀양을 갔다. 이덕형도 영창대군을 죽여서는 안 된다고 주장하다가 삭탈관작削奪官爵되어 용진龍津에 물러나 단식하고 울면서 찬술만 마시다가 죽었다.

이와 같이 한음 이덕형은 임진왜란이라는 국란을 당해 부인이 자결하는 아픔을 겪으면서도 명·왜군을 왕래하면서 나라를 구하고자 불철주야 노력한 지도자 가운데 지도자였다. 선조조에는 목릉성세穆陵盛世라 해 이산해·유성룡·이순신·이원익·이항복·이덕형·윤두수·곽재우 등 기라성 같은 인물들이 났다. 그 가운데서도 이덕형은 나이는 제일 어렸지만 국정 운영에 발군의 업적을 남겼다. 이에 본고에서는 이러한 이덕형의 가계와 업적을 실증적으로 소개해 당시의 실상을 밝혀 보고자 한다. 지금까지 3이와 같은 전문가 집단에 대해서는 제대로 연구된 적이 없다. 구국 영웅인데도 사상가가 아니기 때문에 연구자의 관심을 끌지 못해서가 아닌가 한다. 관심 있는 분들의 질정을 바란다.

2. 가 계

광주이씨의 시조는 신라 내물왕奈勿王 때 내사령內史令을 지낸 이자성李自成이라 한다. 이자성의 선대는 오랫동안 칠원백漆原伯이 되어 대대로 작위를 이어 오다가 고려 왕건王建에게 불복不服해 그 자손의 일부가 회안淮安(지금의 광주廣州 경안역慶安驛)으로 이속되어 역리驛吏로 격하되었다고 한다. 그 뒤 고려 성종조에 회안을 광주로 고치면서 향리鄕吏가 되어 광주이씨가 되었다고 한다.[1)]

그러나 그 이후의 세계世系는 알 수 없다. 광주이씨가 행세하게 된 것은 고려 말 생원 이울李蔚 때부터이다. 이울은 이한李漢과 이당李唐 두 아들을 두었는데 이덕형은 이당의 자손이다. 이당은 생원으로 죽은 뒤에 아들의 현달로 이조판서 성균관 좨주祭酒에 추증되었다.[2)] 이당은 이인령李仁齡·이원령李元齡·이희령李希齡·이자령李自齡·이천령李天齡 등 5자를 두었는데 이원령이 이덕형의 조상이다. 그는 뒤에 이름을 이집李集으로 바꾸었다.[3)] 이집을 중시조로 하는 이덕형의 가계는 〈표 1〉과 같다.

이집(1327~1387)은 광주이씨의 중시조요, 이덕형의 8대조에 해당한다. 이집의 초명은 이원령이요, 초자初字는 성노成老이다. 자는 호연浩然, 초호는 묵암자墨巖子, 남천南川, 호는 둔촌遁村이다. 1327년(충숙왕 14) 6월 2일에 태어나 1387년(우왕 14) 6월 29일에 죽었다. 향년 61세. 그는 처음에 외조부의 인척인 이인성李仁成과 문충공文忠公 신현申賢에게 배웠으며[4)],

1) 朴能緖, 《韓國系行譜》 天, 廣州李氏(寶庫社), 1992, 341쪽.
2) 《國譯 廣李世蹟》 第卷1(上代編), 2005, 285쪽.
3) 앞의 책, 156쪽,
4) 李鍾元 편저, 《黎明》, 廣州李氏大宗會, 2007, 25쪽.

1347년(충목왕 3)에 21세의 나이로 최원도崔元道와 함께 진사가 되고(이때의 지공거知貢擧는 이공李穀), 1355년(공민왕 4)에 29세의 나이로 문과 병과 제6인으로 급제했다(지공거는 이공수李公遂, 동지공거同知貢擧는 안보安輔). 그는 문장, 지절志節로 유명했으며, 목은牧隱 이색李穡, 포은圃隱 정몽주鄭夢周, 도은陶隱 이숭인李崇仁, 척약재惕若齋 김구용金九容, 행촌杏村 이암李嵒, 야당野堂 허금許錦, 원재員齋 정추鄭樞, 어촌漁村 공부孔俯 등의 명사들과 사귀었다.[5]

그런데 1368년(공민왕 17)에 석탄石灘 이존오李存吾와 함께 권승權僧 신돈辛旽을 공격하고, 또 입시했을 때 "하늘에는 두 해가 없고 나라에는 두 임금이 없는 것이거늘, 요승妖僧이 어찌 감히 어상御床에 앉아 어깨를 나란히 할 수 있단 말인가?"고 호통을 친 적이 있었다. 이에 공민왕이 노해 "너희들이 감히 나의 스승을 논척하느냐?"고 하면서 파직해 유배를 보내라 했는데 정몽주가 구해 줘 무사했다. 또 신돈의 문객門客 채판서蔡判書 앞에서 신돈을 공격하다가 신돈이 죽이려 하자 둔촌동 토굴 속에 숨어 있었다. 그러나 발각될 우려가 있어 아버지 이당을 업고 부인과 삼형제를 데리고 경상도 영천永川에 사는 과거科擧 동기생 사간司諫 최원도의 집을 찾아갔다. 부인과 삼형제는 경주 불국사로 보내고, 그는 잠깐 최씨 집 행랑채에 들어가 쉬고 있는데 최원도가 이 사실을 알고 짐짓 노해, "이 자가 재앙을 싣고 와서 나에게 넘기려 한다"고 하고는 직접 선두에 서서 몰아내고 행랑채에 불을 질렀다 한다. 그는 힘없이 5리쯤 나와 숲 속에 숨어 있었다. 이윽고 밤이 되자 최원도가 나타나 이들 일행을 데리고 집으로 가서 4년 동안 낮에는 다락에, 밤에는 골방에 숨겨 주었다.[6]

5) 《國譯 廣李世蹟》 第1編(上代編) 一, 遁村先生行錄, (주) 크레이언, 2005, 148~149쪽.
6) 앞의 책, 五. 遁村先生이 최사간崔司諫을 찾아 화를 피함, 116쪽.

〈표 1〉 이덕형의 가계

```
集
|
-----------------------------------------
|          |          |          |
之直       之剛       之柔       女+劉敞
|
-----------------------------------------------------------------------
|       |       |       |          |            |            |
長孫    仁孫    禮孫    女+金虛    女+禹孝安    女+柳琛      女+鄭晤
        |
-----------------------------------------------------------------------
|      |      |      |      |      |            |            |
克培   克堪   克增   克墩   克均   女+李允植    女+金師禹    女+李墩
                            |
-----------------------------------------------------------------------
|      |      |      |      |          |          |          |
世俊   世健   末貞   義貞   女+安邦福  女+李繼宗  女+成秀才  女+趙永堅
|
--------------------------------------------------------
|         |         |           |           |
守忠      守孝      女+朴芬     女+慶霖     守亨
|
-----------------------------------------------------------------------
|       |       |       |          |          |          |
振慶    泰慶    興慶    女+申汝良  女+崔應仁  女+李鎔    女+具眉壽
|
民聖
|
--------------------------------------------------------
|         |         |         |         |
德馨      餘馨      尙馨      久馨      鍾馨
|
-----------------------------------------------------------------------
|     |     |     |     |     |     |        |      |      |
如圭  如璧  如璜  如璞  如珉  如瑏  如璇     女     女     女     女
|                                           +鄭基崇 +憕   +許棨  +李潚
-----------------------------------------------------------------------
|       |       |       |          |          |          |
象乾    象坤    象謙    象鼎    女+李基祚  女+崔有石  女+洪彙    女+李龜徵
```

(《광주이씨대동보》 권 1)

이때부터 최원도는 미친 척 했다. 밥도 한 끼에 3인분을 먹고, 대소변도 방에서 보는 등 이상한 짓을 많이 했다. 그러나 수상하게 여긴 최원도의 부인이 제비라는 여자종을 시켜 엿보게 했다. 그랬더니 벽장 속에 수상한 사람들이 숨어 있는 것이 아닌가? 그러나 주인의 고민을 알아챈 제비는 19살 꽃다운 나이에 자결했다.[7)]

신돈은 영천관아에 관문關文을 보내 빨리 이원령을 잡아들이라고 성화였다. 그러나 고을에서는 당초에 쫓아낸 실상을 낱낱이 보고해 무사했다. 이원령의 아버지 이당이 죽자 나현蘿峴에 자기 아버지처럼 장사를 지내 주었다.[8)]

이원령은 1371년(공민왕 20) 6월에 신돈이 복주伏誅되자 개경의 현화리玄化里 집으로 돌아왔다. 최원도는 한양으로 떠나는 이원령에게 다음과 같은 시를 써 주었다.

> 세상을 탄식하는 눈물이 옷깃을 적시고, 慷慨傷時淚萬襟
> 고향 떠나서 아버지께 드린 효성 지하에까지 미치네 遊離孝懇達幽陰
> 한양은 멀고 먼곳, 구름 연기만 자욱하고, 漢山迢凄雲煙邸
> 나현 위에 올라 보니 수풀만 우거졌네 蘿峴盤回草壽深
> 앞뒤로 두 개의 봉분을 나란히 세웠으니, 天占後先雙馬鬣
> 그대와 나의 마음 누군들 알겠는가 誰知君我兩人心
> 원하건대 대대로 지금같이 지내면서, 願言世世長如此
> 서로의 이해를 떠나 깊은 정 변함없기를 須使交情利斷金[9)]

7) 이광수, 《새 시대를 이끌어간 정치인》-동고 이준경 선생 일대기-, 수원대학교 출판부, 1993, 4~5쪽.
8) 《國譯 廣李世蹟》 第1卷 (上代編) 五, 遁村先生이 최사간을 찾아 화를 피함((주) 크레이언, 2005), 116쪽.
9) 李時佑, 《漢陰 李德馨先生 一代記》(廣州李氏 漢陰宗會), 10~11쪽.

이원령은 친구 이숭인에게 "지금 내가 한양에 돌아와서 여러 벗들과 만나니 마치 꿈에서 깨어난 듯하고 죽었다가 다시 살아 온 듯하오. 몸이 다시 태어났는데 이름은 옛 이름을 쓸 것이 있겠소?" 하고는 '호연지기浩然之氣는 집의集義에서 생긴다(《孟子》 公孫丑章)'는 뜻을 따 이름을 '집集'으로, 자를 '호연'으로, 호를 둔촌으로 바꾸었다.[10]

벼슬은 판전교시사判典敎寺事에 이르렀다. 그러나 현세에 뜻이 없어 여주 천령현川寧縣 강가에 은거했다. 죽은 뒤에 손자 이인손李仁孫이 귀하게 되어 좌찬성에 추증되었다. 부인은 황석범黃碩範의 딸 정화택주貞和宅主 영주郢州황씨다. 《둔촌잡영遁村雜詠》 3권 1책이 전한다. 1669년(현종 10)에 사림이 3은(목은·포은·도은)과 함께 서원을 세워 제사를 지내다가, 1697년(숙종 23)에 광주 구암서원龜岩書院에 배향되었다.[11]

이집은 3남(之直·之剛·之柔) 1녀(玉川府院君 劉敞의 처)를 두었다. 3자가 모두 등제했는데 이지직이 이덕형의 7대조다.

이지직의 자는 백평伯平이요, 호는 탄천炭川이다. 1354년(공민왕 3) 5월 5일에 태어나 1419년(세종 1)에 죽었다. 향년 66세. 그는 포은 정몽주의 제자로서 1380년(우왕 6)에 전구서승典廏署丞으로서 생원시에 합격하고, 이어 1367년(공민왕 16)에 문과에 아원亞元으로 급제해 한림翰林, 태상전교太常典校가 되었다. 1394년(조선 태조 3)에 광주에서 한양의 향교동鄕校洞으로 이사해 예문관 검열·대교, 집현전 정자·교리, 경승부敬承府 소윤을 역임하고, 평창·충주·청주의 수령을 거쳐, 강원(1401)·충청관찰사를 지냈다.[12]

내직으로 들어와 사헌부 집의(1404), 형조우참의, 보문각 직제학이 되었

10) 앞의 책, 151쪽.
11) 《廣州李氏族譜》 首卷 (《庚戌譜》, 함경감영), 1724, 1쪽.
12) 《廣州李氏大同譜》(廣州李氏大同譜編纂委員會) 卷 1(回想社, 1988), 3쪽.

으며, 청백리로 유명하다. 1402년(태종 2) 4월 1일 내서사인內書舍人 이지직과 좌정언 전가식田可植은 다음과 같이 상소했다.

> …… 전하께서는 아름다운 옷을 입으시기를 좋아해 제도를 따르지 아니하시고, 대간의 말이 어쩌다가 뜻에 거슬리면 엄하게 견책을 하시며, 매와 개를 좋아하시고, 성색聲色을 즐겨하심이 아직도 여전하십니다. 엎드려 바라옵건대, 전하께서는 검약儉約을 숭상하시고, 방탕한 욕심을 경계하시며, 간쟁諫諍을 받아들이시고, 희노喜怒를 삼가시어 날이 갈수록 조심하십시오.[13]

비록 언관이기는 하지만 태종과 같은 전제군주 앞에서 직언을 한 것이다. 이에 대사간 이지李至는 왕에게 버릇없게 직언했다고 귀양 보내자고 했으나, 태종이 대간의 언론을 죄줄 수 없다고 파직만 하고 용서해 주었다.[14] 그러나 신료들 사이에서는 그것이 실언이라고 논박하는 사람도 많았다.[15] 더구나 민무구閔無咎 등의 사주로 태종이 응견鷹犬과 성색을 좋아한다고 몰아붙였다고 이해하는 데까지 이르렀다.[16] 태종은

> 집안에서 대대로 활쏘기를 익혔지만, 나이 25세 때야 비로소 매사냥을 알았을 뿐이요. 개나 성색은 내가 좋아하는 바가 아니다. 다만 그때 새로 권궁주權宮主를 들여앉혔기 때문에 민씨가 이지직 등을 사주해 간하게 했던 것이다. 전가식을 대질심문한 결과 '민무구 등의 사주를 받았다'고 하므로, 나는 그 실정을 알게 되었다. 이지직은 사람됨이

13) 《태종실록》 권 3, 태종 2년 4월 계축
14) 앞과 같음.
15) 《태종실록》 권 3, 태종 2년 6월 경진
16) 《태종실록》 권 16, 태종 8년 10월 을해

> 비록 순량하나 죄가 전가식과 같으므로 쓰지 아니했고, 이양명은 마음씨가 비록 틀어졌지만 나는 등용해서 벼슬이 4품에 이르렀다.[17]

고 해 이지직이 민씨네 사주를 받았다고 확신하고 있었다. 사헌부가 이지직을 처벌할 것을 주장했으나 세종은 부왕이 처벌하지 않았는데 내가 다시 할 수 없다고 거절했다.[18] 그런데 이지직의 사위 유효통柳孝通이 1435년(세종 17) 7월에 강원감사로 나간 이후 5년 동안 외방에 근무했는데, 이번에 또 경주부윤으로 나가면 6년을 근무해야 한다. 그렇게 되면 외동딸인 아내가 72세 된 장인를 모실 수 없으니 서울에서 가까운 고을에 발령할 수 있도록 해달라고 했다.[19] 이에 대해 세종은 지방관 근무는 신자의 의무인데 장인을 핑계로 나가려 하지 않는 것은 국문해야 한다고 했다. 전에 이지직이 오랫동안 서용되지 않은 것도 극간極諫에 있었던 것이 아니라 외임外任을 사피辭避한 때문이라고 했다.[20] 이지직은 1409년(태종 9) 3월에 성주목사로 임명되었을 때 부임하지 않아 평택으로 귀양 갔다가 4월에 외방종편外方從便된 적이 있었다.[21] 《경국대전》에 "수령을 거치지 않은 자는 4품 이상의 품계로 올라갈 수 없고,[22] 수령이나 교관이 핑계를 대어 그 직을 모면하려는 자는 그가 근무해야 할 기간까지는 임용하지 아니하고, 임용할 때는 도로 외관으로 임용한다. 부모의 나이가 70세 이상인 자는 3백 리가 넘는 먼 읍의 수령으로 임용하지 않는다"[23]고 되어 있다. 유효통은 비록 장인이지만 70세 이상 된 부모를 모시고 있었기 때문에 가까운 읍으

17) 《세종실록》 권 1, 세종 1년 3월 기사
18) 《세종실록》 권 3, 세종 1년 5월 계해
19) 《세종실록》 권 88, 세종 22년 1월 갑인
20) 앞과 같음.
21) 《태종실록》 권 17, 태종 9년 3월 병오
22) 《경국대전》 권 1, 이전 경관직
23) 앞의 책, 외관직

로 임지를 바꾸어 달라는 것이었으니 무리한 요구는 아니었으나 세종은 태종의 결정을 지키고자 처벌하려 한 것이다.

그런데 제1차 왕자의 난 때 방원芳遠이 방석芳碩을 치러 가려고 하자 이지직이 말고삐를 잡고 "백일白日이 중천한데 부왕 앞에서 아우를 죽여 어떻게 하시렵니까? 순리대로 받아들이십시오"하면서 읍간泣諫하니 좌우에서 죽이려 했다. 그러나 방원은 "이지직은 나의 옛 친구인데, 그가 어찌 방석에게 아부해 그랬겠는가?"고 했다. 춘정春亭 변계량卞季良이 "이지직은 청간淸簡하고 강직한 사람이다. 그 말은 참으로 옳은 말이다. 백이伯夷·숙제叔齊와 견주어 다를 바 없다"[24]고 했다. 그리하여 자손까지 금고禁錮되어 광주의 탄천(숯내, 분당을 흐르는 개울)가에 은거했다. 호를 탄천이라 한 것도 그 때문이다.

세종이 즉위하자 태종이 불러 쓰라고 했으나, 1419년(세종 1) 7월 21일 부임하기 전에 죽었다. 뒤에 아들 이인손이 잘되어 영의정에 증직되었다. 부인은 지인주부사 이원보李元普의 딸인 경주이씨이다. 1355년(공민왕 4)에 태어나 1433년(세종 15)에 죽었다. 향년 79세. 이지직 내외의 묘는 광주 대원리 선영에 계좌癸坐로 있다. 경남 창령군 운봉촌雲峰村에 있는 운곡서원雲谷書院에 배향되어 있다.[25] 운곡서원에는 이지직을 주벽으로 하고, 서무西廡에 이여극李汝諴과 이두남李斗南, 동무東廡에 이극규李克圭와 이시노李時老 등 광주이씨 제현들을 봉안하고 있다.[26] 그리고 1455년(단종 3) 2월에 이조에 전지해 이지직의 고신告身을 돌려주었다.[27]

1419년(세종 19)에 이지직의 산소 자리를 잡을 때 진사 조한필曺漢弼이

24) 이 말은 춘정이 아니라 호정浩亭 하륜河崙이 한 말이라 한다(《國譯 廣李世蹟》 第1卷(上代編) 南秀文, 淸白吏公 諱之直行狀, (주) 크레이언, 2005, 185~193쪽).

25) 앞과 같음.

26) 앞의 책, 305쪽, 雲谷書院位次.

27) 《단종실록》 권 13, 단종 3년 2월 갑진

풍수에 밝은 사람을 시켜 성남시 하대원동에 있는 현재의 묘자리를 잡았다. 풍수가가 말하기를

> 이 자리는 기가 막히게 좋은 자리입니다. 자손들이 대대로 끊이지 않고 대과에 급제할 것이며, 현관顯官이 많이 나올 것입니다. 한 가지 꺼림칙한 것은 장자에게 좋지 않습니다.[28)]

고 했다. 이 말을 들은 2자 이인손과 3자 이예손李禮孫은

> 그렇다면 다른 자리를 찾아보도록 합시다. 형님께서 좋지 않다는데 어찌 그러한 곳에다 아버님 산소를 모시겠습니까?[29)]

고 했다. 그러나 장자 이장손李長孫은

> 아니다. 내게 조금 나쁜 것이 무슨 상관이냐? 아버님을 편히 모실 수 있는 자리라면 족하다. 내가 보기에는 이만한 좋은 자리가 있을 것 같지 않으니 내 걱정은 말고 모시도록 하자.[30)]

고 해 그 자리를 정했다 한다.

그런데 1468년(예종 즉위년) 9월에 세조의 능 자리를 광주에 있는 이지직의 묘자리가 적당하다고 해 예종이 친히 거동하려 했는데, 밀성군密成君 이침李琛, 영순군永順君 이부李溥, 영의정 이준李浚 등이 풍양豊壤에서 돌아

---

28) 李鍾元 편저, 《黎明》, 廣州李氏大宗會, 2007, 402쪽.
29) 앞과 같음.
30) 앞과 같음.

와, 정흠지鄭欽之의 묘자리가 낫다고 했다.[31] 고령군高靈君 신숙주申叔舟 등과 상지관相地官을 보내 살펴보니, 역시 정흠지의 묘자리가 더 좋다고 해 그리로 정했다.[32]

이지직은 3남(長孫·仁孫·禮孫) 4녀(金虛·禹孝安·柳深·鄭晤의 처)를 두었다. 이 가운데 이인손이 이덕형의 6대조이다.

이인손(1395~1463)의 자는 중윤仲胤, 호는 풍애楓厓, 시호는 충희공忠僖公이다. 1395년(태조 4) 7월 4일에 태어나 1463년(세조 9) 7월 13일에 죽었다. 향년 69세. 1411년(태종 11)에 성균시에 합격하고, 1417년(태종 17)에 문과에 급제해 예문관 검열이 되었다. 이어 사헌부 감찰, 좌랑, 사재감 부정副正, 의정부 검상·사인, 예문관 제학, 사헌부 집의를 역임했다.[33]

사헌부 집의로 있을 때 이인손은 수양대군을 도와 김종서金宗瑞를 탄핵한 것으로 유명하다. 1447년(세종 29) 3월 세종은 판군자감사 이인손을 경차관敬差官으로 상원祥原 등지에 파견해 수령들의 구황救荒사업을 감찰하게 하고, 평안도 대성산 도적을 소탕하는 일을 맡겼다.[34] 그리고 1448년(세종 30) 5월에 동부승지 이계전李季甸은 비록 자급이 모자라도 인재를 뽑아 써야 한다고 주장했다.[35] 이인손은 그 예로서 거론되어 곧 예조참의로 발탁되었다.[36] 그러나 사간원이 반발했다. 개월 수가 차지 않았는데도 당상관으로 특진시키는 것은 법을 어기는 일이라는 것이다. 세종은 "당상관의 제수는 다른 잡직과는 다르다. 내가 알지 못하고 한 것이 아니고 특지特旨로 제수했는데, 어찌 불가할 것이 있겠는가?"고 했다.[37]

---

31) 《예종실록》 권 1, 예종 즉위년 9월 갑술
32) 《예종실록》 권 1, 예종 즉위년 9월 을해
33) 《廣州李氏大同譜》 卷 1(回想社, 1988), 4쪽.
34) 《세종실록》 권 115, 세종 29년 3월 병자·신사
35) 《세종실록》 권 120, 세종 30년 5월 을유
36) 앞과 같음, 을미
37) 《세종실록》 권 120, 세종 30년 5월 경자

또한 이인손은 외교를 담당한 예조참의로서 대마도로 돌아가는 일본 사신使臣 도은道誾 편에 "바친 예물은 삼가 잘 받았노라. 정포正布 18필과 족하足下가 찾는 장경藏經 1부, 백견白犬·백학白鶴 각 1쌍에 특별히 하사하는 미두米豆 각 1백 석을 돌아가는 사신에게 아울러 부치니 수령하기 바란다"는 외교문서를 써 주었다.38)

그 뒤 경상도관찰사 겸 상주목사로 나갔다가,39) 다시 예조참의,40) 형조참의가 되었다. 1452년(단종 즉위년) 9월 형조참의 이인손은 요동도사 선위사宣慰使가 되어 그에게 옷 1습과 연폭유지連幅油紙 3장, 삼베 7필을 주었더니, 도사가 조선과 일체가 되어 요동遼東의 성식聲息을 공유하자고 다짐하고 남단藍段 1필을 주기에 사양했다.41) 1453년(단종 1) 3월에 이인손은 대사헌이 되었으나42) 산릉도감의 관리를 잘못 탄핵했다가43) 한성판윤으로 옮겼다.44)

그런데 1453년(단종 1) 11월 8일에 계유정난癸酉靖難이 일어나자 이인손은 형조참판에 임명되었다.45) 훈구파가 된 것이다. 그리고 다음 해 8월에 호조판서가 되었다.46) 그 뒤 1455년(세조 1) 윤 6월 13일에 이인손이 호조판서로 있을 때 금성대군錦城大君과 혜빈惠嬪 양씨 등의 모반 사건이 일어났다. 이 사건으로 노산군이 상왕으로 물러나고, 수양대군이 세조로 등극했다. 그 결과 혜빈 양씨는 청풍으로, 금성대군은 삭령으로, 영풍군永豊君 이전李瑔은 예안으로, 정종鄭悰은 영월로, 한남군漢南君 이어李於는 금산

---

38) 《세종실록》 권 125, 세종 31년 9월 신사
39) 《세종실록》 권 126, 세종 31년 12월 임신
40) 《문종실록》 권 12, 문종 2년 3월 정묘
41) 《단종실록》 권 3, 단종 즉위년 윤 9월 을축
42) 《단종실록》 권 5, 단종 1년 3월 신유
43) 《단종실록》 권 5, 단종 1년 3월 임술
44) 《단종실록》 권 5, 단종 1년 3월 을유
45) 《단종실록》 권 7, 단종 1년 8월 경신
46) 《단종실록》 권 12, 단종 2년 8월 갑신

으로 귀양 갔다.[47)]

그리고 세조는 영의정 황보인, 좌의정 김종서 등이 의정부를 중심으로 권력을 멋대로 휘둘러 군주를 허수아비를 만들었다고 해 6조직계체제六曹直啓體制를 시행하고자 했다. 이에 호조판서 이인손 등 6조판서들은 강력히 반발했다.

> 신 등이 6조에 전지하신 것을 엎드려 보니, 각기 그 직무를 직접 보고해 시행하라고 하셨습니다. 신 등은 생각하기를 우리나라가 태조께서 개국하시면서 일의 대소를 막론하고 모두 의정부로 하여금 의논해 보고하도록 했는데, 1414년(태종 14)에 이르러 태종께서 혁파했다가 세종 때 다시 세워서 오늘에 이르렀습니다. 청컨대 옛날대로 하소서.[48)]

세조가 승지 박원형朴元亨을 불러서 병조판서 이계전에게 전지하기를

> 옛날의 3공三公은 이치를 강론해 나라를 경륜했고, 6경六卿은 각각 직임이 나누어져 있었으니, 내가 이 제도를 좇으려 한다. 경들이 만약 6조의 직임을 감당하지 못하겠거든 사퇴하는 것이 옳을 것이다.[49)]

고 했다. 단종 때 황보인·김종서 등 의정부 대신들의 권력 독점으로 수양대군의 계유정난이 일어났으니, 의정부의 권한 축소는 세조가 할 첫 번째 일이었다. 그래서 6조직계체제를 실시하려 하는데 6조의 판서들이 반대하고 나서니 세조가 강경 대응하지 않을 수 없었다.

---

47) 《세조실록》 권 1, 세조 1년 윤 6월 을묘
48) 《세조실록》 권 2, 세조 1년 8월 임자
49) 앞과 같음.

이인손은 1456년(세조 2) 8월 호조판서로 있을 때 사육신 사건이 일어났다. 사육신은 1460년(세조 6) 6월 8일에 군기감 앞에서 처형되었다.50) 1456년 12월 남부 지방에 기근이 들자 세조는 이인손을 진휼사賑恤使로 삼아 백성을 구제했다.51) 그는 판중추부사·우찬성을 거쳐(1459) 성절사로 명나라에 다녀와 우의정(1459년 11월)으로 치사致仕했다. 그러나 다음 해 다시 명나라에 다녀왔다.52)

그러다가 1463년(세조 9) 5월에 이인손이 병이 나서 그 아들 평양도관찰사 이극배를 불러올렸으나53), 그해 윤 7월 13일에 죽었다.54) 성격이 침착하고 강의剛毅했으며, 담박한 것을 좋아하고 분화紛華한 것을 싫어했다. 죽은 뒤에 세조가 이극돈李克墩에게 "경의 5형제는 모두 쓸 만한 인재이며, 협력해 나를 보필하니, 내가 심히 가상하게 여긴다. 경의 아버지 이인손은 참으로 단아한 선비였다. 지금은 죽었으나 내가 심히 가상하게 여긴다"고 논평했다. 항상 성색을 가까이 하지 않았으며, 동작을 삼가고 제도를 준수했다. 죽은 뒤에 영의정에 추증되고 시호는 충희(廉方公正曰忠 小心畏忌曰僖)다.55) 그런데 세종릉을 헌인릉에서 여주로 옮길 때 이계전의 묘와 이인손의 묘가 걸렸다. 그리하여 예종은 평안관찰사로 있는 아들 이극배李克培를 천장遷葬을 위해 불러올리고 행호군行護軍 송문림宋文琳으로 대신하게 했다.56) 예종은 이렇게 말했다.

---

50) 《세조실록》 권 20, 세조 6년 6월 병오
51) 《세조실록》 권 5, 세조 2년 12월 무자
52) 《세조실록》 권 22, 세조 6년 11월 정사
53) 《세조실록》 권 39, 세조 9년 5월 갑인
54) 《세조실록》 권 31, 세조 9년 윤7월 경오
55) 廣州李氏大宗會, 《國譯 廣李世蹟》((주) 크레이언) 第1卷, 忠僖公仁孫神道碑文, 307~308쪽.
56) 《예종실록》 권 2, 예종 즉위년 12월 갑인

> 경은 복이 많아서 선친의 산소를 그토록 명당에 모셨으나 나는 삼천리강산이 모두 내 것이로되 할아버지(세종)를 편히 모실 자리를 마련하지 못하고 있으니, 경의 가문이 부럽기만 하오.[57]

이인손의 산소를 그냥 두면 광주이씨가 왕이 될 것이라는 소문이 은밀히 돌아 잘못하면 멸문지화滅門之禍를 당할지도 모르는 일이었다. 그리하여 이극배 등 광주이씨는 이인손의 묘를 이장하기로 했다.[58]

연주리延住里 묘지와 동진東津 전토는 그때 대토로 받은 것이다. 또 전해 오는 말에 따르면 향교동의 본궁本宮은 그 집터였는데 그의 다섯 아들들이 다 잘 되자 국가에서 징발해 본궁을 짓고 사직동 대지를 대신 주었다고 한다.[59] 이인손의 묘를 이장하고자 땅을 파내는 도중에 '삼년 권조지지 단족대왕 영천지지三年 權操之地 短足大王 永窆之地'라는 글씨가 나왔다 한다. 단족대왕은 세종을 말한다. 세종은 다리 한쪽이 짧아서 절뚝거렸다고 한다. 그리고 또 "이곳에서 연을 날려 하늘높이 떠오르거든 연줄을 끊고 연을 따라가 떨어지는 곳을 이장지로 하라"는 글도 나왔다 한다. 연주리는 연이 떨어진 곳이라는 것이다. 이 글은 도선선사道詵禪師가 묻어 놓은 것이라 한다.[60]

부인은 별장 노신盧信의 딸인 정경부인 교하交河노씨다. 슬하에 5남(克培·克堪·克增·克墩·克均) 3녀(李允植·金師禹·李墩의 처)를 두었는데 다섯 아들이 모두 문과에 급제하고 군호君號를 받았다.[61] 그리하여 이장손의 아들 이

---

57) 李時佑, 《漢陰 李德馨先生 一代記》(廣州李氏 漢陰宗會), 13쪽.
58) 앞과 같음.
59) 廣州李氏大宗會, 《國譯 遁村先生遺稿》(東禾書館, 1992), 15쪽.
60) 李時佑, 앞의 책, 13쪽.
61) 이인손의 다섯 아들이 모두 문과에 급제했고, 전 한성부윤 이사관李士寬의 여섯 아들(義長·禮長·智長·城長·孝長·恕長)이 문과에 급제해 1459년(세조 5) 7월 16일에 이인손에게 歲賜米 20석을 주고 이사관에게는 추증해 주고 소재읍으로 하여금 제사를 지내 주도록 한

극규李克圭, 이예손의 아들 이극기李克基·이극견李克堅과 함께 8극八克이라 일컬어져 성현成俔이 광주이씨를 '當今門閥之盛 廣州李氏爲最'라고 칭송하기도 했다.

이 가운데 이덕형의 5대조는 이극균이다. 이극균은 좌의정공파의 중시조로 아버지 충희공 이인손과 어머니 정경부인 별장 노신의 딸교하노씨 사이에서 다섯 째 아들로 태어났다. 이극균의 자는 방형邦衡이요, 호는 오봉五峯이다. 1437년(세종 19)에 태어나 1504년(연산군 10) 4월 15일에 죽었다.62) 향년 68세였다.

1456년(세조 2)에 20세로 형 광천군廣川君 이극증李克增과 동방으로 문과에 급제했다.63) 용모와 기질이 준위俊偉하고 기국器局이 홍대弘大해 소년 시절부터 지략과 용맹이 뛰어났다. 세조조에 유장儒將 가운데서 이극균과 허종許琮이 뛰어나 직제학으로서 만포첨사灣浦僉使에 차출되어 1467년(세조 13)에 이만주李滿住를 칠 때 선봉장으로 출정해 크게 승리했다. 1468년(세조 14) 5월 22일에 만포첨사의 임기가 차 손효윤孫孝胤과 교대하기로 되어 있었는데, 손효윤이 병이 나서 몇 달을 더 근무했다.64) 이어 승진해 1469년(예종 1)에 경상우도병마절도사에 제수되었다.65) 예종은 경상도우도절제사 이극균과 전라도절도사 허종으로 하여금 군기軍器를 점검하게 했다. 그 사목事目의 대강은 다음과 같다.66)

바 있다(《세조실록》 권 17, 세조 5년 7월 을미). 그리고 李克培는 廣陵君, 李克堪은 廣城君, 李克增은 廣川君, 李克墩은 廣原君, 이극균은 廣南君을 받았다(《廣州李氏大同譜》 권 1, 4~21쪽).

62) 《廣州李氏大同譜》 卷 1(回想社, 1988. 7), 21쪽.

63) 《國譯 廣李世蹟》 第 2編 1卷 廣南君左議政(諱克均)行狀, (주)東禾書館, 1998. 6. 30, 72쪽.

64) 《세조실록》 권 46, 세조 14년 5월 신사

65) 《예종실록》 권 5, 예종 1년 5월 임자

66) 《예종실록》 권 6, 예종 1년 6월 무오

1) 강 연안 제진諸鎭의 성자城子와 봉수대烽燧臺의 완고 여부.

2) 선군船軍의 부방赴防한 다소와 만호萬戶의 인기人器의 당부.

3) 제진·제포의 총통수와 쓰고 못 쓸 것.

4) 화포火砲 쏘는 것을 미리 익힐 것.

이 이전에 대마도주 종정국宗貞國이 차사를 보내 왔는데, 때마침 명나라 사신 최현崔玄이 와서 대접이 소홀했다. 이 때문에 종정국이 노해 다시 차사를 보내왔는데 말과 뜻이 몹시 불손했다. 그리하여 임금이 혹시 변환邊患이 있을까 두려워 해 이극균을 사정전思政殿으로 불러 남방 변비邊備에 관한 일을 상의했다. 1469년(예종 1) 10월 7일에 경상우도절도사 이극균은

> 처음에 총통군銃筒軍이 가장 긴요하다 해 이들을 다른 역役에 정하지 아니했는데, 지난번 군적軍籍을 정할 때 혁파해 정병正兵에 예속시켰으므로, 혹시 불우不虞의 변이 일어나면 총통을 쓸 수 없으며, 또 승평承平이 오래 계속되어 일찍이 총통군에 속했던 자가 그 업을 버리고 익히지 않으므로 기계機械를 알지 못하니, 청컨대 전안前案을 참고 해 총통군을 다시 두고, 총통을 알아서 숙달된 자 한 사람을 보내어 가르치게 하소서.[67]

라고 치계馳啓했다. 총통군은 전투에 매우 필요한 군사인데 이를 없앤 것이 부당하니 다시 설치하자는 주장이었다. 그러나 조정에서는 승평에 젖어 기왕 없앤 것이니, 외방에서 별도로 총통을 쏘는 훈련을 시키는 데 그치고 말았다.[68] 1472년(성종 3)에는 명나라에 천추사千秋使로 다녀왔다.[69] 천추

67) 《예종실록》 권 8, 예종 1년 10월 정사

68) 앞과 같음.

사 이극균이 요동遼東에 이르러 황태자의 부음訃音을 듣고 조정에 보고하자 조정에서는 즉일로 거애擧哀하고 저자[市]를 3일 동안 정지했다.70) 1474년(성종 5)에 이극균은

…… 신이 도내의 민폐를 살피건대 조전漕轉보다 더한 것이 없습니다. 풍변風變이 때 없이 일어나고 초서草嶼를 가리기 어려우면 침몰沈沒이 잇달고 익사溺死도 많으며, 그 가운데서 다행히 살아남은 자는 패선敗船의 진위를 추핵推覈받느라고 다른 고을에 갇혀 옥에 오래 있게 되면 그 처자를 공양할 수 없으므로 전택을 죄다 팔게 되니, 억울한 일이 적지 않습니다. …… 신은 조종祖宗의 고사故事에 따라 공선公船을 폐지하고 오로지 사선私船을 쓰는 것이 온편하다고 생각합니다.71)

고 해풍랑에 조선漕船이 자주 패몰되니 공선보다는 사선을 쓰는 것이 유리하다고 주장했다. 그리고 이어서 그는

…… 태형笞刑·장형杖刑에 해당되는 죄라도 혹 알맞지 못하면 그 억울함이 적지 않은데, 더구나 도형徒刑·유형流刑·사형死刑이겠습니까? 그 처자가 의지할 데가 없어 유리해 있을 곳을 잃으니, 홍수와 가뭄의 재변이 여기에서 말미암는지도 모릅니다. 근년에 여러 번 사유赦宥를 내려 많이 용서 받았으나 그 사이에 스스로 아뢰지 못해 은유恩宥를 입지 못한 자도 있으니, 분별해 방면하소서.72)

---

69) 《성종실록》 권 16, 성종 3년 3월 을묘
70) 《성종실록》 권 16, 성종 3년 3월 을묘
71) 《성종실록》 권 45, 성종 5년 7월 임오
72) 앞과 같음.

라고 상소했다. 나아가서 그는 진산군의 강효순姜孝純이 동철을 취련하는 일을 조사해 보고하고, 또 본도의 선박·형옥刑獄·잠사蠶事 등에 관한 적폐를 아울러 보고해 개혁했다. 1475년(성종 6) 2월 8일에는 좌의정 한명회와 함께 동지중추부사 이극균은 성종의 부모에 대한 왕의 시호德宗와 고명誥命을 내린 데 대해 감사하는 사은사謝恩使로 명나라에 다녀왔다.[73] 1477년(성종 7)에 영안도관찰사가 되었다가 형조참판이 되었다.[74] 1478년(성종 9) 2월에 형조판서였던 이극균은 해주에 수군을 배치하자고 하자 연변沿邊의 독진獨鎭에도 군사를 배치해야 한다고 주장했다.[75] 1479년(성종 10)에 영사 한명회가 아뢰기를 "영안북도는 활을 잘 쏘는 사람으로 절도사를 삼아야 하는데, 이극균은 모든 군기軍機·출납出納 등에 일에 있어서는 마땅치 않으니, 김교金嶠와 자리를 바꾸는 것이 어떻겠습니까?"고 했으나 왕이 불허했다. 1481년(성종 12)에는 지의금부사를 겸임했고, 다음해에는 평안도 절도사로 나아가 군병을 엄히 조련해 방어에 힘썼다. 1483년(성종 14)에 이조와 사헌부가 함께 아뢰기를 "전일에 이극배는 병조판서를, 이극균은 경상우도절도사가 된 적이 있었는데, 형제가 중외의 병권을 모두 쥐고 있는 것은 불가하니 바꿀 것을 청합니다"고 했으나 들어주지 않았다.[76]

1485년(성종 16)에는 자헌대부資憲大夫(정2품 하계)에 올라 지중추부사가 되고, 곧 한성부윤으로 옮겼다가 바로 병조판서가 되었다. 1486년(성종 17)에는 정헌대부正憲大夫(정2품 상계)에 올라 이조판서가 되었는데, 특진관으로 경연經筵에 나가 쇠를 녹여 물건을 만드는 철장鐵場을 파하지 말아야 한다고 주장했다. 1487년(성종 18)에 다시 영안북도절도사가 되어 "신은 소시에 잠깐 궁마弓馬를 배우기는 했으나 근래에는 풍증風症으로 전혀

73) 《성종실록》 권 53, 성종 6년 3월 정해

74) 李家源, 五峯李克均神道碑銘(《廣州李氏大同譜》, 東禾書館, 1988. 6, 73쪽).

75) 《성종실록》 권 89, 성종 9년 2월 계묘

76) 앞과 같음.

활을 잡아보지 못했습니다. 야인野人들은 활쏘기를 중히 여기니 신은 진압치 못할 것 같습니다"고 하니 성종이 "자고로 양장良將이라고 해서 모두 활을 잘 쏘는 것은 아니다. 지혜로써 승리하는 것이 소중한 것이니 과히 염려 마라" 하며 격려했다. 얼마 뒤에 병으로 사직하고자 했으나 허락하지 않고 의원과 약을 보내 치료하게 했다.77)

1489년(성종 20)에는 의금부지사로서 각 고을에서 만든 군기를 사졸에게 지급할 것을 주장했다. 헌납 윤긍래가 아뢰기를 "평안도는 백성들의 소요가 막심한데 이극균은 성을 쌓고 있으니 그 폐단이 적지 않습니다"고 하니, 전교하기를 "이극균은 성을 쌓는 것이 아니라 따로 경영하는 일이 있다"고 했다. 1490년(성종 21)에 좌참찬에 올랐고, 1491년(성종 22)에 이조판서가 되었다가 곧 좌찬성으로서 서북면도원수로 나갔고, 다시 들어와 정헌대부(문산계 정 2품 상계) 좌참찬이 되었다. 1493년(성종 24)에 숭정대부(문산계 종1품 하계)에 올라 경상도관찰사가 되었다. 1494년(성종 25)에 성종이 죽자 지중추부사로 국장도감國葬都監 제조가 되었고, 1495년(연산군 1)에는 다시 평안도관찰사가 되었으며, 1498년(연산군 4)에 좌찬성에 올랐다.

1499년(연산군 5)에 승지 정미수鄭眉壽가 "《해동제국기海東諸國記》는 신숙주申叔舟가 서술한 책인데, 일본의 도로의 원근과 풍토風土·부족部族의 혈통 및 인사·범절 등 의 일들을 그림까지 갖추고 해설을 곁들였기 때문에 그들은 나라에 어른 접대하는 범절에 이를 원용하고 있습니다. 하온대 북방의 야인 지역에는 많은 사람들이 출입하고 있으나 모두가 무인들이라서 부족 및 풍토 등에 관해서는 모르고 있습니다. 오직 이극균과 이계동李季仝만이 알고 있으니 청컨대 그들로 하여금 《해동제국기》와 같은 방법으로

77) 앞의 책, 77쪽.

자료를 수집해 책으로 펴내게 하는 것이 어떻겠습니까?"고 아뢰었다. 연산군은 허락하고 아울러 변경사邊警使로 하여금 비변사목備邊事目도 만들어 올리게 했다. 이처럼 오랫동안 변방을 진무한 공으로 광남군廣南君에 피봉되고, 1500년(연산군 6)에 성준에게 편지를 보내 서북면의 적정敵情에 대해 논했으며, 얼마 뒤에 우의정에 올랐다. 1501년(연산군 7)에 좌의정 성준 등과 함께 《서북제번기西北諸蕃記》·《서북지도西北地圖》를 편찬해 올렸고, 여러 번 사직 상소를 올렸으나 왕이 들어주지 않았다. 1502년(연산군 8) 에는 영의정 한치형韓致亨, 좌의정 성준 등과 함께 예궐해 〈시폐 10조時弊十條〉를 올렸다. 그는 우의정 성준과 함께 연산군이 창기娼妓들과 어울려 황음하게 놀자 "노신들이 죽지 않고 있사온데, 전하께서는 어찌 이와 같이 무례하십니까?"고 하면서 극간하자 연산군이 대노해 1504년(연산군 10)에 조카인 광양군廣陽君 이세좌李世佐의 옥사(갑자사화)에 연루시켜 처벌하고자 했다. 이극균은 고인古人의 말을 인용해 "지난날의 잘못은 세상의 변화와 더불어 흘려보내야 합니다"고 하니, 연산군이 "나는 불공대천不共戴天의 원수를 갚아 바야흐로 영원히 그 뿌리를 뽑으려 하는데 이극균이 음으로 두호해 나라를 버리고 사정을 따르려 한다"고 말하고, 곧 국문코자 했으나 의금부에서 "이극균의 죄는 장杖 100, 도徒 3년에 해당한다"고 했다. 그러나 신병이 있다 해 인동仁同(지금의 칠곡漆谷)에 중도부처中道付處했다. 그해 윤 4월에 연산군은 "이극균은 대신이니 사사賜死하라"고 하고, 의금부 경력 김영순金永純을 영동으로 보내 사사하니 그해 4월 15일이었다.[78]

연산군이 신하를 보내 사사하려 하자 이극균이 노해서

내가 무슨 죄가 있기에 이와 같이 하는가?

78) 앞의 책, 76~79쪽.

하면서 유실幽室에 들어갔다가 다시 나와

> 내 몸이 이미 70에 백병百病이 얽혀 있어 이제 죽어 무슨 한이 있을까마는, 다만 나라에 공로가 있고 몸에 죄가 없으니, 너희는 나의 말을 왕에게 전하라. 만약에 아니면 내 혼이 너희들을 벌주리라.

고 했다고 한다. 신하들이 돌아와 연산군에게 그대로 고하니 왕이 더욱 노해 쇄골형碎骨刑을 가했다.79)

연산군은 전교하기를

> 내가 쓰는 물건은 다 불가하다고 말렸는데 심지어 의대衣帶까지도 지나치다 했다. …… 이극균 등은 나의 용도의 수량을 매양 각사로 하여금 알리라 해 논계하기에 바빴는데, 대체로 대신이 임금을 섬길 때는 대강만 들춰야지 작은 일까지 어떻게 다 말한단 말인가? 이극균은 전일 경연에서 하는 일이 승복할 만한 일이라면 인심도 승복한다고 했는데, 그 뜻은 대개 군상君上의 잘못을 지적한 것으로 딴 뜻을 품고 발호跋扈하기 때문에 그러한 것이다. 그러니 그 집을 헐어 못을 만들고 돌을 세워 죄명을 새기라!80)

고 했다. 또 몰래 이장할 것을 염려해 입석처에는 산형山形, 도로의 리수里數까지 아울러 새기게 했으며, 아버지와 형제들까지도 추죄追罪해 모두 부관참시剖棺斬屍했다. 또 이르기를

79) 앞의 책, 李家源, 廣南君左議政公墓表陰記(동상), 73쪽.
80) 앞의 책, 80~81쪽.

> 그 시체를 일찍이 들에 버리고 수장收葬치 말라고 했지만 필시 수장했을 터이니 지금 다시 파내 뼈를 부숴 형적을 없애라![81]

고 했다. 그리고 어서御書를 내려

> 간인奸人의 뼈를 바람에 날려 천지간에 의탁하지 못하게 하라![82]

고 했다. 그뿐만 아니라 1505년(연산군 11)에 연산군은

> 능상陵上한 사람은 천지간에 용납지 못하는 것이니 땅에다 묻고자 할 때, 땅에서 초목을 키우는데도 뿌리에서 줄기가 나고, 줄기에서 가지와 잎이 생겨 순리 아님이 없는데, 어떻게 패역한 사람으로 땅을 더럽히게 할 수 있겠는가? 마땅히 초야에 버려 여우나 살쾡이가 먹게 하거나 혹은 물속에 던져 형체를 남기지 못하게 해야 할 것이다.[83]

고 했다. 그래서 처음으로 촌참寸斬·촌단寸斷의 형을 가했는데, 한 사람이 죄를 지으면 그 죄가 부모 형제에게까지 미쳤고, 또 척흉청滌兇廳을 설치해 죄인의 집에 못을 파고 돌을 세워 기록하는 일들을 맡게 했으며, 일을 논하다가 죄를 입은 사람을 간신奸臣이라 불렀고, 이극균처럼 심하게 미움을 받은 사람은 시체를 불사르고 뼈를 가루로 만들어 바람에 날려 쇄골표풍碎骨飄風이라 불렀다. 그러나 1506년(중종 1)에 중종반정이 일어나 연산군이 쫓겨나고 중종이 서자 이극균의 관작은 회복되고 충민忠愍이라는 시호를

81) 앞의 책, 81쪽.
82) 앞과 같음.
83) 앞과 같음.

받았다.84) 이극균의 시체는 연산군의 명으로 효수해 전국을 돌렸는데, 당시 연안부사가 베주머니에 싸서 대광주리에 담아 몰래 보관하고 있었다. 중종은 즉시 이를 거두어 정승의 예를 갖추어 장례를 지내게 했다. 묘소는 광주 야탑동野塔洞(지금의 성남시) 셋째 형 이극균의 묘역이 있는 데에 의관장衣冠葬을 했다. 불천위不遷位이다.85) 그런데 1991년에 도시계획으로 양주군楊州郡 진건면眞乾面 용정리龍井里로 이장했다.86)

부인은 군수 이철근李鐵根의 딸인 정경부인 성주星州이씨다. 2남(世俊·世健) 4녀(安邦福·李繼宗·成秀才·趙永堅의 처)를 두었다.87)

이덕형의 고조는 이세준李世俊이다. 이세준은 아버지 이극균과 어머니 정경부인 성주이씨 사이에서 첫째 아들로 태어났다. 무과에 장원해 통정대부를 거쳐 남양南陽부사를 지냈으나 일찍 죽었다. 1504년(연산군 10) 갑자사화에 화가 묘소에까지 미쳤으나 중종반정으로 풀려 이조참판에 증직되었다. 묘는 진위振威 오룡동五龍洞에 모셨다가 1979년에 양주군 진건면眞乾面 용정리龍井里 갑자원甲子原으로 옮겼다. 표석이 있다. 부인은 부사 우신禹晨의 딸 정부인 예안우씨이며 2남(守忠·守孝) 2녀(朴芬·慶霖의 처)를 두었다.88)

이덕형의 증조는 이수충李守忠이다. 이수충은 사과司果를 지냈는데 뒤에 이조판서에 증직되었다. 묘는 광주 율현栗峴에 유좌酉坐로 있다. 그런데 국토개발로 1979년에 양주 진건면 용정리에 갑좌甲坐로 이장했다. 표석이 있다. 부인은 현감 정뢰鄭瀨의 딸인 정부인 연일延日정씨다. 3남(振慶·泰慶·興慶) 1녀(申汝良의 처)를 두었다.89)

---

84) 앞과 같음.
85) 《廣州李氏大同譜》 卷 1(回想社, 1988. 7), 21쪽,
86) 李時佑, 《漢陰 李德馨先生의 一代記》(廣州李氏 漢陰宗會), 15쪽.
87) 앞과 같음.
88) 《廣州李氏大同譜》 卷 1(回想社, 1988), 21쪽 ; 南陽府使公(諱世俊)行狀, 《廣李世蹟》 第2編 卷 1, 東禾書館, 1998, 130쪽.

이덕형의 할아버지는 이진경李振慶이다. 진사로서 손자 이덕형이 현달해 좌찬성에 증직되었다. 묘는 광주 율현 아버지 묘 왼쪽 언덕에 있다.[90] 그러나 마찬가지로 1979년 국토개혁으로 양주군 진건면 용정리에 임좌壬坐로 옮겼다. 표석이 있다. 부인은 진사 김윤종金胤宗의 딸인 상주尙州김씨다. 묘는 상주 내서면內西面 개원리開元里로 옮겼다. 표석이 있다. 그러나 1980년에 양주군 진건면 용정리에 건위乾位로 옮겼다. 남편과 함께 묻혔다. 아들 이민성李民聖을 두었다.[91]

이덕형의 아버지는 이민성李民聖(1539~1618)이다. 초명은 천각天覺이다. 1539년(중종 34)에 태어나 1618년(광해군 10)에 죽었다. 향년 80세. 지중추부사를 지냈다. 아들 이덕형이 현달해 영의정에 추증되었다. 묘는 양근楊根 서중면西中面 중은동中隱洞(현재는 양평군陽平郡 양서면兩西面 목왕리木旺里)에 묘좌卯坐로 있다. 표석이 있다. 부인은 현감 증영의정 유예선柳禮善의 딸 문화유씨다. 남편과 함께 묻혔다. 5남(德馨·餘馨·尙馨·久馨·鍾馨)을 두었다.[92]

이덕형은 1561년(명종 16) 2월 12일에 태어나 1613년(광해군 5)에 영창대군을 구명하다가 용진 대아당大雅堂으로 돌아와 그해 10월 9일에 절사節死했다. 향년 53세. 1580년(선조 13)에 문과에 급제해 청요직을 두루 거치다가 31세에 전문형典文衡을 하고 38세에 입각入閣해 두 번 체찰사, 세 번 영의정을 지냈다. 1592년(선조 25)에 임진왜란이 일어나자 나라를 중흥하는 공을 세웠다. 시호는 문익文翼이고, 그의 유고遺稿 다섯 권이 세상에 전한다. 포천의 용연서원龍淵書院, 상주의 근암서원近嵒書院(1758년에 不遷位가 되었다)에 봉안되었다. 또 1829년에 영정影幀을 근암서원에, 1831년에는 소

89) 《廣州李氏大同譜》 卷 1, 21쪽.
90) 앞의 책, 274쪽.
91) 앞과 같음.
92) 앞과 같음.

수서원紹修書院에 봉안했다. 그리고 1981년 가을에 문중에서 영정각을 지어 영정을 봉안하고 향사享祀를 지냈다. 묘는 양평군 양서면 목왕리 아버지 묘소 아래 있는데, 1986년 8월에 묘소와 신도비명이 경기도 문화재 제89호로 지정되었다. 1986년 8월에는 독립기념관에 한음선생어록비를 세우고 1987년 7월에는 유고 다섯 권의 목판 총 432매를 독립기념관에 기증했다. 묘지명은 백사 이항복이, 시장諡狀은 우복愚伏 정경세鄭經世가, 신도비는 용주龍洲 조경趙絅이 신도비 음기는 손자 정랑 이상진李象震이 각각 지었다.[93] 이덕형은 7남(如圭·如璧·如璜·如璞·如珉·如琇·如璇) 4녀(草溪人 鄭基崇·李嶝·許棨·李潚의 처)를 두었다.

이덕형의 첫째 아들 이여규李如圭는 자가 백서伯瑞로 1581년(선조 14)에 태어나 1635년(인조 13)에 죽었다. 향년 55세. 1601년(선조 34)에 사마시에 합격해 상주목사, 판결사判決事를 지냈다. 묘는 예산군 대흥면大興面 송림동松林洞에 간좌艮坐로 있다. 그가 상주목사로 있을 때 《한음문고漢陰文稿》라는 유고 다섯 권을 판각했다.[94]

부인은 판서, 길천군吉川君 권분權盼의 딸 숙부인 안동권씨다. 남편과 함께 묻혔다. 4남(象乾·象坤·象謙·象鼎) 4녀(李基祚·崔有石·洪彙·李龜徵의 처)를 두었다. 이여규의 첫째 아들 이상건李象乾은 자가 행건行健이요, 1600년(선조 33)에 태어나 1637년(인조 15)에 죽었다. 향년 38세. 1627년(인조 5)에 진사시에 합격해 의금부 도사를 지냈다. 묘는 아버지 묘 아래 간좌艮坐로 있다. 부인은 판서 문평군文平君 유량柳亮의 딸 문화유씨다. 남편과 함께 묻혔다. 1남(允元) 5녀(沈梓·許秉·李時望·睦林賢·權瑍의 처)를 두었다. 사위 심재는 문과를 거쳐 이조판서를 지냈고, 심재의 아들 심최량沈最良·심계량과 사위 정도겸丁道謙·홍만수洪萬遂는 문과에 급제해 고위 관직을 지냈다.[95]

---

93) 앞의 책, 274~275쪽.
94) 앞과 같음.

이윤원은 자가 원지元之인데, 1629년(인조 7)에 태어나 1661년(현종 2)에 죽었다. 향년 33세. 1657년(효종 8)에 진사시에 합격해 빙고별감을 지냈다. 묘는 판결사공 묘 위에 간좌로 있다. 부인은 송유효宋孺孝의 딸 여산송씨다. 남편과 함께 묻혔다. 1남(壽仁) 1녀(沈檀의 처)를 두었다.[96] 이수인李壽仁은 자가 득이得而요, 1659년(효종 10)에 태어나 1696년(숙종 22)에 죽었다. 향년 38세. 1689년(숙종 15)에 진사가 되어 세마洗馬를 하다가 문과에 급제해 예문관 봉교를 지냈다. 묘는 진위振威 오룡동五龍洞에 경좌庚坐로 있다. 1979년에 양평군 양서면 목왕리木旺里 정추곡正楸谷으로 옮겼다. 부인은 목사 목임형睦林馨의 딸 사천목씨다. 남편과 함께 묻혔다. 3남(光績·光世·光彦) 2녀(洪尙寅·姜綾의 처)를 두었다. 이윤원의 사위 심단은 청송심씨로 문과에 급제해 이조판서를 지낸 남인의 명사이다. 아들 심득천沈得天은 문과를 거쳐 정자를 지냈고, 심득경沈得經은 생원이었다.[97]

이덕형의 둘째 아들 이여벽李如璧의 자는 중진仲珍으로, 1585년(선조 18)에 태어나 1622년(광해군 14)에 죽었다. 향년 38세. 1603년(선조 36)에 사마시에 합격해 임실현감을 지냈고, 좌승지에 추증되었다. 묘는 율현 판서공 묘의 왼쪽에 유좌로 있다. 표석이 있으며, 1979년에 양주군 진건면 용정리에 간좌로 있다. 부인은 부제학 이유홍李惟弘의 딸 전주이씨다. 남편과 함께 묻혔다. 조카 상정이 뒤를 이었다.[98]

이덕형의 셋째 아들 이여황李如璜의 자는 계휘季徽로, 1590년(선조 23)에 태어나 1632년(인조 10)에 죽었다. 향년 43세. 1606년(선조 39)에 진사시에 합격하고, 1612년(광해군 4)에 문과에 급제해 홍문관 정자·설서說書·교리·응교 등의 관직을 역임했다. 1625년(인조 3)에 석담石潭 이윤우李潤雨와

---

95) 앞의 책, 권 1, 274~275쪽.
96) 앞의 책, 권 3, 773~778쪽.
97) 앞과 같음.
98) 앞의 책, 1권 277쪽.

더불어 정사靖社 1등공신에 책봉되었으며, 통정대부(정3품 상계)로 승진했다. 그 뒤 황해도관찰사를 거쳐 벼슬이 예조참판에 이르렀다. 1632년(인조 10) 선산부사로 있을 때 형인 판결사의 상주 임소에서 죽었다. 묘는 양근 서시면西始面 도곡陶谷 계좌癸坐 있다. 부인은 이조참의 우준민禹俊民의 딸 정부인 단양우씨다. 남편과 함께 묻혔다. 표석이 있다. 1남(象震), 6녀(吳挺奎·睦行善·鄭僐·趙德潤·李玄年·徐來益의 처)를 두었다. 외아들 이상진李象震의 자는 기부起夫로, 1626년(인조 4)에 태어나 1659년(효종 10)에 죽었다. 향년 34세. 1648년(인조 26)에 생원시와 진사시에 동시에 합격하고, 1652년(효종 3)에 문과에 급제해 관동 지방의 암행어사를 지냈으며, 벼슬이 병조정랑에 이르렀다. 문장으로 이름이 있었다. 묘는 도곡陶谷에 계좌癸坐로 있다. 부인은 둘이 있는데, 첫째 부인은 참의 홍진洪瑱의 딸인 영인令人 남양홍씨다. 슬하에 자녀가 없었다. 묘는 양주 이담리伊潭里에 있다. 둘째 부인은 남대지평南臺持平 이자李滋의 딸인 영인 함평이씨다. 5남(允文·允明·允欽·允九·允三), 2녀(金南挺·安世翊의 처)을 두었다. 윤문允文의 자는 사옹士雍으로, 1646년(인조 24)에 태어나 1717년(숙종 43)에 죽었다. 향년 72세. 1677년(숙종 3)에 진사시에 장원으로 합격하고, 1692년(숙종 18)에 문과에 급제해 집의를 지냈다. 묘는 초부면草阜面 조곡鳥谷에 있다. 첫째 사위 오정규는 동복오씨로 진사였으며, 그의 아버지는 동중추 오정생吳靖生이요 아들 오시주吳始周는 참봉, 아들 오시복吳始復은 문과를 거쳐 이조판서, 사위 이선연李善淵은 군수, 정중휘鄭重徽는 문과를 거쳐 참판을 지냈다. 둘째 사위 목행선은 사천목씨로 문과를 거쳐 이조참의를, 그의 아버지 목대흠睦大欽은 승지를, 그의 생부 목장흠睦長欽은 참판을, 그의 아들 목창명睦昌明은 병조판서를, 그의 사위 유하익俞夏益은 문과를 거쳐 판서를 지냈다. 셋째 사위 정담은 동래정씨로 아버지 정세규鄭世規는 음판서를, 그의 사위 이일정李日井은 문과를 거쳐 승지를, 그의 사위 권흠權

歆은 문과를 거쳐 감사를, 그의 사위 홍중정洪重鼎은 문과를 거쳐 지평持平을 지냈다.[99]

이덕형의 일곱째 아들 이여선李如璇은 5자 4서四壻가 무과에 동방급제同榜及第해 형조참판에 증직되었다. 묘는 충주 소파면 부정리釜井里에 건좌乾坐에 있다. 부인은 첨중추 김응남金應男의 딸인 정부인 선산김씨다. 남편과 함께 묻혔다. 5남(象觀·象恒·象泰·象臨·象隨) 4녀(李時泰·鄭錫啓·尹斗寅·鄭爾卨의 처)를 두었다.[100]

이덕형의 첫째 딸은 부사를 지낸 정기숭鄭基崇에게 시집갔는데, 그의 큰 아들 정진鄭珍은 군수를, 둘째 아들 정륜鄭錀은 문과를 거쳐 참찬을, 셋째 아들 정민鄭鋹은 좌랑을, 넷째 아들 정윤鄭鈗은 진사를 지냈다. 정기숭의 첫째 딸은 이명징李明徵에게 시집갔고, 둘째 딸은 한오상韓五相에게 시집갔는데, 문과에 급제해 설서說書가 되었다. 이덕형의 둘째 딸은 이등李嶝에게 시집갔는데 무과에 급제해 군수를 지냈고, 셋째 딸은 허목許榮에게 시집갔는데, 학관學官을 지냈으며, 넷째 딸은 직학直學을 지낸 이숙李潚에게 시집갔다.[101]

99) 앞의 책, 279~282쪽.

100) 象觀·象恒·象泰·象臨·象隨, 다섯 아들과 李時泰·鄭錫啓·尹斗寅·鄭爾卨, 사위 넷, 합계 아홉 사람이 동방으로 무과에 급제했다(앞의 책, 284~285쪽).

101) 領議政諡文翼公(諱德馨)行狀, 《廣州李氏大同譜》卷首, 548쪽.

3. 유년시절과 입사入仕

한음 이덕형은 1561년(명종 17) 2월 12일 사시巳時에 한양 남부 성명방誠明坊(지금의 남대문과 필동 사이)에서 아버지 지중추부사 이민성李民聖(1539~1618)과 금성현령金城縣令 유예선柳禮善의 딸인 어머니 문화유씨의 첫째 아들로 태어났다. 초명은 천각天覺이요, 자는 명보明甫요, 호는 한양의 남편南便에 살았다 해 한음漢陰이라 했다. 본관은 광주이다. 태어나면서부터 침착하고 굳세며 순박하고 조심성 있어 함부로 장난을 치지 않았다.[102)]

이덕형은 태어나서 계속 서울에 살았는데, 어릴 때 그의 외가가 있는 포천에 살기도 했으며, 1566년(명종 21) 6세가 되기 이전에 아버지가 진외가가 있던 상주 화령化寧에 우거하고 있을 때 이덕형도 그곳에 살았다. 어느 날 그 지방의 복술가卜術家 함충헌咸忠憲이 지나가는 길에 이덕형의 관상을 보고 말하기를 "운명이 지극히 좋아 40세 안에 내각內閣에 들어갈 것이니, 속히 서울로 올라가 올바른 교육을 시켜 성공하도록 하라!"고 했다. 아버지 이민성은 즉시 아들을 데리고 서울로 올라와 도저동桃楮洞(지금의 혜화동)에 살았다고 한다.[103)]

1568년(선조 1) 8세 되던 해에 아버지에게서 《소학》을 배웠는데 이덕형이 아버지에게 원형이정元亨利貞의 뜻을 묻자 아버지가 "이 뜻은 깊고 오묘해 어린 아이들은 이해하기 어렵다"고 했으나 이덕형은 "글을 읽을 때는 반

---

102) 李恒福, 文翼公漢陰相公墓誌, 《國譯 漢陰先生文稿》 下 附錄, 524쪽.
趙絅, 文翼公漢陰公神道碑銘幷序, 《國譯 漢陰先生文稿》 下 附錄, 592쪽.

103) 연보 상(《國譯 漢陰先生文稿》 下, 東禾書館) 附錄 3 卷, 1992, 315~316쪽. 앞으로는 '연보'라고만 쓰겠다.

드시 먼저 그 뜻을 자세히 알아야 글 읽는 맛을 알 것입니다"고 하면서 한사코 해설해 주기를 청했다고 한다.[104]

어렸을 때부터 문예에 뛰어나 이웃 아이들과 어울려 놀 때도 기쁨과 노여움을 드러내지 않았고 쓸데없는 말을 입 밖에 내지 않으니, 함께 놀던 아이들도 감히 실없는 말로 놀리지 못했다 한다. 그리고 나이가 어린데도 걸음걸이나 말씨가 이미 어른 같았으며, 종일토록 단정히 앉아 엄숙하고 무게 있게 자신을 지키고 깊숙한 도량이 있어 덕기德氣를 일찍이 이루니, 모든 사람들이 '총각 정승'이라 했다 한다. 11세에 이웃집에서 글을 읽었는데, 마침 말라죽은 분죽盆竹이 있었다. 이에 운자韻字를 불러 시를 지으라 하니, 이덕형이

> 사시사철 언제나 봄의 모양 그대로 지녀, 春夏秋冬長作春
> 날씨가 추워진 이후에 홀로 푸르름이 새롭구나 歲寒然後獨靑新
> 많은 꽃들이 사라진 지금 파리한 그 모습은, 如今憔悴群芳盡
> 흡사 근심을 안고 못가에서 서성이는 옛 사람 같네 恰似離騷澤畔人

라고 읊었더니 좌중이 모두 붓을 멈추고 화답을 하지 못했다고 한다.[105] 1572년(선조 5) 12세 때 그의 문장력은 표表·책策·서序·기記를 지을 만했을 뿐 아니라 문장이 원만하고 뜻이 상쾌해 장편 대작을 물 흐르듯이 쓸 수 있을 정도였다고 한다.[106]

1574년(선조 7) 14세 때 외삼촌 유전柳琠이 사는 포천에서 글을 읽었다. 유전(1531~1589)은 뒤에 영의정까지 지낸 명신으로서 한음의 학문과 정치

---

104) 앞과 같음.
105) 李埈, 行狀(《國譯 漢陰先生文稿》 下, 東禾書館) 附錄 3 卷, 1992. 546~547쪽.
106) 연보 상(앞의 책), 317쪽.

적 성장에 깊은 영향을 미친 사람이다.107) 이때 봉래蓬萊 양사언楊士彦, 풍고楓皐 양사준楊士俊, 죽재竹齋 양사기楊士奇 삼형제가 이덕형을 보고 몹시 기이하게 여겼으며, 그를 데리고 영평永平 우두연牛頭淵에 데려가 놀면서 양사언이 먼저 율시律詩 한 수를 읊으니, 이덕형이 이렇게 화답했다.

들 넓어 어스름 엷게 깔리고, 野闊暮光薄
물 맑으니 산 그림자 많이도 비치네 水明山影多
푸른 숲에는 뿌연 연기 이는데, 綠陰白烟起
꽃다운 풀밭을 끼고 두서너 채 집이 있네 芳草兩三家108)

이어서 많은 시를 주고받았는데, 이덕형의 시가 갈수록 아름다워지자, 양사언이 놀라 "그대는 나의 스승이다. 나의 적수가 아니다"고 하고 손수 네 구의 시를 써서 금수석계錦水溪石 위에 새겼다 한다.109)

15세에 이귀李貴·윤섬尹暹과 박경신朴慶新·박경선朴慶先·박경심朴慶深 삼형제와 더불어 지사知事 윤우신尹又新의 문하에서 공부했다.110) 윤우신은 동인들로부터 이이李珥의 문인으로 지목되었으므로 서인으로 자처한 인물이다. 이로 미루어 보아 한음의 학통은 동·서인과 기맥을 통하는 융통성이 있을 수 있었음을 알 수 있다.111)

1576년(선조 9) 16세에 이덕형은 이귀가 상주로 갈 때 "그대로 인해 송

107) 金鶴洙, 〈漢陰 李德馨의 師友 및 交遊 관계〉, 한음 이덕형 선생 逝世 400주년 추모 학술대회, 《漢陰 李德馨의 學問과 思想》(한국역사문화연구원), 153쪽.

108) 《國譯 漢陰先生文稿》 上, 卷 1, 詩(廣州李氏 漢陰宗會, 東禾書館), 1992, 73쪽.

109) 연보 상(앞의 책), 317~318쪽.

110) 연보 상, 318쪽. 이귀는 인조 반정공신이었고, 박경신은 감사, 박경선은 장령, 박경심은 군수를 지냈으며, 윤섬은 윤우신의 아들로 자를 龍陽, 호를 果齋라 했는데 임진왜란 때 殉節했다.

111) 金鶴洙, 〈한음 이덕형의 사우 및 교유관계〉, 한음 이덕형선생 逝世 400주년 추모 학술대회, 《漢陰 李德馨의 學問과 思想》(한국역사문화연구원), 155쪽.

추松楸(선영先塋)의 그리움이 되살아나네"라고 읊었는데 상주가 그의 고향이기 때문이다.[112] 1577년(선조 10) 17세에 이지함李之函(이산해의 숙부)의 추천으로 부제학을 지낸 이산해李山海(1539~1609)의 둘째 딸 한산이씨와 혼인했다.[113] 한편으로 이지함-이산해-이경전李慶全으로 이어지는 화담 계통을 이은 것이다.

1578년(선조 11) 18세 때 생원시와 진사시에 동시에 합격했다. 생원시에는 장원을, 진사시에는 3등을 했다. 이때 비로소 이항복과 과장에서 만나 사귀게 되었다. 그리고 1580년(선조 13) 3월 20세에 부묘별시祔廟別試(임금의 3년상을 마치고 신주를 태묘에 모실 때 보이는 별시)에 을과乙科 제1인으로 급제했다. 이때 지은 경제와 인사정책에 대한 대책對策 답안지는 진영수어震英粹語(역대 과거시험에서 특별히 뛰어난 답안지만 모아 낸 책)에 들어가 있다. 그가 제술에 일등을 차지했으나 시관이 같은 마을 사람이라 어린 나이에 일등을 하는 것은 불행이 될 수 있다고 해 2등으로 낮추었다고 한다. 그해에 이항복이 이덕형의 족형인 광림군廣林君 계은溪隱 이정립李廷立과 동방으로 알성시謁聖試에 급제했다.[114] 등과하자 승문원 권지 정자(종9품)에 분관되었다.[115] 이 이후 두 사람은 죽을 때까지 30여 년 동안 크고 작은 국사를 같은 뜻으로 수행했다. 야사에는 두 사람이 어려서부터 친한 것으로 되어 있으나 오성鰲城(백사白沙의 군호君號)이 한음보다 다섯 살이나 많고, 자란 곳도 오성은 필운동, 한음은 남대문 밖으로, 서로 달랐다. 그들은 문과를 급

112) 연보 상, 318쪽.

113) 앞과 같음. 첫째 사위는 여주이씨인 李尙弘이고 한산이씨는 貞簡公 趙彦秀의 외손녀이다. 이지함은 이산해에게 이덕형을 사위로 삼을 것을 추천하면서 "너보다 먼저 재상이 될 사람"이라고 했다고 한다.

114) 象村 申欽이 지은 이덕형 본전에 이덕형은 경진년에 급제했는데, 풍채가 좋고 아름다워 상서로운 鸞鳳 같으니 보는 사람이 눈여겨보았으며, 생진시에 합격하자마자 벌써 정승이 될 것이라는 人望이 있었다(앞의 책, 319쪽).

115) 앞의 책, 320쪽.

제한 다음 오성이 25세, 한음이 20세 때 승문원 부정자에 임명된 뒤부터 친해진 것으로 생각된다.

1580년(선조 13) 12월에 일본에서 겐소玄蘇·다이라 시게노부平調信 등을 보내 중국에 조공하려 한다고 하는데 그 언사가 불순했다. 조선에서는 그의 요구를 거절하고 김우옹金宇顒·이덕형·유근柳根 등을 번갈아 선위사宣慰使로 삼았다.[116] 1581년(선조 14) 21세 때 장남 이여규를 낳았다. 이덕형은 장인 이산해와 유성룡과의 사사로운 친분 때문에 예문관에 응강應講하지 않았다. 이에 유성룡은 "신의 생질 이모는 재질才質과 덕망이 신보다 웃도는데도 사관史官의 길에 방해를 받습니다. 신의 직분을 갈아 주소서"라고 하자 선조는 "내 평소부터 이덕형의 재질을 다 아는 터라 끝끝내 크게 기용할 것이며, 대신은 경솔하게 바꿀 수 없다"고 했다고 한다.[117] 선조가 《훈의강목訓義綱目》을 강독하려고 율곡栗谷 이이李珥보고 다섯 사람을 고르라 했는데 이덕형은 봉교 이항복, 검열 오억령吳億齡, 수찬 이정립, 봉교 이영李嶸(이영이 얼마 있다가 죽어 정창연鄭昌衍으로 대체했다)과 함께 선발되어 내각본 《훈의강목》이 하사됐다.[118] 그리고 이들에게는 임금의 책을 보관하는 어부御府에 드나들 수 있게 해 주었고, 호당湖堂에서 학문을 닦고 옥당玉堂(홍문관)에 뽑아 후일 국가에 크게 쓰이도록 했다.[119]

1582년(선조 15) 22세 때 중국 사신 급사중給事中 왕경민王敬民과 한림편수翰林編修 황홍헌黃洪憲이 황태자의 탄생을 알리고자 조선에 왔을 때 이덕형은 제술관製述官으로 한강에서 뱃놀이를 같이 한 바 있었다. 이때 춘방春芳 이종봉李鍾峰이 "이모는 세상에 드문 큰 그릇이다"고 했고, 왕경민은 "동국에 이모라는 사람이 있다고 들었는데 한 번 만나보기를 원한다"고 했

116) 《선조실록》 권 14, 선조 13년 12월 경진
117) 앞의 책, 320쪽.
118) 李恒福, 文翼公漢陰相公墓誌(《國譯 漢陰先生文稿》 附錄 卷 3, 東禾書館), 1992, 524쪽.
119) 李時佑, 《漢陰 李德馨先生 一代記》(廣州李氏 漢陰宗會), 21쪽.

으나, 그는 “예의상 사사로이 만날 수 없다”고 사양했다고 한다. 왕경민이 절구絕句 한 수를 지어 주면서 그 서문에 “나의 벗 종봉 이공이 우연히 이 길사吉士를 한강 뱃속에서 만나 보고 그 풍도風度와 기상氣象이 보통 사람들보다 월등하게 뛰어났고 덕기가 온화하고 순수하다고 일컬었소. 내 비록 마주 대하지는 못했으나 이 시를 써서 드리며 신교神交(정신적으로 사귐)를 맺고자 한다”고 했다. 그 시는 이러하다.[120]

재주는 이백李白보다 높은 원元 봉공供奉이요, 才高李白元供奉
나이는 종군終軍[121]보다 젊지만 다시금 기수棄繻[122]했다 하네
年少終軍更棄繻
백대에 전할 명망 그대 부끄러움 없다 했고, 百代聲華君無忝
사방으로 통한 천리길에 신구神駒(훌륭한 준마)를 보았다네 通衢千里見神駒

1583년(선조 16) 23세에 승문원 저작著作(정8품)에 올랐다. 봄에 오랑캐가 쳐들어왔다. 이덕형은 사변주서事變注書로서 여러 달을 종사했다. 그런데 승정원에서 병 때문에 체직할 것을 청하자 선조는 “지금은 이 사람이 아니면 되지 않는다”고 하고 병을 조리하고서 일을 계속하라고 했다. 그는 변란 동안 사적을 자상하게 기록해 아뢰니, 선조가 칭찬해 마지않으며 임금이 보는 책의 표제表題를 써 올리게 했다.[123] 이때 백사 이항복과 함께 호당湖堂(독서당讀書堂)에 피선되고, 옥당의 정자(정9품)가 되었다. 율곡 이이가 이 선임을 맡았는데, 어떤 재상이 밤에 찾아와 “양이兩李는 틀림없이

120) 앞의 책, 321~322쪽.

121) 한나라 濟南 사람으로, 자는 子雲, 말 잘하고 글을 잘 했으며 무제 때 18세의 나이로 謁者給事中을 제수받았다(연보 상, 321쪽).

122) 비단 조각에 글자를 繡를 놓아 둘로 나누어 終軍이 도성으로 들어 갈 때 信標로 쓰고, 출세하고 나면 이런 것은 필요 없다고 버린다는 고사(앞의 책, 331~332쪽).

123) 앞의 책, 322쪽.

인망은 있지만 그 의향을 알 수 없으니 경솔하게 천거해 시사를 그르쳐서는 안 된다"고 했다. 이에 율곡은 "두 사람의 명망이 이제 한창 고조되고 있는데, 어찌 어진 사람이 있는 것을 임금에게 숨길 수 있겠는가? 그리고 사람을 천거하는 데는 인재 얻는 것을 귀히 여기는 것인데, 하필 그 의향을 논하리요"라고 대답했다고 한다.[124]

1584년(선조 17) 3월에 선조가 서총대瑞葱臺(연산군 때 창덕궁 안에 세운 누대樓臺)에 나아가 활 쏘는 것을 구경했는데 문신 통정대부(정3품 당상관) 이하에게는 '화살 세 대로 천산을 평정했다[三箭定天山]'는 제목으로 7언배율七言排律 20운韻을 짓게 했다. 홍문관 박사 이덕형이 수위를 차지해 내구마內廐馬(배사복사內司僕寺에서 기르는 말)와 좌견左牽(말의 왼쪽에 다는 고삐)을 하사받았다. 무신은 이윤덕李潤德이 수위를 차지해서 숙마熟馬 한 필을 받았다.[125] 이덕형은 시험이 있을 때마다 일등을 했다. 이때 정시廷試가 있었는데, 경쟁자가 내일도 이덕형이 시험 보느냐고 물었다. 그는 이 말을 듣고 병을 핑계로 시험장에 나가지 않았다 한다. 이를 보고 사람들이 "싸웠다면 반드시 이기고 공략했다 하면 반드시 빼앗는 것도 참으로 어려운 일이지만 약한 상대를 보고도 칼날을 감추고 물러나는 것은 더욱 어려운 일이다"고 했다고 한다.[126] 이때 홍문관 박사(정7품)로 승진했다. 그즈음 선조가 이항복과 함께 숙직할 때 선조가 《통감》 두 질을 내려 주면서 각각 제목을 써 올리게 했다. 그리고 한 권의 제목을 써 올릴 때마다 술과 안주, 그리고 합사비단을 내려 주었다. 그리고 뒷날 두 사람이 또 함께 숙직할 때도 《강목》 한 질을 내려 주며 이덕형에게만 제목을 써 올리게 했다. 이항복은 늘 말하기를 "그 당시의 부끄러움을 영원히 잊을 수 없다"고 했다 한다. 또 일

124) 앞의 책. 322~323쪽.
125) 《선조실록》 권 18, 선조 17년 3월 임인
126) 연보 상, 323쪽.

설에는 첫 번째 제면題面을 써 올리면 필획이 조잡한 듯하다고 한 잔을 하사하고, 다시 써 올릴 때는 훌륭하다고 술 한 잔을 내려, 쓸 때마다 술 한 잔씩을 내렸다고 한다. 그런데도 갈수록 필력筆力이 신기해지고 몸가짐이 단정했다고 한다. 그래서 숙직을 바꾸어 집에 가 쉬게 했다고 한다.[127]

1585년(선조 18) 25세 때 홍문관 부수찬, 평안도 어사, 사간원 정언, 홍문관 부교리을 역임했다. 9월에 둘째 아들 여벽을 낳았다.[128] 홍문관 부교리로 있을 때 이덕형은 심의겸沈義謙이 무슨 죄가 있느냐고 편든 전목사 서익徐益을 탄핵했다. 이를 보면 이덕형은 신진사류가 많은 동인에 속해 있었음을 알 수 있다.[129] 1586년(선조 19) 26세에 이조좌랑이 되었으나 학문에 방해가 된다고 해 사직했더니 성균관 직장으로 옮겨 주었다. 그리고 호당에서 독서를 하게 했다.[130]

1588년(선조 21)에 교리가 되었을 때 휴가를 얻어 아버지가 봉직하는 안협현安峽縣을 찾았다. 1587년(선조 20)에 대마도의 다치바나 야스히로橘康廣가 와서 통신사通信使를 보내 달라고 했으나 거절한 바 있었다. 이 때문에 왜사倭紗 겐소玄蘇와 소 요시토시〔平義智〕가 다시 왔다. 이에 선조는 이덕형을 이조정랑으로 올려 선위사에 임명했다. 그리하여 동래東萊에 내려가 왜사를 접견했다. 동래에 도착한 이덕형은 3일 만에 왜사를 접견하고 모든 일을 사리에 맞게 처리하니 그들도 깍듯이 공경했다.[131] 이덕형은 이렇게 아뢰었다.

---

127) 앞의 책, 324쪽.
128) 앞과 같음.
129) 《선조실록》 권 19, 선조 18년 6월 갑진
130) 연보 상, 324~325쪽.
131) 앞의 책, 325~326쪽.

현소동당玄蘇東堂과 부관 승僧 대마도주의 둘째 아들 평의지와 시봉승侍奉僧 서준瑞俊 등 정관正官이 반당(반귀半鬼) 8명을 합해 모두 25명을 거느리고 나왔는데, 부관 평의지의 말에 "사사로이 진상하는 안장을 갖춘 말 한 필과 잡물雜物에 관해 품질을 살펴보기를 바랍니다" 했고, 객인客人들의 말에 "이번에는 오직 통신通信을 위해 나왔다"고 하기에, 신이 "별폭別幅에 기재되지 않은 물품은 사사로이 살펴볼 수 없으니 조정에 품稟해 처리를 기다려야 한다"고 했습니다.[132]

아울러 대마도주가 별견선別遣船을 통해 공작孔雀 한 쌍을 보내왔는데, 장수찰방 이의정李宜正에게 절차에 따라 서울로 보내게 했다는 것을 보고했다.[133]

1589년(선조 22) 봄 29세에 왜사를 데리고 서울로 들어왔다가 여름에 도로 동래로 데리고 내려갔다. 겐소 등이 서울에 와서 강력하게 답방答訪을 요구하면서 불손한 말이 많아 조정이 몹시 난처했다. 그러나 이덕형은 예조판서 유성룡과 함께 잘 처리했다. 이미 외교수완을 크게 발휘한 것이다. 이덕형은 연석에서

교린수호交隣修好에 있어 신의信義를 버리고는 이룰 수가 없으니, 두 나라가 무엇보다도 신의를 중하게 여겨야 할 것이다. 그런데 근자에 너희 나라는 우리 쪽에서 도망가 사로잡힌 사화동沙火同[134]을 끼고, 함부로 우리 변방을 짓밟아 백성들을 사로잡아 갔는데도 너희 나라에서는 나 몰라라 하고 있으니, 신의가 있다고 하겠는가? 달아난 백성들

---

132) 《선조실록》 권 23, 선조 22년 6월 을사
133) 《선조실록》 권 23, 선조 22년 7월 정사
134) 전라도 해변에 살던 사람으로 일본의 五島로 표류해 가서 왜인들을 유인해 쳐들어오게 한 사람(앞의 책, 326쪽).

을 되돌려 보내야만 통신을 논의할 수 있을 것이다.[135)]

고 하자, 소 요시토시가 "이는 어려운 일이 아니다"고 하고, 부산釜山에 머물면서 다이라 시게노부平調信를 보내 도망간 백성들을 모두 붙들어 오게 했다.[136)] 이에 선조는 이덕형에게 직제학을 초배超拜하고 은대銀帶를 하사했으며, 그해 가을에는 동부승지로 승진시켰다. 이덕형은 너무 빨리 당상관에 오른 것을 거북하게 여겨 사양했으나 받아들여지지 않았다.

7월에 다시 왜사를 데리고 서울로 왔다. 일본은 김대기金大璣·공대원孔大元 등 116명을 쇄환하고, 사화동과 1587년(선조 20)의 적왜賊倭 긴지로堅時要羅·사부로三甫要羅·마고지로望古時羅 등 세 사람을 묶어 보내면서 "변경을 침략한 일은 우리가 알 바 아니다. 바로 귀국의 사화동이 유도한 때문이니 묶어 보내어 귀국의 처치에 따를 뿐이다"고 했다. 선조가 인정전仁政殿에서 사화동을 문초하고 성 밖에서 목을 베었다. 이때 왜사는 동평관東平館에 머물고 있었는데 통신에 대한 의논은 미결된 상태로 있었다. 이에 이덕형은 유성룡에게 속히 의논을 마무리해서 피차 서로 틈이 생기지 않게 해야 한다고 했다. 이 말을 듣고 유성룡이 조정에 청해 통신에 대한 의논을 결정지었다.[137)]

1590년(선조 23) 30세 때 셋째 아들 이여황을 낳았다. 그해 왜사를 따라 동래로 내려와 부산포釜山浦에서 통신사를 송별했다. 첨지중추부사 황윤길黃允吉을 정사正使, 사성 김성일金誠一을 부사, 전적 허성許筬을 종사관從事官으로 삼아 왜사 소 요시토시와 함께 출발시켰다. 가을에 통정대부(정3품 당상관)로 특진해 동부승지가 되고 이어서 독서당에 선임되었다. 우승지로

135) 연보 상, 326쪽.
136) 앞의 책, 327쪽.
137) 앞의 책, 327~328쪽.

옮겼다가 대사간·첨지중추부사·홍문관 부제학·성균관 대사성·이조참의 등의 관직을 역임했다.138)

1591년(선조 24) 1월 31세 때 안협현감으로 있던 아버지를 성친省親했다. 선조가 표피로 된 담요를 하사하고 귀성길에 노친에게 가져다주라고 했으며, 2월에 다시 대사간이 되었다. 이보다 먼저 대간 황신黃愼이 영의정 이산해李山海를 탄핵하다가 지방으로 쫓겨 갔는데 이때 죄를 더해 귀양을 보내려 하자 힘써 두둔해 모면할 수 있게 했다. 대사헌 홍여순洪汝諄이 뒤늦게 양천경梁千頃의 옥사를 들추어 기축옥사己丑獄事 때 연루된 송강松江 정철鄭澈·윤두수尹斗壽·이산해·황혁黃赫 등을 극형에 처하려 하자 그는 힘써 만류해 못하게 했다. 이에 선조는 "연소한 나이에 노성한 재덕이 있으니, 참으로 큰 그릇이로다. 국가의 지팡이이니, 범연히 하지도 말고 사양하지도 말라"고 했다. 그해에 선조가 조정에 명해 정승이 될 사람을 추천하라고 했는데, 이덕형과 이항복·홍이상洪履祥이 천거되었다. 7월에 가선대부(종2품 하계)에 특진되어 예조참판을 제수받았다. 그리하여 홍문관·예문관 양관대제학 지성균관사를 겸임했다.139) 이때 유성룡이 좌의정으로서 대제학을 겸하고 있었는데, 얼마 뒤에 이덕형에게 넘겨주었다.140)

1591년(선조 24) 8월 1일에 이덕형을 예조참판 겸 양관 대제학에 임명했다.141) 31세 때 일이다. 이때 이산해는 아들인 이경전이 독서당에 뽑히

---

138) 연보 상, 328쪽.

139) 이때 대제학 자리가 비어 대신들이 이덕형과 김성일·李誠中을 천거했다. 조정에서 會圈할 때 여러 사람의 의논이 모두 이덕형에게 돌아갔는데, 막상 뚜껑을 열어 보니 그의 圈點이 하나가 모자랐다. 相國 金貴榮이 "내가 한 짓이다. 나이 젊고 지위도 낮은데, 많은 노숙한 사람들을 앞질러 31세의 나이로 文衡을 맡는 사람이 어디 있는가? 조금 더 나이 들고 덕이 성숙한 때를 기다리는 것이 어떻겠는가?"고 했다. 이덕형도 이를 수용하니 당시의 논자들이 양편이 다 아름답게 여겼다 한다(연보 상, 330쪽).

140) 앞의 책, 331쪽.

141) 《선조수정실록》 권 25, 선조 24년 8월 계사 ; 통정대부로서 대제학에 승진된 경우는 이덕형과 李植 두 사람 뿐이었다(《인조실록》 권 40, 인조 18년 1월 임인).

지 않았다고 사위인 이덕형을 시켜 선조에게 아뢰게 해 이경전이 선발되게 했다.[142]

4. 임진왜란

1592년(선조 25) 1월 1일에 32세로 사헌부 대사헌을 제수 받았다가 곧 동지중추부사가 되었다.[143] 그런데 그해 4월 13일에 임진왜란이 일어났다.[144] 왜장 36명이 20만 대군을 이끌고 쳐들어온 것이다. 이덕형은 좌의정 유성룡을 설득해 광해군을 세자로 삼을 것을 청해 그대로 되었다. 29일에 순변사 이일李鎰이 상주에서 패했다는 장계가 올라오자 온 조정은 어찌할 줄 몰라 했다. 이때 왜학통사 경응순慶應舜이 왜서倭書를 가져와 바쳤다. 경응순은 이일의 군중에 있다가 왜적에게 사로잡혔는데, 왜장 고니시 유키나가小西行長가 도요토미 히데요시豊臣秀吉의 서계書啓 및 예조로 보내는 공문을 주면서 "동래에 있을 때 울산군수를 생포해 서계를 전송했는데도 지금까지 회답을 받지 못했다. 조선이 만약 강화講和에 뜻이 있다면 이덕형으로 하여금 22일에 충주에서 나를 만나게 하는 것이 좋을 것이다"고 했다.[145]

일찍이 이덕형이 선위사로서 고니시 유키나가와 회담한 경험이 있었기 때문에 만나서 의논하자는 것이었다. 선조는 조신들을 모아 의논했으나

142) 《선조실록》 권 25, 선조 24년 8월 임인
143) 《선조수정실록》 권 26, 선조 25년 1월 임술
144) 李竣, 行狀, 553쪽.
145) 울산군수 李彦誠이 적중에서 돌아왔으나 죄를 얻을까 두려워 해 왜장이 준 서계를 숨기고 조정에 전하지 않았다(연보 상, 332쪽).

온 조정이 어찌 할 바를 몰랐다. 이덕형은 선조에게 적을 만나 그 사정을 알아보고 조금이라도 그 진격을 늦추어 보겠다고 말했다. 그러나 사세가 너무 급박해 분명하게 보내겠다고 말하지 못했으나 결국 보내서 대화해 보라고 했다. 이덕형은 "진실로 사직을 이롭게만 할 수 있다면 신이 죽는다 해도 무엇이 아깝겠습니까?"고 했다. 예조판서 권극지權克智와 함께 가라고 했으나 그는 오지 않았다. 그리하여 용인현에 도착해 역관 경응순을 적진으로 보내 만나자고 했으나 역관만 죽이고 역졸을 시켜 봉서封書만을 보내왔다. 그래서 적장을 만나지 못하고 할 수 없이 서울로 돌아와 보니 선조는 이미 서쪽으로 피란하고 없었다.[146]

그는 부득이 강을 거슬러 올라가 마전麻田에서부터 얕은 여울을 따라 강원도와 함경도의 경계를 돌아서 스무날이 넘게 낮이면 숨고, 밤이면 걸어 죽을 고비를 넘기면서 간신히 행재소行在所가 있는 평양에 이르렀다.[147] 그런데 벌써 왜병이 평양을 핍박하고 있었다. 선조는 신하들에게 "경 등은 조종祖宗을 위해 회복할 수 있는 계책을 힘껏 도모해 주기 바란다"고 했다. 이에 이덕형은 명나라에 구원병을 요청할 것을 계청했으나 처음에는 대신들이 난색을 표하다가 드디어 청병請兵하는 것으로 국론을 정했다. 그리하여 서천西川 정곤수鄭崑壽를 보내 원병을 청했다. 그리고 삼남에 조도사調度使를 보내 군량을 마련해 명군 접대를 준비하게 했다.[148]

6월에 대사헌을 제수받았다. 이덕형은 자청해 단기單騎로 배를 타고 대동강에서 겐소와 다이라 시게노부를 만났다. 5월 17일에 도원수 김명원金命元 등이 임진강에서 패하자 적들이 평양으로 몰려들었다. 6월 2일 선조가 다시 의주로 몽진하려는데, 대동강 건너편에 조그만 종이쪽지를 꽂아

146) 앞의 책, 332~333쪽.
147) 연보 상, 334쪽.
148) 앞의 책, 334~335쪽.

놓았다. 가져다 읽어 보니 "조선국 예조판서 이공 각하에게 올린다"고 쓰여 있었다. 겐소와 다이라 시게노부가 이덕형을 만나 강화를 논의하자는 것이었다. 이덕형은 이항복에게 "적병이 진실로 물러가지 않는다면 겐소와 다이라 시게노부의 머리를 베어 오겠다"고 했다. 뱃사공이 만류했으나 혼자 강 가운데로 가서 두 장수를 만나 "너희들이 아무런 이유도 없이 군사를 일으켜 수백 년 동안 맺어 오던 친교를 파괴한 것은 무엇 때문인가?"고 따졌다. 왜적들은 군사를 성대히 벌여 놓고 짐짓 위세를 보였으나 그는 얼굴빛 하나 변하지 않고 말하는 태도도 평일과 다름없이 하니, 적들은 즉시 병위兵威를 풀었다. 그리고 겐소는 "우리는 명나라에 들어가는 길을 빌리려고 하는데, 조선이 허락지 않으니 비하건대 마치 남의 집을 들어가려면 먼저 울타리를 치우는 것과 같아 형편상 당연하다고 본다. 그러니 당장 한 가닥 길을 빌려 주어 중원으로 들어가게만 해 준다면 아무런 일이 없을 것이다"고 했다. 이에 이덕형은 "너희들이 우리 부모 같은 나라를 침범하려고 우리를 위협해서 길을 빌리라 말하니, 나라가 망할지언정 길을 빌려 줄 수 없다. 그리고 두 나라 사이의 우호는 이로써 끊어진 셈이다. 어찌 강화 따위를 논할 수 있겠는가?"고 하니 적장들이 감히 다시 입을 열지 못했다 한다. 드디어 자리를 파하고 돌아왔다. 이 일이 있은 뒤로 겐소는 번번이 이덕형의 도량을 칭찬하기를 "이 판서는 창졸 간에도 언사와 안색이 지난날 선위宣慰할 때 술자리에서 하던 것과 조금도 다름이 없으니, 보통 사람으로서는 참으로 미칠 수 없는 분이다"고 했다고 한다.[149)]

1592년(선조 25) 7월 1일에 윤근수尹根壽는 고니시 유키나가와 소 요시토시가 이덕형에게 보낸 두 통의 편지를 공개했다. 그 가운데 한 통의 내용은 다음과 같다.

---

149) 앞의 책, 336쪽 ; 李埈, 行狀, 《漢陰先生文稿》 下, 東禾書館, 1992, 553~554쪽.

일본국에서 차출되어 온 선봉先鋒 풍신행장豊臣行長(고니시 유키나가) 및 풍신의지豊臣義智(소 요시토시)는 삼가 한음 대인 합하 이덕형에게 아뢴다. 행장은 조금도 아는 친분이 없으나 의지가 항상 합하의 사람됨을 자랑한 까닭에 이름을 안지는 오래 되었다. 지금 여기에서 한 장의 편지를 보내는 것은 일찍이 느낀 바가 있기 때문이다. 일본은 귀국에 대해 티끌만한 원한도 없다. 단지 중국을 침범하려는 것뿐이다. 지난해 우리 전하가 세 사람의 사신을 송환할 때 이 일을 대략 말했는데, 그 회답에 "본국은 중국의 번진藩鎭이다"고 했다. 올해 또 우리 전하가 편지를 마련해 일본의 당黨이 되어 줄 것을 요구했으나 그 편지를 부산 사람이 받지 않았다. 그러므로 삽관揷串에 영문을 세워 서울까지 연이었으며, 또 변란에 휩싸이게 된 것이다. 도중에서 드디어 회답을 요구했는데 무슨 이유로 부산·동래에서 길을 막았는가? 이 때문에 순식간에 그 영문營門을 함몰시켰다. 그 이유는 먼저 그 번진부터 무너트리고 중국을 침입하기 위해서인데 이는 바로 제장諸將들의 뜻이었다. 귀국이 만약 길을 빌려 주었다면 어찌 이런 화가 미쳤겠는가? 부산·동래 사이에 3~4만 명의 복병伏兵으로 길을 막았으나, 우리들의 선봉이 그 길을 텄는데, 한 명의 군사도 칼을 겨누는 자가 없었다. 요즘 와서 상주·충주·봉안奉安 사이에도 복병이 있었으나 모두 칼을 겨누고 대적하지 않는 까닭에 생각하는 바를 통할 길이 없었다. 그리하여 경성京城에 도착하면 반드시 생각한 바를 이야기 할 수 있을 것이라 여겼으나, 대왕은 이미 경성에서 교하로 피했고, 그곳의 진영도 무너졌다. 따라서 끝내 생각한 바를 이야기 하지 못하고 할 일 없이 이 영문에 이르렀다. 대저 임금의 몸은 만세의 근본을 일으키는 것이다. 바라노니 계책을 훌륭히 해 화친하는 것이 어떠한가? 귀국에 화친을 요구하려면 왕족과 권세를 잡고 있는 무리를 볼모로 삼아 일본에 보내야 한다. 그렇게 하면 용가龍駕를 보호해 서울의 도성으로 돌아올 수 있을 것이고, 그렇지 않으면 용가가 평안도에 머물러야 할 것이니, 8도 가운데 한 지역을 골라서 용가를 편안히 하는 것이 어떠하겠는가? 이것도 합하의 현명한 판단에 달려 있다. 일본의 당이 된다면 볼모만 보내면 된다. 8도에 나누어 보낸 우리 제장의 성명을 대략 기록해 태람台覽에 대비하겠다. 풍신휘원豊臣輝遠은 경상도로 보냈고, 융경隆景은 전라도로 보냈고, 가정家政은 충청도로 보냈고, 승릉勝隆 및 원친元親은 경기도로 보냈으며, 도성을 진호鎭護하는 자는 풍신가수豊臣家秀이다. 풍신길성豊臣吉成은 강원도로 보냈고, 가등청정加藤清正은 영안도로 보냈다. 행장과 의지가 평안도로 가기를 요청한 것에 관해서는 먼저 편지에 다 말했으므로 다시 말하지 않겠다. 제장들이 8도에 가득하게 깔렸으나 합하께서 지역을 골라 용가를 안주시킨다면 그 지역에 파견한 장수를 돌아오게 해 용가를 머물게 하려는 것이 행장과 의지의 뜻이다. 용가를 해변에 안주시키는 것이 어떻겠는가? 이것도 총망할 것 같다. 그 까닭은 병선 수만 척이 바다 가운데 떠 있는데, 오늘 서남쪽 해안에 도착하지 않으면 내일은 도착할 수도 있고, 또는 수십 일을 지나서 도착할 수도 있기 때문이다. 그 시기를 분명히 지적하기가 어려우니, 그대는 살피시기를 바란다. 나머지는 (평)조신·선소仙巢·죽계竹界가 말로 진술할 것이다. 황공히 이만 그치며 머리를 조아린다.

일본 천정天正 임진 6월 11일.

豊臣行長·豊臣義智.[150]

이 편지는 아는 사람이 없기 때문에 소 요시토시가 잘 아는, 전에 선위

150) 《선조실록》 권 28, 선조 25년 7월 무오

사로 왜와 회담을 한 적이 있는 이덕형에게 보내졌다. 그 내용을 요약하면, '조선과는 아무런 원한도 없다. 다만 명나라로 가는 길만 빌려 주면 되는데, 조선이 명나라의 번진이라는 이유로 이를 거절하니 먼저 번진을 친 다음 명나라로 가고자 한다. 만약 들어주지 않으면 이미 왜의 육·해군이 진용을 짜 8도를 점령하고 있으니 불행한 사태가 벌어진다'는 것이다. 협박이다. 그러니 일본의 당이 되면 국왕을 어느 한 지역을 지정해 안정을 취하게 하겠다는 것이다. 그러나 그럴 경우라도 왕족이나 대신을 일본에 인질로 보내야 한다는 것이다.

다른 한 통의 편지의 내용은 다음과 같다.

> 삼태三台(3의정) 대인 합하에게 아뢴다. 일본이 상주로의 진격을 명한 날에 사로잡은 역관(경응순慶應舜)에게 간단한 편지를 부쳤으므로 거듭 말하지 않았던 것이다. 그런데도 화답을 얻지를 못했으므로 도성에서 한강 가 진영에 가기까지 다시 한 차례 편지를 올렸으나, 그에 대한 회답도 주지 않았다. 진중陣中 사졸들이 곧 큰 소리를 치면서 '싸워서 자웅을 결정하는 것이 반드시 이 강가에 달려 있다'고 했다. 그래서 순식간에 강물을 건넜으나 한 명의 사졸도 칼을 겨누는 자가 없어서 유시酉時 늦게 개성부에 도착했다. 이로써 보면 온 나라 사람들이 힘을 다한다 하더라도 어떻게 승부를 내겠는가? 그러니 일본의 당이 되어 상의해 대명을 침범하는 것이 어떻겠는가? 또 화친의 계책을 운용할 것이니 그러면 용가를 도성으로 돌아오게 할 것인가, 아니면 용가를 평안도에 머물게 할 것인가는 단지 임금의 마음에 달려 있을 따름이다. 내가 두 번 세 번 이 뜻을 아뢰는 것은 다름이 아니라, 경인년(1590)에 3사三司를 파견했을 때 선위宣慰에 선발되었고, 이로 말미암아 3사와 역관에 대해 낯이 익고 정도 들었기 때문이다. 게다가 신묘

년(1591)에 표류민을 송환할 때 도서圖書(허가증)를 내려주었으므로 그 은혜를 받들어 사례하려는 것이 나의 뜻이다. 의지도 조상 때부터 조선의 동쪽 번신으로서 충성을 기울였으므로 얼마간의 상을 받았으니, 조선을 어찌 소홀히 여기겠는가? 지금 조정의 은혜에 사례하지 않고 또 어느 때에 하겠는가? 이런 저런 사정에서 볼 때, 일본의 당이 되려 한다면 행장과 의지를 제외하고 따로 누구를 중개자로 삼겠는가? 현재 8도에 나누어 보낸 제장들 가운데는 조선이 알고 있는 자가 없는 까닭에 이렇게 말하는 것이다. 행장과 의지가 평안도로 나가기를 요청한 것은 오로지 이일을 진술하기 위함이었다. 합하께서 만일 의심이 나면 아들을 볼모로 보낼 적에 반드시 한 장수를 보낼 것이다. 급히 화답을 줄 것이요, 태만함이 없어야 좋을 것이다. 두렵고 황송해 머리를 조아린다.

1592년 6월 1일.

豊臣行長·豊臣義智.[151)]

보낸 대상이 3의정일 뿐 내용은 대동소이하다. 명나라의 참정 황응석黃應錫 등이 이 편지들을 보고 "그대 나라가 천자를 위해 나라와 집을 잃고 많은 백성들이 도륙을 당했으며, 한쪽 변방에 처해 있으면서도 천자를 위하는 마음이 변하지 않으니, 참으로 가련하고 애처롭다. …… 우리들이 판서와 더불어 서로 속마음을 터놓고 사귀었으니, 군이 평양에 갈 필요가 없다. 나는 단연코 석성石星을 만나 그대 나라의 실정을 분명히 말할 것이며, 서계도 천자에게 주달하겠다. 모쪼록 이 뜻으로 자문咨文을 만들어 달라"고 했다. 그러나 북경에 돌아가 병부상서 석성에게 보고하려면 시간이 많이 걸리니, 진무鎭撫에게 말해 미리 발병發兵하도록 하겠다고 했다.[152)]

151) 앞과 같음.
152) 앞과 같음.

어가가 평양을 떠나야 하는데, 갈 만한 곳을 알지 못했다. 어떤 사람은 함북 경성鏡城으로 가야 한다고 하고, 어떤 사람은 함흥으로 가야 한다고 했다. 결국 북방으로 가기로 하고 중전과 비빈들이 먼저 경성을 향해 떠났다. 12일에 선조도 뒤쫓아 출발해 숙천肅川에서 유숙했는데, 이덕형이 이항복과 함께 "한 번 북쪽으로 가는 고개를 넘으면 명나라와는 동떨어지게 멀 것이니, 어느 곳에 호소하겠습니까? 먼저 영변으로 가서 사태의 변동을 살피는 것이 어떻겠습니까?"하니 그대로 따랐다.[153)]

이덕형은 생각하기를 이 적은 우리 힘만으로는 대적할 수 없다고 보고 이항복과 함께 먼저 명나라에 청병할 계책을 꺼냈다. 두 사람이 청병사請兵使로 가겠다고 다투니 밤중이 되도록 누구를 보낼지를 결정하지 못했었다. 그러자 부제학 심충겸沈忠謙이

> 세상의 온갖 일은 운세運勢일 따름입니다. 지금 그 운세가 나라를 건질 수 있는 쪽으로 기운다면, 두 신하가 가지 않아도 구원병은 틀림없이 올 것이고, 그렇지 못하다면 아무리 두 신하가 함께 간다 해도 소용이 없을 것입니다. 이 두 신하를 우리나라에서는 모두가 신복信服하는 처지이지만 명나라 입장에서 보면 한낱 제후의 대부에 불과합니다. 명나라에서 어찌 그 인격의 현부賢否를 알아 기꺼이 이 두 신하를 위해 이미 정해진 논의를 바꾸겠습니까? 더구나 이항복은 지금 병판을 맡고 있으니, 더욱 보낼 수 없습니다. 그러니 꼭 가야 한다면 이덕형을 보내는 것이 좋지 않을까 합니다.[154)]

고 해 이덕형을 청병사로 요동에 보내기로 했다. 이덕형은 친구인 이항복

153) 연보 상, 337쪽.
154) 앞의 책, 338쪽.

의 숙소에서 같이 자면서 명나라의 원군이 없이 왜적을 물리칠 길이 없다는 결론을 얻어 선조에게 청병사로 보내 달라고 다투었던 것이다. 이튿날 새벽 출발에 앞서 이항복이 남문南門에서 전송하자 이덕형이 "날쌘 말로 이틀 길을 하루에 달려가지 못하는 것이 한이다"고 했다. 이에 이항복은 즉시 자기가 타고 있던 말을 풀어 주면서 "원병을 청해내지 못하면 그대는 나를 쌓인 시체 더미에서나 찾을까 살아서 서로 만나지는 못할 것이다"고 했다. 이덕형도 "원병을 청해내지 못하면 나는 반드시 뼈를 노룡盧龍(노룡산맥)에 버리고 다시는 압록강을 건너지 않을 것이다"고 했다. 두 사람은 눈물을 흘리면서 헤어졌다.[155]

이덕형은 밤낮없이 2백 리를 달려 요동에 도착해 여섯 차례나 요동도사 학걸郝杰에게 글을 올려 원병을 애걸하고, 선익문仙翼門 장막 아래로 나아가 뜰에 선 채 슬피 울며 호소했다. 요동도사 학걸이 감동해 미처 명나라 조정에 상주하지도 않고 자기의 재량으로 본진의 병력 5천 명을 차출해 총병總兵 조승훈祖承訓·유격장 사유史儒에게 주어 구원하게 했다. 이덕형은 그날로 먼저 의주로 달려와 복명復命했다.[156]

> 6월 21일에 신이 요동에 도착해 '지금 작은 나라 군신의 생명이 모두 명나라에게 달렸으니 즉시 불쌍히 여겨 이 나라를 보존해 달라'고 하고 바로 자문을 올렸는데 마침 도사가 관아에 있지 않았습니다. 답하기를 '참으로 국왕의 사세가 위급함을 알겠다. 어찌 갑자기 이 지경에 이르렀는가? 즉시 상사上司에 통보하겠거니와 회보回報가 오기 전이라도 사세가 위급하면 강을 건너 적병을 피하는 일을 스스로 임의대로 하라. 평상시에 한 집안처럼 보아 왔는데 이 지경에 이르렀으니 어찌

155) 앞과 같음.
156) 앞의 책, 338~339쪽.

> 오지 못하게 막을 리가 있겠는가' 했으니, 이는 요동으로 들어가는 것을 허락한 것입니다.157)

고 해 원병은 물론 다급하면 선조가 요동으로 건너오는 것도 허락했다. 이덕형은 선조를 인견하는 자리에서 포정사布政使의 말을 인용해 "그대 나라의 아주 절박한 일은 내가 이미 자세히 알고 있으니 그대는 의심하지 말고 가라. 내부하는 일도 벌써 회보했다. 만일 적의 세력이 온 나라에 가득 차면 천자의 명이 없더라도 당연히 의논해 할 것이다"고 했다고 보고했다. 그리고 접대에 대한 일을 그곳 관원과 의논하니 "자그마한 아문衙門에서는 할 수 없다. 만일 불행히 들어온다면 궁속宮屬과 부득이하게 따르는 자 외에 호위하는 군사를 간략하게 거느리고 오게 하라"고 했다고 했다. 그러니 이덕형의 생각으로는 급박하면 내부해도 방해가 없을 것이라 했다. 길에서 총병 조승훈을 만났더니 "적의 군사가 가까워지니 상사上司의 군마를 더 동원한 뒤라야 구원할 수 있다"고 했다 한다. 조승훈은 다시 "양추糧蒭를 공급할 수 없어서 봉황성鳳凰城에 나와서 기다리고 있다. 국왕이 정주定州에 있으면 들어가 평양을 공격하려 했으나 이미 정주를 떠났으므로 부득이 퇴병했다. 돌아가 국왕에게 말해 안심하고 의주에 머물러 있게 하라. 유격遊擊 사유史儒도 있으니 만일 급한 소식을 들으면 내가 당일에 강가로 달려가 급히 구원하겠다"고 했다. 인견하는 자리에서 선조와 이덕형은 다음과 같은 대화를 나누었다.

> 선 조: 조승훈이 의심하는 것이 무엇이냐.
>
> 이덕형: 조선 8도의 병마가 강성한데도 수십 일도 못 되어 이 지경

157) 《선조실록》 권 27, 선조 25년 6월 을묘

에 이르렀으니, 아마 가왜假倭가 아닌가 의심스럽다고 했습니다.

선 조: 가왜라는 말은 우리나라 사람이 거짓으로 왜라고 일컫는단 말인가? 아니면 왜와 한마음임을 이르는 것인가? 지난 번 조승훈의 자문에도 '불궤不軌를 꾀하는 마음'이라는 말을 했는데, 이것으로 보면 그들이 의심하는 것을 알 수 있다.

이덕형: 소신이 울면서 변론한 뒤에는 측은히 여기며 감동했습니다. 지난번 중국 사람이 왔던 것은 깊은 뜻이 있었던 것인데, 즉시 평양으로 가는 것을 허락하지 않았기 때문에 의심을 불러일으킨 것입니다.

선 조: 대체적으로 요동에 들어갈 계획은 어떠한가?

이덕형: 우리나라에 한 고을도 남은 곳이 없게 된 뒤에 가야할 것입니다. 만일 한 고을이라도 남아 있으면 갈 수가 없습니다. 대부분의 공억供億을 어느 아문에서 하겠습니까? 반드시 적병의 핍박으로 부득이하게 된 뒤에 가야 할 것입니다. 그렇지 않으면 가서는 안 될 듯합니다.

선 조: 경이 돌아오는 길에 황응양黃應陽을 만나지 못했는가?

이덕형: 신이 걸음을 배로 해 왔으나, 중도에서 물에 막혔기 때문에 만나지 못했습니다.

선 조: 여기서부터 요동으로 들어가는 길에 물이 있는가?

이덕형: 여덟 번 강을 건너는 곳이 있고, 또 험준한 산과 물결이 급한 강이 있습니다. 물에 막히면 건너가기 쉽지 않고, 청석령青石嶺 등의 산길은 매우 험합니다. 요동은 극변極邊 지역이어서 인가도 매우 드물고 더러워서 유숙할 수가 없습니다. 요양遼陽은 성곽과 지세가 낮으며, 수토도 나쁩니다.

선　조: 수토가 나쁘다는 것은 무엇을 이르는 것인가?

이덕형: 물은 진흙물이어서 맑은 물이 없고, 샘은 있으나 좋지 못합니다.

윤승훈: 종사의 대계에 대해 소신 같은 자는 진실로 말을 할 수 없습니다마는 압록강을 건넌 뒤에는 200년 종사를 앞으로 어느 곳에 두겠습니까? 중국 군사를 간청하고 우리나라도 군민軍民을 불러 모은다면 어찌 일을 할 수가 없겠습니까?

선　조: 나를 보면 어쩌겠다는 것인가? 평양에 있을 때는 하루에 일곱 번 접견했으나 끝내 결정하지 못했으니 무엇하겠는가?

이덕형: 부득이 계속 끊이지 않고 사신을 보낸 뒤라야 저들이 우리의 절박한 사정을 알 것입니다. 함경도는 근본이 되는 곳이니 침범을 당하면 국가의 일은 다시 어쩔 도리가 없을 것입니다.

선　조: 앞으로 어떻게 해야 하겠는가?

이덕형: 중신을 보내 교유敎諭해 우선 강변의 토병土兵을 철령으로 내보내어 잘 방어하게 하면 지형이 험준하기 때문에 혹 회복할 수도 있을 것입니다.

선　조: 지세가 매우 먼데 무엇으로 어떻게 할 수 있겠는가?

이덕형: 설한령薛罕嶺을 따라 가면 주선할 수 있을 것입니다.

선　조: 이제는 할 수 없을 것이다.158)

이 대화를 보면 신하들의 만류에도 불구하고 선조는 명나라에 내부하는 데 집착하고 있었음을 알 수 있다. 나라를 지킬 자신이 없었기 때문이었다.

7월 19일 조승훈 등이 평양성을 가벼이 공격하다가 패해 사유는 전사하

158) 《선조실록》 권 28, 선조 25년 7월 경신

고, 조승훈은 간신히 몸을 피해 요동으로 도망갔다.[159]

8월에 왕세자가 대리청정하라는 유서諭書가 내려왔다. 그런데 9월에 부인 한산이씨가 안협安峽 백암산白巖山에서 순절했다.[160] 휴가로 안협에 내려가 성친省親하고 10일에 조정에 돌아와 병 때문에 대사헌을 사임했다.[161] 8월 22일 이덕형은 자기의 아버지와 어머니가 안협에서 왜적에게 화를 당해 아버지는 겨우 빠져 나왔지만 어머니는 생사를 알 수 없어 정신이 현란하니 대제학 직책을 바꿔 달라고 했으나 받아들여지지 않았다.[162] 그리고 이덕형에게는 오히려 8월 27일에 세자 우빈객,[163] 9월 1일에 동지경연사가 더 제수되었다.[164]

명나라는 처음에 우리나라가 왜적과 서로 짜고 청병을 하는 것이 아닌가 의심해 구원하기를 꺼렸으나, 이덕형이 글을 올려 눈물로 호소하고 힘을 다해 주선하니, 드디어 원병을 보내기로 했다. 그리하여 먼저 총병總兵 조승훈에게 5천 병사를 주어 평양성을 공격하게 했으나 패배했다.[165] 9월 4일 명나라에서 사신이 다녀갔다. 이덕형은 원접사遠接使로서 그를 전송하는 자리에서

> …… 우리나라가 수화水火의 고통에 빠져 날마다 구원병이 오기를 기다리는 것이 굶주린 아이가 젖 먹여 주기를 기다리는 것보다 더 애타

---

159) 연보 상, 339쪽.

160) 1593년(선조 26) 9월 6일에 이산해의 둘째 딸인 부인 한산이씨가 "적병이 왔다"는 말에 세 살밖에 안된 어린 아들을 여자종에게 넘겨주면서 "우리 아이를 잘 보호해 내 뜻을 잊지 마라. 적의 형세가 이미 급하니 내 구차하게 살 수 없다" 하고 白巖山 바위 절벽 아래로 떨어져 죽었다. 이 일로 뒤에 정여를 받았다(《國譯 鵝溪遺稿》 2, 卷 6, 鵝溪李相國年譜, 176쪽).

161) 앞의 책, 340쪽.

162) 《선조실록》 권 29, 선조 25년 8월 기유

163) 《선조실록》 권 29, 선조 25년 8월 갑인

164) 《선조실록》 권 30, 선조 25년 9월 무오

165) 李埈, 行狀, 《漢陰先生文稿》 下, 東禾書館, 1992, 553~555쪽.

> 게 바라고 있습니다. 그런데도 요사이 명나라 장수들은 대부분 조승훈이 경솔하게 출진했던 것을 경계로 삼아 칙서를 내린 지 여러 날인데도 군사를 동원하는 것이 요원합니다. 우리나라는 하루아침에 힘이 다하게 되면 죽고 망하는 것만이 있을 뿐입니다. 헤아리지 못하겠습니다만 노야老爺께서는 이 점에 마음을 쓰고 계신지요.
>
> 지금 모든 왜적을 모조리 섬멸하려면 큰 군사가 아니고서는 안 되겠습니다만 단지 평양의 왜적만을 도모하려 한다면 정기精騎 수천 명만 투입해도 충분히 완승할 수 있습니다. 이 점에 대해 우리 임금이나 배신陪臣들이 남김없이 말씀드렸습니다. 속담에 '백 번 듣는 것이 한 번 보는 것만 못하다'고 했습니다. 대인께서 조정에 계셨을 때 우리나라의 정세가 이 지경에 처했을 줄 짐작이나 했겠습니까? 이 점이 또한 슬픈 일입니다. 대인께서 천자의 명을 받들어 선유宣諭하시니 저희 나라의 백성들은 이로부터 소생될 것입니다.[166]

고 대군을 보내 줄 것을 애원했다. 칙사도 "귀국은 예의의 나라인데 이런 병란을 당하게 되었으니 내가 차마 보지 못하겠다. …… 내가 요동에 도착하면 한편으로는 제본題本을 올리고, 한편으로는 무안진撫安鎭의 제신諸臣들에게 통보해 급히 구원병이 오게 하겠소"[167]라고 다짐했다. 이덕형은 11월 16일 대사헌으로서 성친하고 돌아오는 길에 보고 들은 각도의 대치 상황을 보고했다. 민심을 수습하지 않으면 2~3개월 안에 변란이 일어날 수도 있으며, 의병이 일어나도 통섭統攝하는 사람이 없다는 내용이다.[168]

10월에 명나라 병부兵部의 자문이 도착했다. 그 내용은

---

166) 《선조실록》 권 30, 선조 25년 9월 신유
167) 앞과 같음.
168) 《선조실록》 권 32, 선조 25년 11월 임신

> 요동병비도순찰사遼東兵備都巡察使 학걸郝杰이 상주한 내용에, '조선국이 왜구의 침략을 크게 당해 조선의 배신陪臣 이덕형이 와서 급한 것을 알려 왔는데, 조선왕이 왜구에게 쫓겨 급히 서쪽으로 피해 방금 의주에 도착했으나 왜구가 평양을 점거하고 있어 조석 간에 닥쳐 올 것이니, 맹장猛將과 정병精兵을 얻어 위급을 구원해 국왕의 위망危亡을 보전하기 바란다'고 해, 신이 답하기를 아직 상문上聞을 않은 터라 군사를 함부로 보낼 수가 없다 하니, 이덕형이 아문으로 달려와 장막 아래 선채 진종일 통곡했습니다. 이덕형의 충성이 칭찬할 만하고, 또 속국왕屬國王의 목숨이 경각에 달린지라 가만히 앉아서 보기만 할 수가 없어 미처 상문하지 못하고 죽을죄인 줄 알면서 형편대로 우선 마·보병 5천을 내어 부총병 조승훈·좌참장 곽몽룡郭夢龍·우참장 대조변戴祖弁·유격장 사유史儒로 하여금 통솔케 하고 밤을 틈타 전진해 왜노를 쳐서 국왕을 호위하게 했으나 왜노倭奴들은 몹시 완강한 병세兵勢로 감히 천병에게 맞붙어 싸웠습니다. 결국 사유는 총탄을 맞아 죽고 조선왕은 사정이 위급하게 되어 가속과 군인을 거느리고 내부內附를 청할 만큼 그 나라의 위급함이 여기에 이르렀습니다.[169]

고 했다. 심각하게 여긴 명나라는 다시 이여송李如松을 제독提督으로 삼고 이여백李如栢·장세작張世爵·양원楊元 등을 3영장營將으로 삼아 군사 4만을 주어 25일에 압록강을 건너, 28일에 평양을 향해 진군했다. 이덕형은 제독 접반사 한응인韓應寅과 함께 명병을 돕는 데 최선을 다했다. 이때 병부상서 석성石星이 절강浙江 사람 심유경沈惟敬[170]을 시켜 강화 회담講和會談을 하

169) 연보 상, 341쪽.

170) 심유경은 浙江 상인으로 평소부터 왜노의 실정을 잘 알고 있다 해 병부상서 석성이 遊擊將軍에 임명해 조선에 보내 小西行長와 강화 회담을 하게 했다. 9월에 심유경이 평양에 도착해 고니시 유키나가와 평양성 북쪽 降福山 아래서 왜노들과 약속하기를 "내가 돌아가 皇

게 했다.

1593년(선조 26) 1월 이여송이 "내가 왜노를 한두 명쯤 보았으면 하는데, 잡을 길이 없으니, 어떤 꾀를 써야 할지 모르겠다"고 했다. 이에 이덕형이 "왜노들은 지금 심유경의 회보回報를 기다리는 중이니, 만일 사람을 보내 거짓으로 '심유경이 도요토미 히데요시를 왜국왕으로 봉하는 일을 의논하고자 하니 50리 밖까지 나와 맞으라'고 하고 그때 잡으면 된다"고 했다. 이여송은 사대수查大受에게 용사 15명을 주어 소장 평호관平好官 등 왜노 3명을 생포했다. 이여송은 그들을 조사한 다음 북경으로 보내고, 그 정보를 이용해 평양성 공격에 활용했다. 이여송은 먼저 보통문普通門과 칠성문七星門을 공격하니, 왜적들은 성에 올라 항전했다. 명군이 화포와 불화살로 공격하니, 적들은 내성內城으로 쫓겨 들어갔다. 남병南兵 장수 낙상지駱尙志·오유충吳惟忠 등이 성 위에 뛰어 오르니, 많은 병사들이 뒤따랐고, 우리 장수 김응서金應瑞·한명련韓明璉 등도 한꺼번에 뛰어올랐다. 그리하여 왜적들이 토굴 속에 숨어 있다가 그날 밤에 도망갔다. 이때 이덕형은 이여송을 따라 위험을 무릅쓰고 평양성 탈환을 세세히 지켜봤다. 그는 유성룡·이원익 등과 함께 명군의 군량을 지원하는 데 앞장섰다.171)

이여송이 평양에 주둔한 지 8일 만에 여러 장수들에게 먼저 진격하게 했는데, 길가에 잇달아 있던 왜적의 진영과 개성부를 맡아 지키던 왜적 장정長政이 풍문만 듣고도 놀라 도망쳐서 서울로 후퇴했다. 그리고 부총병 사대수查大受와 방어사 고언백高彦伯이 수백 명의 군사를 거느리고 먼저 나아가 적정을 염탐하다가 여석령礪石嶺에서 적을 만나 백여 명의 목을 베었다. 이여송이 이 말을 듣고 적을 가볍게 여겨, 대군을 두고 홀로 가정家

朝에 복명하면 반드시 좋은 처분이 있을 것이니, 50일을 기한으로 왜군이 서북 10리 밖에 나오지 말고, 조선 사람도 그 10리 안에 들어가 왜군과 싸우지 말라"고 했다(연보 상, 343쪽).

171) 연보 상, 343~344쪽.

丁(제집에서 부리는 사병) 천여 명만 거느리고 앞장서서 달려가려 하기에, 이덕형이 "적의 속임수는 헤아릴 수 없으니, 대군을 기다렸다가 함께 진격하는 것이 좋겠다"고 만류했으나 듣지 않았다. 이여송은 희음령憙陰嶺을 지나다가 말에서 굴러 떨어져 부하들이 도와 그를 일으켰다. 이때 적들이 여석령 뒤에 복병을 숨겨 놓고 다만 몇 백 명만 고개 위에 있었는데, 이여송이 이를 보고 군사를 양 날개로 펴 진격했다. 그러자 산 뒤쪽에서 복병 수만 명이 쏟아져 나와 이여송의 전군前軍이 패해 많은 사상자를 냈다. 그런데 마침 해가 저물고 적이 급히 후군을 불렀으나 오지 않자 서둘러 추격하지 않기에 이여송이 돌아올 수 있었다. 이덕형도 싸움에 휘말렸다가 겨우 빠져나왔다. 이여송은 이덕형의 제언을 받아들이지 않은 것을 한탄했다고 한다.172)

이여송이 패해 동파東坡로 퇴각하려 했는데, 이덕형은 체찰사 유성룡, 도원수 김명원 등과 함께 그 부당함을 있는 힘껏 말하니, 이여송은 "우리 군사는 어제 승전하고 별로 패하지 않았으나 다만 이곳은 군량이 이미 떨어졌고, 남군南軍(명의 남쪽 지방 지원군)도 아직 도착하지 않았으니, 잠시 동파로 되돌아가서 휴식을 취하고 다시 진격하겠다"고 했다. 이덕형 등은 "지금 대군이 만약 한걸음 후퇴한다면 적들은 반드시 승기勝機를 얻게 되어 민심이 동요될 것이다. 그리고 남쪽에 있는 의병들이나 각처의 장수들이 원군이 왔다는 소문을 듣고 일제히 올라오고 있으며, 군량도 끊임없이 운송되고 있는데, 어찌 이를 버리고 물러가야 하느냐?"고 했다. 이여송은 구차한 말로 대답하고 1593년(선조 26) 1월 28일 마침내 개성으로 후퇴했다. 이덕형 등이 그 부당함을 지적하자 이여송은 "나는 군사를 휴식시키고 나서 다시 진격하려 하는데, 그대들은 어찌 사정도 모르고 번거로운 말을

172) 연보 상, 345~346쪽.

하는가?"고 호통을 쳤다. 동파에서 사흘을 머물다가 개성으로 돌아가 권율權慄과 이빈李濱의 군사에게 임진臨津으로 퇴각해 적봉賊鋒을 피하라고 했다. 또 가토 기요마사加藤淸正가 안변으로부터 덕원德源으로 온다는 소문을 듣고 이여송이 "적이 만약 배후로부터 온다면 우리 군사가 반드시 위태로울 것이다" 하고 평양으로 후퇴했다.173) 이여송은 평양전투에서 승전해 승전보를 황제에게 올리고 왜군을 서울로 밀어낸 것만으로 소기의 목적을 달성했다고 생각했을 것이다. 그러니 더 이상 희생을 치루며 왜군과 싸울 필요가 없었다. 그리고 한편으로 왜군과 강화회담을 개최해 전쟁을 마무리 짓고 싶었을 것이다. 이덕형은 평양에서 허송세월하는 이여송을 안타깝게 여긴 나머지, 어느 날 술좌석에서 적벽도赤壁圖를 꺼내 보이면서

바둑은 승패가 분명해야 하고, 勝敗分明一局碁
군인은 전쟁터에서 우물쭈물하지 않는 법인데 兵家最忌是遲疑
지금껏 적벽 싸움 같은 공을 못 세웠으니, 須知赤壁無前績
장군은 지금 당장 결단을 내려야 할 때라오 只在將軍斫案時174)

라고 진격을 종용했다.

이덕형은 다시 장세작과 함께 개성으로 가서 군량을 감독했다. 이여송은 금교역金郊驛으로 퇴각해 전라도관찰사 권율이 행주幸州에서 대승했다는 소식을 듣고 경솔한 퇴각을 몹시 후회하면서, 4월에 이덕형과 장세작으로 하여금 개성으로 가서 군량을 확보하고 기다리라고 했다. 그런데 경략經略 송응창宋應昌이 갑자기 화의를 제기해 사용재謝用梓와 서일관徐一貫 등으로 하여금 적을 효유曉諭하게 하고 이여송도 평양에 머물렀다.

173) 앞의 책, 346~347쪽.
174) 李時佑, 《漢陰 李德馨先生 一代記》(廣州李氏 漢陰宗會), 29쪽.

이때 서울에 있는 왜적이 용산에 있던 수군에게 넌지시 글을 보내 강화를 청했고, 송응창은 다시 심유경을 적진으로 보내 왕자와 배신의 송환을 요구했으며, 전군을 부산까지 철수해야만 강화를 허락한다고 하자 적이 이를 받아들였다. 이에 이여송이 4월 7일에 평양에서 개성으로 돌아왔다. 4월 19일에 왜적이 서울을 버리고 남쪽으로 달아났다. 20일에 이덕형은 이여송을 따라 서울로 들어와 통곡하면서 불타 버린 종묘宗廟와 사직社稷을 소제하고, 능침을 보호하며, 관아를 복구했다. 이때 서울은 전란을 겪은 데다가 기근과 역질마저 겹쳐 시체가 즐비했다. 이덕형은 시달리는 백성들을 구제하고 서적을 구해 경연經筵을 대비했다.[175]

5월에 이여송을 따라 남쪽으로 내려갔다. 송응창이 관서 지방에 있으면서 명군더러 적을 공격하지 못하게 하고, 조선 사람에게도 왜적을 죽이지 말라고 했다가 오랜 뒤에 왜적이 멀리 가버린 것을 알고서야 진격을 허락했다. 이에 이여송이 충주로 내려가 돌아가려고 하는 것을 이덕형이 간곡하게 말려 문경까지 내려갔다. 5월 18일 이여송이 송응창이 보낸 밀첩을 잠깐 보이면서 "사세가 이와 같으니 하는 수 없이 군사를 거두어 돌아간다"고 하고 첩지를 빼앗아 갔는데, 이덕형은 즉시 외워 조정에 아뢰었다 한다.[176]

5월에 이여송이 심유경을 보내 왜진에 들어가 왕자와 배신을 돌려보내라고 촉구했다. 6월에 심유경이 왜장 소서비小西飛와 선승禪僧 슈토守藤 등을 데리고 와서 도요토미 히데요시의 항복문서를 가지고 북경으로 가려고 한다고 했다. 이덕형은 "심유경이 왜장을 데리고 서쪽으로 가려 하는데, 그 의도하는 바를 헤아릴 수가 없습니다. 또 듣건대 왜장은 당장 북경으로 가고 왕자는 명사明使가 돌아올 때 함께 올라온다 하니, 그들이 꾸민 흉계

175) 앞의 책, 348쪽.
176) 앞의 책, 349쪽.

가 갈수록 심해 마음이 아프고 기가 막혀 아뢸 바를 모르겠습니다"고 하고, 이어서 "왜장이 한강을 건너간다면 반드시 크게 난처한 일이 있을 것이라 신은 적당한 말로 꾸며 제독에게 힘껏 아뢰겠습니다"고 했다. 그뿐만 아니라 "왜장이 중국에 갔다 돌아올 때 우리나라의 허술한 곳의 상태나 명병의 게으른 모양을 본다면 결국 그들이 제멋대로 흉계를 꾸미는 데 도움이 될 것이며, 또한 반드시 수긍하기 어려운 일과 헤아릴 수 없는 말을 가지고 우리의 속셈을 시험하느라 갖가지로 몹시 핍박할 것입니다"라는 의견을 개진했다. 선조도 "이 서장書狀을 보니, 한갓 우리나라뿐만 아니라 천하의 일이 반드시 심유경 때문에 깨트려질 것이다. 이러한 사람이 태어난 것도 운수이겠지. 그러나 우리나라 군신은 마땅히 죽음으로써 싸워야 할 것이다. 경들은 속히 도모하라"고 했다. 비변사도 "이덕형이 벌써 여기까지 염려하고 있으니 반드시 힘을 다해 싸우려 할 것이고 설혹 한강을 건너온다 하더라도 경리經理 송응창이 엄격한 말로 거절하면 심유경이 감히 당돌하게 데리고 오지 못할 것이니, 특별히 병판 이항복을 경리에게 보내 힘써 주선하는 것이 좋을 듯합니다"고 했다. 그러나 심유경은 왜장을 데리고 7월 7일 서울로 들어왔으나 경리 송응창이 막아 감히 서쪽으로 가지 못하다가 7월 초에 심유경이 왜장을 데리고 요동으로 갔다.[177]

8월에 이여송을 송별하려고 서쪽으로 가다가 황주에서 선조를 만났다. 8월 14일에 선조가 "듣건대 경은 적진에서 고생을 해 병이 깊어졌다 하니, 매우 염려가 된다"고 하면서 친히 약을 내려 조섭하게 했다. 비변사는 "접반사 이덕형의 장계에 이여송이 철수할 때 소서비를 데리고 갈 의사가 있는 듯하다"고 보고했다. 송응창에게 부탁해 만류하라고 했다.[178] 8월 14일 선조는 접반사 이덕형을 인견했다.

---

177) 앞의 책, 350쪽.

178) 《선조실록》 권 41, 선조 26년 8월 계사

선　조: 경이 국가의 일로 노고가 많아 병까지 나게 되었구나.

이덕형: 미열迷劣한 소신이 중임을 맡아 심려가 되어 지난 달 하순부터 병이 나서 제독(이여송)에게 문안도 드리지 못했습니다. 열이 내린 뒤에 뜻밖에 갑자기 제독을 따라 서쪽으로 오게 되었습니다. 오는 도중에 일로에 중국군이 소란을 피운다 해 한 사람도 나와서 기다리는 자가 없었는데, 황해 일로가 더욱 해괴했습니다.

선　조: 제독이 무슨 일로 급히 서쪽으로 간다 하던가?

이덕형: 송경략과 회의할 일로 돌아간다고 합니다. 전에 제독이 요동으로 돌아가서 군병을 휴양시키려 할 때 신이 노야老耶가 서쪽으로 돌아가면 한강 이남의 적이 다시 올 것이라 했더니 제독은 신의 말을 옳게 여겼습니다. 제독의 주목적은 서쪽으로 돌아가서 다른 새로운 군대와 교체하려는 것입니다. 제독은 강연대羌煙臺와 탕참碭站으로 가서 주둔해 있다가 왜적이 돌아가지 않으면 10월에 다시 나오겠다고 했습니다.

선　조: 장세작과 이여백은 어찌하여 도로 서울로 들어갔는가?

이덕형: 송경략의 패문牌文을 보고서 도로 들어간 것입니다. 제독이 역관을 보내 신에게 말하기를 '그대 나라는 문헌文獻의 나라이니, 상하대소가 각각 한 편 씩의 글을 지어 나에게 주면 중국에 가서 자랑하겠다. 그러니 모름지기 국왕께 아뢰어 네 권의 책으로 만들어 보내 달라'고 했는데, 그가 간절히 바라는 것은 어보御寶를 찍은 어찰御札을 받는 것이라고 했습니다.

선　조: 제독이 글을 잘 하는 사람인가?

이덕형: 문리文理는 통합니다. 또 난초와 대[竹]를 잘 그리기 때문에

소신이 책을 만들어 가지고 가서 그려 달라고 했더니, '이 책은 작은 것 같으니 큰 책을 가지고 오라'고 했습니다.

선 조: 그가 회첩回帖한 문장을 보니 글이 좋지 않았다.

이덕형: 그가 지은 평왜비문平倭碑文을 본 적이 있는데, 역시 문장이 좋지 않았습니다.

선 조: 종이를 보내어 그의 그림과 글씨를 받아 나에게 보내라(하고 약봉藥封을 내어 주며 '이 주머니 속에 있는 약을 먹고서 경은 조금 쉬며 조리한 뒤에 떠나라'고 했다).179)

8월 24일 이여송이 명의 찰원察院을 따라 평야을 출발해 숙천-안주-가산-의주로 갔다. 9월 5일 제독 접반사 이덕형은

지난 24일 제독이 찰원을 따라 평양에서 출발해, 저녁에 숙천에서 유숙하고 어제 안주를 지나 가산으로 들어갔습니다. 이번에 찰원이 모든 일을 자세히 살펴보고 왔으니, 우리나라에서 말을 잘 해서 왜적이 전처럼 둔취해 있다고 알려 주어 끝까지 살려 달라고 간청할 좋은 기회입니다. 중국에서 다시 살려 준 은혜와 제독의 공덕을 극진히 설명해 그 말을 마치 사례하는 것처럼 하면서 끝에 가서 남쪽 지역의 왜적의 실정까지 언급하게 하소서. 그리하여 풀이 마르고 활이 강하게 된 다음에 다시 이총야李摠爺의 힘을 빌려 변방의 화근을 영원히 뿌리 뽑아 마침내 바닷가의 백성들을 살려 달라고 요청하면 제독이 보더라도 다른 말을 못할 것입니다. 이를 주선하는 문제는 조금도 늦출 수가 없으며 그 책임을 찰원을 접반하는 자에게 있는 것이므로, 신이 어제 가

179) 《선조실록》 권 41, 선조 26년 8월 을미

> 산에 도착해 이축李軸·정창연鄭昌衍 등과 상의해 품첩稟帖을 올리거나 상서上書를 해보도록 권했더니, 이축은 큰일에 방해가 될까 걱정도 되고 또 조정의 명령도 없었으니 마음대로 할 수가 없다고 고집을 부리며 망설였습니다. 그래서 신이 여러 가지로 권유하는 한편, 동행한 여러 사람들과 정문呈文을 초안해 주고서 기어이 계품啓稟하게 했습니다.[180]

고 해 이여송을 호송해 가는 찰원의 요원에게 이여송으로 하여금 남쪽 해안의 왜적을 소탕할 수 있게 해 주도록 부탁했다.

이여송은 의주에 도착해 연춘당延春堂에 우거寓居했다. 9월 13일 길을 떠나려는데, 이덕형이 임해군·전위사餞慰使 정탁鄭琢 등과 함께 중강中江(압록강 가운데 난자도蘭子島)에서 전별연餞別宴을 베풀고 시를 지어 전별했다. 이여송도 조용한 말씨로 술잔을 권하는데 그 언성이 몹시 슬퍼 보였다. 아마도 다른 사람의 방해로 대공을 세우지 못하고 가는 것을 아쉬워서 그랬을 것이다.[181] 형조판서 겸 제독접반사 이덕형은 장계를 올려 의주에서 이여송을 전별한 정황을 다음과 같이 보고했다.

> 어제 임해군이 경략 송응창을 만나 보고서는 즉시 출발해 강을 건넜습니다. 제독도 잇따라 출발해 강가에서 전쟁에 죽은 사졸들의 넋을 위로하는 제사를 지내고 배를 타고 강을 건넜습니다. …… 이여송이 '백성은 사랑해 주면 부모나 형제와 같이 되고, 학대하면 원수처럼 되는 것이다. 이러한 뜻을 다른 왕자들에게 말해 주어 국왕에게 알리게 하라'고 하고, 또 정탁에게 '국왕은 와신상담臥薪嘗膽을 하고 있는가? 반드시 군사를

180) 《선조실록》 권 42, 선조 26년 9월 병진
181) 연보 상, 351쪽.

조련하고 백성을 구제하며, 인재를 뽑아 쓰고 상하가 굳게 지켜야 성공 할 수 있을 것이다'고 했습니다.[182]

이여송은 타의에 의해 끌려가면서도 선조에게 정치를 잘 하라고 훈계했다. 10월에 조정으로 돌아와 이여송에게 받은 망룡단蟒龍緞(비단)과 은작銀爵을 진헌했다. 선조는 이 가운데 비단은 접수하고 은작 한 벌과 녹피鹿皮는 이덕형에게 하사했다. 그리고 정헌대부(정2품 상계)로 승진시켰다. 이여송은 "이덕형 같은 재지才智를 가지고도 아직 숭품대관崇品大官의 지위를 얻지 못한 것을 보면 너희 나라의 사람 쓰는 법도 한심하다"고 빈정거린 바 있다고 한다.[183]

10월 1일 선조는 환도한 뒤에 훈련도감을 설치하고 유성룡을 제조, 이덕형을 부제조, 조경趙儆을 대장으로 삼았다. 유성룡은 유격 척금戚金에게서 태사太師 척계광戚繼光이 지은 《기효신서紀效新書》을 얻었는데, 이 책은 절강에 침입한 왜구를 막고자 만든 신법이었다. 이덕형은 유성룡과 의논해 병기를 개선하고 삼수三手(포수砲手·사수射手·살수殺手)법을 연습시켰다. 그리고 둔전屯田을 널리 설치하고 군량을 마련해 군비를 갖추었다.[184]

11월 10일에 이덕형은 예문제학을 겸임했으나[185], 병 때문에 원접사遠接使는 이항복에게 넘기고, 관반館伴만 맡았다.[186] 그리고 11월 14일에는 이덕형을 세자좌빈객, 이항복을 세자우빈객을 삼았다.[187] 그러나 1593년(선조 26) 윤 11월 28일에는 이덕형이 이항복의 후임으로 병조판서를 맡았다. 이때 통진현감으로 있는 아버지 이민성李民聖을 찾아보았다.[188]

---

182) 《선조실록》 권 42, 선조 26년 9월 을해
183) 연보 상, 352쪽.
184) 앞의 책, 353~354쪽.
185) 《선조실록》 권 44, 선조 26년 11월 경신
186) 《선조실록》 권 44, 선조 26년 11월 기묘
187) 《선조실록》 권 45, 선조 26년 11월 갑오

12월 16일 병조판서 이덕형은 석성石星이 파견한 명나라 병부의 차관差官 주기周基와 척금戚金의 동생 척운戚雲을 만나 보았다. 이들은 석성의 밀명을 띠고 송응창과 이여송의 행적을 조사하러 나왔다. 그들은 오는 길에 봉황성鳳凰城에서 사신 사헌司憲을 만났는데, 그가 "조선의 인민이 굶주림에 시달리고 있으니, 지금 군대를 출동시킨다면 그 지방이 더욱 잔파殘破될 것이다. 그러나 군대를 출동시키지 않으면 산동山東에 반드시 왜적의 경보가 있게 될 것이니, 차라리 조선 지방이 잔파되는 한이 있어도 산동에 왜적의 경보가 있게 해서는 안 된다"고 한 사실을 보고했다.[189)]

12월에 충청도에서 송유진宋儒眞·이산겸李山謙 등이 반란을 일으켰다. 선조는 영의정 유성룡과 병판 이덕형을 대궐에 들어와 숙직하게 했다.[190)] 난이 진압된 후인 12월 27일에 이덕형에게 대사헌 겸 홍문·예문관 대제학, 지성균관사, 동지경연사를 제수했다.[191)] 이때 석성은 오유충吳惟忠·낙상지駱尙志 등 남병이 평양성 전투에서 수고가 많았다고 해 충주를 거쳐 철병하라고 하고, 유정劉綎의 군대 5천 명만 남겨 두었다. 그리고 송영창을 불러들이고 시랑侍郞 고양겸顧養謙을 경리로 대신 내보냈다. 그리하여 영평永平에 주둔해 군사를 조련하고 있었다. 병조판서 이덕형은 고양겸에게 "진주와 경주는 경상도 동서의 웅진雄鎭이어서 전라도는 진주가 공고해야 미덥게 되고, 강원도는 경주가 보장이 됩니다. 우리나라가 버티면서 적을 막는 데는 오직 중국 군대만을 믿을 뿐인데, 하루아침에 모두 철병해 왜적이 멋대로 짓밟게 하니 유총야劉總耶(유정)는 이해利害의 소재를 생각하지 않는가?"고 했더니, "불행한 경우가 많아서 유총야도 어찌 할 수 없었다. 명군이 이미 돌아갔으니, 유정의 5천 군대로 지킬 수 있겠는가? 또 심유경

188) 연보 상, 354쪽.
189) 《선조실록》 권 46, 선조 26년 12월 을축
190) 연보 상, 354쪽.
191) 《선조실록》 권 46, 선조 26년 12월 병자

이 왜영에 갔으니 며칠 지나면 통보가 올 것이다. 다만 왜적이 남쪽 군대가 물러갔다는 것을 알고 독을 부릴까 우려된다"고 했다. 명군이 돌아간 뒤 왜적이 경주를 침범하면 죽령竹嶺 이하와 강원도 연해서는 적을 막을 수 없다는 것이다. 그러니 급히 제장에게 정병을 초발해 입방入防하게 해야 한다고 주장했다. 그리고 김덕령金德齡의 3천 군도 관원을 파견해 스스로 일면一面을 감당하게 해야 한다는 것이다. 선조도 영의정 유성룡에게 의논해 그대로 하라고 했다.192)

1594년(선조 27) 1월 낙상지와 함께 새 궁궐터를 잡았다. 선조가 환궁한 뒤 궁궐이 모두 불타서 정동貞洞 별궁에 거쳐했다. 이때 새 궁궐을 지으려는데 마침 총병 낙상지가 영남에서 서울로 올라왔다. 이에 이덕형은 그와 함께 새 궁궐터를 물색했다. 낙상지가 종부시宗簿寺터에 이르러 장원서掌苑署 동산에 올라 사방 산세를 보더니 가지고 있던 말채로 눈 위에 궁성 도형을 그리고 "여기가 좋겠다"고 했다. 이덕형도 그 말이 그럴 듯하게 생각해 그곳의 형국形局을 그려 선조에게 올렸다.193) 낙상지는 또

> 나는 관하管下의 병사들을 여기에 머물게 해서 전법을 익혀 귀국에 가르쳐 주고 싶지만 각 군이 군량만을 허비하고 속히 돌아가려는 생각은 전혀 없으니, 만약 나를 먼저 보낸다면 여러 군사들도 연달아 돌아갈 것이오. 우리 군사가 돌아간 뒤에 만약 다시 와서 남병 5천이나 3천 명 가량을 나더러 통솔케 하고 다른 사람의 절제를 받지 않게만 된다면 어느 정도 나의 뜻을 펼 수 있을 것이오. 그리고 내가 돌아간 뒤에 당신네 나라에서 자문咨文을 올려 나를 머물게 하기를 청한다면 나는 다만 수하 몇 사람만을 거느리고 가벼운 차림으로 돌

---

192) 《선조실록》 권 46, 선조 26년 12월 무인
193) 연보 하, 354쪽.

> 아오겠소.[194]

라고 해 자진해서 《기효신서紀效新書》[195] 전법을 전수해 주겠다는 호의를 보여 주었다. 이에 이덕형도

> 낙총병 수하에 여러 가지 화포와 창검의 기술에 익숙한 자 서너 사람을 머물게 해서 군사들을 가르치게 할 일로 신이 대화할 때마다 간청했으나, 군사마다 고향으로 돌아가고 싶은 마음뿐이라 총병도 억지로 머물게 하기는 어려웠고, 자원에 따라 머물게 하려고 하는데, 남기를 원하는 자도 더러는 있었지만 과연 병기兵技에 정통한지를 알 수 없었습니다. 그런데 중군中軍에 가대재賈大才라는 자가 있어 갖가지 무예에 절묘하기가 짝이 없고, 천총千摠 문유聞喩는 척계광戚繼光이 있을 때부터 행진行陳 사이에 종사해 화포의 제도를 익히 알고 있다고 했습니다. 두 사람은 성질이 매우 온아溫雅하고 재주 또한 이와 같으니, 머물게 하면 반드시 큰 도움이 있을 것이기에 신은 통사通事 이억례李億禮로 하여금 조용히 이 두 사람에게 말을 걸어 그 의사를 떠보게 했더니, 문유가 말하기를, "총병이 우리들에게 교장으로 나아가 수삼 일 동안 교연敎演시켜 보라 했으나, 이것은 잠깐 동안에 성취할 수 있는 일이 아니요 이덕형이 굳이 머무르기를 원한다면 나는 출행을 늦추고 한

194) 李德馨, 駱總兵周覽正殿遺墟啓(《漢陰先生文稿》上, 第 8, 啓辭, 廣州李氏左議政公派宗會, 東禾書館, 1992, 563~564쪽).

195) 《紀效新書》는 명나라의 명장 척계광이 지은 책이다. 척계광은 嘉靖年間(1522~1566)에 行伍에서 일어나 浙閩의 鄕兵을 모집해 여러 차례 倭寇를 섬멸했다. 그가 군사를 훈련시키고 적을 제어하는 방법 가운데 항상 시험을 해보아 승리를 거둔 것을 모아 한 책자를 만들었다. 壬辰倭亂 때 故 相臣 이덕형이 제독 이여송을 수행하다가, 평양싸움에서 浙兵이 진을 치고 技藝를 훈련하는 방법을 물어 이 책을 구해 조정에 바쳤다. 계사년(1593) 뒤에 맨 먼저 訓局의 군병을 설치했는데, 이 설치 방법은 실로 이를 따른 것이다(《현종실록》 권 9, 현종 5년 8월 갑신).

> 열흘 동안 더 머물러 주겠소"라고 했습니다. 병사를 가르치는 것은 큰 일이고 기회는 놓칠 수 없으니, 적당한 말로 총병에게 이자移咨해 이 두 사람은 남겨 주기를 간청하면 총병도 마지못해 따르지 않을 수 없을 것이고, 그들도 필시 이 일을 소중하게 여길 것입니다.[196]

고 해 낙상지에게 부탁해 무예에 뛰어난 가대재와 문유, 이 두 사람을 열흘 동안 더 머물게 해 명나라의 선진 병법을 전수하도록 건의했다.

1594년(선조 27) 4월에 선조가 모화관慕華館에 가서 신 병법 훈련을 하는 것을 보고 "지금 훈련하는 것을 보니, 우리나라에는 없었던 일이요 또 이미 익혀 익숙하게 되었으니, 이는 영상(유성룡)의 공이다"고 하면서 비단을 하사했다. 그러자 유성룡은 "이는 모두 이덕형과 당장唐將이 북돋아 준 덕분입니다"고 하자 이덕형에게도 비단 한 통을 내려 주었다.[197]

4월 30일에 어머니가 통진 임시 거처에서 죽었으나 중도에서 부음을 들어 임종은 하지 못했다. 그러나 예절을 지키는 데 지나쳐 몸을 가눌 수 없도록 약해졌다. 그리하여 성복을 마치자 선조는 "대적大賊이 물러가지 않아 근심과 걱정이 끝날 날이 없고, 나랏일은 몹시 다급하다. 이덕형은 나라의 정간楨幹으로서 단 하루라도 없어서는 안 될 사람이다. 성복을 이미 지났으니 빨리 기복起復해 조정으로 나오게 하라!" 했다. 그러나 비변사가 장사를 마칠 때까지 기다리자고 만류했다. 6월에 영의정 유성룡도 "병판 이덕형은 어머니 장례를 치르려면 아직도 날이 멀었으니, 병판 자리를 바꾸자"고 해 드디어 병판을 바꾸었다. 9월에 어머니를 통진에 장사 지냈다. 장례를 치를 때 훈련도감 군사들이 양식을 싸 가지고 자진해 와서 지성으

196) 李德馨, 請留賈大才聞喩兩人教錬火砲啓,《漢陰先生文稿》上, 卷 8, 啓辭, 東禾書館, 1992, 565~566쪽.

197)《선조실록》권 50, 선조 27년 4월 경신

로 역사役事를 도왔다. 10월에 선조가 여러 차례 불렀으나 이덕형은 9번이나 사양하면서 나오지 않았다. 선조는 "지금 듣건대 장사를 이미 치렀다고 하니, 속히 명에 따라 기복해 국난을 덜게 하라!"하고 11월 6일에 이조판서를 제수했다.[198] 그는 이조판서로서 〈시무 8조時務八條〉를 올렸다. 〈시무 8조〉의 내용을 간추리면 다음과 같다.

1) 농사와 장사를 권장해 굶주림과 질병을 구제하고,
2) 장정을 모집해 둔전屯田을 넓히며,
3) 어물魚物과 식염食鹽을 운반해 관민의 힘을 돕고,
4) 지형이 편리한 곳을 살펴 방어진防禦陣을 설치하며,
5) 군사조련을 엄하게 해 정예병을 양성하고,
6) 직임을 오래 맡겨 현저한 공적을 남기도록 하며,
7) 공정하고 인자한 마음으로 민심을 수습해야 한다.[199]

이덕형은 당시 조선이 처한 정황을 다음과 같이 예리하게 지적했다.

적은 누만의 무리로 바닷가 험지에 영營을 잇대 놓고 군량은 충분하고 병기는 예리하며, 예기銳氣도 줄지 않고 있으니, 우리나라의 지금의 장졸로는 비록 그 힘을 백배로 늘려 싸운다 해도 끝끝내 요행으로 한 번이나마 이길 때가 없을 것입니다. 명병은 이미 철수했고, 적은 (조선을) 담보로 잡고 돌아가지 않으니, 내년 봄에는 적이 틀림없이 북쪽을 향해 쳐들어올 것입니다. 가령 중국이 화의를 허락하고 적이 물러가도

198) 연보 상, 355~358쪽 ; 《선조실록》 권 57, 선조 27년 8월 임오
199) 연보 상, 360~363쪽 ; 李德馨, 陳時務八條啓(《漢陰先生文稿》 上, 卷 第 8 啓辭, 東禾書館, 1992), 569~576쪽.

> 록 효유한다 하더라도 적의 속셈은 헤아리기 어려울 것입니다. 또한 다행히 물러간다 해도 반드시 내륙의 고을을 공격해 우리에게 수락하기 어려운 일을 요구해 흉계를 달성하고 위력을 보이고 갈 것이며, 중국의 명령에 고분고분 머리를 숙이고 군사를 거두어 바다를 건너가지는 않을 것입니다.[200]

그럼에도 진인사盡人事 대천명待天命하자는 것이 이덕형의 생각이었다. "바라옵건대 성명聖明께서는 깊이 생각하시어 스스로 졸아들지 마시고 마음을 가다듬고 분발하시어 상란喪亂이 닥친 것을 천운에만 미루지 마시고 다시 힘을 내시고, 소소한 일을 급무로 삼지 마시고, 근본이 되는 일에 착력하시어 고질적인 폐단을 말끔히 씻고 정화政化를 널리 펴서 호령을 일신하시고, 풍기風氣를 크게 변모시켜 주소서"[201]라고 한 마지막 말에서 일면 오활한 문치주의의 원칙론에 매몰되고 있는 것을 볼 수 있다. 선조는 이를 비변사에 내려 의논하게 했다. 상투적인 조처였다.

4월 17일 이덕형은 고양겸顧養謙의 위관委官인 지휘指揮 호대경胡大經을 면접했다. 그는 웅천熊川의 적진에서 고니시 유키나가를 만나고 돌아왔다. 호대경이 고양겸의 서신을 전해주었으나 고니시는 글을 몰라 겐소玄蘇가 대신 읽어 주었다 한다. 고양겸은 조항별로 일본 관백關白을 왜노倭奴라고 하면서 매도했다. 겐소가 '노奴'라고 칭했다고 항의했으나 호대경은 "너희가 진심으로 조공 바치기를 바란다면 마땅히 정도正道로 빌어야 할 것인데 하는 짓이 이렇게 잔학殘虐했기 때문에 고노야顧老耶가 화가 난 것이다"고 했다. 겐소는 거슬리는 말은 전하지 않았다. 호대경이 중국에 있을 때는 부산과 서생포西生浦가 왜노들이 예부터 살고 있던 곳인지 알았는데, 겐소에

---

200) 李德馨, 陳時務八條啓(앞의 책), 571쪽.
201) 앞의 책, 600쪽.

게 물어보니, "그것은 일본 땅이 아니고 조선 땅인데, 우리와 조선과는 대대로 우호를 맺어 신사信使가 서로 오갔고 우리 사신이 조선에 올 때면 반드시 대마도주 태수太守의 문서를 받아 가지고 와서 부산에서 거접居接했다. 지금이라도 고노야에게 여쭈어 조선에 자문咨文을 띄워 연례로 상부선上副船을 보내 통호하던 일을 폐지하지 않게 해 준다면 심유경 노야나 명나라 사신이 돌아올 때까지 기다릴 것 없이 우리는 즉시 대마도로 물러가 기다릴 것이다"고 했다. 이에 호대경이 "너희들이 까닭 없이 군대를 일으켜 조선을 침략하고 종묘·사직을 짓밟으며 여사廬舍에 불을 지르고, 자녀들을 잡아갔기 때문에 조선에서는 너희를 같은 하늘을 이고 살 수 없는 원수로 생각하고 있는데 그들이 통호하려 하겠는가? 다만 너희가 부산·서생포는 모두 일본 땅이 아니라고 하면서 무엇 때문에 그곳을 차지하고, 거기에다 성과 집을 크게 짓고 있는가?"고 했다. 이에 겐소는 "조선이 지금 계속 분원憤怨을 갚으려 하는데, 우리가 비록 하루를 여기 있을지언정 어찌 스스로의 방비를 잊을 수 있겠는가?"고 했다. 그리고 거기서 며칠 머물면서 그들을 따라 거제 등 여러 곳의 영루營壘를 두루 살펴보았는데, 거제의 적은 대략 5~6천 명이고, 웅천의 적은 약 4~5천 명이고, 김해·용당龍堂·죽도竹島의 적들은 거제에 견주어 더 많은 것 같으니, 통틀어 4~5만 명은 될 것이라 했다. 적들은 농사를 짓지 않았고, 바닷가의 조선 거민들은 고기를 잡아 팔거나 또는 농사를 짓고 있었다. 겐소와 문답한 별지別紙를 보니 적승賊僧 서준瑞俊이 쓴 것인데, 그 내용은 고양겸에게 조선에 분부해 예전처럼 통호하게 해 달라는 것이었다.202)

4월 17일 선조는 편전에서 대신과 비변사 당상을 인견했다. 이덕형은 명 정부가 일본과 화의를 진행하고 있어 원병을 보내 달라는 사신을 파견

202) 《선조실록》 권 50, 선조 27년 4월 을축

하는 것을 고양겸이 꺼린다고 했다. 송응창은 탄핵을 받아 두문불출하고, 양원楊元은 죄를 받아 요동으로 전임되었으며, 양원이 죄를 입었다면 송응창이나 이여송 역시 무사하지 못할 것이라고 보고했다. 척금戚金이 언젠가 석성의 사람됨을 어질기는 하지만 재예才藝가 없고, 고양겸은 우리 조정에서 걸출한 사람이라고 평했다 한다. 그리고 유성룡은 왜노가 조선을 침략한 것은 그들에게 대마도가 있기 때문인데, 대마도는 반드시 조선의 힘을 입어야 살아갈 수 있는 곳이니, 지금 저들이 이유 없이 물러가 버리면 대마도는 틀림없이 무인지경이 될 것이기 때문에 저렇게 통호하려고 하는 것이라고 설명했다.[203]

4월 23일 병부에서 조선에 대한 제본題本을 올려 황제의 결재를 받은 내용은 다음과 같다.

> 국가의 일이 많을 때는 말하는 자는 말하고, 판단하는 자는 판단하는 것으로, 그 가운데서 더 나은 계책을 따르는 데 있는 것이므로 원래 서로 해로울 것이 없는 것이다. 경이 짐의 위탁을 받고 군국의 중한 일을 맡았으니, 마음으로 따를 것이다. 그리고 지금 이후로는 쟁론하는 주소奏疏가 있을 때 양쪽을 변별하지 말고 다 받아들여 뒷날 효험이 어떠한가를 보아야 할 것이다. 왜병의 정세에 대해서도 순역順逆을 따질 것이 없이 스스로 착실하게 대처해 나가야 할 것이다. 다시 말하거니와 고양겸과 함께 군대 철수의 대계에 대해 일찍 단안을 내려 조선으로 하여금 서둘러 자력으로 수비하게 하라! 조정에서 속국을 대우하는 은의는 여기에서 끝난 것이다. 종래에도 자기 스스로 군량까지 갖추어 가지고 가서 외국을 대신해 지켜 준 경우는 없었다. 그

203) 앞과 같음.

> 리고 제본에 사감과 도관을 파견할 것을 청한 데 대해서는 이미 성지聖旨를 내렸으니, 이를 준행하라![204]

이제는 도와줄 만큼 도와주었으니 조선은 스스로 국가를 지키라는 것이다. 군대철수에 대한 황제의 판단이다. 이에 근거해 요동도지휘사사遼東都指揮使司는 다음과 같이 전했다.

> 황상께서는 귀국이 급함을 알려왔기에 혁연히 노해 군사를 일으켜 귀국을 구원했습니다. 한 번 싸워 평양을 깨트리고, 재차 진격해 개성을 빼앗자, 왜노들은 서울에서 도망쳤습니다. 그리하여 왕자와 배신을 되돌려 보냈고, 2천 여리의 땅을 수복했으니, 황상께서 소국을 사랑하시는 인자함과 포악한 자를 징벌하신 의로움은 천고千古에 빛날 공열인 것입니다. 그동안에 소비된 탕금帑金도 적지 않았고, 죽어 간 사마士馬 역시 적은 수가 아니했으며, 부서져 버린 기계器械 또한 수도 없었으니, 이른바 자기 밭은 버려두고 남의 밭을 김매 준다는 것보다 더한 것이어서 황상의 망극한 은혜야말로 너무 지나친 것이었습니다. 지금은 군량도 이미 운반할 길이 없고, 군대 또한 다시 쓸 군대가 없으며, 왜노들 역시 겁에 질려 항복해 올 것을 청하고 있으니, 중국으로서는 당연히 받아주어야 할 것입니다.
> 그런데 지금 귀국의 배신 김수金粹 등이 시무를 모르고 기종起種의 충절을 본받지 아니하고 포서包胥의 울음만 본받고 있습니다. 걸핏하면 왜노의 성세聲勢를 과장해 중국을 범하려 한다느니 하면서 어떻게든지 군대를 청하고, 군량을 청할 계획만 꾸미고 있습니다. 지금 우리 산동

204) 《선조실록》 권 50, 선조 27년 4월 신미

山東·하남河南 및 대강大江 이북은 흉년이 들어 사람이 사람을 잡아먹는 처지입니다. 그리하여 황상께서 유사有司에게 다방면으로 구황救荒하도록 했는데도 부족한 실정인데, 무슨 양식이 또 있어 귀국에 보낼 것이며, 또 어디서 곡식 안 먹는 군대를 찾아내어 귀국에 보내겠습니까? 지금 조정에서는 논의가 분분해 봉공封貢을 거절하기를 바라는 상소를 올리는 자가 뒤를 잇고 있습니다. 우리들은 일을 담당하고 있는 신하로서 현재 어떻게 할 수가 없는 위태로운 길을 밟고 있는데, 귀국이 자국을 위하는 계책을 세우지 않아서야 되겠습니까? 본부원이 처음 이 일을 맡았을 때 밤을 지새우며 걱정을 하고 마음을 태우며 계획을 짰습니다. 밥이 목에서 내려가지 않고 잠도 편히 자지 못하고 있었는데 귀국 배신들은 지난해의 일만 자주 거론해 천청天聽을 흐리게 하면서 황상의 의혹을 자아내어 도리어 본부원을 중상하려 하니, 이는 덕을 원망으로 갚으려는 처사입니다. 그러니 인심이 있고 천리가 있다고 할 수 있겠습니까? 지금 귀국이 할 일은 귀국 군신 모두가 장주章奏에다 왜노들이 점점 부산 등지로 퇴각해 그곳에 잔류하면서 명지明旨의 처분을 바랄 뿐, 다시는 감히 함부로 침범하지 못할 것이라는 내용을 모두 넣어 조정에 알리고, 왜노를 위해 봉공을 간청함으로써 왜노들을 빨리 가게 하는 일입니다. 그러면 왜노들은 반드시 귀국에게 덕을 보았다고 여겨 다시는 오지 않을 것입니다. …… 본부원이 왜장 고니시 유키나가에게 사람을 보내어 부산 등 여러 곳의 성채를 헐지 말도록 하고, 또 아직 남아 있는 식량과 꼴을 남겨 두어 귀국의 덕에 보답하도록 효유한다면, 왜노들도 감히 따르지 않을 수 없을 것입니다. 그리고 왜노들의 공도貢道는 절강浙江·영파寧波를 이용하게 해 부산을 경유함으로써, 장래 어떠한 화환을 남기게 하지 않을 것입니다. 유총병이 거느린 군대도 빨리 철수해야 합니다. 5천 명에게 공급하는

> 식량을 조금 절약하면 귀국 사람 2만 명을 살릴 수 있을 것입니다. 이것은 바로 귀국을 진구賑救하는 것이니, 귀국 군신은 서둘러 도모하도록 하십시오. 배신 윤두수尹斗壽·이덕형 등은 이것을 가지고 본국에 돌아가 국왕에게 아뢰어 종사從事토록 하기 바랍니다.[205]

좀 길지만 인용한 것은 이때 명나라의 전언傳言이 적확하게 나타나 있기 때문이다. 명은 황제국으로서 속방을 위해 할 만큼 했고 지금 중국도 흉년이 들어 자기 코가 다섯 자이니 철병하겠다는 것이며, 그러므로 조선도 협력하라는 것이다. 그러면 조선에게도 이로움이 많을 것이라는 것이다.

1595년(선조 28) 1월에 35세로 지경연사知經筵事가 되었고, 2월에는 화약 제조법을 습득해 보고했다. 이때 유격 진우충陳愚衷이 서울에 머물고 있었는데, 이시발李始發·이해룡李海龍과 더불어 해토海土로 화약을 만드는 방법을 배웠다. 유격부遊擊府에 진가陳家 성을 가진 가정家丁으로부터 배워 각종 화포를 만들어 경기도 해변 고을로 가서 시험 발포해 보았다. 또 독약 만드는 법과 칼 쓰는 기술도 물어 기록해 아뢰었다.[206]

3월 7일에 다시 병조판서가 되었다.[207] 이덕형이 사양하니, 선조가

> 경의 답답한 마음을 모르는 바는 아니지만 나라의 형편이 여기에 이르렀으니, 무릇 신하된 자는 그 벼슬이 크고 작고 간에 모두가 힘을 다해 바로잡고 도우기를 생각해야지 한갓 상제喪制만을 지키려 해서는 안 될 것이다. …… 오늘의 사정은 하루가 급하니 그저 속히 업무에 종사하기 바란다.[208]

205) 앞과 같음.
206) 연보 상, 363~364쪽.
207) 《선조실록》 권 61, 선조 28년 3월 경진
208) 《선조실록》 권 61, 선조 28년 3월 신사

고 했다. 3월 16일에 이덕형은 예문관 제학을 겸했다.[209] 왕명에 따라 유격 섭유葉游를 만나 도성을 지킬 계략을 의논했다. 유격이 말하기를 "도성은 광활한데 성의 제작이 좋지 못하니, 다시 손질해 지키는 것도 좋지만 아마도 경상도 등지를 잘 방어해 적이 오지 못하도록 하는 것이 상책이요, 적이 한강을 건너간 뒤에야 성을 지키려 한다면 하책이 될 것이다"고 했다[210] 이덕형은 이일李鎰을 북병사로 천거했다. 이일은 남쪽의 전투에서는 패했으나, 북방에서는 아직 명성이 남아있으니, 미리 급한 일이 있을 때를 대비해야 한다는 논리였다. 더구나 이빈李薲·이순신李純信·김경로金敬老·박종남朴宗男 등의 무장들이 외지에 귀양 가 있기 때문에 서쪽에 위급한 일이 생기면 의지해야 할 데가 있어야 한다는 것이다.[211]

9월 26일 이덕형은 유격 호택胡澤에게서 경략 손광孫鑛이 유격 호택胡澤에게 보낸 문서 한 통을 빼내 왔다. 역관 이억례李億禮를 시켜 호택과 친한 사람을 통해 몰래 베껴 온 것이다. 그 문서에 따르면 경리 손광이 파면되어 환국하게 되어 있었다.[212] 문서의 내용을 요약하면 다음과 같다.

1) 조선과 더불어 군량을 의논하고,
2) 은광이 과연 몇 군데나 있는가를 조사하며,
3) 그 지방의 험하고 요해要害한 곳을 살피고,
4) 조선의 문·무신 중에서 누가 믿고 의지할 만한 사람인가를 직접 찾아보고,
5) 가만히 민정을 살피고,
6) 병비사를 어느 곳에다 주재시켜야 좋을 것인가?[213]

---

209) 《선조실록》 권 61, 선조 28년 3월 기축
210) 연보 상, 365쪽.
211) 연보 상, 366쪽
212) 《선조실록》 권 67, 선조 28년 9월 을해

그러나 기밀문서를 승지나 사관을 거치지 않고 직접 계달啓達했다고 해 추고推考를 당했다.[214] 그리고 접대도감接待都監의 일을 맡은 이덕형은 유격 호택을 만나 광산개발에 관해 의견을 나누었다. 명나라는 전비가 많이 들자 금·은·철광 개발을 시도했다. 호택은 이덕형에게 서첩을 보내

> 전에 경략 손광의 편지를 받아 보았는데, 광산을 개발하려는 것은 일을 많이 만들려는 것이 아니라, 대개 귀국이 왜환倭患을 겪은 뒤로 탕장帑藏이 텅 비어 백성은 곤궁하고 재력은 다 떨어져 관군의 양식을 마련할 수 없었으므로 이처럼 곡진하게 조치하려는 것일 뿐이었다. 지금 귀국의 광동鑛洞을 여러 곳에서 찾아서 채굴을 시작하면 반드시 그 도움을 얻을 것이다. 지금 각하께서 국체國體에 통달해 시사에 마음을 두었으니, 만약 그 일을 주관한다면 이루지 못할 리가 없을 것이다. 혹시라도 명나라 사람들이 이로 말미암아 소요를 피운다면 유격부遊擊府가 스스로 단속할 것이다. 지금 귀국에 천지자연의 지보至寶가 있어서 국가의 용도를 충당하고 매우 절박한 위급함을 구제할 수 있는데, 어찌하여 버려 둔 채 채취하지 않고 항상 공핍空乏만을 탄식하는가? 그리고 유격부가 강원도에 가려는 것은 원래 그 험액險阨을 보려는 것이다. 그리고 또한 본도에 광동 몇 곳이 있다는 말을 들었으나 친히 가서 보지 못했으므로 이번에 가서 광맥의 유무를 징험한 뒤에 국왕에게 자문을 올려서 제공과 함께 조치하려는 것이 나의 본의였다. 그런데 지금 성심으로 말해 주니 어찌 감히 서로 속이겠는가? …… 원컨대 미리 석장石匠 1인, 통사通事 1인, 철장鐵匠 1인을 차임해 나의 관할의 일을 아는 사람 한 두 사람과 같이 그곳에 가서 흙을 가져다가

---

213) 연보 상, 371~372쪽.
214) 앞과 같음

> 이곳에 와서 시험해 보아 과연 은이 있을 때는 국왕에게 자문으로 보고하는 것이 어떻겠는가?[215]

고 해 구체적으로 광산을 개발할 계획을 말하고 있다. 이덕형은 "본국은 은을 캐려 해도 되지 않으니, 아마도 이곳은 본디 광물이 생산되는 곳이 적은가 봅니다. 전에 경략 송응창도 광장鑛長을 보내 캐려 했으나 끝내 캐지 못했습니다"고 회피했다. 광물이 나는 것을 알면 조공에 포함시킬 가능성이 있기 때문이다. 그러나 호택은 오히려 광물이 나는 지역을 적은 기록을 보여 주었다. 평안도의 강계·창성昌城·양책良策, 황해도의 서흥瑞興·개성開城, 강원도의 춘천·이천伊川·원주原州·주천酒泉, 충청도의 보은·연풍·청풍, 함경도의 안변·문천文川·단천端川 등이 그러하다.[216] 전비 마련이 얼마나 어렵고 군량 운반이 얼마나 어려운가를 감안하면 광산개발에 관심을 가지는 명장明將들의 행위가 이해될 만하다.

이어서 승지 기자헌奇自獻과 함께 해서도海西道의 과거시험을 주관해 김덕눌金德訥 등 다섯 명을 뽑았다.[217] 10월에 경기·황해·평안·함경 4도 부체찰사에 제수되었다. 이때 우의정 이원익은 충청·전라·경상·강원 4도도체찰사였고, 영의정 유성룡은 평안·함경·경기·황해 4도도체찰사였다. 그런데 유성룡이 이덕형을 부사副使로 추천했으나 영의정과 병조판서가 함께 밖으로 나갈 수 없다고 했다. 그러나 유성룡이 고집해 부사직을 수행하게 되었다.[218] 11월 4일에 유성룡과 함께 남한산성을 돌아보고 왔다. 유성룡은

---

215) 《선조실록》 권 67, 선조 28년 9월 임오
216) 앞과 같음.
217) 연보 상, 372쪽.
218) 연보 상, 372~373쪽.

> 남한산성은 형세가 웅장하고 견고해 군량을 쌓고 군사를 주둔시켜 성곽을 수리한다면 서울의 형세가 절로 견고해질 것입니다. 그래서 신등이 요즈음 도백 유근柳根과 의논해 창고를 세우기로 했으니, 내일 부사 이덕형과 함께 홀가분하게 말을 달려가 형편을 가르쳐 주고 오겠습니다.

고 하고, 8일에 산성을 돌아보고 그 고을 사람 권응원權應元에게 일을 맡길 것을 청했다. 이덕형은

> 신 등이 남한산성을 가보니, 지세가 매우 좋고 많은 산이 다발로 솟아 성곽이 반공중에 떠 있었고, 가운데에 들이 있으며, 위쪽에는 봉화터가 있어 만일 잘 수리해 둔을 치고 지킨다면 영구하게 이로운 곳이 될 것입니다. 그리고 그 고을에 사는 권응원이라는 사람은 몹시 용맹스럽고 건강해 임진년에 향병을 거느리고, 왜적을 많이 사살해 그 군공으로 군자정계軍資正階를 받은 적이 있습니다. 지금 만약 6품 실직을 제수해 공을 표창하고 힘쓰기를 권해 백성을 모아 둔전을 갈게 하면 그 이득이 참으로 많을 것입니다.[219)]

고 해 남한산성을 수리·관리할 것을 청했다. 이 남한산성이 병자호란 때 청군과 싸우는 최후의 보루가 되었다는 것은 결코 우연한 일이 아니다.

1595년(선조 28) 12월 5일 이덕형은 유격 호택의 명을 받고 누르하치老乙可赤를 만나고 돌아 온 여희원余希元을 만났다. 건주야인은 여러 차례 만포滿浦를 침입해 살상과 약탈을 자행했다. 이때 잡혀온 백성들을 쇄환해

---

219) 연보 상, 374쪽.

올 목적으로 호택의 차관差官 여희원과 무관 신충일申忠一을 보내 조정의 취지를 타일렀다. 여희원이 누르하치에게 선유宣諭하자 "중국관원이 선유한다면 무순소撫順所에서 해야지, 만포에 올 리가 없다"고 믿지 않았다. 그러자 이덕형이

> 유격이 조선 팔도의 관병을 교련하고 있는데, 나는 평안도 연병관練兵官에 차임되었다. 명나라 군사 8만 7천여 명이 왜적을 몰아낸 뒤에 8도의 사수와 정용한 군사가 또 15~16만 명이 넘으며, 활과 화살·화기가 산처럼 무수히 쌓여 있다. 조선이 20만여 명의 군사로 만포 등의 진영에 진입해 경계를 범한 달자㺚者를 토멸하려 한다.[220]

고 하고, 호택도 "날자가 만일 내 말을 따르지 않으면 천조天朝에 주문奏聞해 한편으로는 조선 군사를 거느리고 강가에 들어가 주둔하고, 한편으로는 천병天兵을 거느리고 무순소로부터 그대 달자를 남김없이 쳐부술 것이다"고 했다.[221] 누르하치는 조선과 교역을 원했으나 들어주지 않자 선물膳物을 주면 물러가겠다고 해 비단 32필을 주었다. 그리고 강계부의 중국 교관들이 뇌물을 요구하고 사람을 죽인 일을 역관 이억례李億禮를 통해 호택에게 알려 해결했다. 또 명의 병부상서 석성이 원병을 보내 주어 고맙다는 사은문자謝恩文字를 보내 달라고 하는데, 세자 책봉을 요구해서는 안 된다고 했다.[222]

12월 14일 병판 이덕형은 호택의 선유문을 구해 보고했다. 그 주요 내용은

---

220) 《선조실록》 권 70, 선조 28년 12월 계묘
221) 앞과 같음.
222) 앞과 같음.

> …… 일찍이 듣건대 그대들 두 나라가 전에 왕래하지 않은 것은 원래 천조(명)의 법금法禁이 매우 엄하기 때문이었다. 이미 천조의 호령이 있는 이상 그대 두 나라가 사통해서는 안 될 것이다. 본부(유격부)가 그대들의 사정을 이미 조선 국왕에게 갖추어 진달했거니와, 국왕이 본부의 처분을 듣지 않은 적이 없으니, 사람을 보내어 국왕과 면대해 시비를 다툴 필요가 없다. 그대들이 사로잡은 조선 사람을 송환하기 위해 조선 변경에 들어가자 조선에서 그를 죽였으니, 그 잘못이 조선에 있는 것 같다. 그렇지만 달자㺚子가 경계를 넘어와서 변경 백성을 침해하므로 격투하다가 죽인 것이고 피차간에 사상자가 엇비슷하니, 이는 조선이 흔단을 만들어 일을 일으킨 것이 아니고 사리로 보아서도 정당한 것이다. 그런데 그대들이 도리어 목숨을 보상받으려 하니 이러한 사례는 절대로 있을 수 없다.
>
> 조선이 비록 왜란을 겪었으나, 8도에 새로 훈련한 군마가 숲처럼 늘어서 있고, 게다가 중국 군사 8만 명이 나누어 둔치고 있으니, 어찌 손을 묶어 놓고 아무 대책 없이 그대들 달자가 함부로 들어오게 버려두겠는가? 그대들 달자가 만일 헤아리지 않고 망령되이 움직인다면, 원하는 바를 이루기란 나무에 올라가 물고기를 구하는 것과 같고, 하는 행위는 고기를 범에게 던져 주는 것과 같을 것이다.[223]

라는 것이다. 임진왜란을 틈타 새로이 흥기한 건주여진에 조선과 명이 공동 대처한 것이다.

먼저 송응창宋應昌은 일본과 화의和議를 맺고자 심유경으로 하여금 부산

223) 《선조실록》 권 70, 선조 28년 12월 임자

왜영에 왕래하면서 도요토미 히데요시를 일본왕으로 책봉하는 일을 추진하게 했다. 이에 명에서는 금의위錦衣衛 이종성李宗誠를 책봉사冊封使로, 양방형楊方亨을 부사로 삼아 1595년(선조 28) 9월에 심유경을 데리고 부산 왜영에 갔다. 그러나 고니시 유키나가가 이리저리 핑계를 대면서 억류하고 협박하므로 이종성이 겁이 나서 도망쳐 나왔다. 명은 다시 양방형을 상사上使, 심유경을 부사로 삼아 조선의 통신사를 대동하고 가고자 했다.[224] 선조는 2품 이상 관료를 모아 선후책을 논의했다. 이덕형은

> 천하의 일은 형세에서 벗어나지 못하는 법입니다. 지금 사세가 이 지경에 이르렀으니 조정해 결정하는 권한은 아마도 우리가 마음대로 할 바가 아닌 것 같습니다. 중조中朝에서는 오직 구차하게 일을 마무리하려고만 할 뿐이요, 허다한 사체에 대해서는 전연 이해하지 못하므로, 아마 흉적의 능모陵侮하는 마음이 더욱 심해질 것입니다. 만약 우리나라 배신陪臣이 경솔히 일본으로 들어가면 적은 지극히 난처한 일로 우리에게 요구해 올 것이며, 중조에서는 우리나라의 일이 이미 완결되었다고 해 다시 우리나라의 환란을 돌아보지 않을 것입니다. 이때에는 장차 어떻게 하겠습니까? 중조의 처사가 모두 잘못이거니와, 심유경의 계책 또한 그 일의 성취를 요할 뿐이라 후일의 환란을 다 말하기 어렵습니다. 일이 한번 잘못된다면 분개해도 어찌할 수 없을 것입니다. 부득이 하다면 근일의 적정敵情과 이 중대하고 난처한 연유를 들어 명백하게 황조에 주달해서 처리하면 후일의 계책에 있어서도 무익하지는 않을 것입니다. 성상께서 참작하소서.[225]

---

224) 연보 상, 375쪽.
225) 《선조실록》 권 71, 선조 29년 1월 경오.

라고 해 완곡하게 거절하자고 제안했다. 통신사를 파견하면 뒤에 왜가 또 무슨 요구를 할지 모르고, 명은 전쟁에서 발을 뺄 것이며, 일이 잘못 되면 조선에 책임을 돌린다는 것이 조신들의 주장이었다. 조선 조정에서는 이덕형을 심유경의 조카 심무시沈懋時에게 보내어 그 형색을 살피고 그 말을 들어 본 뒤에 다시 의논하자고 했다. 이덕형이 심무시를 만나보고 보고하기를, 적이 이 말을 트집 잡아 물러가지 않으면 심유경이 그 책임을 조선에 돌릴 우려가 있으나 배신은 보내지 않을 수 없다고 했다. 그리하여 황신黃愼을 명사에 딸려 보내게 되었다.[226] 그런데 이덕형과는 별도로 김명원을 따로 심무시에게 보내 접대하게 했다. 심무시는 심유경이 하는 대로 따르는 것이 좋을 것이라고 충고해 배신을 파견하게 된 것이다.[227] 1596년(선조 29) 7월 1일에 충청도 홍산鴻山에서 이몽학李夢鶴의 난이 일어나 병조판서 이덕형이 내응했다는 유언비어가 돌았다. 사실이 아닌 것은 말할 것도 없다.[228]

1597년(선조 30) 1월에는 조선에서 복수군復讎軍을 설치해 8도의 군사를 모집했다. 화의가 결렬되어 왜적이 다시 침공할 것 같았기 때문이었다. 선조도 "왜적에게 부모·형제·처자를 잃고도 원수를 갚지 못한 자들은 스스로 모병에 응하게 할 수 있을 것이니, 자신이 직접 종군從軍하거나 종으로서 대신 뽑혔거나 그 가운데서 우수한 자를 대장으로 정하고 별도로 한 부대를 만들어 왜적을 치게 하면 좋을 것이다"고 했다. 이덕형은 이 일을 주관했다.[229] 심유경이 처음에 화의를 비밀리에 추진했는데, 화의가 성립되지 않자 그 책임을 조선에 돌리려 했다. 조선은 광해군으로 하여금 관백에게 보내 명주를 선물로 바쳤으나 관백이 노해 이를 받지 않았다 한다.

---

226) 연보 상, 376쪽.
227) 《선조실록》 권 71, 선조 29년 1월 계유
228) 《선조수정실록》 권 30, 선조 29년 7월 병인
229) 부록 권 1, 연보 상, 379~380쪽.

왜인 여여문이 수군으로 경상좌·우도를 차단하면 부산에 있는 왜군이 고립될 것이므로, 만약 왜군이 재침해 오면 먼저 전라도를 침공할 것이니, 복병을 두었다가 섬멸해야 한다고 제의하기도 했다.230)

2월에 통제사 이순신李舜臣이 하옥되자 이덕형이 구제하려고 애썼다. 고니시 유키나가가 요시라要時羅라는 이중간첩을 경상병사 김응서金應瑞에게 보내 가토 기요마사가 오니 요격하라고 했다. 김응서가 평해군平海君 윤근수尹根壽에게 보고해 선조가 이순신으로 하여금 나가서 잡으라 했는데, 이순신이 속임수라고 여러 날 진격하지 않다가 마지못해 진격했으나 가토는 이미 건너 온 뒤였다. 이에 선조는 이순신을 잡아들이고 원균元均을 대신하게 했다. 이덕형은

> 왜적 가토 기요마사가 바다를 건너올 때 수군이 미처 요격해 죽이지 못하고 기회를 놓쳤으니 이순신은 진정 죄를 면하기 어렵겠으나 해상의 사정을 아직 정확하게 모르는 이때에 장수를 바꾸어 일이 어수선하게 되어 수습할 수 없게 되면 관계된 바가 가볍지 않을 것이니, 잠시 체찰사 도원수의 장계를 기다렸다가 다시 의논해 처치케 하소서.231)

라고 했다. 그러나 선조는

> 이순신의 교활한 속임수나 기회를 놓친 죄는 결단코 용서를 받을 수가 없으니, 먼저 이러한 사람을 다스려야 나랏일이 될 것이다. 설사 이순신이 가토의 목을 베어 온다 해도 임금을 속이고 조정을 무시한 죄를 어찌 용서할 수 있겠는가? 왜적을 토벌하려면 먼저 이순신의 죄를 다스려

---

230) 앞의 책, 383~384쪽.
231) 앞의 책, 384쪽.

> 야 할 것이다. 전부터 왕왕 군율을 어긴 장수가 있었는데도 비변사가 의견을 세워 살피지 않고 우선 당장 편한 것만을 생각했기 때문에 죄에서 벗어나기를 도모한 자가 많았다. 어찌 다시 이런 버릇을 되풀이하겠는가?[232]

고 했다. 그리하여 이순신은 하옥되어 고문을 받아 거의 죽게 되었는데, 판중추부사 정탁鄭琢이 힘써 구제해 사형은 면하고 권율의 군문에 백의종군하게 되었다. 그러나 원균은 8월에 왜적에게 속아 칠천량에서 패사했다.[233]

1597년(선조 30) 3월 1일에 이덕형은 공조판서가 되어 훈련도감 일만 전담했다.[234] 훈련도감을 맡고 있던 유성룡이 병으로 사임하자 선조가 이덕형으로 하여금 이를 맡도록 했다. 이덕형은

> 훈련도감의 포수砲手와 살수殺手는 우리나라에는 없었던 일이기 때문에 사람들이 더러 궁시弓矢는 곧 우리나라의 장기인데, 이것을 버리고 저것을 취한다고 비웃는다고 합니다. 그리고 사천私賤이 많이 들어갔기 때문에 본주本主들이 모두 미편하게 여긴다고 합니다. 이로 말미암아 감이 말을 많이 듣고 관원들도 모두 그렇게 하기를 바라지 않고 있습니다. 그러나 훈련도감의 일이 어찌 도제조만이 맡은 것입니까?[235]

라고 했다.

1597년(선조 30) 3월 이덕형은 알성시謁聖試를 주관해 8일에 윤계선尹繼

232) 앞의 책, 384~385쪽.
233) 앞의 책, 385쪽.
234) 《선조실록》 권 86, 선조 30년 3월 신묘
235) 《선조실록》 권 87, 선조 30년 4월 계유

先 등 8인을 뽑았다.[236] 6월 6일에 이덕형은 의정부 우참찬이 되었다.[237] 4월에 정유재란이 일어나 왜적이 다시 쳐들어오자 7월에 명나라 유격장遊擊將 진우충陳愚衷이 군사를 이끌고 들어왔다. 그런데 마제독麻提督이 거느리고 온 군사가 겨우 1만 명에 지나지 않아 10만 왜군을 당해 내지 못할 것이었다. 명군은 남원과 전주에 주둔하고 있었고, 서울에 궁성을 수축해 백성들을 들어가 살게 하고, 명군은 외성外城을 지키고자 했다. 그러나 왜군이 호남과 호서 지방을 석권하고, 한강이 얼기를 기다려 서울을 공략하면 큰일이라고 생각했다.[238] 명나라에서는 우첨도어사右僉都御使 양호楊鎬를 새로운 경리經理로 삼아 14만 군을 파병했다. 그런데 양호는 젊고 기질이 날카로워 선비들을 깔보고 상대방을 업신여겼다. 조선에서는 참판 장운익張雲翼을 판서로 올려 영접케 했는데, 양호가 조선 남쪽 지방의 군량과 선척船隻의 현황을 물었으나 자세한 대답을 못하자 그를 배제했다. 그리하여 조정에서는 영의정 유성룡 등이 이덕형을 대신 파견해야 한다고 주장해, 그를 좌찬성으로 특진시켜 접반사로 임명했다.[239] 접반사 이덕형은 8월에 다음과 같이 아뢰었다.

> 양호는 용모가 몹시 준수하고 요즈음 그 소행을 듣건대 엄하게 금하는 것이 몹시 많아 응접하려면 반드시 먼저 그 정성을 다하고 형편을 살펴 사정을 아뢰며 간절히 청해야만 겨우 노여움을 사지 않는다고 하니, 영접하는 예절을 다른 장수들과 같이 보아서는 안 되겠습니다. 조정에서는 이 점에 대해 속히 협의하소서. 양호는 또 문서가 지연되었다고 재삼 책문했다고 하니, 앞으로는 응답을 성화같이 서둘

236) 연보 상, 386~387쪽.
237) 《선조실록》 권 89, 선조 30년 6월 을축
238) 《선조실록》 권 91, 선조 30년 8월 계해
239) 《선조실록》 권 91, 선조 30년 8월 병인, 부록 권 1 ; 연보 상, 387~388쪽.

러 보내소서.

그리고 요즈음의 명군의 동태를 살펴보니, 앞뒤에 딸린 관원들이 많고 또 앞으로도 나올 사람이 끊이지 않을 것 같은데, 군량 한 가지만 해도 어떻게 변통해야 할지 모르겠습니다. 실로 왜구도 물리치기 전에 근본이 먼저 쓰러져버릴까 두렵습니다. 신이 양호를 만나서 먼저 군량을 운반한 뒤에 출병하자는 의견을 가지고 품신하려고 합니다마는 중조에서 비록 수십만 섬의 곡식을 준다 하더라도 어떻게 제때에 전라도와 경상도 지방까지 운반하겠습니까? 근래 삼남 지방에는 목화(무명)가 크게 모자라 백성들이 벌거숭이로 지내는 처지이니, 만약 은자銀子 모양의 꽃무늬가 있는 융단이나 청남포青藍布 따위의 가벼운 꾸러미를 실어다가 산매해서 군량을 대면 비만飛輓(군량 운송)하는 어려움을 조금은 덜 것 같습니다.[240]

이덕형은 진강鎭江에 도착해 양호를 맞았다. 그러나 양호가 강상江上에서 기다리라고 해 용만龍灣(의주)에 머물러 있다가, 양호가 진강에 도착했을 때 강을 건너가 만났다. 이덕형은 왜란의 자초지종과 군사軍事 및 국정에 대한 여러 가지 사정을 자세하게 알리고 경리를 감복시켜 그 말을 안온하게 했다. 양호는 그의 집을 평양에 지으라 하고, 또 아문衙門을 세우고자 해 기고관旗鼓官 이봉양李逢陽에게 설계도를 가지고 떠나라 했다. 이덕형은 "우리나라는 6년 동안이나 병화를 치른 끝이라 재력이 모두 바닥나서 토목공사를 하기 어려우니, 평양에다 아문을 세운다는 것은 형편이 참으로 난처하다"고 만류해 겨우 철회되었다.[241]

평양으로 나와서 이덕형은 양호에게 여러 차례 전진해 줄 것을 하소연해

240) 앞의 책, 389쪽.
241) 앞의 책, 390쪽.

양호가 드디어 서울로 달려왔다. 양호가 평양에서 오랫동안 머뭇거리는 사이에 8월 26일에 양원楊元이 남원에서 패사하자, 수십 번씩 양호에게 글을 올리거나 면대해 위급한 상황을 호소했다.242)

> 지금 왜적이 이미 서울 가까이 다가왔으니, 만일 한강을 건넌다면 한강으로부터 서쪽에서는 다시 손을 쓸 만한 곳이 없을 것이며, 한 번 천연의 참호塹壕를 잃으면 비록 명군 같은 위세로도 힘쓰기 어려울 것이니, 지금 빨리 나아가 도성을 굳게 진압하면 인심도 위안이 될 것이요, 적의 세력도 막을 수 있을 것이다.243)

이에 양호는 9월 2일에 정병 2천과 효장驍將 15명을 보내어 직산稷山에서 왜적을 대파했다.244) 접반사 이덕형은 빨리 명군을 공주로 보내어 왜적을 막아야 한다고 설득했다.245) 양호는 광해군에게 왕위를 물려주겠다는 차첩箚帖을 이덕형에게 보여 주면서 명 천자의 책봉을 받지 못한 광해군에게 멋대로 양위를 하면 안 되고, 나랏일이 국왕 한 몸에 달려 있는데 그만둔다고 하는 것은 말이 안 된다고 했다.246)

1597년(선조 30) 9월 29일에 이덕형은 의정부 우찬성이 되었다.247) 접반사 이덕형은 명군의 군량을 조달하고자 평안도를 지키는 한응인韓應寅을 등용해 이 일을 맡기려 했으나, 평안도는 근본의 땅이니 그대로 지키게 하고, 사헌부 대사헌 윤승훈尹承勳으로 대체하자고 했다.248)

---

242) 앞과 같음.
243) 앞과 같음.
244) 앞의 책, 393~394쪽.
245) 《선조실록》 권 92, 선조 30년 9월 임진
246) 《선조실록》 권 92, 선조 30년 9월 계사
247) 《선조실록》 권 92, 선조 30년 9월 병진
248) 《선조실록》 권 93, 선조 30년 10월 기미

11월 15일 가토 기요마사는

> 경상도 각 주부·군현의 부로父老·좌수座首·별감別監 등에게 통문한다. 일본의 모 진장陣將이 살 길을 알려 주는 것이다. 근년에 조선을 살벌殺伐한 것은 너희의 죄가 아니다. 조선 국왕이 무도해 한갓 백성들에게 원망을 살 뿐만 아니라, 이웃 나라와도 불화하고 무례해 다시 이처럼 살벌을 했는데도 전혀 강화해 올 뜻이 없으니, 내년 봄에는 다시 큰 군사를 일으켜서 남은 백성을 다 죽이기로 계획을 이미 정했다. 너희들이 목숨을 부지하고 싶다면 각 고을의 좌수·별감 가운데 한 사람이 스스로 서생포진西生浦鎭이나 울산진蔚山陣으로 오라! 그렇게 한다면 목숨을 보전할 수 있지만, 그렇지 않으면 후록後錄을 자세히 보고 각기 개록開錄해 바치면 된다. 봄이 되면 즉시 군사를 출발시킬 것이니 출발하기 전에 조속히 들어와야 군색스럽고 급박한 폐단이 없게 될 것이다. 그리고 찾아오는 군현은 인민을 살벌하지 않을 뿐만 아니라, 지나가는 곳에 초목이라도 꺾거나 해치지 않을 것이며, 백성들은 편히 먹고 자며 농사지으라고 할 뿐이겠지만, 찾아오지 않는 군현은 그곳에 먼저 가서 살벌을 한 뒤에 서울로 향할 것이니, 올 적에 이것을 가지고 올 것을 각각 잘 알라![249]

고 협박했다. 위에서 언급한 후록은 다음과 같다.

> 1) 각 고을의 아무개가 좌수의 직임을 맡았고, 아무개가 별감의 직임을 맡았고 아무개가 경내境內의 색장色掌·유사有司의 직임을 맡았는

---

249)《선조실록》 권 94, 선조 30년 11월 임인

지, 각기 성명을 개록할 것,

2) 각 고을의 리里·면面의 수가 얼마이며, 전결田結의 수가 얼마인지를 각기 자세히 개록할 것.[250]

경상도를 접수하려는 의도에서였다. 이덕형은 "왜적도 우리 백성들을 초유하는데, 우리도 포로들에 대해 초유하지 않아도 되겠는가?"고 했다.[251] 이덕형은 시석을 무릅쓰고 양호의 군사를 종군從軍했다. 그러나 큰비가 내려 병사와 말들이 얼어 죽고 총탄이 비 오듯 쏟아져 전진할 수 없었다.[252]

1597년(선조 30) 12월 11일에 이덕형은 이조판서가 되었다.[253] 명군이 도산島山을 포위해 공격했으나, 비가 많이 내리고 북풍이 많이 불어 얼어 죽는 명군이 많아지자, 양호가 포위망을 풀고 경주로 환군했다.[254] 양호는 23일 축시丑時에 경주에서 세 길로 울산을 쳐서 왜적 5백 수를 베고, 왜장 한 명을 생포했다.[255] 그러나 명군도 사상자가 7백 명이었고 부상자가 3천 명이나 되었다.[256]

1598년(선조 31) 3월에 양호가 경주로 퇴각해 다시 공격할 계책을 세우고 있는데, 병부찬획주사兵部贊畫主事 정응태丁應泰는 "일을 망치고 속이고 한 것이 20여 가지나 된다"고 공격했다. 그래서 양호는 안동에서 서울로 돌아와서 명정明廷의 처분을 기다리고 있었다.[257]

1598년(선조 31) 4월에 이덕형은 대광보국숭록대부의정부 우의정에 임

250) 앞과 같음.
251) 앞과 같음.
252) 앞의 책, 395쪽.
253) 《선조실록》 권 95, 선조 30년 12월 정묘
254) 연보 상, 396쪽.
255) 《선조실록》 권 95, 선조 30년 12월 갑신
256) 《선조실록》 권 96, 선조 31년 1월 신축
257) 연보 상, 397~398쪽.

명되었다.258) 38세에 이미 정승 반열에 오른 것이다. 그는 극력 사양했으나 받아들여지지 않았다.259) 정응태가 고발한 양호의 죄는 10가지인데, 그 가운데 4가지가 조선과 관련이 있다고 했다. 그 내용은

1) 이원익이 한산閑山을 지키지 못했고, 김응서金應瑞가 병사를 많이 잃었는데도 양호가 국왕에게 말해 다시 벼슬을 하게 했고,
2) 도산島山 전투에서 조선 병사 1천여 명이 넘게 죽었으니, 거사를 경솔히 해 일을 그르쳤고,
3) 몰래 배신을 시켜 국왕에게 제본題本을 올리게 해 자기의 공로를 진달하게 했고,
4) 조선의 창부娼婦를 끼고 있었다.260)

고 선조에게 보고했다. 그리고 이러한 트집이 말이 안 되는 수준이라 했다. 그는 이 일이 울산 싸움에서 남병南兵과 북병北兵이 서로 공을 다투다가 생긴 일이라고 보았다. 선조는 이 일은 양호 개인에만 관계되는 것이 아니라 조선과도 관계가 있으니, 양호를 위해 변명해야 한다고 했다.261) 정응태는 "군사를 더 조발할 필요가 없고 군량을 더 가져올 필요가 없다. 그리고 천지가 개벽한 이래 중국이 조선을 위해 요즘과 같이 구원해 준 적은 없었다"고 했다.262)

---

258) 《선조실록》 권 99, 선조 31년 4월 병자 ; 이때 李如松이 전사했으나 적이 알까봐 비밀에 부쳤다(《선조실록》 권 99, 선조 31년 4월 17일 신미). 또한 당시에 좌의정 자리가 비어 선조가 이덕형을 임명하려 했으나 양호의 접반사를 맡고 있어서 할수 없다고 했다(《선조실록》 권 99, 선조 31년 4월 갑술).

259) 《선조실록》 권 99, 선조 31년 4월 신사

260) 《선조실록》 권 101, 선조 31년 6월 정묘

261) 《선조실록》 권 101, 선조 31년 6월 병자 ; 양호는 남원에서 鵲舌茶를 국왕에게 선물했다. 그는 이 차를 요동에 팔면 10근에 1錢을 받을 수 있다. 인삼차는 차가 아니라 湯이라 했다(위와 같음).

1598년(선조 31) 7월에 양호가 면직을 당해 돌아가는데, 선조는 홍제원弘濟院에 가서 전송하고 접반사 이덕형은 개성까지 따라가 송별했다. 이보다 앞서 최천건崔天健을 명나라에 보내 양호를 위해 변명했고, 또 이원익·허성 등을 보내 변명하자, 명 천자는 서란徐瀾을 보내 조사하게 했다.[263] 조정에서는 역관譯官 정중언鄭重彦으로 하여금 양호를 배송하게 했는데, 통주通州에 이르러 유생들이 많이 나와서 잔치를 베풀어 주었다. 어떤 사람이 양호에게 "조선에도 쓸 만한 사람이 있는가"고 물었다. 이에 양호는 이덕형의 이름을 들먹이면서 "인품과 문장의 훌륭함이 출장입상出將入相의 재목이라 그를 당할 사람이 드물 것이다. 그리고 풍채가 정결貞潔해 천상의 신선을 바라보는 것 같았으며, 술을 마시며 함께 즐길 때에는 전당강錢塘江 십 리 벌판에 연꽃을 대한 듯 했고, 옷깃을 바로하고 단정히 앉을 양이면 동정호洞庭湖 한가위에 밝은 달이 뜬 듯 했다"고 평가했다.[264]

1598년(선조 31) 9월 25일 영의정 유성룡이 양호를 변명하는 진주사進奏使로 못 가는 이유를 들어 파직시켜 줄 것을 청했다. 선조는 영의정 유성룡이 직접 진주사로 가 주기를 바랐다.[265] 그리하여 이조에서 이 뜻을 전했다. 유성룡은 상황이 위급하고 바쁜데 사신으로 갈 수 없다고 하고, 윤두수·이항복·이호민李好閔 중에서 의논해 보내자고 했지만, 다 맡은 일이 있어서 안 된다고 하자 선조가 우의정 이덕형을 가라고 했다. 그러자 사람들이 시임대신은 가지 않고 한산재신閑散宰臣을 대신 보내려 한다고 비난하자 사직을 청했다.[266] 명나라 동정군무병과東征軍務兵科에서는 양호의 사후관伺候官인 이덕형에게 양호가 도산島山 전투에서 수만 명의 전사자를

262) 《선조실록》 권 101, 선조 31년 6월 병자)
263) 연보 상, 398~399쪽.
264) 앞과 같음, 399쪽.
265) 《선조수정실록》 권 32, 선조 31년 9월 계미
266) 《선조실록》 권 104, 선조 31년 9월 정미

냈다는데 사실대로 보고하라고 했다. 이덕형은 사망자 1천 명, 부상자 3천 명뿐이고, 양호가 갑옷과 투구를 쓰고 죽음을 무릅쓰고 진두지휘했다고 변명해 주었다. 그러므로 정응태丁應泰의 보고는 무고라고 주장했다.267) 이덕형은 정응태의 무함誣陷을 어왜감군禦倭監軍 왕사기王士琦에게 다음과 같이 변명해 주었다. 양호가 돌아갈 때 우리나라에서 사신을 보내 그가 당한 무고를 변명했는데, 정응태가 그 때문에 우리나라에 화풀이를 하면서 차마 입에 담지 못할 말로 거짓 주본奏本(①왜를 달래 쳐들어오게 했고, ②왜를 불러들여 고조선의 국토를 회복하려 했고, ③일본의 연호를 사용하고, ④양호와 한 패가 되어 함께 천자를 속였으며, ⑤무리하게 구원을 청해 명조에 화를 끼쳤고, ⑥신숙주가 지은 《해동기》를 증거로 수천 마디의 거짓말을 날조했다)을 올려 몹시 참혹하게 상처를 입히니, 놀라고 분해 곧 남쪽에 내려가 있던 여러 배신들과 함께 왕참정王參政(서로西路의 어왜감군으로 전주에 머물러 유정劉綎과 진린陳璘 등의 군대를 감독했다)에게 글을 올렸다.

> 우리나라는 2백 년 동안 지성으로 대국을 섬기며 제후로서 지켜야 할 도리를 닦아 역대의 천자로부터 한 가족 같이 여기는 대우를 받았습니다. 그리고 우리 임금의 공북拱北하는 정성은 하늘과 땅이며 귀신까지도 밝게 알 것입니다. 지나간 신묘년(1591) 왜적의 괴수 히데요시秀吉가 명나라를 범할 뜻을 두고 글을 보내 협박할 때 우리 임금은 즉시 사신을 보내 사실을 알렸고, 명나라에서는 칙서를 내려 장려까지 했습니다. 또 임진년 패란 때에는 우리 임금께서 차라리 부모국에 달려가 호소하며 죽겠다고 말하고 압록강까지 물러나 내부來附하기를 청했고, 명조에서는 그 실상을 통찰하고 군사를 보내 구원해 주었습니다. 우리

267) 《선조실록》 권 107, 선조 31년 12월 을묘

> 임금이 명나라를 받드는 태도는 오직 한결 같은 충의忠義뿐인데, 어찌 오늘에 와서 얼토당토않은 말로 우리 임금을 이와 같이 무함할 줄 알았으리오. 원통하고 원통합니다.[268]

나아가서는 3포三浦의 왜인들은 1510년(중종 5)에 이미 쫓아냈고, 명에서 여진족을 무마한 것과 마찬가지일 뿐이고, 또 신숙주의 《해동기략海東記略》에 일본 기년紀年을 쓴 것은 단지 본문을 그대로 베낀 것에 불과하다 했다. 그리고 그 서설序說 말미에 성화成化 연호를 크게 써 놓은 것은 왜 거론하지도 않느냐는 질문에, 제후왕이면서 '종宗'자를 쓴 것은 다만 신자臣子된 도리로서 그 임금을 높이려는 사정私情일 뿐이라는 요지로 변명을 했다.[269]

1598년(선조 31) 10월 8일에 이덕형은 좌의정이 되었다.[270] 이덕형은 제독 유정을 따라 남원으로 내려갔다. 그러나 왜적의 공격을 받아 대패했다.[271] 유정은 교만하고 경솔했으며 돈과 여자를 좋아했다. 그는 고니시 유키나가를 유인해 잡아 죽이려다 실패했다.[272]

명나라는 양호 대신 만세덕萬世德을 보내고, 군문軍門 형개荊价는 그 달로 북경에 들어가 네 갈래로 길을 나누어 대병을 이끌고 남쪽으로 내려가게 했는데, 남·북병을 합쳐 14만여 명이나 되었다. 이때 도독 유정은 서로西路를 맡고, 제독 마귀麻貴는 동로를 맡아 울산의 가토 기요마사를 공격하게 하고, 동일원董一元은 중로中路를 맡아 사천泗川에서 시마도노沈安頓吾를 공격하게 하고, 제독 진린陳璘은 수군을 거느리고 수로水路를 맡아 순천의

---

268) 연보 상, 404~405쪽.
269) 앞의 책, 405~406쪽.
270) 《선조실록》 권 105, 선조 31년 10월 경신
271) 《선조실록》 권 105, 선조 31년 10월 갑자
272) 《선조실록》 권 106, 선조 31년 11월 계미
《선조실록》 권 106, 선조 31년 11월 경인

적을 협공하게 했다.[273)]

10월에 양호를 변명하고자 영상 유성룡으로 하여금 진주상사進奏上使로 가라고 했는데 어머니의 병 때문에 갈 수 없다고 했다. 그러자 사헌부 대관臺官 윤홍尹弘·유숙柳潚과 성균관 유생 홍봉선洪奉先·이호신李好信등이 탄핵 상소를 올렸다. 이에 선조는 "당초 사신을 차출할 적에 내가 반드시 대신이 가야만 한다고 말했던 것은 우상에게 뜻을 두고 한 말이다. 그러나 우상을 소환할 수 없다 보니, 하는 수 없이 영상에게 미치게 된 것이다"고 했다. 그리하여 유성룡은 영상에서 체직되고, 백사 이항복을 우상에 임명해 대신 상사上使로 삼아 보내고, 완평完平 이원익을 영의정, 한음 이덕형을 좌상으로 승진시킨 것이다.[274)]

유정이 순천으로 내려가려 할 때 선조가 교외에서 전송하니, 유정이 이덕형을 데리고 가게 해 달라고 해 허락했다. 이에 유정은 "이공을 얻었으니, 내 일은 성공한 셈이다"라고 하면서 기뻐했다고 한다. 이덕형은 이조정랑 정각鄭殼을 종사관으로 삼아 8월에 전주로 내려가 수군을 시켜 군량을 운반할 배를 마련하게 했다. 유정이 머뭇거리며 진격하려 하지 않자 9월에 진병을 재촉했다. 유정이 몰래 고니시 유키나가를 놓아 보내려 하자, 이덕형은 통제사 이순신李舜臣을 시켜 적을 공격해 대파했다.[275)] 적이 물러간 뒤에 유정은 성 안으로 들어가 적에게 사로잡힌 조선인이나 왜가 인질로 보낸 왜인들의 수급을 베어 전공을 청했다. 이덕형은 이를 미워해 조정에 밀계密啓했는데, 홍여순洪汝諄이 그를 해치려고 이 사실을 유정에게 알려 주었다. 유정은 크게 화를 내면서 "나의 30년 공명이 이모 때문에 허물어졌다고 하고 매우 미워했다. 그래서 중국에 돌아가 유정은 한림편조翰林編

273) 연보 상, 399쪽.
274) 앞의 책, 406쪽.
275) 앞의 책, 401쪽.

條(한림원翰林院 사초史草 담당관)였던 사위에게 부탁해《명사明史》에 전황을 잘못 기록하게 했다.[276] 유정은 도요토미 히데요시가 이미 죽었고 고니시 유키나가도 곧 돌아간다는 정보를 알려 주었다. 이때 호남은 왜적이 분탕질을 치고 있었는데, 적이 이덕형이 왔다는 소식을 듣고 스스로 물러가 호남 일대가 안정되었다.[277] 1598년(선조 31) 11월 통제사 이순신李舜臣이 노량해전露梁海戰에서 전사했다. 좌의정 이덕형은 이순신을 다음과 같이 평했다.

> 이순신의 사람됨을 신이 직접 확인해 본 적이 없었고, 한 차례 서신을 통한 적 밖에 없었으므로 그가 어떠한 인물인지 알지 못했습니다. 전일에 원균이 그의 처사가 옳지 못하다고 한 말만 듣고, 그는 재간才幹은 있어도 신실성과 용감성은 남보다 못할 것이라고 여겼습니다. 그런데 신이 본도에 들어가 해변 주민들의 말을 들어 보니, 모두가 그를 칭찬하며 한없이 아끼고 추대했습니다. 또 듣건대 그가 금년 4월에 고금도古今島로 들어갔는데, 모든 조치를 매우 잘했으므로 겨우 3~4개월이 지나자 민가와 군량의 수효가 지난해 한산도閑山島에 있을 때보다 더 많았다고 합니다. 그제야 그의 재능이 남보다 뛰어난 줄을 알았습니다. 그리고 유제독劉提督이 힘껏 싸우는 데 뜻이 없다는 것을 간파한 뒤에는 국가의 대사를 전적으로 수병에 기대하지 않을 수 없었습니다. 그리하여 신이 주사에 자주 사람을 보내어 이순신으로 하여금 기밀의 일을 주선하게 했더니, 그는 성의를 다해 나라에 몸 바칠 것을 죽음으로써 스스로 맹세했고, 영위하고 계획한 일들이 모두가 볼 만했습니다. 따라서 신은 나름대로 생각하기를 '국가가 주사의 일에 있

---

276) 앞과 같음.
277) 앞의 책, 400쪽.

> 어서만은 훌륭한 주장主將을 얻어서 우려할 것이 없다'고 여겼습니다. 그런데 불행하게도 그가 전사했으니 앞으로 주사의 일을 책임져 조치하게 하는 데 그만한 사람을 구하기가 어려울 것입니다. 참으로 애통합니다. 첩보가 있던 날 군량을 운반하던 인부들이 이순신의 전사 소식을 듣고서 무지한 노약자라 할지라도 대부분 눈물을 흘리며 서로 조문하기까지 했으니, 이처럼 사람을 감복시킬 수 있었던 것이 어찌 우연한 것이겠습니까? …… 이순신이 나라를 위해 순직한 정상은 옛날의 명장에게도 부끄러울 것이 없었습니다. 포장褒獎하는 거조를 조정에서 각별히 시행하소서.[278]

이덕형은 충청병사 이시언을 임시 통제사로 차출하고, 전라방어사 원신元愼을 임시 충청병마사로 차출하자고해 군심을 안정시켰다.[279] 그리고 해남현감 유형柳珩을 경상수사에 발탁했다가 통제사로 기용했다.[280]

1598년(선조 31) 12월 22일 이덕형은 군문軍門 형개邢玠와 함께 대마도를 정벌하는 일을 의논했다. 이덕형은 우선 항왜降倭와 포로가 되었다가 도망 나온 사람을 연속적으로 정탐하게 한 다음, 풍파가 잔잔한 정월 안에 들이쳐서 정복해야 한다는 것이다. 그러나 점령해 위압을 할 뿐, 주둔해 지킬 수는 없다고 했다.[281] 12월 28일 세자책봉을 세 번이나 건의했으나 선조가 듣지 않았다.[282]

1599년(선조 32) 1월에 유성룡을 둘러싸고 붕당이 심해지자 이를 조정할 방안을 건의했으나 선조가 수용하지 않았다.[283] 3월에 유정劉綎이 이덕

---

278) 《선조실록》 권 107, 선조 31년 12월 무오
279) 연보 상, 407쪽.
280) 앞과 같음.
281) 《선조실록》 권 107, 선조 31년 12월 계유
282) 《선조실록》 권 107, 선조 31년 12월 기묘
283) 연보 하, 411쪽.

형을 싫어해 동도東道로 내려가 남아 있는 3만 명군의 군량을 조달하게 했다. 홍여순이 이를 악용해 이덕형을 탄핵했다. 이에 이덕형은 열 번이나 상소를 올려 재상직을 해임시켜 줄 것을 요청했으나 들어주지 않았다.[284] 양호의 후임으로 온 만세덕萬世德은 3만 명을 남겨 전후 처리를 하고자 했다. 그러나 8도의 양식을 다 모은다 해도 1만 명 정도밖에 먹일 수 없으니, 2만은 조선군을 뽑아 대체하자고 건의했다. 그러면 경비를 줄일 수 있다는 것이다. 그러나 경리가 듣지 않고 2만 4천의 군사를 1600년(선조 33) 9월까지 주둔하다가 돌아갔다.[285] 4월에 사직소를 올려 판중추부사가 되었다. 9월에 윤승훈尹承勳이 흉노의 소굴을 토벌하자고 했으나, 잘못하면 나라가 위태로우니 그만두자고 말렸다. 선조도 이 말을 따랐다.[286]

1600년(선조 33) 이덕형은 40세의 나이에 훈련도감 도제조를 맡았다. 그는 반년이나 앓아 차자箚子를 올려 사양했으나 선조가 듣지 않고, 약물을 내려보내며 만류했다. 그리하여 3월부터 이원익과 함께 매일 비변사에 나아가 명군이 물러가는 데 대한 대책을 강구했다. 선조는 "이원익과 이덕형은 재주와 슬기가 가장 뛰어났으니, 이렇게 국사가 어려운 때에 있어서는 마땅히 날마다 비변사에 출사해 군량의 마련을 도모케 하라"고 했다.[287]

같은 해 8월 24일에 판중추부사 이덕형은

> 삼가 들으니 중국은 군대를 완전히 철수하기로 하고, 제장들이 떠날 준비를 하고 있다고 합니다. 현재 백성들에게 고통이 되는 것은 중국 군대보다 더 심한 것이 없습니다. 그러나 중국 군대가 하루아침에 돌아가게 되면 당장 눈앞의 시원함은 약간 있겠습니다만, 훗날 원기가

284) 앞의 책, 712쪽.
285) 앞의 책, 414쪽.
286) 앞의 책, 416쪽.
287) 연보 하, 416~417쪽.

떨어져 다른 정세라도 생기게 된다면 나라에서는 장차 어떻게 대처할 지 모르겠습니다. 왜적이 가까운 시일 안에 침범할 생각을 할 것인데, 이미 방어할 방법이 없고 임기응변할 계책도 없으면서 어물어물 세월만 보내고 있으니, 이렇게 하고서 어느 때 태평할 때가 있겠습니까? 삼가 생각건대, 대마도는 부산과 매우 가까우므로 해가 됨이 아주 절박합니다. 그곳은 땅이 메마르고 생산이 적어서 본디 관시關市(무역)에 의지해 생활해 왔으므로 하루도 본국을 잊은 적이 없습니다. 세종조에 장수를 보내어 정벌했고, 그 뒤에 납관納款(통관)을 승낙해 도서圖書(허가증)를 하사하고 올 수 있는 수를 지정해 오가는 것을 기미羈縻했으므로 변방이 편안한 지가 지금 200여 년에 이르렀으니, 선왕께서 오랑캐를 다스린 계책은 참으로 지극했던 것입니다. 신의 망령된 생각으로는 우리나라가 대마도에 대해 마침내 절교하기는 어려울 듯합니다. 다만 임진왜란을 일으켰을 때 본도(대마도)가 향도 노릇을 했으므로 반드시 중국 군대가 많이 모였을 적에 그 죄를 성토하며 위엄을 보여 주어야만 거의 징계되어 기미시킬 수가 있을 것이니, 그것이 올바른 처사의 방편으로 여겼습니다. 그래서 외람되게 생각한 바를 아뢰고 이어 중국 장수에게 계첩을 보냈으며, 때마침 황신黃愼이 또 그 내용으로 진소陳疏했으나, 조정의 의논이 합치되지 못하고 신중을 기하는 쪽으로 힘쓰다가 마침내 기회를 놓치고 말았으니, 참으로 한탄스러운 일입니다. 그리고 수년 동안 조정에서 계획을 세운 것은 아직까지도 정한 대책이 없이 갈팡질팡하면서 시일만 소비하고 방비에 대해 말하면 모두들 어떻게 할 수가 없다고 합니다.[288]

288) 《선조실록》 권 128, 선조 33년 8월 갑오

그는 이어 그 해결 방안으로

> 왜적의 괴수가 이미 죽었으므로 적병이 크게 동원되어 다시 올 것인지에 대해서는 신과 같이 얕은 생각으로는 언급할 수가 없습니다. 그러나 만약 대마도의 왜적이 수십 척의 배를 동원해 들락날락하면서 우리를 시험한다면 이는 반드시 강화를 제대로 하느냐 못하느냐에 따라 안위가 결정될 것입니다. 지금 만약 나라가 망하더라도 이 일은 행할 수 없다고 한다면 모르겠습니다만, 혹시 기회가 지난 뒤에 비로소 강화를 강구하거나 적이 움직인 뒤에 우리가 대책을 시행하려고 한다면 조종하고 신축하는 권한이 더욱 저들에게 달려 있어 치욕과 후회스러움이 심할 것입니다. 마땅히 속히 중국 조정에 주문해 천자의 뜻을 받들어 시행해야 하니 적의 형편과 선왕 때에 백성을 위해 개시開市했던 것과 중국 장수가 사신을 보내어 적을 물리친 것과 요즘 왜적이 여러 번 사신을 보내어 강화를 희망한 사정을 하나하나 명백하게 중국 조정에 아뢰는 한편, 수군 한 부대를 청하고, 완문完文을 작성해 강화를 승낙하는 명命이 중국 조정에서 나오게 해, 포로로 데려간 사람을 돌려주도록 요구해서 스스로 성의를 보이게 하고, 조약을 참작해서 그들의 마음에 맞게 한다면 남쪽 변방의 일은 아마 종결될 것입니다.[289]

고 해 명 조정의 허락을 받아 왜와 강화를 하고, 명의 수군 일부를 주둔시켜 대마도의 재침을 막아야 한다는 것이다. 선조는 처음에 육군 1천 명을 해안에, 수군 2천 명을 부산에, 도합 3천 명을 주둔해 줄 것을 청했으나

289) 앞과 같음.

명 황제의 재가를 받지 못하고 다시 천 명만 청했다.[290]

1600년(선조 33) 11월 25일 선조는 판중추부사 이덕형에게 《무경요람武經要覽》 8권을 내리고 군사를 열심히 조련하라고 했다.[291] 그리고 이덕형의 인물됨에 대해 사신史臣은

> 경륜經綸·절충折衝하는 재주와 감언敢言·항론抗論하는 실상은 없었으나 특별히 문장과 사기辭氣로 한때의 중망을 얻었다. 나이 37세에 이조와 호조판서, 그리고 대제학을 지내 지위가 3공에 이르렀으니, 이렇게 갑자기 승진된 자는 일찍이 없었다. 유제독에게 있는 항왜를 임의로 머물러 둔 일 때문에 임금의 돌봄이 조금 소홀해져 정승의 지위에서 물러났고, 훈련도감 제조도 파직되었다. 그런데 이때 일본에 대한 기미책羈縻策을 제정해 올리자 자주 등대登對하라는 언지를 내렸으며, 그의 말이 상의 뜻에 맞으니 상이 매우 좋아했다. 사람됨이 막상 일에 임하면 자질구레해 큰 줄기를 세우지 못하는데다가 청절淸節에 힘쓰지 않으니, 사람들이 욕심쟁이라고 기롱했다.[292]

고 논평하고 있다. 강개慷慨하지는 못하나 문장과 사기에 능해 37세에 재상과 대제학이 되었고, 일본과의 화의를 주장해 선조의 마음에 들었다는 것이다.

1601년(선조 34) 1월에 이덕형은 이원익을 대신해 충청·전라·경상·강원 등 4도도체찰사가 되어[293] 2월에 성주星州에 개부開府했다. 이원익을 4도도체찰사에서 해임한 뒤 이덕형을 대신하게 했고, 동지同知 한준겸韓浚謙

290) 《선조실록》 권 128, 선조 33년 8월 갑오
291) 《선조실록》 권 131, 선조 33년 11월 을축
292) 앞과 같음.
293) 《선조수정실록》 권 35, 선조 34년 1월 경자

을 부사, 오윤겸吳允謙을 종사관으로 삼았다.[294] 또한 김제군수 이귀를 소모관召募官으로 대동하고, 훈련원 첨정 한교韓嶠를 데리고 가 그로 하여금 척계광戚繼光의 《기효신서紀效新書》를 번역·교정해 세 권의 책으로 인간하게 했다.[295] 1601년(선조 34) 1월 11일 비변사는 4도도체찰사 이덕형의 뜻으로 1) 농우農牛를 빨리 조달할 것, 2) 철을 채취해 총통銃筒·전족箭鏃을 충분히 만들게 할 것, 3) 중국 군대가 전라·경사도에서 데리고 갔다가 평안·황해도에 버린 사람들을 쇄환해 변방의 토착민을 만들 것 등을 건의해 그대로 실시되었다.[296]

1601년(선조 34) 4월 대마도주 소 요시토시〔平義智〕가 다치바나 토모마사橘持正을 보내 포로를 쇄환하겠다는 서신을 가져 왔다. 그러나 이덕형은 대마도의 속임수요, 일본의 속임수는 아니라고 생각했다. 그래서 섬에 머물게 하고 상륙은 하지 못하게 하고 즉시 소정에 치계했다. 예조에서는 곧바로 화친을 하고 개시開市를 허락한다는 공문을 내려보냈다. 하지만 이덕형은 이를 옳지 않게 여겨 예조의 답서를 환송하고 "이는 일본이 한 것이 아니라 대마도의 속임수가 틀림없으니, 경솔하게 화친을 허락할 수 없으며 개시 문제는 반드시 명조에 알리고 나서 말하겠다고 핑계대고 자세하게 그 동정을 살핀 뒤에 의논해 처리해야 할 것입니다"고 건의했다. 그러자 선조도 알아서 하라고 했다. 이덕형은 즉시 사람을 보내 책망하기를 "명조에서는 너희 왜들이 무도한 짓을 반복한 때문으로 우리나라에 군사를 남겨 뒤처리를 잘 하려는 계책을 세우고 있다. 감히 이러한 때에 거짓된 말로 우리를 속이려고 하는가?" 하고 남쪽에 남아 있는 명군을 모아 한 부대를 만들어 시위했다. 또 군문軍門 만세덕萬世德에게 통보해 왜를 효유曉諭하는

294) 연보 하, 422쪽.
295) 연보 하, 433쪽 ; 이 책은 1593년에 훈련도감을 설치하면서 이덕형이 유성룡과 함께 校勘한 것이다.
296) 《선조실록》 권 133, 선조 34년 1월 경술

고시문告示文을 공고하게 했다.[297] 비변사에서는 이덕형이 쓴 답서와 승문원에서 작성한 답서가 차이가 있으니 어느 것을 보낼까 물었다. 선조는 이덕형에게 일임하라고 했다.[298]

1601년(선조 34) 5월 3일 호종공신扈從功臣을 정하는데 이덕형은 공무로 남쪽에 내려가 있었기 때문에 처음부터 호종하지 않았다 해 공신 책정에서 빠졌다. 이에 원훈인 이원익은

> 이덕형이 행조行朝에 왔다가 신의 처소에서 유숙하게 되었는데, 밤에 한 이불을 덮고 자면서 사무에 대한 것을 상론尙論했습니다. 신이 "나의 청병책請兵策이 끝내 채택되지 않았다" 하고는 그 까닭을 갖추어 말해 주었더니, 이덕형이 벌떡 일어나 '그 계책이 가장 묘하다. 내일 우리 두 사람이 힘껏 간쟁하자'고 했습니다. 이튿날 비변사에 가서 이덕형이 제일 먼저 그 논의를 발론하고 이해를 갖추어 극력 논쟁하니, 여러 사람들의 의논도 제법 그럴듯하게 여겼습니다. 그래서 마침내는 청병請兵하기로 의논이 결정되었던 것입니다.[299]

고 했다. 숙천肅川에 이르러 이항복과 이덕형이 서로 사신으로 가겠다고 다투었으나, 결정이 나지 않자 심충겸沈忠謙이 "중국에서 허락하려는 뜻이 있으면 비록 이들이 친히 가지 않아도 허락할 것이요, 허락하지 않으려 한다면 중국의 정책을 어찌 이 사람들이 돌릴 수 있겠는가? 더구나 병조판서는 맡은 일이 매우 중하니 행재소를 떠나서는 안 된다"고 해, 선조가 마침내 이덕형에게 가라고 명했다.

---

297) 연보 하, 422~423쪽.
298) 《선조실록》 권 140, 선조 34년 8월 기사
299) 《선조실록》 권 137, 선조 34년 5월 경자

이원익은

> 그 후 중국에서 발병發兵하는 문서를 얻어 보니 이덕형이 주선한 힘이 많아 전주轉奏해 이루어지게 된 것입니다. 당시 비변사의 제신은 모두 산망散亡되었지만 낭료들은 아직도 남아 있으니, 반드시 이를 듣고 기억하는 사람이 있을 것입니다. 그리고 발병한 문서는 모두 승문원의 등록謄錄에 있으니 상고할 수 있을 것입니다.[300]

고 하고 이어서

> 이덕형의 공은 실로 기의機宜에 관계된 것이나, 당시 공사公事로 말미암아 남쪽으로 내려갔다가 뒤에 평양으로 돌아왔으므로 서울서부터 호종한 사람의 류類가 아니라 해, 그의 이름을 드는 사람이 없으니 신은 매우 섭섭합니다.[301]

고 했다. 선조도

> 그때 이덕형이 국가를 위한 정성이 깊었고, 지계智計와 근로勤勞가 컸다는 것은 내가 아는 바이다. 다만 처음부터 호종한 사람이 아니기 때문에 유사의 서계에 기록되지 않았을 뿐이다. 우선 정공定功하기를 기다려 의논하려 한 것인데, 지금 이 계사啓辭는 실로 내 마음과 같다. 말하자면 적봉敵鋒이 승승장구해 북으로 올 때 적진에 가서 그 형세를 늦추기를 자청했고, 평양에 이르러서는 배 한 척으로 적을 만나

300) 앞과 같음.
301) 앞과 같음.

> 이해로 깨우쳤으니, 이런 일이 어찌 사람마다 다 할 수 있는 일이겠는가? 자신을 잊고 나라를 위해 몸 바치려는 자가 아니면 할 수 없는 일이다.[302]

고 했다.

1601년(선조 34) 5월에 일본에 포로로 잡혀간 문관 강항姜沆이 왜상倭商을 통해 왜적들의 동정을 알려 왔다. 체찰사 이덕형은 이를 비변사에 알렸다.[303] 4도체찰사 이덕형은 이때 순찰 중에 영천永川에 들러 나현羅峴에 있는 시조 이당李唐의 묘막墓幕을 설치하고, 제사를 지내며, 초동樵童과 목동牧童의 출입을 금했다.[304] 그리고 또 종사관 오윤겸을 보내 전라우수영全羅右水營에 들러 이순신李舜臣의 제사를 지내게 했다. 이덕형은 그의 제문祭文에서

> 나와 공은 처음에는 얼굴도 미처 몰랐더니, 왜교倭橋 싸움에서 편지로 은밀히 상의하며 서로의 진심을 털어 놓고는 공은 내 뜻을 깨달았고 나는 공의 계략에 감복했네. 매번 말하기를, 적을 평정하고 나서 수군을 주도할 분은 그 사람뿐이라 했더니, 승전보와 아울러 나쁜 소식이 이르다니. 길바닥에 말 세우고 통곡하던 그날 일을 지금도 생각하니 기가 막히네.[305]

라고 애통해 했다. 1601년(선조 34) 9월에 선조는

---

302) 앞과 같음.
303) 앞의 책, 425쪽.
304) 앞의 책, 426쪽.
305) 앞과 같음 ; 某與公 初未識面 倭橋之役 簡書密議 吐盡心肝 公感我情 我服公畧 每謂平賊之後 規畫舟師有其人矣 捷書幷惡耗 而至道上駐馬 隕涙之狀 至今思之氣塞.

> 도체찰사 이덕형이 내려간 지가 벌써 오래 되었다. 요즈음은 바람이 높고 하니, 쉬어야 할 것이다. 그곳에는 순찰사가 있고 조정에서도 의논할 일이 있으니, 겨울에는 올라왔다가 봄이 되면 다시 내려가는 것이 좋겠다.[306]

고 해 10월에 이덕형을 불러올렸다. 그러나 실은 이때 회령會寧의 여진족이 준동해 대처 방안을 의논하기 위해서 불러올린 것이었다.

이때 대마도의 다이라 시게노부가 내년 봄에 사신으로 와서 화의를 청한다는 말이 있었다. 이에 체찰사 이덕형은 유정維政(四溟大師)으로 하여금 영남에 머물러 있다가 왜사倭使를 맞이할 준비를 하라고 했다. 유정은 1595~1596년 동안에 공산公山·용골龍骨·금오金烏 산성을 쌓고 1601년에 곡식을 모아 부산성에 쌓아 놓는 일을 맡고 있었다.[307] 그러는 와중에 1602년(선조 35)부터 1605년(선조 38) 왜사 다치바나 토모마사橘持正가 일곱 번이나 와서 포로를 쇄환하고 화의를 간청했다. 소 요시토시·다이라 시게노부·평경직平景直 등도 번갈아 이덕형에게 편지를 보내 화의를 청했다. 이에 이덕형은 군문 만세덕에게 이 사실을 보고했으나 거절당했다.[308]

1602년(선조 35) 42세에 이덕형은 영의정으로 승진했다. 이때 호서 지방에서 이몽학李夢鶴의 난이 일어났다. 그런데 유영경柳永慶이 이를 빌미로 무고한 사림을 많이 얽어 넣으려 했다. 영의정 이덕형은 고변한 자를 찾아내어 무고한 사람을 일시에 다 풀어 주었다.[309] 또 동궁이 내리는 내지內旨(은밀한 명령)을 받지 않고 돌려주었다.[310]

---

306) 앞과 같음.
307) 앞의 책, 427쪽.
308) 앞의 책, 430쪽.
309) 앞의 책, 431쪽.
310) 앞과 같음.

1602년(선조 35) 10월 15일에 영의정 이덕형 등 문신 368인, 변양걸邊良傑 등 무신 245인이 명에 세자 책봉을 연명으로 간청했다.[311] 그는 병을 이유로 세 차례나 사직 상소를 올렸으나, 체찰사직만 사직케 하고 영의정은 그대로 하라고 했다.[312] 이에 대해 좌의정 김명원은

> 영의정 이덕형의 사람됨은 상께서도 아시는 바입니다. 나이 젊고 능력 있는 그가 어찌 직책을 완수하지 못하겠습니까? 이덕형은 이 중책을 받아 국사를 담당하면서 자신이 직접 목도했기 때문에 계획에 익숙해져 일을 벌이고 대책을 세우는 데 정해둔 계획이 있을 것입니다. 체찰사란 직책을 당초에 설치하지 않았다면 모르지만 이미 설치해 놓고 나서 바로 폐지하게 한다면 군정軍情이 와해되어 앞으로 수습할 길이 없을 것입니다. 이 직책을 이덕형에게 그대로 제수해 그 전처럼 임무를 살피게 한다면 남쪽 지방의 군민들이 붕괴되는 염려가 거의 없을 것입니다.[313]

고 해 이덕형을 4도도체찰사직에 그대로 두어야 한다고 주장했다. 그러나 선조는 이미 바꾸었는데 다시 번복하기는 어렵다고 했다.[314]

1603년(선조 36) 선조는 영의정 이덕형으로 하여금 임란 공신을 감정勘定하라고 했다. 1601년(선조 34)에 선조가 호성扈聖·청병請兵·선무宣武공신을 녹훈하라는 명이 있었다. 이때 백사 이항복이 명에 청병하자는 자신의 계책을 이덕형이 듣고 공론화 해 이덕형이 직접 요동에 가서 명나라 원병을 끌어왔고, 왜적이 북상할 때 자청해 가서 왜장을 회유해 기세를 완화한

311) 《선조실록》 권 155, 선조 35년 10월 계묘
312) 《선조실록》 권 155, 선조 35년 10월 기유
313) 《선조실록》 권 156, 선조 35년 11월 기미
314) 앞과 같음.

공이 있으니 비록 남쪽에 일이 있어 처음부터 왕을 호종하지는 못했다 하더라도 공신으로 추대해야 한다고 주장했다. 선조도 동의했으나 이덕형은 여전히 자기가 걸린 일이라 혐의가 있다면서 공신 심사를 사양했다. 선조는

> 경의 충절은 평소부터 칭송이 있었고 훈공도 훌륭하게 들어났다. 적봉이 몰아닥칠 때 자청해 적진으로 나아가 이해를 들어 회유해 국란을 덜려고 했으니, 이 용맹은 3군三軍을 굴복시킬 만하고, 도보로 행재소까지 뒤쫓아 오느라 밤낮없이 모진 고생을 했으며, 안으로는 이리저리 궁리해 계책을 결정하고, 밖으로는 명조에 원병을 빌어 흉적을 몰아내고 나라를 안정케 했으니, 사직의 안위가 공에게 달려 있다 할 것이다.[315]

고 했다. 그러나 이덕형은 "신은 처음부터 전하께 아뢴 단자單子 가운데 기록된 응감자應勘者(훈록의 감정에 응한 자)가 아니니, 속히 원훈에게 신의 이름을 삭제케 해 안심하고 의논하는 데 참석케 하면, 사체도 온당하고 원만할 것입니다"고 계속 사양했다.[316]

이때 열조列朝의 실록實錄을 찍어내는 일의 총재總裁가 되었다. 조선 전기의 실록은 춘추관·전주·충주·성주 등 4사고에 분장하고 있었는데, 임진왜란 때 불타 버리고 오직 전주사고본만 온전했다. 그리하여 국가에서는 이를 대본으로 실록을 다시 찍어 춘추관·묘향산妙香山·오대산五臺山·태백산太白山·정족산鼎足山 등 5사고에 간직하게 했다. 이 작업은 1606년(선조 39) 4월에 가서야 마무리되었다.[317] 영의정 이덕형은 이

---

315) 연보 하, 433~436쪽.
316) 앞과 같음.

때 국고가 고갈되었으니 돈을 만들어 쓰자고 했다.

> 우리나라는 천화泉貨(돈)가 없고 다만 쌀과 피륙[布]으로 대신 사용해서 농민이 병들고 나라가 가난해졌으니, 이제는 격식을 깨고 새로운 법을 만들어 이권利權을 상부 관청에 두고 통용해야 할 것입니다. 지난날 양경리楊經理도 매번 신에게 말하기를, 군량이 부족하니, 전화錢貨를 만들어 쓰는 것이 좋을 것이라고 했습니다. 지금 백성들에게 편리할 것이니 자세한 계획을 세워 잠시 만들었다가 바로 폐지해 버리는 후회가 없게 하소서.[318]

라고 해 화폐를 만들어 쓸 것을 간청했다. 그러나 조정에 어려운 일이 많아 실행되지 못했다. 이덕형은 어머니의 산소를 양근 중은동中隱洞으로 옮기려고 사직을 청했으나 선조는 들어주지 않고, 다만 휴가를 주고, 본도 감사에게 호상護喪이 되게 해 역군役軍 2백 명을 내려 공사를 마치게 해 주었다.[319] 그러나 산소를 옮기는 일로 병을 얻어 계속 8번이나 사직을 요구했으나 들어주지 않았다. 더욱이 1604년(선조 37) 3월에 대사간 허성이 "대신으로 신분이 응당 훈록을 삭제당해야 할 처지에 있으면서도 혐의를 피하지 않고 있다"는 상소가 올라오자 스스로 공신 훈록을 사양했다. "혹자는 훈호勳號를 합당하게 여기면서도 미적미적 물리친 것은 곧 대신이 자신을 위해하는 처사라고 말하기도 하고, 또 왕명을 가탁하기까지 해 세상 사람들의 입을 속박한다느니 하는 말을 견딜 수가 없다"고 했다. 그러나 선조의 의중은 확고했다. 이덕형은 오히려 의병을 일으킨 김천일金千鎰·고경명

317) 앞의 책, 438쪽.
318) 앞의 책, 438~439쪽.
319) 앞의 책, 439쪽.

高敬命·조헌趙憲 등을 공신으로 녹훈해 줄 것을 요구했다.[320]

그러나 1604년(선조 37) 4월 9일에 이덕형은 판중추부사로 체직되었다.[321] 그해 정월 1일 흰 무지개가 해를 꿰뚫는 변괴가 일어나 2품 이상에게 구언求言했다. 이때 임해군臨海君 진珒이 도적을 사주해 유성군儒城君 유희서柳熙緖를 살해하게 하고 그 미첩美妾을 가로챘는데, 포도대장 변양걸邊良傑이 도적을 잡아 다스리면서 자복을 받아보니, 임해군이 재신을 살해한 죄에 저촉하게 되었다. 선조가 대노해 "변양걸과 유희서의 아들이 왕자를 모함했으니, 엄히 국문해 형신刑訊(형장刑杖을 치면서 자복을 받음)하라!"고 했다. 선조의 말에 따르면 변양걸이 유일柳䌹(유희서의 아들)로 하여금 국청鞫廳에 들어와서 불측한 말을 날조해 왕자를 모해했다는 것이다. 이에 이덕형은 "변양걸이 무슨 죄가 있어서 죽어야 합니까? 도적을 잡은 죄 밖에 더 있습니까? 변양걸이 억울하게 죽는다면 도적을 잡은 것 때문에 죽었다고 통탄할 것입니다"고 했다. 이에 선조는

> 영상은 변양걸이 도적을 잡았기 때문으로 죄를 받았다고 했는데, 그래서 임해를 도적으로 만들 것인가? 또 어찌 모해를 했겠느냐 했는데, 그렇다면 변양걸이 임해군을 추존推尊이라도 했단 말인가? 이미 모해하지 않았다면 마땅히 상이라도 내려야 한단 말인가? 생각건대 대신으로서 반드시 변양걸을 처벌해서 임해군의 누명을 풀고 조정의 수치를 씻자고 말할 줄 알았는데, 도리어 이런 말을 하니 괴이한 일이 아닌가?[322]

320) 앞의 책, 440~442쪽.
321) 《선조실록》 권 173, 선조 37년 4월 기축
322) 앞의 책, 443~445쪽.

라며 노발대발했다. 이덕형은 곧 병을 이유로 세 차례나 사직 상소를 올려 백사 이항복이 영의정이 되었다. 그러나 이항복도

> 쓸모없는 신을 기용한 것은 어찌 이덕형이 자리를 뜬 때문이 아니겠습니까? 요즈음 변양걸의 처벌은 괴롭습니다. 이것을 가지고 말한다면 이덕형은 이미 말을 꺼낸 신臣이요, 신은 아직 그 말을 꺼내지 않은 이덕형입니다. 그러니 살피건대 그 마음은 하나요, 사람은 둘이며, 그 자취는 둘이면서 마음은 하나입니다.[323)]

고 하자 이항복마저 면직되었다.

1604년(선조 37) 6월에 훈안勳案이 개정되었는데 이덕형은 호성扈聖의 원종공신原從功臣에 녹훈되었다. 이덕형이 물러난 뒤에 유영경柳永慶이 공신책정의 일을 맡았는데, 이덕형이 올렸던 상소를 두고 "이것은 사실을 그대로 적은 기록이다. 한노漢老(한음 이덕형)가 녹훈을 사양한 것은 당연한 일이다"고 하면서 끝끝내 녹훈하지 않았다. 그해 윤 9월에 이르러 공신도감의 많은 신하들이 "지난날 정공신正功臣에 참여했다가 도로 삭제당한 사람들의 크게 드러난 실적을 그 이름 아래 기록해 아뢰니, (선조가) 호성공신에 참여하지 못한 이덕형 등 여섯 사람은 참으로 많은 공이 있으니, 각기 가자加資하고 대신은 자서子壻 가운데서 특별히 6품직을 제수하라고 했다.[324)]

1604년 7월 3일에 이덕형은 영중추부사가 되었다.[325)] 그해 9월 28일에 선조는 원임대신 이덕형으로 하여금 유격 최우제崔右濟의 후임으로 온 유

---

323) 앞의 책, 445~446쪽 ; 《선조실록》 권 173, 선조 37년 4월 갑진
324) 연보 상, 446쪽.
325) 《선조실록》 권 176, 선조 37년 7월 임자

격 동정의를 맞이해 연회를 베풀어 주라고 했다. 동정의는 전임자 최유격이 선조와 한번도 접견하지 못한 것에 대해 항의하고, 내가 온 것은 국왕의 병세가 어떤지, 세자의 책봉은 어떤지, 해상의 왜정倭情은 어떤지를 알아보기 위해서 왔다고 했다. 그리고 내가 며칠 머문 뒤에 부산과 서생포西生浦 일대를 순시해 보고 회보하겠다고 했다. 그러면서 필담으로 왜 둘째 아들을 세자로 청하는지를 물었다.326)

1604년(선조 37) 11월 1일 선조는 이덕형 등 6인에게 한 자급資級씩 더해 주고, 대신의 경우는 아들·사위 가운데 한 사람에게 6품 벼슬을 초수하라고 했다.327) 그리고 그해 12월 6일에 이덕형은 이산해·이원익·이항복·한응인·심희수沈喜壽와 함께 복상卜相 후보에 올랐다.328) 그런데 1605년(선조 38) 8월 12일에는 풍수재로 어머니 묘가 무너지자 휴가를 얻어 보수했다.329) 이덕형은 어머니 산소가 있는 양근 용진龍津 운길산雲吉山 아래에 별서別墅 지었다. 중은동中隱洞 집에서 10리 떨어진 곳인데, 산수가 아름다워 그곳에 대아당大雅堂·진일헌眞佚軒·읍수정挹秀亭·애일실愛日室 등을 지었다. 만년에 은거하기 위해서였다.330)

1606년(선조 39) 3월에 영창대군이 태어났다. 백관이 모두 하례했으나 이덕형은 영의정 유영경의 강권에도 불구하고 병을 핑계로 하례에 참여하지 않았다. 이항복도 배가 아프다고 하례하지 않았다.331) 4월에 주공朱公이 명나라 황손皇孫의 탄생을 알리는 조서詔書를 가지고 왔다. 그는 이덕형의 명성을 들은 적이 있어 함께 한강에서 뱃놀이를 하면서 시를 주고받았다. 그는 감복해 용진 별서의 편액을 써주기도 했다.332)

---

326) 《선조실록》 권 178, 선조 37년 9월 을해
327) 《선조실록》 권 181, 선조 37년 11월 정축
328) 《선조실록》 권 182, 선조 37년 12월 신해
329) 《선조실록》 권 190, 선조 38년 8월 갑인
330) 연보 하, 447쪽.
331) 앞의 책, 448쪽.

이때 도쿠가와 이에야스德川家康가 도요토미 히데요시의 둘째 아들 도요토미 히데요리豊臣秀頼를 대신해 관백關白이 되어 소 요시토시를 시켜 문서를 가지고 와서 화친을 청했다. 영의정 유영경이 "만일 능침을 범한 적을 잡아 보낸다면 화의를 논하겠다"고 해 나이 어린 두 사람을 잡아 보냈다. 이들은 임진왜란 때에 겨우 17살이나 되었을 어린 아이들이었다. 그런데도 유영경은 이들을 진범이라 하고 종묘에 아뢰고서 용서하려 했다. 이에 이덕형은

> 우리가 왜노들에게 하등의 수원讐怨이 있기에 종묘와 사직을 폐허로 만들었고, 산릉山陵이 욕을 당했으며, 8도의 백성들은 전란의 소용돌이에 짓밟혀 결딴이 난 지가 거의 10년이 되었습니다. 지금 비록 그들의 살점을 씹어 먹고 가죽을 벗겨 깔지는 못할망정 무슨 큰 이득이 있다고 함께 화친을 해 예물을 갖추어 오간단 말입니까? 신은 그것이 옳은 줄 모르겠습니다. 그리고 지금 묶여 온 두 왜놈을 공초한 내용에 '우리의 얼굴 모양을 보라! 이제 겨우 스무 살이며 임진년 당시에는 겨우 열일곱 살이었는데, 어찌 다른 나라의 적도賊徒가 되어 능침을 범했겠는가?'고 했고, 그 왜놈들은 과연 수염이 나기 시작한 소년들이라 공초한 사실이 허위가 아닐 것이니, 이는 알기 어려운 일이 아닙니다. 왜노들은 우리와 화친을 하건 말건 절대로 관심을 두는 것이 아닌데, 대마도가 중간에 서서 저희들이 마음대로 하려고 두 사람의 사형수를 가지고 능침을 범한 적이라 사칭해 우리를 속이고 우리가 대답한 바를 살피려고 합니다. 지금 틀림없이 능침을 범한 적이라 여기고서 받아들여 종묘에 고하고 교서를 반포하기를 마치 전쟁에 이기고

332) 앞과 같음.

> 적병이라도 잡아온 것 같이 한다면, 참으로 왜노들의 간계에 속아 떨어진 것이니 신은 몹시 부끄럽습니다. 그리고 이 왜들을 받아들여 한 번 죽이고 나서 원수를 풀고 강화를 한다면 왜노들의 비웃음이 적지 않을 것이니, 신은 몹시 부끄럽게 여깁니다.[333]

고 반대했다. 그러나 조정에서는 듣지 않고 왜노들을 저잣거리에서 참살하고 끝내 강화를 허락했다.[334] 그리고 여유길呂裕吉을 회답상사回答上使, 경진慶進을 회답부사, 정호관丁好寬을 종사관으로 삼아 일본에 파견했다. 본래 일본에 보내는 사신은 통신사라 했는데, 이를 격하해 회답사라 했다. 이덕형도 전별에 참여해 아래의 시를 지었는데,

> 신자로서 능침의 욕을 씻지도 못하고, 臣子未前陵寢辱
> 간서簡書만을 먼저 견양犬羊 나라에 보내네 簡書先入犬羊天

라고 했다.[335] 일본의 죄상을 밝히지 않고 서둘러 회답사 파견을 서두는 행위를 비아냥거린 것이다. 이를 추진한 영의정 유영경이 듣고 못마땅했을 것은 자명했다.

1608년(선조 41) 2월에 선조의 병세가 악화되어 대신들에게 들어와 유교遺敎를 받들라 했다. 이덕형은 2일에 이원익·이항복·윤승훈·유영경·심희수·기자헌·허욱許頊·한응인·도승지 유몽인柳夢寅·주서 김시양金時讓 등과 들어가 유교를 받들고자 했다. 그러나 선조는 이미 절명한 지 오래였다. 이덕형이 "예법에 부인들의 손에서 명命을 거두는 것이 아니니, 부인

---

333) 앞의 책, 449~450쪽.
334) 앞의 책, 450쪽.
335) 앞과 같음.

들은 물러가 기다리라"고 하고 조금 뒤에 염습을 했다.[336]

5. 대북정권 아래서 살다

1608년(선조 41) 2월에 선조가 죽고 광해군이 섰다. 이덕형은 영중추부사의 자리에 있었다. 이덕형은 이산해·이원익·이항복·심희수·허욱·한응인 등과 함께 임해군 이진李珒을 집에 연금하고 엄히 지키라 했다.[337] 이덕형은 임해군을 교동喬洞에 유배해야 한다고 주장해 그대로 되었다.[338] 삼사三司에서 임해군의 반역 행위를 아뢰자 영중추부사 이덕형은 4월 1일에

> 성상께서 왕위에 오르신 지 첫해이고 형제들에 관계되는 일이므로 처리하기 어려워 이제야 발론한 것입니다. 이 일에 대한 논란이 일어난 이상 나라의 통상적인 법에 따라야 할 것이며, 형제라고 해 사사로이 처리하기는 어렵습니다. 더구나 아첨하는 무리들에 대해 사실을 밝혀 형벌을 주는 일은 더욱 늦출 수 없습니다. 다만 진珒이 평소 해온 짓은 개나 말을 좋아하고 공물貢物을 방납防納하며 사냥하고 즐겨 노는 것들이었는데, 왕자의 높은 지위로서 위의 일들을 요구하고자 한 번 만나기를 청하면 무지·무식한 종실과 무사들이 진의 얼굴을 한 번 보는 것을 영광으로 여겨 기꺼이 나아가지 않을 자가 누가 있겠습니까?

---

336) 연보 하, 450~451쪽.
337) 《광해군일기》 권 1, 광해군 즉위년 2월 신미
338) 《광해군일기》 권 1, 광해군 즉위년 2월 임신·정사

> 이와 같은 사람들은 역적모의에 꼭 참여한 것도 아니었지만, 말이 한 번 연루됨에 끝내 충분히 살펴 처리할 수 없었으므로 곁에서 보는 무리들도 어찌 될까 떨며, 종실과 무사들도 저마다 안정하지 못하니, 또한 염려스러운 일입니다. 게다가 각도에 투속해 궁노라고 하는 무리들이 매우 많습니다. 이제 이들이 모두 집을 버리고 도망해 혹 산골짜기에 모이기라도 한다면, 적지 않은 걱정거리입니다. 그러니 백성에 해를 많이 끼친 자는 이름을 적어 수배해 잡아들이고 법에 따라 처벌해 백성들의 마음을 통쾌하게 해야 하지만, 나머지 죽을죄를 짓지 않은 자는 방榜을 걸어 모이도록 달래어 오래 도망 다니지 않도록 해야 합니다. 초목의 싹들이 돋아나 자라나는 이때, 오래도록 정국庭鞫을 설치해 울부짖는 소리가 길 위에 이어지고 있으니, 인심이 꽉 막힌 듯합니다. 이미 단서가 드러나 승복해 단죄되어야 할 자 외에 긴요치 않은 죄로 잡혀 온 자는 속히 의논해 처리하도록 명해야 합니다.[339]

고 해 임해군에게는 지친至親이니 전은全恩을 베풀고, 그와 연관된 사건에서 단서가 들어난 사람들은 처벌하되, 그렇지 않은 사람들은 회유해야 한다고 주장했다. 광해군은 "지금 차자의 논설을 보니 가상스럽다. 옥사에 대해서는 나도 어떻게 해야 할지 모르겠다. 경은 속히 출사해 국청에 나아가 상의해서 선처하라!"고 답변했다.[340] 광해군은 적자도 장자도 아니었기 때문에 그를 지지하는 대북 세력은 왕통과 관계되는 임해군·인목대비·영창대군 등에 대해서는 가차 없이 제거하려 했다. 이덕형은 이런 사건에 대해 법에 따라 처리할 것을 주장한 것이다.

---

339) 《광해군일기》 권 3, 광해군 즉위년 4월 정사
340) 앞과 같음.

1608년(광해군 즉위년) 7월 7일 부응교 윤효선尹孝先은 함흥판관 이귀가 집에 왔다. 영부사 이덕형이

> 요사이 들으니 궐내 무기 창고의 군기軍器를 모조리 잃어버렸다고 하니, 이는 반드시 임해군이 훔쳐간 것이다. 또 들으니 정릉동貞陵洞 임해군 사저의 이웃집들이 모두 비어 있어, 보통 때 살인한 집의 이웃들이 도피한 것과 다름이 없다고 하기에, 내가 대단히 괴이하게 여겨 내가 믿는 무사를 시켜 정탐해 보도록 했다. 대체로 임해군의 역화逆禍가 조석 간에 터지게 생겼으니, 빨리 임해군을 체포해야 한다. 그러나 이 일은 대신과 대간이 힘을 합치지 않으면 할 수 없을 것이니, 대간이 만약 나와 함께 모의해 한다면 거의 성사할 수 있을 것이다. 즉 대간이 밀계해 상께서 나 한 사람 만을 패초牌招해서 빈청賓廳에 앉아 지휘하도록 한다면, 임해군을 제거할 수 있어 큰 일이 흠결 없이 될 것이다.341)

고 했다. 그러나 일이 꼬여 이덕형은 말을 바꿨다는 공격을 받았다. 즉 집의 최유원崔有源은

> …… 아! 삼사의 계사는 실로 이덕형의 말 때문이었는데 아뢰려고 하자 자신이 했던 말을 변경해 버리니, 마음씀이 이랬다저랬다 한다는 혐의를 면하기 어려울 것입니다. …… 이덕형은 처음에는 크게 떠들다가 그 말들을 변경해 버렸으니, 가증스럽기 짝이 없습니다. …… 이덕형의 인품이 비록 혁혁한 명성은 없다 하더라도 끝내는 말 때문에 직위를 떠

341)《광해군일기》권 6, 광해군 즉위년 7월 신묘

> 났으니, 사람들이 이 때문에 대단하게 여겼습니다. 또 탁란濁亂한 원흉에 대해 사람들이 분개하면서 이덕형을 두세 어진 재상 다음으로 꼽았습니다. 어찌 오늘날 이처럼 속속들이 정상을 드러내 보일 줄 알았겠습니까? 차자를 올려 논란을 벌여 가며 은연중 자신을 변명하니, 계책이 교묘하다 하겠습니다.[342)]

고 비아냥거렸다. 이어 11개 항의 잠계箴戒를 올렸다.

> 一. 상례喪禮를 삼가 지키고 사설邪說(부정한 말)을 조심할 것.
> 一. 어진 자를 가까이 하고 간사한 자를 멀리할 것.
> 一. 세자를 교양敎養할 것.
> 一. 의염意念을 정성스럽게 하고 마음을 바르게 할 것.
> 一. 궁금宮禁을 엄숙하게 할 것.
> 一. 대비大妃를 높이 받들 것.
> 一. 동기同氣를 불쌍히 여겨 은혜를 베풀 것.
> 一. 인심을 수습할 것.
> 一. 어진 선비를 얻어 쓸 것.
> 一. 외척을 가까이 하지 말 것.
> 一. 직간直諫을 용납할 것.

등이 그것이다.[343)]

1608년(광해군 즉위년) 6월 5일 이덕형은 진주사陳奏使가 되었다. 부사는 황신, 서장관은 강홍립姜弘立이었다.[344)] 명나라에서는 장자 임해군을 제치

---

342) 《광해군일기》 권 3, 광해군 즉위년 4월 임신
343) 연보 하, 454~459쪽.

고 둘째 광해군을 왕으로 정했다고 책봉을 허락지 않았다. 그리고 요동도사가 엄일괴嚴一魁를 보내 조사하게 했다. 이덕형은 그때 대간의 탄핵을 받아 사가私家에 있으면서 사리에 밝은 재신宰臣을 시켜 임해군을 넘겨줄 수도, 만나게 해 줄 수도 없는 까닭을 명백하게 설명한 뒤에, 속히 자문을 광령廣寧으로 보내 회답을 받아와야 한다고 주장했다. 그리하여 오봉五峯 이호민李好閔을 고부승습사告訃承襲使로 북경에 보냈으나, 책봉을 받아 오지 못했다. 광해군은 다시 이덕형을 진주사로 지명한 것이다. 왕은 "이덕형은 나이가 젊고 혈기도 왕성하며, 재주와 슬기도 있으니, 좌상의 직함을 빌어 들여보내는 것이 좋겠다"고 했다. 그래서 이덕형은 호조판서 황신을 불러 부사로 삼고 청습주문請襲奏文(습봉襲封을 청하는 주문奏文)을 챙겨 길을 떠났다. 그리하여 길을 재촉해 27일 만에 북경에 도착했다. 그는 친구인 백사 이항복에게

> 내 전생에 무슨 인연이 있어 이 세상의 괴로움을 견디며 살아야 한단 말인가? 임진년 이후로 평양·도산島山·왜교倭喬의 싸움을 두루 겪으면서 눈바람 맞으며 잠을 잤고, 화살과 돌이 나는 속을 누볐기로 내 스스로 생각키를 모진 고생은 이미 끝이 났으리라 여겼었는데, 생각지 않은 이 역경 더욱 참기 어려울 줄을 몰랐네. 무서운 불빛에 쇠를 녹이고 따가운 먼지에 눈이 멀어 두어 걸음 참고 갈 수가 없소. 그렇지만 날로 백오십 리를 달려가야 했으니, 이때의 딱하고 어려운 형편을 친구는 알아주리라 믿네. 다행한 것은 두 사관査官의 광령廣寧 걸음을 따라잡게 되어 사태를 그르치지 않았으니, 이제는 많은 관원들의 회의 때를 맞추어 달려가려고 하는데, 근력이나 먼저 지쳐버리지 않

344) 《광해군일기》 권 5, 광해군 즉위년 6월 경신

> 을까 염려되네.[345]

라고 소회를 피력했다.

그는 북경에 5개월 동안 머물면서 각로閣老(재상)들과 예부禮部의 관원들을 만나고 정성껏 글을 올려 마침내 황제로부터 책봉을 허락 받았다.[346] 명조의 자문 내용은 다음과 같다.

> 해국該國이 사장입소舍長入少한 것은 원래가 강상綱常의 올바른 도리는 아니지만 차관들이 명백하게 조사·확인한 결과 진珒(임해군)은 오래도록 병을 앓고 있고, 혼琿(광해군)은 백성들이 추대한 바라 책봉을 인정할 만하니, 융경隆慶(명 穆宗의 연호) 연간의 예(선조를 책봉한 예)에 따라 사신을 보내겠다."[347]

이때 왕비 유씨柳氏의 책봉도 허락했다. 그리고 같은 해 12월 17일에 돌아왔다.[348] 광해군은 이덕형에게 전 30결과 외거노비 5구를 하사하고, 북경에 함께 갔던 자제에게는 6품직을, 아버지에게는 통정대부 판결사를 제수했다.[349] 그러나 사신史臣은

> 성상이 왕위를 이은 뒤에 상賞을 내림이 그 공보다 지나쳐서 작은 공로만 있어도 번번이 보통에서 벗어나는 은전恩典을 베풀었으니, 왕위를 이은 초기이고 보면 어찌 근심스러운 일이 아닌가.[350]

345) 연보 하, 465~466쪽.
346) 앞과 같음.
347) 앞과 같음.
348) 《광해군일기》 권 11, 광해군 즉위년 12월 경오
349) 《광해군일기》 권 12, 광해군 1년 1월 무자
350) 앞과 같음.

고 비판했다. 명나라에 간 김에 경리 양호楊鎬에게 글을 보내 그의 초상을 얻어 오고, 양호의 휘하에 있던 참군參軍 황응양黃應陽에게 물으니 양호는 별 탈 없이 그때 하남河南에서 단칸방에 홀아비로 살고 있다고 했다.[351] 이덕형은 양호의 초상을 바쳐 양호의 생사당을 설치하게 했다.[352] 또 돌아오는 길에 명나라의 관복과 서적들을 사 가지고 왔다.[353] 그러나 예조는 유생의 두건頭巾과 의복衣服을 변경할 수 없고, 백관의 조복朝服·혁대革帶·품대品帶도 서둘러 변경해 고칠 필요가 없으니, 명나라 사신이 올 때 일단 전과 같이 품대만 착용하기로 하자고 해 무산되었다.[354] 제도를 고치려면 경비가 들고 번잡하며, 국가의 정체성 유지에도 관계가 있기 때문이었다.

1609년(광해군 1) 봄에 휴가를 얻어 용진龍津 별서別墅에 가서 병든 아버지(이민성李民聖)를 보살피다가 자신도 병이 들어 사직 상소를 올렸으나, 명나라 사신이 오니 빨리 아버지를 모시고 상경하라는 왕명을 받고 4월에 조정으로 돌아왔다.[355]

5월에 죽은 선조의 사제부조賜祭賻詔(명나라에서 선조의 국상國喪에 제사와 부조賻詔)를 내리는 조서를 가지고 온 명의 행인사行人司 웅화熊化와 한강에서 노닐면서 시를 주고받았다. 웅화는 "의정께서는 왜란 때에 난을 평정하신 공이 있으며, 공功을 이루고 나서 물러나 계시지만 아직도 40의 나이에 있다"고 평가했다.[356] 9월에 또 인목대비가 선조의 능인 목능穆陵을 참배하겠다고 주장하는 것을 이항복과 함께 간곡하게 말렸다.[357] 이덕형은 이

---

351) 《광해군일기》 권 15, 광해군 1년 4월 을묘 ; 연보 하, 468쪽.
352) 연보 하, 478쪽.
353) 《광해군일기》 권 11, 광해군 즉위년 12월 경오
354) 앞과 같음.
355) 연보 하, 469쪽.
356) 연보 상, 471~472쪽.
357) 앞의 책, 472쪽.

원익을 대신해 다시 영의정이 되었다.[358] 이덕형은 최유원 등이 헐뜯던 일을 내세워 계속 사직하고자 했으나 들어주지 않았다.[359] 그리하여 10월에 나와서 정사를 보았다. 그는 왕에게 경연에 나오기를 강력히 요구했다.[360] 8월에 장인인 아계鵝溪 이산해가 죽어 11월에 휴가를 얻어 예산禮山에 장사 지냈다. 그는 장인을 위해 제문祭文과 만사輓詞를 지었다. 왕은 말[馬]과 묘소에 차릴 제물을 하사했다.[361] 아울러 광해군으로 하여금 새로 지은 창덕昌德·창경昌慶궁으로 옮겨 갈 것을 청했다. 왕은 좋지 않을까 꺼려 상제를 마치지 않았다는 핑계로 신궁으로 가기를 꺼리는 것을 강권해 옮겨 가게 했다.[362] 12월에 아버지가 병이 나서 말미를 얻어 간병했다.[363] 왕은 본도에 명해 식물食物을 보내주게 했다.

1610년(광해군 2) 1월에 아버지 병이 심해서 계속 사직을 원했으나 뜻을 이루지 못했나. 아버지도 살 보살필 수도 없고, 국사도 제대로 수행할 수 없는 형편이었다. 윤 3월에 광해군의 생모인 공빈恭嬪이 죽었다. 광해군은 공빈을 왕후로 추존하고 묘소는 능陵으로 봉하려고 했다. 그러자 영의정 이덕형은

> 위호位號는 일의 체통이 중대한 문제라 혹시라도 내용과 형식에 대한 올바름을 잃었다면 높일 수가 없습니다. 정위正位의 책봉을 받은 적이 없었는데, 지금에 와서 휘호徽號를 올린다는 것은 비단 두 분을 높이는 혐의를 남길 뿐만 아니라 경솔하게 강정講定해 후회를 남긴다는 것도 옳지 않습니다.[364]

358) 앞과 같음.
359) 앞의 책, 472~473쪽.
360) 앞의 책, 473~474쪽.
361) 앞의 책, 475쪽.
362) 앞과 같음.
363) 앞의 책, 476쪽.

고 반대했다. 그러나 광해군은 끝끝내 공빈을 공성왕후恭聖王后로, 묘소를 성능成陵으로 격상했으며, 명에 주청해 종묘에까지 봉안했다.[365]

1610년(광해군 2) 3월 6일에 영의정이 된 이덕형은 왜국과의 교역을 허가하도록 건의했다. 사헌부는 비변사가 왜인에게 시장을 개방한 것을 공격했다. "깊은 원수를 잊고, 대금大禁을 풀어 후일 무궁한 근심을 열어 놓았으니 유사당상을 추고하고 담당 낭청을 파직시켜야 한다"는 것이다. 그러나 영의정 이덕형의 의견은 달랐다.

> 지난 신축년(1601)에 명나라 군대가 철수하고 남쪽 변경이 텅 비자, 대마도 왜인 다치바나 토모마사橘智正가 서찰을 가지고 나오니, 중외의 인심이 소란스러웠습니다. 예조가 답한 문서를 보니 즉시 화친을 허락할 뜻이 있었는데, 신이 마침 체찰體察의 명을 받고 변방에 있으면서 주야로 변방의 일을 헤아려 보니, 허락하지 말자니 눈앞의 쇠약한 적도 막아낼 능력이 없고, 허락하자니 원한이 하늘에 닿을 뿐만 아니라 허락한 뒤에도 종종 난처한 일이 생길 것이므로 부득이 수교해 물러서서 10여 년 동안 무사하면 그동안 스스로 강성해지는 계획을 세우려 했습니다. 다만 이 계획을 세우더라도 우리나라의 형편으로는 의지할 곳이 전혀 없으니 그것을 조종할 수 있는 것은 반드시 명나라의 힘을 빌려 겉으로만 열어 주는 척해 공갈과 협박의 단서를 끊어 버린 뒤에야 처사處事의 권한을 우리가 의논할 수 있습니다. 마침내 문서를 다시 고쳐서 예조의 답서와 함께 보낼 뜻으로 진달해 외람되게 선왕께서 훌륭히 시행하라는 명을 받았습니다.[366]

---

364) 앞의 책, 477쪽.
365) 앞의 책, 478쪽.
366) 《광해군일기》 권 26, 광해군 2년 3월 임오

일단 대마도 왜인들에게 교역을 허락했으니 명나라의 도움을 받아 국력을 신장할 때까지 하회를 보자는 것이다. 그리하여 군문軍門 만세덕萬世德에게 알려 이대로 시행하게 했는데, 조정에서 경솔하게 승 유정惟正을 들여보내고, 대마도가 거짓으로 능을 파헤친 적을 묶어 보내자 조정이 또 경솔하게 통신사를 들여보냈다는 것이다. 이 두 계책은 잘못된 것이라는 것이다.[367] 지금 대마도의 소 요시토시平義智와 평경직平景直이 상경해 진향進香하고 시장개방을 요청했는데, 시장 개방은 허락하고 상경은 거절해야 한다는 것이다. 그러나 미포米布만 매매할 수 있게 하고 비단, 삼, 호피 등 돈이 되는 물품은 교역하지 못하게 하니, 잠상潛商이 들끓게 마련이라는 것이다. 그러니 모든 물건을 팔게 하고, 잠상의 법을 엄하게 금하며, 세금을 징수하면 왜인과 우리 백성이 다 같이 유리할 것이라는 주장이다.[368] 이러한 결단에 대해 사신史臣도

> 대체로 일이란 경중輕重과 대소大小가 있는 것이다. 이미 큰 것은 허락하고, 작은 것을 어렵게 여기며, 이미 무거운 것은 시행하고 가벼운 것은 살피는 것이 어찌 도리라 하겠는가? 지금 원수와 화친을 허락한 것은 크고 중한 일이며, 이미 화친을 허락한 뒤에 규례에 의해 시장을 개방해 그들의 욕심을 맞춰 주는 것은 작고 가벼운 일이다. 실제로 화친을 허락한 뒤에는 자연 그렇게 하지 않을 수 없는 것이다. 사헌부가 논한, 깊은 원수를 잊고 대금大禁을 풀었다는 것은 실로 옳다. 그렇다면 장차 화친의 약속을 거두어들이고 죄를 성토해 끊어 버려야 하겠는가? 아니면 예전대로 수교해 왕래하면서 다만 시장 개방을 허락지 않아야 하겠는가? 대체로 왜적이 화친을 청한 것은 오로지 이 일을

367) 앞과 같음.
368) 앞과 같음.

> 위해서인데, 상경하는 것은 실로 허락할 수 없다 하더라도 시장 개방까지 들어주지 않는다면 이것이 어찌 가능한 일이겠는가? 더구나 잠상들의 폐단이 많아 시장을 개방해도 해가 없는 경우이겠는가? 이덕형의 의견은 바꿀 수 없다. 사헌부가 잘못된 의견으로 대신의 계획을 경솔히 논하고 이덕형이 차자를 진달한 뒤에도 의논을 중지하지 않아 대신으로 하여금 더욱 불안한 마음을 갖게 하고 물러나려는 마음을 갖게 했으니, 아마도 본래 이덕형이 자기와 소견이 다른 것을 미워했기 때문인 듯하다. 탄식스러울 뿐이다.[369]

고 논평했다. 이를 보아 이덕형의 외교 능력이 출중했음을 알 수 있다.

1610년(광해군 2) 5월에 아버지 병 때문에 휴가를 얻었으나 세자의 관례冠禮를 행하고자 7월에 불러 올라왔다. 영의정 이덕형은 세자사世子師로서 가례도감嘉禮都監 도제조가 되었다. 사관은

> 이덕형은 기국이 너그럽고 두터우며 재주가 뛰어났다. 약관弱冠에 벼슬길에 올라 청선淸選을 두루 거쳤으며, 문단文壇의 맹주로 활약했고, 군사 문제를 전담해 처리했다. 마흔 살이 채 못 되어 정승에 올랐으나 아름다운 명성을 잃지 않으니, 세상에서 훌륭한 재상으로 평가했다. 다만 나라를 경영하는 데 필요한 실질적인 재주가 없고 낭묘에 있으면서도 별달리 시행하는 일 없이 녹을 부지하고 지위를 보존할 뿐이었다. 그러나 시세時勢가 어찌할 수 없다는 것을 알고 매번 상소해 해직되기를 구했는데, 성심으로 사직하면서 늘 몸을 받들고 돌아가고자 했으니, 이러한 점에서 훌륭하다고 하겠다.[370]

---

369) 앞과 같음.
370) 《광해군일기》 권 36, 광해군 2년 12월 계사

고 평가했다. 이덕형은 글을 잘해 문단의 맹주가 되었고, 군사 문제를 전담할 정도로 유능한 인재로 알려져 있었던 것이다.

1610년(광해군 2) 7월에 5현五賢(金宏弼·丁汝昌·趙光祖·李彦迪·李滉)을 문묘文廟에 종사從祀했다.[371] 1611년(광해군 3) 봄에 용진龍津에 머물면서 사제곡莎提曲을 지었다. 사제莎提는 이덕형의 별서가 있던 제방 이름이다. 남한강과 북한강이 만나는 곳에서 2km쯤 되는 북한강 강변을 따라 남양주군 조안면 진중리에 있는 제방이다. 이곳과 양서면 곡용진 사이를 나룻배로 왕복해 북한강 양쪽을 연결하는 유명한 용진나루터가 있었으나 1925년(을축년) 홍수로 제방이 무너지고 수로가 바뀌어 옛 모습을 잃어버렸다.[372] 이때 만호 박인로朴仁老가 무과를 거쳐 만호가 되었는데, 만년에 여헌旅軒 장현광張顯光을 좇아 성리학을 배웠다. 이덕형이 영남의 체찰사로 있을 때 서로 친밀하게 지냈다. 박인노는 노래를 잘 했는데, 이때에 이르러 장가체 서사시인 사제곡을 짓게 해 양생養生하는 즐거움을 삼으려 한 것이다.[373]

사제곡 중 일부를 소개하면 다음과 같다.

……

수거水居가 이렇거든 거산居山이라 우연이랴
산방山房의 추만秋晩커날 유회幽懷를 둘 데 없어
운길산 돌길에 막대집고 쉬어올라
임의소요任意逍遙하며 원학猿鶴을 벗을 삼아
교송喬松을 비기여 사우四隅로 도라보니
천공天工이 공교해 뫼 빗츨 꿈이난가

371) 연보 하, 482쪽.
372) 李時佑,《漢陰 李德馨先生 一代記》(廣州李氏 漢陰宗會), 4쪽.
373) 앞과 같음.

흰구름 말근내는 편편片片이 떠여나라
노푸락 나지락 봉봉곡곡峯峯谷谷이 면면面面에 버럿거든
서리친 신남기 봄꽃도곤 불거시니
금수병풍錦繡屛風이 잠람潛濫하야 보이는다
힘세이 다토면 내분에 올까마는
금禁하리 업슬새 나도 두고 즐기노라
……
물노리가 이렇게 좋은데 산에 오르는 즐거움이라 다를 것이랴
산방山房에 늦가을이 찾아오니 그윽한 회포를 가눌 길 없어
운길산 돌길을 지팡이 의지하여 쉬엄쉬엄 오르면서
내 맘대로 이리저리 거닐며
원숭이와 학들을 벗 삼으며 큰 소나무 사이로 사방을 돌아보니
산속의 경치를 만든 조물주의 솜씨가 정교하기도 하구나
흰구름과 엷은 연기가 조각조각 날아다니며
높은 곳 낮은 곳의 봉우리 골짜기마다 곳곳에 널려 있구나
서리가 내려 빨갛게 물든 단풍이
봄날의 꽃보다 더욱 붉게 아름다우니
비단에 수놓아 꾸민 병풍을 겹겹이 둘러친 듯
천태만상이 각각의 모습으로 제 모양을 뽐내고 있구나
내가 힘으로 이 경치를 내 것으로 만들 수 있을 까마는
막는 사람도 없으니 내 멋대로 즐길 수 있구나[374)]

3월 26일 이덕형은 《여지승람輿地勝覽》을 간행할 때 자기 중시조인 이

374) 李時佑, 《漢陰 李德馨先生 一代記》(廣州李氏 漢陰宗會), 5쪽.

집李集이 조선에 들어와 벼슬한 것으로 잘못 기록되어 있는 것을 고쳐 줄 것을 간청했다. 왕도 이를 허락했다.[375] 실상 경연관 홍적洪迪이 선조조에 이미 그 개정을 건의해 왕의 허락까지 받았으나 개정되지 못하다가 이 책을 중간할 때를 당해 개찬改撰하게 한 것이다.[376] 1611년(광해군 3) 4월에 정인홍鄭仁弘의 회퇴변척晦退辨斥 사건이 일어났다. 정인홍이 '회재晦齋 이언적李彦迪과 퇴계退溪 이황李滉이 소인인데 문묘에 종사되고 자기 스승인 남명南冥 조식曺植은 종사되지 못한 것은 잘못된 처사'라고 공격한 것이다. 이에 성균관 유생들은 정인홍의 이름을 청금록靑衿錄(성균관 유생 명부)에서 빼 버렸고, 반대로 정인홍을 지지하는 지평 박여량朴汝樑 등은 그러한 유생들을 탄핵했다. 유생들이 발발해 공관空館(同盟罷學)을 하고 집으로 돌아가자, 광해군이 노해 유생들을 구속하라고 했다. 이러한 상황에서 이덕형은 차자를 세 차례나 올려 이항복과 함께 정인홍의 잘못을 누누이 지적하니, 유생들이 겨우 풀려났다.[377] 그러나 정인홍의 추종자들이 계속 이덕형과 이항복을 공격해 이덕형은 열 번이나 사직소를 올렸으나, 8월 24일에 그를 좌의정으로 강등시키고 이원익을 영의정에, 이항복을 우의정에 임명했다.[378]

그러나 아버지의 병세가 악화되자 비답을 기다리지도 않고 가서 체직해 주기를 바랐다. 그러나 광해군은 "임금답지 않은 내가 왕위를 욕되게 해 대신이 가까이 하지 않고 3공이 문을 닫고 깊이 들어앉았으니, 오직 나의 미치지 못함을 버릴까 염려스러우며, 앞으로 힘쓰려 하지만 내 몹시 의심스럽다"고 투덜거렸다.

1612년(광해군 4) 3월에 김직재金直哉의 난이 일어나 죄 없는 사람들이

375) 《광해군일기》 권 39, 광해군 3년 3월 병인
376) 연보 하, 484쪽.
377) 연보 하, 483쪽.
378) 앞의 책, 486쪽 ; 《광해군일기》 권 44, 광해군 3년 8월 신묘

많이 걸려들었는데 이덕형은 위관으로서 억울한 사람을 많이 풀어 주었다.[379] 5월에 신경희申景禧가 대신들의 계啓 가운데 유영경이 광해군의 공적을 덮어둔 죄를 거론하지 않았다고 헐뜯었다. 좌의정 이덕형은 영의정 이원익·우의정 이항복과 함께 입대入對해서 광해군이 세자 때 세운 중흥한 큰 공을 주문奏文의 앞에 써서 어려운 시대에는 공을 우선한다다는 것을 밝히자고 했다. 명이 광해군이 장자 임해군을 제치고 왕에 책봉되는 것을 꺼리는 것을 불식하기 위해서였다.[380]

1612년(광해군 4) 9월에 이덕형은 다시 영의정이 되었다. 이원익이 병으로 갈리고, 정인홍이 우의정이 되었다.[381] 이때 셋째 아들 여황이 문과에 급제했다.[382] 11월에 익사翼社·형난亨難 공신에 한원부원군漢原府院君에 책봉되었다. 1608년(광해군 1)에 주청사奏請使로서 광해군의 책봉을 허락 받아 온 공으로 익사공신翼社功臣을, 김직재金直哉의 난에 위관委官으로 활동한 공으로 형난공신亨難功臣을 받았다. 그러나 이덕형은 이를 달갑지 않게 여겨 "1592년 임진년의 훈록도 사양할 수 있었는데, 이번의 훈호勳號를 달게 받았으니, 그 기분이 어떠하겠는가?"고 해 부끄럽게 생각했다. 그러나 이 훈록 덕으로 아버지가 공신의 아버지라 해 동지중추부사로 승진되었다. 그런데 이 훈록은 1623년(인조 1)의 인조반정仁祖反正으로 폐지되었다.[383]

1613년(광해군 5) 2월에 공신들의 회맹제會盟祭 및 공신회맹연功臣會盟宴에 참여했다.[384] 이때 이덕형은 따로 진주사를 보내 절강총병浙江總兵 양승업楊承業의 잘못된 보고를 변명할 필요가 없다는 차자를 올렸다. 양승업은 1612년(광해군 4)에 "조선의 네 고을에는 왜노들이 절반이나 섞여 있어

379) 연보 하, 488쪽.
380) 《광해군일기》 권 53, 광해군 4년 5월 병오
381) 연보 하, 489쪽.
382) 앞과 같음.
383) 앞의 책, 490~491쪽.
384) 앞의 책, 491쪽.

서로 마음을 기울여 상대하고 있다"고 해, 도어사都御史 양호楊鎬가 자문을 보내 사실을 물어 왔고, 또 차관差官 황응양黃應暘을 부산에 보내 왜정倭情을 염탐한 적이 있다. 그리하여 동지사冬至使 조존성趙存性을 보내 그 거짓을 밝히려 했으나 명 예부禮部는 진주陳奏한 내용을 보고도 하지 않았다. 그러니 너무 잦은 사신을 보내 변명을 하면 번거로울 것 같으니, 사은사 송영구宋英耈를 보낼 때 한꺼번에 변명하자는 것이었다. 광해군도 이 의견을 따랐다.385)

1613년(광해군 5) 봄, 서인의 거두인 박순의 서자 박응서朴應犀를 비롯해 서양갑徐羊甲·심우영沈友英·이경준李耕俊·박치인朴致仁·박치의朴致毅·허홍인許弘仁 등 7명의 양반 서자들이 은銀장수를 털다가 잡혀 들어왔다. 이들은 소양강 가에 무륜당無倫堂을 지어 놓고, 스스로 강변7우江邊七友, 죽림7현竹林七賢이라 하면서 허균·이재영·이사호 등 중앙의 양반 관료들과의 친분을 이용해 벼슬길을 모색하고자 했다. 그러나 뜻을 이루지 못하자 서얼차대庶孼差待에 반발해 반란을 도모하고, 그 자금을 얻고자 조령鳥嶺에서 은장수를 털다가 걸려든 것이다.386)

그들은

> 우리들은 탁월한 재사이다. 다만 당대의 서얼금고庶孼禁錮에 묶여 그 뜻을 펴지 못하게 되었다. 대장부가 죽지 않으면 그만이지만, 죽을 바에는 큰 명성을 낼 것이다.387)

고 하면서 도원결의桃園結義를 모방해 형제의 의리를 맺고 선비 김비金斐,

385) 앞의 책, 491~492쪽.
386) 이성무, 《조선시대 당쟁사》 1, 동방미디어, 2000, 173쪽.
387) 李肯翊, 《燃黎室記述》 권 20, 폐주광해조기사본말 박응서지옥.

만호 김평손金平孫, 수문장 박종인朴宗仁 등과 사귀는 한편, 도둑질로 재물을 모아 큰일을 벌이려 했다. 그러다가 조령에서 은 6~7백 냥을 강탈한 죄로 잡혀 들어온 것이다.[388]

그런데 포도대장 한희길은 박응서에게

> …… 시키는 대로만 하면 죽음을 면할 뿐 아니라 큰 공을 세울 수 있으니, 모름지기 깊이 생각해서 진술하라.[389]

고 꾀었다. 이 말에 귀가 솔깃해진 박응서는

> 우리들은 단순한 도적이 아닙니다. 장차 큰일을 일으킬 생각으로 양식과 무기를 준비하려 한 것입니다. 영창대군 의䂅의 장인 김제남金悌男과 몰래 통해 영창대군을 받들어 임금을 삼으려 한 것입니다.[390]

고 고변告變했다. 이 고변은 이이첨李爾瞻의 친척인 이의숭李義崇을 시켜 사주한 것이라 한다. 이들을 심문하던 정항鄭沆은 자초지종을 왕에게 보고했고, 왕은 이들을 친국하고 박응서는 약속대로 풀어 주었다. 그리고 서양갑은 자기 어머니가 모진 고문을 받는 것을 보고 "광해가 내 어머니를 죽이니, 나도 제 어미(인목대비)를 죽여야겠다"[391]고 하면서 거사를 김제남과 함께 모의했고, 그 사실을 대비도 알고 있었다고 꾸며댔다. 이 사건으로 김제남은 사약을 받았다. 그런데 장령 정조鄭造와 윤인尹訒 등이 폐모론廢母

388) 이성무, 《조선시대 당쟁사》 1, 174쪽.
389) 李肯翊, 《燃藜室記述》 권 20, 폐주광해조고사본말, 박응서지옥.
390) 앞과 같음.
391) 앞과 같음.

論을 들고 나오고, 이이첨은 3사를 사주해 영창대군을 죽일 것을 끈질기게 요청했다. 그리하여 8월 2일 영창대군은 서인庶人으로 강등되어 강화도로 유배되었다.392)

하루는 대사헌 송순宋諄과 대사간 이충李冲이 큰 소리로 "조정의 공론은 모두 대신들이 즉시 복합伏閤하지 않고 있다고 나무라고 있다"고 했다. 이에 이덕형은 이항복에게 "조정의 공론이 이와 같은데, 이 일을 앞으로 어찌해야겠는가?"고 물으니, 이항복이 "내 뜻은 1608년(광해군 즉위년) 임해군에 대한 전은설全恩說과 같다"고 했다. 지친 사이에 은혜를 베풀어 죄를 주어서는 안 된다는 것이다. 이덕형이 "그렇다면 죽겠단 말인가?" 하니, "《예기禮記》에 이르기를, 내란에는 관여하지 말라 했는데, 내 하필 영창대군을 위해서 죽겠는가? 그대는 수상으로서 마땅히 이 일을 결단 지어야 할 것이네. 만약 대궐 밖에다 안치케만 한다면 수긍하고 따르겠지만 3사의 의논대로 전인甸人(옛날 전야田野를 맡은 관명官名인데, 《예기》 문왕세자편文王世子篇에서 인용한 말로서, 공족公族이 죽을죄를 지었을 경우 그 처형을 사람들이 볼 수 있는 시조市朝에서 행하지 않고 은밀히 전야田野를 맡은 관원에게 시켜 처형했음)에게 맡겨 목을 베게 한다면 하는 수 없이 이의異議를 제기하겠다. 죽고 사는 것은 운명일 테니까"고 했다. 이덕형도 "내 마음도 마찬가지네"라고 했다. 이튿날 이덕형은 대궐로 들어가 "인仁을 근본으로 삼고 의義로 결단해 대궐 밖에 안치하라"고 했다. 그러자 이이첨이 크게 화를 내며 "조정의 공론이 모두 처형을 주장하는데 대신만이 궐 밖에 안치할 것을 청하니, 백관들의 종사를 위하는 뜻과는 다르다"고 거칠게 받아쳤다. 이덕형은 "이미 여러 사람의 의견을 받은 것이다"고 할 뿐이었다. 이이첨은 "이러한 대신과는 구차하게 함께 할 수 없다", "나오지 않는다는 말인

392) 이성무, 《조선시대 당쟁사》 1, 동방미디어, 2000, 178쪽.

가? 사람마다 각기 의견이 있을 것이다. 자신의 행위에 맡길 뿐이다"고 성을 냈다.393)

정조와 윤인 등이 "무고에 대한 소문이 전파된 지 이미 오래되었고, 외응外應한 흔적이 적초賊招에서 명백하게 드러났으니, 종사에 죄를 얻었고, 모후로서의 도리가 끊어졌다"고 공격했다. 이덕형이 이항복에게

> 정조와 윤인의 죄가 무도하게 대비를 범하고 있는데, 살아서야 이런 일을 보겠는가? 우리 두 사람이 함께 임금 앞에 나아가 먼저 정성어린 효도로써 자전慈殿의 마음을 편하게 하기를 반복해서 아뢰어 임금의 깨달음을 기다리고, 이어서 대관들의 하늘을 무시하는 무도한 행위를 강력하게 탄핵해 힘껏 쳐부수어 흔적을 없애야 할 것이니, 이것이 바로 발본색원拔本塞源하는 도리일 것이다.394)

고 하니, 이항복은

> 불가하다. 우리들이 올린 계사를 절반도 보기 전에 임금이 몹시 진노할 것이니, 아마도 대간들을 저격狙擊하기란 형세로 보아 전부 말하기 어려울 것이다. 대관들이 이미 《춘추》를 거짓 인용해 임금을 현혹하고 있으니, 이 일을 반드시 대신에게 하문할 것이다. 그래서 내가 대략 《춘추》를 익혀 두었는데, 경전을 이용하고 대의大義를 근거로 삼아 차례차례 공박하려고 이미 복고腹稿(속으로만 지어서 기억해 둔 글)를 마련했으니, 물음에 대한 의견을 올리거나 차자를 올리거나 하고, 이어서 영창대군에게 형벌을 가할 수 없다는 내용을 언급하는 것이 좋을

393) 연보 하, 493~494쪽.
394) 앞의 책, 495쪽.

> 것이다.[395]

고 했다. 이덕형이 "시험 삼아 마련한 초안을 내게 보여 달라" 하고 이튿날 대궐에 나아가 이항복에게 "이 일을 어찌 며칠씩이나 참고 기다리겠는가? 내 마음은 타는 것만 같으니, 오늘 바로 입계入啓하는 것이 어떻겠는가?" 하니 이항복이 "불가하다. 지금 정조와 윤인이 이미 체직되어 국시國是가 약간 바로잡힌 것 같으니, 때를 기다리는 것이 좋겠다"고 해 이덕형도 수긍했다. 그러고 나서 이틀 뒤에 이항복이 자기가 추천한 종성부사鍾城府使 정협鄭浹이 역모에 연루되어 대간의 탄핵을 받고 북청北靑으로 귀양 가니, 집으로 돌아올 때마다 눈물을 흘리면서 식사를 안 하고 찬술만 계속 마시다 죽었다.[396]

이덕형이 죽은 뒤에 이항복이 묘지를 지어

> 폐모의 논의가 제기되었을 때 명보明甫(이덕형의 字)는 급히 서둘렀으나 내가 때를 기다리자고 해 마침내 나의 의견을 따랐으며, 내가 먼저 패퇴하자 명보는 고립되어 할 말을 다하지 못하고 시들어 죽어 갔으니, 후세의 지사志士들로 하여금 천고에 눈물을 흘리게 했고, 나는 명보를 그르친 점이 많았다.[397]

고 회고했다. 미수眉叟 허목許穆은 이덕형의 급공론急攻論과 이항복의 대시론待時論에 대해 "남의 신하된 도리로 말하자면 마땅히 한음 같이 해야만 옳다고 하겠다"고 논평했다. 이항복은 1617년(광해군 9)에 북청에서

395) 앞의 책, 495~496쪽.
396) 앞의 책, 496쪽.
397) 앞의 책, 496~497쪽.

죽었다.[398]

1613년(광해군 5) 6월에 연흥부원군延興府院君 김제남이 죽자 그 딸인 인목대비에게 상복喪服을 올리는 문제가 논의되었다. 예조판서 이정구李廷龜는 탄핵을 받아 물러나 있고, 예조참의 유숙柳潚은 김제남이 역적의 괴수로 사사되었으니, 대비에게 죽음을 알리고 상복을 올리는 것은 불가하다고 했다. 그러나 예조참판 오백령吳百齡은 김제남의 죽음을 알릴 수 있다고 몇 번이나 상소했는데, 결정을 보지 못했다. 오백령은 영의정 이덕형에게 의논했다. 이덕형은 오백령의 주장을 지지했다. 이덕형은 대신들을 모아 수의했다. 그는

> 부자간의 윤기倫紀와 군신 간의 의리는 모두 3강三綱에 관계되는 것입니다. 김제남이 비록 역적의 괴수로서 종사에 죄를 얻었다고는 하나, 대비로서는 천륜의 도리를 마땅히 다해야 할 것입니다. 그러니 유사는 죽음을 알리고, 상복을 올리고, 조정에서는 한 차례 문안을 드린다면 변례變禮(임시변통의 예법)에 합당할 듯합니다. 상고하건대 《춘추》에는 "자식이 어미를 원수로 여기는 의리는 없다"고 했고, 선유들의 정론定論에도 "자식이 어미를 끊는 도리는 없다"고 했으니, 이번에 치를 변례에도 여기에 벗어나서는 아니 될 것입니다.[399]

고 수모讎母·절모絕母론을 주장했다. 이에 대해 광해군이 크게 노해

> 김제남은 이미 역적의 괴수로 법에 따라 사사되었으니, 대비의 상복은 등급을 낮추는 법의 절목이 있을 듯한데, 헌의獻議의 말미에 이러저러

398) 앞과 같음.
399) 앞의 책, 498쪽.

> 한 말로 결론을 얻으려 했으니, 이는 쓸 데 없는 말인 듯해 나는 몹시 놀랐다.[400]

는 비답을 내렸다. 그러자 북인들이 이덕형을 집중 공격했다. 그러나 1617년(광해군 9)에 동양위東陽尉 신익성申翊聖(선조의 딸 정숙옹주貞淑翁主의 남편)이 쓴 기사記事에

> 한음이 내세운 수모·절모의 이론은 아마도 정조와 윤인 등의 이론을 모두 단절하려고 한 것이었는데, 잠시 뒤 한음이 올린 차자가 임금의 뜻에 거슬리다 보니, 정조와 윤인 등의 자신을 위한 계책이 날로 더욱 심해졌다.[401]

고 논평했고, 청음淸陰 김상헌金尙憲은

> 광해군조에 절개를 굽히지 않은 사람들은 모두가 한음공이 내세운 수모·절모의 이론을 계술繼述하고 있었으니, 이로써 논한다면 한음공은 마땅히 광해군 때에 절의節義를 수창한 분이라 할 수 있다.[402]

고 논평했다.

1613년(광해군 5) 6월 4일 이이첨이 김석로金錫老(또는 김응벽金應璧)를 부추겨 이덕형을 무함했다.[403] 이에 이덕형은 소의문昭義門 밖으로 나아

---

400) 앞과 같음.
401) 앞의 책, 499쪽.
402) 앞과 같음.
403) 그 후 김석로가 처형당하게 되었는데, 그는 "내 그릇되게 남의 말을 듣고 덕이 높은 어진 재상을 誣引했으니, 죽어서도 부끄러운 귀신이 될 것"이라 후회했다고 한다(위와 같음).

가 7일 동안이나 거적을 깔고 처벌을 청했다. 그런데 빈청에서는 영창대군에 대한 계사를 왕에게 올리는 것을 정지했다. 3사는 계속 영창대군을 법으로 다스려야 한다고 주장했으나 빈청에서는 궐 밖에 안치할 것을 청했는데, 21일 만에 왕이 궐 밖에 안치하라고 했다. 그래서 이덕형은 이제 영창대군을 밖에 안치했으니 다시 무슨 계사를 올릴 필요가 있을 것인가 해 빈청에 영을 내려 계사를 정지하게 했다. 3사는 영의정이 옹호한다고 공격했고, 그는 병을 핑계로 나가지 않았다.[404]

이항복은 "만약 영창대군을 궐 밖에 안치하는 데만 그친다면 우리들이 목숨을 걸고 꼭 다투어야 할 이유는 없다"고 해 이덕형도 그 뜻을 따랐으나, 영창대군을 밖에 안치하는 것도 이덕형의 뜻은 아니었다.[405] 7월에 병을 이유로 사직하고자 했으나 왕이 의원을 보내고 약물을 하사했다. 그러나 8월 2일 영창대군은 다시 강화江華로 옮겨 안치했다.[406]

이에 이덕형은 영창대군에게 가죄加罪해서는 안 된다는 장문의 차자를 올렸다.

> 신은 오늘날 전대前代에 없었던 변을 당해 늘 성상의 심려하신 하교를 받들고 간담이 찢어질 것만 같고 침식을 모두 잊을 지경입니다. 한목숨을 버리는 수밖에 다시 무슨 생각이 있겠습니까? 의㼁(영창대군)에 대한 처사 같은 것은 상께서 변을 당해서도 인륜을 다했으니, 옛 성현보다도 현격하게 뛰어난 처사입니다. 뭇 인심이 급박해질수록 임금의 말씀은 더욱 간절하니, 중외의 사서士庶들이 어느 누가 임금의 말씀 아래 감격의 눈물을 흘리지 않겠습니까? 의(영창대군)는 아직 강보襁褓

404) 앞의 책, 500쪽.
405) 앞과 같음.
406) 이성무, 《조선시대 당쟁사》 1, 동방미디어, 2000, 178쪽.

를 면하지 못하고 있는데, 이미 화본禍本이라 이름 지어졌고, 역적 진珒(임해군)과 유영경이 처형당한 것을 모두 의(영창대군) 때문이라고 한다면 의가 흉적들의 기화奇禍로 된 그 유래는 하루아침에 된 일이 아닙니다. 의가 죽으면 화근이 끊겨 국가가 편안해지고 의가 죽지 않으면 인심이 의혹을 사서 조정이 위태로울 것이다 해, 무릇 식견이 있는 사람이면 모두가 속히 처치하고 싶어 하는데, 조정에 있는 많은 재상들도 누가 이러한 염려를 않겠습니까? 그러나 아무리 역모를 미리 알았다 하더라도 나이 아직 어리다면 법으로 처형할 수 없으며 법이란 왕자로서 삼가 지켜야 할 바입니다. 신과 많은 신하들이 감히 구차하게 처형하자는 의논을 함께 하지 못하는 것은 이러한 이유에서입니다.[407]

고 해 영창대군이 어리니 죽여서는 안 된다고 목숨을 걸고 반대했다. 그러자 옥당에서 이덕형이 역적을 두둔한다고 공격했다. 그의 상소는 계속된다.

살피건대 옥당(홍문관)의 차자 가운데 계속 꾸짖고 배척하면서 역적을 방임해 임금을 위태롭게 했다는 죄로 지목했다니, 이 말을 듣고부터는 모골이 송연합니다. 진실로 죄가 여기에 이르렀다면 이 세상 안에서는 피할 곳이 없을 것인데, 어찌 감히 재상의 반열에 얼굴을 들겠습니까?[408]

옥당을 비롯한 대간의 탄핵이 심해 재상 자리에 버티고 있을 수 없다는

---

407) 연보 하, 501~502쪽.
408) 앞의 책, 502-503쪽.

것이다.

> …… 신이 약관 시절 처음으로 벼슬길에 나와 지금까지 34년 동안 양조兩朝의 큰 은혜를 흠뻑 입으면서 걱정했던 것은 오직 직사職事뿐이었습니다. 그리고 제가 타고난 성품 그대로 어떤 일을 만나면 과감하게 처리하고 우매하리만치 고치지 않는다는 것은 온 나라 사람이 다 아는 바입니다. 그런데도 요즈음은 계획을 세운 일이 모두 나무람만 받게 되고, 충성을 받치고자 해도 변해 죄가 되고, 중요한 정무를 살피려 해도 방해를 당해 실행하지 못하고 있습니다. 이렇게 한 가지 일도 실효를 거둘 수 없는데 작위만을 차지하고 있으니, 많은 흠집이 갈수록 불어나 앉아서 죄망을 부르고 있습니다. 유생들이 항소해 신을 배척했고, 대간들도 양사(사헌부와 사간원)가 다 모인 자리에서 의논을 꺼냈으며, 옥당의 계속된 차자에서도 신을 극형으로 배척했습니다. 이러한 때에 불고염치하고 웅크리고 앉아 물러나지 않는다면 반드시 국사를 그르치고 끝내는 제 자신까지도 대륙大戮에 빠트리고 말 것입니다.409)

위험이 바짝 닥아 왔음을 직감한 것이다. 그는

> 임진왜란이 일어난 처음부터 신이 사지死地에 드나들었고, 모두가 싫어하는 곳을 곧장 달려갔던 사실은 누구나 다 알고 있습니다. 그리고 편하고 평탄한 곳을 사양하고 험하고 위태한 곳에 서둘러 나가는 것은 신이 본디부터 마음먹었던 일인데, 혹시라도 다른 날 나라의 어려

---

409) 앞의 책, 504쪽.

> 움이 남아 있다면 비록 구학丘壑(속세를 떠난 곳)에 있을지라도 어찌 한 목숨 버려 전하의 은혜에 보답하기를 잊겠습니까? …… 바라옵건대 전하께서는 시세를 깊이 헤아리시고 신의 정상도 살피시어 빨리 죄를 베풀어 주소서.410)

라고 했다. 임진왜란 이후 위험한 곳이나 죽을 땅이라도 마다하지 않고 충성을 다했는데 이러한 모함을 받고 있으니, 빨리 죄를 내려 달라는 것이었다. 조경남趙慶男의 《산서잡록山西雜錄》에

> 영상 이덕형은 시사時事를 극론하려 했으나, 앙화가 늙은 아버지에게 미칠까 염려되어 주저하며 과감하게 결정짓지 못하고 항시 조복으로 눈물을 닦고 있었다. 아버지가 이를 알고서 '너는 젊은 나이로 벼슬길에 올라 지금은 신하로서 가장 높은 지위에 있으면서 사생死生과 휴척休戚을 마땅히 나라와 함께해야 할 것인데, 어찌하여 마음속에 생각을 감추고 죄 되는 일을 견디어 참으며 한평생 충군忠君·애국愛國하려는 뜻을 져버리려 하느냐?'고 했다. 이에 절하고 울면서 영원한 이별을 고하고 차자를 올려 시사를 논하면서 누구도 감히 하지 못할 말을 아뢰니, 임금은 몹시 노했고, 3사는 합계合啓해 법으로 다스릴 것을 정했다.411)

고 기록하고 있다. 이덕형이 늙은 아버지 때문에 소신껏 발언하지 못했는데, 아버지가 이를 알고 격려해서 죽을 각오로 차자를 올렸다는 것이다. 옥당은 양사에서 처치해야 한다고 하고, 양사에서는 도성 밖으로 내치자는

---

410) 앞의 책, 505쪽.
411) 앞의 책, 507쪽.

계啓를 올리니, 이덕형은 그날로 용진(현 남양주군 송촌리松村里로, 수종사水鍾寺 가는 입구 송촌초등학교 옆 대아당 터가 있는 곳)으로 돌아갔다.[412]

양사의 계는 요약하면 다음과 같다.

> 죄가 10악十惡(《대명률》에 정한 열 가지 큰 죄. 謀反·謀大逆·謀判·惡役·不道·大不敬·不孝·不睦·不義·內亂)을 범했다면 팔의八議(평의評議에 의해 형벌을 감면해 주는 여덟 가지 조건: 議親·議故·議功·議賢·議能·議勤·議貴·議賓)도 용서를 받지 못한다는 것은 명나라의 변경할 수 없는 법전입니다. 더구나 난역亂逆(반역을 꾀함)은 천하가 다 미워하는 바요 사람마다 모두가 처벌해야 한다는 것인데, 어찌 신하된 자로서 감히 전은이라는 말을 꺼내 역적을 그대로 두고 임금을 위태롭게 하는 계책을 꾸밀 수 있겠습니까? 오늘날 법대로 다스려 영창대군을 처치하자는 의논을 다만 3사만이 꺼냈을 뿐 시일을 끌더니, 백관들이 조정을 메우며 처음부터 마지막까지 소청所請한다는 것이 겨우 궁궐 밖으로 옮겨 안치하고 강도江都로 옮겨 안치하자는 데에 그치고 만다면, 소위 재상들이란 과연 어떤 사람이며 이를 어찌 춘추토역春秋討逆의 대의라 하겠습니까? 영의정 이덕형은 수상의 신분으로서 임금이 욕을 당하면 신하로서 죽음을 걸고 갚아야 할 때를 당해, 의義를 부르짖고 법에 따라 역적을 치려하지는 아니하고, 장황한 사설로 위로는 임금을 둘러메서 억누르고 아래로는 온 세상을 미혹케 하니, 그 마음의 소재를 참으로 헤아릴 수가 없습니다. …… 또 '군자는 은혜를 알고 소인은 은덕을 저버린다'는 말이 있습니다. 전하께서는 이덕형에 대한 대접을 몹시도 후하게 했는데, 호역협군護逆脅君으로 이덕형의 전하에 대한 갚음은 너무나도 박합니

412) 정만조, 〈조선 중·후기 사족변천과 집성촌의 발달〉, 《조선시대 경기 북부지역 集成村과 士族》, 국민대출판부, 2004, 209쪽.

> 다. 어찌 그 불충함이 이와 같은데, 그 수령首領의 자리를 능히 보전할 자가 있겠습니까? 바라옵건대 전하께서는 《춘추》의 조순趙盾(진晉나라 사람으로 그가 임금을 죽이지 않았는데도 공자가 토역討逆을 하지 않았다고 해 임금을 시해弑害했다고 썼음)을 처벌한 법을 취하고, 흔쾌히 공의公議에 따라 그 죄를 처벌해 신하된 자의 무도한 악을 응징하소서.413)

이때 오리 이원익은 오랜 병고로 국사에 참여하지 못하다가 이덕형을 극형에 처한다는 말을 듣고 차자를 올려

> 조정의 의논이 요동 차관差官 엄일괴嚴一傀가 임해군을 조사한 일 하나만 가지고 대신이 불충한 때문이라고 하고, 전은하자는 말을 가지고 역석을 방임하고 임금을 위태롭게 했다고 하나, 임해군을 조사할 때는 신이 수상이었고 전은에 대한 말도 실상은 신이 먼저 꺼냈던 것입니다. 불충한 것과 임금을 위태롭게 한 것은 신하된 자의 더할 수 없는 죄이지만, 만일 의견의 차이와 논의의 잘못으로 헤아릴 수 없는 지경에 빠트린다면 아마도 국가의 복이 되지 않을 것입니다. 처벌을 기다리고 있는 중이라 감히 말을 다하지 못하겠습니다.414)

고 했다. 그런 논리라면 자기가 먼저 처벌을 받아야 한다는 것이다. 3사는 달포가 지나도록 이덕형 등을 극형에 처해야 한다고 합계했으나 광해군은 9월에 삭탈관작, 문외출송門外出送하는 데 그쳤다. 대간들도 인심이 따르지 않자 즉시 법으로 다스리라는 계를 더 이상 올리지 않았다.415)

---

413) 연보 하, 508~513쪽.
414) 앞의 책, 513쪽.
415) 앞과 같음.

이덕형은 조정을 떠나 온 뒤 왕실을 생각해 지붕을 우러러보며 깜짝깜짝 놀라기도 하고 날마다 산에 올라 북쪽을 향해 통곡도 하고 침식마저 제대로 못했으며, 찬술만 마시다가 1613년(광해군 5) 10월에 병이 들어 9일 오시午時에 죽었다. 향년 53세. 부음을 듣고 광해군은 몹시 슬퍼하며 "대체 무슨 병으로 이렇게 되었단 말인가?"고 하면서 관작을 회복시켜 주고 현직의 예에 따라 장례를 치러 주었다.[416)]

그가 죽은 날 흰 기운이 방에 가득히 차 종일 가시지 않았으며, 빛깔이 특이한 구름이 하늘을 가려 사람들 눈을 어지럽게 했다. 이에 시중의 백성들은 시장을 거두고 거리에 나와 통곡을 했으며, 더러는 돈이나 재물을 문전에 부조했다. 이때 이항복은 노원蘆原으로 물러나 있었는데, 대렴大斂 때에 달려와 몸소 염습하고 돌아갔다. 1613년(광해군 5) 12월에 관작을 회복시키고 예관을 보내 치제致祭하게 했다.[417)] 그리고 1623년(인조 1)에 도승지를 보내 제사를 내렸고,[418)] 1633년(인조 11) 1월 26일에 문익文翼이라는 시호를 받았다.[419)] 1689년(숙종 15) 12월 12일에 포천 생원 이천정李天挺 등이 상소해 포천에 사우祠宇를 세우고 이덕형과 조경을 배향했다.[420)] 또

416) 앞의 책, 514쪽.
417) 《國譯 漢陰先生文稿》 下 附錄 4卷, 一. 賜祭文, 659쪽.
418) 앞의 책, 二. 賜祭文, 661쪽.
419) 《인조실록》 권 28, 인조 11년 1월 무오
420) 《숙종실록》 권 21, 숙종 15년 12월 갑술. 조선 후기 경기 북부에는 한양조씨 龍洲 趙絅 가문, 양천허씨 眉叟 許穆 가문, 광주이씨 한음 이덕형 가문과 원주의 나주정씨 丁時翰 가문이 살았다. 이들은 서로 혼인을 주고받으며 함께 엉켜 살았다. 이 때문에 조경은 이덕형의 신도비명을 짓게 되었다. 그런데 조경은 이 글에서 "못된 개가 겨를 핥다가 필경에는 쌀까지 범하려 하는 법이다. 대관 정조·윤인·丁好寬 등이 함께 母后를 폐하고자 발론했다" 고 썼다. 이에 정호관의 손자 정시한이 자기의 할아버지가 정조·윤인과 함께 인목대비 폐비를 발론했다고 한 것은 억울하다는 내용의 《辨誣錄》을 지었다. 정호관은 처음 영창대군을 按法해야 한다고는 말했지만 인목대비를 폐비하자고는 말하지 않았다고 했다. 그러자 1709년(숙종 35) 조경의 후손 趙九輅가 항의하자 《변무록》 판본을 부수라고 했다(《숙종실록》 권 47, 숙종 35년 9월 을유). 그 전인 1691년(숙종 17에 광주이씨 가문에서 조경의 한음 신도비를 묘 앞에 세우려 하자 나주정씨가 비문을 개정해 줄 것을 요구했다. 정호관은 영창대군을 죽이자는 논의 때문에 관작이 추탈되었다가 1642년(인조 20) 아들 丁彦璜의 신원 상소로 관작이 복구되었다는 것이다. 그러나 용주 후손들은 용주가 확실한 근거를 가지고

한 1692년(숙종 18)에 왕이 편액을 내리고 제사를 지내게 했다.[421] 이덕형은 1758년(영조 34) 4월 11일에 임진왜란 때 선위사로서 활약한 공과 명나라에 청병한 공으로 부조지전不祧之典을 내리고 예관을 보내 치제하게 했다.[422]

1614년(광해군 6) 1월 3일에 양근 중은동中隱洞에 묘좌卯坐로 묘를 썼다. 부인 이씨와 함께 묻혔다.[423]

부인은 둘이었다. 정실부인은 영의정 이산해의 둘째 딸인 정경부인 한산이씨로[424] 1593년(선조 26)에 왜적을 피해 바위에서 떨어져 죽었다.[425] 1565년(명종 20)에 태어나 1593년 9월에 죽은 것이다. 향년 29세. 또 한 분은 측실인데, 이조참판을 지낸 양주목사 박의朴宜의 딸 상주박씨다. 1572년(선조 5)에 태어나 1651년(효종 2) 10월 10일에 죽었다. 향년 80세. 묘는 충주 소파면蘇破面 후미동厚美洞 독산 안에 병좌丙坐로 있다.[426]

한산이씨는 3남(여규·여벽·여황) 1녀(鄭基崇의 처)를 두었다. 맏아들 이여규는 자가 백서伯瑞로 1581년(선조 14)에 태어나 1635년(인조 13)에 죽었다. 향년 55세. 사마시에 합격해 상주목사, 판결사 등의 관직을 역임했다. 묘는 예산군 대흥면大興面 송림동松林洞에 간좌艮坐로 있다. 그는 상주목사로 재임할 때 《한음문고漢陰文稿》 5권을 판각했다. 그러나 그가 지은 시문은 전쟁 통에 많이 없어졌다.[427] 부인은 판서 길천군吉川君 권분權盼의 딸

한음신도비문을 썼다고 보기 때문에 고칠 수 없다고 버텼다. 그리하여 《변무록》 자체가 금서로 되기에 이른 것이다(鄭萬祚, 〈조선후기 경기북부지역 南人系 家門의 동향〉, 《한국학논총》 제23집, 2001, 100~108쪽).

421) 《國譯 漢陰先生文稿》 下, 附錄 4卷, 三. 賜 祭文, 663쪽.

422) 《영조실록》 권 91, 영조 34년 4월 병인

423) 연보 하, 514쪽.

424) 《廣州李氏大同譜》 권 1(回想社, 1988), 275쪽.

425) 이성무, 《영의정의 경륜》-이준경·이산해·오윤겸·이경석-, 지식산업사, 2012, 215쪽.

426) 《廣州李氏大同譜》 권 1(回想社, 1988), 275~276쪽.

427) 鄭經世, (李德馨) 諡狀(《國譯 漢陰先生文稿》 下(廣州李氏 左議政公派宗會), 附錄 3卷 諡狀, 588쪽.

인 숙부인 안동권씨다.[428]

이여벽은 자가 중진仲珍으로 1585년(선조 18)에 태어나 1622년(광해군 14)에 죽었다. 향년 58세. 1603년(선조 36)에 사마시에 합격해 임실현감을 지냈다. 죽은 뒤 좌승지에 추증되었고 묘는 율현栗峴 판서공 묘 왼쪽에 유좌酉坐로 있다. 그러나 1979년에 국토 개발 때문에 양주군 진건면眞乾面 용정리龍井里로 옮겼다.

이여황은 자가 계휘로 1590년(선조 23)에 태어나 1632년(인조 10)에 죽었다. 향년 43세. 1606년(선조 39)에 진사시에 합격하고, 1612년(광해군 4)에 문과에 급제해 홍문관 정자·설서·교리·응교, 황해도관찰사, 예조참판, 선산부사 등의 관직을 역임했다. 1625년(인조 3)에 석담石潭 이윤우李潤雨와 함께 정사靖社 1등공신이 되었다. 묘는 양근군 서시면西始面 도곡陶谷에 계좌癸坐로 있다. 부인은 이조참의를 지낸 우준민禹俊民의 딸인 정부인 단양우씨다.[429]

이여규는 2남(象乾·象坤) 3녀(李基祚·崔有石·洪彙의 처)를 두었다. 이상건은 1600년(선조 33)에 태어나 1637년(인조 15)에 죽었다. 향년 38세. 그는 진사시에 합격해 의금부도사를 지냈고, 묘는 아버지 묘 아래에 간좌艮坐로 있다. 부인은 판서를 지낸 문평군文平君 유량柳亮의 딸 문화유씨다. 이상곤은 1607년(선조 40)에 태어나 1626년(인조 4)에 죽었다. 향년 20세. 부인은 지중추부사 홍헌洪憲의 딸인 남양홍씨다.[430]

---

428) 앞의 책, 274쪽.
429) 앞의 책, 279~280쪽.
430) 앞의 책, 274~277쪽.

6. 이덕형에 대한 평가

이덕형의 졸기卒記는 다음과 같다.

> 전 영의정 이덕형이 졸했다. 이때 죄를 주자는 논계는 이미 중지되었는데, 이덕형은 양근에 있는 시골집에 돌아가 있다가 병으로 졸했다. 이덕형은 일찍부터 공보公輔(재상)가 되리라는 기대를 받았는데, 문학文學과 덕기德氣는 이항복과 대등했으나, 이덕형이 관직에서는 가장 앞서 나이 38세에 이미 재상의 반열에 올랐다. 임진년(1592) 난리 이래 공로가 많이 드러나 중국 사람이나 왜인들도 모두 그의 명성에 복종했다. 사람됨이 진솔하고 까다롭지 않으며, 부드러우면서도 능히 곧았다. 또 당론黨論을 좋아하지 않아, 장인인 이산해가 당파 가운데서도 지론持論이 가장 편벽되고 그 문하들이 모두 간악한 자들로 본받을 만하지 못했는데, 이덕형은 한 사람도 친하지 않았다. 이 때문에 자주 소인들에게 곤욕을 당했다. 그가 졸했다는 소식을 듣고 원근의 사람들이 모두 슬퍼하고 애석해 했다.[431]

《광해군일기》가 인조조에 편찬되었으므로 이덕형에 대한 사평史評은 나쁘지 않았다. 만약 대북 정권에서 사평을 썼더라면 혹평을 했을 것이다. 그러나 홍문관 부제학 이성李惺은

431) 《광해군일기》 권 71, 광해군 5년 10월 계사(9일)

…… 아! 의리가 밝지 못한 것이 오래되었습니다. 이덕형이 임금을 위협하고 역적을 두호했는데도 법으로 바로잡지 못하고 관작을 추복追復한 이후로, 왕의 강령이 땅에 떨어지고 임금의 위엄이 시행되지 못했으며, 의리가 깜깜하게 막히고 인심이 극도로 악해져, 임금을 잊고 역적을 두호하는 무리들이 계속 이어 일어났습니다. 정온鄭蘊이 이덕형을 본받아 시종일관 영창대군을 구완하니, 그 상소 가운데 이른바 대신은 바로 임금을 위협하고 역적을 두호한 대신입니다. 신들이 전에 이덕형을 심하게 논핵한 이유는 근본을 뽑고 근원을 막으려는 것이었으나, 뜻하지 않게 전하께서 넓게 포용하시어 문자 간의 착오로 치부하셨으니, 그때 통절하게 징계하지 못해 오늘에 이르러 그 폐단이 하늘에 넘쳤으므로, 신들은 통분스럽습니다.432)

고 해 이덕형의 죄를 근원적으로 다스리지 않았기 때문에 정온 같은 사람들이 다시 나오게 되었다고 개탄했다. 양사는 다시

…… 흉악한 모의를 몰래 주장해 귀신같은 자들을 사주한 자는 이덕형과 이원익 등이 그들입니다. 임금을 잊고 나라를 저버리고서 번갈아가며 뒤를 이어서 팔방에 호소하며 임금을 협박했는데, 하나는 어머니를 원수로 삼아 모자간의 도리를 끊는다는 것이고, 하나는 어머니를 폐해 불효를 저지른다는 것이었습니다. 벼슬 없는 선비들로서 의리에 분기해 글을 올려 임금을 물과 불 가운데서 부축한 자를 두고 역적이라고 지목했고, 대각의 신하로서 자신을 돌보지 않고 역적을 토벌해 위태로운 때에 변고에 대처할 바를 진달한 사람을 두고 또한 역적이라고 지

432) 《광해군일기》 권 75, 광해군 6년 2월 정미

> 목했습니다.[433]

고 해 폐모를 반대하는 자들을 사주한 자는 이덕형과 이원익이라고 매도했다. 이덕형이 죽자

> 대부大夫와 사인士人 등 현량한 사람 모두가 이 나라를 앞으로 어찌하랴 하며 통곡을 했고, 심지어 이서吏胥·상여商旅·노유老幼들까지도 망연자실茫然自失 갈 바를 잃고 저마다 재물을 염출해 조의弔意를 표하느라 문전에 줄을 이었다.[434]

고 했다. 이항복은 다시

> 근년에 율곡이 세상을 버렸을 때 3학三學(성균관·사부학당·향교)의 생도와 금군禁軍(궁중을 호위하는 군대)들이 사제私第로 몰려와 조곡弔哭을 했고, 서애西厓(유성룡)가 별세했을 때 시정市井의 백성들이 역시 사제로 몰려와 슬피 울었다. 지금 이덕형은 이름이 형조에 걸려 있고, 3사(사헌부·사간원·홍문관)에서 번갈아 글을 올려 처형할 것을 청원하는 처지인데, 별세하는 날을 당해서는 이와 같이 모두들 슬퍼하니, 대체 무엇을 베풀었기에 임금과 백성에게 이렇게까지 대우를 받는가?[435]

고 말하고, 그 이유를

---

433) 《광해군일기》 권 105, 광해군 8년 7월 계사
434) 李恒福, 文翼公漢陰相公墓誌(《國譯 漢陰先生文稿》 下, 廣州李氏左議政公派宗會) 1992. 10, 521쪽.
435) 앞과 같음.

성인이 이르기를 "산 사람에게는 강제로 그 지조志操를 굽히게 할 수 없고, 죽은 사람에겐 강제로 그 명예를 빼앗을 수 없다" 했으니, 이런 일을 두고 한 말씀인가 보다. 그리고 그가 벼슬길에 오른 지 34년 동안 세운 공로로 베푼 은덕이 널리 원근에 미쳐서 마치 해와 달이 환하게 중천에 매인 것과 같아 어리석은 사람이나 슬기로운 사람이 모두 그 청명함을 아는 터인데, 갑자기 하루아침에 없어져 버리고 다시 볼 수가 없게 되니, 탄식하고 슬퍼함은 상정常情이 아니겠는가? 일찍이 일본의 사신을 접대했을 땐 그들이 그의 덕망 앞에 굴복했고, 명진明陣에 종군했을 땐 그들도 그의 재질을 숭배했다. 우리나라 사신이 중국의 서울에 가게 되면 그들은 반드시 그의 안부를 물었고, 그의 출처出處(進退)를 가지고 우리나라의 성쇠盛衰를 예단豫斷하곤 했으니 지금 그 사람들이 소식을 듣는다면 몹시 슬퍼하고 애석해 하리라.[436]

고 논평했다. 그리고 다음과 같은 시를 지어 한음의 서거를 애도했다.

사로沙老(백사)는 시골로, 한로漢老(한음)는 저승으로, 沙老歸田漢老亡
덧없는 인생살이 쉽게도 변하는구려 人間俯仰易滄桑
남산기슭 병든 몸, 시름으로 잠 못 이룰 때, 終南病客愁無寐
눈보라 휘날리고 등불 쓸쓸한데 밤마저 기네 風雪寒燈坐夜長[437]

그런데도

그 덕망이 미친 바가 이와 같이 멀거늘 한 나라 사람으로 같은 시대에

436) 앞의 책, 522쪽.
437) 《國譯 漢陰先生文稿》, 廣州李氏左議政公宗會, 附錄 3卷 補遺, 1992. 10, 641쪽.

태어나서 같은 조정에서 벼슬을 하고서도 좋아하지 않을 뿐 아니라 덩달아 시기를 하고, 시기를 하다못해 필시 죽이려고까지 해서야 되겠는가?[438)]

고 한탄했다. 이원李愿은 그의 《저정집樗亭集》에서

나는 곧바로 한음 본댁으로 조문을 갔는데, 종가鍾街에서부터 남문으로 가는 길가에 관리와 군졸과 시민들이 길을 메우고 울부짖고 있었다. 내가 묻기를, '그대들은 어디를 가면서 이와 같이 슬퍼하는가?' 하니, 소리를 맞추어 대답하기를, '양근 이정승 대감의 부음을 듣고 본댁으로 가서 조곡弔哭이라도 하려 한다'고 했다. 그리고 내가 도저동桃楮洞 어귀에 도착하니, 조정의 모든 관원과 유생과 백성들이 어깨를 맞대고 빽빽하게 모여 서서 발을 들여 놓을 틈이 없었다. 가까스로 사택의 뜰에 도착해 보니, 허위虛位(신위神位 없이 제례를 베푸는 자리)를 베풀어 놓고 많은 손님들의 조문을 받으며, 가까이 해 믿는 아전 두서너 사람이 종이와 붓을 잡고 조객의 성명을 기록하고 있었다. 담장 아래와 앞산 기슭을 둘러보니, 군졸들과 아전들뿐만 아니라 사이사이 여인들이 섞여 발을 구르며 통곡하고 있었다. 아! 인정 깊은 선덕善德이 사람들에게 얼마나 깊이 미쳤기에 이렇게까지 하겠는가?[439)]

고 해 한음의 서거를 애도하는 인파가 넘쳐났음을 알려 주고 있다.

백사와 한음은 둘도 없는 지기知己였다. 백사에 따르면 한음이 시작하면

438) 李恒福, 文翼公漢陰相公墓誌(《國譯 漢陰先生文稿》, 下, 廣州李氏 左議政公派宗會), 1992. 10, 522쪽.

439) 《國譯 漢陰先生文稿》 下 附錄 3卷 補遺, 643쪽.

백사가 끝을 마치고, 백사가 시작하면 한음이 끝을 맺고 했다. “나는 한음에게 나이로 치면 약간 앞서고, 덕으로 말하면 항상 세 등급을 뒤졌지만 태평한 세월엔 기러기처럼 홍문관으로 나아갔고, 임진왜란을 당해서는 서로 교대로 병조판서를 맡았다. 늙도록 반식伴食(倍食)하며 형제처럼 허물없이 지냈다. 평생 벼슬길에 올라 앞서거니 뒤서거니 했으니, 나를 알아주는 이 한음이었고, 한음을 존모尊慕한 사람은 나”라고 회고했다.[440] 끝으로 백사는 한음을 다음과 같이 평가했다.

> 명보明甫는 천품이 몹시 고상해 정신이 빼어났고 맑았으며 겸근謙謹하고 절조節操를 지켜 예능藝能을 나타내지 않았다. 평상시의 유약한 모습은 마치 무능한 듯해 만의 2~3분도 베풀지 않았지만 오히려 천하에 평판 있는 사람이 되었다. 만일 좋은 세태를 만나 간직했던 지혜를 몽땅 털어놓았더라면 그 공덕이 세인에게 미쳐 사람들이 숭앙하기를 어떠했겠는가?[441]

> 이덕형은 마음이 원대해 일에 당해서도 흔들리지 않았으니, 결국 이 때문에 당시에 죄를 얻었고 또 이 때문에 후세에 이름을 날리게 되었다.[442]

> 명보야 말로 어진 이를 나가게 하고 능한 이에게 사양하는 것은 자피子皮(춘추시대 정鄭나라 한호罕虎의 자字. 일찍이 공손교公孫僑의 어짊을 알고 천거해 국정을 맡겼다)와 같고, 빈객을 응대하는 것은 숙향叔向(춘추시대

440) 李恒福, 漢陰墓誌, 523~524쪽.
441) 앞의 책, 543쪽.
442) 앞과 같음.

진晉나라 사람 양고오羊古肸의 자. 박의다문博議多聞했으며 초楚나라에 사신으로 가서 훌륭히 응대應對했다)과 같고, 알면 하지 않음이 없음은 송경宋璟과 같고, 선비를 높이고 착함을 좋아하기는 유정留正(송宋나라 사람. 자는 중지仲至. 위국공魏國公에 봉했다)과 같고, 사당私黨을 세우지 않기로는 사마광司馬光(송나라 사람. 자는 군실. 《자치통감資治通鑑》을 지었다)과 같았다.[443)]

행장行狀을 지은 창석蒼石 이준李埈도

공은 젊어서부터 당시에 인망을 받았고, 일찍이 재상의 반열에 올라 오직 국사만을 위해 근심했기로 집안사람이나 살림살이는 알지도 못했으며, 한 때기의 밭이나 한 사람의 노복奴僕도 매점買占한 것이 없어 입각한 지 거의 20년이 되었지만 집에는 아무런 저축도 없었다. 그리고 남의 착한 일을 들으면 비록 미천한 사람이라도 반드시 취했으며, 남의 허물을 보면 비록 소원한 사람이라도 입 밖에 내지 않았다. …… 평소에 교유가 적었으며 대소 관원들이 공사가 아니면 절대로 공의 집에 오는 자가 없었고, 공 역시 사사로운 일로 출입하는 것을 보지 못했다. 일가친척의 사이가 좋았고 화목했으며, 이웃을 극진하게 돌보아 혼인과 상고가 있을 양이면 있는 힘을 다해 구제했고, 녹봉을 받을 때마다 반드시 다급한 사람에게 나누어 주었다.[444)]

고 이덕형의 인품을 말하고 있다. 청빈, 공평, 나눔의 정신을 가지고 있었

---

443) 앞과 같음.
444) 李埈, (李德馨)行狀, 《國譯 閒吟先生文稿》 下, 廣州李氏左議政公派宗會, 1992. 10, 568~569쪽.

다는 것이다. 그리고 시장을 쓴 정경세도 한음을

> 공은 정신이 밝고 뛰어났으며 풍채가 엄숙해 약관이 되기 전에 사람들은 벌써 공보公輔가 될 것이라 기약했다. 천품이 몹시 고매해 동류들로부터 월등하게 뛰어났으나 겸손함과 삼감으로 스스로의 절개를 지켜 털끝만큼도 뽐내는 기색을 가진 적이 없었으며, 평소에는 나약하고 무능한 듯 했으나 일을 당해서는 뛰어난 재기를 분발해 조금도 조급함이 없이 여유가 만만했다. 조정에 선 지 34년 동안 자신을 돌보지 않고 마음과 힘을 다해 순경과 역경을 가리지 않았다. 마침내는 중흥의 업을 도와 성취하게 하고도 스스로 부족하게 여기며, 공을 자처하지 않았다. 그리고 남과 상대할 때에는 온화한 얼굴과 조용한 웃음으로 화기가 상대에게 스며드니, 여러 차례 접반 업무를 맡았을 때 명장明將들이 모두 마음에 맞아 좋은 술에 심취한 듯 했다.[445]

고 평했다. 천품이 고매, 겸손, 신중, 여유 만만, 온화했다는 것이다.

또한 한음 신도비명을 쓴 용주 조경은 임란을 극복할 수 있었던 것은 이원익·이항복·이덕형 등 3이三李의 공로 때문이라고 했다.

> 뭇사람들의 칭송하는 말을 듣건대 한결같이 이르기를 '이씨 성을 가진 세 분의 정승이 좌우에서 돕고 인도해 오늘이 있었노라!' 하는데, 세 분의 정승이란 다름 아닌 이완평李完平·이오성李鰲城·한음공이시다. 세 분의 정승 가운데 한음공은 가장 나이가 어리지만 재능이 제일 뛰어나셨고, 협심동덕協心同德해서 서로가 앞서거니 뒤서거

445) 鄭經世, (李德馨)諡狀, 《國譯 漢陰先生文稿》 下, 廣州李氏左議政公派宗會, 1992. 10, 587~588쪽.

> 니 하며 오직 나라만을 위해 일신을 바쳤으나, 기실은 공이 가장 훌륭했다 한다.446)

고 해 임란을 극복한 공이 이원익·이항복·이덕형 등 3인의 정승이 협력한 덕이라고 했다. 그런데 한음이 죽은 뒤 얼마 안 되어 백사가 북청北靑으로 귀양을 가고447), 오리는 홍천洪川으로 유배되었다. 그러니 나라가 망하지 않고 배기겠느냐는 것이다.448) 실록 사평에도

> 이항복과 이원익·이덕형은 모두 선조조의 대신들이다. 폐주廢主(광해군) 초기에 백성들의 신망을 걸머지고 3공의 지위에 있던 사람들이었는데, 얼마 못 가서 모두 면직되었다. 영창대군의 계축년(1613) 옥사 때 이덕형은 의분에 북받쳐 할 말을 다 하다가 불측의 죄가 있으리라 생각하고 걱정 끝에 죽었으며, 정조와 윤인이 폐모론을 들고 나왔을 때 이원익이 맨 먼저 차자를 올렸었는데, 그때 폐주는 그를 미친 소리 한다고 화내고는 홍천으로 내쫓았다. 이항복은 일국의 촉망을 한 몸에 지니고 있던 숙덕宿德으로서 노원蘆原에 물러가 있었는데, 흉도들의 유일한 시기의 대상이었고, 세상에서는 그를 태산교악처럼 여겨 모두 오성상공鰲城相公이라고 불렀지, 감히 이름을 부르지 않았다. 폐모론 수의收議가 있던 날 바른 말로 간했다가 북청으로 귀양 갔다. 그때 그 사실을 바로 지적한 봉사封事에 대해 사람들 모두가 무릎을 치며 탄복하기를 '오성이 과연 그 일을 해냈구나' 하면서 길거리마다 탄복하는 소리였고, 급기야

446) 趙絅, 文翼公漢陰公神道碑銘幷序(《國譯 漢陰先生文稿》 下, 廣州李氏左議政公派宗會), 1992. 10, 591쪽.

447) 이항복은 1618년(광해군 10) 5월 18일에 귀양지인 북청에서 죽었다. 광해군은 이덕형의 예에 따라 관작을 회복시켜 주고 관례대로 禮葬을 해 주었다(《광해군일기》 권 128, 광해군 10년 5월 을사).

448) 앞의 책, 608쪽.

> 귀양을 가게 되자 조금도 표정을 바꾸지 않고 있는 모습 그대로 여유 있게 길을 떠나, 길에서 만나는 사람 모두가 눈물을 흘렸다. 결국 귀양살이하던 곳에서 죽자 북청과 포천에서 모두 사당을 세우고 제사를 모셨던 것인데, 묵은 감정을 그대로 갖고 있던 흉도들이 지금 이렇게 아뢰었던 것이다. 그런데 현즙玄楫은 종전부터 궁액宮掖과 서로 통하고 있었기 때문에 왕이 아뢴 내용대로 따르지 않고 이성구李聖求만이 죄를 얻고 돌아오지 못했다. 이 세 사람이 했던 일은 천고에 빛나고 있고, 정사년(1617)에 세웠던 절의는 그 가운데서도 더더욱 돋보이는 일이었는데, 흉도들이 이렇게까지 깎아내리고 있으니, 이따위 인간들에게 무엇을 또 나무랄 것인가.[449)]

고 논평했다. 물론 이 사평은 인조반정 이후 서인 정권에서 《광해군일기》를 편찬할 때 붙인 것이었다.

조경은 한음신도비명에서 한음을 다음과 같이 논평했다.

> 공은 정신이 수랑秀朗하고 풍도風度가 엄정嚴正해 약관이 되기도 전에 사람마다 모두가 공보의 자질이라 결론을 내렸다. 그리고 동배간에 어울려 놀 때도 희노喜怒의 빛을 나타낸 적이 없었으며, 여러 사람 사이에서도 항상 겸손한 모습으로 과장됨을 억누르고 한 차례도 입 밖에 낸 일이 없었다. 어려서부터 향리의 친척 가운데 가난한 사람을 보게 되면 반드시 구제할 생각을 하더니 귀하게 되어서는 내외 친척들 모두가 소원함이 없이 따르고 복종했다. 그리고 어버이를 섬기는 데는 언제나 부모를 사모하는 마음을 품었으니 타고난 천성이다.[450)]

---

449) 《광해군일기》 권 156, 광해군 12년 9월 정해
450) 앞과 같음,

> 공의 문장은 6경六經에서 유래한 것인데, 정자와 주자의 글에서 도움을 받았고, 사물의 단정斷定에는 《춘추》를 위주로 했으며, 옛 일을 고찰하는 역량은 《자치통감》에서 빌렸다. 그 밖에 많고 많은 외가서外家書까지도 조예가 몹시 깊어 가없었으니, 평소에 술작述作을 했는데도 즉각 수천의 말을 이루곤 했다. 그러므로 1596~1597년에 명나라 장수들과 주고받은 행문行文과 이문移文이 번다했을 때에도 공의 필적이 대부분을 차지했고 운문韻文에도 속기俗氣를 벗은 멋과 아담한 흥치가 그 인격에 어울린다.451)

박미朴瀰는 그의 백사언행록白沙言行錄에서

> "한음은 심지가 커서 자질구레한 절차에서는 어긋남이 많았으나 대절大節만은 반드시 수립했다"고 했다. 또 이르기를, "한음은 사람이 쓸 만하다고 들으면 이편저편을 가릴 것 없이 즉시 썼으며, 완평(이원익)은 쓰기는 하되 반드시 난제를 꺼내서 오래 겪어 본 뒤에야 썼다"고 했다. 또 이르기를 "한음은 크고 엉성했으며, 완평은 잘고 주밀했다" 고 했다. 또 이르기를, "한음은 당黨이 없이 다만 너그럽고 온화한 때문으로 한편 사람들이 곧잘 흔들려고 했다. 그러나 한음은 당이 없었다"고 했다.452)

고 해 한음은 대절을 중시하고, 사람 쓰는 데는 당파를 가리지 않았다고 했다. 그와 달리 이원익은 잘고 주밀했으며, 사람을 쓸 때는 겪어 본 뒤에 썼다고 했다. 김장생金長生은 그의 《사계어록沙溪語錄》에서 "한음은 치우침

---

451) 앞의 책, 609쪽.
452) 연보 하 補遺, 《國譯 漢陰先生文稿》, 廣州李氏左議政公派宗會, 1992. 10, 638쪽.

이 없고 당이 없는 동서남북 사람이다"[453]고 했다. 또 월사月沙 이정구李廷龜는 한음의 인품에 대해

> 한음 이명보는 타고난 천품이 충성스럽고 순후한 착한 사람이다. 약관으로 후한 봉록을 받는 벼슬아치가 되어 일찍이 훌륭한 명성을 얻었으며, 아직 40세가 되기 전에 벌써 황각黃閣(재상)의 자리에 올랐다. 비록 사정事情에는 데면데면해 조처하는 데 거리가 먼 것 같지만 그 나라를 위한 정성은 지극했다. 1592년에 분주하게 근로한 공은 녹훈에 참여하고도 남음이 있었으나 극력 사양하기를 몇 번이고 해 기록되었던 것을 다시 삭제했으니, 그 뜻 또한 높이 살만하다.[454]

고 논평했다. 심희수도 그의 제문에서

> 약관의 나이로 과거에 급제해 화려한 문장을 남김없이 떨쳐 31세에 문형을 맡았고, 38세에 태정台鼎(3공의 자리)을 잡았으니, 이는 실로 고금을 두고 아직 듣지 못했던 바요, 출장입상出將入相으로 국란을 도와 사직에 공이 있고 천하에 이름을 떨쳤으니, 죽어도 괜찮을 것이며, 몹시 험난한 때를 만나서는 충성과 절의를 다하고 마지막으로 한 통의 차자를 올려 지극한 정성을 피력하니, 시의時議가 왁자지껄하고 헐뜯음이 그지없었으나 성심聖心이 아끼고 가엽게 여겼으며, 사론士論이 감탄하고 심복心服했으니, 죽어도 괜찮다는 것으로, 이는 나라를 위주로 한 말입니다.[455]

---

453) 앞의 책, 639쪽.
454) 앞의 책, 639~640쪽.
455) 《國譯 漢陰先生文稿》 下, 附錄 4卷, 一. 祭文, 670쪽.

고 했다. 이덕형이 죽은 뒤 1630년(인조 8)에 정경세의 시장을 받아 문익文翼(勤學好文曰文 思慮深遠曰翼)이라는 시호를 내렸다. 그리고 40년이 지나 조경의 신도비명이 지어졌다. 1634년(인조 12)에는 《한음선생문고》 8권이 장자 이여규에 의해 판각되었다. 그리고 1669년(현종 10) 9월에 상주 근암서원近嵒書院에 향사되었고, 1692년(숙종 18)에 포천서원抱川書院에 조경과 함께 향사되었다. 1759년(영조 35)에 불천위不遷位가 되어 예관을 보내 치제했고, 1777년(정조 1)에 한음의 영정影幀을 용연서원龍淵書院에 봉안했다. 또한 1830년(순조 30)에 한음의 영정을 근암서원에 봉안했고, 1832년(순조 32)에는 순흥 백운동서원白雲洞書院에도 봉안했으며, 1864년(고종 1)에는 이곳에 승지를 보내 치제하게 했다. 그리고 1869년(고종 6)에는 근암서원에 있던 한음의 영정을 도남서원道南書院으로 옮겼다.[456]

456) 연보 하, 《國譯 漢陰先生文稿》, 廣州李氏左議政公派宗會, 1992. 10, 515~517쪽.

제5장 노저鷺渚 이양원李陽元의 생애와 업적

1. 가 계

노저 이양원의 자는 백춘伯春이요, 호는 노저鷺渚·노저老渚·남파南坡· 쌍부雙阜이며, 본관은 전주다. 아버지는 이원군利原君 이학정李鶴丁이요, 어머니는 군수를 지낸 정창鄭瑒의 딸 동래정씨東萊鄭氏다. 1526년(중종 21) 9월 19일에 장남으로 태어났다. 할아버지는 지산군知山君 이천수李千壽요, 증조할아버지는 병산군屛山君 말정末丁, 고조할아버지는 선성군宣城君 이무생李茂生이다. 부인은 군수를 지낸 류간柳幹의 딸로 정경부인에 올랐으며, 4남 2녀를 두었는데, 장남 이서경李犀慶은 도총도사都摠都事를 지냈고, 차남 이구경李龜慶은 부사府使를 지냈으며, 3남 이시경李蓍慶은 소촌찰방召村察訪이 되어 의병을 일으켜 왜적을 공격하다가 전사했고, 4남은 이용경李龍慶이다. 사위 둘은 현령 조희식趙希軾과 판서 성영成泳이다. 이구경의 증손자는 문과에 급제해 예조판서를 지낸 이우정李宇鼎이다. 이양원의 가계(先系)를 표로 그려 보면 〈표 1〉과 같다.[457]

어려서부터 독서를 즐겼으며, 문장에 능했다. 일찍이 이소재履素齋 이중호李仲虎에게서 배웠으며, 뒤에 퇴계退溪에게 배웠다.

1555년(명종 10)에 생원, 진사 양시에 합격했으며, 31세 되던 1556년(명종 11)에 알성문과謁聖文科에 급제했다. 동방同榜은 정윤희丁胤禧·최언형崔彦泂·조응룡趙應龍·류훈柳塤·류사신柳思新 등이다.[458]

457) 朴商健, 《壬辰倭亂과 領議政 李陽元》(文憲公李陽元領議政記念事業會, 常綠出版社, 2000년 3월), 23쪽.
458) 朴商健, 앞의 책, 13쪽.

〈표 1〉 이양원의 가계459)

```
                              定宗
                               |
                          茂生(宣城君)
                               |
                          |----------|
                  末丁(屛山君)      千丁(陶城副守)
                          |
                   |----------|
             千壽(知山君)      眉壽(復興正)
                   |
             |----------|
        鶴丁(利原君)      系(生父 飛鴻令 蘭孫)
             |
        |----------|
   陽元(領議政)      陽亨(逸, 掌令)
        |
   (漢山府院君)
        |
   |----------|
犀慶(都摠都事)    龜慶(府使)
   |
|----------|
著慶(召村察訪)   龍慶
|                  |
|-----|            |
復匡   重匡        弘匡(陰, 察訪)
(宣傳官) (武)          |
              |----------|
         翼老(文, 直講)    榮老(進士)
              |
         宇鼎(生進, 文, 禮判)
```

459) 朴能緖,《韓國系行譜》天(寶庫社, 1992. 10), 39~41쪽 ;《全州李氏德川君派譜》.

32세 되던 1557년(명종 12)에 홍문관 정자, 예문관 검열, 홍문관 저작을 지냈으며, 그해 장자 이서경이 태어났다. 그리고 다음 해에는 홍문관 박사·저작·부수찬으로 승진했으며, 호당湖堂에 들어가 사가독서賜暇讀書를 받았다. 1561년(명종 16)에는 세자시강원 사서司書, 병조좌랑, 홍문관 부수찬·수찬·부교리, 이조정랑을 거쳤으며, 그해 차자 이구경李龜慶을 낳았다. 그 다음 해에는 의정부 검상檢詳이 되었다.460)

2. 종계무변宗系誣辨

1563년(명종 18) 5월 2일에는 종계변무사宗系辨誣使 김주金澍의 서장관書狀官으로 명나라에 갔다. 고려 말 윤이尹彝 이초李初가 이성계를 역적 이인임李仁任의 아들로서 4왕을 죽였다고 무고한 것이 《명태조실록明太祖實錄》과 《대명회전大明會典》에 그대로 수록된 것을 사실대로 정정하고자 하는 사행이었다. 이 사행은 1402년(태종 2) 조온趙溫이 처음 명나라에 다녀온 뒤 160년이 지났는데도 이런저런 이유를 붙여 고쳐 주지 않았다.461) 그런데 김주가 죽어 이양원 등이 이 오기誤記를 바로잡아 주겠다는 칙서勅書를 받아 가지고 돌아왔다. 이 칙서는 대능하大凌河를 건너오다가 달자㺚子(몽골인)들에게 빼앗겼는데, 홍정洪貞이 베껴 가지고온 것이 있어서 종묘에 고할 수 있었다. 이 공로로 정3품 당상관인 통정대부通政大夫로 승진해 이조참의, 부제학이 되었으며, 토지 20결結, 노비 3구口를 받았다.462) 그러

460) 앞의 책, 13~14쪽.

461) 朴商健, 《壬辰倭亂과 領議政 李陽元》(文獻公 李陽元領議政記念事業會, 常綠出版社, 2000. 3), 14쪽.

462) 《명종실록》 권 29 명종 18년 11월 임인, 12월 갑인

나 사간원은 이양원 등에게 과분한 작상爵賞을 주는 것은 옳지 않다고 했다. 이에 명종은

> 이양원 등이 사명을 받들고 중국에 가 극력 주청해 이 큰 경사를 이룩했으니 논상이 비록 과중하더라도 불가할 것이 없다. 이양원·안자명·최세협·임기 등에게 사급한 전결은 내가 황은에 감격해 한 것이지 범연한 생각으로 준 것이 아니니 더욱 고쳐 논의할 수 없다.[463]

고 해 윤허하지 않았다. 사헌부도 반대하는 상소를 올렸다.

> 금번 종계를 개정한 일은 참으로 국가의 큰 경사입니다. 임금께서 황은에 감격하시어 상전賞典을 성대하게 베푸시니, 온 나라 신민으로서 어느 누가 기뻐하지 않겠습니까? 다만 상이란 그 공로에 합당해야 하고 은혜는 그 실상보다 지나치지 않아야 물정에 잘 맞고 뒷날에 비방하는 의논이 없는 것입니다. 주청한 일은 조정의 정의定議를 사신에게 맡겨 예부에 정문呈文을 올린 것이니, 일을 주선해서 성사시킨 것은 모두 사신의 능력으로 된 것입니다. 안자영·최세협은 통역을 해 실정을 알렸고, 임기는 사신의 뜻을 받아서 이어吏語를 지은 것일 뿐이며, 서장관 이양원은 그 직책이 사행을 규검하는 일을 겸대했을 뿐 역시 이에 간여한 일이 없습니다. 사신 김주가 죽음으로서 특별히 판서를 증직하고 또 전결과 노비를 하사하셨으니 그 공로에 대한 보상이 극진하다 하겠습니다. 그러나 이양원 이하의 사람들은 별로 이렇다 할 공로가 없는데 가선嘉善·통정通政 등의 품계를 이끼지 않고 가볍게 주

463)《명종실록》권 29 명종 18년 11월 을묘

> 시니, 이는 사람을 권면하는 것이 못되고 다만 기롱만 받게 될 뿐입니다. 또 전결과 노비는 은수恩數에서 가장 중대한 것이니 더욱 미천한 자에게 주어서는 안 됩니다. 아울러 속히 개정토록 명하소서.[464]

라고 했다. 그러나 명종은 듣지 않았다. 이에 대해 사신史臣은

> 안자명 등 3인은 모두 미천한 자들로서 하루아침에 금옥의 반열에 올랐다. 맡은 임무에 충실했던 노고에 대해서는 혹 상을 줄 만도 하나, 전결을 사급한 것부터가 이미 과분한 일이었는데 기어이 명기名器를 주었으니 상에 법도 없음이 어찌 이에서 더하겠는가? 대체로 우리나라에서는 상을 시행하면서 공이 없는 자에게도 상을 줄 뿐만 아니라, 상을 논하는 방법에도 벼슬을 가볍게 여기고 물품을 중하게 여기고 있다. 그러니 지금의 폐단을 바로잡으려면 반드시 먼저 명분부터 바로 세워야 할 것이다.[465]

고 논평했다.

이양원은 1563년(명종 18) 12월에 호조참의로 승진했다.[466] 그 뒤 1564년(명종 19)에 우부승지, 병조참지, 우승지, 예조참의, 좌승지를 역임했다.[467] 1566년(명종 21) 3월 홍문관 부제학으로 승진한 그는 홍문관 관원들과 함께 불교 양종兩宗의 혁파와 내수사 인신의 혁파를 주장했다. 그러나 그것보다는 대신은 국왕의 복심이고, 정원은 국왕의 후설喉舌인데 국왕의 비위만 맞추고 바른 말을 하지 않고, 하더라도 들으려고 하지 않으

---

464) 《명종실록》 권 29 명종 18년 12월 을묘

465) 《명종실록》 권 29, 명종 18년 12월 갑인.

466) 앞과 같음.

467) 朴商健, 앞의 책, 15쪽.

니, 이를 시정하라는 내용이다.[468] 이러한 세태에 대해 사신은

> 상소의 중대한 내용은 듣기를 싫어하는 한 가지 일에 있었는데, 위에서는 단지 양종과 인신에 대한 것을 윤허하지 않는다는 뜻으로 비답했으니, 이것도 듣기를 즐겨하는 의도가 아니다. 여러 간신들이 이미 제거되고 성정聖政이 새로워지려 하니, 옛날의 폐단을 혁파해 제거하기를 당연히 불에 타는 자와 물에 빠진 자를 구하듯이 해야 하기 때문에 공경·대간·시종의 신하가 말을 다해 극력 진달하지 않는 것이 없었다. 그러나 임금께서는 즉위한 뒤로부터 소인들이 아첨해 뜻을 순종하는 말만을 들어 저절로 병폐의 뿌리가 이루어졌는데도 감히 그것은 바로잡지 못하고 한 번 충고하는 말을 들으면 즉시 귀에 거슬리게 여겼으니, 듣기를 싫어하는 실책이 없을 수 없다. 대체로 요즈음의 일은 모두 억지로 따르는 데서 나왔으며, 임금이 즐거워하는 바가 아니었기 때문에, 간하는 것을 들어주는 즈음에 항상 서로 뜻이 맞지 않는 어려움이 있었다.[469]

고 논평했다. 사림정치를 실현하는 데서 언론권은 매우 중요했다. 이양원 등은 이것을 요구한 것이다. 그런데도 명종은 이러한 사림들의 요구에 부응하지 못한다는 것이다.

---

468) 《명종실록》 권 30 명종 21년 4월 갑술.
469) 앞과 같음.

3. 선조의 즉위

1566년(명종 21) 11월 배천白川 생원 김택金澤이 후사를 세울 것을 요구하자, 이양원은 심의겸을 돌아보며 '공은 알 수 있지 않은가? 이 뜻이 어떠한가?'고 했다. 심의겸이 중전의 동생이었으므로 먼저 그의 뜻을 알아보려는 것이니, 줏대 없이 관망하는 것이 아니냐는 비판이 뒤따랐다. 물의가 일어나자 이양원은 마음이 편치 못해 부제학 직을 사직했다.[470]

이양원은 이조정랑, 동부승지, 우부승지, 1564년(명종 19)에 우부승지, 병조참지, 우승지, 예조참의, 좌승지, 1565년(명종 20)에 병조참지·참의, 대사간 등 청요직清要職을 두루 역임했다. 그런데 이들 관직 가운데 병조 관련 직책이 포함되어 있는 것이 특이하다. 그해 3자 시경이 태어났다.

1567년(명종 22)에도 도승지에 임명되었다.[471] 그해 6월에 도승지 이양원은 약방제조藥房提調로서 의전懿殿을 시약侍藥하는 데 공로가 있다고 해 가자되었다. 사헌부는 이양원이 직숙直宿해서 시약한 것은 열흘에 지나지 아니하고, 그나마도 그 사이에 상례喪禮를 의논하다가 논핵되어 체직되었고, 딸을 시집보내는 일로 급급해 별로 한 일이 없으니 가자는 불가하다고 상소했다. 그래서 가자는 무산되었다.[472] 6월 27일 도승지로 있을 때 약방제조로서 명종의 병석에 입시했다. 명종은 낮에 갑자기 위독해졌다. 당시에는 우의정 권철權轍이 중국에 사신으로 갔고, 대신으로는 영의정 이준경李浚慶, 좌의정 이명李蓂, 그리고 약방도제조 심통원沁通源 세 사람이 있었

---

470) 《명종실록》 권 33, 명종 21년 11월 임신
471) 朴商健, 앞의 책, 16쪽.
472) 《명종실록》 권 34, 명종 22년 4월 경술

을 뿐이었다. 우승지 윤두수尹斗壽가 옛날 송나라의 문언박文彦博이 금중禁中에 입숙入宿했던 고사를 써서 이준경에게 보이니, 이준경이 궐내에 입숙했는데 명종의 병세가 더욱 위독해졌다.473)

왕비 심씨가 대신인 이준경과 심통원을 급히 불러 침전으로 입대하게 했는데, 명종은 이미 인사불성이었다. 이준경이 앞으로 나아가 큰 소리로 “신들이 왔습니다”고 아뢰었으나 명종은 반응이 없었다. 이준경은 사관을 시켜 두 사람 이름을 써서 올리게 했으나 알아보지 못했다. 그리하여 이준경이 왕비에게 “일이 이미 이렇게 되었으니, 마땅히 사직社稷의 대계를 정해야 합니다. 주상께서 고명顧命을 못 하실 입장이니, 당연히 중전께서 지휘하셔야 하겠습니다”고 했다. 왕비는 “지난 을축년(1565)에 주상으로부터 받아 둔 전지가 있으니, 모름지기 그 사람을 사군嗣君으로 정해야 할 것입니다”고 대답했다. 이는 을축년 9월 명종이 위독했을 때 중전이 봉서封書 하나를 대신에게 내린 바 있었는데, 하성군河城君 이균李鈞을 사군으로 한다는 내용이었다. 그러자 이준경은 “사직의 대계는 정해졌습니다”고 했다.474)

28일 축시丑時에 명종이 경복궁 양정당養正堂에서 후사 없이 죽자 영의정 이준경은 주서注書 윤탁연尹卓然으로 하여금 발[簾] 앞에 나아가 왕비(명종비)의 전교를 받아쓰게 했다. 왕비가 작은 소리로 말하자, 이준경은 짐짓 나이가 많아 귀가 어두우니 큰 소리로 말하라고 했다. 윤탁연은 제3의 ‘삼’자를 ‘三’이 아닌 ‘參’으로 썼다. 혹 다른 사람을 새 왕으로 옹립할 가능성을 없애기 위해서였다. 이준경의 명에 따라 도승지 이양원이 동부승지 박소립朴素立, 주서 황대수黃大受, 대교 이정호李廷虎 등과 더불어 하성군河城君을 모시러 나가려 하자, 동부승지 황대수가 “덕흥군德興君의 어느 아들을

473) 《선조실록》 총서 명종대왕의 훙서薨逝
474) 앞과 같음.

모셔올까를 대신에게 물어보라"고 했다. 이에 이준경은 군호君號를 함부로 불러서는 안 되는데도 "셋째 아들 하성군이다"고 했다. 병조판서 원혼元混은 시위 장사를 영솔하고 하성군을 호위하도록 했다. 이때 황대수가 이양원의 띠를 붙들고 말하기를 "어느 군君을 맞아 올 것인지 왜 묻지 않는가?"고 하자, 이양원은 "이미 정해진 일인만큼 물어볼 필요가 없다"고 했다. 황대수가 "비록 이미 정해진 일이라 하더라도 이 일 만은 이렇게 서둘러서는 안 된다"고 했다. 이준경이 그것을 종이에 써서 대신에게 들어 보인 다음 옷소매 속에 넣고 나갔다. 그런데 그때는 창졸간의 일이라서 복마僕馬가 없었으므로 이양원이 걸어서 가려고 했다. 그러자 황대수가 "지금 이 시기에 위의威儀를 잃어서 보는 이의 이목을 놀라게 해서는 안 된다"고 하고 즉시 기종騎從을 갖추어 사직동 하성군의 집으로 갔다.[475] 이양원이 병조와 금부로 하여금 잡인들을 금하도록 했으나 중지하지 못했다. 얼마 뒤 포도대장 이원우李元祐(이기李芑의 아들)가 군사를 이끌고 이르렀다. 이양원이 이원우를 불러 원령군사原領軍士를 거느리고 저궁邸宮을 둘러싸고 서 있게 해 잡인을 금했다. 날이 비로소 밝아지자 곡산군수 정창서鄭昌瑞(정세호鄭世虎의 아들로 하성군의 외삼촌)가 저궁의 문을 열어 도승지 등이 중문 안으로 들어가 좌정하니 남궁침·박소립도 함께 들어가 뜰에 좌정하고 잇달아 승전색 정신붕鄭信朋(내전의 명을 받고 온 사람) 및 여러 환자宦子 10여 명과 사알司謁, 사악司鑰, 별감別監, 중금中禁, 청로대淸路隊, 소연小輦, 소여小輿 및 의장儀仗이 함께 이르렀다.[476] 모든 일이 정제된 후에 이양원이 하성군의 외숙인 정창서鄭昌瑞에게 어느 군을 모시고 간다는 말을 하지 않자, 황대수가 다시 "왕손 세 분을 다 나오시라고 해 직접 사자嗣子를 뵌 후에 모셔가자"고 했다. 얼마 뒤 정창서가 나와 "사군이 지금 빈소(6월에 덕흥군 부인 정씨가 죽어 하성군

---

475) 《선조실록》 권 1, 총서 명종대왕의 홍서
476) 《명종실록》 권 34, 명종 22년 6월 신해(28일)

은 상중에 있었다)에 있는데 망건을 쓰지 않고 있어 어떻게 해야 할지 모르겠다"고 했다. 사양하는 뜻이었다. 이양원이 "이미 내명內命이 계셨으니 이처럼 굳게 거절하시면 안 됩니다. 이런 말로 진달하십시오" 하니, 진시에 사군이 백단령白團領에 오사모烏紗帽를 쓰고, 흑각대黑角帶를 띠고, 흰 신을 신고 걸어서 익랑翼廊 처마 밑으로 나왔다. 이양원과 사관 등이 함께 내정으로 들어가 사군인가를 확인하고 절하고 뵌 다음 모시고 중정中庭으로 나왔다. 사군은 소연을 타고 군자창 앞길에 있는 삼간 병문屛門을 거쳐 광화문 동협東夾으로 들어가 근정문 밖에 이르러 연에서 내렸다. 걸어서 근정전 동쪽 뜰을 거쳐 경성전慶成殿으로 들어가 거처했다.[477] 이때 경박한 자들이 새 왕을 모셔 가면 공신이 된다고 다투어 이름을 적었다. 궁노가 적은 명단을 황대수에게 주면서 "사군의 명령이니 잘 간수하라!"고 했다. 그러나 환대수는 그것을 받지 않으면서 "사군이 지금 이 시기에 무슨 명령이 있을 것인가?"고 했으나 박소립은 그것을 받아 정원에 전달했으므로 많은 사람들이 비난했다. 뒤에 대간이 알고 그 명부를 불태웠다. 이 때문에 새 임금을 모시러 갔던 이양원 등이 파직되었고,[478] 사관의 평도 좋지 않았다.

> 사신은 논한다. 도승지 이양원은 이미 호가扈駕하라는 명을 받고도 한 가지도 처리한 일이 없이 다만 정창서를 불러 봉영한다는 뜻만 알렸다. 대체로 대위大位는 간인들이 엿보게 마련이다. 덕흥군에게는 세 아들이 있는데 누가 맏이고, 누가 가운데이고, 누가 셋째인지도 모르고 갑자기 맞아 오려 했으니, 혹시 맏이와 둘째가 서로 다투는 변고가 있었다면 마침내 어떻게 처리했을지 모르겠다. 또 저궁에서 봉서封書 하

477) 앞과 같음.
478) 《선조실록》 권 1, 총서 명종대왕의 홍서

> 나를 내주었는데 바로 정창서가 공功을 바라는 사람들의 이름을 기록한 것이었다. 주서가 그것을 받아서 정원에 와서 여러 날 동안 머물러 두었으니, 승지들의 살피지 못함이 너무 심했다.[479]

별로 좋은 평을 받지 못했다. 이에 사헌부는

> …… 정원은 후설喉舌의 중요한 부서로 모든 명령을 출납하는 즈음에 의당 십분 자세히 하고 삼가야 하는데 근래에 그 소임을 전혀 살피지 않고 있습니다. 지금 의전懿殿이 생존해 계실 때 상례를 널리 상고하도록 계청했으니 예관의 죄는 말할 곳도 없는 것이고, 정원도 상고해서 아뢰라는 명이 내렸을 때 의당 불가하다는 의견을 들여 즉시 계달했어야 하는데도 그 이튿날 늦게야 《일기》를 두고 상고해보고 나서 비로소 그 미안한 점을 계품했으니, 출납을 맡은 본의가 과연 어디에 있습니까? 도승지 이양원 이하를 아울러 파직하소서.[480]

라고 상소했다. 이에 예조당상과 이양원을 비롯한 승지들이 체직되었다.[481]

이때 여러 사람들이 무함하려 하자, 이양원은 자청해서 외직으로 나가고자 했다. 그래서 8월에 안동부사 겸 영남좌도병마절도사가 되어 퇴계선생의 제자가 될 수 있었고, 다음 해 9월에는 경상도관찰사로 승진했다.[482]

1570년(선조 3) 10월에는 형조참판으로 불리어 올라와 11월에는 동지사冬至使로서 명나라에 다녀왔고, 다음 해에는 전라도관찰사가 되었다.

---

479) 《명종실록》 권 34, 명종 22년 6월 신해
480) 《명종실록》 권 34, 명종 22년 3월 기사
481) 앞과 같음.
482) 朴商健, 앞의 책, 17쪽.

1572년(선조 5) 10월에 대사헌이 되었고, 11월에는 형조참판이 되어 12월에 전시殿試 시관試官, 종계악명주청사宗系惡名奏請使로서 부사 윤근수尹根洙, 서장관 이해수李海壽와 함께 명나라에 다녀왔다.483)

1573년(선조 6)에는 대사헌, 병조참지, 동지중추부사를 역임했고, 뒤이어 오위도총부 도총관, 동지중추부사, 개성유수, 대사헌, 이조참판을 역임했다. 1576년(선조 9)에는 4자 이용경李龍慶을 낳았다. 그 뒤에도 평안도관찰사, 홍문관 부제학, 형조판서를 지냈다.484) 1583년(선조 16)에는 이양원은 이이李珥, 강섬姜暹, 이준민李俊民, 유홍兪泓, 구봉령具鳳齡, 홍연洪淵 등과 함께 원수元帥 적임자로 선임되었다.485)

1586년(선조 19)에는 61세의 나이로 드디어 이조판서가 된 다음 병조판서·양관대제학(1589)을 거쳐 1590년(선조 23)에는 의정부 우찬성·좌찬성에 올랐다.486) 1592년(선조 25) 5월 이전에는 정철이 이인좌란李麟佐亂의 위관委官이었는데 5월에 좌의정 유성룡, 우의정 이양원으로 바꾸었다. 선조가 "옥사가 계속 만연되니 어찌 하면 좋겠소"라고 하자 다른 재상들은 입을 다물고 감히 말을 하지 못하는데, 이양원은 "이는 쉬운 일입니다. 모조리 죽일 생각이라면 나와 같은 사람까지 잡아 죽여야 옥사가 해결될 것입니다" 하니 일을 맡은 자가 더 이상 심하게 옥사를 다스리지 못해 그로 말미암아 목숨을 건진 자들이 많았다 한다.487) 이양원이 이조전랑으로 있을 때 정여립을 황해도 도사에 천거한 바 있었다. 이것을 두고 헐뜯는 사

---

483) 앞의 책, 18쪽.

484) 《선조실록》 권 12, 선조 11년 6월 신사 ; 이양원은 활을 잘 쏘고, 말을 잘 타며, 시와 술을 좋아했다. 놀기를 좋아하고 氣節이 없는 사람이라고 평하고 있다. 며칠 후 이양원을 資憲大夫로 승진시켜 평안감사에 제수하니, 양사가 탄핵했으나 윤허하지 않았고, 단지 자헌대부의 위계만 도로 거두었다. 그러나 양원은 이때부터 크게 쓰여 정승까지 제수되었다(위와 같음).

485) 《선조실록》 권 17, 선조 16년 3월 병술

486) 朴商健, 앞의 책, 21쪽.

487) 鷺渚李陽元碑銘(朴商健), 앞의 책, 76쪽.

람이 있자, 이양원은 "신은 여립과 평생 면목을 대해 본 일이 없습니다. 다만 중요하지 않은 보통 관직이므로 전례에 따라 추천했을 뿐입니다"고 변명하자, 선조는 헐뜯는 것이 억측이라며 탓하지 않고 용서해 주었다.[488] 1591년(선조 24) 1월에 우의정으로 승진했고, 8월에는 종계변무宗系辨誣의 공으로 3등 수충공성광국공신輸忠貢誠光國功臣, 한산부원군漢山府院君에 책봉되었다.[489]

4. 유도대장留都大將

1592년(선조 25) 4월에 임진왜란이 일어나자, 28일 좌의정 유성룡을 도체찰사, 우의정 이양원을 도성검찰사都城檢察使, 이성중李誠中을 수어사守御使, 정윤복丁允福을 동서로호소사東西路號召使, 김명원金命元을 도원수都元帥, 신각申恪을 부원수副元帥, 변언수邊彥琇를 유도대장으로 삼았다. 그 후 즉시 이양원을 수성대장守城大將과 유도대장으로 삼았다.[490]

왜군이 급속히 북상하자 선조가 의주로 몽진하지 않을 수 없게 되었다. 이에 선조는 류성룡을 유도대장으로 삼았으나, 이항복李恒福이 동료 노직盧稷에게 말하기를

> 거가車駕가 떠난다는 명이 내리자 대궐 안이 벌써 비었으니, 성을 나가는 날에는 따르는 자가 틀림없이 적을 것이다. 만약 서행西行이 계

488) 앞의 책, 65쪽.
489) 앞의 책, 21쪽.
490) 앞과 같음.

> 속되어 국경에까지 이르게 되면 강 하나 사이가 바로 중국의 강토이니 거기에 가서는 응당 교섭하고 대응하는 일이 있어야 할 것이다. 지금 조정의 신하들 가운데 명민하고 능란하며 경우 바르고 말솜씨 있는 사람은 유정승(유성룡)만한 이가 없다. 거가가 떠나면 경성은 반드시 지킬 수 없을 텐데 유정승이 여기에 머문다면 패전한 신하가 될 수밖에 없다. 그러나 만약 거가를 호종해 간다면 틀림없이 많은 도움이 될 것이다.[491]

고 하고 즉시 따라가게 해야 한다고 계청하니, 유도대장을 이양원으로 바꾸었다.[492] 유성룡은 죽을 자리를 벗어났고, 이양원은 죽을 자리로 들어간 것이다.

그러나 왜군의 위세에 눌린 데다 거느린 군사도 적고 도성민들의 난동으로 수도를 지킬 수 없었다. 충주에서 신립申砬이 이끈 군대가 패했다는 소식이 전해지자 온 도성이 소란스러웠다. 선조는 재상을 불러 대책을 물었다. 평양으로 몽진하자는 사람도 있고 도성을 사수하자는 사람도 있었다. 유도대장 이양원 아래 이전·변언수를 좌우위장으로, 박충간朴忠侃을 경성검사로 삼았으나 병졸들은 오합지졸이었다. 임금이 피란길에 오르자 관리들은 다 달아났다.[493] 적은 3번대三番隊로 나누어 한강을 건너 서울을 점령하고 4대문을 지켰다. 조정에서는 4월 29일에 경림군慶林君 김명원을 도원수로, 신각을 부원수로 삼아 한강을 지키게 했는데, 이날 밤 이일李鎰이 신립의 패배를 알려 왔다. 김명원은 전의를 상실하고 군기軍器를 강에 던지고 변복을 하고 도망치려 했다. 종사관 심우정沈友正이 그의 말고삐를

491) 《선조실록》 권 26, 선조 25년 4월 계묘(14일)
492) 앞과 같음.
493) 박상건, 앞의 책, 57쪽.

잡고 울면서 말하기를 "이제 주상께서 서쪽으로 행차하시고 계시니 이 한강을 어찌 버리려 하십니까? 또한 이 한강을 버리신다 해도 어찌 딴 곳으로 피할 수 있겠습니까? 원컨대 임진강을 지키시어 그 이북 땅을 적의 침략에서 막으시기를 바랍니다"고 하니, 김명원이 그리 하겠다고 하고는 임진강을 향해 달아났다. 부원수 신각은 김명원을 따라가지 않고, 한성으로 돌아와 유도대장 이양원을 따라 양주楊州 산중으로 들어갔다. 이양원은 "내 나이 이미 60(만 59)이고, …… 지위는 정승이요, 더 살아서 바랄 것이 뭐 있으랴! 한번 나라에 보답하는 일 뿐인 것을…"이라고 하자 종사관 심우정이 울면서 "여기서 사절死節한들 무슨 소용이 있습니까? 임진강을 지켜서 그 뒤를 막으심이 가할 줄 압니다"고 만류했다.494)

5. 해유령蟹踰嶺 전투

양주에서 신각은 무너진 군사를 수습하고, 마침 함경도 남병사 이혼李渾이 군사를 거느리고 왔으므로 전열을 재정비했다. 당시 한성에 들어와 있던 왜군들이 근교를 출몰하면서 식량을 약탈한다는 정보를 입수했다. 이양원, 신각, 이혼 등은 5월 중순에 경기도 양주군 백석리白石里에 있는 해유령(게너미고개)에 매복해 있다가 적의 목 72급을 베었다. 그들은 약탈한 우마와 식량, 가축을 싣고 일렬종대로 고개를 넘어가다가 기습당했다. 조선군은 신각의 호령 아래 일제히 활을 쏘고 칼을 휘둘러 많은 적을 섬멸한 것이다. 적이 부산포釜山浦에 침입한 이래 추풍역秋風驛에 이어 두 번째 올

494) 朴商健,《壬辰倭亂과 領議政 李陽元》(文獻公 李陽元領議政記念事業會, 常綠出版社, 2000. 3), 60쪽.

린 승전이었다.[495] 이양원은 명성령明城令 이작李綽을 행재소에 보내 승전보를 알렸다. 선조는 이작을 접견하고 그에게 통정대부 품계를 주고, 이양원을 영의정 겸 행동북도검찰사行東北都檢察使를 삼았다. 이때 마침 영의정 이산해가 임란이 일어난 것을 책임지고 물러나서 영의정이 공석이었기 때문이다.[496]

그런데 한강을 지키지 못한 도원수 김명원은 부원수 신각이 자기를 따르지 않고, 이양원에게 간 것을 미워해 "신각이 주장主將의 명을 어기고 마음대로 다른 진에 가서 불러도 오지 않으니 죄를 주소서"라고 상신했다. 이러한 보고가 올라오자 우의정 유홍俞泓은 "대장의 명을 어기는 부장副將은 응당 참해야 합니다"고 했다. 그러자 선조는 선전관宣傳官에게 칼을 주어 "시각을 지체하지 말고 신각의 목을 베어 군사들에게 조리를 돌려 보여줘 다시는 군령을 어기는 일이 없게 하라!"고 명했다. 이런 것도 모르고 신각은 해유령 승전을 축하하는 잔치에 참석하고 있었는데 갑자기 선전관이 달려들어 목을 베어 효수梟首했다. 5월 19일 신각을 죽이라는 선전관이 떠난 오후에 해유령 첩보捷報가 도착하자 즉각 신각을 죽이지 말라는 선전관을 파견했으나 그가 도착해 보니 이미 신각의 목은 떨어진 뒤였다. 신각은 본래 청렴한 무장인데 이렇게 억울하게 죽었다.[497] 그는 연안부사로 있을 때 성을 수축하고 참호를 파 훗날 이정엄이 연안성을 지킬 수 있게 하기도 했다. 당시 그에게는 90세가 된 노모가 있었다 한다. 조선군이 왜적만 보면 달아나므로 군기를 잡고자 한 처벌이 승전을 한 신각에게도 적용된 것이다.[498]

지금 양주군 백석리白石里 연곡2리蓮谷二里 해유령에는 1976년 11월 30

---

495) 앞의 책, 39~41쪽.
496) 權愈, 행장(앞의 책, 77쪽).
497) 《선조실록》 권 26, 선조 25년 5월 경신(1일)
498) 박상건, 앞의 책, 58~59쪽.

일에 세운 해유령 전첩비戰捷碑가 세워져 있다. 비문은 최규하崔圭夏 국무총리가 이현종李鉉宗 국사편찬위원회 위원장에게 짓게 하고, 글씨는 국전심사위원 송성용宋成鏞이 썼다. 여기에는 이양원 유도대장, 신각 장군, 이혼李渾 남병사, 이시언李時言 인천부사, 이양원의 3남 이시경李蓍慶의 전공이 적혀 있다.

6. 임진강 전투

5월 12일 도원수 김명원은 "신이 이빈李薲, 유극량劉克良 이하 제장 20여 명과 군사 1천 명을 거느리고 임진강을 지키면서 벽제碧蹄 등 여러 곳에 복병을 설치해 참획斬獲이 많사옵니다"고 하고, 16일 경에는 "이양원도 또한 이빈, 신각 등 장수 10여 명과 병력 5천을 거느리고 대탄大灘(양주 북쪽 74리 연천漣川 부근)에 주둔해 방금 진격을 도모하려 하나이다"고 보고했다. 그리하여 조정에서는 이 방면의 상황을 낙관했다. 그런데 여기에 한 술 더 떠서 13일에 경기감사 권징權徵이 "이 적은 고단한 군사로서 너무 깊숙이 들어와 발에 종기가 나고 기운이 피로해 그 세가 이미 꺾였으니, 원수에게 하명하시어 이 기회를 타서 급히 처서 좋은 때를 놓치지 말게 하시기를 바랍니다"라는 장계를 올렸고, 여러 장수들도 그렇게 믿고 있었다.499)

조정에서는 이러한 장계를 믿고 김명원에게 교지를 내려 우물쭈물하지 말고 공격하지 않는 것을 나무랐다. 그리고 경상감사 이성임李聖任을 순찰부사巡察副使로 임명해 압록강변의 군사를 거느리고 돕게 했다. 그는 앞서

499) 앞의 책, 46~47쪽.

자원해 영남 지방에 내려가 군사를 모아 적을 치다가 길이 막혀 돌아오지 못했었는데, 이제 돌아오자마자 다시 자원해 종군한 것이다.[500]

14일에 선조는 한응인韓應寅에게 "이제 적세가 이미 흩어졌는데 도원수 김명원이 오래도록 아무 것도 하는 바가 없으니, 경은 기일을 작정하고 적을 무찌르되 앉아서 김명원의 절제節制를 받아 군기軍機를 놓치지 말지어다"고 하면서 진격을 재촉했다. 이날 경상좌병사 이각李珏이 영남을 탈출해 임진강에 나타났다는 소식을 듣고 조정에서는 선전관을 보내 그의 목을 베어 군중에 본보기로 삼았다.[501]

16일에 경기감사 권징이 "이 적은 세가 고단하고 피로해 둔영屯營을 불태우고 도망치려는 징조가 보이니, 제장에게 진격하도록 하소서"라는 장계를 다시 올렸다. 이에 조정에서는 한응인에게 전 병력을 이끌고 빨리 추격하라고 명했다.[502]

이양원은 이일李鎰, 신각, 김우고金友皐 등과 함께 대탄에 있었고, 한응인과 김명원은 권징, 신길申硈, 이빈, 이천李薦, 유극량, 변기邊璣 등과 함께 임진강에 있었는데, 5월 18일에 싸우기로 약속이 되어 있었다. 그런데 군중의 의론이 "우리 군사가 많기는 하나 대부분 지치고 약해서 믿는 것은 강변江邊의 토병土兵뿐인데, 이들도 먼 데서 왔기 때문에 대부분 지친 상태이다. 2~3일 지체해 휴식하면서 힘을 저축해야만 거사할 수 있다"고 해 처음 약속이 지켜지지 않았다. 17일 밤에 강을 건너갔다가 좌위장左衛將 이천은 상류에서 적을 만나 패배했고, 유극량은 죽었으며, 신길도 죽었다. 적은 하류에서 군사를 숨겨 강을 건너왔다.[503]

김명원은 모든 군사를 강 언덕에 매어 놓고 북상하는 적을 막으려 했다.

500) 앞의 책, 47쪽.
501) 앞과 같음.
502) 앞과 같음.
503) 《선조실록》 권 26, 선조 25년 5월 임오(23일)

적은 강 남쪽까지 와서 배가 없자 강을 건너지 못해 강가에서 도전했으나 응하지 않고 수일 동안 마주 보고 있었다. 그러다가 어느 날 적이 강가의 야전 막사를 불사르고 퇴각해 아군을 유인하려 했다. 방어사 신길은 적의 계략에 빠져 강을 건너서 추격하려 했다. 경기감사 권징은 신길과 의논해 17일을 기해 싸우기로 했다. 이때 도순찰사 한응인이 강변 토병 3천 명을 이끌고 왔다. 토병들은 북쪽 야인野人들과 여러 번 싸운 경험이 있어 지형陣形에 밝고, 싸우는 기술이 뛰어난 사람들이었다. 그런데 그 가운데 한 장수가 말하기를 "우리 군사가 멀리서 와서 피로하고 아직 먹지도 못했으며, 기계機械도 정비하지 못했으니, 잠깐 쉬었다가 내일 전세戰勢를 살펴 후군이 도착한 다음에 적의 계략을 판단해 공격하는 것이 좋을 듯하오"라고 했다. 그러나 한응인은 선조로부터 빨리 공격하라는 명을 받은 터라 "그렇게 한가롭게 할 수는 없다"고 하고 이런 말을 한 사람들을 끌어내어 목을 베었다. 도원수 김명원은 도순찰사 한응인이 북경北京에서 돌아와 처음으로 임진전선에 왔을 뿐 아니라 선조가 자신의 절제를 받지 말라고 했으므로 이래서는 안 될 줄 알면서도 감히 충고하지 못했다.[504]

조방장助防將 유극량은 연로하고 경험이 풍부한 무인이었으므로 경솔하게 강을 건너 전진하는 것을 극구 반대했다. 신길은 그가 반대하는 것을 비겁한 것으로 여겨 목을 베려고 칼에 손을 댔다. 유극량이 하도 기가 막혀 "내가 어려서부터 종군한 사람으로 어찌 죽음이 두려워 피할 것이오. 내가 이렇게 반대 의견을 말하는 것이 오직 국가대사를 그르칠까 두려울 뿐이오"라고 하면서 분격해 진중으로 돌아갔다.[505]

---

504) 박상권, 앞의 책, 48~49쪽.

505) 앞의 책, 49쪽 ; 유극량이 무과에 급제하고 집에 돌아오니 그의 어머니가 "이 어미는 본시 사노비였는데 하루는 잘못해 주인의 옥잔[玉盃]을 깨고 죄를 받을까 두려워해 도망와서 너의 아버지를 만나 너를 낳은 것이다. 내가 듣기로는 사천의 소생은 국법에 과거에 급제해도 취소된다고 하는데 너도 필시 그렇게 될 것이니 원통해서 슬퍼하는 것이다"고 했다. 유극량은 그 길로 상경해 상전 정모의 집에 찾아가 그 사유를 말하고 削科하고 다시 종이

김명원도 유극량의 말이 옳다 해 신길에게 그 불가함을 말했으나, 신길은 끝내 듣지 않고 배를 타고 건너갔다. 유극량은 신길이 건너가자 비록 생각은 같지 않으나 뒤처질 수 없어 전 군사를 이끌고 강을 건너기로 했다. 한응인은 전 병력을 몰아쳐 적의 제일선 보루에 들어가 적 수명을 죽이니, 적들이 급히 도망쳤다. 도원수 김명원 이하 모든 장병이 언덕 위에서 이 광경을 보고 기뻐했으며, 홍봉상洪鳳祥은 강을 건너가 관병觀兵까지 했다.[506]

조금 있다가 적병 7~8명이 상반신 나체로 큰 칼을 휘두르며 쳐들어오니 복병이 일시에 일어나 조선군은 추풍낙엽처럼 떨어졌다. 노장 유극량도 말에서 내려 "여기가 나의 죽을 곳이로다"고 하고는 적 여러 명을 활로 쏘아 죽이고 장렬하게 전사했다. 신길도 강가에서 도망쳐 말을 탄 채로 급히 강을 건너다 익사했다. 관전하던 독전관 홍봉상도 전사했다. 대패였다. 군사들은 후퇴하지 못하고 바위에서 강으로 떨어져 죽거나 적의 창검에 쓰러졌다. 이때 김명원, 한응인, 박충간 등이 청단의靑緞衣를 입고 있었는데 박충간이 말을 타고 도망가자 군사들이 도원수 김명원이 도망치는 줄 알고 일시에 흩어지고 말았다. 김명원과 한응인이 "원수는 아직까지 여기에 있다"고 해도 소용이 없었다. 5천 병사 가운데 1천 명 밖에 살아 돌아오지 못했다.[507]

김명원과 한응인은 임진강 전투에서 패한 다음 평양 행재소에 돌아왔는데, 조정에서는 죄를 묻지 않았다. 힘이 모자라 진 것으로 여긴 것이다. 경기감사 권징은 가평으로 도망갔다. 적은 강을 건너 추격하지 못하다가 27

되고자 하니, 그 상전이 탄복해 從良시켜 주었다. 이렇게 해 종의 신세를 면한 그는 그 뒤에도 벼슬하는 곳에서 상전 집에 항상 예물을 바쳤고, 상전 집에 다다를 때는 동리 밖에서 도보로 예물을 손에 들고 문 안에 들어섰다고 한다(앞의 책, 51~52쪽).

506) 앞과 같음.

507) 앞의 책, 50쪽.

일에 임진강 상류인 대탄에서 조그마한 배를 타고 강을 건너왔다. 유도대장 이양원은 연천 대탄에 진을 치고 있다가 이빈이 도망치는 것을 보고, 진지를 버리고 강원도 쪽으로 도망했으나 그 행방을 알 수 없었다.508)

5월 7일 평양에 도착한 선조는 8일에 회의를 열어 김명원 등이 임진강에서 병세가 약해 우의정 유홍을 보내 돕도록 했는데 10일이 되어도 떠날 기색이 보이지 않았다. 선조가 "경은 아직도 출발하지 않은 까닭이 무엇인고?" 하고 물으니 "다리 아래에 종기가 나서 가지 못하고 있나이다"고 했다. 이 말을 듣고 대사헌 이헌국李憲國이 "공은 재주도 없고 덕도 없으면서 이미 정승이 되었으니 성은이 지대하거늘 이제 겁을 먹고 가지 않는다는 것은 마치 무대에 올라 온 기녀가 병이 났다고 노래를 부르지 않는 것과 같으니, 공이 어찌 이리할 수 있소?"라고 하면서 때릴 것 같이 했다. 선조가 빙그레 웃으면서 "제도도순찰사 한응인을 먼저 보냈으니 그것으로 가할 것이다"고 해 유홍은 끝내 가지 않았다.509)

7. 이양원의 죽음

왜군이 계속 북상해 오는데, 병력은 적고 적의 힘은 강해졌다. 이양원은 마침내 군을 후퇴시켜 철령鐵嶺을 지키면서 군사를 훈련시켜 회양淮陽의 적을 깨트렸다. 그 뒤 다시 군사를 출동, 경성을 수복할 계획이었으나 끝내 이루지 못했다. 그 후 그는 이천伊川에 있던 세자 광해군 분조分朝에 가서 함경도도검찰사咸鏡道都檢察使가 되었다. 7월 4일 함경도도검찰사

508) 앞의 책, 51쪽.
509) 앞의 책, 52~53쪽.

이양원은

> 왜적이 벌써 안변安邊으로 향했는데, 신의 종사관인 이홍로李弘老가 주장의 말을 듣지 않고 근왕勤王을 자원하고서 말없이 도망쳐, 간 곳을 모르고 있습니다. 처음에는 어가御駕를 따라 서쪽으로 가다가 적이 가까이 오는 것을 두려워해 말없이 도망해 와서는 신의 종사관이 되기를 원했습니다. 적이 또 신이 있는 곳으로 가까이 오자 또 말없이 도망쳤으니, 죄를 용서할 수 없습니다. 조정에서 조치하소서.[510]

라고 치계했다. 이로 미루어 보아 이양원은 대탄에서 물러간 이후 잠시 함경도도검찰사로서 분조에서 광해군을 호위하고 있었음을 알 수 있다.

그러나 선조가 요동遼東으로 건너간다는 잘못된 소식이 들려 왔다. 도로가 막혀 직접 알아볼 수도 없었다. 이양원은 "주상께서 만약 내부來附하시면 국사는 어떻게 할 도리가 없으니, 아무래도 한 번 죽는 것만 같지 못하다" 하고, 음식을 물리쳤다. 세 아들이 울면서 음식을 드시라고 청하니,

> 나는 중한 부탁을 받고 도성을 지키다가 물러난 뒤 힘이 다해 도성을 수복하지 못했는데 또 승여乘輿가 요동으로 건너가시는 문제를 논의한다는 말을 들었으니, 이는 내가 목숨을 마칠 때이다. 나의 한 번 죽음은 이미 결정되었으니 너희들은 더 이상 말하지 마라![511]

하고는, 8일 동안 식음을 전폐하고 피를 토하며 7월 1일에 순국했다. 향년 67세.[512] 3자 이시경은 "소자가 비록 불초하오나 죽음으로써 집안과 나라

---

510) 《선조실록》 권 28, 선조 25년 7월 신유(4일)
511) 忠臣 李著慶 行錄(앞의 책, 115쪽).

의 원수를 갚겠습니다"고 했다.[513] 이천伊川에 있는 광해군은 사람을 보내 조문하고 제사를 지내게 했으며, 상여가 경유하는 각 고을들로 하여금 상여를 호송해 장사 지내도록 했다. 시신은 3남 이시경이 모셔다가 당진군 대호지면大湖地面 송전리松田里 산 61번지(구 해미군 서면 고자천 산 61번지)에 인좌寅坐로 모셨다.[514] 시호는 문헌文憲, 부조묘不祧廟. 신도비는 대제학 권유權愈가 찬하고, 글씨는 이조판서 오시복吳始復이 썼으며,[515] 묘비명과 행장도 권유가 썼다.[516]

실록에는 다음과 같은 이양원의 졸기卒記가 수록되어 있다.

> 전 의정 이양원이 졸했다. 양원은 경성京城에서 관동關東으로 도망했다가 이천伊川에 왔다. 행조行朝에서는 있는 곳을 모른 채 직질職秩을 차례대로 승진시켜 영의정에 이르렀으나 얼마 뒤에 체직시켰는데, 모두 명을 받지 못하고 졸했다. 양원은 장수와 정승으로 출입하면서 편안하게 부귀를 누리며 오래도록 살았다. 오로지 시속에 따라 처신해 한 번도 책망이나 비난을 받은 적이 없었으므로 세상에서는 복을 온전히 누리는 사람이라고 일컬었다. 그러나 난리를 당해서는 정신을 못 차리고 초야에서 목숨을 부지하다가 곤궁하게 죽었으니, 끝마무리를 잘한 군자君子라고는 말할 수 없다.[517]

그리 우호적인 평가는 아니다. 그러나 그의 출장입상出將入相의 능력은 인정했고, 평시에는 현달했으나 전시에는 제 구실을 못한 것으로 적고 있

512) 朴商健, 앞의 책, 85쪽.
513) 忠臣 李蓍慶 行錄(앞의 책, 115쪽).
514) 鷺渚 李陽元 종환록(朴商健, 앞의 책, 13쪽).
515) 앞과 같음.
516) 앞의 책, 86쪽.
517) 《선조실록》 권28, 선조 25년 7월 무오(1일)

다. 그리고 전시에는 선조가 있는 곳과 연락이 되지 않아 영의정까지 승진했다가 체직되었으나, 직접 교지를 받지는 못한 것으로 되어 있다.

부인은 군수 류간의 딸 진주류씨로 이양원이 죽은 다음해인 1593년(선조 26) 3월 23일에 서거해 남편의 묘에 합장되었다.[518] 4남 2녀를 두었는데, 장남 이서경李犀慶은 도총도사, 차남 이구경李龜慶은 부사, 3남 이시경李蓍慶은 소촌召村찰방, 4남은 이용경李龍慶이다. 사위는 현령 조희식趙希軾, 판서 성영成泳이다.[519] 더욱이 이시경은 아버지가 유도대장이 되자 아들로서 군중에 있으면서 모셨다. 그 뒤 해유령 전투에 참여해 군공을 세웠다. 아버지가 순절하자 상여를 모시고 해미海美에 돌아와 안장하고, 묘소 곁에 집을 짓고 혼자서 거처했는데, 다음 해 어머니가 돌아가시자 4년 동안 시묘살이를 했다. 상을 마친 뒤에는 1597년(선조 30)에 소촌찰방이 되어 "내가 이번에 가면 살아서 돌아오기는 기약할 수 없으니, 부디 어린 자식을 잘 보살펴 주시오" 하고 떠났다. 적이 남강南江 상·하류에 포진하니, 소촌에서 20리였다. 9월 21일 남강 하류의 적을 공격했다. 그는 그의 종을 돌아보고 "나는 이제 바른 길을 얻어 죽는다. 너는 다행히 죽지 않거든 올라가 나의 어린 자식을 돌보아 달라!" 하고는 싸우다 죽었다. 그 종은 가까스로 살아와 그의 생전의 옷으로 혼백을 불러와서 아버지 묘 옆에 장사를 지냈다. 이일로 조정에서는 그를 좌승지에 추증했다. 향년 31세. 부인은 김유경金有慶의 딸 증숙부인贈淑夫人 원주原州김씨이다[520].

장남 이서경은 2남 2녀를 두었는데, 이복광李復匡은 절충장군 선전관이고, 이중광李重匡은 무과에 급제해 품계가 통정대부요, 사위는 첨정 최인건崔仁健과 별제別提 심숙이다. 구경은 1남을 두었는데 찰방 이홍광李弘匡이

518) 鷺渚 李陽元 碑銘(앞의 책, 73쪽).
519) 앞의 책, 80쪽.
520) 忠臣 李蓍慶 行錄(앞의 책, 113~119쪽).

다. 시경은 2남을 두었는데 이극광李克匡과 이의광李毅匡이다. 이용경은 3남을 두었는데 이인광李仁匡, 이준광李俊匡, 이신광李信匡이다.

8. 이양원의 유작遺作

선조는 이양원과 독대할 때 당쟁을 경계하는 시를 주고받았다.

① 선조의 〈아로가鴉鷺歌〉
가마귀 검다 말고 백로 희다 말라! 鴉兮莫黑 鷺兮莫白
흑백이 하도 분여紛如한데 黑白之紛如兮
독수리는 어이 제홀로 검도 희도 않다 하느뇨 鵰獨胡爲乎不黑不白

② 이양원의 〈주록가朱綠歌〉
주홍도 내 아니요 초록도 내 아니요, 謂朱非我兮 謂綠非我
붉고 푸른 현황眩晃함이 나의 것이 더욱 아니니, 朱綠之眩晃 又非我之娜也
어찌타 임은 나를 알지 못하고 날더러 오색五色에 물들었다 하리오
君胡爲乎 不我知謂我兮染夏

이 시로 미루어 보아 선조는 붕당을 우려했고, 이양원은 되도록 붕당에서 초연한 태도를 보이려고 애썼음을 알 수 있다.

③ 이양원의 시조 3수

높으나 높은 남게 날 권해 올려두고,
이보 벗님네야 흔들지나 마려무나
나려져 죽기는 슬지 아니하되 임못볼가하노라

내가슴 스러난 피로 임의 얼골 그려내어,
나자는 방안에 족자簇子삼아 거러두고,
살들이 임생각 날제면 족자나 불가하노라

네 집이 어듸메오 이 뫼 넘어 강 위에,
죽림竹林 푸르르고 외사립 다닫는듸,
그 앞에 백구白鷗 떠 있으니 게가 물어보시오

이 시조를 보면, 이양원은 한시뿐만 아니라 시조에도 조예가 있었음을 알 수 있다.

④ 퇴계 선생에게 준 시

(1)

광풍제월光風霽月(퇴계)이라 제월의 크고 넓은 몸이라면,
삼십이라 육궁(36宮; 漢의 별궁수別宮數=퇴계의 도학)의 평화로운 봄이어라
궤안 두른 맑은 내 물결소리 잔잔하고,
정자 앞의 이슬 맞은 대껍질이 신선타네
험한 세상 일찍이 발을 들여놓았으나,
자유로운 경지에서 정신을 집중하고파,
산중의 은거생활 뒤따를자 그 누군가

티끌 세상 너나 없이 우리 같은 동속인걸
(2)
천리길 나랏일에 이 내 한 몸 고달프니,
귀밑머리 청춘을 가을 서리 앗아가네
문서 많이 살피느라 내 마음 고달팠는데,
산천을 앞에 대하니 뜻이 문득 새로웠네
집자리의 모양새가 벼슬기운 없으니,
초당신이 산봉우리 보고할 리 있을소냐
난간에서 석 잔 수 진중하게 나누고,
쌍으로 앉았을 때 그림 속 사람이었네
(3)
처마 앞엔 손수 심은 소나무가 꿋꿋하고,
섬돌 아랜 해바라기 유별나게 봄날일세
겨울 속의 천연대天淵臺는 길이 변함 없는데,
세간이라 인사는 몇 번이나 바뀌었나
사계절의 풍경은 천태만상 보내오고,
한 골짜기 안개는 온갖 신령 수호하네
어찌하면 경을 안고 궤안을 모시고서,
늦었지만 배워 익혀 천인天人(儒學)을 탐구해 보리

이 시들은 이양원이 44세에 경상관찰사로 있을 때 퇴계 선생의 문인이 되고자 찾아가서 지은 시이다. 벼슬을 버리고 은거하면서 학문과 제자교육에만 정진하는 퇴계 선생의 삶을 예찬한 내용이다. 그리고 이양원은 늦게나마 퇴계 선생의 제자가 될 수 있었다.

⑤ 퇴계 선생의 답시

(1)

부끄럽네 궁산의 일개 병든 이 몸이,
지난 봄에 귀한 행차 찾아주심 반겼었네
뜻밖이라 화산(안동의 옛 이름)에서 석별의 정 나눈 뒤에,
이와같이 새로운 옥절玉節(옥으로 된 符節) 또다시 임하다니,
만사는 예로부터 그야말로 전촉(바람에 흩날리는 촛불)인데,
백년에 이제 처음 정신이 평안하네
산천이 아득해 그대를 잃은듯 하니,
어느제나 우리 함께 그림 속 사람 될른지

(2)

시골노인 오활해 영욕일랑 모르는데,
유각춘有脚春(선정 베푸는 이양원)을 자주 만나 기쁘기가 그만일세
짙고 옅은 산빛을 서로 함께 대할 적에, 묵고 새론 세태를 어찌하여 알손가
나는야 어김없이 시름 속에 백발나고,
그대는 신이런가 맑은 시가 나오는가
듣자하니 대장부는 절로 공을 세우다나,
공은 부디 독서인이 되어 주길 권한다오

이는 1569년(선조 2) 여름 이양원이 44세 때 경상도관찰사로 있다가 체직되어 서울로 돌아온 뒤 퇴계 선생에게서 받은 시이다. 이때 이양원은 퇴계 선생의 문인이 되었다.

제6장 장만張晩 장군의 생애와 군공軍功

1. 머리말

장만(1566~1629)은 출장입상出將入相한 대표적인 인물이었다. 나가면 도원수都元帥·체찰사體察使요, 들어오면 병조판서·우찬성이었다. 그러나 장만이 어떤 사람인지 잘 아는 사람은 없다. 그 까닭은 첫째는 문치주의 아래에서 무장을 저평가한 데서 찾을 수 있고, 둘째는 인조반정仁祖反正 공신들이 병권을 가진 장만을 견제한 데 있었다.

장만은 기본적으로 문과에 급제한 문관이었다. 다만 몸집이 크고 무예에도 관심이 깊어 문무겸전의 지도자였다. 더구나 봉산鳳山군수가 되어 명나라 장수들과의 마찰을 무리 없이 무마하는 행정력을 보여 선조의 인정을 받고, 고속 승진하게 되었다. 나아가서는 서북 지방이 불온해지자 함경·평안감사나 평안도병마절도사를 맡아 나라를 지키는 무장으로 발돋움했다.

장만의 이러한 역할은 광해군조를 거쳐 인조반정仁祖反正 이후에도 계속되었다. 인조는 반정 직후에 장만을 도원수와 체찰사로 임명해 국방을 책임지는 장군으로 삼았다. 그리하여 이괄李适의 난을 평정하고 정묘호란丁卯胡亂을 막는 책임을 맡았다. 그러나 머리 좋은 문신답게 백성들은 잘 보살폈지만, 머뭇머뭇하며 눈치를 보다가 대간의 탄핵을 여러 번 받았고, 사평史評도 별로 좋지 않았다. 그러나 이괄의 난을 평정해 인조의 왕위를 보존해 준 공을 인정받아 인조는 그를 진무공신振武功臣 1등에 책봉해 우대했다. 그리고 그의 사위가 반정 1등공신인 최명길崔鳴吉이라 일생을 편안히 살다가 와석종신臥席終身할 수 있었다.

이 글은 이러한 장만 장군의 일생과 그의 군공에 대한 평가를 실증적으로 검토하는 것을 목적으로 한다.

2. 가 계

장만의 자字는 호고好古, 호號는 낙서洛西·이호주인梨湖主人, 본관은 인동仁同[521]이다. 아버지는 장기정張麒禎(자는 유성游聖, 1525~1694)으로 1561년(명종 16)에 37세의 나이로 진사시에 합격하고, 효행으로 천거되어 음직으로 창릉 참봉, 예빈시 별제, 의금부 도사, 내견시 직장, 사헌부 감찰, 형조 좌랑, 증산 현감, 가평군수, 한성 판관, 군자감 첨정, 면천군수 등을 역임했으며, 효심이 지극해 효자 정문까지 세웠다. 후일 장만의 출세로 영의정과 순충적덕병의보조공신純忠積德秉義補祚功臣을 추증받았다. 어머니는 군수 조광침趙光琛의 딸 배천조씨白川趙氏인데 장만의 출세로 정경부인貞敬夫人을 추증받았다. 장만의 할아버지 장계문張季文(1478~1543)은 의정부 사인舍人을 지냈는데, 역시 장만의 출세로 이조판서를 추증받았다.[522] 그는 1478년(성종 9)에 태어나 1504년(연산군 10)에 사마시에 합격했으며, 1519년(중종 14)에 문과에 급제했다. 예문관 검열, 통례원 통례를 거쳐 벼슬이 승문원 판결사에 이르렀다. 1543년(중종 38)에 죽었는데 성품이 중후하고, 평소에 말과 웃음이 적었으며, 가정에서는 매양 성실誠實로써 교훈을 삼았다. 그리고 마음을

---

521) 인동의 別號는 '玉山'이다. 舊號나 행정 지명은 아니며, 榜目에는 모두 장씨의 본관을 '인동'이라고 기록하고 있다. 옥산은 龜尾市 仁義洞 505번지에 있는 4433평 미만의 작은 봉오리이다. 이 산은 壬辰倭亂 때 명 총병 劉綎이 이 산에 주둔하면서 靈芝를 캐어 명 황제에게 바친 것으로 유명하나 倭兵이 主脈을 끊은 것을 뒤에 다시 복구했다고 한다. 옥산은 또한 仁同張氏의 貫鄕으로 이곳에 始祖인 大匡公의 齋閣인 玉山祠를 세우고, 200년에는 玉山基址碑를 세웠다. 이러한 내용은 旅軒 張顯光의 仁義坊說에 잘 나타나 있다(張麟采, 《옥산연봉》, 한솔출판사, 2007, 20쪽). 장만을 玉城府院君이라 했는데, 이때의 '玉'자도 옥산을 의미한다. 장씨 가운데 '玉'자가 든 諡號를 가지고 있는 사람은 玉山君(張暾)·玉川君(張富禎)·玉平君(張弼漢)·玉原君(張仲)·玉恩君(張象元) 등이 있다.

522) 崔鳴吉, 忠定公張晩行狀(《洛西集》 卷 5, 附錄), 1~2쪽.

속이는 자는 반드시 다른 사람을 속인다고 했다.[523] 장계문은 의정부 사인으로 있을 때 권철權轍의 선배로 같은 부서에 근무했는데, 권철이 권신 김안노金安老의 미움을 받아 좌천되었으나 계속 가까이 지내 친해지게 되었다. 장만이 권철의 아들 권율權慄, 권율의 사위 이항복李恒福과 친하게 된 것도 이 때문이다.[524] 증조할아버지 철견哲堅도 병절교위秉節校尉 부사맹副司猛을 지냈는데, 손자인 장만의 출세로 이조판서를 추증됐다.[525]

장만이 속하는 태상경파太常卿派의 시조는 여말선초의 인물인 장백張伯이다. 장백은 전의시승典儀寺丞으로서 유능한 외교관이었다. 명 태조 주원장朱元璋은 조선 태조 이성계를 싫어했다. 여진 땅을 놓고 경합했기 때문이다. 장백은 중국어를 잘하는 역관이었다. 이성계는 그를 판사역원사判司譯院事에 임명해 대명 외교를 담당하게 했다. 그는 주원장에게 조선의 사정을 잘 말해 오해를 풀어 주었다. 두 사람 사이에는 이런 대화가 오고갔다.

주원장: 그대는 어느 부서에서 일하기에 그토록 중국말을 잘하나?

장 백: 전의시에서 국가의 제사 지내는 일을 담당하고 있습니다.

주원장: 전의시는 무엇을 하는 부서인가?

명의 재상: 고려의 전의시는 우리의 태상시太常寺에 해당하는 부서입니다.

주원장: 그렇다면 그대가 태상경太常卿이로구나! 이제부터 경을 태상경이라 부르노라! 고려국의 태상경은 명국과 고려 사이가 화평해질 수 있도록 각별하게 노력하라! 경의 책임이 크다.

---

523) 朴能緖, 《韓國系行譜》 地 1495쪽. 仁同張氏.
524) 장석규, 《팔도도원수 장만장군》(도서출판 기창, 2009), 24쪽.
525) 李植, 張晩墓誌銘, 《洛西集》 卷 5, 附錄, 15쪽.

이로부터 장백을 태상경이라 부르고, 사역원사로서 70세가 넘어도 치사致仕하지 못하고 명나라 서울인 남경南京을 수없이 내왕하다가 중국 등주登州에서 죽었다. 묘는 경기도 파주坡州 명학산鳴鶴山 아래 용지동龍池洞에 있다. 김만기金萬基가 쓴 묘표가 있다. 태상경 장백은 시조로부터 12세요, 장안세張安世의 둘째 아들이다.526)

〈표 1〉 인동장씨 태상경파 가계도

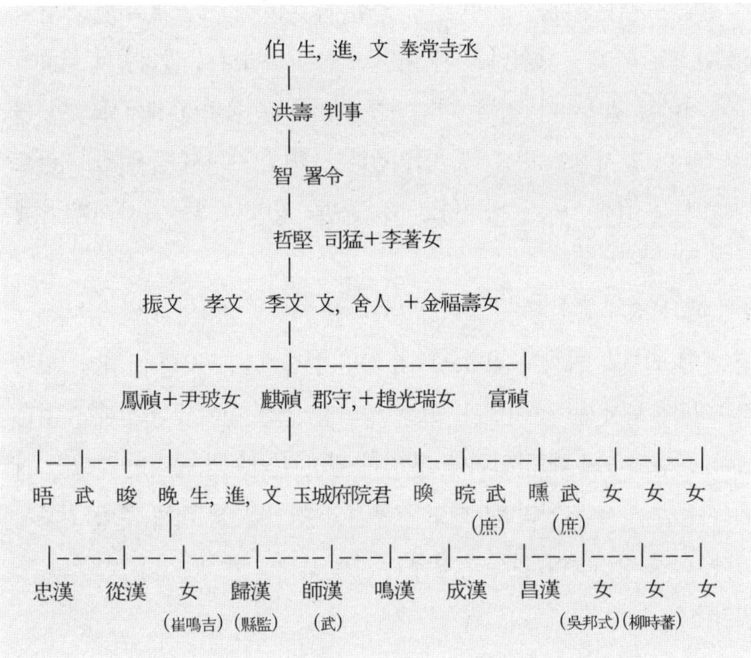

---

526) 《태조실록》 권 8, 태조 4년 10월 25일 ; 《仁同張氏太常卿派世譜》 首卷, 379~384쪽.

3. 유년 시절

장만은 1566년(명종 21) 10월에 서울 필운동弼雲洞에서 6남(晤·晙·晩·暵·晥·曛) 3녀 가운데 셋째 아들로 태어났다. 아버지의 꿈에 부인의 침소에 북두칠성이 비치는데 그것이 하도 신비해서 넋을 놓고 바라보다가 깨어보니 장만이 태어났다는 것이다. 또 자랄 때 어머니의 꿈에 어떤 사람이 단장短杖으로 아이를 해치려 하자 어떤 노인이 나타나서 말리면서 말하기를 "이 아이는 귀인이다. 장차 이 나라를 지켜 낼 인물이니 해쳐서는 안 된다"고 하니, 그 사람도 승복하고 물러갔다고 한다. 크면서 글을 잘 지었으며, 백성들을 위해 일생을 바쳤다고 해 〈볼만=장만〉이라는 노래까지 유행했다고 한다.[527]

2세 때 선조가 즉위했다. 그리고 1574년(선조 7) 할아버지 장계문張季文이 후배인 권철과 가까이 지냈으므로 아버지 장기정도 사헌부 감찰, 형조좌랑, 의금부도사 등을 지냈다. 그는 영의정 권철 집에서 이항복을 처음 만났다. 장만이 9세 때의 일이다. 권철이 권신 김안노의 사적인 부탁을 거절해 미움을 사서 좌천되었는데도 불구하고 전처럼 잘 대해 주어 친하게 지냈다. 아들 장기정이 권철의 집에 무시로 드나들 수 있었던 것도 그 때문이다.[528]

527) 장석규 편저, 《팔도도원수 장만장군》(도서출판 기창, 2009. 10), 33~34쪽. 1738년(영조 14) 4월 5일에 영조가 대사헌 장익하와 조현명에게 "시중에는 어찌하여 장만에 대해 두 가지 말이 있는가?"고 물으니 장익하가 "장만이 백성들을 잘 다스려 수많은 백성들을 살려내니 백성들이 '볼만=장만'이라고 불렀습니다. 그런데 시기하는 자들이 볼만을 見晩이라고 고쳐 장만은 구경만 하는 사람이라는 말을 퍼트려 그렇게 믿는 자들도 있게 된 것입니다"고 대답했다고 한다. 〈볼만=장만〉 노래는 조선 말기까지 불렀다고 한다.

528) 앞의 책, 39~40쪽.

이항복은 어려서 양친을 여의고 1589년(선조 22) 24세의 나이로 진사시에 합격해 성균관에서 공부하고 있는데 영의정 권철이 보고 공부하기를 싫어하는 외아들 권율을 자극하고자 집에 데려다 공부하게 했다. 그러다가 뒤에 권율의 사위가 되었다. 그런데 1591년(선조 24)에 사위 이항복이 26세의 젊은 나이로 문과에 급제하자 44세가 되도록 문과에 급제하지 못한 권율은 부끄럽게 생각했다. 그리하여 이후 2년 동안 열심히 공부해 문과에 급제했다. 사위의 급제가 자극제가 된 셈이다.[529]

장만은 임진왜란이 끝나고 형조좌랑으로 있을 때 필운동에 있는 이항복의 이웃집으로 이사 왔다. 이 집은 원래 권율의 집이었는데, 사위인 이항복에게 물려주고 권율은 행촌동杏村洞으로 이사갔다. 장만은 이항복을 통해 신흠申欽·정충신鄭忠信·최명길崔鳴吉을 알게 되었다. 정충신은 광주 관아의 아전이었는데, 권율이 광주부윤光州府尹으로 있을 때 선조의 파천을 말리는 장계를 자진해 나르는 일을 맡았다. 이를 기특하게 여긴 권율은 정충신을 17세 때 이항복에게 키워주기를 부탁했고, 이항복은 그를 다시 장만에게 소개해 휘하에 데리고 있게 했다. 뒤에 정충신은 아예 장만의 집인 반송동盤松洞 이웃으로 이사했다. 최명길도 16세에 이항복 문하로 들어왔는데 장만에게 그를 사위로 삼도록 소개했다. 그는 장만의 외동딸과 혼인해 아예 그 집에 들어와 살았다. 최명길은 스승인 신흠의 사위가 될 뻔 했는데 몸이 약하다는 이유로 성사되지 않았다. 최명길은 김장생金長生에게서 기초학문을, 이항복에게서 정치와 사상을, 장만에게서 처세와 덕성을, 신흠에게서 문장과 학식을 배웠다. 그는 20세에 문과에 장원했다. 이항복은 장만보다 10살이 많았고(병진생), 신흠은 장만과 나이가 같았으며(병인생), 정충신은 10살이 적었고(병자생), 최명길은 정충신보다 또 10살이 적었다(병술생).

---

529) 앞의 책, 41~42쪽.

모두 이항복 사단이다.[530] 1575년(선조 8) 10세 때 아버지가 옥천玉川군수로 부임해 그곳에 따라갔다. 그는 사또 아들의 티를 내지 않았으며, 고을 관리들이 커서 무엇을 하려느냐고 물었더니 "장부는 글과 먹의 장에서 놀아야 하며, 창과 방패를 잡고 끝없이 달리고 싶다"고 해 문무겸비의 장상將相이 될 포부를 피력했다고 한다.[531]

4. 출사出仕

1584년(선조 17)에 2살 위인 군수 임정로任廷老의 딸 풍천임씨豊川任氏와 혼인해 다음 해에 첫 딸을 낳았다. 이 딸이 후일 최명길과 혼인한 외동딸이다. 1589년(선조 22)에 생원·진사 양시에 합격했고, 1591년(선조 24)에 25세로 문과별시에 급제했다. 그러나 당로자當路者가 장만을 싫어해 성균관에 분관分館했으나 불평하지 않았고, 1593년(선조 26)에 승문원 정자로 고쳐서 보임했다가 예문관 검열에 선보選補되었다.[532] 1594년(선조 27)에는 아버지가 죽어 3년상을 치르고, 1596년(선조 29) 8월에는 예문관 검열이 되었다.[533], 그리고 그해 윤 8월 1일에는 예문관 대교待教로서 장만은

> 삼가 살피건대 섭정에 관한 분부가 한 번 내려지자 대신·대간·시종으로부터 모든 신료까지 복합해 호소한 지 나흘이 지났는데도, 궁문이

530) 앞의 책, 42~45쪽.
531) 장석규, 장만 장군의 연보, 1쪽.
532) 崔鳴吉, 忠定公張晩行狀,《洛西集 》卷 5, 附錄(김포문화원, 1997), 2쪽.
533)《선조실록》권 78, 선조 24년 8월 기해

> 굳게 닫히고 명령이 내리지 않으므로 대중의 심정이 당황하고 현혹해 어찌할 바를 모르니, 신들은 실로 성상의 뜻의 소재를 알지 못하겠습니다. 대체로 섭정은 다스려져 태평한 세상이라도 오히려 경솔하게 의논하기 어려운 일인데, 하물며 위기를 핑계로 화친하자고 위협하고 있고, 안으로는 백성들이 원망하고 배반해 무기를 가지고 난을 일으키고 있어 멸망으로 치닫는 해가 저물어 가듯하고 있습니다. …… 위로는 종사에 대한 부탁을 받으셨고, 아래로는 신민들의 기대를 지고 계시기에, 전하의 몸이지만 결코 따를 수 없습니다.[534]

고 해 왕위에서 물러나겠다고 고집하는 선조를 설득하려 했다. 선조는 17번이나 양위소동을 벌였다.

그 뒤 장만은 전생서 주부典牲署主簿, 형조 좌랑, 예조 좌랑, 예문관 대교[535], 사헌부 정언[536], 성균관 전적[537], 시강원 사서司書[538]를 역임했다.[539] 1597년(선조 30) 사간원 정언으로 있을 때 장만은

> 북도의 방비가 매우 허술한데 난리를 겪은 뒤로는 잔파殘破됨이 더욱 심합니다. 그러나 국력이 왜를 방비하는 데 고갈되어 북방에 대해서는 한 가지 일도 마음을 쓸 겨를이 없어, 본도의 정장精壯마저 뽑아다가 남방으로 내려 보냈습니다. 본도의 소식이 근래 우려되므로 군사를 맡은 관원이 길주吉州 이북 아홉 고을의 내노內奴들을 모두 군사에 보충하기로 정한 것은 진실로 부득이한 데서 나온 계책입니다. 변방이 견

534) 《선조실록》 권 79, 선조 29년 윤 8월 을축
535) 《선조실록》 권 83, 선조 29년 12월 병인
536) 《선조실록》 권 85, 선조 30년 2월 병술
537) 《선조실록》 권 90, 선조 30년 7월 경술
538) 《선조실록》 건 93, 선조 30년 10월 계유
539) 崔鳴吉, 張晩行狀, 《洛西集》 卷 5, 附錄 行狀, 2쪽.

> 고한 뒤에야 근본이 편안할 수 있는 것이니, 어찌 그 신역身役의 유무를 따져 변방을 지키는 장군의 요청을 허락하지 않을 수 있겠습니까? 내노를 방수防守에 첨보添補하기를 청한 공사公事를 해당 관청의 회계回啓에 따라 시행하게 하소서.[540]

라고 했다. 왜적의 침입으로 남방이 어지러운데 그는 이미 북방의 방비를 걱정하고 있는 것이다. 북방의 조짐이 좋지 않으니 내노라도 군사에 충당해 방비를 해야 한다는 것이었다. 그리고 변장邊將으로서 적당하지 않은 이춘란李春蘭을 갈아 치워야 한다고 주장했다.[541] 장만은 비록 문관으로 발신했지만 군사에도 밝아 선견지명先見之明을 발휘한 것이라 할 수 있다.[542] 같은 해 4월 2일 정언 장만은 다시

> 알성시謁聖試의 명이 내린 뒤로 온 나라 신민이 큰 기대를 걸고 그 성례盛禮를 우러러보려 하지 않는 자가 없습니다. 해당 관청에서 이미 8일로 날짜를 가려 정했는데, 이제 북병北兵의 친시親試 때문에 부표付標를 고치게 함으로써 막중한 예를 제 때에 거행하지 못하도록 했습니다. 성상께서 침 맞는 날이 마침 이날이라면 모르거니와 시재試才란 일개 유사의 일일 뿐입니다. 대례大禮로 헤아려 볼 때 경중이 현격히 다른 만큼 결코 이 때문에 물려서 거행할 수 없습니다. 해당 관청의 앞서 공사대로 8일로 전알展謁의 예를 거행토록 정해 많은 선비의 바람을 위로하소서.[543]

---

540) 《선조실록》 권 86, 선조 30년 3월 계묘

541) 《선조실록》 권 86, 선조 30년 3월 갑진

542) 그러나 실록에는 장만에 대해 "벼슬길에 처음 나올 때부터 추향이 바르지 못해 사람들이 부족하게 여겼다(《선조실록》 권 87, 선조 30년 4월 신유)"고 논평하고 있다.

543) 《선조실록》 권 87, 선조 30년 4월 임술

라고 아뢰어 그대로 시행하게 되었다. 그해 4월 12일에는 대사간 신식申湜 등과 함께

> 기축년의 역변 때 억울하게 죽은 사람이 오늘날까지도 신원을 받지 못하고 있으니, 이는 진실로 인심이 다 같이 답답해하는 일입니다. 그런데 신들은 언관의 자리에 있으면서 공론을 제대로 상달하지 못해 많은 선비들의 심한 비난을 받고 있으니, 침묵을 지키며 구차하게 참아 온 잘못을 모면하기 어렵습니다. 신들을 파직시켜 주소서.544)

라고 해 서인이면서도 기축옥사 때 억울하게 당한 선비들을 신원해 줄 것을 아뢰고 물러가 공론을 기다렸다. 그러나 장만은 사헌부 지평으로 승진했다.545) 이들의 상소에 이어 홍문관 부제학 윤담무尹覃茂 등 홍문관원들도 이 뜻에 동조했다.546) 그해 12월 11일에 지평 장만은

> 대신의 거취는 체면이 매우 중대한 일이어서 병으로 물러가기를 청하더라도 상께서는 실로 따뜻한 말로 머물도록 타일러 우대하는 뜻을 보여야 합니다. 더구나 시사時事가 매우 어려운 때에 성사하도록 위임을 시켜도 이루지 못할까 오히려 염려스러운데, 가벼이 체직시켜 실패를 더욱 재촉해서야 되겠습니까? 좌의정 김응남金應南은 연령이 아직 노쇠하지 않고 병도 그리 대단치 않습니다. 소장을 겨우 다섯 번 올렸는데 서둘러 체차를 명하시니, 물정物情이 다 같이 미안해합니다. 성명成命을 도로 거두소서.547)

---

544)《선조실록》권 87, 선조 30년 4월 임신
545)《선조실록》권 89, 선조 30년 6월 을유
546)《선조실록》권 87, 선조 30년 4월 계유
547)《선조실록》권 95, 선조 30년 12월 정묘

라고 해 청렴한 재상 김응남의 사표를 받지 말고 유임시켜야 한다고 주장했다. 사신史臣의 평도 긍정적이다.

> 정승이란 온갖 책무가 몰리는 자리요, 국가의 안위가 달린 직책으로 국가에 관계됨이 크다. 그러므로 임금의 직무는 정승을 논하는 데 있을 뿐이다. 전 좌의정 김응남은 마음가짐이 정직하고 몸가짐이 청신해 한 시대의 훌륭한 정승이라 할 만했다. 이처럼 어렵고 위태로운 때를 당할수록 위에서는 성의를 다해 대우하고, 독실하게 믿어 일을 맡기며, 너그러운 포용과 깊은 사랑으로 어려움을 타개해 나가야 한다. 그런데 일시에 우연한 질병으로 그 직위를 체차하기까지 했으니, 공론의 격발은 사세상 그러한 것이다. 개탄스러움을 금치 못하겠다.[548]

34세 되던 1599년(선조 32)에 장만은 봉산군수로 나갔다. 당시는 전쟁이 끝나고 명나라 군대가 철수하고 있었는데 그 접대를 황해도 봉산에서 했다. 그러나 명나라 사신이나 장수들의 횡포와 생트집이 심해 보통 능력이 있는 사람이 아니면 일을 감당하기 어려웠다. 그리하여 장만이 추천된 것이다.[549] 장만은 이 일을 충실히 잘해내 당상관으로 승진되고[550], 이어 동부승지[551], 우부승지[552], 좌승지[553]에 임명되었다.

장만은 어려운 봉산군수 자리를 잘해냄으로써 조정의 인정을 받아 이후 승승장구하게 된다. 그는 학식이 많고, 언변도 좋으며, 키도 크고 풍채도

548) 앞과 같음.
549) 崔鳴吉, 忠定公張晩行狀, 2쪽.
550) "봉산군수 장만은 백성을 잘 다스리고 국사에 마음을 다했으니 특별히 당상으로 승진시키라!"는 전교가 내렸다(《선조실록》 권 114, 선조 32년 6월 경자).
551) 《선조실록》 권 117, 서노 32년 9월 무진
552) 《선조실록》 권 119, 선조 32년 10월 임진
553) 《선조실록》 권 121, 선조 33년 1월 기유

좋은데다가 배짱도 있어서 명나라 사신이나 장군들도 함부로 대하지 못했다 한다. 예컨대

> 명군관: 당신들은 명나라에 은혜를 입었으니 그 은혜를 갚아야 하는데, 대접이 이 모양이니 이것이 어찌 은혜를 갚는 정성이냐?
>
> 장　만: 우리나 그대들이나 모두 황제의 신민으로서 황제의 은덕을 입고 살고 있으며, 하늘 같으신 황제께 은혜를 갚고자 하는 마음은 똑같은데 그대들이 어찌 황제의 은혜를 칭하고 대신해 대우를 받고자 하는가? 이는 매우 어긋나는 짓이다. 우리는 그대들과 똑같이 황제를 모시는 신민으로서 동지이며, 동지로서 대접하는 것이다.

고 답변해 그들을 꼼짝 못하게 했다고 한다. 그리고 장만은 그들에게 예를 다하고, 공평하게 군량과 예물을 나누어 주니 오히려 깍듯이 대했다고 한다. 그뿐만 아니라 그들을 접대할 때는 일정한 기준을 만들어 그대로 실시하니, 불만을 말하거나 떼를 쓰는 사람이 없었다고 한다. 또 술을 잘해 이들과 잘 어울리고 대작해 오랜 지기와 같이 되었다고 한다.[554] 이런 점이 선조의 눈에 들어 장만은 고속 승진을 하게 된 것이다.

1600년(선조 33) 2월 25일 장만을 김신원金信元·이시발李時發과 함께 경상감사에 천망한다는 비망기備忘記가 내려왔으나 선임 되지는 않았다.[555] 그러나 장만은 충청감사에 임명되었다. 그해 3월 27일 충청감사 장만은

> 전쟁 때 쓸 장기長技로는 포사砲射보다 더 나은 것이 없습니다. 일찍이

554) 장석규 편저, 《팔도도원수 장만장군》(도서출판 기창, 2009), 92~93쪽.
555) 《선조실록》 권 122, 선조 33년 2월 기해

> 이시발이 본도의 어사御使가 되었을 때 훈련시킨 포수砲手가 많지 않은 것은 아닌데, 속오束伍가 이미 파했으므로 산만해 기율이 없어졌으니 진실로 애석하기 그지없습니다. 신이 본도에 도임한 뒤 편의대로 거두어 모아 급한 일에 대비하려 하는데, 반드시 교사教師가 있어야 교련할 수 있겠습니다. 훈련도감의 포수 가운데 선수善手 1~2인을 가려 데리고 가는 것이 어떻겠습니까?[556]

고 해 급한 데 쓰고자 흩어진 포수를 긁어모아, 훈련도감에서 교관을 한두 사람을 데리고 가 훈련을 시키게 해 달라고 요구해 허가를 받았다. 군사지휘관의 면모를 보이는 대목이다. 장만은 주물 기술을 연구해 조총鳥銃을 만들고자 했으나 기술 부족으로 실패했다. 그러나 조총 부대를 만드는 데는 성공했다. 조총 훈련에는 항복한 왜병을 활용했다. 반대로 대포의 용도는 쇠퇴해 갔다. 그리고 군역법軍役法에 나이 제한을 두어 재물이 없어 대역代役을 대지 못하는 늙은 백성을 구제하고, 향교 시험에 떨어진 젊은 사람들로 대치했다. 이것은 임진왜란으로 고통을 받고 있는 도민들을 구제해 준 것이었다. 이런 일을 하는 데 아버지가 옥천군수로 있을 때 부리던 수하들이 달려와 도움을 주었다.[557]

그런데 당시 충청도 지역에는 비·우박·서리가 내려 재해가 심했다.[558] 사헌부는 장만이 충청감사로 갈 때 어머니를 데리고 갔다고 탄핵했다. 그러나 이미 윤허했으니 그대로 두라고 했다.[559] 도리어 조정에서는 장만에 대해

---

556) 《선조실록》 권 123, 선조 33년 3월 경오
557) 장석규 편저, 《팔도도원수 장만장군》(도서출판 기창, 2009), 94~99쪽.
558) 《선조실록》 권 124, 선조 33년 4월 정해
《선조실록》 권 125, 선조 33년 5월 정미
《선조실록》 권 125, 선조 33년 5월 경술
《선조실록》 권 126, 선조 33년 6월 갑신
《선조실록》 권 129, 선조 33년 9월 계해

"사림의 청망淸望과 문장 및 주략籌略은 없었으나 범상한 인품으로서는 자못 재능과 국량이 있어서 등제한 지 10년 만에 방백方伯(監司)에 이르렀으며, 호서湖西에서도 직책을 제대로 완수했다고 알려졌다"[560]고 평하고 있다. 그는 전주·나주의 예에 따라 제독提督을 차출해 향교에서 가르치도록 했다.[561]

1601년(선조 34) 5월 5일 장만은 한직인 동지중추부사에 임명되었다.[562] 6월 3일에 도승지로 승진했으나[563], 병으로 곧 면직되었으며,[564] 8월 28일 호조참판, 10월 13일에는 우승지[565]가 되었다.[566] 1602년(선조 35)에 이항복의 추천으로 최명길을 사위로 삼았다. 그때 최명길의 나이가 17세였다. 최명길은 이때부터 장만에 집에 데릴사위처럼 들어와 살았다.[567] 관찰사의 사위가 된 것이다.

1603년(선조 36) 5월에는 광해군의 세자 책봉 주청부사(정사는 김신원金信元)로 명나라에 다녀왔다.[568] 그 후 장만은 7월 6일에 동지중추부사[569], 7월 19일에 형조참판[570], 8월 7일에 전라감사[571]가 되었다. 전라감사로서 그는 임피臨陂의 지진,[572] 용안龍安·영암靈巖·부안扶安의 여역厲疫[573]을 호소했다. 그리고 고경명高敬命을 따라 금산錦山 전투에서 죽은 증사간贈司

559) 《선조실록》 권 128, 선조 33년 8월 신사
560) 《선조실록》 권 131, 선조 33년 11월 임자
561) 《선조실록》 권 131, 선조 33년 11월 임자
562) 《선조실록》 권 137, 선조 34년 5월 임인
563) 《선조실록》 권 138, 선조 34년 6월 기사
564) 《선조실록》 권 140, 선조 34년 8월 무자
565) 《선조실록》 권 142, 선조 34년 10월 정축
566) 《선조실록》 권 140, 선조 34년 8월 계사
567) 연보, 3쪽.
568) 《선조실록》 권 162, 선조 36년 5월 신미
569) 《선조실록》 권 164, 선조 36년 7월 경신
570) 《선조실록》 권 164, 선조 36년 7월 계유
571) 《선조실록》 권 165, 선조 36년 8월 경인
572) 《선조실록》 권 170, 선조 37년 1월 갑술
573) 《선조실록》 권 170, 선조 37년 1월 갑술

諫 유팽노柳彭老와 그들을 따라 죽은 남원의 준사俊士 안처순安處順의 증손 안영安瑛을 표창해 주고 그 아들과 사위를 녹용해 달라고 했다.574)

한편 1603년(선조 36)에 전라감사가 되어 전주로 내려갔다. 다른 사람들은 요속僚屬을 데리고 갔으나 38세의 젊은 장만은 혼자 내려갔다. 1604년(선조 37) 3월 9일 전라감사 장만은 좌영左營을 병사兵使에게, 우영을 방어사防禦使에게 소속시키자는 분군법分軍法을 상신했으나 비변사의 반대로 무산되었다.575) 이와 같이 장만은 계속 군사문제에 관심을 가졌다. 그뿐만 아니라 그는 창의사倡義使 김천일金千鎰의 정려旌閭를 내려 줄 것을 상소해 뜻을 이루었다.576) 그러나 그에 대한 비난이 없었던 것은 아니었다. 전라감사 장만과 충청감사 이홍로李弘老가 조정의 명령이나 국가의 변란이 있는 것도 아닌데 사적으로 만났다고 탄핵을 받은 적도 있다.577) 그리고 1604년(선조 37) 12월 2일에 전라감사 장만은 제주도 암말을 함부로 빼 내오는 행위를 엄벌(충군充軍)해야 한다고 주장했다.578) 군마로 쓸 양마良馬를 확보하기 위해서였다. 임진왜란 때 파괴된 전함 40여 척도 복구했다. 그리하여 이순신 이후 최강의 수군을 구축했다.579)

이러한 전라감사 장만의 치적을 전라도 안문어사安問御使 민여임은 다음과 같이 보고했다.

> 신이 지난번 전라도 안문어사의 임무를 띠고 본도에 도착해 도내 수령의 현부賢否를 알아볼 때, 듣기를 관찰사 장만이 마음을 다해 직무를 수행, 군량을 거의 만여 석이나 마련했고, 정용精勇한 기병騎兵 500

---

574) 《선조실록》 권 170, 선조 37년 1월 갑술
575) 《선조실록》 권 172, 선조 37년 3월 기미
576) 《선조실록》 권 180, 선조 37년 10월 병인
577) 《선조실록》 권 180, 선조 37년 10월 정묘
578) 《선조실록》 권 182, 선조 37년 12월 정미
579) 장석규, 장만 장군의 연보, 4쪽.

> 여 명을 선발해 항상 더욱 무휼撫恤해 양성하고 있으며, 무학武學에 있어서는 더욱 열심히 훈련시켜 이미 실재實材 1천여 명을 길러 뒷날 유사시에 사용하려 하고 있습니다. 이런 까닭에 온 도내의 사민士民들이 모두들 추켜세워 추대하면서 위로 성상께 보고했으면 하고 바란다고 했습니다. 그러나 방백의 현부에 대해서는 신이 거론할 사항이 아니었고 사체事體로 살펴보아도 보고하기가 참으로 곤란했는데, 사안이 민간의 청원과 관련된 이상 감히 진달하지 않을 수도 없었습니다. 그래서 신이 장계를 올릴 때 방백의 일을 거론하는 것은 사체상 온당하지 못하나 백성의 하소연을 진달해야 하겠기에 어쩔 수 없이 사실대로 계문한다는 뜻을 갖추어 아뢰었습니다.[580]

1606년(선조 39) 10월 4일 장만은 병조참판[581]이 되었다.[582] 그런데 이때 도쿠가와德川 막부는 조선의 요구에 따라 성종릉과 중종릉을 파헤쳤다는 범인 두 사람을 잡아 보냈다. 우호관계를 맺기 위해서였다. 이에 대해 장만은 한준겸韓浚謙과 함께

> 우리나라는 저 왜적들과 바다 하나를 사이에 두고 있으므로 끝내 끊어 버릴 수 없는 형편이고, 도쿠가와 이에야스가 국권을 잡으면서 사기事機가 이전과는 같지 않게 되었으므로 종묘宗廟와 생령生靈을 위해 말단의 계책을 쓰게 되었는데, 앞으로 통호하는 일은 어쩔 수 없는 일입니다. 그런데 능을 파헤친 적에 대한 말은 우연히 말하던 끝에 나오게 된 것으로 저들의 진실을 시험해 보기 위한 것이었을 뿐, 처음부터

580) 《선조실록》 권 188, 선조 38년 6월 병인
581) 《선조실록》 권 204, 선조 39년 10월 기해
582) 《선조실록》 권 204, 선조 39년 10월 기해

그들의 진실과 거짓을 깊이 따져 보자는 것도 아니었고, 또 이것을 가지고 통호를 할 것인가의 여부를 결정하고자 하는 것도 아니었습니다. 포로로 잡혀 온 자들이 진실을 자백하지 않은 것은 본시 대계大計와는 상관이 없습니다. 그러나 진실과 거짓을 묻지 않고 조처했다면 그만이겠지만 이미 그것을 물어보았는데 그들의 공초供招가 이와 같은 이상이 기회를 이용해 힐책하지 않는다면, 저들이 우리를 속인 것을 다행히 여겨 점점 우롱하려는 뜻을 갖는 일이 없지 않을 것입니다. 그러나 이 일만을 위해 사신을 보내어 힐책하기까지 한다면 사체가 중하게 되어 결말이 어렵게 될 것입니다. 그렇다면 마땅히 접위관接慰官들로 하여금 사실대로 지정智正에게 힐문해 그들의 속임수에 대해 꾸짖으면서 아울러 언급하기를 "우리나라에서는 애초에 이 적들이 진범이 아니란 것을 헤아렸지만 단지 너희 섬에서 애걸하는 정성의 진위를 시험해 보고 싶었다. 그런데 지금 살피건대 과연 이처럼 진실성이 없다. 도쿠가와 이에야스가 너희 섬에서 능을 범한 적을 결박해 보내게 한 것은 사실 통호하기 위한 진실된 뜻에서 나온 것이었다. 그런데 너희 섬에서 하는 짓들은 끝까지 속임수를 써서 믿을 수 없음이 이토록 극심하니 이것이 무슨 도리인가? 도쿠가와 이에야스의 서계書契를 지금 화답해야 하는데 이른바 이 한 가지 일에 대해 너희들이 진범을 잡아 바쳤다고 일러야겠는가? 아니면 너희 섬에서 속임수를 써서 사실이 아니라는 것으로 곧바로 서계에 언급해야겠는가? 이 한 가지 일에 대해 우리나라가 어떻게 말을 해야 할 것인지를 모르고 있다"고 해야 합니다. 그리하여 그들이 어떻게 대답하는가를 보아 이러한 뜻을 도주島主에게 회답하고, 도쿠가와 이에야스의 서계에는 아직 이 일을 제기하지 말아 후일의 여지로 삼는다면 우리가 저들의 계책에 빠지는 혐의를 면할 수 있을 것이며, 처음부터 이 일을 중하게 여기지 않았음을

> 저들도 알게 될 것입니다. 두 왜적은 본시 적왜賊倭이니 끝내 베어야 할 자들인데 빨리 베느냐 늦게 베느냐에 대해 크게 구애하지 않아도 될 것입니다. 상께서 재결하소서.[583]

대마도주가 결박해 보낸 두 능을 파헤친 범인이 사실이 아니라도 도쿠가와 막부와 통호하는 것은 찬성하고 있다. 다만 범인 처리를 놓고 대마도주를 시험해 보자는 것이었다.

1606년(선조 39) 10월 4일에 장만은 병조참판, 1607년(선조 40) 4월 28일에 호조참판[584], 그해 윤 6월 1일에 함경감사[585]로 임명되었다. 임진왜란으로 피폐된 국토를 회복하고 백성을 구제하고자 장만을 충청·전라·함경·경상 등 제도 관찰사와 병·호·형조참판, 도승지, 대사간, 체찰부사, 왕후고명주청부사, 세자책봉주청부사, 동지중추부사 등 중앙직을 두루 거치게 해 국가를 경영할 인재로 키우려 했다.[586] 선조는 편견이 심한 사람이었다. 잘 보면 한없이 잘 보고, 잘못 보면 한없이 잘못 보는 경향이 있었다. 장만은 잘 보인 축이었다. 인사 추천이 있을 때마다 "장만은 어떤가?"고 한다던가, 이항복이 입대하면 "장만이 그렇게도 백성들을 잘 다스린다며. 젊은 문사가 참으로 보통이 아니구나! 내가 장만을 봉산군수로 내려보낼 때부터 알아봤다"고 했다고 한다.[587]

---

583) 《선조실록》 권 206, 선조 39년 12월 정사
584) 《선조실록》 권 210, 선조 40년 4월 경신
585) 《선조실록》 권 213, 선조 40년 윤 6월 임술
586) 장석규 편저, 《팔도도원수 장만장군》(도서출판 기창, 2009), 102쪽.
587) 앞의 책, 103쪽.

5. 북로남왜北虜南倭와 장만의 대책

1607년(선조 40) 6월 1일에 함경도 북쪽의 여진족이 쳐들어온다고 하자 장만을 함경감사로 보냈다. 비변사는 이렇게 보고했다.

> 지금 함경감사 장만과 북병사 유형柳珩 등이 이달 8일 이후 각자 치계한 사연을 보니, 모두가 수하水下의 번호藩胡가 철수해 간 상황에 대한 것이었습니다. 낭호浪胡가 병사를 거느리고 큰소리를 쳤으나 아직은 아무 곳에서도 출현했다는 보고가 없습니다. 그러나 이것은 번종藩種을 철수하도록 독촉하는 계책에 불과한 것이니 목전에서 우리 변경을 침범할 걱정은 없을 듯합니다. 그러나 강외江外의 번호가 비어 있는 데다 적병이 근경에 출몰하는 것은 우리에게는 방비를 조금도 소홀히 할 수 없게 하는 것이니, 감사·병사로 하여금 여러 진영에 신칙해 새로운 마음으로 사변에 대비하고 제장諸將들로 약속해 기회에 따라 책응하게 해 허술한 점이 없게 하는 것이 타당합니다.[588]

이에 대해 함경감사 장만은

> 남병사와 혜산첨사惠山僉使의 보고를 접해 보니, 오랑캐 고후가 와서 얘기한 글이었습니다. 비록 모두 믿을 수 없으나, 그 길을 나누어 침범한다는 말은 반드시 평소 그들 속에서 하던 말일 것입니다. 흉악한

---

588) 《선조실록》 권 217, 선조 40년 10월 병술

계책이 어디에 목적이 있는지 매우 헤아리기 어렵습니다. 노추奴酋(누르하치)가 싸움에서 패했다는 말은 6진六鎭 모든 곳에서 지금까지 이런 말을 보고해 온 곳이 없는데, 이 오랑캐가 그 전쟁에 패한 날짜까지 분명히 말했으니, 이는 교활한 오랑캐가 소금과 쌀을 얻고자 이렇게 와서 알리는 것이거나, 혹 늦가을 말이 살찌는 계절에 은근히 남쪽으로 내려와 목축을 할 생각에 미리 이 말을 해서 우리의 방비를 늦추고자 하는 것인지 헤아리기 어렵습니다. 이제 막 이런 사유들을 낱낱이 들어 북병사에게 은밀히 통보해, 한편으로는 여러 방면으로 자세히 살피고, 한편으로는 군병을 정돈해 가을의 방비를 엄격히 하도록 했습니다.[589]

신의 어리석은 견해로 가만히 생각해 보건대, 이 적이 남목南牧에 뜻을 둔 지 오래이니, 그들은 반드시 군사를 출동시킬 날이 있을 것입니다. 우리나라의 훈련되지 않은 군사와, 원망하는 백성, 주먹만 한 돌로 쌓은 성과 제대로 맞지 않고 어긋나는 기계로는 아마도 이 적을 당해낼 수 없을 듯합니다. 앞서 방비하는 계책을 조정에서 미리 헤아리고 지휘해야 할 것입니다.[590]

고 보고했다. 그리고 나아가서

양거수梁巨水는 관방에 긴요하지 않습니다. 전부터 금방 설치했다가 금방 혁파하곤 했는데, 그것은 아이들의 장난과 같은 점이 있으니, 우선 그대로 두소서. 병사는 군사를 주관하는 장수로서 소견이 이와 같습니다. 북쪽에는 대진大鎭인 별해보別害堡가 있고, 서쪽에는 평안도 강계江

589)《선조실록》 권 20, 광해군 1년 9월 기해
590)《광해군일기》 권 23, 광해군 1년 12월 병인

> 界의 열보列堡가 있는데, 그 사이에 비록 한 가닥의 산길이 있으나 계곡이 험하고 멀어서 사람과 말이 다닐 수 없는 곳입니다. 이런 지역에 안으로 깊이 들어가 잔보殘堡를 설치한다는 것은 그다지 긴요하지 않을 듯하니 폐지하는 것이 좋습니다.591)
>
> 보을하첨사甫乙下僉使 정충신의 치보馳報에 산외에 사는 호胡로 속시屬時라는 호인이 밀고하기를 '겨우 수일 전에 노추의 차사라고 말하는 자가 데리고 온 을사乙沙 등 두어 사람이 말하기를, 조선으로 도망해온 여인을 찾으러 왔다고 했다'는 내용이 있습니다. 요즈음 명나라와 노추 사이에 틈이 생겼다는 말이 크게 떠돌아 호중胡中에서 남·북병사에게 보고하는 일이 계속 끊이지 않고 있습니다. 만약 명나라가 과연 노추를 힐책하는 일이 있어서 의심을 내어 멀리 한다면 그만이겠지만, 만일 노추가 까닭 없이 이런 말을 지어내어 노중虜中에 전파시킨다면 그 흉계는 참으로 예측할 수 없습니다. 그러니 이번에 남·북병사에게 행회行會해서 계책을 내어 탐지하게 하고, 이른바 여연閭延이 강계江界와 밀통하는 것을 평안도로 하여금 일체가 되어 기찰하게 하는 것이 마땅합니다.592)

고 헌의하기도 했다. 그런데 장만이 함경감사로 근무하고 있을 때 조정에서는 선조가 죽고 광해군이 섰다. 광해군 역시 국방에 조예가 깊어 장만의 개혁을 적극 지원했다.593)

장만은 임기가 되어 함경감사를 사직하고자 했다. 그러나 광해군은

591) 《광해군일기》 권 25, 광해군 2년 2월 무신
592) 《광해군일기》 권 25, 광해군 2년 2월 신유
593) 연보, 4쪽.

상소를 보고 경의 간절한 마음을 잘 알았다. 그러나 북쪽에 우환이 많은 지금, 방백의 중요한 직임을 경솔히 교체할 수 없다. 의논해 처리해야 할 일이니 경은 사직하지 말고 마음을 다해 직무를 살피라![594]

하고 회유回諭했다. 그런데 비변사의 상소에

본도에 관한 일은 전적으로 주장主將이 하기에 달려 있습니다. 그런데 요즈음 듣건대 전 순찰사巡察使 장만이 영嶺 밑에 와서 바야흐로 신임 감사가 교대해 오기를 기다리고 있는데, 각 고을에서 이미 체직된 관원이나 진배없이 보기 때문에 호령을 해도 더러 시행되지 않는 경우가 있다 하니, 만약 이러한 때에 졸지에 비상사태라도 발생한다면 필시 앞서보다 심하게 일마다 걱정스럽게 될 것입니다. 그런데 신임 감사 곽재우郭再祐가 이미 집으로 돌아가 버려 소명召命을 받들고 다시 올 확실한 기약도 없는데, 본도에 주장이 없게 된 지 이미 오래되었으니 정말 작은 걱정거리가 아닙니다. 신들의 생각에는 특별히 다른 사람으로 바꾸어 제수한 다음 재촉해서 부임시키는 것이 어떨까 합니다.[595]

고 해 이미 곽재우를 신임 감사로 정했는데, 본인이 승낙하지 않고 고향으로 돌아갔으니, 빨리 새 감사를 임명해 교대하게 해야 한다는 것이다. 그런데 함경감사 한준겸이

신이 일단 외람되나마 임명을 받은 이상 비록 졸렬하기 짝이 없긴 하지만, 오직 쓰러져 죽을 각오로 묘당의 계책을 우러러 받들어 분수껏

594)《광해군일기》권 27, 광해군 2년 윤 3월 정묘
595)《관해군일기》권 33, 광해군 2년 9월 병진

> 일을 해 볼 일을 해볼까 합니다. 그런데 지금 듣건대 전 감사 장만이 본도에서 병에 걸려 있다 하니, 신이 속히 출발해서 기한 안에 부임해야 하겠는데, 군관軍官 네 명에게도 아울러 구례에 따라 말을 지급해 주어 함께 데리고 가도록 해주시는 것이 어떻겠습니까? 직분에 관계된 일이라서 황공하게도 감히 아룁니다.[596]

고 한 것을 보면 후임 감사로 한준겸이 임명되었고, 장만은 사직한 이후 몸이 아파 교대를 기다리고 있었음을 알 수 있다. 그리고 순찰사를 따라가는 군관의 숫자를 여덟 명으로 늘려 줄 것을 요구해 왕의 재가를 받았다.[597] 돌아와서 동지중추부사가 된 장만은 오랑캐 땅의 지도를 그려 바치면서 다음과 같이 말했다.

> 신이 북쪽 국경 지대에서 4년 동안 근무하면서 호지胡地의 산천을 직접 다니며 두루 살펴보지는 못했습니다만, 늘 우리나라의 언어를 알면서 노홀老忽에 사로잡혀 간 번호에 의지해, 일을 아는 변장으로 하여금 거리의 원근과 산천의 형세 및 부락의 이름 등을 상세히 묻게 하고, 숙장宿將과 노졸老卒이 귀로 듣고 눈으로 본 것을 참고로 해 더러 높은 곳에 올라가, 그 지점을 확인하기도 하면서 호지에 관한 작은 지도를 만들었습니다. 그 사이에 혹 잘못 되고 어긋나는 부분이 있다 하더라도 대체로 볼 때 엇비슷하게는 되었을 것이니, 그 대략적인 형세를 알기에는 또한 충분하다 할 것인데, 우리 조종께서 열진列鎭을 배치해 사전에 대비하신 계책 역시 명료하게 알아볼 수 있겠기에 감히 이렇게 바쳐 올려 조용할 때 보시도록 하는 바입니다.[598]

---

596) 《광해군일기》 권 34, 광해군 2년 10월 정축
597) 앞과 같음.

이 말을 보면 장만은 함경감사를 4년 동안 복무하고 돌아와 동지중추부사가 되었는데 감사로 있을 때의 경험을 바탕으로 호지의 지도를 그려서 바쳤음을 알 수 있다. 역시 무장다운 면모가 보인다.

그런데 1610년(광해군 2) 11월 19일 장만은 체찰부사體察副使를 2년 동안이나 근무했으니 그 직위를 평안·함경감사를 지낸 이시발李時發로 대체해 줄 것을 요구했다.[599] 12월 22일에 장만은 동지의금부사가 되었다.[600] 그러나 비변사는

> 도체찰사에게 물어보니, 유형이 한 몸으로 일을 감당해 밤낮으로 마음을 다해 벌려 놓은 일이 매우 많은데, 하루아침에 다른 사람의 손에 넘어가면 모두 흐지부지되고 말 것입니다. 이 일은 중대한 사안이 달려 있으니, 신의 어리석은 생각으로는 장만이 아니고는 잘 단속하기 어려울 듯합니다. 장만은 근래에 북쪽에서 돌아왔는데, 혼자만 어려운 일을 도맡게 하는 것이 안됐지만, 그러나 중대한 사안이 달려 있는 문제를 두고 감히 사사로운 감정을 말할 수는 없습니다.[601]

고 해 장만 아니면 평양平壤병사를 수행할 사람이 없다고 했다. 이미 비변사도 장만은 국방을 책임질 재목으로 지목하고 있었던 것이다. 그리하여 1611년(광해군 3) 1월 20일에 장만은 평안도절도사가 되었다.[602] 그리고 광해군은

---

598) 《광해군일기》 권 35, 광해군 2년 11월 기유
599) 《광해군일기》 권 35, 광해군 35, 11월 경신
600) 《광해군일기》 권 36, 광해군 2년 12월 계사
601) 《광해군일기》 권 37, 광해군 3년 1월 신유
602) 《광해군일기》 권 37, 광해군 3년 1월 신유

> 서쪽 변방의 위급한 일을 경에게 모두 위임하니, 경은 가서 성심껏 수행해 국력을 튼튼히 하도록 하라. 병기를 수선하고 적을 막는 책무에는 경이 때를 보아 가며 잘 대응하는 데 달려 있으니, 내가 낱낱이 말하지 않겠다. 이제 융기戎器·갑주甲胄·구극鉤戟·지창支槍·당파鐺鈀를 내리니, 경은 이것으로 전쟁의 용도로 갖추어야 할 것이다. 조총鳥銃·궁자弓子·장전長箭·편전片箭도 가지고 가서 재능을 시험한 다음, 상으로 주어 권면하도록 하라! 내가 마침 병이 들어 오래도록 대면해 지시하지는 못하니, 이 뜻을 잘 알도록 하라![603]

고 전교했다. 장만은 평안도로 가서 제일 먼저 4군을 되찾았다. 4군은 중강진 이남의 땅으로 세종 때 개척했으나 관리가 어려워 버려둔 지 100여 년이 지났다. 장만은 4군 탈환을 위해 중앙군의 지원을 요구했으나 전쟁의 위험이 있다고 들어주지 않자 자체 병력으로 4군을 회복했다. 1612년(광해군 4) 2월 8일에 노모가 84세로 죽어 풍덕으로 모시고 와 장례를 치렀다.[604] 그러나 1614년(광해군 6) 5월 23일 장만은 경상감사에 임명되었다.[605] 이에 장만은

> 들리는 말에 본도 전 감사 권반權盼이 도내의 군병을 새로이 단속해 이미 일정한 체제를 성취했으나 미쳐 훈련을 시키지 못했다 했는데, 전날의 공이 실추되게 되었으니, 실로 애석합니다. 앞으로 농사철이 얼마 남지 않아 무예를 연습할 때가 닥쳤습니다. 교육과 훈련에 대해 잘 알고 있는 인원을 원군관元軍官 외에 별도로 10여 명을 더 데려 가고, 훈

603) 《광해군일기》 권 38, 광해군 3년 2월 기묘
604) 연보, 5쪽.
605) 《광해군일기》 권 78, 광해군 6년 5월 갑술

련도감의 지구관知彀官 한 명도 데리고 가는 것이 어떻겠습니까?[606]

고 했다. 광해군은 장만을 인견하고

남쪽 변방의 방비가 날이 갈수록 해이해지니, 주사舟師 등에 대한 일과 왜영倭營의 행상行商을 금할 일을 착실하게 신명해 거행하라!

고 하니, 장만이

소신이 임인년(1602)간에 체찰부사가 되어 부산과 동래를 잠시 돌아보았고, 계묘년(1603)에는 전라감사가 되었는데, (그 뒤) 10년이 지났으나, (주사의 일이 점점 처음만 못해지고 있습니다.) 대개 처음에는 조정이 주사에 온 힘을 기울여 호남의 (전선이) 이미 40여 척에 찼고, 기계와 노 등의 물품도 매우 정밀하고 예리했으며, 경상도의 주사도 매우 견고하고 치밀해 적이 다시 온다 하더라도 충분히 대적할 만 했지 오늘날처럼 엉성하지는 않았습니다. 또한 주사는 반드시 격군格軍과 군량을 갖추어야만 변고에 대비할 수 있는데, 근자에는 물력이 점점 전만 못하니, 이것이 가장 우려됩니다.

고 대답했다. 광해군이 그 이유를 묻자 장만은

그 당시에는 상번하는 군사가 모두 주사에 예속되었고, 각사의 노奴와 내노 또한 주사의 격군이 되었는데, 근래에는 상번하는 군사와 각

606) 《광해군일기》 권 80, 광해군 6년 7월 임자

> 사의 노는 모두 상납하게 했고, 왜국의 사신이 올 때에도 응접하는 일이 많아 물력이 고갈되었습니다. 배 숫자가 전날보다 적어지지는 않았으나 군사와 물자가 이토록 엉성하니, 혹시 사변이 생길까 더욱 걱정이 됩니다.[607)]

고 대답했다. 그런데 그해는 나쁜 일이 많이 겹쳤다. 1월 13일에는 현감으로 있던 중형 장준張晙이 54세로 죽고, 1월 28일에는 사위 최명길이 이이첨李爾瞻의 모략으로 하옥되었으며, 7월 4일에는 고양군에 살던 종형 장민張旼이 82세로 죽었다. 장민은 장우한의 부친으로 이귀李貴의 장인이요, 전 영의정 심수경沈壽慶의 외척 조카이다.[608)] 장만도 병으로 경상감사의 임기를 마치지 못하고 겨울에 고향 통진으로 돌아와 치료하고 있었다. 이때 신흠·최명길과 함께 임진강 상류 적벽강에서 뱃놀이를 하면서 지은 시가 《낙서집洛西集》에 전한다.[609)]

1615년(광해군 7) 7월 18일 장만은 다시 호조참판에 임명되었으며,[610)] 7월 18일에는 동지의금부사로 제수되었다.[611)] 윤 8월 24일 신경희申景禧 옥사가 일어났다. 광해군은 이 옥사에서 인조의 동생 능창군陵昌君을 얽어 죽였다. 이 일로 인조의 아버지 정원군定遠君이 병을 얻어 죽었고, 인조가 광해군에게 원한을 가지게 되었다고 한다.[612)]

그런데 1616년(광해군 8) 4월 12일 부인 풍천임씨가 죽었다. 부인은 최명길에게 시집간 딸 하나만 낳고 42세에 죽은 것이다. 장만은 부인이 살아 있었던 22년 동안은 첩실을 두지 않다가 자신을 간호하던 의녀를 첩실로

607) 《광해군일기》 권 80, 광해군 6년 7월 정사
608) 연보, 6쪽.
609) 앞과 같음.
610) 《광해군일기》 권 92, 광해군 7년 7월 계해
611) 《광해군일기》 권 94, 광해군 7년 윤 8월 경신
612) 연보, 6쪽.

들여 8남매를 낳았다. 후일 시기하는 사람들은 이를 두고 장만이 색을 좋아했다고 비아냥거리기도 했다.613)

1617년(광해군 9) 3월 21일 장만은 선수도감제조繕修都監提調가 되어 궁궐 중수의 책임을 맡았으나, 백성들에게 폐해가 많다고 중단할 것을 주청했다가 광해군과 틈이 생기게 되었다고 한다.614) 5월 30일 대마도주가 다치바나 토모마사橘智正에게 관백關白의 서계를 가지고 와서 조선에 수호修好를 요청하게 했다. 대마도주는 경상감사 장만을 통해

> 대마도 태수 소 요시토시〔平義智〕는 삼가 예조에 아룁니다. 이번에 귀국에서 신사信使를 보내 주기를 요청하는 일로 다치바나 토모마사를 파견했습니다. 삼가 바라건대 속히 성사시켜 주시기 바랍니다. 그러면 몹시 다행이겠습니다. 본도가 두 나라 사이에 끼어 있으면서 걱정을 금할 수 없는 것은, 조선과 일본 사이의 일에 있습니다. 일이 만약 성사되지 못할 경우 본도의 화가 될 것입니다.615)

라는 서계를 올렸고, 조선에서는 오윤겸吳允謙을 회답사回答使로 보내기로 했다.

---

613) 앞과 같음.
614) 앞의 책, 7쪽.
615) 《광해군일기》 권 115, 광해군 9년 5월 계사

6. 폐비정청廢妃庭請

11월 5일 폐비정청廢妃庭請이 있었다. 행사과 정홍명鄭弘翼은

> 삼가 원하건대, 성명께서는 멀리 순임금을 본받아 효성을 다해 두 궁궐 사이를 화기가 애애하게 만든다면, 온 나라의 신하와 백성들은 모두 인자하고 효성스러운 성상의 덕행에 감화될 것이고 전하의 덕은 만대에 빛날 것입니다.616)

고 해 광해군이 어머니인 인목대비와 화목하게 지내야지 폐비를 시켜서는 안 된다고 했다. 서인의 논리다. 사림들은《주자가례》에 입각한 도덕 국가를 지향하고 있었기 때문에 충보다 효를 강조했다. 더욱이 서인은 이 사건을 정권 탈환을 위한 계기로 삼고자 해 광해군을 맹렬히 비난했다. 존명사대尊明事大를 어긴 것과 폐모살제廢母殺弟는 용납될 수 없는 사안이라고 생각했다. 그리고 이것이 인조반정의 명분이기도 했다. 과연 그런 것인가? 선조를 왕으로 살아남게 해 준 명나라를 위해 청나라와 같은 강한 적에게 대들다가 정묘·병자호란을 자초한 것이 잘한 노릇인가? 폐모살제는 도덕적으로는 좋지 않은 일이지만 권력투쟁에서 때때로 있는 일이 아닌가? 태종의 형제·외척 제거, 세조의 단종 제거 등 과거에도 있었던 일이 아닌가? 유독 광해군만 패륜아로 몰 이유가 있는가? 다만 태종과 세조는 성공한 왕이었지만, 광해군은 패배한 왕이기 때문에 패륜아로 몰리는 것

616)《광해군일기》권 121, 광해군 9년 11월 병술

이 아닌가? 폐비정청에서 장만은 김상용金尙容·심돈沈惇과 같이

> 오직 묘당이 고사를 널리 상고하고 충분히 강구해서 잘 처리하기에 달려 있습니다.[617]

라는 모호한 얘기를 했을 뿐이다. 폐비정청에 참여했기 때문에 뒤에 장만이 반정공신들에게 두고두고 시달리기도 했다. 이항복은 서인 재상으로 폐비정청에 반대하다가 북청으로 귀양 가 죽었다. 정충신이 따라가서 뒷바라지를 했으며, 장만도 자기의 든든한 후원자였던 이항복의 죽음으로 크게 상심했다.[618]

장만은 백성들에게 많은 폐해를 주는 궁궐 공사를 중지해 줄 것을 요구하며 세 번이나 사직소를 올렸으나 이를 들어주지 않았다.[619] 그런데도 6월 13일에 다시 장만을 부체찰사에 임명했다.[620] 실상 도체찰사 박승종은 나올 생각을 하지 않는 형편이라 의논할 데도 없었으나, 부체찰사 장만이 체찰사에게 왕래하면서 일을 처리하라고 할 뿐이었다.[621]

617) 앞과 같음.
618) 〈정만장군연보〉, 7쪽.
619) 《광해군일기》 권 129, 광해군 10년 6월 기미
620) 《광해군일기》 권 129, 광해군 10년 6월 경오
621) 《광해군일기》 권 129, 광해군 10년 6월 임신

7. 심하深河 전투

그런데 명나라에서 원병을 보내라 하자, 도체찰사 강홍립姜弘立을 보내고 체찰부사 장만은 보내지 않았다.[622] 그러나 강홍립이 후금에 항복하자 장만을 양서兩西 사이에 파견해 국경을 경비하게 했다.[623] 그래서 비변사 유사당상을 면해 달라고 했으나 들어주지 않았다.[624]

1619년(광해군 11) 1월 6일 장만은 형조판서가 되었다.[625] 장만에 대해서는 "백성을 보살피고 통솔하는 재능이 있었으므로 지난날 근무하던 곳마다 명성이 있었다"[626]고 평하고 있다. 비변사는 서북 지방을 잘 아는 장만을 보내야 한다고 주장해 왕도 이에 따랐다.[627] 광해군은 체찰부사 장만과 평안감사 박엽朴燁에게

> 관서關西의 백성이 전사하거나 포로가 되거나, 혹은 군량의 운송에 분주해 농사일을 전폐하고 있다고 하니, 각별히 진정시키고 위로하는 한편 잘 타일러 농사를 권면하도록 하라![628]

고 했다. 그리고 후금의 편지에 답하는 일을 장만에게 물어서 하라고 했다.[629] 광해군은

---

622) 《광해군일기》 권 129, 광해군 10년 6월 을유
623) 《광해군일기》 권 133, 광해군 10년 10월 정축
624) 《광해군일기》 권 135 광해군 10년 12월 을축
625) 《광해군일기》 권 136, 광해군 11년 1월 경인
626) 앞과 같음.
627) 《광해군일기》 권 138, 광해군 11년 3월 병신
628) 《광해군일기》 권 138, 광해군 11년 3월 정미

> 장만의 장계로 본다면 흉적이 요양遼陽을 침범한 것이 틀림없다. 요주遼州와 계주薊州가 위험해진다면 의주義州는 무엇으로 믿겠는가? 내가 전교한 것이 한두 번이 아니고 정준鄭遵의 위급하다는 보고가 앞뒤로 잇따르고 있는데도 불구하고 본사에서는 오직 예사롭게만 여겨 생각지 않으니, 만약 위급한 일이 있을 경우 누가 그 책임을 지겠는가?[630]

라고 준비는 하지 않고 강경한 말만 일삼는 신하들을 나무랐다. 이에 비변사는

> 의주를 방비하는 일을 신들이 어찌 감히 생각지 않을 수 있겠습니까? 지난 번 장만의 장계를 보니, 서울 포수 100명을 이미 이흥립李興立에게 보냈고, 이흥립도 의주로 들어가 주둔을 하라고 했으며, 군량은 해서 지방에서 수송해 온 곡식을 절반이 넘게 본부에 내려놓았는데 거의 1만 석이나 된다고 했습니다. 또 본부에 원래 있던 곡식도 다른 군읍에 견주면 가장 넉넉해 백미와 대두와 피곡이 통합 6~7만 석이나 되므로, 비록 수만 명의 군중이라도 반년은 지탱할 수 있는 양식이라 했습니다. 이번에 군병을 첨가하는 일은 장만이 반드시 방어의 쉽고 어려움과 군량의 많고 적음을 헤아려, 옮기거나 나누어 갈라 서 기의機宜를 잃지 않으리라고 생각됩니다. 이런 뜻으로 장만에게 하유하되 만 번 유의하라고 신칙하소서.[631]

라고 해 광해군은 이를 그대로 따르고, 이흥립에게는 급히 의주로 달려가

---

629) 《광해군일기》 권 139, 광해군 11년 4월 무오
630) 《광해군일기》 권 139, 광해군 11년 4월 임신
631) 《광해군일기》 권 139, 광해군 11년 4월 계유

게 했으며, 장만에게는 의주로 가서 방비하는 모든 일을 요리해 지시한 뒤 강변으로 가서 살필 것을 하유했다.[632] 이때 정충신은 장만의 휘하에 있었는데 병이 나서 다른 사람으로 교체하려 했으나 교체할 사람이 없어 그대로 머물러 있게 했다.[633] 장만은 전사한 군사의 의복과 물건을 훔친 삭주부사 이을을 금부로 하여금 국문하게 하고, 다른 사람을 파견해 달라는 장계를 올렸다.[634] 한편 비변사는

> 전쟁에 패한 뒤 군사와 백성들이 모두 죽어서 수습할 수 없게 되었습니다. 체찰부사 장만이 한 번 본도에 들어와 참혹한 정상을 목격하고 민역民役을 면제해 주어 고아와 과부의 원통함을 위로하며 나라의 은혜를 입고 적개심을 분발하게 하고자 앞뒤에 누누이 말씀드린 것이 진실로 이미 적절했습니다만, 조정에서 지금까지 거행한다는 말을 듣지 못했습니다. 신들도 서쪽 백성을 생각함이 통탄스럽고 절박한 나머지 번거롭게 함을 혐의스럽게 여기지 않고 감히 이처럼 아울러 말씀드리는 바입니다.[635]

고 해 장만의 요구대로 전쟁에 피해가 심한 서북 지방의 민역을 면제해 주자고 건의한 것이고, 그대로 되었다. 체찰부사 장만의 보고에 따르면

> 포로가 되었다가 도망쳐 돌아온 사람이 각도를 모두 합하면 1천 4백여 명인데, 지금까지 끊이지 않고 있습니다.[636]

---

632) 앞과 같음.
633) 《광해군일기》 권 139, 광해군 11년 4월 임오
634) 《광해군일기》 권 140, 광해군 11년 5월 기축
635) 《광해군일기》 권 142, 광해군 11년 7월 무자
636) 《광해군일기》 권 142, 광해군 11년 7월 기축

고 해 강홍립을 따라 압록강을 건너간 병사 1만 3천 명 가운데 투항한 장사將士는 거의 모두 죽이고, 군졸은 모두 농민들에게 지키게 했는데 1천 4백 명이나 도망해 왔다는 것이다.637) 장만은 요동으로 건너가 적과 싸우다 죽은 사람의 명단을 성책해 올렸다. 거기에는 좌영 천총千總 김좌룡金佐龍, 기고관旗鼓官 김요경金堯卿, 초관哨官 임위경任委卿 등이 포함되어 있었다.638) 장만은 강홍립이 양간梁諫에게 주어 보낸 호서胡書를 의논하고자 서울로 올라와 2~3일 동안 왕을 만나고 갔다. 그들의 말투가 오만해져 가고 있었기 때문이다.639)

강홍립이 명군과 함께 쳐들어오자 누르하치가 화가 나서 조선부터 정벌하겠다고 압록강으로 진격하니 다른 장수들은 다 달아나고 오직 장만만이 적을 물리쳤다. 누르하치는 조선이 방비를 풀면 살려 주고, 끝까지 대항하면 모두 죽여 버리겠다고 협박했다. 광해군이 화친하려고 하자 대신들은 이는 명나라를 배신하는 것이라고 반대했다. 광해군은 장만의 의사를 물어 오라고 했다. 장만은 군사만 더 보내 주면 버텨 보겠다고 했다. 장만의 견해도 '화친불가'였다.640)

> 저 적들은 이미 우리가 명나라의 은혜를 받아서 배반할 수 없는 것을 알고 있으면서도 우리의 사정을 살펴보고, 군사로 위협하며, 유언비어로 이간질하기를 어린애를 손바닥 위에서 놀리듯 하니 그 마음이 아프고 뼈가 저린 것이 어떠하겠습니까? 우리나라는 예의로서 천하에 이름이 나 있는데 오히려 나라가 망할지언정 일개의 '의義' 자를 마침내 저버릴 수 없습니다.641)

637) 앞과 같음.
638) 《광해군일기》 권 142, 광해군 11년 7월 갑오
639) 《광해군일기》 권 142, 광해군 11년 7월 정유
640) 《洛西集》 卷 2, 論胡書答送事宜仍陳所懷箚, 30쪽.

광해군도 화친을 하려다 장만의 말을 듣고 심하전쟁深河戰爭을 잘 막아냈다. 장만은 1619년(광해군 11) 4월 압록강 창성昌城 설루에서 청나라 군사를 대적하며 다음과 같은 시를 썼다.

> 군사실패한 심하深河 땅 죽임이 많았구나.
> 오직 사람의 울음 들으며 노랫소리 들리지 않네.
> 서쪽으로 와서 털끝만치도 도움됨 없이 부끄럽구나.
> 세월의 형편 말하려고 하니 눈물이 파도치네.[642]

장만은 후금을 막고자 5만 군을 보내 달라고 요구했다. 그러나 비변사에서는 남방이 피폐해 4만 군 정도를 보내야 한다고 했다. 왜란 이후 많이 뽑은 무과 합격자들을 징발하는 방법을 건의했다.[643] 그리고 장만의 휘하에 호위하는 장수가 없으니, 정기룡鄭起龍·남이흥南以興·이염李琰 가운데서 뽑아 보내 줄 것을 요구했다.[644] 그러나 후방도 누군가가 지켜야 하니 당상무사 가운데서 엄선해 보내라 했다.[645] 이에 광해군은 남이흥을 평안도 방어사 겸 구성부사龜城府使에 임명했다.[646] 체찰부사 장만은 병을 이유로 사의를 표명했으나, 이제 찬획사贊劃使가 내려갔으니 편안히 조리하고 사직하지 말라고 회유했다.[647] 그러나 병이 점점 심해져 비변사에서

> 장만에게 우선 그대로 평양에 머물러 있다가 4월 그믐 사이에 평산平

---

641) 앞과 같음.
642) 장석규, 《팔도도원수 장만장군》(도서출판 기창, 2009), 800쪽.
643) 《광해군일기》 권 144, 광해군 11년 9월 병오
644) 《광해군일기》 권 144, 광해군 11년 9월 정해
645) 《광해군일기》 권 146, 광해군 11년 11월 임인
646) 《광해군일기》 권 147, 광해군 11년 12월 을해
647) 《광해군일기》 권 148, 광해군 12년 1월 무술

> 山에 가서 해서의 방비를 순검하고, 5월 그믐 사이에 올라왔다가 7월에 도로 관서로 내려갈 것을 일찍이 전교하셨습니다. 지금 들으니, 장만의 병세가 날로 더욱 위중해져 식음을 전폐해서 형용이 다 빠졌고, 지난겨울에는 오히려 회복될 가망이 있었는데 올 봄에 들어와서는 전에 견줘 더욱 심해져, 왕래한 사람으로 그를 본 사람은 모두 반드시 죽을 것이라고 말한다고 합니다. 이는 대개 그의 병근이 왕사王事를 위해 너무 애쓰다 몸을 손상한 데에서 말미암은 것으로 의가醫家에서 말하는 화동지증火動之症이기 때문에 봄과 여름이 교차하는 계절에는 의례 반드시 가중되는 것입니다. 더구나 서로西路 지역은 수토水土와 음식이 병든 사람에게는 마땅하지 않고, 증세에 맞는 탕약에 대해서도 두루 의논할 수 없으니, 사정을 헤아려 보면 지극히 불쌍하고 측은합니다. 모든 군무軍務에 관계된 책응하는 방략은 찬획사가 있어 처리할 것이니, 장만이 비록 한두 달 서울에 와서 병을 치료하고 병이 좀 나아지기를 기다려 서도로 내려보내는 것이 온편할 듯하기에 황공하게도 감히 아룁니다.[648]

고 아뢰어 그대로 시행되었다. 그런데 1620년(광해군 12) 5월 22일에 체찰부사 장만은 궁궐을 짓는 토목공사를 중시할 것을 또 간언했다. 광해군은 예전에 장만이 그 토목공사를 감독해 이미 궁궐이 완공되었는데 뒤에 와서 딴소리를 하는 것은 옳지 못하다고 못마땅하게 생각했다.[649]

1621년(광해군 13) 윤 2월 13일에 장만은 병조판서가 되었다.[650] 장만은 즉시 병을 이유로 사양했다. 이에 대해 광해군은

---

648) 《광해군일기》 권 150, 광해군 12년 3월 계묘
649) 《광해군일기》 권 152, 광해군 12년 5월 기해
650) 《광해군일기》 권 162, 광해군 13년 윤 2월 을유

> 요즈음 나랏일이 위급한 지경인데 수상부터 모두가 질병을 핑계로 번거롭게 진달한 소장이 지금 이미 여러 차례이다. 흉적들이 남쪽으로 깊이 침입한다면 수상 이하는 한가히 누워서 자신들만 편하게 지낼 수 있겠는가? 아무리 생각해도 그 저의를 알지 못하겠다. 기쁨과 슬픔을 함께해야 할 대신들이 무정하게 나라의 위급함을 돌아보지 않으니, 다른 사람들이야 말할 것이 있겠는가? 이는 모두 임금답지 못한 내가 왕위에 있어서이니, 천장만 바라보며 부끄럽고 애통할 뿐이다. 경은 비록 병이 있다 하더라도 조리한 지 오래되었을 뿐 아니라 사체도 대신들과 다르니, 불가불 출사해야 할 것이다.651)

고 잘라 말했다. 비변사가 장만이 다른 병이 새로 생겨 직임을 수행할 수 없으니, 교체해 주어야 한다고 하자, 광해군은

> 지금 이러한 시기에 병조판서는 이 사람이 아니면 안 되니, 조리해 직임을 살피게 하라!652)

고 할 정도로 장만을 신임했다. 장만은 종기를 치료하고자 한 달 쯤 고향으로 휴가를 가기도 했다.653) 그러나 21번이나 계속 사직하기를 원해 1622년(광해군 14) 8월 12일에 체직되었다.654) 그 대신 체찰부사 자리는 유지하면서 병을 치료하고자 고향에 있었는데 내의內醫를 보내 병을 보살피게 했다.655)

---

651) 《광해군일기》 권 167, 광해군 13년 7월 병오
652) 《광해군일기》 권 167, 광해군 13년 7월 임자
653) 《광해군일기》 권 177, 광해군 14년 5월 계축
654) 《광해군일기》 권 180, 광해군 14년 8월 을해
655) 《광해군일기》 권 182, 광해군 14년 10월 을유

1623년(인조 1) 3월 13일 이귀·김류·최명길 등이 주동이 되어 인조반정이 일어났다. 인조는 장만을 팔도도원수로 삼고 황해병사를 겸직시켜 영내에 머물며 병을 치료하게 했다.[656] 4월 2일 인조는 팔도도원수 장만을 명광전明光殿에서 인견했다.

장만: 반드시 장재將材를 얻어야만 적을 막을 수 있을 텐데, 병법을 아는 무장은 한 사람도 없고, 단지 뇌물을 주고 관직을 살 줄만 아는 실정입니다. 이런 무리들을 장차 어디에 쓰겠습니까? 그리고 적의 장기는 돌진해 오는 것인데 우리나라 병사의 기세로는 감당하기 어려울 듯합니다. 그러나 우리의 장기를 가지고 그들의 단점을 공격한다면 승리를 얻을 수 있을 것이니, 요새지에 웅거해 막아 내는 것이 최상입니다.

인조: 수령과 변장을 이조와 병조로 하여금 가려 보내도록 했으나 적임자를 얻었는지 모르겠다. 경이 마땅히 내려가서 살펴보도록 하라! 백성을 안정시키는 것이 첫째이고, 군무는 그 다음의 일이다.

장만: 백성을 안정시키는 것이 첫째라는 상의 분부가 지극하십니다. 신은 적임자가 아닌 수령을 보고 듣는 대로 축출하겠습니다. 그런데 수령을 출척黜陟하는 권한은 감사에게 있는데, 신임 방백 김신국金藎國은 일찍이 이 임무를 맡아 서방의 백성들이 무척 사랑하고 있으니, 반드시 제대로 민심을 수습하고 온당하게 일을 처리할 것입니다.

인조: 적이 만약 국경을 침범하면 어떻게 막을 것인가?

656) 《인조실록》 권 1, 인조 1년 3월 무오

장만: 외간에서 상이 친정親征하신다는 말을 듣고 사기가 백배나 오르고 있습니다. 군대는 사기가 제일입니다. 우리의 사기가 충만해 있고 보면, 적이 침범해 온다 하더라도 방어하는 데 무슨 어려움이 있겠습니까? 옛사람들은 밥 한 그릇의 온정을 베풀어도 갚았다고 하는데, 하물며 망해가는 나라를 보존케 하고 단절된 국맥을 이어 준 중국의 은혜를 잊을 수 있겠습니까? 마땅히 중국 장수와 협력해서 토벌해야 합니다. 어찌 물러나 위축된 채 싸우지 않을 수 있겠습니까?

인조: 임진왜란 때 우리를 구원해 준 은혜를 더욱 잊을 수 없다 하더라도 이미 군신의 의리가 정해진 이상 어떻게 앉아서 보기만 하고 구하지 않을 수 있겠는가? 다만 우리나라의 보병만으로는 돌격해 들어오는 저들의 철기鐵騎를 감당하지 못할까 걱정된다.

장만: 신이 모문룡毛文龍을 만나면 협력해서 원수를 같이 대처하자는 뜻으로 말하겠습니다.

인조: 경이 가서 만나보고 협력할 뜻을 말하도록 하라! 그리고 가벼이 움직이는 것은 옳은 계책이 아니라는 것도 말하라![657]

이 대화를 보면, 장만은 서인의 정책을 지지하고 있는 것을 알 수 있다. 인조 반정공신인 최명길이 장만의 사위였음을 보아도 알 수 있다. 장만은 광해군에게도 신임을 받았지만 인조에게도 국방을 책임지는 도원수로 기용된 것이다. 병조판서는 김류가 맡았다.

1623년(인조 1) 4월 12일 인조는 명광전에서 다시 도원수 장만을

657) 《인조실록》 권 1, 인조 1년 4월 신유

인견했다.

인조: 이번에 중국 장수를 보고 앞으로 협력해서 적을 토벌하겠다고 말했는데, 병사兵事가 형편없으니 어떻게 해야 하겠는가?

장만: 큰 난리를 겪은 뒤라서 사세가 그러한 것은 당연합니다. 하지만 중국 조정에서 군사 행동을 개시할 시기는 아직 많이 남아 있으니, 1~2년 정도 민생을 휴식시키고 나면 백성들 역시 부득이한 거사라는 것을 알고 반드시 즐거운 마음으로 응해 올 것입니다. 이제 성상의 생각도 정해지셨고 묘당의 계책도 결정되었으니, 신은 단지 한 번 죽을 각오뿐입니다. 어찌 감히 모든 노력을 다 바쳐 수행하지 않겠습니까? 다만 장재가 너무도 부족한 것이 걱정될 뿐입니다. 부원수 자리가 비어 있습니다만 서로西路가 잔폐되어 공봉供奉하는 데 따른 폐단이 있을 것이니, 급한 사태가 발생할 경우 그때에 가서 청해야 하겠지만, 이괄이나 이서李曙 가운데 택해 파견하는 것이 마땅하겠습니다.

인조: 우수한 자를 모두 차출해 함께 데리고 가도 무방하다.

장만: 군관을 조금만 데리고 가고 싶기는 합니다만 막하에 편비褊裨가 많이 있으면 풍채가 자별하기 때문에 어쩔 수 없이 많이 데리고 가는데, 무려 그 숫자가 500여 명이나 됩니다. 다만 접제할 일이 걱정됩니다.

인조: 현재의 중원 형세를 볼 때 군대를 출동시켜 적을 토벌하는 것이 가능한가?

장만: 중원은 형세가 고달플 뿐만 아니라 혼이 빠진 상태로, 우리나라가 임진년에 왜적을 두려워했던 경우와 비슷한 듯합니다.

인조: 만약 중원과 협력해서 적을 토벌할 경우 군사는 얼마나 필요하

다고 여겨지는가?

장만: 신의 생각으로는 10만 명이 아니고서는 불가능하다고 여겨집니다.

인조: 우리나라에서 10만 명을 마련해 낸다는 것은 형세상 무척 어려운 일이다.

장만: 10만 명은 쉽게 얻을 수 없다 하더라도, 5만 명이 안 되고서는 해낼 수 없습니다.

인조: 변방의 장관將官들이 대부분 적임자가 아니어서 수탈을 수없이 자행한 나머지 공·사간에 모두 결딴난 상태이니, 반드시 탐관오리를 모조리 제거해야만 일을 성취시킬 수 있을 것이다.

장만: 탐관오리에 대해서는 조정에서도 반드시 용서해서는 안 되겠습니다만, 신 역시 명을 받고 내려가니 어찌 감히 자세히 살펴 처리하지 않겠습니까?

인조: 모름지기 자세히 살펴 처리하도록 하라! 만약 한 사람이라도 억울하게 죄를 받는 경우가 생기면 열 사람이 불복하게 될 것이니, 삼가지 않으면 안 된다.

장만: 신도 그런 의견을 가지고 있었기 때문에 영상에게 상의했더니, 영상도 그런 생각이었습니다. 신이 내려가면 한준겸韓浚謙과 상의해 선처하겠습니다. 그리고 이시발李時發이 오랫동안 변경에 있어 반드시 뭔가 구상이 있을 것이니, 그와도 마땅히 의논해서 처리하겠습니다.

인조: 적의 형세는 어떠한가?

장만: 사나운 새가 잠시 날개를 접고 있는 형세라 하겠습니다.

인조: 앞으로 우리나라를 침범할 형세가 있는가?

장만: 적이 현재 산해관山海關을 침범하려고 신경을 곤두세우고 있는

데, 어느 겨를에 동쪽을 침입하겠습니까? 당분간 그런 근심은 없습니다.

인조: 내 생각에는 그들이 우리나라의 소식을 들으면 또한 반드시 꺼리리라 여겨진다.

장만: 병가에서는 간첩 행위를 중요하게 생각합니다. 신은 영리한 가달자假達者를 모집해 적의 내부 사정을 정탐시키고 싶은데, 불가불 먼저 모장毛將에게 알려야겠습니다.

인조: 경의 말이 옳다. 모장에게 알려 머리 깎은 한인漢人을 구한 뒤에 후대해서 써야 할 것이다.

장만: 중국말을 잘 하는 우리나라 사람의 머리를 깎아 삭발한 한인과 함께 정탐시켜야 하겠는데, 현상금을 걸고 모집하면 반드시 기꺼이 가려는 사람이 있을 것입니다.[658]

위의 대담으로 보아 인조는 장만을 신임하고 그 방어책을 전담시키고 있었음을 알 수 있다.

1623년(인조 1) 4월 18일 도원수 장만은 1) 기강을 세울 것〔立紀綱〕, 2) 염치를 권장할 것〔勵廉恥〕, 3) 선비의 습속을 바로잡을 것〔正士習〕, 4) 사치를 금할 것〔禁奢侈〕, 5) 엽관운동을 금지시킬 것〔禁奔競〕, 6) 상벌을 명확히 할 것〔明賞罰〕, 7) 재용을 아낄 것〔惜財用〕, 8) 군율을 엄하게 할 것〔嚴軍律〕, 9) 간사하고 교활한 자를 다스릴 것〔治姦猾〕, 10) 궁금을 맑게 할 것〔淸宮禁〕, 11) 외척을 멀리 할 것〔遠戚里〕, 12) 탐관오리를 축출할 것〔黜貪汚〕, 13) 인재를 거두어 쓸 것〔收人才〕, 14) 붕당을 혁파할 것〔罷朋黨〕, 15) 간쟁을 받아들일 것〔納諫諍〕 등 15개 조항을 진달했다.[659] 인조는 국가의 운

658) 《인조실록》 권 1, 인조 1년 4월 신미
659) 張晚,《洛西集》 卷 3, 論時弊疏(김포문화원, 1997), 13쪽.

명이 도원수 장만에게 있음을 상기시켰다.660) 4월 22일 인조는 임지(평양)로 떠나는 장만을 명광전에서 인견하고 전송했다.

장만: 신이 떠나는 날 상께서 친히 교외에 거동하시려 한다 하니 놀랍고 황공스런 마음 금할 수 없습니다. 세종조에 최윤덕崔潤德이 떠나는 것을 친히 전송한 적이 있습니다만, 신이 무엇이기에 감히 이렇게 세상에 드문 은전을 받을 수 있겠습니까? 현재 농사철을 맞아 군대를 동원하는 것이 어려울 듯하기는 합니다. 그러나 평안도의 포졸砲卒이 수천 명은 되고, 황해도에서 정예를 뽑을 경우 또한 3천 명은 얻을 수 있습니다. 그리고 수령들에게 각자 모집하게 하면 거의 2천 명을 얻을 수 있고, 이시발이 모집한 별승군別勝軍도 8천 명은 됩니다. 따라서 총계 1만 5천 명이니, 방수할 수 있습니다. 듣건대 관사 지방의 내노 가운데서 지금 군사를 뽑고 있다고 하니, 이들도 역시 방어에 참여시킬 수 있습니다. 그리고 8도에 영을 내려 미리 군사를 훈련시켰다가 유사시에 조발調發해 쓸 수 있도록 하는 것이 마땅합니다.

인조: 사졸을 훈련시키는 데 얼마나 걸려야 전장에 내보낼 수 있는가?

장만: 훈련이 안된 백성으로는 전투를 치를 수 없습니다. 3년은 훈련시켜야 쓸 수 있습니다. 다만 중국에서 언제 군사작전을 개시할지 알지 못할 뿐입니다.

인조: 보통 방수하는 데 소요되는 군사는 얼마쯤 되는가?

---

660) 《인조실록》 권 1, 인조 1년 4월 정축

장만: 마병馬兵 2천에 보졸步卒 2천 정도면 위급할 때 대응할 수 있습니다.

인조: 이 적은 기동력이 좋아 매우 신속하게 침입해 오는데, 원도遠道의 군사가 집결되기 전에 깊이 들어오기라도 하면 어떻게 하겠는가?

장만: 형세를 살펴 임기응변해야 합니다. 그리하여 지킬 만하면 지키고, 싸울 만하면 싸우면서 필사적으로 대처하겠습니다.

인조: 차전車戰은 어떻겠는가?

장만: 신의 생각에도 차를 쓰고 싶습니다만 운행하기가 어렵습니다.

인조: 운행하기가 곤란하다 하더라도 차가 아니고서는 오랑캐의 마병을 당해낼 수 없을 것이다. 내가 친정하고 싶다.

장만: 성상의 분부가 한 번 내려지면 용기백배할 것입니다. 하지만 천승千乘의 임금으로 어찌 꼭 몸소 전장에 임하셔야 하겠습니까? 마땅히 병마를 정돈하시고 군량을 비축한 다음 한 시대의 인재를 모조리 뽑아 위임시켜야 할 것이니, 그렇게 되면 이 적은 평정할 것도 없을 것입니다.

인조: 경이 전방에서 힘껏 싸우고 내가 3군三軍으로 뒤에서 응원하면 성세聲勢가 더욱 떨칠 것이다.

장만: 신이 명을 받고 서쪽으로 내려간 뒤, 군기軍機와 관련된 긴급한 사항이 발생할 경우에는 먼저 실행에 옮긴 뒤 보고 드리겠습니다.

인조: 도성 밖에선 장군이 제어하는 법이다. 먼저 행한 뒤 보고하도록 하라! 변경의 성지城池 가운데 견고하고 지킬 만한 곳이 몇 군데나 되는가?

장만: 창성이 가장 좋고, 벽동碧潼이 다음이며, 그 나머지는 지킬 만한

> 곳이 없습니다.[661]

그러고는 인조가 모화관慕華館까지 나아가 도원수 장만을 전송했다. 인조가 친히 어탑御榻에서 내려와 상방검上方劍을 내려 주면서 "대장 이하로 명을 듣지 않는 자는 이 칼로 처치하라!"고 했다. 신료들은 다투어 전별시를 지었다.[662] 임지에 도착하자마자 장만은

> 양서兩西에는 비축한 양식이 씻은 듯 다 떨어졌으니, 군졸을 수습해 변경에 보충시키려 해도 먹일 양식이 없습니다. 하도의 양식을 운반하는 배는 한 척도 도착하지 않고, 군병은 아직도 정돈되지 못했으며, 기계도 미처 수조修造하지 못한 상태이고, 장령將令 또한 적임자를 얻지 못했습니다. 제도의 향신餉臣을 독려해 선운船運을 재촉토록 하고, 방추防秋하는 제도의 군사는 신이 전에 아뢴 대로 하도록 일찌감치 회하回下를 내리시어 기일에 늦어 일에 미치지 못하는 후회가 없도록 하소서![663]

라고 해 군량을 독촉해서 기일 안에 보내 줄 것을 요구했다. 우찬성 이귀는 스스로 북쪽으로 가서 장만을 도와 변사를 의논하겠다고 자원했으나, 나이가 많다고 만류했다.[664] 이귀는 "장만이 서쪽으로 갈 적에 신이 평산에서 만났는데, 신이 시사에 대해 언급하자 장만은 신의 말이 매우 옳다고 했고, 의거의 소식을 듣고 나서는 매우 기뻐했으며, 계획을 세운 것도 많으니 반정공신에 끼어주어야 한다"고 주장했다. 그러나 김류는 "장

---

661) 《인조실록》 권 1, 인조 1년 4월 신사
662) 《인조실록》 권 1, 인조 1년 4월 계미
663) 《인조실록》 권 2, 인조 1년 7월 을미
664) 《인조실록》 권 2, 인조 1년 9월 기축

만이 미리 알기는 했으나 정훈正勳에 참여하는 것은 과합니다"고 반대해 끼지 못했다.[665]

11월 9일에는 심기원沈器遠을 원수부 찬획사로 삼아 장만의 막부로 보냈다.[666] 장만은 또 병이 더해 사직하고자 했으나 "군국의 일에는 대강이 있는 법인데 하찮은 일로 교체할 수 없다"고 하고, 황해병사를 겸하게 해 치료하도록 했다.[667]

8. 이괄의 난 평정

1624년(인조 2) 1월 21일 이괄의 난이 일어났다. 인조는 도원수 장만에게 "역적 이괄의 군중에서 역적을 베어 바치는 자가 있으면 직의 유무와 공·사천을 막론해 1등에 녹공하고, 1품에 제수하겠다는 뜻을 군민에게 효유하라"고 했다.[668] 장만은 영흥永興에 있는 남도병사 신경원申景瑗으로 하여금 사잇길을 차단하게 하고, 평안감사 권반으로 하여금 나머지 군사를 모아 후원하게 했다.[669] 그리고 스스로는 자산慈山에 주둔해 있는 반란군을 공격했다.[670] 그뿐만 아니라 정충신 등으로 하여금 군사 8천을 거느리고 좌우에서 차단하게 하고, 스스로는 남이흥과 함께 대군을 이끌고 적병을 효유하자 적병들이 자산 30리 지점에 이르러 격문을 보고 흩어지는 자들이 많았다.[671] 그리고 적장 유순무柳舜懋·이윤서李胤緒·이택李澤 등이

665) 《인조실록》 권 2, 인조 1년 윤 10월 을사
666) 《인조실록》 권 3, 인조 1년 11월 을축
667) 《인조실록》 권 4, 인조 2년 1월 갑술
668) 《인조실록》 권 4, 인조 2년 1월 기묘
669) 《인조실록》 권 4, 인조 2년 1월 경진
670) 《인조실록》 권 4, 인조 2년 1월 임오

원수부로 도망쳐 왔다. 장만은 박진영朴震英으로 하여금 이윤서의 종을 무명 50필로 회유해 주인을 귀순하게 하고자 했다. 그러자 그 종이 자기 주인의 살 길을 찾아주는 것이니 재물을 받을 수 없다고 하고 가서 주인을 설득했다. 이윤서 등도 본디 귀순할 뜻이 있었는데 그 종이 와서 설득하자 글을 보내 투항했다. 장만은 그들을 임용하고 의심하지 않았다. 그리하여 그들이 열복했다고 한다.672) 그러나 전세戰勢가 불리하자 호조참의 권첩權怗은 도원수 장만·부원수 이서·순찰사 이상길李相吉·임서林惰 등이 지체하면서 싸우지 않는 죄를 묻고, 근신 가운데 품계가 높은 자를 보내되 상방검을 내려 명을 전단하고 독전하도록 해야 한다고 했다.673) 장만은 2월 4일 정충신·남이흥 등을 이괄이 자기 사람이라고 선전해 죄를 받게 된 것을 상소하여 풀어 주고 자기 휘하에 두어 군공을 세울 기회를 주었다. 그러나 두 장수는 황주黃州 신교薪橋에서 적과 싸워 선봉장 박영서朴永緖가 죽었다. 정충신·남이흥은 사람을 시켜 적군을 회유해 적병 1천이 일시에 흩어지고 적장 허전許佺·송립宋岦 등이 투항했다. 그러나 항복을 받을 즈음에 관군이 그 진위를 판별할 수 없어 소요스러운 틈에 항왜降倭를 앞세운 적군이 들이닥쳐 관군이 패퇴했다. 이 통에 선봉장 박영서, 별장 안륵安玏, 척후장斥候將 오섬吳暹 등이 적에게 잡혔다. 이 가운데 박영서는 이괄에게 "너는 부원군으로서 부원수를 겸했는데 무엇이 부족해 도리어 반역할 생각을 했느냐?"고 꾸짖다가 죽었고, 안륵은 도망쳐 원수의 진영으로 돌아왔으며, 좌협장左協將 유효걸柳孝傑은 적에게 함몰할 뻔 했는데, 적장 세 사람을 죽이고 말을 빼앗아 돌아왔다. 도원수 장만은 제장들이 교전해 불리한 것에 대해 그 잘못을 자기에게 돌리고, 흩어진 병사들을 불러 모아 황주로

---

671) 앞과 같음
672) 《인조실록》 권 4, 인조 2년 1월 계미
673) 《인조실록》 권 4, 인조 2년 2월 병술

들어가 재기를 꾀했다.[674] 도원수 장만은

> 적병이 또 검수劍水의 소로로 나아갔다고 하니, 곧바로 들이칠 염려가 매우 긴급하므로 이미 황해병사 변흡邊潝, 좌방어사 김완金完으로 하여금 즉시 뒤쫓게 하고, 신도 잇따라 나아갑니다. 남이흥 등이 거느렸던 군사는 이미 흩어져, 미처 돌아와 모이지 못했으나 그래도 박상朴瑺이 거느린 8백 명, 황해병사가 거느린 1천 명, 좌방어사가 거느린 5백 명이 있고, 신의 수하 정병도 수백 인이며, 의주의 군사 5백 명이 이미 숙천肅川에 이르렀고, 남도의 군사 7백 명이 또 성천成川에 이르렀으니, 이들을 합세하면 또한 싸울 수 있습니다. 남이흥 등은 모두 사죄死罪를 용서해 스스로 공을 이루게 하소서.[675]

라고 치계해 패배한 남이흥 등의 죄를 용서해 스스로 공을 세우게 해 달라고 했다. 군사를 다스릴 줄 아는 덕장임에 틀림없다.

도원수 장만이 귀순한 장졸을 점검하니 모두 1천여 명이었는데, 다들 종군해 적을 쳐서 적중에 오래 있었던 치욕을 씻겠다고 자원하므로 장수를 정해 거느리게 했다. 흩어졌던 관군도 조금씩 돌아와 모였으므로 따로 한 부대를 만들어 공을 세워 스스로 속죄하게 했다.[676] 그러나 적은 관군이 평산에서 대비하고 있는 것을 알고 봉산의 옛 고을에서 전탄箭灘을 건너 기린麒麟의 샛길을 택했는데, 장만은 송도松都 이남 강변의 방수를 튼튼히 하라고 지시하고 스스로 그들과 협력해 일시에 쳐들어가기로 했다.[677]

장만이 패전 장계를 올리자 도성의 인심이 흉흉해졌다. 이에 홍문관과

674) 《인조실록》 권 4, 인조 2년 2월 무자
675) 《인조실록》 권 4, 인조 2년 2월 기축
676) 앞과 같음.
677) 《인조실록》 권 4, 인조 2년 2월 경인

사간원에서는 적을 막지 못하고 도성을 지키지 못해 종묘·사직이 파천하는 지경에 이르렀으니, 도원수 장만에게 죄를 주어야 한다고 상소했다. 이에 대해 인조는

> 죄는 본시 무거우나, 우선 그대로 두어 나중에 공효를 이루도록 책임 지우는 것이 좋겠다.678)

고 했다. 그리고 병조참판 심기원을 한남도원수漢南都元帥를 삼아 한수 이남을 호령하게 했다. 도원수 장만이 적의 후미에 있기 때문에 한수 이남을 지킬 수 없어서이다.679)

인조는 비빈과 대신들을 데리고 공주로 피란했다. 조정에서는 다급한 나머지 2월 7일에 기자헌奇自獻 등 이괄과 관계된 피의자 49명을 의금부 문밖에서 처형했다.680)

2월 10일 새벽 장만이 혜음령惠陰嶺에 이르러 여러 장수들과 의논했다. 장만이

> 오늘의 계책은 두 가지가 있다. 하나는 지금 백성들 모두가 적을 따르지는 않을 것이고, 간혹 성패를 관망하는 자가 있을 것인데, 만약 하루 이틀 더 지체하면 모두 적에게 붙을 것이므로, 뜻이 굳어진 후에는 공격하기가 쉽지 않다. 그러니 속전속결速戰速決해야 한다. 다른 하나는 이서의 군사로 동쪽 길을 지키고, 신경진申景禛의 군사로 남쪽 길을 지키게 해, 사방의 길을 차단해서 그 양도糧道를 끊고, 여러 도

678) 《인조실록》 권 4, 인조 2년 2월 계사
679) 《인조실록》 권 4, 인조 2년 2월 갑오
680) 李肯翊, 《국역연여실기술》인조조고사본말 〈이괄의 변〉(고전국역총서 권 24, 민족문화연구회).

의 군사가 도착하기를 기다려 힘을 합쳐 공격하는 계책이다. 어느 방법을 택할까?[681]

하고 묻자, 정충신이

이미 죽도록 힘을 다했으나 적을 격파하지 못해 임금께서 파천하셨으니, 우리들의 죄는 만 번 죽어도 마땅한데, 사세가 이미 다급한데도 적을 바라만 보고 있을 수 없으니, 승패를 가리지 말고 일전을 해야 합니다. 또한 북쪽 산을 먼저 점령하는 편이 이긴다는 옛 장수의 사적事績을 본받아 안령鞍嶺을 점거해 진을 치면 도성을 내려다보고 누를 것이니, 적이 싸우지 않을 수 없을 것이요, 싸우게 되면 반군은 올려다보고 공격하고 우리는 높은 곳에서 공격하게 되니 적을 이길 수 있습니다.[682]

고 했다. 그러자 남이흥 등이 적극 찬동해 그 의견을 따르기로 했다. 정충신·남이흥은 이괄의 포섭 대상이었고 패전해 왕으로 하여금 공주로 파천하게 했으니 혁혁한 전공을 세우기 전에는 죄를 용서받을 수 없었다. 그리하여 속전속결로 안령을 선점하는 작전을 편 것이다.

정충신이 연서延曙에 도착해 김양언金良言으로 하여금 가만히 안산 봉오리에 올라가 봉졸烽卒로 하여금 전일처럼 봉화를 올리게 하고, 날이 저물어서 대군이 그곳에 진을 쳤다. 11일이 되어서야 이괄은 관군이 안령을 선점한 것을 알았다. 어떤 사람이 이괄에게 정예병은 모두 선봉에 속해 있고, 도원수 장만은 고립된 군사를 거느리고 뒤에 있으니, 일부 군사와 항복한

681) 앞의 책, 203쪽.
682) 앞과 같음.

왜병을 이끌고 창의문에서 둘러서 공격하면 장만을 잡을 수 있고, 장만을 잡으면 관군이 전의를 상실해 단번에 이길 수 있을 것이라고 건의했다고 한다. 그러나 이괄은 앞의 관군을 보니 "이기기 쉽겠구나! 여러 말 할 것 없다"고 하고는 "이것들을 격파하고 나서 밥을 먹자!"고 했다. 이괄이 군사를 두 길로 나누어 산을 오르게 하고, 구경꾼들이 성 위에서 구경했다. 한명련韓明璉이 항복한 왜병을 데리고 선봉에 서고, 이괄이 중군을 이끌고 싸움을 독려했다. 이때 동풍이 불어 적탄이 비 오듯 쏟아졌으나 관군이 산꼭대기에 있었으므로 잘 맞지 않았다. 그러나 반란군의 공격이 워낙 거세어 관군이 수십 보를 물러섰다. 이때 바람의 방향이 바뀌어 서북풍이 불었다. 먼지와 모래가 이괄군의 얼굴에 몰아쳤다. 그러자 관군이 묘시부터 사시까지 맹렬히 공격했다. 이괄군의 장수 이양李穰이 탄환을 맞아 죽고, 한명련이 부상했다. 때마침 이괄이 자리를 바꾸려고 깃대를 움직이자 남이흥이 "이괄이 패했다"고 외쳤다. 이에 이괄군은 대패해서 성중으로 달아났다. 처음에 정충신과 남이흥이 서로 사이가 좋지 않았는데, 이 일로 화합해 반란군을 쉽게 무찌르게 되었다.683)

밤 이경二更에 이괄과 한명련이 기병 수백 명을 거느리고 흥인문興仁門을 몰래 빠져나와 12일에 삼전도三田渡를 거쳐 광주廣州를 지나 이천利川 묵방리墨坊里로 도망쳤으나, 그 수하인 이수백李守白·기익헌奇益獻·이선철李先哲에게 목이 잘려 행재소行在所에 바쳐졌다.684)

2월 14일 도원수 장만은

> 신이 금교金郊에 온 뒤로 적병의 형세를 잇달아 치보했으나, 간혹 길이 막혀 돌아온 자도 있습니다. 임진강을 건너 정탐시켰더니 돌

683) 南以興, 《忠壯公遺事》 上, 124쪽.
684) 李肯翊, 앞의 책.

> 아와 말하기를 "대가大駕가 이미 도성을 나갔다" 했습니다. 신들이 명을 받고 적을 치는 데서 흉봉兇峰을 막지 못했으므로 지존至尊이 황급히 출수出狩하시어 적을 임금에게 맡게 했으니, 땅에 엎드려 대죄합니다.685)

고 대죄待罪했다. 이에 양사는

> 신하의 의리는 임금이 욕되면 목숨을 바쳐야 하고, 장수가 된 책임은 군율을 어기면 반드시 죽어야 합니다. 도원수 장만은 자신이 곤외의 직무를 위임 받았으니, 역적이 군사를 일으킨 변란이 관하에서 일어났으면 의리상 소매를 떨치고 일어나 곧바로 섬멸해서 적을 임금에게 맡기지 말았어야 합니다. 그런데 일찍이 앞을 막고 뒤를 추격해 한 번도 적의 예봉銳鋒을 꺾지 못해서 마침내 도성이 지켜지지 못하고 거가車駕가 남으로 출수하게까지 했으니, 군법으로 다스리는 것이 실로 마땅합니다. 그러나 장수들을 격려해 경성京城을 수복한 공로가 죄과를 덮었으니, 말감末減해야 하겠습니다. 백의白衣로 직무를 수행해 뒷날에 공로를 이루도록 명하소서!686)

라고 해 적을 막지 못해 거가가 공주로 파천한 죄를 물어 군법으로 다스리는 것이 마땅하나 서울을 수복한 공으로 죄를 덮어야 한다는 것이다. 그래서 전승 뒤 장만은 백의종군白衣從軍하게 되었다. 2월 16일에는 이괄이 왕으로 추대했던 흥안군興安君 이제李瑅를 장만과 상의해 궁중에서 목매어 죽였다. 흥안군은 선조 후궁의 소생으로 이괄과 불궤를 꾀한다는 공초를

685)《인조실록》권 4, 인조 2년 2월 무술
686)《인조실록》권 4, 인조 2년 2월 무술

보고 대간이 외방에 안치하기를 청했으나 인조가 궁중에 유치시켰다. 그리고 공주로 파천할 때 데리고 가려 했으나, 이괄의 진영으로 도망쳐 임시로 왕 노릇을 하다가, 이괄이 주살되자 여러 날 숨어 있다가 이때 잡혀 처형된 것이다.[687] 그런데 양사는 장만의 장계를 보고 조정의 명을 기다리지 않고 흥안군을 멋대로 죽였다는 것을 알았다. 이는 후폐가 따를 것이니 이와 관련된 장만·이시발·임서·심기원·신경진 등을 처벌해야 한다고 주장했다. 이에 인조는 장만은 추고推考하고, 심기원과 신경진은 나추拿推하라고 했다.[688] 사신의 평에 따르면

> 이서·신경진 등은 무장으로서 혹은 정토征討의 권세를 잡고도 교전하지 않고 산골짜기에서 배회했으며, 나아가 막으라는 명을 받고도 마침내 출사出師하지 않고 먼 곳에 물러가 주둔했었다. 그런데 최명길은 백면서생으로 홀로 위험을 무릅쓰고 강 언덕에서 군사가 무너졌을 때 만사일생萬死一生의 계책을 내어 임진강을 도로 건너 도원수(장만)와 만났는데 언사가 강개하고 그의 장인을 격동시켜 드디어 사현沙峴의 승리를 이루었다. 당시 명을 받고 정토한 신하 가운데 자신을 잊고 나라를 위하는 의리를 안 자는 오직 최명길 한 사람뿐이다.[689]

고 했다. 영의정 이원익李元翼은 "장만이 처음에는 힘껏 싸우지 않았으나 수복한 공은 실로 장만의 것입니다. 또 듣건대 서방에서 여러 장사가 대가가 파천했다는 말을 듣고 모두 분개해 다들 투지를 가져 마침내 성공할 수 있었는데, 이제 주장主將이 벌 받았다는 말을 듣고 뭇사람이 실망해 눈물

687) 《인조실록》 권 4, 인조 2년 2월 경자
688) 《인조실록》 권 4, 인조 2년 2월 경자
689) 《인조실록》 권 4, 인조 2년 2월 임인

을 흘리는 자까지 있다고 합니다"고 하자 인조는 "적이 성에 들어온 것도 장만의 죄이고, 곧 수복한 것도 장만의 공이니, 먼저 그 죄를 논하고, 뒤에 그 공을 상 주지 않을 수 없다. 다행히 수복한 공을 장만이 세웠기에 망정이지 다른 사람이 공을 세웠더라면 장만이 어떻게 군율을 면할 수 있었겠는가?"고 했다고 한다.[690]

2월 22일 대가가 양재역良才驛에 머물렀을 때에 장만은 이시발·이수일李守一·임서·변흡·유효걸·김완 등을 거느리고 백의로 길가에 엎드려 대죄했다. 인조가 승지를 보내 이르기를

> 적을 막지 못해 성에 들어오게 했으니 본디 죄가 있다. 그러나 여러 군사를 독려해 경성을 회복했으니 공도 크다. 이제 특별히 관작을 회복했으니, 백의를 벗고 대가를 호위하라![691]

고 해 비로소 인조는 장만의 관작을 회복시켜 주고 어가를 호위하게 했다.

2월 23일 장만은 자정전資政殿에서 인조를 인견했다.

> 장만: 신이 명을 받고 곤외를 전제專制했으나 적을 막지 못해 승여乘輿가 파천하게 했으니, 신의 죄는 만 번 죽어야 하지만, 다행히 여러 장수들이 명을 따라 주었으므로 회복하는 공적을 조금 이루었습니다. 적병은 1만 수천인데, 신의 휘하에는 본디 군졸이 없었으므로 며칠 동안 규합해 겨우 수천을 얻었습니다. 만일 실패한다면 헤아릴 수 없게 될 것이므로, 이에 계략을 써서 간첩을 보내어 적으로 하여금 스스로 무너지게 했더니 4천의 군

690) 《인조실록》 권 4, 인조 2년 2월 을사
691) 《인조실록》 권 4, 인조 2년 2월 병오

사가 일시에 모두 흩어졌고, 이런 뒤로부터 그 형세가 약해져 마침내 패하게 되었습니다.

인조: 당초 이괄이 곧바로 쳐들어올 때에 경이 즉시 나아가 싸우지 않은 것에 대해 늘 한탄했는데, 이제 경의 말을 들으니 중과부적이라 그러했구나. 마침내 승리해 서울을 수복하는 데 열흘도 걸리지 않았으니 이것은 경이 당초에 계략을 써서 마침내 힘껏 싸운 공로에 힘입은 것이다.

장만: 이서는 머뭇거리며 나아가지 않을 사람이 아니니 그의 죄를 용서해 주어도 됩니다.

인조: 강탄江灘을 사수하지 못한 것은 이서의 죄가 아니지만, 청석동青石洞에서 군사를 거느리고 싸우지 않았으니, 이것은 그의 죄이다. 안현鞍峴 싸움에는 누가 원공元功인가?

장만: 전적으로 주장해 획책한 사람은 정충신과 남이흥이었습니다.

인조: 이미 영상에게 장만과 의논해 처치하도록 했다. 군중에서 기율을 범한 자는 몇 사람인가?

장만: 신의 군중에는 군율을 범한 사람이 없으나 편비와 소장小將 한두 사람을 벤 일은 있습니다.

인조: 수령 중에도 있는가?

장만: 이인경李寅卿은 기탄岐灘의 싸움에서 미처 진을 이루지 못해 패했습니다. 이 죄로 보면 베어야 하겠지만 정상에 용서할 만한 것이 있으므로 결장決杖했습니다. 신경진은 불러도 오지 않았고 머뭇거린 자취가 뚜렷하므로 처음에는 군율에 따라 처단하려 했으나, 다시 이시발과 의논했더니, 호령이 여러 곳에서 나와 누구의 명령을 따라야 할지 몰라서 그런 것이라고 하므로, 또한 군전軍前에서 결장했습니다. 박효립朴孝立의 일은 매우 통

탄스러운 일로서 조정에서 이미 처단했습니다.[692]

2월 26일 장만은 판중추부사가 되었다.[693] 그리고 2월 29일 인조는 자정전에서 도원수 장만을 따로 인견했다.

인조: 관서의 민력은 이제 충분한 처치에 이르렀는가?

장만: 영변寧邊의 한 부府는 잔폐되었다 하겠으나 평안도 전체가 그렇지는 않습니다.

인조: 관고官庫는 아마 다 비었을 것이다.

장만: 지나온 일로에는 관고와 군기가 모두 없어졌으나, 민간은 그렇지 않아서 적에게 빼앗겼다는 것은 말뿐입니다.

인조: 시종 적을 따른 자는 어느 지방 사람들인가?

장만: 관서의 군졸은 자산에 이르러 도망쳐 온 자가 4천 명이고, 황주의 싸움에서는 호남의 군사도 거의 다 도망쳐 나왔습니다. 그리고 그 영하營下에 속하거나 겁나서 나오지 못한 자는 약간일 뿐입니다. 정벌에 나간 남방의 군사는 달수를 채우지 못했더라도 모두 놓아 보내고, 해서의 군사로 번을 나누어 오랑캐를 막게 해 남방 백성의 힘을 쉬게 해야 합니다. 이민구李敏求·김기종金起宗은 모두가 신의 종사관으로서 군무를 규획했는데, 그 재능이 쓸 만하니 찬획贊劃하는 직임을 맡겨 보면 반드시 도움이 될 것입니다. 김시양金時讓은 부체찰사의 종사관으로서 같이 있으면서 일을 꾀했는데 또한 쓸 만한 재주였습니다.

인조: 김기종은 내가 본 적이 없으나 이민구·김시양으로 말하면 조정

692) 《인조실록》 권 4, 인조 2년 2월 정미
693) 《인조실록》 권 4, 인조 2년 2월 경술

에서도 쓸 만한 것을 알고 있다.

장만: 유순무柳舜懋·이신李愼·이윤서李允緖·이택李澤 등은 군사 4천 명을 거느리고 일시에 도망쳐 왔으므로 적의 형세가 이때부터 점점 꺾였고, 김효신金孝信은 강작康綽을 쳐서 베고 군사를 거느리고 신에게 돌아왔으니, 이들의 공에 대해서 보답하지 않을 수 없습니다.

인조: 수급을 얻지 못하고 왔으니, 녹훈하는 것은 옳지 않다.

장만: 이번 변란에 문신으로서 힘쓴 자가 많습니다. 정호서鄭好恕·정문익鄭文翼 등의 일은 참으로 가상합니다. 도사都事 김진金搢은 처음에 감사의 명으로 세 고을에 나갔다가 평양이 포위되었다는 말을 듣고 곧 달려 들어와 말하기를 '공과 싸움터에서 함께 죽고 싶다'고 했습니다. 황주 판관 정양필鄭良弼은 하룻밤 사이에 군량 6백여 석을 군전에 날랐습니다. 그의 힘쓴 것이 이러하거니와 이들이 아니면 어떻게 성공했겠습니까?

인조: 전에 정양필이 잘 다스린다는 말을 들은 적이 있다. 변란에 임해서도 그러했단 말인가?

장만: 최덕문崔德雯은 병으로 뒤떨어졌던 것이지 귀순해 온 것이 아니기 때문에 곧 베려 했으나, 다른 사람의 귀순하는 길을 막게 될까 염려되어 적이 패한 뒤에야 비로소 처형했습니다. 연좌의 율을 시행해야 하겠으나 혹 이의가 있을지도 모르는데, 어떻게 처치해야 하겠습니까?

인조: 그렇다면 연좌하는 것이 좋다.

장만: 근래 무장들은 대부분 의구하는 마음을 가져 스스로 인정하지 못하니, 성심으로 대우해 의심하지 않게 해야 하겠습니다.

인조: 나도 그렇게 하려고 한다. 제장들이 무고당한 것에 대해서 나는

모두 믿지 않는다. 역적 이괄로 말하면 조금도 의심하지 않았는데 그가 스스로 나를 저버렸다.

장만: 신과 이시발은 시종 일을 같이 해 계책을 정하고 토평한 공에서 본디 경중이 없는데 은을 내리라는 명이 신에게만 미치고 시발에게는 미치지 않았으니, 신이 받은 것을 나누어 주겠습니다.

인조: 특별히 하사한 것을 어찌 나누어 주어야 하겠는가? 이번 적을 토벌할 때에 공로가 있는 사람은 해조로 하여금 수용하게 하라! 남응민南應敏은 처음에 요사한 말을 했다 해 죄주었으나 지금의 상황으로 보면 말한 것에 증험이 있으니, 또한 벼슬을 제수하도록 하라![694]

3월 5일 장만은 옥성부원군玉城府院君에 책봉되고, 우찬성이 되었다.[695] 장만은 3월 5일 자정전 인견에서 이시발·이민구·이시양李時讓·남이웅南以雄·최현崔晛 등에게 녹공錄功을 하지 않으면 혼자서 훈적을 받을 수 없다고 버텼다.[696] 3월 8일 갈성분위출기효력진무공신竭誠奮威出氣效力振武功臣 27인을 책정했다. 1등은 장만·정충신·남이흥 등 3인, 2등은 이수일·변흡邊潝·유효걸柳孝傑·김경운金慶雲·이희건李希健·조시준趙時俊·박상朴瑺·성대훈成大勳 등 8인, 3등은 신경원申景瑗·김완金完·이신李愼·이휴복李休復·송덕영宋德榮·최응일崔應一·김양언金良彦·김태흘金泰屹·오박吳珀·최응수崔應水·지계최池繼崔·이락李洛·이경정李慶禎·이택李澤·이정李靖·안몽윤安夢尹 등 16인이고, 합 27인이다. 1등은 3자급資級, 2등은 2자급, 3등은 1자급씩 승진시켜 주었다.[697]

---

694) 《인조실록》 권 4, 인조 2년 2월 계축
695) 《인조실록》 권 5, 인조 2년 3월 기미
696) 《인조실록》 권 5, 인조 2년 3월 기미
697) 《인조실록》 권 5, 인조 2년 3월 임술

3월 20일 도원수 장만은

> 이번 녹훈에 이미 군진에서 힘껏 싸워 난을 평정한 자를 뽑으라는 분부가 있었습니다. 그러나 신은 병을 지니고 정벌에 나가 겨우 쓰러져 죽는 것을 면했고, 안현의 싸움에는 가지도 못했는데 도리어 공훈의 으뜸을 차지했습니다. 아무리 원수라는 호칭을 띠고 있더라도 본디 기록할 만한 공로가 없는데 봉작의 영예를 앉아서 누린다면 마음에 편하겠습니까? 빨리 공훈의 명예를 삭제해 어리석은 분수에 편하게 하소서. 또한 신은 군사를 파한 뒤로 병세가 점점 깊어지고 한 쪽 눈마저 붓고 아파서 양쪽 눈이 모두 멀게 될 형편인데 원수의 직임을 아직도 몸에 지니고 있으니, 변방에 변란이 일어나면 누가 그 책임을 맡겠습니까? 조속히 처치를 내리시어 나랏일이 잘못되지 않게 하는 것만 못합니다.[698]

고 해 훈적을 삭제해 주고, 도원수직도 회수해 줄 것을 청했다. 그러나 인조는 "차자를 보니 내가 매우 염려된다. 저번에 녹훈을 감정할 때 힘써 싸운 자를 뽑으라고 분부한 것은 제장諸將에 관한 것인데, 경은 어찌 이런 말을 하는가? 그리고 지금 원수의 직임은 경이 아니면 안 되니, 경에게 병이 있더라도 내 뜻을 체인해 조리하면서 직무를 수행하라!"고 할 뿐이었다. 그러나 사평史評은

> 회복한 공은 천운이요, 장만의 힘이 아니다. 철옹鐵甕에서 경성까지 한 번도 싸우지 않아서 적이 마치 무인지경을 들어오듯이 곧장 쳐들어오

---

698) 《인조실록》 권 5, 인조 2년 3월 갑술

> 게 했으니, 어찌 나라에 원수가 있다고 하겠는가? 혹자는 당초에는 예봉銳鋒을 당할 수 없었고, 관군이 한 번 꺾이면 다시 여지가 없을 것이므로 교전하지 않고서 만전을 꾀했다 하는데, 이는 매우 그렇지 않다. 적병이 저돌해 점점 경기에 다가와 나라의 존망이 순식간에 달려 있는데, 그래도 싸우지 않으면 어느 때를 기다릴 것인가? 안령鞍嶺의 싸움에는 이괄의 군사가 이미 교만해졌고 하늘도 순리를 도왔기 때문에 다행히 늦게나마 공을 거둘 수 있었던 것이다. 애초에 꼭 승리하리라고 기대하지 못했던 상황인데, 이때 이괄이 싸우지 않고 경기輕騎로 남으로 향했다면 나라 일이 차마 말할 수 없는 처지가 되었을 것이다. 그런데 장만이 어떻게 안령에서 공을 이룰 수 있었겠는가?[699]

고 신랄하게 비평했다. 그러나 영의정 이원익의 주장으로 장만을 겸개성유수兼開城留守로 삼았다.[700] 장만은 서북 변방 수령을 천거하는 것을 사양했으나, 인조는 "국가가 전관銓官을 둔 것은 우연한 일이 아니지만, 내가 경에게 변방 수령을 추천하라는 것도 우연한 일이 아니니 그대로 하라"고 했다.[701] 그리고 장만의 건강을 생각해 김기종金起宗[702]을 찬획사로 삼아 군무를 돕도록 했다.[703]

그런데 7월 21일 인조는 병을 이유로 불러도 오지 않는 장만에게

> 전 원수 장만은 출사하던 날 수레를 밀어 보내기까지 했으니, 대우가 후

699) 앞과 같음.
700) 《인조실록》 권 5, 인조 2년 3월 갑술
701) 《인조실록》 권 5, 인조 2년 3월 경진
702) 김기종은 사람됨이 간사하고 교활했는데, 광해군 때 성균관 유생들의 흉악한 상소에 참여했다가 반정한 뒤에 처벌을 면하려고 획책했다. 그래서 出身하던 날에도 사람들의 말이 많았는데, 장만과 최명길 등이 극력 추천해 재상의 반열에 특진되었으므로 공론이 비루하게 여겼다(《인조실록》 권 7, 인조 2년 11월 정유).
703) 《인조실록》 권 5, 인조 2년 3월 무자

> 하지 않은 것이 아니었다. 그런데 적을 섬멸한 공은 겨우 묘사廟社가 함몰된 뒤에야 이루어졌으니, 그때 서울에서 출정한 장사가 용열했던 것이 참으로 장만의 복이었다. 그리고 원수의 직임은 관계되는 바가 매우 중대한데 병부兵符를 맞추어 보지도 않고 군관을 시켜 태연히 병부를 올려 보냈고, 군무를 의논하고자 해 하유해 불렀더니 또 병을 핑계로 끝내 올라오지 않고 있다. 이것이 무슨 도리인가? 매우 놀랍고 괴이하게 여겨진다. 중하게 추구해 조정을 업신여긴 죄를 징계하라![704]

고 질책했다. 도원수에서 해임된 장만은 옥성부원군으로만 있었다.[705] 그러나 도체찰사직은 그대로 가지고 있으라 했다.[706] 장만은 여진족이 요동 쪽에 모여 있으니 창주昌州와 의주 두 길을 수비하는 것이 좋을 것이라고 권했다.[707] 그리고 연안延安부사 남이흥[708]을 서울에 머무르게 했다가 위급한 일이 생길 때 조발調發해 쓰라고 했다.[709]

11월 8일 의관 이이李怡 등이 박홍구朴弘耇 등의 역모를 고변했는데 그 공초에 장만의 이름이 오르내려[710], 대죄했으나 인조는 "박운장의 공초는 필시 모함한 말일 텐데 경에게 무슨 일이 있겠느냐?"하면서 불문에 붙였다.[711] 11월 22일 장만은 도체찰사이지만 8도 가운데 4도만 줄여서 맡도

---

704) 《인조실록》 권 5, 인조 2년 7월 계유.
705) 《인조실록》 권 7, 인조 2년 9월 신사.
706) 《인조실록》 권 7, 인조 2년 10월 무자.
707) 《인조실록》 권 7, 인조 2년 10월 을사.
708) 남이흥은 사람됨이 거칠고 사나웠으나 자못 일 처리하는 능력이 있었다. 광해군 때 여러 차례 변방의 큰 고을을 맡으면서 사람 죽이기를 삼대 베듯 했으나 섬기는 일을 잘해 은총을 굳혔다. 반정 초기에 장만이 출사할 때 데리고 가서 공을 세울 수 있게 하기를 청했는데, 이괄의 난 때 정충신과 함께 먼저 안현에 올라가 힘껏 싸워 공을 세웠으므로 마침내 녹훈되고 宜春君에 피봉되었다(《인조실록》 권 7, 인조 2년 11월 을묘).
709) 《인조실록》 권 7, 인조 2년 11월 계축
710) 《인조실록》 권 7, 인조 2년 11월 무오

록 해 달라고 했다. 그러나 인조는

> 변을 대비하는 우리의 입장에서 남쪽 지방 역시 조금도 완만하게 할 수 없으니, 경은 사양하지 말고 마음을 다해서 요리해 나의 소망에 부응하라![712]

고 했다. 12월 22일 인조는 체찰사 장만, 총융사摠戎使 이서李曙, 평안병사 남이흥, 훈련대장 신경진을 인견했다.

> 인조: 겨울철 이래로 내가 서쪽을 돌아보는 근심을 풀지 못하고 있다. 오늘날은 지난해보다도 훨씬 소홀한데, 경들이 어떻게 조처할 것인지 모르겠다.
>
> 장만: 지난해에는 남쪽 군사가 다수 입방했는데, 올해에는 온 도를 통틀어 계산해도 첨방添防하는 숫자가 2만 명에도 차지 못합니다. 그래서 이미 황해도 군사 4천을 추후로 부방赴防하게 했습니다만, 그래도 엉성한 결과를 면치 못하고 있습니다. 그러나 남쪽 군사를 보충할 경우 또 군량이 부족하게 될 텐데, 이런 상황에서는 실로 좋은 계책을 세울 수 없습니다.
>
> 인조: 1년을 쓸 수 있는 저축이 있어도 부족할까 걱정인데, 더구나 한 달 양식도 없으니 앞으로의 일을 계획하기가 정말 어렵게 되었다. 그러나 그대들이 힘을 다해 꾸려 나가야지 어떻게 할 수 없다고 해 놔 둘 수 있겠는가?
>
> 남이흥: 서쪽의 근심이 하루가 다르게 심해지고 있는데, 신은 한 번

---

711) 《인조실록》 권 7, 인조 2년 1월 신유

712) 《인조실록》 권 7, 인조 2년 11월 임신.

> 죽을 각오를 하고 있습니다. 그러나 신의 몸이야 아까울 것이 없지만 국가의 일은 어찌할 것입니까? 관서에 가면 그쪽의 형세를 갖추어 진달 드릴까 하는데, 묘당에서 선처해 주시기만 바랍니다.

이러한 논의에 대해 사평은

> 장만은 선왕조 때부터 30여 년 동안 국가의 두터운 은혜를 받았고, 반정한 뒤에는 가장 먼저 곤수閫帥의 소임을 맡아 퇴곡推轂하는 성대한 예까지 받았다. 그런데도 역적 이괄의 변란 때에는 시종 머뭇거리기만 하다가 적도가 대궐을 침범해 군부君父를 파천하게 했다. 다행히 하늘이 도와주고 부곡部曲이 힘을 다한 덕분에 안현에서 승리하게 되었으니, 이 공은 겨우 죄를 보상할 정도에 지나지 않는 것이었다. 그런데도 원훈元勳으로까지 녹공되고 이어 체찰사로 임명되었으니, 장만으로서는 정성을 다하고 생각을 다해 중책을 위임한 뜻에 어떻게든 부응하려고 해야 마땅한 일이다. 그런데 자문을 구할 때에 계책 하나도 내놓지 못한 채 쓸데없이 군사를 써서는 안 될 상황에서 군사를 사용해 능력을 자랑하고 무용을 과시하는 짓이나 하려고 하는 등 도리어 남이흥이 그래도 대의를 아는 것보다도 못했으니, 통탄을 금할 수 있겠는가?[713]

고 혹평했다. 문신들이 무장들을 저평가하는 일환이 아닌가 한다.

---

713) 《인조실록》 권 7, 인조 2년 12월 임인

9. 정묘호란丁卯胡亂

1624년(인조 2) 12월 29일 후금의 기병이 침입하자 도체찰사인 장만은 제장을 거느리고 송도松都와 평산平山으로 나가려 했으나, 적이 물러가 그만두었다.[714] 그리고 1625년(인조 3) 2월에 이귀가 공석상에서 정경세鄭經世와 최현崔晛 등을 베어 버리고 싶다고 말한 인조가 실상을 물었을 때 장만과 이광정李光庭은 우물우물하면서 말하지 않았다.[715] 사간원에서는 이것이 임금을 속이는 일이라고 공박했다. 이와 달리 김상헌이 사간원의 장이 됐을 때는 언론을 바로 해 대조가 된다고 했다.[716] 장만은 곧 도체찰사직을 사직하고자 했으나 허가를 받지 못했다.[717] 2월 14일 장만은 총융사 이서로 하여금 남한산성을 수축하는 책임을 맡기자고 해 왕의 허락을 받았다.[718] 그러나 공역이 시작되자 광주廣州 일대의 주민들이 불평을 했다.[719]

1625년(인조 3) 4월 27일 비변사가 남이웅南以雄을 체찰부의 찬획사贊劃使로 임명하자고 했다. 도체찰사인 장만이 서울에 있으면서 변방에 가지 않고 있었기 때문이다.[720] 6월 19일 장만은 자정전에서

용천龍川부사 이희건李希健은 바로 충의가 있고 강개한 사람인데, 용

714) 《인조실록》 권 7, 인조 2년 12월 기유
715) 《인조실록》 권 8, 인조 3년 1월 병인
716) 앞과 같음.
717) 《인조실록》 권 8, 인조 3년 2월 임진
718) 《인조실록》 권 8, 인조 3년 2월 계사
719) 《인조실록》 권 8, 인조 3년 2월 임인
720) 《인조실록》 권 9, 인조 3년 4월 갑진

> 골산성龍骨山城을 지켜 창성昌城과 의주義州 지방의 형세를 갖추게 하려고 합니다. 단, 내지에 방비하는 군사가 없어서는 아니 될 것이기에, 신은 별승군別勝軍으로는 평양에 들어가 방어하게 하고, 또 별초군別抄軍으로는 안주安州에 가서 방수하게 함으로써 변란을 대비하게 하려고 하는데, 이 군사는 3천 명에 가깝고 게다가 잡색군雜色軍을 합하면 1만 1천 4백 명이 됩니다.[721]

고 해 남이흥으로 하여금 안주를 지키게 해야 한다고 주장했다. 그런데 묘당에서는 남이흥이 성곽도 없는 구성龜城을 지키게 함으로써 정묘호란 때 남이흥을 죽게 하는 원인이 되었다.[722] 이귀를 비롯한 반정공신들이 남이흥과 같은 무신의 성장을 꺼렸기 때문이다. 반정공신들은 장만이 남이흥으로 하여금 안주를 지키게 하려는 것도 남이흥을 봐주기 위해서였다고 보고 있다.[723] 도체찰사 장만이 탑전에서 아뢰기를

> 조정에서 장차 평안병사로 하여금 구성에 나아가 주둔케 하려고 합니다. 구성은 창성과 의주의 길목에 있으므로 과연 나아가 지키는 것이 마땅하겠습니다. 다만 성을 지키는 도구가 없으니, 병사가 군사를 거느리고 나아가 주둔한다면 식량과 기계를 옮겨 들이지 않을 수 없습니다. 그러나 변란이 있을 때에 가서 만일 다시 옮긴다면 전도되는 걱정이 없지 않을 것입니다. 도원수 이홍주李弘胄의 말에는 '병사는 마땅히 안주에 주둔해서 싸울 만하면 싸우고, 지킬 만하면 지켜야 한다'고 합니다.[724]

---

721) 《인조실록》 권 9, 인조 3년 6월 을미

722) 이성무, 〈충장공(忠壯公) 남이흥(南以興)의 생애와 군공〉, 《조선시대 사상사연구》 2(지식산업사, 2009), 168쪽.

723) 《인조실록》 권 9, 인조 3년 6월 을미

고 했다. 구성에는 성을 지킬 도구가 없고 일이 생겨 다시 안주로 이것들을 옮기는 것이 어려우니 평안병사는 안주를 지켜야 한다는 것이다. 도원수 이홍주의 의견도 같았다. 그러나 현지 사정을 잘 모르는 비변사에서는 구성에 방수防戍를 첨가하고 별장을 골라 보내서 안주의 성원을 삼게 하기로 했다.[725]

그런데도 평안병사 남이흥은 구성의 본진을 비워 두고 안주를 지킨 죄를 논계했다.

> 조종조에서 평안도 안에 5진鎭을 설치한 뜻이 극진했습니다. 그런데 광해 때에 예전 규례를 정해 7진을 배치해 영변·구성·성천·평양 4진은 모두 버리고 지키지 아니해 일도의 백성으로 하여금 뜻밖의 변란을 만나면 모두 적을 피할 곳이 없게 되었습니다. 박엽朴燁이 계책을 냈는데, 혼조의 임금과 신하가 그 술책에 빠졌던 것입니다. 조종조 2백 년 동안 전해온 예전 규례에, 얼음이 얼면 병사가 창성昌城에 나아가 지키고, 얼음이 풀리면 영변에 물러나 지키게 했는데, 그 의도가 있었던 것입니다. 지금 남이흥은 국가가 다시 살려준 은혜를 생각지 않고 감히 난리에 임해 스스로 보전할 생각을 품고서 안주에 물러나 지키고 싶다고 많은 말을 늘어놓으며 조정을 기망했으니, 만일 조정에 사람이 있다고 여겼다면 어찌 감히 이런 말을 하겠습니까? 담당 관아로 하여금 율에 따라 죄를 정하게 하소서.[726]

200년 동안 지켜 온 전통적인 수비 방법을 버리고 광해군조의 수비방법

---

724) 《인조실록》 권 9, 인조 3년 6월 신축
725) 앞과 같음.
726) 《인조실록》 권 9, 인조 3년 7월 임자

을 택한 죄를 물어야 한다는 것이다. 남이흥은 장만의 계책을 따라 안주를 지키고자 한 것이다. 어느 날 비변사에서 장만이 또 안주 수비를 거론하자 이귀는

> 남이흥이 안주에 물러나 지키다가 적이 만일 맹산의 길을 경유해 곧바로 해서로 향해 그대로 서울로 들이닥치면, 이는 영공이 지난해에 이괄이 멋대로 경성을 범하게 한 때와 다름이 없다.[727]

고 일갈했다. 이에 장만이 크게 노해

> 국가에서 이미 나에게 체찰사의 임무를 맡겼으니, 서변의 일은 내가 스스로 주관하겠다.[728]

고 버텼다. 이귀는 다시

> 이는 국가의 존망이 매여 있는 것이다. 나라가 망하면 나도 또한 죽는데 어찌 상관이 없다고 하겠는가?[729]

고 대꾸해 장만이 더욱 원한을 품게 되었다. 둘이 서로 다투니 인조는

> 찬성 이귀, 옥성부원군 장만은 모두 원훈의 중신으로 예로써 서로 공경하고 의리로써 서로 경계하며 부족한 점이 있더라도 또한 가부를

---

727) 앞과 같음.
728) 앞과 같음.
729) 앞과 같음.

> 서로 도와서 국가의 위급한 상황에 따라 처신해야 한다. 그런데 감히 몇 마디 말을 가지고 싸움을 벌였는가 하면 심지어 차자를 올려 체직시켜 주기를 청하기까지 했으니, 너무도 외람스럽다. 마땅히 추고해 후일을 경계해야 할 일이지만 지금은 우선 버려둔다. 이 차자를 도로 내주라![730]

고 경고했다. 1625년(인조 3) 7월 19일 도체찰사 장만은 종사관 이경여李敬輿·김시양金時讓을 관서와 해서에 나누어 두어 군무를 강정하고 또 각 진영을 순시하며 추방秋防을 경계시키게 할 것을 청했으나 인조가 듣지 않았다. 이경여가 새로 군적어사軍籍御使의 명이 있자 사뭇 싫어하는 마음을 품었는데, 이때에 이르러 장만이 이경여를 비호하고자 이러한 청을 드린 것으로 생각해 허락하지 않은 것이다.[731] 그러자 9월 1일 도체찰사 장만은 몸소 서로西路로 가서 제장들과 가을철 방수에 대해 강론하고자 해 허락을 받았다.[732] 장만은

> 평안도의 지형은 산세가 죽 뻗어 있는데, 영변과 안주 사이는 벌의 허리처럼 좁습니다. 적군이 강변을 거쳐 오는 경우에는 반드시 이 길을 경유할 것이니, 먼저 안주성을 쌓아 적을 저지하는 본거지로 삼는다면 걱정을 없앨 수 있을 것입니다.[733]

고 해 안주성 방수를 계속 주장했다. 그러나 병이나 즉시 가지 못하고 중도에 머물며 사세를 관망하게 했다.[734] 장만은 결국 서로를 다녀와 자정전

---

730) 《인조실록》 권 9, 인조 3년 7월 을묘
731) 《인조실록》 권 9, 인조 3년 7월 을축
732) 《인조실록》 권 10, 인조 3년 9월 병오
733) 《인조실록》 권 10, 인조 3년 9월 무신

에서 인조를 인견했다.

인조: 노적奴賊의 형세는 어떠하며 방어에 관한 일은 또한 어떠한가?

장만: 근래 정탐하고자 왕래한 일이 없었으므로 노적의 실정과 형세를 알아볼 수가 없었습니다만, 신의 어리석은 소견으로는 걱정할 필요가 없을 듯합니다. 방비하는 군병이 매우 적은데 사변이 발생하게 되면 황해도와 평안도의 하번군下番軍을 아울러 첨가해서 들여보낼 뜻으로 이미 부사에게 말했습니다. 그리고 수상水上의 각 진 가운데 벽동碧潼·위원渭原·이산理山·강계江界 등의 고을은 방수가 더욱 단약하니, 적이 침구해 온다면 막아낼 대책이 없기 때문에 이미 약간의 군사를 나누어 보냈습니다.

인조: 군사의 수가 이와 같이 보잘 것 없으니 앞으로 어떻게 방수할 수 있겠는가?

장만: 강가의 여러 고을에는 이미 파수를 세워 놓았습니다. 정주定州 목사 정호서鄭好恕가 "선천宣川·곽산郭山의 군사를 자기에게 붙여 준다면 능한산성凌漢山城을 사수하겠다"고 하므로, 그 말대로 허락해 주었습니다. 영변의 본성은 넓고 커서 지키기 어려운데, 판관 홍호洪鎬가 다시 수축해서 성이 매우 견고합니다. 그리고 3~4천의 군사가 있으니, 적이 반드시 침범하기 어려울 것이므로 백성들이 모두 그 성에 들어가 지키기를 원하고 있고, 사졸들 또한 격려하는 마음을 지니고 있습니다. 홍호의 재량

734) 《인조실록》 권 10, 인조 3년 10월 병술

과 국량이 이러하니 매우 가상합니다. 이완李莞의 말에 따르면, 빈 땅에 둔전을 만들면 1만여 석의 곡식을 얻을 수 있다고 합니다.

인조: 의주의 방비군과 민병은 그 숫자가 얼마나 되는가?

장만: 본부本府와 변보邊報의 군사, 그리고 촌민을 아울러서 계산한다면 거의 4~5천에 이르는데, 그들이 "만약 6~7천의 병력을 얻을 수 있다면 지켜낼 수 있다"고 합니다. 그래서 이미 3천 명의 군사를 나누어 보냈습니다.

인조: 평양의 성지를 창졸간에 수축했는데 결함은 없는가?

장만: 성첩이 견고하고 포루砲樓의 재목도 이미 모아 놓았으니, 황주보다 나은 듯합니다. 그리고 이 적들은 성곽을 공격하는 방법을 모르니 진실로 적격자를 얻어서 지킨다면 적들이 어떻게 쉬이 침범할 수 있겠습니까?[735]

그런데 창령현감 조직趙溭이 장만을 공격했다. 이괄의 난 때 이괄을 놓아주고, 이수일의 훈공을 깎아내렸다는 것이다. 그리고 이수일의 분전이 없었더라면 어떻게 안현에서 이겼겠느냐는 것이다. 그런데도 장만은 부원수 이수일을 3등에 녹공했다가 물의가 일어나자 2등으로 올렸다는 것이다. 그리고 그것은 이수일과 공을 다툰 것이라는 것이다. 이에 대해 장만은 조직이 이수일의 아들인 거창현감 이호李滈를 만난 뒤에 이런 상소를 올린 것을 보면 이호의 사주를 받은 것이라고 비난했다.[736] 진무공신 정충신·변흡 등이 조직의 상소를 반박하고 장만이 억울하다고 변론했다. 이에 대해 인조는

735)《인조실록》권 10, 인조 3년 10월 을미
736)《인조실록》권 10, 인조 3년 12월 기축

> 장수를 위해 원통함을 쟁송하는 것은 분의에 있어 당연한 것이고, 무함을 받고서 이를 해명하려 하는 것은 인정에 있어 그만 둘 수 없는 것이다. 그러나 진무振武한 공로는 조야가 모두 환히 알고 있는 일이고, 조직 등이 요란스럽고 황탄하다는 것은 위에서 이미 통촉하고 있다. 그의 괴이하고 망령된 말이 장만의 큰 공에 손상을 줄 수 있겠는가? 구구하게 서로 따지는 것보다는 버려두고 말하지 않는 것이 훨씬 낫다. 그리고 이러한 때에 변덕스럽게 한다는 것은 또한 너무 지나치다. 경들은 모두 안심하고 번거롭게 하지 말라![737]

고 무마했다.

1626년(인조 4) 2월 12일 장만은 병조판서와 체찰사직을 사임하고자 했다. 이에 대해 인조는

> 지금 이 두 가지 직임은 모두 긴급한 데에 관계된 것으로서 사람마다 감당할 수 있는 것이 아니다. 더구나 체찰사가 서전西銓(병조)을 겸해 관장하는 것은 실로 유익한 것으로 조금도 불가할 것이 없다. 이런 지극한 뜻을 본받아 직임이 중하다고 혐의하지 말며, 또한 업무가 번다하다고 피하지 말고 속히 출사해 직무를 폐하는 폐단이 없게 하라![738]

고 답했다. 이를 보면 장만은 체찰사로서 병조판서까지 겸하게 되었음을 알 수 있다. 조선의 국방을 한 몸에 짊어지고 있었던 것이다. 그러나 이러한 장만에 대해 사평은 좋지 않았다.

---

737) 《인조실록》 권 11, 인조 4년 1월 기유
738) 《인조실록》 권 11, 인조 4년 2월 을유

장만의 사람됨을 보면 지모는 많으나 행사가 부정했다. 그는 폐조 때 궁금宮禁을 배경으로 광해군의 신임이 두터워 병조판서까지 제수되었고, 또 폐모론廢母論이 일어났을 때 정청庭請에도 참여했으므로 동료들이 천하게 여겼다. 그런데 반정 뒤에도 최명길의 장인이라는 것 때문에 홀로 죄와 벌을 면할 수 있었으며, 이괄의 난 때에 머뭇거렸다는 죄를 면하기 어려웠으나 성상의 너그러운 도량으로 원공元功에 책봉되기까지 하는가 하면 팔도도체찰사에 병조판서까지 겸임하게 되었으므로 물의가 모두 불쾌하게 여겼다. 그런데도 장만은 여전히 자숙할 줄 모른 채 하늘을 찌를 듯한 가옥에다 선물 꾸러미가 문에 가득했으므로 식자들이 침을 뱉으며 더럽게 여겼다.[739]

1626년(인조 4) 4월 16일 도체찰사 장만은

삼가 듣건대 모도독毛都督이 노추奴酋가 다시 영원寧遠을 침범했다는 소식을 듣고 지금 수륙으로 진군을 한다고 합니다. 그가 강을 건너갈 것인지는 알 수 없으나 그가 일단 군대를 이끌고 변지를 향해 나간다고 말을 한 이상, 우리 도리로서도 앉아서 보고만 있을 수만은 없습니다. 신은 황해·평안 사이로 진군해 사세에 따라 움직이기로 하고, 부사 윤훤尹暄은 먼저 안주·정주定州 등지로 가서 제장들의 지휘와 양향을 준비하는 데 편의를 도모하도록 하는 것이 어떻겠습니까?[740]

라는 상소를 올렸다. 비변사에서는 순변사巡邊使로 하여금 구성으로 가서 상황을 살펴보고 접응하라고 했다.[741] 그리고 비변사에서 장만을 서변을

739) 《인조실록》 권 12, 인조 4년 3월 신미
740) 《인조실록》 권 12, 인조 4년 4월 무자

내려가라고 했다. 장만은 도감의 포수 3~4백 명을 거느리고 가겠다고 했다.[742] 그러나 그렇게 긴급하지 않다고 해서 연기했다.[743] 7월 18일 장만은 병조판서와 체찰사직을 사직하고자 했으나 들어주지 않았다.[744]

8월 19일 모문룡毛文龍이 후금에게 항복할 위험이 있다는 정보가 있었다. 이에 대해 장만은

> 신의 생각으로는 그가 속히 일을 저지를 리가 없다고 봅니다. 오랑캐가 비록 강요한다고 해도 모문룡의 입장으로서는 속히 행동을 취하지 못할 것입니다. 왜냐하면 모장이 이쪽에 있으면 공후公侯의 안락을 누리지만, 오랑캐에게 투항하면 일개 포로에 불과해 필시 이영방李永芳의 처지에는 미치지 못할 것이기 때문입니다.[745]

라는 의견을 냈다. 이에 대해 그의 사위인 최명길은

> 장만의 말은 믿어서는 안 됩니다. 이괄의 변란 때에도 신이 그가 모반할 형세에 대해 장만에게 은밀히 말하니, 장만은 "어찌 그럴 리가 있겠는가?" 하고 끝내 예비하지 않았다가 황급한 변란을 당했습니다.[746]

고 했다. 이 말에 대해 장만은 최명길의 말이 맞는다고 했다. 그리고 다음과 같은 의견을 개진했다.

---

741) 앞과 같음.
742) 《인조실록》 권 13, 인조 4년 윤 6월 임자
743) 《인조실록》 권 13, 인조 4년 윤 6월 계축
744) 《인조실록》 권 13, 인조 4년 7월 무자
745) 《인조실록》 권 14, 인조 4년 6월 무오
746) 앞과 같음.

> 대체로 사태가 발생한 뒤에 대응하는 것이 옳지, 격동해서 자초해서는 안 됩니다. 그가 중국을 배반해 반역의 증상이 분명히 드러나면 천하가 함께 토벌해야 합니다. 그러나 그러한 정상이 분명치 않은데 먼저 격동해 치게 되면, 천하 사람들이 혹 "모장毛將이 오래도록 그 나라에 있으면서 군량을 요구해 왔기 때문에 그의 침해를 싫어해 그러한 일이 있었다"고 할 것이니, 그 역시 두려운 일이 아니겠습니까? 신은 경솔하게 움직일 것이 아니라고 생각합니다.[747]

9월 29일 장만은 병조판서 직을 사직하고자 했다. 그러나 인조는 "국사를 담당한 사람은 모두 남의 비방을 면치 못하는 법이다"라면서 만류했다.[748] 1627년(인조 5) 1월 13일 정묘호란이 일어났다. 누르하치가 죽고 그의 여덟째 아들 홍타이지黃太極가 청태종으로 등극하자, 아민阿敏 등을 앞세워 3만 6천 명을 이끌고 쳐들어왔다. 장만은

> 적이 만일 대로大路를 따라 곧장 나온다면 형세상 반드시 중간에서 서로 만나게 될 터인데 단지 군관만을 데리고 가면 형세가 매우 위태롭게 될 것입니다. 청컨대 어영군 가운데서 정포精砲 1백 명을 선발하고, 개성부와 장단의 군병을 모조리 조발해 갔으면 합니다. 그리고 파주산성坡州山城이 비록 보수가 완전하지는 못하나 그런대로 위급한 상황에 들어가 수비할 수 있습니다. 장단·교하·적성 등 관청의 올봄 작미作米를 조속히 수봉하도록 하고 별장 한 사람을 정해 파주목사가 함께 협력해 들어가 수비하도록 하소서.[749]

---

747) 《인조실록》 권 14, 인조 4년 8월 병인
748) 《인조실록》 권 14, 인조 4년 9월 무술
749) 《인조실록》 권 15, 인조 5년 1월 을유

라는 요구를 했으나 어영군만은 아직 데리고 가지 말라고 했다. 장만에게는 내구마內廐馬 한 필을 하사했다.750) 장만은 이어 총융사로 하여금 경기 군병 3~4천 명을 조발해 즉시 자기에게 보내 달라고 했다.751) 그러나 장만이 서쪽으로 내려가더라도 수하에 병력이 없기 때문에 신경진을 임진강으로 파견했다.752) 이와 달리 사헌부는

> 나라의 형세가 위태로우니, 수신帥臣은 마땅히 밤길을 달려가서 방어책을 강구해야 할 터인데 장만은 분부를 받은 지 이틀 만에 비로소 벽제碧蹄를 떠났습니다. 하유해서 계칙해 급히 진전하도록 하소서. 적병이 정주에 주둔한 지가 벌써 여러 날이 되었는데, 정탐해 올리는 보고가 매우 드무니, 체찰사와 양서 감사가 있는 곳에 따로 선전관을 보내 하유해 단단히 타이르도록 하시고, 파발과 봉수는 그대로 적간하도록 하소서!753)

라고 상소했다. 1월 21일, 장만은 전황을 다음과 같이 보고했다.

> 안주가 적병의 공격을 받을 위급한 지경에 처하게 되자 사람들은 두려워 해 이곳저곳에서 급한 상황을 보고해 오고 있습니다. 신은 수하에 병력이 없어서 달려가 구원하지 못 하고 앉아서 수백 리 강토를 상실해 오랑캐의 수중에 넘겨주게 되었습니다. 평양은 성이 넓고 커서 수비상의 어려움이 서쪽의 각 성들보다 심합니다. 황주와 평산은 더욱 곤란한 점이 있는데 사태가 급박하게 발생하다 보니, 미처 조처할 수

---

750) 앞과 같음.
751) 앞과 같음.
752) 앞과 같음.
753) 《인조실록》 권 15, 인조 5년 1월 무자

있는 계책은 없고, 생각하면 맥이 빠질 따름입니다. 기보畿輔의 군병 1천여 명이 이제 비로소 와서 모였는데, 다 탄약이 없으며, 빈손으로 현재 있습니다. 해조로 하여금 조속히 내려보내도록 하소서.[754]

국방의 최고 책임자의 보고치고는 한심하기 짝이 없다. 비변사는 장만이 인솔하고 있는 포수 3초哨를 평양에 나누어 보내고, 또 도감으로 하여금 2초를 조발해 보내 대체하게 하자고 건의했으나, 인조는 평양은 해서의 포수가 들어가 수비할 것이니, 장만이 거느린 포수는 평산과 황주에 나누어 보내도록 하라고 지시했다.[755] 장만은 병력이 없어 구원할 수 없다고 하는데 그 병력을 쪼개서 이리저리 보내라고 하는 것도 이해되지 않는다. 외적에 대한 방비가 전혀 되어 있지 않은 것이다. 대신들은 인조가 친정해야 한다고 주장하기에 이르렀다.[756] 그리고 병력도 없고 지원도 못 받는 장만은 불원간 적에게 항복하거나 도주할 것으로 내다보기도 했다.[757] 그러는 동안에 안주성이 점령당하고 남이흥이 죽었다. 남이흥은 구성에 있다가 오합지졸인 3천 군을 이끌고 그의 10배나 되는 후금의 3만 군과 싸우다가 장렬하게 죽었다.[758] 장만은 이제 한 번 싸워 죽는 수밖에 없다고 독백했다.[759] 1월 25일 황주도 무너졌다.[760] 할 수 없이 장만은 강홍립에게 편지를 보내 화의를 논의하기 시작했다.[761] 변방의 노숙한 장수는 다 죽고 인조도 강화도로 몽진할 것을 논의했다.[762] 1월 26일 장만은 적병이 평양

754) 《인조실록》 권 15, 인조 5년 1월 기축
755) 《인조실록》 권 15, 인조 5년 1월 경인
756) 《인조실록》 권 15, 인조 5년 1월 신묘
757) 앞과 같음.
758) 이성무, 〈충장공 남이흥의 생애와 군공〉, 《조선시대 사상사연구》 상(지식산업사, 2009), 167~176쪽.
759) 《인조실록》 권 15, 인조 5년 1월 임진
760) 《인조실록》 권 15, 인조 5년 1월 계사
761) 앞과 같음.

에 그대로 머물러 있고, 선발대는 황주에 도착했으며, 신경원의 군사도 무너져 평산을 막을 수 없게 되었다고 치계했다.[763] 이럴 즈음 강홍립의 답서가 와서 비변사로 보냈다.[764] 1월 28일 장만의 군관이 장계와 강홍립의 사서私書를 가지고, 호차胡差 세 사람을 데리고 당도했다.[765] 강화도에 가 있던 인조는 다음날 일찍 육지로 나와 호차를 맞이하고자 했다.[766] 그러면서도 대신들은 체찰사 장만이 전제대장專制大將으로서 지킬 생각은 하지 않고, 송도로 물러나 있는데 빨리 제도의 군병을 이끌고 전진하게 하라고 헛소리를 해댔다.[767] 장만은 다시 권진權瑨이 데리고 온 천총 한 명을 행재소에 보냈다.[768] 28일에 장만은 적이 중화에서 평양으로 물러갔으니, 형세를 보아 진격하든지 퇴각하든지 하겠다고 했다.[769] 그러나 3월 3일 후금의 유해와 형제의 회맹을 맺었다.[770]

3월 7일에 적병이 해주를 침략했다.[771] 그리고 평산·서흥瑞興·봉산·우봉·신계·수안·재령·신천·문화에도 적이 분탕질 했다.[772] 그런데 3월 24일 장만은 풍병에 걸려 체찰사직을 수행할 수 없었다. 이에 비변사가 바꾸어 줄 것을 요청해 드디어 체차되었다.[773] 김류가 후임 체찰사가 되었다. 대신들은

---

762) 앞과 같음.
763) 《인조실록》 권 15, 인조 5년 1월 갑오
764) 《인조실록》 권 15, 인조 5년 1월 병신
765) 앞과 같음.
766) 앞과 같음.
767) 《인조실록》 권 15, 인조 5년 1월 병신
768) 《인조실록》 권 15, 인조 5년 1월 정유
769) 《인조실록》 권 15, 인조 5년 1월 기해
770) 연보, 12쪽.
771) 《인조실록》 권 15, 인조 5년 3월 갑술
772) 《인조실록》 권 15, 인조 5년 3월 경진
773) 《인조실록》 권 15, 인조 5년 3월 신묘

> 옥성부원군 장만은 길에 오른 뒤에 이르는 곳마다 머물러 평양과 황주가 차례로 무너지고 적의 기마병이 마치 무인지경을 달리는 것처럼 했으며, 급보를 조금 들으면 지레 겁을 먹어 적들이 평산에 이르지도 않아서 철원으로 도망해 산골로 드나들며 마치 피란간 사람처럼 행동해 양서의 백성들로 하여금 비참하게 약탈의 화를 당하게 했습니다. 그가 시종 몸을 움츠려 국가를 저버리고 일을 그르친 죄는 용서해 줄 수 없습니다. 먼 곳으로 귀양을 보내도록 하소서![774]

라고 상소했으나 인조는 "장만은 중병을 앓고 있는데다가 휘하에 군사가 없었으니 설사 실책이 있다 하더라도 용서해 줄 만한 도리가 없지 않다. 더군다나 지금은 병세가 위독해 시간을 다투고 있는데 이와 같이 논하는 것은 지나치지 않은가? 중병을 앓고 있는 사람에게 결코 벌을 줄 수 없으니 다시는 시끄럽게 하지 말라!"[775]고 일축했다. 그러나 장만은 자청해 처음에 중도부처中途付處되었다가, 연안延安으로 유배했다. 그러나 연안이 장만의 농장이 있는 풍덕豊德과 가깝다 해 다시 부여로 이배되었다.[776] "나 스스로 저들에게 시기와 증오심을 촉발시켰으니 이 또한 내가 걸머지고 가야할 짐이로다" 하면서 유배의 길을 떠난 것이다. 자기가 유배를 가지 않으면 그 화가 전쟁터에서 목숨을 걸고 싸운 부하 장수들에게 미칠 것을 염려했다.

장만은 1627년(인조 5) 10월 부여扶餘 유배지에서 3편의 시를 남겼는데 그 가운데 하나가 '풍파에 놀란 사공'이라는 시이다.

---

774) 《인조실록》 권 15, 인조 5년 3월 계사
775) 앞과 같음.
776) 崔鳴吉, 忠定公 張晩行狀, 《洛西集》 卷 5(김포문화원, 1997), 6쪽.

풍파에 놀란 사공 배 팔아 말을 사니,
구절양장九折羊腸 물도곤 어려왜라
이후엘랑 배도 말도 말고 밭갈이나 하리라[777]

이 시는 광해군의 폭정과 인조의 무능한 정치로 고통 받는 백성들의 아픔을 노래한 것이다. 그는 인조가 우왕좌왕하며 전쟁에 대비도 못하고 이를 자초해 백성들을 못살게 했으니, 인조의 무능은 광해군의 폭정보다 더 나쁘다고 했다. 이 시는 그의 사위 최명길에 의해 그의 문집인《낙서집》에서 빼서 후세에 전했으나 벼슬살이의 어려움을 표현한 것으로 잘못 해석되고 있다.[778] 장만은 나라가 위급할 때마다 전쟁터로 달려갔다. 김류·이귀·이서·신경진·심기원·김자점 등 인조가 신임하고 총애하는 반정공신들은 해도海島에 들어가거나, 또는 산성山城으로 올라가거나, 또는 호위한다고 하거나, 또는 검찰에 제수되는 등 다 편안하고 안전한 자리를 차지하고 있었는데 말이다. 그런데도 오직 장만만이 맨손으로 적진으로 향했으니 원망하지 않으래야 원망하지 않을 수 없었다.[779] 그런데 1627년(인조 5) 11월 19일에 충청감사 이경여가 장만을 풀어 줄 것을 상신하자 해배되어 고향인 통진으로 돌아와 병을 치료하고 있었다.[780]

그러다가 1628년(인조 6) 12월 3일에 장만은 이서와 함께 태복시太僕寺 제조가 되었다. 장만은

마정馬政이 무너진 것은 모두가 주관하는 사람이 없는 데서 연유한 것입니다. 다시 감목관監牧官을 설치해 수령을 역임한 자 가운데 엄선해

777) 장석규,《팔도도원수 장만장군》(도서출판 기창, 2009), 800쪽.
778) 장만 장군의 연보, 13쪽.
779)《인조실록》권 15, 인조 5년 1월 신묘
780) 장만 장군의 연보, 13쪽.

> 차출하소서. 그리고 새로 설치되는 곳에는 싫어해 회피하려는 경우가 없지 않을 것이니, 제수한 뒤에 부임하지 않는 자는 그 임기동안 서용하지 않음으로써 마정을 중히 여기도록 하소서.[781]

라고 아뢰어 그대로 되었다. 1629년(인조 7) 3월 입춘 날에 장만은

> 내 나이 64세로 포의布衣로서 영화 이미 극했네.
> 제일의 소원은 전원으로 물러나는 것이요,
> 다음 소원은 명한溟漢(저승)으로 돌아가는 것이네.
> 이 밖에 요구하는 것이 없으니 신명이 내 마음 비치리.

라는 시를 지어 왕에게 올렸다. 이 시는 나중에 충신이 주군을 떠날 때 올리는 대표적인 시가 되어 후세 선비들의 모본이 되었다.[782]

그리고 1629년(인조 7) 윤 4월 24일에는 장만이 특진관으로서 인조를 인견한 자리에서

> 우리나라가 자강책은 없는데 남에는 왜인이, 북에는 오랑캐가 번갈아 가며 공갈을 하고 있기에 나라 형세는 날로 약해가고, 물력도 날로 모자란 처지인데다 하늘까지 우리를 돕지 않아 가뭄도 이처럼 들고 있으니, 생각이 여기에 미치면 속이 타는 것만 같습니다. 지난 번 서성徐渻의 상소로 말미암아 억울하게 옥살이 하는 사람들을 처리해 주었습니다만 종전의 심리는 다만 형식에 지나지 않았으니, 하늘의 재변을 어떻게 막아낼 수 있겠습니까? 지금 귀양살이 간 자만도 무려 4백여

781) 《인조실록》 권 19, 인조 6년 12월 기축
782) 장만 장군의 연보, 14쪽.

명입니다. 이를 성상께서 마음에 단안을 내리시어 그들을 쾌히 풀어 주시면 하늘도 반드시 비를 내릴 것입니다.783)

고 건의해 5월 1일에 억울하게 옥살이 하는 사람들을 다시 심리해 많은 사람들을 구제할 수 있게 해 주었다.784)

10. 서거逝去와 처우處遇

장만은 여러 차례 사직할 뜻을 비쳤으나, 허락되지 않아 통진으로 돌아가 병을 치료하고 있었다. 그리고 1629년(인조 7) 11월 15일에 반송리盤松里 집에서 병사했다. 향년 64세. 죽기 전에 인조는 내의內醫를 보내 매일 간병하게 하고, 별감을 자주 보내 문병했다. 죽은 뒤에 7일 동안 소찬素饌을 들고, 중관中官을 보내 조문했으며, 예관을 보내 치제致祭했다. 그리고 장례에 드는 모든 비용을 국비로 지원했다. 1630년(인조 8) 2월 갑인에 풍덕豊德의 기촌岐村에 간좌곤향艮坐坤向으로 장사 지냈다(아버지 산소에서 동쪽으로 100보). 부인 임씨는 장만과 함께 묻혔다. 장만은 여러 군현을 다스리되 풍속에 따라 다스렸고, 한쪽 구석만 보지 않고, 물정을 통견洞見했다. 대중을 거느리되 관평寬平으로써 했으며, 평생에 한 사람도 무고하게 죽이지 않았다. 일을 처리하되 백성들이 수고로운 것을 모르게 하고, 사람들이 모두 잘한다고 칭찬했다. 함경·평안·경상·충청·봉산·송도 등 4도와 대읍을 다스렸는데, 모두 비를 세워 칭송했다.

783)《인조실록》 권 20, 인조 6년 윤 4월 기묘
784)《인조실록》 권 20, 인조 7년 5월 을유

장만은 마음이 통활洞豁하고 인재를 잘 골라 썼으며, 오랫동안 병권을 장악하고 있어서 일국의 무부武夫들이 다 그 문하에서 나왔다. 그 가운데는 잘난 사람도 있고, 못난 사람도 있었으나 장만은 한 가지로 대우했다. 혹 잘못하는 경우에도 용서하지 않을 것 같이 꾸짖었으나 일이 지나고 나면 잊어 먹었다. 사람들의 기한飢寒을 불쌍히 여기고, 곤란에 처한 사람을 구원하기를 친척과 같이 했다. 다른 사람과 일을 함께해 일이 이루어진 뒤에는 그 공을 다른 사람에게 미루고, 일이 실패하면 그 허물을 자기가 감당했다. 그러므로 사람들이 쓰이기를 좋아하고, 장만이 장수가 되었다는 말을 들으면 부르기를 기다리지 않았다.

이괄의 난 때 막속幕屬들이 줄줄이 잡혀가고 시기하는 말이 분분해도 평소와 같이 담담해 중심衆心이 안정되었다. 적의 간첩이 잡히자 거처로 불러들여 가슴을 열고 찌르라 하고, 찌르지 못하겠거든 나를 위해 일해 달라고 했다. 그랬더니 그 사람이 감읍感泣하고 적진에 다시 들어가 적병을 설득했다. 그리고 그날 밤 이윤서李胤緖 등 네 장수가 군사를 거느리고 귀의해 적세가 비로소 고단해지게 되었다. 정충신과 남이흥이 처음에는 사이가 나빴는데 장만의 말을 듣고 결의형제를 맺어 안현에서 이괄군을 무찌를 수 있었다. 적을 만나 용병用兵할 때 모든 것을 두 장수에게 일임하고, 김기종·이민구 등 종사관들이 헌의하는 군략도 허심탄회하게 받아들이니 도와주는 사람들이 그 지략을 다할 수 있었다. 말년에 병으로 집에 있을 때 인심이 장만에게 기울어 다시 쓰이기를 바랐고, 장만이 죽자 공경대부부터 여항閭巷, 천예賤隷에 이르기까지 "장성長城이 무너졌다"고 하면서 조상하지 않는 사람이 없었다.

장만은 계려計慮가 심원하고, 보통 사람들보다 뛰어나서 사람들이 미칠 수 없었다. 명나라에 사신으로 갔을 때 길에서 명나라에 입공入貢하는 건주위建州衛 여진족을 보고 다른 사람에게 말하기를 "이 자의 기색을 보니,

나중에 천하의 근심거리가 되겠다"고 했다. 과연 10년 후에 심하전쟁이 일어났다. 또 1625년(인조 3) 여름에 변신邊臣이 모문룡이 명나라 사신을 죽이고 후금에 항복해 조선을 침입할 것이라고 떠들어댔으나, 장만이 그럴 리가 없다고 했는데 그 말이 맞았다.

집에 있을 때는 희첩姬妾을 거느리고 풍악을 즐겼으나, 관청 일을 볼 때는 처사가 조밀해 조그마한 것도 소홀히 하지 않았다. 또 다른 사람을 제제할 때는 사사로움을 개재하지 않았고, 그의 형제 다섯 사람이 다 자기보다 일찍 죽어 그 조카들을 보살펴 주었다. 어머니 조씨부인은 80세가 넘어 좌우에서 수발하지 않으면 안 되었는데 효도를 다해, 이웃에 살던 이항복이 늘 칭탄했다.

벼슬살이 40여 년에 항상 분수를 지켜 자족自足하고 진취進取할 생각이 없었다. 최명길이 그 집의 사위가 되었을 때 장만은 이미 아경亞卿이 되어 있었는데, 사위에게 말하기를 "관질官秩이 이미 족하나, 내가 어찌 이것으로서 그치겠는가?"고 했다. 그렇게 1·2품이 되고 훈명勳名이 날로 성해지자, 두려워서 "내가 어떻게 여기까지 왔나? 일찍이 물러났어야 했는데"라고 했다. 중년에 조강祖江 상류에 집을 짓고 스스로 이호주인(장만의 호號)이라 하고, 매양 관직에서 물러나면 이곳에 머물렀다. 비록 임금의 은혜에 감격해 냉정하게 돌아올 수는 없었으나, 매년 봄가을로 여가를 얻어 쉬면서 뱃놀이도 하고 했다.

장만은 두 번 장가를 갔는데, 초취 부인은 자산군수 임정로任廷老의 딸 풍천임씨요, 후취는 이조판서를 지낸 이문형李文馨의 증손녀인 전의이씨이다. 초취에서는 1녀를 두었는데, 최명길에게 시집가 아버지보다 2년 전에 죽었고, 후취에서는 소생이 없었다. 측실에서 5남을 두었는데, 그 이름들은 귀한歸漢·사한師漢(무과)·명한鳴漢·성한成漢·창한昌漢이다. 그리고 세 딸을 두었다. 장만이 죽은 지 7년 만인 1634년(인조 12) 2월에 영의정을 증직했다.[785] 시호는 충정忠定이다.

실록의 졸기卒記는 다음과 같다.

> "옥성부원군 장만이 졸했다. 장만의 자는 호고好古인데, 의표儀表가 훤칠하고, 재예가 통민通敏했으며, 관직에서 일을 처리함이 물 흐르듯 했다. 특히 군무에 밝아 여러 번 병권을 쥐었고, 원수元帥에 제수되기에 이르렀는데, 깊이 군사들의 심복을 받았다. 역적 이괄의 변란에는 원수로서 적병을 뒤쫓아 안현에서 적을 섬멸한 뒤에 원훈에 책록되었는데, 졸함에 미쳐 장수와 사졸들이 생각하지 않는 자가 없었다. 그러나 안으로는 성색聲色에 음탕하고, 밖으로는 재물을 끌어모았으며, 폐조 때에는 아부했다는 비웃음을 면치 못했고, 폐모론을 주장한 정청에도 참석했으므로 사론士論이 비루하게 여겼다.[786]

행장은 사위인 최명길이, 신도비명은 신풍군新豊君 장유張維가, 묘지명은 택당澤堂 이식李植이, 묘표음기는 우암尤庵 송시열宋時烈이 썼다.[787]

1636년(인조 14) 5월 4일에 금남군錦南君 정충신이 죽었다. 그의 졸기는 다음과 같다.

> 충신은 광주光州의 아전이었다. 젊어서부터 민첩하고 총기가 있었다. 임진왜란으로 선조가 용만龍灣으로 피란했을 적에 본도 병사權慄가 사람을 뽑아 행재소에 일을 아뢰고자 했으나 응모하는 사람이 없었는데, 충신이 솔선해 용만으로 달려가자 선조께서 불러 보았다. 고상故相 이

785) 崔鳴吉, 忠定公張晩 行狀, 《洛西集》 卷 5, 附錄(김포문화원, 1997), 7~9쪽.
786) 《인조실록》 권 21, 인조 7년 11월 병신.
787) 張晩, 《洛西集》 卷 5, 附錄(김포문화원, 1997), 1~23쪽.

> 항복이 이끌어 휘하에 두었는데, 매우 친애를 받았다. 갑자년에 별장으로 원수 장만을 따라 남이흥과 더불어 역적 이괄을 토벌해 죽임으로 해서 1등공신에 책훈되었다. 여러 번 곤직閫職을 역임했으며, 부원수가 되었는데, 이때에 이르러 병으로 졸했다.[788]

그 뒤 1738년(영조 14) 4월 5일에는 장만과 정충신의 후손을 녹용했으며,[789] 1747년(영조 23) 6월 12일에도 장만과 정충신의 종손이나 지손을 조용調用하고 치제致祭하게 했다.[790] 또한 1797년(정조 21) 12월 26일에도 장만의 후손 장상원張象元을 찾아내어 첨지중추부사를 제수하고, 불러서 접견하고 이르기를

> 옥성부원군이 병든 몸으로 수레를 타고서 적을 토벌하고, 충의를 분발해 공훈을 세웠으므로 부녀자나 어린아이들도 오늘날까지 그 이름을 외우고 있다. 적의 군사가 수안遂安의 길로 온 것은 아마 옥성부원군을 두려워해서였을 것이다. 나는 당일의 제신 가운데 옥성부원군을 원공으로 삼아야 할 것으로 여기는데, 조정에서 수록收錄하는 일이 후손에게 미치지 않았으니, 어찌 결여된 것이 아니겠는가? 이것이 내가 특명으로 찾아내게 한 까닭이다.[791]

고 하고 장상원의 나이가 72세가 된 것을 알고는 그 두 아들을 충의위忠義衛에 소속시켰다.

---

788) 《인조실록》 권 32, 인조 14년 5월 정미
789) 《영조실록》 권 47, 영조 14년 4월 정해
790) 《영조실록》 권 65, 영조 23년 6월 신미
791) 《정조실록》 권 47, 정조 21년 12월 신유

11. 장만 장군에 대한 평가

장만 장군은 문관인가, 무관인가? 장만은 본래 문관이었다. 그의 집안은 고려 말부터 현관을 배출한 명문이었다. 특히 16~17세기에 이르러 장만 집안은 병권을 가진 권율·이항복 사단에 속해 있었고, 장만 휘하에서 정충신·남이흥 등 많은 명장들이 배출되었기 때문에, 문신이지만 무장으로서 더 알려지게 되었다. 그는 어릴 때부터 무장이 될 기질을 가지고 있었기에 뒷날 그가 국가를 대표하는 무장이 된 것은 전혀 이상하지 않다.

조선시대에는 중앙집권적 문치주의가 실시되었기 때문에 전쟁이 일어났을 때 총사령관은 문관이 차지했다. 전술보다는 전략이 더 중요하다는 생각에서였다. 그뿐만 아니라 무신에게 국방의 총책을 맡겼다가 잘못하면 쿠데타가 일어나, 문치주의 국가를 유지하기 어려운 점이 있어서이기도 했다. 문치주의 국가에서는 국가 안보를 무력보다는 외교에 두고 있었다. 가장 좋은 방법은 문·무가 균형 있게 발전하는 것이지만, 이것은 동아시아 책봉체제에서 반드시 유익한 것이 아니라고 여겼기 때문에 문치주의를 선택한 것이다. 대결보다는 협력을, 전쟁보다는 평화를 지향하고자 한 것이 책봉체제의 특징이다. 평화공존, 이것이 사대정책의 핵심이었다.

그러나 몽고·거란·여진·왜와의 교린관계는 순탄하지 않았다. 조선이 지향한 사대교린事大交隣이 문화사대文化事大에 치중되어 있었기 때문이다. 그리하여 이들 주변 민족들은 힘만 있으면 조선에 쳐들어왔다. 문화가 낮다고 푸대접하고 교역조차 달가워하지 않았기 때문이다. 그래서 조선은 늘 북로남왜에 시달리게 되어 있었다.

더욱이 16~17세기는 북로남왜가 준동하는 시기였다. 남으로 일본의 도요토미 히데요시가 전국시대를 끝내고 통일국가를 세워 대륙으로 진출하려는 임진왜란을 일으켰고, 이어서 여진족의 청이 명을 멸망시키는 과정에서 정묘·병조호란을 일으켰기 때문이다. 동아시아의 격동기였다. 장만은 이러한 시기에 문관으로서 장재將才를 보여 장군에 발탁되고 국방을 책임지게 된 것이다.

본래 문관이 임명되는 체찰사·도원수는 전군을 통제할 뿐이지 직접 전투를 하는 역할은 없었다. 더구나 난만한 문치주의 때문에 군비를 제대로 갖추어 놓은 것도 아니요, 직업군인도 없으며, 장병의 훈련이 제대로 되어 있는 것도 아니었다. 그러니 사신을 보내거나 외교문서를 주고받아 전쟁을 미연에 방지하려 한 것이 고작이었다. 그러나 주변국이 강성해지면 그러한 외교정책이 먹혀들지 않는다. 피할 수 없이 전쟁이 벌어질 수 있다. 그런데도 국가의 대의명분인 존명사대를 고집하다가 변란을 당하고 만 것이다.

장만도 서인에 속한 문관이었다. 따라서 서인의 주장인 존명사대 정책을 벗어나지 못했다. 장만뿐만 아니라 당시의 관료들은 다 그랬다. 임진왜란 때 도와준 명나라를 배반하고 오랑캐인 청나라와 타협할 수 없다는 것이었다. 서인의 복수설치復讎雪恥가 그것이다. 명나라의 원수인 청나라는 곧 우리의 원수이니 청나라를 쳐서 그 원수를 갚고, 남한산성에서 피를 마시며 항복한 부끄러움을 씻어야 한다는 것이다. 송시열의 '춘추대의春秋大義'와 '북벌론北伐論'도 마찬가지였다.

그러나 그러한 주장을 하는 것은 좋으나 실제적으로 힘이 뒷받침되지 못하니 헛소리가 될 수밖에 없다. 공염불이다. 실상 광해군은 명나라와 후금과의 사이에서 줄타기외교를 함으로써 국가의 명맥을 유지할 수 있었다. 이것이 서인이 인조반정을 일으킨 빌미이다. 인조반정의 명분은 명나라를 배반한 것과 폐모살제廢母殺弟였다. 그러나 명나라와의 의리를 지킨다고 새로 일어나는 후금에게 대들다가 정묘·병자호란을 당한 것은 잘한 일인가? 최명길의 논리처럼 쳐들어온 청나라와 우선 타협하고 힘을 길러 청을 응징하면 안 되는 것인가? 또 폐모살제를 말하지만, 56세나 된 선조가 19세의 처녀와 새장가를 들어 적자 영창대군永昌大君을 낳아, 호시탐탐 세자를 광해군에서 영창대군으로 바꾸려다 운수가 안 돼 죽었기 때문에, 적자도 장자도 아닌 광해군이 즉위할 수 있었다. 그런데도 서인들은 계속 적자인 영창대군을 앞세워 정권을 뒤집어엎으려 하니 그들을 제거할 수밖에 없었지 않는가? 태종의 형제·외척 제거나 세조의 단종 제거는 어떤가? 태종이나 세조는 성공했으니 그런 일을 해도 되고, 광해군은 실패했으니 그런 일을 하면 안 된다는 것인가?

서인들의 주장은 왕조례王朝禮의 특수성은 소용이 없고 사대부례士大夫禮에 준하면 된다고 했다. 군약신강君弱臣强의 결과이다. 그러니 주자의 《가례》를 내세워 어머니에게 효도하고 형제들과 잘 지내야 한다고 계속 강조한 것이다. 과연 국가가 우선인가? 가족이 우선인가? 물론 이 두 가지를 동시에 할 수 있으면 문제가 없지만 이 두 가지가 상충되는 경우에는 어떻게 할 것인가? 서인은 가족을 우선 택해야 한다는 것과 달리, 남인은 국가를 먼저 택해야 한다는 입장이다. 결국 인조반정으로 서인이 승리해 그 이후는 서인, 또는 그 분파인 노론과 소론이 집권했기 때문에 도덕 국가를 이룩하는 데는 도움이 되었을지 모르지만, 국가는 매몰되어 나라가 망하는 지경에 이른 것이 아닌가 한다.

장만은 조선사에서 이러한 전환기에 태어나 온몸으로 외적과 싸워 영욕을 함께했다. 그것도 그가 서인이고 군권을 가진 이항복 사단이기 때문에 가능했다. 더구나 인조반정 1등공신인 최명길은 그의 사위가 아니었나?

그에 대한 평가도 엇갈린다. 인조는 장만이 초전에는 비록 실패했지만, 결과적으로는 이괄 일당을 처단함으로써 자기의 왕위를 지켜주었기 때문에, 그를 진무 1등공신에 올리고 몸이 아픈데도 불구하고 체찰사와 병조판서를 계속 맡겼다. 그와 달리 문신 관료들은 그에 대한 시기심이 발동해, 이괄의 난 초전에 한 번도 반군을 막지 못해 서울을 점령당하고 왕이 공주로 피란가게 한 죄를 씻을 수 없다는 것이다. 안령 전투의 승리도 하늘이 도운 것이지 만약 서울에서 파견한 장수가 먼저 성공했거나, 이괄군이 장만군을 상대하지 않고 공주로 내달려 인조를 잡았으면 어떻게 할 뻔 했느냐는 것이다. 그러니 안령의 승리로 겨우 그의 머뭇머뭇한 죄를 탕감해주는 것으로 충분하지, 굳이 우대할 필요는 없다는 것이다.

더구나 이귀와 같은 인조반정 공신들은 비변사를 통해 장만이나 남이흥 등이 짠 작전을 흔들어 놓아 정묘호란 때 남이흥을 죽게 했다. 장만은 후금군이 들이닥칠 안주성을 지켜야 한다고 주장한 것과 달리 현지 사정도 모르는 이귀 등은 군사시설도 없는 구성龜城을 지켜야 한다고 우겼다. 과연 정묘호란 때 후금군이 안주로 직행하니 남이흥은 부랴부랴 3천여 명의 오합지졸을 거느리고 3만의 후금군과 싸우다가 장렬하게 전사하고 말았다. 이때 평안감사 윤훤尹暄은 구조 요청에도 전혀 응하지 않았다. 그리고 얼마 있지 않아 후금과 화의를 맺었으니, 남이흥은 개죽음을 당한 것이라 할 수 있다. 필자는 이 글에서 그들을 고발한다.

문치주의 국가에서 성공한 무인은 불행해진다. 죽거나 귀양 가거나, 아니면 권력자의 개가 되게 마련이다. 이순신도 죽지 않았으면 반역자로 몰려 자자손손 역적의 누명을 벗지 못했을 것이다. 정기룡鄭起龍은 육전陸戰에서 60전 60승하고도 부상만 당한 채 살아남았기 때문에 처음에는 전혀 공신에 끼워 주지 않다가 5년 뒤에 겨우 끼워 주지 않았는가? 인기 있고 성공한 무장은 마음만 잘못 먹으면 국왕을 내쫓고 나라를 전복할 가능성이 있다고 보기 때문이었다. 그나마 장만은 서인이었고 인맥도 넓었으며, 인조가 보호했으므로 끝까지 영화를 누릴 수 있었다.

제7장 근곡芹谷 이관징李觀徵의 가계와 행적行績

1. 머리말

이관징李觀徵은 연안이씨延安李氏 삼척공파三陟公派에 속한다. 삼척공파의 파조는 문과를 거쳐 삼척도호부사를 지낸 이말李妺(1466~1526)이다. 이말의 아들은 여산礪山군수를 지낸 이경종李慶宗이요, 손자는 문과를 거쳐 사간원 정언正言을 지냈고 영의정을 증직받은 이주李澍(1534~1584)다. 이주는 48조에 달하는 분봉가훈盆峯家訓을 남겼다.

이주는 이광정李光庭(1552~1629)과 이창정李昌庭(1573~1625), 두 아들을 두었다. 이광정은 문과에 급제해 이조판서를 지냈고, 선조 때 호종공신이 된 고관으로 두 번이나 복상卜相에 포함되기도 했고, 이창정은 문과에 급제해 함경도관찰사를 지냈다. 이광정의 세 아들(袨·袎·裯)과 손자 3인(星徵·翼徵·壽徵), 증손자 2인(泂·渙), 현손 3인(萬元·萬恢·萬育), 고손 3인(之億·祉永·祉承) 등 14인이, 이창정의 아들 3인(袗·梡·檜), 손자 4인(觀徵·鳳徵·麟徵·周徵), 증손자 2인(沃·湜), 현손 6인(萬維·萬東·萬膽·萬軾·萬榮·萬應), 고손 3인(之珩·之英·之聃) 등 45인의 문과급제자를 냈다.[1] 분봉가훈盆峯家訓의 영향이 아닌가 한다.

개인적으로는 이광정의 현달로 연안이씨 삼척공파가 명문으로 발돋움했다. 그의 사위 민광훈閔光勳이 인현왕후仁顯王后의 할아버지이기 때문에 서인 핵심 세력과 혼인을 맺고 있어서 서인정권에서도 보호를 받을 수 있었다. 뒤에 이관징이 인현왕후의 폐비를 반대했고, 이를 저지하다가 장살된 박태보朴泰輔와 오두인吳斗寅을 구원하려고 했던 것도 그 때문이었다.

---

1) 《延安李氏三陟公派譜》 권 1~2, 和信文庫, 1997.

그뿐만 아니라 광해군조에는 유영경柳永慶과 사돈을 맺어 이이첨李爾瞻을 비롯한 북인들의 비호를 받기도 했다. 이창정이 이이첨의 세력을 등에 업고 평양감사 박엽朴燁의 비리를 탄핵할 수 있었던 것도 그 때문이다.

〈표 1〉 연안이씨延安李氏 삼척공파三陟公派 문과급제 명단(45인)

11世	株	
12世	慶宗	
13世	澍	
14世	光庭	昌庭
15世	祾·衯·裯	袗·裗·襘
16世	星徵·翼徵·壽徵	觀徵·鳳徵·麟徵·周徵
17世	泂·渙	沃·湜
18世	萬元·萬恢·萬育	萬維·萬東·萬瞻·萬軾·萬榮·萬應
19世	之億·祉永·祉承	之珩·之英·之聃
20世	宗延·禮延	柱延
21世	鍾德	
23世	容九	
24世	炳鎏·炳觀	
25世	義國	

그러나 숙종조에 남인이 모처럼 정권을 잡게 되자 이창정계인 이관징-이옥李沃 부자는 과감하게 남인정권에 가담해 서인과 권력투쟁을 했다. 그에 따라 이들의 영욕榮辱도 당쟁의 추이에 따라 부침浮沈하게 되었다. 이관징은 인품이 원만해 국왕의 지우를 받았을 뿐만 아니라 인사를 공평히 하고 물러나기를 좋아해 비교적 크게 박해를 받지 않았다. 그러나 이옥은 서인정권에 의해 12년 동안이나 귀양살이를 했으므로 강경론을 견지했다. 이

들 부자는 글을 잘할 뿐 아니라 글씨도 잘 써, 서책을 지어 왕에게 바치거나 글씨를 많이 남겼다. 또한 이옥의 아들 이만부李萬敷(1664~1732)는 영남 실학을 대표할 만한 대학자로서 당색을 뛰어넘어 퇴계와 율곡의 이기론을 비판적으로 검토하고 남명의 서원인 덕산서원의 원장을 5년이나 역임했다. 그는 자신의 학문을 성호星湖 이익李瀷에게 전하고자 했다.

그러므로 이러한 연안이씨 삼척공파의 가계와 인물을 연구하는 것은 숙종조 서남당쟁을 이해하는 데 도움을 줄 것이다. 이에 이글에서는 이관징을 중심으로 한 연안이씨 삼척공파의 전후 인물의 행적을 두루 살펴 숙종조 남인의 실상을 살펴보고자 한다.

2. 가 계

(1) 선계先系

연안이씨의 시조는 당唐나라 중랑장中郎將 이무李茂이다.[2] 이씨는 당唐·우虞·하夏·은殷시대에 세세로 이관理官을 지내 성姓을 이理라 했고, 이징理徵이라는 사람이 직도直道로 임금을 섬기다가 난리를 만나 이후伊侯의 터에서 피란해 목자木子(나무 열매)를 먹고, 성을 이理에서 이李로 바꾸었다 한다. 한편 고요皐陶를 추존해 이씨의 선대로 삼고, 당나라 때에는 농서후隴西后에 봉해 덕명황德明皇과 현원황玄元皇의 2황으로 하여금 본本을 따라 숭봉崇奉하게 했다.[3] 그러다가 당나라의 황족皇族 중랑장 이무李茂가 660

2) 앞의 책, 61쪽.
3) 李容九, 庚申重刊譜序(앞의 책, 19~20쪽).

년(태종무열왕 7) 3월에 신라의 원병 요청에 응해 도총관都摠管 소정방蘇定方을 따라 와서 백제를 평정하는 데 공을 세웠다. 소정방이 여세를 몰아 신라까지 평정하려 하자, 이무는 그 부당함(원병목적이 백제를 정벌하는 데 있음)을 지적하고, 먼저 신라와 당나라 군사 사이에 무술 실력을 겨루어 신라군의 용맹성과 충성심을 시험해 보는 것이 어떠냐고 제안했다 한다. 무열왕이 베푸는 승전 축하연에서 무술 시합을 시켜보니, 과연 신라군의 실력이 일당백一當百이었다 한다. 이를 지켜본 소정방이 이무의 손을 잡고 "공이 아니었으면 내가 큰 실수를 할 뻔 했다"고 탄식했다고 한다. 그 뒤 이무는 당나라로 돌아가지 않고 신라에 머무르니 태종무열왕이 연안백延安伯에 봉했다. 이로 말미암아 연안이 본관이 되었다고 한다. 668년(신라 문무왕 8)에 김유신金庾信의 주청으로 연안후延安侯에 추봉되고 식읍 1천 호를 내려 신하가 아닌 손님으로 예우했다고 한다.[4]

이무의 묘는 어디 있는지 모른다. 그리하여 1981년 4월에 유성에 있는 계관산 중턱(현 대전 국립묘지 상단)에 설단設壇하고, 연원사를 세워 매년 10월 3일 개천절에 묘사를 행하고 있다.[5]

이무의 후손은 기록이 없어 밝힐 수 없다. 단 14세손 이성李晟의 사보私譜나, 16세손 이영李泳 집의 《존경록尊敬錄》과 19세손 이조연李祖延 집의 《존경록》에 따르면 중시조는 고려 고종조(1214~1259)에 검교태자첨사檢校太子詹事 행상약국봉어行尙藥局奉御를 지낸 이습홍李襲洪이요, 그의 호는 학옹學翁이었다 한다. 이습홍 이후 5세까지는 克榮-景茂-承顔-靖恭-元發이다. 6세 이원발의 처음 이름은 이총李寵이라 했고, 호는 은봉隱峰이라 했다. 봉익대부奉翊大夫 전공판서典工判書 상호군上護軍을 지냈다. 조선이

4) 앞의 책, 61쪽. 이는 정사의 기록이 아니고 시조 묘비문에 기록된 것이기 때문에 근거가 불확실한 편이다.

5) 앞과 같음.

개국하면서 여러 번 불렀으나 나아가지 않았다. 아들 때문에 대광보국숭록대부의정부좌의정 겸 영경연홍문관춘추관서운관사에 증직되었다. 묘소는 용인시 이동면二東面 서리西里 구수동九水洞 불당곡佛堂谷 해좌亥坐에 있다. 부인은 송양군부인松壤郡夫人 성천成川김씨이다. 성천김씨의 아버지는 좌우위左右衛 보승保勝 중랑장 김남보金南寶이다.6)

이원발은 2남 2녀를 두었다. 첫째 아들은 이귀령李貴齡이요, 둘째 아들은 이귀산李貴山이며, 두 딸은 군부총랑軍簿摠郎 최지崔智와 좌의정 유량柳亮에게 시집갔다.7)

이귀령의 자는 수지脩之요(또는 여만汝萬), 호는 계은桂隱, 1346년(충목 2)에 태어나서 고려 말에 승추부사 좌군총제 겸 판전의감사를 지냈고, 1415년(태종 15)에는 원종공신(좌명공신)에 녹공되었으며, 판선공시사, 청주만호, 길주도吉州道안무찰리사, 동북면도순문병마절도사, 형조판서, 병조판서, 판한성부사, 참찬의정부사를 거쳐 세종조에는 대광보국숭록대부 의정부검교좌의정 겸 영경연홍문관예문관춘추관서운관사 치사봉조하致仕奉朝賀가 되었다. 1439년(세종 21) 6월 6일에 죽었는데, 향년 94세였다. 시호는 강호공康胡公(溫柔好文曰康 彌年壽考曰胡)이다. 부인은 판중추부사 홍언수洪彦修의 딸 증정경부인 남양홍씨이다. 두 번째 부인은 총부상서摠部尙書 예문관학사 성준득成準得의 딸인 정경부인 창령성씨이다. 1351년(충정왕 3)에 태어났다. 야사에 이귀령은 용인 하동촌下東村 내곡內谷에 은거하고 있었는데 사관史官이 마침 와서 이상국李相國의 집이 어디 있느냐고 물었다. 그는

6) 앞의 책, 62쪽. 世牒補遺에 한 선비가 베옷에 짚신을 신고 새벽에 공의 집에 당도하니 공께서 버선발로 나가 반가이 맞아들여 그와 5~6일을 지내고 돌아갔으나 아무도 아는 이가 없었다 한다. 며칠 뒤 하인을 시켜 布帛과 돈을 말에 잔뜩 실어 청석동으로 보내면서 "그곳에 가면 내 징표를 지닌 사람이 반드시 찾아올 것이다. 그 사람에게 이 물건을 말과 함께 모두 주고 돌아와서 그가 한 말을 아뢰어라!"고 했다고 한다. 세상 사람이 말하기를 그가 바로 耘谷 元天錫이었다고 한다(《元天錫日記》).

7) 앞과 같음.

촌의 앞길을 거쳐 오른쪽으로 돌아가면 된다고 했다. 그리고 그는 지름길로 질러와 조복을 입고 사관을 맞이했다고 한다. 일찍이 마을 앞에 괴수나무 두 그루를 심어 마을 이름을 괴촌槐村이라 했다. 지금도 괴수나무 잎사귀가 울창하고 돌로 작은 개천에 다리를 놓아 이름을 '상국교相國橋'라 한다고 한다.[8)]

이귀산은 영해·부평부사를 거쳐 1411년(태종 11)에 전라도도관찰사, 1413년(태종 13)에 경성수보도감京城修補都監 제조, 1414년(태종 14)에 경상도도관찰사, 개성부 유후留侯, 판형조사, 판호조사를 거쳐 1415년(태종 15)에 자헌대부 강원도도관찰출척감창안집전수권농관학제조형옥병마공사江原道都觀察黜陟監倉安集轉輸勸農管學提調刑獄兵馬公事가 되었다. 그리고 1424년(세종 6) 7월 19일에 죽었다. 부인은 익대공신 판개성부사고양부원군 김남득金南得의 딸인 고령군부인 고령김씨이다. 1438년(세종 20) 2월에 죽었다. 묘는 용인의 시아버지의 묘 아래에 해좌로 있다.[9)]

이귀산은 1남 1녀를 두었다. 외아들은 이속李續이요, 딸은 청주목사 하자종河自宗(문효공文孝公 하연河演의 형)의 아들 하형河洞에게 시집갔다. 속은 종3품 중훈대부 춘천도호부사를 지냈으며, 뒤에 정3품 통훈대부 사복시 정 겸 내승을 증직했다. 부인은 사농경司農卿 김노金潞의 딸 숙인淑人 의성義城김씨이다. 1981년 5월에 성남시 판교동板橋洞에 있는 둘째 아들 이군건李根健의 무덤 오른쪽에 설단設壇했다.[10)]

그런데 태종이 넷째 아들 이근수李根粹를 부마駙馬로 삼고자 해 맹인 지화池和를 중매쟁이로 내세웠다. 지화가 이속의 집을 방문했을 때 속은 손님과 바둑을 두고 있었다. 이속은 지화와 평소에 교분이 두터운 터이라 농

8) 앞의 책, 65~72쪽.
9) 앞의 책, 73~78쪽.
10) 앞의 책, 73쪽.

담으로 "짚신은 짚날이 좋지(藁鞋藁經好)"라고 하며 아들을 부마로 주지 않겠다고 했다. 평소에 이속이 맹인의 궁중 출입을 못마땅하게 여긴다는 것을 알고 있는 점쟁이 지화가 그를 무고하기를 "공주가 이미 다 시집가고 없는데 옹주와 혼인하란 말이냐? 그렇다면 내 아들은 이미 죽었다. 그러니 누구와 혼인할 수 있겠는가?"고 말했다고 모함했다. 이에 양사兩司와 조정 중신들이 여러 차례에 걸쳐 상소해 "국혼을 거절한 것은 왕실을 업신여긴 불측지죄(반역)이니 뒷날의 본보기가 되도록 극형에 처해야 한다"고 주장했다. 태종이 "경들의 말이 그러하나 아이들의 일을 가지고 사람을 베는 것이 어찌 내가 하고자 하는 일이겠는가? 경들은 다시 사리에 합당하게 의논해 아뢰시오"라고 했다. 사헌부에서 다시 "불경한 죄는 전하께서 사사로이 할 수 있는 일이 아닙니다. 그 불경한 마음에 마땅히 형을 가해 국문해야 합니다"고 했다. 태종이 여러 신하에게 말하기를 "이속에게 아들이 있으므로 내가 궁인의 소생을 출가시키고자 해 사람을 시켜 그 생갑生甲을 물으니, 이속이 말하기를 '국혼은 하지 않겠다' 하고 생갑을 써서 바치지 않았으니 이것이 무슨 마음인가? 한쪽은 임금인데 이속이 왕실과 혼인치 않으려는 마음은 무엇인가? 경들이 주청하기를 '크게 불충하다' 하니, 남의 신하가 되어 이러한 자가 있으리라고는 생각지 못했다" 하고, 다만 장 1백 대로 다스리고 사대부를 폐해 평민으로 만들게 했다. 사헌부와 여러 신료들이 다시 대역의 율로 다스리기를 아뢰니 "차마 베지는 못 하겠다"고 했다. 의정부에서 다시 "이속의 죄는 용서할 수 없으니 유사로 하여금 그 몸을 베고 그 집을 적몰籍沒해 신민의 분을 쾌하게 하소서"라고 상소했다. 6조에서도 "이속이 신하로서 임금의 명령을 거역했으니 그 죄가 한 가지요, 아들이 죽었다느니 하는 말로 하늘을 속이고 임금을 속였으니 그 죄가 두 가지요, 예로부터 제왕의 자녀는 모가母家의 존비尊卑함을 따지지 않는데 이속이 망령되게 공주와 옹주를 논했으니 그 죄가 세 가지입니다. 옛사람이 말하기를 '임금에게 무례하게 하는 자를 보면 새매가 참새를 쫓는 것과 같이 하라!' 했으니 이속이 무례하게 말을 한 것은 실로 그 마음이 불충함으로 말미암은 것이니 죄가 막대해 용서할 수 없는 것이 분명합니다. 원컨대 전하께서는 대간의 청을 굽어 살피시어 법대로 처치해 왕명을 거역한 죄를 징치하고 제왕만세帝王萬世의 법전을 바르게 하고 대소 신료의 바라는 것에 맞게 하소서"라고 했다. 이에 태종은 이속과 노관지구盧綰之舊(노관은 풍이라는 땅에 살던 사람으로 그 아비가 한 고조[劉邦]의 아버지와 아주 가깝게 지냈으며 노관이 한 고조와 같은 날 태어나 한 동네에 살면서 혹 고기나 술이 생기면 두 집이 서로 축하하며 나눠 먹었다고 해 생긴 말)로서 관대하게 처분해 이속의 재산을 몰수하고 집안을 금고禁錮한 뒤에 창원부昌原府의 관노로 삼았다. 1417년에 있었던 일이다.[11]

그런데 1451년(문종 1) 8월 병자일에 손자 참의공 이인문李仁文이 억울함을 상소하자 의정부가 예조와 상의해 이속의 죄를 용서하고 자손의 금고禁錮를 풀어 주었다.[12]

이속은 이근강李根剛·이근건李根健·이근정李根精·이근수 등 4남과 유방효柳方孝에게 시집간 1녀를 두었다. 이근강은 장사랑將仕郎을 지냈으며, 묘는 용인 구수동九水洞 선영先塋에 있다. 부인은 판서 권집지權執智의 딸 안동권씨이다. 이근건은 자가 야수野叟로 1415년(태종 15)에 생원이 되어 성균관에서 공부하고 있었는데 집안이 금고 되어 과거도 보지 못하고 벼슬도 할 수 없었다. 금고가 풀린 뒤에 통정대부通政大夫 이조참의를 증직 받았다. 1456년(세조 1) 2월 1일에 죽었다. 묘를 실전失傳해 성남시 판교동에 단壇을 모셨다. 부인은 집의 이유李柔의 딸 증숙부인 단양丹陽이씨이다. 묘는 남편의 단에 함께 모셨다. 근수는 태종의 옹주 부마를 거절했다고 창

11) 앞의 책, 78~81쪽.
12) 앞의 책, 74~75쪽.

원으로 귀양 갔으며, 묘는 강원도 이천伊川에 있다. 부인은 강릉김씨로 창원에 귀양 갔다가 이천으로 이배移配되어 자손들이 그곳에 살게 되었다고 한다.[13)]

이근건李根健은 이인문李仁文·이인행李仁行·이인충李仁忠 등 세 아들과 상의원정尙衣院正 김사원金嗣源에게 시집간 딸 하나를 두었다. 그 가운데 이인문은 1425년(세종 7)에 태어나 1453년(단종 1)에 사마시에 합격하고, 1465년(세조 10)에 문과에 급제해 사헌부 감찰, 군기시 첨정, 평안도사, 형조좌랑, 성공감정, 양주楊州목사, 철원목사, 대호군, 병조참지, 첨지중추부사 등 내·외직을 역임한 뒤 1503년(연산군 9) 2월 14일에 79세를 일기로 죽었다. 죽은 뒤에 순충보조공신純忠補祚功臣 가선대부 예조참판 겸 동지경연춘추관의금부사를 증직하고, 연안군延安君에 봉했다. 묘는 광주廣州 판교원板橋院 서쪽 술좌戌坐에 있다. 1451년(문종 1) 숙부 이근수의 일로 양세兩世가 금고되었는데 이인문이 상소해 금고가 풀려서 1464년(세조 10)에 아우 승지承旨 이인충仁忠이, 다음 해 1465년(세조 11)에 이인문이 연속 문과에 급제했다. 부인은 좌부솔左副率 이장효李長孝의 딸인 증정부인 전의全義이씨로 1477년(성종 9) 4월 4일에 죽었다. 남편의 묘에 합폄合窆되었다.[14)] 이인행은 현감을 지냈고, 이인충(자는 회지誨之)은 1464년(세조 10)에 온행친시溫行親試 문과에 급제해 1467년(세조 13)에 저작 겸 선전관, 제주판관, 1479년(성종 10)에 이조정랑에 올랐는데, 권귀權貴에게 미움을 받아 평양소윤으로 쫓겨났다. 그 뒤 윤필상尹弼商이 건주위建州衛를 칠 때 따라가 군공을 세워 적개원종공신敵愾原從功臣에 녹훈되었으며, 1483년(성종 14)에 경상도 수사水使, 강릉부사를 거쳐, 채방사採訪使로서 상소를 올려 표리表裡를 하사 받았다. 벼슬은 통정대부 승정원좌부승지 지제교知製敎 겸

---

13) 앞의 책, 91~92쪽.
14) 앞의 책, 74~77쪽.

경연참찬관 춘추관수찬관까지 이르렀으며, 청백리清白吏에 뽑혔다. 묘는 경기도 양주 풍양豊壤 정곡鼎谷 오좌午坐에 있다. 부인은 판한성부사 송복산宋福山의 딸인 숙부인 여산송씨이다.15)

이인문은 이오李塢·이전李塼·이광李垙·이곤李坤·이말李抹 등 다섯 아들과 허서許瑞, 연효완延孝緩, 이붕손李鵬孫, 이사공李思恭에게 시집간 네 딸을 두었다. 이 가운데 이오李塢는 진위振威현령을 지냈으며, 부인은 부안김씨이고, 묘는 지금 성남시 판교동에 있다. 이전李塼의 자는 자후子厚로 1492년(성종23)에 참봉으로서 별시 문과에 등제해 경주부윤까지 지냈다. 향년 76세. 묘는 지금의 성남시 판교동에 있다. 첫째 부인인 정부인 전주이씨는 남편과 합폄되어 있으며, 둘째 부인인 정부인 광주정씨의 묘는 경기도 죽산 서일면西一面 통산동通山洞에 있다.16) 이광은 1458년(세조 3)에 태어나 1480년(성종 11)에 생원이 되고, 벼슬이 상의원 별좌에 이르렀다. 1511년(중종 6) 4월 16일에 죽어 용인시 이동면二東面 서리西里 구수동九水洞에 있었는데 실전失傳되어 경북 예천군 호명면虎鳴面 호명산虎鳴山 정좌丁坐에 단壇을 모으고 비를 세웠다. 부인 거창신씨는 지사知事 신승복愼承福의 딸이다.17)

이곤의 자는 자정子靜, 호는 녹창鹿窓이다. 1462년(세조 7)에 태어나 1483년(성종14)에 생원이 되고, 1492년(성종 23)에 문과 병과 제3인에 뽑혀 승문원을 거쳐 병조정랑, 사간원 헌납, 성균관 사예, 사헌부 장령, 장악원 첨정, 황주·해주목사, 밀양부사를 역임했다. 1506년(중종 1) 중종반정으로 병충분의정국공신秉忠奮義靖國功臣에 책봉되어 벼슬이 통정대부 첨지중추부사, 예조참의, 장예원판결사에 이르렀다. 1524년(중종 19) 2월 5일에

15) 앞의 책, 85~86쪽.
16) 앞의 책, 74~76쪽.
17) 앞의 책, 77쪽.

가선대부 오위장五衛將으로 창경궁 직소直所에서 죽었다. 향년 63세. 죽은 뒤에 자헌대부 예조판서 겸 지경연춘추관의금부사를 증직했고, 연성군延城君을 봉했다. 묘는 지금의 성남시 판교리板橋里 선영 주산主山 아래 있다. 중종 조에 관리를 보내 예장禮葬을 지냈으며, 묘 아래 별묘別廟를 지어 제사지내고 있다. 부인은 고령군수를 지낸 증병조참판 유순행柳順行의 딸 증정부인 문화유씨이다. 1524년(중종 19) 5월 14일에 죽었다. 묘는 남편과 합장했다.[18)]

이말李抹의 자는 말지抹之요, 1466년(세조 11) 윤 3월 8일에 태어나 1496년(연산군 2)에 사마시에 합격하고, 1506년(중종 1)에 문과에 급제, 중종반정 때 정국원종공신靖國原從功臣에 녹훈되었다. 문과에 급제한 뒤 승문원 부정자를 거쳐 예문관 검열이 되어 김흠조金欽祖 등과 함께 1498년 무오사화에 희생된 사림들을 풀어주고, 가해자인 유자광柳子光 등의 관직을 삭탈해야 한다고 상소했다. 그 뒤 사간원 정언, 사헌부 지평, 형조좌랑, 군자감정, 호조정랑, 한성부 서윤庶尹 등을 거쳐 대구부사가 되었다. 1521년(중종 16)에 홍문관 직제학을 지낸 뒤 통훈대부로서 삼척도호부사 겸 강릉진관 동첨절제사가 되었다. 그러나 그곳에서 병을 얻어 가지고 돌아와서 1526년(중종 21) 12월 23일에 죽었다. 향년 61세. 죽은 뒤에 이조판서 겸 지경연의금부춘추관사 세자좌빈객을 증직했다. 묘는 처음에 양주군 서산西山 장흥리長興里에 있었는데 1559년(명종 14) 11월에 파주군 조리면條理面 노조리駑造里(원남면元南面 노곡駑谷) 새능골上陵洞 자좌子坐로 이장했다. 손자인 이주가 쓴 비석이 있다. 부인 증정경부인 원주김씨의 묘는 양주 서산西山에 있었다고도 하고(舊譜), 경기도 고양高陽 구유동仇有洞 사리참沙里站에 있었다고도 하나(《盆峰日記》), 다 같이 표시가 없어 찾지 못했다.

18) 앞의 책, 79쪽.

수의부위修義副尉 김복흥金復興의 딸이다. 둘째 부인 증정부인 영월신씨는 1559년(명종 14) 7월 25일에 죽었는데 묘는 남편의 묘 왼쪽에 쌍분雙墳으로 있다. 사인舍人 신중거辛仲居의 딸이다.[19]

이말은 이인수李麟壽와 이경종李慶宗 두 아들을 두었다. 이인수의 부인은 창원위昌原尉 임숭재任崇載의 딸 풍천임씨豊川任氏이다. 묘는 양주 서산에 있다.[20]

이경종의 자는 현숙顯叔이요, 1507년(중종 2) 정월 13일에 태어나 동부東部참봉, 장악원 직장을 지냈고, 1547년(명종 2)에 홍산鴻山현감, 1552년(명종 7)에 해주판관, 1557년(명종 12)에 면천沔川군수, 1562년(명종 17)에 순천順天군수, 1567년(선조 즉위년)에 선공감 주부를 거쳐 벼슬이 통훈대부 여산군수 겸 전주진관병兼全州鎭管 마동첨절제사兵馬同僉節制使에 이르렀다. 1569년(선조 2) 5월 17일에 여산 관아에서 죽었다. 향년 63세. 죽은 뒤에 숭정대부 의정부 좌찬성 겸 판의금부사에 증직되었다. 묘는 경기도 파주군 조리면 노조리駑造里 자좌에 있다. 묘갈은 손자 이광정이 썼다. 부인은 성종의 아들 운천군雲川君 이인李忄寅의 딸 증정경부인 전주이씨이다. 1515년(중종 16) 3월 3일에 태어나 1554년(명종 9) 11월 6일에 죽었다. 향년 40세. 묘는 남편과 함께 합장했다.[21]

이경종李慶宗의 아들은 이주李澍다. 이주의 자는 언림彦霖이요, 호는 분봉盆峯이다. 1534년(중종 29) 8월 22일에 태어나 1584년(선조 17) 7월 2일에 죽었다. 향년 51세. 이주는 어려서부터 총명했으며, 성동成童(15살)이 채 되지 못해 아버지 이경종의 임지인 홍산현에 따라가 그 고을의 홍우성洪宇成이라는 사람에게서 3년 동안 시서詩書를 배웠다. 1558년(명종 13)에

19) 앞의 책, 101~106쪽.
20) 앞의 책, 101쪽.
21) 앞의 책, 101~103쪽.

진사가 되어 성균관 유생이 되었고, 1565년(명종 20)에 문정왕후가 보우普雨를 시켜 회암사檜巖寺에서 무차회無遮會를 연 뒤에 죽자 유생의 대표로서 보우를 베라는 상소를 12번이나 올렸다. 1570년(선조 3)에 승문원 주서에 임명되었으나 그의 부인이 정승 홍섬洪暹의 질녀라 해 혐의를 피해 부임하지 않으니 사정司正으로 바꾸었다. 이때 마침 경성판관鏡城判官 자리가 비어 있고, 또 그가 무예에도 능하다 해 승진발령을 받았다. 그러나 대간이 엽등獵等이라고 들고 일어나 승문원으로 되돌아 왔다. 1573년(선조 6)에 태학太學(성균관)에서 천거해 의금부 도사가 되었고, 같은 해 알성문과에 급제했으며, 1576년(선조 9)에 중시重試에 합격해 한림翰林이 되었다. 1580년(선조 13) 봄에 종부시 주부가 되었다가, 고산高山찰방으로 나가 선정을 베풀어 백성들이 거사비去思碑를 세워 주었다. 1583년(선조 16)에 정언正言으로 대사헌 이개李塈, 대사간 박승임朴承任, 부제학 김우굉金宇宏, 헌납 유영경柳永慶 등과 함께 이이李珥 등이 구법을 마음대로 자주 고치는 것은 옳지 못한 일[紛更舊章之非]이니 마땅히 신중을 기해야 한다고 여러 번 상소를 올렸다가 예조정랑으로 좌천되고, 가산嘉山군수로 쫓겨 갔다. 1584년(선조 17) 7월 2일에 가산관아에서 죽었다. 뒤에 장자 이광정 때문에 순충적덕보조공신純忠積德補祚功臣 대광보국숭록대부 의정부영의정 겸 영경연·홍문관·예문관·춘추관·관상감사·세자사·연령延寧부원군에 추증되었다. 《분봉가훈》 48조가 세상에 전한다. 묘는 경기도 파주군 조리면 노조리 원노곡元砮谷 유좌酉坐에 있다. 묘갈은 장자 이광정이 썼고, 신도비는 우복愚伏 정경세鄭經世가, 글씨는 외증손 유흠柳欽이, 전서篆書는 손자 이현李袨이 썼다.[22] 부인은 영의정 유순정柳順汀의 증손녀, 군수 유사필柳師弼의 딸 증정경부인 진주유씨이다. 1533년(중종 28) 10월 27일에 태어나 1577년(선

22) 鄭經世, 李澍神道碑銘(《盆峯家訓》, 60~82쪽).

조 10) 2월 20일에 죽었다. 향년 45세. 묘는 남편과 함께 쌍분이다.[23] 이주는 이광정李光庭과 이창정李昌庭, 두 아들을 두었다.

(2) 이광정

근곡芹谷 이관징의 큰할아버지인 이광정의 자는 덕휘德輝, 호는 해고海皐이다. 명종·선조·광해군·인조의 4대에 걸쳐 활약한 인물이다. 임진왜란, 정묘호란, 동서분당, 광해군의 폭정, 대·소북의 대립, 인목대비 폐지정청, 인조반정 등 변화무쌍한 정국에서 영예와 고난을 겪었다.[24] 1552년(명종 7) 7월 18일에 태어나 1573년(선조 6)에 생원시에 합격하고, 1590년(선조 23)에 동몽교관童蒙敎官으로 임명되었다. 같은 해 증광별시 문과에 병과 30인 가운데 제2인으로 급제해 한림을 거쳐 1592년(선조 25)에 설서說書로 선조를 호종해 길에서 정언[25] 겸 지제교, 예조좌랑에 임명되었다. 1593년(선조 26) 8월에 명나라 원병이 도착했을 때 접반사接伴使 이덕형李德馨의 종사관從事官이 되어 명의 유격遊擊 척금戚金을 도와 평양을 회복하는 데 공을 세워 지평[26]·동부승지[27]로 발탁되었다. 사헌부에서는 다음과 같이 말했다.

> 난리가 발생한 이래 관작이 매우 외람되었으므로 식견 있는 사람들이 그윽이 한탄해 온 지 오래입니다. 좌부승지 박동량朴東亮과 동부승지 이광정은 출신한 지 겨우 30개월이 되었고 자급資級도 겨우 5~6품에

---

23) 《연안이씨삼척공파보》 권 1, 101~107쪽.
24) 李崇寧 編, 《延原府院君年譜》(1970), 2쪽.
25) 《선조실록》 권 28, 선조 25년 7월 정축·경술
26) 《선조실록》 권 41, 선조 26년 8월 임인
27) 《선조실록》 권 43, 선조 26년 10월 계사

이르렀습니다. 처음부터 호종한 공로가 있기는 하지만 또한 신하로서 당연히 해야 할 일을 한 것인데 당상의 중가重加를 주어 잇달아 계급을 뛰어 승진하게 되었으니, 자못 작상을 신중하게 주고 인재를 저양儲養해 가는 도리가 아닙니다. 다시 회복해 경장해야 할 때인데 이런 해괴한 정사를 했으니 어찌 사람들의 마음을 열복시킬 수 있겠습니까? 모두 개정하소서.[28)]

이처럼 문과에 급제한 지 불과 30개월밖에 안 되는 이광정을 동부승지로 발탁한 인사를 비판했다. 그러나 1593년(선조 26) 11월 11일에 이광정은 개성開城에 가서 중국 사신을 맞이했는데 빈객賓客과 주인이 남북으로 자리해야 한다고 했다. 이광정이 동서로 앉는 것이 관례라고 하자 자기 말대로 하지 않으면 칙서만 주고 기겠다고 협박했다. 그리고 뇌물도 많이 받고, 연향宴享은 거절했다.[29)] 이광정은 칙서를 내린 것에 대한 사은과 세자 책봉을 아뢰는 것은 중대한 일이니 이 가운데 한 가지라도 하자고 했다.[30)] 1593년(선조 26) 12월 29일에 이광정은 성균관 전적 지제교가 되었다.[31)] 1594년(선조 27) 2월 21일 우부승지 이광정이 아뢰기를

신이 모화관慕華館에 이르러 참장參將 호택胡澤과 경력經歷 심사현沈思賢을 전위餞慰하니, 호 참장이 말하기를 "어제 경보京報를 보니 과도科道의 상본上本이 송宋과 이李를 탄핵하기를 왜적이 아직 조선 지방에 웅거해 일이 끝나지도 않았는데 지레 돌아왔으며, 적이 아직 바다를 건너지도 않았는데 떠나갔다고 거짓 보고했다"고 했고, 송과 이도 상본

28) 《선조실록》 권 43, 선조 26년 10월 무술
29) 《선조실록》 권 45, 선조 26년 윤 11월 신묘
30) 《선조실록》 권 46, 선조 26년 12월 기사
31) 《선조실록》 권 46, 선조 26년 12월 무인

해 스스로 변명하기를 "평양의 왜적을 공격해 격파하고 또 왜적을 왕경王京에서 내쫓아 드디어 부산에 이르러 조선 7도를 회복했다"고 했는데, 성지聖旨에는 "호부戶部·병부兵部에서 소상히 조사해 아뢰라!" 했습니다. 형과급사중刑科給事中 양동명楊東明이 상본하기를 "공功과 죄罪를 분명히 해야 한다. 당초 평양을 격파하고 적을 쫓아 개성開城·벽제碧蹄에 이른 것은 공이요, 적이 왕경에서 물러났는데도 조정에 보고하지 않았고, 왜적이 많이 주둔하고 있는데도 많은 것을 적다고 했으며, 바다를 건너가지 않았는데도 모두 떠났다고 한 것은 죄로서 공과 죄가 비슷하니 그 공을 기록해 그 죄를 용서해야 한다"고 했는데, 성지에 이르기를 "공과 죄를 짐이 이미 알았으니 해당 부서에서 잘 살펴 아뢰라!" 하셨습니다. 석상서石尙書의 복본覆本이 행문行文 이첩移牒되자 고시랑顧侍郞이 사핵査覈해 제주題奏했다고 하는데 고야顧爺가 어떻게 제주했는지 모르겠습니다. 석상서가 상본한 내용은 "왜노가 봉공封貢을 청하는데 참으로 허락해서는 안 되나 조선이 쇠잔해 군향軍餉을 잇기 어려우니, 만약 조선을 위해 계획한다면 봉공을 허락하지 않을 수 없다"는 것이었는데, 성지에 "6부六部·9경九卿이 논의해 좋은 방책을 아뢰라!" 하셨다고 했습니다.[32]

고 해 이광정이 정유재란이 끝나기 직전 조선과 명의 외교 관계에 깊숙이 간여하고 있음을 엿볼 수 있다. 1595년(선조 28) 7월 28일에 이광정은 좌부승지에 임명되었다.[33] 그는 예방승지로서 석성石星이 보낸 이종성李宗誠에게 예단禮單을 올렸다. 봉왜명사封倭明使로 온 이종성은 조선의 형편이 어려운 것을 들어 인삼만 받았다.[34] 10월에 예조참의, 우부승지,

---

32) 《선조실록》 권 48, 선조 27년 2월 경오
33) 《선조실록》 권 65, 선조 28년 7월 기축

11월에 좌부승지, 1596년(선조 29) 6월에 우승지가 되었다.[35]

1596년(선조 29)에 가선대부 성균관 대사성을 거쳐 우승지가 되었다. 2월 1일에 명의 심유경沈惟敬이 왔을 때 이광정은 접반사가 되었다. 그는 자기가 일본과 강화를 하려는 것은 조선을 위해서라고 했다. 그리고 접반사 이광정과 종사관 유동립柳東立을 크게 쓰라고 권했다.[36] 접반사 이광정은 다음과 같이 치계馳啓했다.

> 중국 사신이 18일부터 남원南原에 머물다가 함양咸陽을 향해 출발하려고 하면서 즉시 백총百總 황단黃短을 뽑아 품의하는 첩서帖書를 병부에 보냈는데, 그 사연은 다음과 같습니다. 심유경이 명을 받들고 다시 머물며 성사시키려는 일로 2월 8일 왕경을 출발, 남쪽으로 부산으로 향했습니다. 막 전주에 이르자 조선 수군이 부산의 왜영을 공격해 쳐부쉈다고 보고했고, 이에 앞서 죽도竹島의 왜적 17명을 박살냈다는 소문을 들었습니다.
>
> 그러나 다행히도 소 마사모리宗正成와 고니시 유키나가小西行長가 주장을 견지하고 천자의 처분을 기다리면서 끝까지 망동하지 않았습니다. 또 생각하니 부산까지 닿아 있는 죽도 등 여러 군영의 행장의 병력을 가토 기요마사加藤清正의 병력과 비교해 본다면 두 세 배도 더 됩니다. 그 많고 적음을 겨루어 보건대 가토 기요마사를 버려두고 고니시 유키나가를 공격한 것은 부당한 일이었습니다. 고니시 유키나가는 전년에는 단지 천조天朝에 공순할 줄만 알더니, 근년에는 조선과 매우 곡

---

34) 《선조실록》 권 67, 선조 28년 9월 계유
35) 《선조실록》 권 68, 선조 28년 10월 무신
《선조실록》 권 68, 선조 28년 10월 경신
《선조실록》 권 69, 선조 28년 11월 기축
《선조실록》 권 76, 선조 29년 6월 신유
36) 《선조실록》 권 85, 선조 30년 2월 임술

진했습니다. 왕자의 문제에 대해서도 배신陪臣 황신黃愼과 맹약하기를 "나 역시 왕자가 즐겨 가지 않을 것임을 잘 아는데, 천조의 황제께서 명을 내리신다면 우리들도 돌아가 국왕에게 간곡히 고할 것이니, 그대들도 자기의 주견을 주장해야지, 또 가토 기요마사의 협박을 받아 말을 바꾸어 우리의 계획이 무너지게 해서는 안 됩니다"고 했습니다. 황신은 여러 차례 국왕에게 고했는데, 심유경이 노야老爺께 아뢴 말과 대략 같습니다. 사리의 순역을 견주어 보더라도 가토 기요마사를 버려두고 고니시 유키나가를 공격한 것은 부당한 일이었습니다.

또 심유경이 왕경에 머문 지 10일 동안 네 차례 국왕과 만났는데, 모두 오랫동안 좌우를 물리고 좌담했습니다. 심유경 역시 마음속에 지니고 있던 것을 모두 이야기했는데, 어떻게 하면 고니시 유키나가를 제압할 수 있을까, 어떻게 하면 그와 가토 기요마사의 계략을 깨트릴 수 있을까, 어떻게 하면 그들의 세력을 분리할 수 있을까, 어떻게 하면 조선으로 하여금 은연중에 호랑이와 표범 같은 위엄을 갖게 할 수 있을까, 어떻게 일본을 인도해 스스로 물러가도록 할 수 있을까, 어떻게 관백關白으로 하여금 조선을 엿보는 마음을 없애게 할 수 있을 것인지 등 말하지 않은 것이 없었고, 말이 철두철미하지 않은 것이 없었습니다. 문답할 때에 진지하고도 애틋한 마음이 절로 나와 스스로 신중해야 할 것을 깨닫게 되었습니다.

변방 장수들이 한 짓은 병가兵家에서 군사의 많고 적음과 강하고 약한 것을 잘 운용해야 한다는 것을 알지 못한 것이고, 국가의 경중과 안위가 있다는 이치도 모르는 것이니, 지방에서 대중을 모아 어떻게 시위를 할 수 있겠습니까? 또 가토 기요마사는 가벼이 범할 수 없으나 고니시 유키나가는 천조의 명령을 듣고 있으니 그를 침범해도 다른 후환은 없을 것이라 생각한 것인데, 이는 다만 고니시 유키나가 역시 왜의 추장이니 그가 마음속으로 두려워하고 사모해 감히 배반하지 않게 하려면, 그로 하여금 우리의 속마음을 알게 해 업신여기는 마음을 갖게 해서는 안 된다는 것을 생각하지 못한 것이고, 또 고니시 유키나가가 전년에 8도에 쳐들어와 곧바로 평양을 공격했으며, 지금도 4개 군영의 많은 군사가 옹위하고 있는데 인심이 굳게 뭉쳐 있으니, 옛날에는 강했고 지금은 약하다고 여겨 가벼이 볼 것이 아니라는 것을 생각하지 못한 것입니다. 하물며 그가 항상 말하기를 "조선은 상대하기가 용이해 조처하기가 어렵지 않다"고 하기에, 심유경이 즉시 대답하기를 "당시는 방비가 없어서 너희들 마음대로 달려왔으나 오늘의 조선은 옛날의 조선이 아니니 절대로 가벼이 여겨서는 안 될 것이다"고 했는데, 어찌하여 이러한 졸책拙策을 연출해 비웃음을 산단 말인가? 왜인들은 조선인들의 하는 짓은 여인네들의 장난 같다고 한다. 심유경은 어제 남원에 도착해 수행하는 사인舍人 두정부杜正部와 통사 임소조林小鳥를 뽑아 약속해 병영에 들여보내 소 마사모리와 고니시 유키나가에게 말을 전하거나 또는 만나 얘기하게 하고, 떠나간 뒤에 심유경은 즉시 "동쪽으로 밀양密陽에 다다랐습니다. 이를 알리는 바입니다"고 했습니다.37)

정유재란이 일어나고 심유경과 고니시 유키나가小西行長와의 사이에 화의가 진행되는 동안의 정황을 접반사로서 소상하게 보고한 것이다. 이로 미루어 보아 이광정은 정유재란 때 중요한 외교적 업무를 담당하고 있었음을 알 수 있다. 접반사 이광정의 치계는 계속되었다.

당일 오시午時에 다이라 시게노부平調信가 요시라要時羅 및 왜졸倭卒 37

---

37) 《선조실록》 권 85, 선조 30년 2월 병술

명을 거느리고 본현에 도착했습니다. 신시申時에 중국 사신이 다이라 시게노부를 접견하는데 사람들을 물리치고서 단둘이 오랫동안 이야기를 나누고 헤어졌습니다. 중국 사신이 "접반사는 자세한 이야기의 내용을 알고 싶으면 와서 나를 만나도록 하라!" 하기에, 신은 즉시 들어가서 사신을 만났습니다. 사신과 문답한 내용은 별도로 기록해 올려 보냅니다. 그리고 내일 다시 사신과 담화한 뒤에 즉시 치계 하겠습니다. 사신이 "다이라 시게노부가 나에게 왕자의 일을 어떻게 처리할 것인가"를 묻기에 제가 대답하기를 "조정에서 성지聖旨를 받들었는데, 왕자를 절대로 일본으로 보낼 수 없다"고 했습니다. 다이라 시게노부가 말하기를 "고니시 유키나가小西行長가 이르기를 왕자를 들여보내는 일을 나에게 결정짓게 했으니 먼저 일본으로 돌아가 관백에게 보고해야 한다. 왕자를 보내지 않는다면 내가 돌아가서 보고할 수 없으니 소마사모리宗正成를 보내어 관백에게 보고하게 하겠다"고 했다고 했습니다. 그리고 이어 "관백이 머지않아 죽을 것이니 우선 참고 기다리는 것이 좋을 것이다"고 하기에, 신이 고하기를 "중국 조정에서 이미 성지를 받들었으니 비록 노야라 하더라도 성지 이외에는 감히 다른 말을 할 수 없다. 저들이 아무리 금수라고 하더라도 어찌 감히 황제의 성지를 어기겠습니까? 노야께서 사리에 의거해 되풀이 효유曉諭한다면 어찌 감히 따르지 않겠는가?" 했습니다.

사신이 이 문제에 대해 내가 이미 불가함을 말했더니, 다이라 시게노부가 다시 상의하자고 했습니다. 내가 "조선의 배신과 총병이 이곳에 있으므로 내가 그들과 상의해야 하겠으니 너는 이곳에 그대로 머물면서 내일 다시 이야기하는 것이 좋겠다"고 했습니다. "이런 말을 한 것은 실로 저들과 상의하고자 해서가 아니라 우선 저들을 잡아두고서 다시 이야기 할 수 있는 기회를 만들려는 생각에서였다"고 하기에, 신이 다시 "노야의 계획이 그럴 듯하다. 그러나 저 적들이 어찌 한 차례의 회담만으로 즉시 따르려 하겠는가? 그러니 노야께서 내일 다시 성지를 어길 수 없고 왕자는 절대로 보낼 수 없으니 너희들은 성지에 따라 준행해야 한다는 등의 말로써 재삼 효유하면 저들도 인간이어서 반드시 감격할 것이다"고 했습니다.

사신이 "내일 내가 다시 그렇게 말하겠다. 그리고 다이라 시게노부가 '정성이 조선에 서장을 보냈는데 답서를 어떻게 썼는지 알 수 없다'고 하기에, 내가 그 글을 보았는데 '우리나라는 모든 일을 주관할 수 없어 한결같이 중국 조정의 분부만을 따르고, 또 노야께서 이곳에 있으므로 모든 일을 노야께 문의해 처리한다'고 했다"고 대답하니, 그가 말하기를 "잘 되었다. 가토 기요마사가 대마도에 있을 때 나에게 '이 일의 어렵고 어렵지 않음이 어떠한가?"고 묻기에 내가 "당신의 생각은 어떠한가?"고 반문했더니, "가토 기요마사가 어려운 것 같으면서도 어렵지 않다. 만약 왕자를 보내주지 않으면 우리가 의주義州까지 진격할 것이니 무슨 어려움이 있겠는가?"고 대답했습니다. 제가 "심노야가 일본에 있을 적에 관백이 우리들에게 천조의 처분에 따르라 했는데, 당신은 망동을 하겠다고 하느냐?" 했더니, "가토 기요마사도 그렇다고 했습니다"고 하기에 신이 또 고하기를 "성지가 해와 별처럼 밝으니 다시 다른 말은 할 것도 없이 노야께서는 성지 내의 일만을 가지고 강력히 말해야 한다"고 했더니, 사신도 그렇다고 했습니다.[38]

심유경과 다이라 시게노부를 설득해 명 황제의 명령에 따라 왕자들을 일본으로 데리고 가지 못하도록 활동했음을 알 수 있다. 그런데 평조신의

38) 《선조실록》 권 86, 선조 30년 3월 병신

말 가운데 관백이 머지않아 죽을 것이니 참고 기다리라는 것은 새로운 정보임에 틀림없다. 이광정의 첩보는 계속되었다.

> 어제 중국 사신이 신에게 소첩小帖을 보여 줄 때 소첩의 하단下段은 접어서 손으로 쥐고 첫머리에 두 줄만을 보았기 때문에 그 하단에 무슨 말이 있는지를 알 수 없다는 것은 이미 장계狀啓했습니다. 그런데 지금 그 속에 말한 내용을 듣건대 바로 표문表文을 받는 여부에 대해 묻는 일이었다고 합니다. 대개 도요토미 히데요시豊臣秀吉의 사은표문謝恩表文을 중국 사신이 일본에서 바다를 건너올 때 가지고 왔으나 아직 우리나라가 강화하지 않고 부산의 왜적이 철수하지 않았으므로 감히 정사正使 편에 주어 보낼 수 없다 해 그 표문이 지금 부산에 있는데 피봉皮封에는 대명황제폐하개탁大明皇帝陛下開坼이라고 쓰여 있다고 합니다. 고니시 유키나가 등은 일이 완결되기를 기다려 사람을 보내어 그 표문을 중국으로 전하고자 했는데, 황상皇上은 성지聖旨를 내려 관원을 보내어 그 표문을 연경燕京으로 가져다가 9경九卿·과도科道 등의 아문에서 적부를 검사해 사람들의 의심을 풀어주라고 했습니다. 그러므로 어제 병부兵部의 차관差官이 도착했는데, 그 표문을 정사 편에 주어 보냈다고 합니다. 모든 비밀 장계의 내용이 새어 나가지 않는 것이 없는 실정입니다. 이 일이 또 전파된다면 시끄러운 폐단이 없지 않을 것이니 매우 염려스럽습니다.[39]

도요토미 히데요시豊臣秀吉가 명 황제에게 화의에 관한 표문을 이미 올려 해당 관청에서 그 적부를 검토하고 있는 중이라는 정보이다. 이때까지

39) 《선조실록》 권 86, 선조 30년 3월 정유

만 해도 조선은 화의에 공식적으로 동의하고 있지 않고 있는 상태여서 명·조·일 사이에 묘한 긴장이 흘렀다. 이광정은 그러한 외교의 중심에 있었던 것이다. 이때 이광정이 중국 사신과 문답한 내용은 다음과 같다.

> 신이 중국 사신에게 묻기를 "다이라 시게노부가 무어라 하던가?" 하니, 사신이 말하기를 "내가 오늘 다방면으로 효유했더니 다이라 시게노부의 생각도 어제와 달리 매우 좋아하면서 절대로 왕자를 보낼 수 없다는 뜻을 고니시 유키나가에게 말해 좋게 처리되도록 하겠다고 했다. 내가 다이라 시게노부에게 '네가 고니시 유키나가와 소 마사모리를 구슬려 가토 기요마사를 불러서 서로 상의하게 할 수 있겠는가? 저 세 사람의 의론이 합치되면 대사가 완결될 수 있을 것이다. 만약 소 마사모리와 고니시 유키나가로 하여금 가토 기요마사에게 전조의 허다한 병마가 나왔고 또 천조의 차부箚付에도 왕자를 보낼 수 없다고 했으니, 이런 내용으로 관백에게 보고하는 것이 마땅하다'고 하게 해, 가토 기요마사가 따른다면 매우 좋지만, 그가 '무슨 병마가 나왔는가? 나는 조선 사람을 다 죽이고야 말 것이니 이 말을 관백에게 보고할 수 없다'고 한다면 다시는 이루어지지 않는다. 소 마사모리와 고니시 유키나가는 '왕자를 보낼 수 없다는 내용으로 관백에게 보고하면 관백은 반드시 가토 기요마사를 옳게 여길 것이다. 이 세 사람이 합의하지 않으면 이 일은 이루어지지 않을 것이니, 반드시 세 사람이 마음을 하나로 해 합의해야 일이 완결될 수 있다'고 했더니, 다이라 시게노부가 '그 말이 매우 일리가 있다. 내가 고니시 유키나가에게 말할 것이니, 고니시 유키나가가 어찌 노야의 말을 따르지 않겠는가?'라고 했다"고 했습니다. 신이 묻기를 "가토 기요마사가 따를지 따르지 않을지에 대해서 다이라 시게노부의 생각은 어떻다고 했는가?" 하니, 사신이 말하기를 "다만 고니시 유

키나가와 가토 기요마사가 불화不和함으로 서로 상의하지 않을까 만이 염려될 뿐이다. 그러나 고니시 유키나가가 부르면 가토 기요마사가 반드시 올 것이라 했다" 했습니다. 신이 묻기를 "고니시 유키나가에게 보낼 문서가 있는가?" 하니, 사신이 말하기를 "있다. 내일 사람을 시켜 보내려 한다" 하고서, 연방椽房을 불러 소첩小帖을 가져오게 해 신에게 보여주었는데, 일단 말구末句에 "조선 배신陪臣이 예를 강정講定하는 일절一節은 대가大家가 공능功能을 떨쳐 일을 완성하게 하려는 것이다"는 말이 있었습니다. 신이 별달리 이야기한 내용은 무엇이냐고 물었더니, 사신이 대답하기를 "내가 부산에서 떠나오던 전날 저녁에 고니시 유키나가와 소 마사모리가 나에게 와서 '가토 기요마사를 꼭 죽여야 하겠으니, 노야께서는 천조로 돌아가지 말고 반드시 남원에 머물러 있어 달라'고 하기에, 내가 '나는 책봉부사冊封副使이기 때문에 돌아가서 복명復命해야 한다. 그리고 조선의 일을 내가 상관할 수도 없는데 무엇 때문에 남원에 머물라고 하는가?'고 했더니, 고니시 유키나가가 '관백이 왕자를 보내지 않는다는 말을 들으면 병마를 출동시켜 조선 사람들을 다 죽이려 할 것이다. 그때 나는 서로西路로 향하게 될 것이고 가토 기요마사는 동로東路로 향할 것이다. 그런데 만약 노야께서 남원에 머물러 있으면 내가 관백에게 심노야가 남원에 있기 때문에 감히 전진할 수 없다고 말하는 것이 매우 좋지 않겠는가?' 했다. 그러므로 내가 별다르게 이야기한 것이 있느냐고 물었던 것이다"고 했습니다. 신이 소첩小帖의 문자를 다 기억할 수는 없으나 대개 상구上句의 말은 바로 신이 그 뜻을 캐물었지만 중국 사신의 대답은 동떨어진 점이 있었고, 또 소첩의 하단을 거머쥐고서 펴 보지 못하게 했기 때문에 그 하단에 무슨 말이 있는지도 알 수 없었습니다. 사신이 말하기를 "내가 일본에 있을 적에 고니시 유키나가가 매양 나에게 천조의 병마를 출동시켜 저 가토 기요

> 마사를 죽이라고 권하기에, 내가 '천조의 군사가 나오면 너도 온전하지 못할 것이다'고 했더니, 고니시 유키나가는 '반드시 노야께서 병마를 통솔해야한다'고 하므로 내가'누가 나에게 병마를 통솔하게 한다던가?' 고 했다. 고니시 유키나가와 가토 기요마사의 사이가 좋지 못함이 이와 같다"고 했습니다. 신이 묻기를 "다이라 시게노부가 나올지는 아직 정확히 알 수 없다. 고니시 유키나가가 가토 기요마사를 불러다가 상의하지 않았다면 나오지 않을 것이다. 만약 일이 순조롭지 않으면 유정惟政을 시켜 가토 기요마사에게 말을 전하게 해 그의 의사가 어떤지를 알고자 한다. 그러므로 경주慶州로 가려는 것이다" 했습니다.[40]

심유경을 통해 왕자를 일본에 보내지 않도록 하는 문제에 대한 정보를 보고한 것이다.

1597년(선조 30) 5월에 총병總兵 양원楊元이 와서 남원으로 가려하자 선조는 분호조참판分戶曹叅判 이광정으로 하여금 군량과 마초를 준비하는 책임을 맡겼다.[41] 1598년(선조 31) 2월에 이광정은 공조참판이 되었고[42] 7월에 양호총관사兩湖總管使로서 전라도와 충청우도의 군량 운송 일을 맡게 했다.[43] 그러나 사헌부는

> 수륙으로 중국군들이 계속 남하하고 있는데 군량 운반에 관한 일이 모두 검찰사에게 달렸으니, 그 책임이 막중합니다. 그런데 행첨지行僉知 이광정은 본디 일을 잘 처리한다는 평판이 없을 뿐 아니라 전에 분호조에 있을 때에도 뚜렷한 공적이 없었으며, 지금은 더구나 중병을

40) 《선조실록》 권 86, 선조 30년 3월 무술
41) 《선조실록》 권 88, 선조 30년 5월 신해
42) 《선소실록》 권 97, 선조 31년 2월 을해
43) 《선조실록》 권 102, 선조 31년 7월 무술

> 앓고 있으면서 즉시 부임하지 않아 책응策應하는 일이 점점 지체되고 있으니, 실로 작은 걱정이 아닙니다. 또한 전에 공로가 조금 있었다 해도 모두 직분 내에 일이었는데 갑자기 중한 자급을 더해 주어 초탁超擢이 너무 빠릅니다. 이광정에게 내린 자헌資憲의 가자加資를 개정하고 검찰사는 체차하소서.[44]

라고 바꾸기를 청해 교체되었다.[45] 그러나 자급은 그대로 두었다.[46] 이광정과 중국 장수들의 관계가 좋았기 때문이다. 8월에 이광정은 명의 제독提督 마귀麻貴가 왔을 때 접반사로서 활약했다.[47] 이광정은 마귀 제독이 왜적 30여 명의 목을 베고, 1천 명을 포로로 잡았고 명군 5명이 죽고, 1명이 포로가 된 정황을 보고했다.[48] 마귀는 경주로 물러갔다.[49] 그 뒤 마귀는 도산島山에 있는 왜적을 소탕했다.[50] 그런데 주사主事 정응태丁應泰가 마귀가 대패했다고 모함했다가 탄핵을 받았고, 선조는 마귀를 치하했다.[51]

1599년(선조 32) 2월에 이광정은 호조판서가 되어(도요토미 히데요시가 죽어) 왜군이 물러가 명군이 올라오니 군량을 마련해야 한다고 다음과 같이 아뢰었다.

> 남하했던 대군이 점차 올라오므로 서울 창고의 쌀이 날로 떨어져 가고, 경기의 각종 쌀을 재촉해 올라오고 있으나 도착하는 대로 방출해

44) 《선조실록》 권 102, 선조 31년 7월 신축
45) 《선조실록》 권 102, 선조 31년 7월 임자
46) 《선조실록》 권 103, 선조 31년 8월 병진
47) 《선조실록》 권 103, 선조 31년 8월 임술
48) 《선조실록》 권 104, 선조 31년 9월 임자
49) 《선조실록》 권 105, 선조 31년 10월 임술
50) 《선조실록》 권 106, 선조 31년 11월 병오
51) 《선조실록》 권 108, 선조 32년 1월 경인

> 저축한 것이 많지 않으니, 평산平山의 쌀 3백 석을 가까운 고을의 인부와 가축을 징발해 시급히 운송해야겠습니다. 그리고 봄추위가 점차 물러가 머지않아 얼음이 풀릴 터라 요즈음 미리 선적했다가 포구에 얼음이 없는 때를 기다려 즉시 운반해 오지 않으면 필시 때가 늦어 미치지 못하는 폐단이 있을 것인데, 우리나라의 일은 언제나 이와 같으니 매우 답답합니다. 본도의 창고 안에 있는 각종 쌀과 콩 중에서 요즈음 육지로 운반해 오는 것을 제외한 나머지 분은 시급히 선적해 얼음이 풀리는 즉시 서울 창고로 운송해 들일 것을 본도의 관찰사 서성徐渻과 독운어사督運御使 신율申慄에게 하유하는 것이 어떻습니까?[52]

3월에 이광정은 한성 판윤[53], 7월에 공조판서[54]가 되었다. 이광정이 분호조참판으로 있을 때 종사관 노릇을 하던 등과한 영광靈光 사람 강항姜沆이 왜적이 남원 등지에서 패배해 가족을 데리고 서해를 따라 상경하다가 적의 포로가 되어 일본의 남해도南海道, 이예도伊豫道, 대진성大津城 등지로 끌려간 적이 있다. 그는 포로가 된 사람들과 탈출을 꾀했으나 지키는 왜군에게 발각되어 실패했다. 그 뒤 적진으로부터 나오는 중국 위관을 만나 상소 1책을 지어 올렸다. 이 상소문의 진본은 중국 위관이 가지고 있고, 등본이 정부에 전해졌다.[55]

1601년(선조 34) 1월 6일에 이광정은 지중추부사[56], 1월 26일에 정선군수旌善郡守[57]가 되었다. 5월 16일에는 이광정은 유성룡柳成龍·이원익李元翼·김수金睟·성영成泳·최여림崔汝霖·오억령吳億齡·허잠許潛·이존중

52)《선조실록》 권 109, 선조 32년 2월 을묘
53)《선조실록》 권 110, 선조 32년 3월 계미
54)《선조실록》 권 115, 선조 32년 7월 기미
55)《선조실록》 권 115, 선조 32년 7월 병인
56)《선조실록》 권 133, 선조 34년 1월 을사
57)《선조실록》 권 133, 선조 34년 1월 을축

李存中·이시언李時彦·김장생金長生·이기설李基卨과 함께 염근리廉謹吏가 되었다.[58]

1602년(선조 35) 2월 6일에 이광정은 예조판서[59], 3월 25일에 이조판서[60], 4월 22일에 중궁 책봉사로(부사는 장만張晩) 명나라에 다녀왔다.[61] 4월 25일에 그는 다시 행대사헌[62]이 되었는데, 호조판서로 있을 때 물품 출납에 문제가 생겨 피혐했으나, 사헌부가 아뢰어 출사하도록 했다.[63] 호조판서와 예조판서는 잡물이 드나들 때 관대冠帶를 마련하지 못한 책임은 예조의 사항이지 호조의 사항이 아니기 때문이라는 것이다.[64] 그러나 23일에 곧 첨지중추부사가 되었다.[65] 그리고 8월 22일에 왕세자 책봉을 위한 주청사奏請使로 파견되었고,[66] 돌아와 숙마熟馬 한 필을 받았다.[67] 명나라의 칙서는 다음과 같다.

> 황제는 조선 국왕 이모에게 친유勅諭한다. 주문奏聞한 것을 보건대, 왕이 이미 배신 김제남金悌男의 딸을 맞아 계실繼室을 삼고서 고명誥命과 관복冠服을 내리어 특별히 주청한 일을 윤허해 주기를 바란 것이다. 이에 그대 김씨를 책봉해 조선 국왕의 계비로 삼고, 아울러 고명·면복冕服·채폐綵幣 등의 물건을 내린다. 이를 보내온 배신 이광정 등에게 주어 돌아가게 했으니, 부디 거두어 받도록 하라! 왕은 마땅히 은덕으

58) 《선조실록》 권 137, 선조 34년 5월 계축
59) 《선조실록》 권 146, 선조 35년 2월 기사
60) 《선조실록》 권 148, 선조 35년 3월 정해
61) 《선조실록》 권 149, 선조 35년 4월 계축
62) 《선조실록》 권 149, 선조 35년 4월 병진
63) 《선조실록》 권 152, 선조 35년 7월 갑자
64) 《선조실록》 권 152, 선조 35년 7월 갑자
65) 《선조실록》 권 152, 선조 35년 7월 임오
66) 《선조실록》 권 153, 선조 35년 8월 신해
67) 《선조실록》 권 154, 선조 35년 9월 정해

> 로 내린 것을 공경스럽게 받고 길이 충성을 다해 짐이 은총을 내린 뜻에 부응해야 할 것이다. 삼가 칙유한다.[68]

이 일로 이광정은 자급을 올려 받고 토지 15결과 노비 3구를 받았다.[69] 7월 4일에는 판돈령부사가 되었다.[70] 그는 통상을 요구하는 왜인들에 대한 대책을 다음과 같이 헌의했다.

> 왜적은 우리에게 만세토록 반드시 갚아야 할 원수이니 하늘 아래에서 같이 살 수 없는 의리가 있고, 서로 교통할 도리는 없습니다. 이것은 바꿀 수 없는 하늘의 상도常道이고 땅의 의리입니다. 그러나 우리의 형세가 이미 도저히 어쩔 수 없는 처지에 이르렀으므로 대의에 입각해 천하에 서지 못하고 이 기미羈縻할 세책을 시행해 뒷날의 화를 늦추는 것이니, 이것은 참으로 부득이한 데서 나온 것입니다. 그러나 기미한다 하더라도 승세勝勢가 저들에게 있으므로 신축伸縮하고 이장弛張하는 권세가 오로지 저들에게서 나오니, 관시關市만을 열려고 하더라도 저들이 만족치 않고 전일의 고사를 찾아 요구하지 않으리라고 어찌 보장하겠습니까?
>
> 신이 생각하건대, 개시開市하면 반드시 세견歲遣을 요구하게 되고, 세견하면 반드시 상경上京을 요구하게 될 듯한데, 한 번 그 말을 따르지 않으면 저들이 반드시 군사로 협박할 것이니, 오늘날의 형세로 어찌 그들을 대적할 수 있겠습니까? 그 말을 죄다 따르자면 차마 그렇게 할 수 없을 뿐만 아니라 온 나라의 힘을 다 쏟더라도 그 욕심을 만족

68) 《선조실록》 권 161, 선조 36년 4월 계축
69) 《선조실록》 권 163, 선조 36년 6월 을사
70) 《선조실록》 권 164, 선조 36년 7월 무오

> 시킬 수 없을 것입니다. 이것이 신이 아무리 생각해도 해결책을 찾지 못하는 까닭입니다.
> 그렇기는 하나, 한 가지 말씀 드릴 것이 있습니다. 월왕越王 구천句踐이 오吳나라와 교호交好는 했지만 와신상담臥薪嘗膽하며 백성을 늘리고 재물을 모으고 가르쳐서 마침내 원수를 갚아 치욕을 씻을 수 있었으니, 이것은 실로 오늘날 본받아야 할 일입니다. 구천이 오나라와 교호한 것만을 본뜨고 와신상담해 원수를 갚는 실속이 없다면 신은 아마도 국가의 화가 끝내 안정될 여지가 없을 것이라고 생각합니다. 신이 듣건대 이번에 이미 부산에 개시를 허가해 경상京商까지도 다 내려갔다 하는데, 변장邊將이 이것 때문에 해이해진다면 원수를 갚는 일이 참으로 한심스럽게 될 것입니다. 개시하는 일은 이제 이미 허락했고 사세로 생각해도 그만둘 수 없기는 하나 우리가 스스로 강해지는 방도에 대해서도 하루도 소홀히 할 수 없습니다. 옛사람이 '한 달에는 한 달의 공부가 있고, 한 해에는 한 해의 공부가 있다'고 했습니다. 참으로 위아래가 와신상담하며 마음을 합해 힘을 써서 날이 갈수록 국력이 강해지게 한다면, 오늘의 기미가 혹 뒷날에 원수를 갚는 기반이 될지 어찌 알겠습니까? 그렇지 않고서 기미한 것만 믿고 날로 게으르고 무너지는 지경으로 나아간다면 신은 알 바가 아닙니다. 위에서 재결하시기 바랍니다.[71]

이미 부산에서 개시한 마당에 이를 무시할 수도 없고, 와신상담해 뒷날 원수를 갚을 준비를 해야 한다는 원칙론에 불과했다. 문신들의 국방의식의 일단면을 보는 것 같다.

---

71) 《선조실록》 권 166, 선조 36년 9월 병진

1603년(선조 36) 4월 주청사로 명에 가서 세자와 중궁의 책봉을 요청했다. 부사는 호군 권희權憘였다. 6월에 태평관太平館에서 중전은 황제가 내린 고명誥命과 채단綵緞을 받았다. 이광정은 그 공으로 숭정대부로 승진하고, 토지 15결과 노비 3구를 받았다.[72] 9월에 예조판서[73], 12월에 이조판서[74], 1604년(선조 37) 2월에 판돈령부사[75]가 되었다. 그해 6월에 서울에서 의주까지 시종始終 호종한 사람을 호성공신扈聖功臣으로 봉했는데 이광정은 충근정량효절협책호성공신忠勤貞亮效節協策扈聖功臣 2등에 책봉되었다.[76] 그리하여 그 모습을 그려 후세에 전하며, 관작과 품계를 두 자급 초천超遷해 주고, 부모와 처자도 두 자급을 초천하되, 아들이 없으면 생질과 여서女婿를 한 자급 초천해 주었다. 그리고 적장嫡長은 세습하게 해 그 녹봉을 잃지 않게 하고, 대대로 영원히 사유赦宥를 베풀었다. 또한 반당伴倘 6구, 노비 9구, 구사丘史 4명, 전지 80결, 은자銀子 7냥, 내구마內廏馬 한 필을 받았다.[77] 그리고 그해 가을에 이광정은 연원부원군延原府院君이 되었다.

1606년(선조 39) 4월 5일에 2품 이상 관원을 모아 왜사를 어떻게 대처할 것인가를 의논했다. 연원부원군 이광정은 다음과 같이 헌의했다.

> 이적夷狄을 대하는 도에는 원칙이 있으니, 자강自强이 그것입니다. 우리의 세력이 막강하면 저들이 어떻게 우리를 깔보겠습니까? 그러나 지금은 그렇지 못해 임진년부터 병오년에 이르는 15년 사이에 우리의 자강하는 도리는 전혀 찾아볼 수 없었습니다. 군비는 군량이 시간이 갈수록

72) 李崇寧 編, 《延原府院君年譜》(1970), 14쪽.
73) 《선조실록》 권 166, 선조 36년 9월 을해
74) 《선조실록》 권 169, 선조 36년 12월 무신
75) 《선조실록》 권 171, 선조 37년 2월 신축
76) 《선조실록》 권 175, 선조 37년 6월 갑진
77) 《선조실록》 권 180, 선조 37년 10월 을해

> 더욱 부족해지기만 하니 우리의 세력이 과연 어떻다 하겠습니까? 여유 만만하게 교활한 술책을 부리는 저들은 우리의 허실을 엿보면서 우리에게 공갈을 치는데 못하는 짓이 없습니다. 귤왜橘倭가 우리나라에 온 것이 벌써 몇 차례나 되는데, 지금 와서는 패만한 말이 더욱 심해지고 있으니 통탄할 일이 아니겠습니까? ……
>
> 지금의 대계大計는 사람을 보내는 데 있지 않고, 오직 자강하는 데 있습니다. 하지만 자강하는 도리는 하루아침에 이루어질 수 있는 것이 아니니, 눈앞에 닥친 환란을 또한 염려하지 않을 수 없습니다. 오늘날 어떤 조치를 취하지 않을 수 없다면 신에게 한 가지 의견이 있기는 합니다. 유정을 전에 보낸 적이 있으니, 오늘날의 난처한 일도 우선 유정을 보내는 예에 의거해 일을 알고 믿을만한 사람을 엄선해 대마도에 들여보내 한편으로는 경직景直을 기미하고 한편으로는 적정敵情을 분명히 살피게 하는 것도 자강하는 도리에 해가 되지는 않을 것입니다. 어리석은 신은 항상 마음이 자강이라는 두 글자에 매여 있습니다.[78]

왜적을 대처하는 방법은 자강뿐이라는 것이다. 그러나 당장 왜인의 요구를 물리칠 수 없으니 우선 유정과 같은 사신을 보내 한편으로는 왜장을 기미하고, 한편으로는 자강을 하자는 것이다. 오활한 얘기다. 자강을 주장하는 것이 중요한 것이 아니라 어떻게 하면 자강할 수 있는지가 더 중요하기 때문이다.

1612년(광해군 4) 6월에 연원부원군 이광정은 유영경이 세력을 얻기 전에 아들 이현李炫을 혼인시키기로 했는데, 갑자기 영의정이 되어 소원해졌고 예측하지 못한 죄가 있다고 자복했으나 이를 문제 삼지 않았다.[79] 그런

78) 《선조실록》 권 198, 선조 39년 4월 계묘
79) 《광해군일기》 권 54, 광해군 4년 6월 병술

데 1617년(광해군 9) 11월 25일에 인목대비 폐비문제를 논의하고자 도당都堂에 모였다. 연원부원군 이광정은 "오직 묘당에서 충분히 강구하고 잘 처리해서 능히 변란에 대처하는 도리를 다하는 데에 달려 있습니다"고 반대는 아니지만 모호한 발언을 했다. 그러나 앞에서 유영경과의 혼사를 후회하는 것을 보면 찬성한 것은 아니었다고 할 수 있다. 1618년(광해군 10) 1월 4일에 우의정 한효순韓孝純이 연원부원군 이광정 등을 이끌고 들어가 폐비정청廢妃庭請을 했다.[80] 이광정은 여기에 참여한 것이다.

이광정은 소시부터 청렴결백으로 자신을 지켜 명류로 알려졌는데 폐비정청 때 화를 두려워 해 정청에 참여했으므로 사림들이 그를 비루하게 여겼다.[81] 그러나 인조반정이 일어나고 영의정 박승종朴承宗이 좌의정 박홍구朴弘耉의 청을 들어 1623년(인조 1) 3월 14일에 이광정을 이조판서를 삼았다.[82] 인조가 서별당西別堂에 나아가 친정親政을 베풀려 할 때 이광정이 몸이 아픈데도 정사에 참여하려 하자 김자점金自點이 면전에서 "폐모정청에 참여한 사람이 어찌 전장銓長이 될 수 있는가?"고 했다.[83] 그런데도 이광정은 그해 윤 10월에 공조판서가 되었고[84], 1624년(인조 2) 10월 12일에는 대비전의 존호尊號를 '명열明烈'이라고 해달라는 사신으로 명나라에 다녀와 반숙마半熟馬 한 필을 받았다. 이때 상사上使는 좌의정 윤방尹昉이었고, 이광정은 부사副使였다.[85] 1624년(인조 2) 12월에 이광정은 이호민李好閔 등 20여 명의 사람들과 함께 인성군仁城君 이공李珙의 처벌을 여러 차례 요구했다.[86] 인조는 이귀李貴가 대신들 앞에서 "종사의 안위가 이번

---

80) 《광해군일기》 권 123, 광해군 10년 1월 갑자
81) 《인조실록》 권 1, 인조 1년 3월 갑진
82) 앞과 같음.
83) 《인조실록》 권 1, 인조 1년 3월 을사
84) 《인조실록》 권 3, 인조 1년 윤 10월 무신
85) 《인조실록》 권 7, 인조 2년 10월 계사
86) 《인조실록》 권 7, 인조 2년 12월 신축. 인성군 이공은 일찍이 광해군이 인목대비를 폐했을

기회에 결판날 것인데, 어찌하여 공론을 저지하려 한단 말인가?"고 큰 소리를 친 사실을 그 자리에 있었던 이광정과 장만張晩에게 보고하라고 했다. 그리고 양사에게 이귀의 죄를 논하라고 했다.[87] 이에 사간원은

> 우찬성 이귀가 공석 상에서 상신相臣을 모욕해 체면을 크게 손상시켰으므로 임금께서 그날 함께 참석했던 훈신勳臣과 재신宰臣을 특별히 부르시어 그때의 실상을 하문하셨으니, 이는 장차 처치하려는 의도에서였습니다. 따라서 훈신과 재신으로서는 명백하게 진달했어야 마땅할 것인데, 연원부원군 이광정과 옥성부원군玉城府院君 장만은 감히 천위天威가 지척인 자리에서 우물주물하며 머뭇거렸는가 하면 여러 차례 하문하셨는데도 끝내 바른 대로 답변 드리지 않았습니다. 임금을 섬길 때는 숨김이 없어야 된다는 신하의 도리가 실로 이러한 것입니까? 대관大官도 이러한데, 소관小官들은 어떻게 책망할 수 있겠습니까? 답전榻前에서도 이러하니 먼 외방의 짓이야 알 만합니다. 듣고서 놀라지 않는 사람이 없으며 물정이 갈수록 더욱 격화되고 있으니, 모두 파직하소서.[88]

라고 아뢰었다. 그러나 인조는 처음에는 훈신과 재신이라고 듣지 않다가 세 차례나 계속 파직할 것을 주장하자 결국 이들을 파직했다.[89] 이때의 사간원 대사간은 김상헌金尙憲이었다. 전직 대사간은 이귀가 두려워 감히 말하지 못했으나, 김상헌이 부임하자 그날로 논계했다. 그래서 기강을 확립할 수는 있었으나, 늘 기휘忌諱에 저촉된 나머지 재직한 날이 얼마 되지 않

때 河仁俊이 올린 凶疏를 가리켜 종묘·사직의 대계를 위한 것이고 초야의 공론이라고 했다고 탄핵을 받았다(《인조실록》 권 18, 인조 6년 1월 정축).

87) 《인조실록》 권 7, 인조 2년 12월 을사

88) 《인조실록》 권 8, 인조 3년 1월 병인

89) 앞과 같음.

은 것이 흠이었다.[90]

1625년(인조 3) 12월 25일에 이광정은 형조판서가 되었다.[91] 그러다가 1628년(인조 6) 1월 15일에 지중추부사에 임명되었다.[92] 그러나 이광정은 1629년(인조 7) 2월 19일에 죽었다. 향년 78세. 실록에 수록된 이광정의 졸기卒記는 다음과 같다.

> 광정은 연안인延安人으로 1580년(선조 13)에 과거에 급제하고, 1592년(선조 25) 난리에 왕이 서울을 떠날 때 의주까지 호가扈駕하면서 갖은 근로를 아끼지 않았다. 선조는 환도한 뒤 그를 낭서郎署에서 승지로 특별히 제수했다. 광정의 사람됨이 근신하고 청렴·간결한데다가 일찍부터 시망時望이 있어서 여러 차례나 총재冢宰에 제수되었으며, 호성扈聖의 공로로 녹훈되기도 했다.
>
> 그런데 광해군 때 폐모론廢母論이 나오자 처음 지조를 굳게 지키지 못하고 결국 정청庭請에 참여하고 말았다. 그리고 그의 아들 이분李昐은 이이첨이 시험 제목을 팔았을 때 급제해 차술借述의 자취가 현저히 있었으므로 사람들이 그의 아비도 그 사실을 알고 있었을 것이라고 의심했다. 그에 대해 비평하는 자들이 '광정의 만절晩節은 하나도 취할 것이 없다. 선조의 옛 은총을 저버리고 스스로 진흙 속으로 빠져 들었다'고 했다. 《시경》에 '착하게 살자 그 누구인가? 서로들 빠져버리고 말 것이다'고 했는데, 바로 이를 두고 한 말이다.[93]

선조조에는 왕을 호종해 호성공신까지 되어 이조판서를 지낸 인물이 광

90) 앞과 같음.
91) 《인조실록》 권 10, 인조 3년 12월 기해
92) 《인조실록》 권 18, 인조 6년 1월 정축
93) 《인조실록》 권 20, 인조 7년 2월 을사

해군조에 폐모정청에 참여하고 이이첨과 같은 북인과 결탁해 실절失節을 했다는 것이다. 인조반정 이후 서인의 관점에서 쓰인 졸기이다. 이광정은 인조반정 직후 이조판서에 임명되었으나 폐비정청에 참여했다고 해 체직되어 기로소耆老所에 들어갔다.[94] 그리고 1624년(인조 2)에 이괄李适의 난이 일어나자 선조를 공주公州로 호종했다. 그 뒤 공조·형조판서를 거친 다음 벼슬을 그만두었는데 두 번이나 정승후보에 올랐다. 1627년(인조 5)에 정묘호란이 일어나 세자가 강화江華로 들어가자, 검찰사로서 따라가 국사를 총괄했다.

문충文忠이라는 시호가 내렸으나 유교遺敎로 받지 않았다. 묘는 파주군 뇌조리 아버지의 묘 아래에 있다. 묘비문은 손수 지었고, 장자 이현이 글씨를 썼다. 묘지명은 창석蒼石 이준李埈이 지었고, 신도비는 부제학 이민구李敏求가 지었으며, 외손서 김세렴金世濂이 전서를, 뒷면은 손자 이기징李箕徵이 짓고, 증손 이한李澣이 글씨를 썼다. 첫째 부인은 문과를 급제해 군수를 지낸 심순沈荀의 딸 증정경부인 청송심씨이다. 1550년(명종 5) 정월 24일에 태어나 1586년(선조 19) 2월 6일에 죽었다. 향년 37세. 묘는 남편과 합장했다. 둘째 부인은 개성유수 충정공 허잠의 딸 정부인 양천허씨이다. 1569년(선조 2) 8월 2일에 태어나 1625년(인조 3) 11월 1일에 죽었다. 묘는 청송심씨의 묘 왼쪽에 있다.[95]

이광정은 3남(紘·枌·裯), 8녀(柳成民·韓亨吉·閔光勳·朴文彬·洪宇遠·李益培·朴誠長·朴粹行의 처)를 두었다. 이 가운데 큰아들 이현은 별시 문과를 거쳐 평안도관찰사를 지냈고, 둘째 아들 이분은 정시 문과를 거쳐 안악군수를 지냈으며, 셋째 아들 이도는 증광 문과를 거쳐 홍문관 교리를 지냈다. 큰사위 유성민의 아들은 반계磻溪 유형원柳馨遠의 아버지 유흠柳欽이요, 김

94) 《인조실록》 권 49, 인조 26년 2월 을유
91) 《연안이씨삼척공파보》 권 1(和信文庫, 1997), 101~111쪽.

세렴은 그의 사위이며, 둘째 사위 민광훈은 민기중閔蓍重·민정중閔鼎重·민유중閔維重(숙종비肅宗妃인 인현왕후仁顯王后의 아버지)의 아버지다. 또 다른 사위 홍우원은 남인 4선생 가운데 하나였다.[96] 이와 같이 이광정은 세 아들이 모두 문과에 급제했고 문화유씨, 여흥민씨, 남양홍씨 등 명문과 혼맥을 잇고 있었다.

(3) 이창정

이광정의 동생 이창정은 근곡 이관징의 할아버지다. 이창정의 자는 중번仲蕃이요, 호는 화음華陰·무구옹無求翁·하당荷塘이다. 그는 아버지 이주李澍와 어머니 증정경부인 문화유씨 사이에서 1573년(선조 6) 6월 20일에 둘째 아들로 태어났다.[97]

1603년(선조 36)에 사마시에 합격하고, 1604년(선조 37)에 호종원종공신扈從原從功臣에 녹훈되어 1605년(선조 38)에 호조좌랑으로 뛰어 오른 뒤 1608년(선조 41)에 은율殷栗현감으로 별시 문과에 급제했다.[98] 은율현감으로 있을 때는 황해도 암행어사 최기남崔起南(최명길崔鳴吉의 아버지)의 서계書啓로 옷감 한 벌을 받은 바 있다.[99] 이 보다 먼저 황해도 관찰사 최동립崔東立이 조정에 보고하기를,

> 제가 관할한 도내의 수령 가운데서 명성과 공적이 가장 드러난 자로 은율현감 이창정을 꼽을 수 있습니다. 몸가짐이 청렴·검소하고, 정사가 자상해, 백성을 구휼하고 다독여 온 경내가 무사할 뿐만 아니라 상

96) 앞의 책, 101~123쪽.
97) 앞의 책, 124쪽.
98) 앞의 책, 124쪽.
99) 《광해군일기》 권 7, 광해군 즉위년 8월 갑신

사上司의 호령은 힘을 다해 거행하지 않는 것이 없어 반드시 다른 읍에 앞서니, 전대의 훌륭했던 관리 가운데서 찾아보더라도 이만한 자는 얻기 어려울 것입니다.[100]

고 상신해 정6품에서 정3품 통정대부를 가자한 바 있다.[101] 그러나 사헌부는

근래 상으로 내리는 벼슬이 크게 넘쳐 요행의 문이 날로 열리고 있으므로 식자들이 한심하게 여겨온 지 오랩니다. 부호군 이창정은 치적이 있기는 하지만, 현감으로서 당상의 중한 가자를 받기까지 한 점에 대해서는 물정이 모두 온당하지 않게 여기고 있습니다. 개정을 명하소서.[102]

라고 해 이창정에 대한 가자를 철회할 것을 요구했으나 들어주지 않았다. 광해군은 "이창정은 치적이 드러난 것이 전후로 한두 번이 아니고, …… 한 자급을 올려 주는 것은 실로 지나친 일이 아니니 번거롭게 논집하지 마라"고 잘라 말했다.[103] 그러나 사헌부가 여러 번 다시 시정해 줄 것을 요구해 결국은 가자를 취소했다.[104] 대신 이창정에게는 준직準職(정3품에 해당되는 관직)에 서용하도록 했다.[105]

그런데 1611년(광해군 3) 7월 3일에 사간원은

어천魚川찰방 이창정은 부임한 이후로 직무는 생각지 않고, 데리고 있

100) 《광해군일기》 권 36, 광해군 2년 12월 정유
101) 앞과 같음.
102) 《광해군일기》 권 37, 광해군 3년 1월 무신
103) 《광해군일기》 권 37, 광해군 3년 1월 기유
104) 《광해군일기》 권 38, 광해군 3년 2월 기해
105) 《광해군일기》 권 39, 광해군 3년 3월 신축

던 첩妾을 거느리고 가서 적지 않은 폐를 끼치고 있습니다. 그뿐만 아니라 가족이 기전畿甸에 살고 있는데, 시도 때도 없이 왕래하는 까닭에, 역졸들이 그 고통을 견디지 못해 부르짖는 원망 소리를 차마 들을 수 없을 지경입니다. 파직하소서.[106]

라고 정반대의 상소를 올렸다. 그리하여 이창정은 오히려 순천부사로 옮겨갔다.[107] 비변사의 보고에 따르면

순천부사 이창정은 자신은 검약하게 하고 백성에게는 넉넉히 했으며, 이로운 일을 일으키고 폐지된 것을 다시 일으켜 위엄과 은혜를 아울러 행하고 나랏일에 마음을 다해 치적이 남도에 제일이 되었습니다.[108]

고 해 목민관으로서 호남 제일의 치적을 올렸다고 했다. 이로 미루어 보아 이창정은 목민관으로서 청렴하고 일 잘하기로 이름이 났었던 것 같다.

그 후 이창정은 동래부사가 되었다. 이때 사간원에서는 왜관에 거류하는 왜인 3~4백 명이 명절이라는 이유로 공공연히 물가에다 천막을 치고 멋대로 놀았는데, 이창정이 이들을 다스리지 않고 다만 서계를 올려 책임을 면하려 한다고 추고推考(심문)하라고 해 왕의 재가를 받았다.[109] 왜인과의 교류가 활발해지는 것을 중국이 싫어하기 때문에 이를 사전에 차단했어야 한다는 것이다.[110]

106)《광해군일기》권 43, 광해군 3년 7월 경자
107)《광해군일기》권 43, 광해군 3년 7월 정묘
108)《광해군일기》권 59, 광해군 4년 11월 계묘
109)《광해군일기》권 64, 광해군 5년 3월 갑술
110)《광해군일기》권 64, 광해군 5년 3월 무인

그러나 1616년(광해군 8) 1월 15일에 올린 경기감사의 장계를 보면,

> 도내의 선정을 베푼 수령은 양주목사 이창정, 이천현감 심종민沈宗敏, 인천현감 윤제尹璾, 월곶첨사 이문빈李文贇 등이니 포상해 장려하고, 지평현감 유징柳澂은 매우 잘못 다스렸으니 우선 파출하소서.[111]

라고 해 이창정이 목민관으로서 역시 백성을 잘 다스린 것으로 되어 있다. 그리하여 이광정은 1616년(광해군 8) 3월에 정5품 사간원 헌납,[112] 1617년(광해군 9) 3월에 사헌부 지평[113]이 되었다. 1617년 4월 이창정은 동지사冬至使로 명나라에 다녀왔다. 정사는 이상길李尙吉, 이창정은 부사였다.[114]

1618년(광해군 10) 1월에 이창정은 성균관 사예,[115] 2월에 다시 사헌부 지평[116], 5월에 호조참의[117], 10월에 평안도 순안어사[118], 11월에 성균관 사성[119]이 되었다. 그가 순안어사로 나가서는 "평양판관 이동룡李東龍은 성품이 거칠고 비루해 함부로 사람을 죽였습니다. 또 감사 박엽과 전 서윤 정세미鄭世美가 죄가 있는지 없는지를 조정에서 처치하소서"라고 치계했다.[120] 박엽이 반격했다. 이에 승정원은

111) 《광해군일기》 권 99, 광해군 8년 1월 병술
112) 《광해군일기》 권 101, 광해군 8년 3월 갑신
113) 《광해군일기》 권 113, 광해군 9년 3월 갑술
114) 《광해군일기》 권 114, 광해군 9년 4월 갑진
115) 《광해군일기》 권 123, 광해군 10년 1월 무인
116) 《광해군일기》 권 124, 광해군 10년 2월 병신
117) 《광해군일기》 권 128, 광해군 10년 5월 정미
118) 《광해군일기》 권 133, 광해군 10년 10월 을유
119) 《광해군일기》 권 134, 광해군 10년 11월 갑오
120) 《광해군일기》 권 136, 광해군 11년 1월 정해

삼가 박엽이 스스로 해명한 소를 보건대, 조정을 업신여기고 공의를 무시하고, 군부를 우롱한 사람으로서, 정상이 한두 가지가 아닙니다. 진실로 통탄스러운 일입니다. 순안어사는 바로 한때 특별히 파견되는 사람으로서, 심상히 명을 받드는 사람과 비교할 수 없습니다. 중국 조정에도 순안어사가 있어서 포정布政 이하의 높은 벼슬아치라도 한 번 그의 탄핵을 받게 되면 두문불출하며 죄를 기다리기에 겨를이 없었습니다. 박엽이 이미 어사의 중한 탄핵을 입었으니, 그 자신은 바로 살인한 죄입니다. 박엽은 위인이 사납고 잔혹해, 전에 의주에 있을 때는 매를 맞고 죽은 자가 즐비했었고, 성천의 수령으로 있을 때에는 억울하게 죽은 자의 시체가 쌓였었습니다. 심지어 남편을 찔러 죽인 다음 그의 아내를 빼앗고, 기생을 끼고서 기강을 어지럽히기까지 함으로써 사람들에게 버림받고 공론에 죄를 지은 시 오래 되었습니다. 방백이라는 중요한 직책에 대해 갑자기 잘못된 은혜를 내리시고, 대각의 탄핵하던 상소가 끝내 침묵으로 돌아가니, 이로 말미암아 박엽의 교만함과 포악함이 더욱 심해져, 사람을 마구 죽여 그 해가 개와 고양이에게까지 미치게 되었습니다. 마땅히 어사가 한 번 아뢴 데에 힘입어 곧장 간악한 정상이 파헤쳐지자, 모든 사람들이 다투어 눈을 씻고 바라보며 통쾌하다고 말했습니다. 그런데 그는 감히 "장살杖殺한 것은 5명뿐이 아니다"고 함으로써 기탄하는 바가 없음을 보이고, 또 "이미 도마 위에 올랐는데 다만 아직 칼날을 받지 않았을 뿐입니다"고 말함으로써 믿는 데가 있음을 보였습니다. 심지어는 어사의 탄핵을 마귀의 글이라고 욕하기까지 했으며, 글자마다 사납게 성내는 뜻을 담고 마디마디 말을 다 날조해 살인죄를 용서해주기를 청했습니다. 군중軍中에서 공을 세웠다고 해서 마련한 양곡의 수를 과장하고서도 오히려 잘 보이려고 생각했으니, 그는 마음속으로 '어사는 꺾을 수 있으며, 사람들의

> 말은 막을 수 있으며, 임금은 속일 수 있다'고 생각한 것입니다. 멋대로 날뛰면서 속임수를 쓴 작태가 끝이 없으니, 지금이 어떤 때인데 서관西關의 중요한 지역을 저런 미친 애송이에게 맡김으로써 한 도의 쇠잔한 백성으로 하여금 전부 시랑이나 독사의 입속의 고기가 되게 하겠습니까? 신들은 가깝고 친밀한 자리에 있으면서 구구히 악을 미워하는 마음은 실로 백성을 위해 기생충을 제거하려는 데에서 나온 것입니다. 이 상소를 받아들이지 않을 수 없지만, 그의 죄 또한 밝히지 않을 수 없겠기에, 이렇게 약을 시중드는 날에 번거롭게 해 드리는 것을 피하지 않고 감히 어리석은 소견을 진달합니다.121)

고 박엽의 악정을 고발했다. 그런데 광해군은 "지금 내전의 병이 위중하니 이렇게까지 번거롭게 해야 하나. 승정원의 계사가 지나치며, 박엽을 용서하는 것이 옳다"고 했다.122) 사관의 논평을 보면

> 박엽은 일을 처리하는 재능이 있었으므로 일찍이 큰 부서의 직책을 맡았는데 성품이 잔악하고 탐욕스러웠다. 강선루降仙樓를 창건한 것으로 말미암아 은총을 얻었으며, 또 유덕신柳德新(광해군의 처족)의 사위로서 궁액과 통했다. 박엽은 재주가 있는데다가 중국어도 할 줄 알았으므로 역관들과 친해 중국과 통상해 진기한 보물과 기이한 장신구가 집에 가득했다. 그것을 진상하고 했는데, 명주明珠를 꿴 공작 깃털과 비단으로 만든 이불을 진상한 적도 있었으므로 왕이 자나 깨나 잊지 못했다. 관서關西에 있을 때에는 오직 형장刑杖만으로 일을 처리해 사람 죽이기를 풀 베듯 했다. 또 영내에서 극히 사치스러운 생활을 했으

121)《광해군일기》권 136, 광해군 11년 1월 을미
122) 앞과 같음.

> 며, 영내에 8방八房을 두고 기녀妓女를 뽑아 채웠으므로 술과 음식과 의복에 드는 비용만 해도 걸핏하면 백금으로 헤아려야 했다. 임금에게 두터운 은총을 받고 있다고 자만해 조정 안의 높은 신하들을 멸시했으며, 원수 이하가 다 그에게 제어되었다. 이창정은 이이첨의 친당인데, 그가 자기를 경시하는데 분노해 대략 실상을 아뢰었던 것이다. 박엽이 또 스스로 해명하니 왕이 용납하기를 이와 같이 했다.[123]

고 해 평양감사 박엽이 행정 능력도 있고 중국어도 잘하는데다가 유덕신을 통해 광해군과도 내통하는 위인이었다고 했다. 그는 역관과 친해 중국에서 많은 사치품을 들여와 광해군에 바쳤으므로 왕의 비호를 받았다. 그리하여 영내에서 사치스런 생활을 하고 백성을 형벌로 다스려 형장 아래 죽는 사람이 많았다. 이에 이이첨의 친당인 이창정이 순안어사로 와서 박엽의 비리를 고발해 문제가 생겼는데, 광해군이 처벌하지 못하게 했다. 국왕의 비호를 받는 권력자의 비리의 전형으로 그동안 아무도 건드리지 못했던 것을 이창정이 과단성 있게 징치하고자 한 것이다.

이창정은 계속해서 "전 영유永柔현령 이청李淸은 일찍이 없었던 극악무도한 탐관오리이니, 조정에서 각별히 처치함으로써 다른 사람들을 면려하소서"라고 치계했으나,[124] 광해군은 함경도 순안어사를 이창정에서 강린으로 교체했다. 그리고도 강린을 보내지 않고 다른 사람으로 뽑아 보내되, 이창정과 같은 종잡을 수 없는 사람을 뽑아 보내지 말라고 했다.[125] 이창정은 다시

123) 《광해군일기》 권 136, 광해군 11년 1월 을미
124) 《광해군일기》 권 136, 광해군 11년 1월 병신
125) 《광해군일기》 권 136, 광해군 11년 1월 임인

> 감사 박엽이 그 소장疏章 때문에 신에게 공문을 보내어 신으로 하여금 알아서 처신하게 하려 합니다.[126]

> 신이 어사로서 박엽에게 업신여김을 당했고, 또 홍명원洪命元에게 무고를 입었으니, 체면을 이만저만 떨어트린 것이 아닙니다. 그대로 본도에 있을 수 없는 형편이니 조정에서 처치하소서.[127]

라고 해, 오히려 박엽의 협박이 심해 도내에 있을 수 없어, 부득이 올라 와야 하겠다고 할 정도였다. 또 홍명원 등이 이창정을 무고하는 사건도 있었던 것 같다. 반대로 광해군은

> 이창정이 식량을 운반하는 책임을 제대로 수행하지는 않고 감히 궁궐의 역사를 중지해야 된다는 뜻을 아뢰니, 직언直言으로 명예를 노리는 꼴이 매우 가증스럽다. 그러나 이는 언로言路에 관계되는 일이기 때문에 당분간 치지도외하기로 했다.[128]

고 해 다른 사안을 가지고 이창정을 비난했다. 이창정은 분호조참의로서 호남에 있으면서, 민생이 매우 곤란해 국가가 틀림없이 망하고 말 실정을 직접 보았기에 사례를 열거해 상소하고, 또 궁궐을 신축하는 폐단을 말한 것이었다.[129] 그리고 이창정이 분호조참의인데 왜 지금까지 내려가지 않느냐고 추고하라고 했다.[130] 그런데 1622년(광해군 14) 1월에는 이창정이

---

126) 《광해군일기》 권 136, 광해군 11년 1월 을사
127) 《광해군일기》 권 136, 광해군 11년 1월 병오
128) 《광해군일기》 권 145, 광해군 11년 10월 기사
129) 앞과 같음.
130) 《광해군일기》 권 154, 광해군 12년 7월 계묘
《광해군일기》 권 160, 광해군 13년 1월 경진

분호조참의로서 전세田稅를 거두는 데 공로가 있다고 알맞게 표창하라는 전교傳敎가 있었다.[131] 그런데도 분호조참의 이창정과 해운판관海運判官 김수현金守玄이 세금을 걷어 내지 않는 각 관의 관원을 파출해 달라고 요청했는데도 버젓이 그대로 근무하고 있는 실정이었다. 모두 궁중의 인척이 아니면 이들에게 뇌물을 바친 사람들이었기 때문이라는 것이다.[132] 이에 국가에서는 5도에 모속사募粟使를 따로 파견하기에 이르렀다.[133] 그러면서도 분호조참의 이창정으로 하여금 전라·충청도의 제반 작미作米(각종 세금을 쌀로 환산해 바꾼 것)를 밤낮없이 배에 실어 경창京倉으로 보내게 하고 선전관을 따로 보내어 하유하도록 했다.[134] 이창정이 전세를 거두어 쓰다 남은 비축한 곡물이 4만 3천 석, 포목 1만 필, 은화 5백 냥에 달했다고 한다. 이창정은 이 때문에 관찰사로부터 추천까지 받았는데, 이는 백성의 고혈을 짜내어 제 몸을 살찌운 행위여서 죄를 받지 않은 것만 해도 다행인데 무슨 표창이냐는 것이다.[135] 그런데 정부에서는 분호조에서 불법 징수한 세곡이 수령들이 도용해 빈 장부만 남았으니 불태워 버리고 박엽이 민간의 고혈을 착취한 장부도 모두 불태워 버리라고 했다.[136]

이창정은 인조반정이 일어난 초기에도 비변사에 의해 심기원沈器遠·최현崔晛·이명李溟·이성구李成求·이민구·김시양金時讓·심광세沈光世·정기광鄭基廣과 함께 장재將材가 있는 사람 가운데 하나로 추천되었다.[137] 그리하여 이창정은 의주부윤이 되고 1624년(인조 2) 3월에 충청수사가 되어 왕을 공주까지 호위했다.[138] 그리고 "본영에 회부된 군량미 4백 석이 각 고

131) 《광해군일기》 권 173, 광해군 14년 1월 무오
132) 앞과 같음.
133) 《광해군일기》 권 174, 광해군 14년 2월 경인
134) 《광해군일기》 권 176, 광해군 14년 4월 계유
135) 《인조실록》 권 3, 인조 1년 9월 정유
136) 앞과 같음.
137) 《인조실록》 권 3, 인조 1년 11월 계해

을에 흩어져 있는데 세월이 오래되어 받아들이지 못해 헛장부만 있을 뿐이니, 탕척蕩滌해 달라"는 치계를 올리고 있다.[139] 그리고 4월에 곧 함경도 관찰사가 되었다.[140] 그런데 사관은

> 광해 때 윤수겸尹守謙은 관서에서 관향管餉하고, 김충보金忠輔는 영남에서 조도調度하고, 이창정은 양호에서 조도했는데, 폐해가 닭·돼지에까지 미치고 다투어 토목의 자재를 돕느라 백성의 원망을 돌보지 않았다. 반정한 처음에 맨 먼저 이 세 사람을 죄주어 민심을 풀었어야 했는데, 나라의 형벌이 미천한 김충보에게만 미치고 이창정은 북관北關의 중임에 제수되었으니, 나라의 공론이 있다고 하겠는가?[141]

고 비판하고 있다. 수세收稅하는 일이 백성의 고혈을 짜내는 일이라서 국가로 보면 악역이었다. 국가적인 처지에서는 필요악이었다. 반정이 이루어진 뒤에는 민심을 수습하고자 백성들의 원망을 사고 있는 이들을 처벌할 수도 있다. 그런데 가문에 배경이 있는 사람은 오히려 중용되고, 한미한 사람은 제거된 것이다. 고금의 세태가 그런 것이 아니겠는가? 인조반정이 일어난 뒤 혁명정부는 인기가 없었다. 그리고 광해군의 북인정부가 자기들끼리 사분오열되어 싸우다가 망한 것을 보고 서인정권은 자기분열을 피하고자 남인을 관제 야당으로 삼아 소북 등 온건세력을 남인에 편입해 등용하고자 했다. 영의정도 남인인 이원익을 초치했다. 이런 관점에서 보면 남인인 이창정이 혁명정부에서 조용된 까닭을 알 수 있을 것이다. 게다가 형 이광정이 폐비정청에 가담하면서까지 협력한 공도 감안되었으리라고

138) 《연안이씨삼척공파보》 권 1, 124쪽.
139) 《인조실록》 권 5, 인조 2년 3월 정축
140) 《인조실록》 권 5, 인조 2년 4월 계사
141) 《인조실록》 권 5, 인조 2년 4월 계가

생각된다.

1624년(인조 2) 7월에 이창정은 함경관찰사 겸 병마수군절도사순찰사함흥부윤이 되었다. 함경관찰사 이창정은

> 경원부慶源府의 수재水災·충재虫災가 매우 심해 화곡禾穀이 한 줄기도 남은 것이 없습니다.[142]

> 온성穩城에는 수재·한재旱災가 있고, 여역厲疫·홍역紅疫이 한꺼번에 치성해 죽은 자가 반이 넘는데, 가뭄 끝에 황충蝗蟲까지 심하니, 진구賑救할 방법을 미리 강구하소서.[143]

라고 치계했으나 조정에서는 마음을 쓰지 않았다. 6진六鎭에도 큰물이 지고, 큰바람이 불었다.[144] 이에 비변사는

> 육진의 수재가 참혹한 것은 예전에 없던 일인데, 그곳 창고의 저축이 본디 넉넉지 못한데다 인근에서 곡식을 옮겨 올 곳도 없으니, 호조로 하여금 혹 다른 도의 곡식을 운반해 보내거나 받아들인 물건을 줄여 주게 해 백성의 목숨을 살리소서.[145]

라는 무성의한 말만 하는 데 그쳤다. 이창정은 함경도 관방關防에 대해 자세하게 치계했다.

---

142) 《인조실록》 권 6, 인조 2년 7월 정사
143) 《인조실록》 권 6, 인조 2년 7월 갑자
144) 《인조실록》 권 6, 인조 2년 7월 경오
145) 《인조실록》 권 6, 인조 2년 7월 을해

> 신이 순행차 삼수三水에 도착해 관방의 형세를 살피건대, 백두白頭·장백長白 두 산이 모두 눈에 들어왔습니다. 부로父老에게 물어보니 '백두산은 우리 지경에서 거리가 겨우 4~5일정이고, 장백산은 더욱 가깝다. 예전에는 호인胡人들의 부락으로 고미평古未坪과 한민평韓民坪이 있었는데, 무오년(1618)부터 모두 노추老酋가 데리고 돌아갔으므로, 지금은 두 산의 남쪽에 거주하는 호인이 없다'고 했습니다. 백두산에서 오랑캐의 소굴까지가 겨우 13정인데, 적로賊路를 살펴 보건대 서수라西水羅의 길에서 운총雲寵·혜산惠山까지 겨우 4~5일정, 마죽령馬竹嶺에서 인차仁遮까지가 또한 겨우 6~7일정, 설운령雪雲嶺에서 가을파茄乙坡까지가 3~4일정, 오만령五萬嶺 길에서 별해別害까지가 4~5일정이었으며, 주설朱雪·오제烏蹄 등 부락은 옛날 그대로 백두산 북쪽에 거주하고 있어서 우리 변방과 그리 멀리 떨어져 있지 않습니다. 이러한데도 우리나라 국경 연변의 각보各堡는 하나도 믿을 만한 곳이 없습니다.[146]

고 보고하고 관방의 상태와 대비책을 갖추어 보고했다. 그리고 여진족의 침입을 막지 못한 경흥부사 권형權炯과 조산造山만호 김여명金汝銘을 파직했다.[147]

1625년(인조 3) 5월 14일에 선위사宣慰使로서 안변安邊에 가서 명나라 사신을 기다리다가 죽었다. 향년 53세. 죽은 뒤에 자헌대부이조판서 겸 지경연의금부춘추관성균관사 홍문관대제학예문관대제학 오위도총부도총관에 증직되었다. 묘는 경기도 파주군 조리면 노조리 노곡의 할아버지 여산공礪山公의 묘 아래에 있다. 장자 이심李襑이 쓴

146)《인조실록》권 7, 인조 2년 9월 기묘
147)《인조실록》권 8, 인조 3년 2위 계묘

묘갈명이 있고, 글씨는 4자 이괴李襘가 썼다. 신도비문은 용주龍洲 조경趙絅이 썼으며, 미수眉叟 허목許穆과 손자 이관징이 썼다. 《화음집華陰集》을 남겼으며, 청화산靑華山 아래에 은거했을 때 호를 화음·무구옹이라 했다.[148]

부인은 처사 이응명李應明의 딸 정부인 성주星州이씨이다. 1576년(선조 9) 12월 23일에 태어나 1632년(인조 10) 3월 17일에 죽었다. 향년 57세. 묘는 남편과 합장이다.[149] 8남(襑·袗·䘲·襘·襀·裺·裳·褧)을 두었다.

장자 이심李襑의 자는 자첨子瞻, 호는 가은稼隱, 근곡 관징의 아버지다. 1597년(선조 30) 8월 29일에 태어나 1648년(인조 26)에 죽었다. 향년 51세. 아들 이관징이 출세해 죽은 뒤 좌찬성을 증직 받았다. 광해군조에 이이첨 등이 발호하자 15세의 나이에 수천언의 상소를 올려 폐정을 극론했다. 아버지 이창정이 보고 기특하게 여겼으나 뒷날 벼슬할 때를 생각해 더 이상 하지 말라고 했다. 그러나 광해군조에 정계가 혼탁해지자 과거를 한 번도 보지 않았다.[150] 1638년(인조 16)에 동몽교관에 임명되었으나 얼마 안 되어 그만두었고, 다음해에 부솔副率에 임명되었으나 나아가지 않자 다시 대군사부大君師傅가 되었는데 엄격해 대군이 싫어했다. 이에 병을 핑계로 그만두었다. 천성이 부지런해 여러 친척 자제들과 이웃 자제들을 열심히 가르쳤고, 9세가 동거해도 가족 간에 화기애애했다.[151] 부인은 참판 이민환李民寏의 딸 영천이씨이다. 이심보다 7년 앞서 죽었는데 남편과 함께 묻혔다.[152] 가법家法이 조정과 같아 '만석군가법萬石君家法'이 있었다고 일컬어졌다.[153] 병자호란 이후에는 상주尙州 송치松峙에 우거寓居해 후진을 양

---

148) 《연안이씨삼척공파보》 권 1, 124~131쪽.
149) 앞과 같음.
150) 李沃, 祖考贈資憲大夫吏曹判書行大君師傅稼隱先生(襑)行狀(《博泉先生文集》卷 7, 行狀), 2冊, 104쪽.
151) 앞의 책, 105쪽.
152) 鄭經世, 李襑神道碑銘(《盆峯家訓》, 60~82쪽).

성했다. 후에 그의 고손 식산息山 이만부李萬敷가 상주에 내려와 살 수 있었던 것도 이때의 연고 때문이었다.[154] 죽은 뒤에 숭정대부 의정부좌찬성 겸 판의금부사 오위도총부도총관에 증직되었다. 묘는 경기도 장단군 고남면故南面 원당리元堂里 사미천沙眉川 재촌再村에 있다. 묘갈명은 미수 허목이 짓고 글씨는 장자 이관징이 썼다. 경북 문경군 가은면加恩面에 있는 숙양서원潚陽書院에 배향되어 있다.[155]

차자 이진李袗의 자는 자회子晦, 호는 포산匏山이다. 1600년(선조 33) 6월 20일에 태어나 1668년(현종 9) 11월 11일에 죽었다. 향년 69세. 1629년(인조 7)에 선공감 감역이 되었고, 1635년(인조 13)에 증광 문과에 급제해 관직이 대사간, 가선대부 강원도관찰사 겸 병마수군절도사순찰사에 이르렀다. 묘는 경기도 용인군 이동면二東面 구수동九水洞에 있다. 부인은 수사 성준길成浚吉의 딸인 정부인 창령성씨이다.[156]

3자 이한李梡의 자는 자완子完, 호는 경암鏡岩이다. 1604년(선조 37) 11월 14일에 태어나 1648년(인조 26) 8월 8일에 죽었다. 향년 45세. 1635년(인조 13)에 사마시에 합격해 세마洗馬에 임명되었으나 나아가지 않았고, 1639년(인조 17)에 별시 문과에 급제해 정자·전적·예조좌랑·옥구현감·정언·예조정랑 등을 거쳐 벼슬이 사헌부 지평에 이르렀다. 죽은 뒤 자헌대부 이조판서 겸 지경연의금부춘추관성균관사 홍문관·대제학·예문관·대제학·오위도총·부도총관·세제좌빈객에 증직되었다. 묘는 당진군 면천沔川 숭학산崇學山 아래에 있다. 미수 허목이 쓴 묘갈명이 있다. 1992년에 전북 고창군 아산면雅山面 학전리鶴田里 산 185번지 장화동長化洞으로 이장했다. 부인은 정랑 이원량李元樑의 딸 증정부인 고성이씨이다. 1605년(선조38) 8

153) 《商山誌》, 1917.
154) 權泰乙, 《息山李萬敷文學研究》(五成出版社, 1990), 19쪽.
155) 앞의 책, 124쪽.
156) 앞의 책, 133~134쪽.

월 20일에 태어나 1668년(현종 9)에 죽었다. 향년 64세. 묘는 남편과 합폄이다.[157]

이심은 2남(觀徵·鼎徵), 2녀(尹爾久·李雲根의 처)을 두었다.[158] 이관징은 4남(沃·浡·淑·浹), 3녀(閔昌道·鄭沵·洪禹疇의 처)를 두었다.[159]

(4) 이옥李沃

이관징의 장자 이옥李沃의 자는 문약文若, 호는 박천博川이다. 1641년(인조 19) 6월 13일에 태어나 1698년(숙종 24) 9월 23일에 죽었다. 향년 58세. 어려서부터 영특해서 아버지 이관징에게 "수인씨燧人氏가 처음으로 불을 사용했다고 하지만 지황地皇의 뒤인데, 지황은 왜 화덕火德으로 왕 노릇을 하지 못했습니까?"고 질문할 정도었다고 한다. 1656년(효종 7) 이조판서 이수광李睟光의 증손녀요, 영의정 이성구李聖求의 손녀요, 승지 이동규李同揆의 딸인 정부인 전주이씨와 혼인했다.[160] 이옥은 처음에 동주東州 이민구李敏求에게 배웠다. 1660년(현종 1)에 증광 문과에 급제해(朴世堂榜) 승문원 부정자가 되었다. 이민구는 그의 대책對策을 보고 칭찬해 마지않았다. 그리고 과거시험을 보려는 자들은 이를 돌려 가며 외웠다 한다. 용주龍洲 조경趙絅은 "이옥이 20세에 과거를 합격했으니, 이는 김사형金士衡 이후 한 사람뿐이다. 장차 크게 될 것이다"고 했다고 한다. 그리고 유석柳碩은 이옥을 한 번 보고 무겁게 여겨 그 아들로 하여금 사귀게 했다.[161] 1662년(현종 3)에 춘천부사로 있는 작은 할아버지를 찾아갔다가 금강산을 다녀

157) 앞의 책, 133~139쪽.
158) 앞의 책, 124~133쪽.
159) 앞의 책, 124쪽.
160) 李萬敷, 《息山先生文集》 卷 23, 先府君行狀(《韓國文集叢刊》 178, 민족문화추진회, 1996), 456쪽.
161) 앞과 같음.

왔다. 그의 할아버지 이심李禱은 대단히 엄격한 분인데도 이옥만은 사랑해 '보손寶孫'이라 써주었다고 한다.

그러나 1663년(현종 4) 7월에 장령 이지무李枝茂와 지평 윤우정尹遇丁은

> 승문원 부정자 이옥은 뭇 의론이 인정하지 않는 사람에 대해 홀로 자기 의견을 고집한 나머지 두 차례나 파좌罷坐케 했으니, 사정私情에 따르고 공도公道를 무시한 그 정상만도 이미 놀랍기 그지없다 할 것입니다. 그런데 더구나 본원의 많은 관원들이 이미 이 때문에 죄를 받은 상황에서 맨 처음 소란을 일으킨 장본인인 이옥만은 유독 죄를 면하고 있으니, 어찌 이럴 수가 있단 말입니까? 나문해 정죄하도록 하소서.[162]

라고 해 이옥을 처벌할 것을 요구했다. 이옥이 선배 네 사람을 제치고 성균관 전적으로 승진했으니 원상 복구해 달라는 것이었다.[163] 왕도 그대로 따랐다. 1664년(현종 5)에 부정副正으로 승진하고, 다음 해에 봉상 직장으로 저작을 겸했다가, 박사, 성균전적으로 승진했다. 1667년(현종 8)에 사헌 감찰이 되었으나 벼슬에 급급하지 않고 학문에 전심하고, 명산대천을 유력했다.[164]

1668년(현종 14) 2월 23일에 예조정랑 겸 춘추관기사관이었던 이옥은

> 예로부터 국가가 흥하고 망하는 것이 모두 서책에 실려 있으니, 삼가 생각건대, 성상께서 경사經史를 두루 보시어 감계監戒하는 바가 있으실

162) 《현종실록》 권 7, 현종 4년 7월 무진
163) 《현종실록》 권 11, 현종 6년 9월 갑오
164) 앞의 책, 457쪽.

> 것입니다. 다만 생각건대, 많고 많은 분량의 책을 다 보시기가 어렵고, 옥체가 편치 않으시어 오랫동안 경연을 폐했으며, 총명에는 한계가 있어서 두루 섭렵하지 못하셨을 것이니, 성의가 간간이 단절되는 것은 아마도 여기에서 말미암은 것인 듯합니다. 그러므로 신이 감히 참람한 죄를 잊고서 재변의 징험을 주워 모았으되, 위로는 춘추시대부터 아래로는 송나라에 이르기까지의 군신이 재변을 당해 서로 닦아, 후세에 법이 될 만한 것과 재변을 즐기고 법도를 무너뜨려 후세에 징계가 될 만한 것, 총 48조목을 모았습니다. 그런 다음 각각 그 아래에다 저의 견해를 덧붙여 치란을 들어내고 흥망을 징험해 두 편으로 정리하고는 이를 다시 한 책으로 만들어 제목을《역대수성편람歷代修省便覽》이라 한 다음 손으로 써서 감히 전하께 올려 한가하신 여가에 펼쳐 보시도록 했습니다.165)

라는 상소를 올렸다. 이에 대해 현종은

> 올린 책을 보건대 걱정하고 사랑하는 정성이 독실하지 않으면 어찌 이렇게 할 수 있겠는가? 재삼 읽어 보고는 가상함을 금치 못했다. 이제 마장馬粧 1부를 내리니, 이옥에게 주어 나의 뜻을 표하라!166)

고 했다. 이옥의 시도가 성공한 것이다. 노력은 들었지만 국왕의 머리에 이옥이라는 이름을 각인했고, 마장 1부까지 받지 않았는가?

이옥은 충청도도사가 되어 삼산수三山守 이석관李碩寬과 함께 속리산을 유람하고, 1669년(현종 10)에 병조좌랑, 1670년(현종 11) 1월에 사헌부 지

---

165) 《현종실록》 권 14, 현종 9년 2월 임진
166) 앞과 같음.

평이 되었다.[167] 지평으로서 이옥은 왕이 아픈데도 음악과 술을 즐긴 해운판관 민종도閔宗道를 탄핵하고,[168] 호조판서로 된 오정일吳挺一에 대해 사간원이 탄핵을 하자 그 잘못을 다투었으나,[169] 왕은 사간원의 홍억과 이단석李端錫을 체직하고 사헌부의 이옥과 정중휘를 출사하게 했다.[170] 그러나 지평 직함을 가지고 있으면서 고향에 내려갔다는 이유로 인피引避해 체직되었다.[171] 그해 5월에 이옥은 사간원 정언이 되었다.[172] 정언으로서 이옥은 상중의 계집을 첩으로 삼은 우윤 조한영曺漢英을 탄핵했다가, 그 첩이 사족이 아닌데 소문만 듣고 탄핵했다고 파직되었다.[173] 그는 곧 정언으로 복귀했으나,[174]

> 신이 요전 본직에 있으면서 들으니, 우윤 조한영이 일찍이 경기감사로 있을 때 신申씨의 산에 관한 송사訟事를 결단해 주고 상중에 있던 계집을 첩으로 삼았다고 했습니다. 외밭에서 신을 신은 격이므로 남의 말을 초래할 만도 합니다. 그래서 상중의 계집을 받아들였다는 한 가지 일만을 들어서 이름난 재상이 스스로를 신칙申飭하는 도리를 격려시키고자 했는데, 뜻밖에 공격하는 논란이 규례를 넘어서 일어났습니다. 지금 조한영의 이름이 한창 송장訟狀에 오르고 있어서 신료들 사이에 말이 퍼져 떠들썩합니다. 당초 신이 실상을 다 말하지 않은 것은 의도가 있었던 것인데, 신명규申命圭가 나서서 신을 공박했으니, 그 역시

167) 《현종실록》 권18, 현종 11년 1월 기해
168) 《현종실록》 권 18, 현종 11년 1월 무신
169) 《현종실록》 권 18, 현종 11년 1월 경술
170) 《현종실록》 권 18, 현종 11년 1월 신해
171) 《현종실록》 권 18, 현종 11년 4월 병신
172) 《현종실록》 권 18, 현종 11년 5월 경신
173) 《현종실록》 권 18, 현종 11년 5월 정묘·경오
174) 《현종실록》 권 18, 현종 11년 6월 기해

> 너무나도 생각하지 못한 것입니다. 더구나 상중에 있는 사람은 혼인을 금하도록 예법에 매우 엄중히 되어 있습니다. 그런데 소상小祥이 이미 지나갔느니, 서얼은 사족과 차이가 있다느니 하면서 그를 변명해 주려고 했으니, 어찌 구차한 것이 아니겠습니까? 이것은 모두가 신이 미천하고 명망이 없어서 말이 신임을 받지 못하고 도리어 남의 공격하는 자료가 된 것입니다. 신이 어떻게 감히 대간의 자리를 더럽혀서 청명한 조정에 욕을 끼치겠습니까?[175)]

고 사직을 청했다. 그러나 왕은 그대로 근무하라고 했다.[176)] 그런데 장령 이섬李暹과 지평 오두헌吳斗憲은

> 사대부의 행동은 겸양을 중하게 여깁니다. 정언 이옥이 대간의 논평을 당하다가 다시 그 전 직임에 의망擬望되었으니 의당 반성하기에 겨를이 없어야 합니다. 그런데 거만하게 소장을 올려 쟁송하듯이 했으니, 이옥을 체차하소서.[177)]

라고 상소해 이옥을 체차하라고 했으나 들어주지 않았다. 사간 신명규도 그대로 출사하라고 했다.[178)]

1671년(현종 12) 8월에 이옥은 다시 사간원 정언,[179)] 10월에 지평,[180)] 1672년(현종 15) 7월에 다시 정언,[181)] 7월에 다시 지평,[182)] 8월에 사서가

---

175) 《현종실록》 권 18, 현종 11년 6월 임인
176) 앞과 같음.
177) 《현종실록》 권 18, 현종 11년 6월 계묘
178) 《현종실록》 권 18, 현종 11년 6월 갑진
179) 《현종실록》 권 19, 현종 12년 8월 신축
180) 《현종실록》 권 19, 현종 12년 10월 정유
181) 《현종실록》 권 22, 현종 15년 7월 을해

되었다.[183] 그리고 1672년(현종 13) 6월에는 홍문본관록弘文本館錄에 4점을 받았다.[184]

1674년(현종 15)에 갑인예송甲寅禮訟이 일어났다. 효종비 인선왕후仁宣王后가 돌아가자 조대비趙大妃의 복을 9월복으로 올렸다. 이를 계기로 현종은 "기해예송己亥禮訟때 효종에 대한 조대비의 복을 기년복朞年服으로 정한 것은 《경국대전》에 따른 것이지 송시열宋時烈의 4종설四種說 가운데 체이부정體而不正에 의한 것이 아닌데, 서인이 왜 4종설에 의한 9월복이 맞다고 하느냐?"고 했다. 그리고 김석주金錫周에게 송시열의 예론과 허목의 예론을 비교해 어느 것이 옳은가를 검토해 올리라 했다. 이에 김석주는 허목의 손을 들어주었다. 남인의 판정승이다. 그 결과 서인이 쫓겨나고 남인이 대거 기용되었다.[185]

숙종이 즉위하자 남인들이 서인의 예론을 공격하고 나섰다. 1674년(숙종 즉위년) 12월에 남인 대간 장령 남천한南天漢, 지평 이옥, 헌납 이우정李宇鼎, 정언 목창명睦昌明이 다음과 같이 합계했다.

> 제왕이 계통을 세우면서 계체繼體의 뜻을 심히 중하게 했고, 성인聖人이 예를 제정하심에 적서嫡庶의 분별을 극히 엄하게 하셨으니, 이는 조금도 문란케 할 수 없는 것입니다. 영중추부사 송시열이 기해년(1659)의 대상大喪을 당해 대왕대비의 복제에 차장次長은 3년의 적당한 본래의 예가 있는데도 이를 버리고 쓰지 않고는, 하필 '계체는 했으나 적통嫡統이 아니다[體而不正]'라는 조목을 억지로 끌어서 맞추려고 대왕대비로 하여금 당연히 입어야 할 3년복을 입지 못하게 하고, 이를 내

182) 《현종실록》 권 22, 현종 15년 7월 무자
183) 《현종실록》 권 22, 현종 15년 8월 을사
184) 《현종실록》 권 20, 현종 13년 6월 무술
185) 李成茂, 〈17세기 예론과 당쟁〉, 《조선양반사회연구》(일조각, 1995), 488~504쪽.

려서 서자庶子의 기년복朞年服을 입으시게 했습니다. 그리고 헌의하기를 "효종대왕은 인조대왕의 서자가 되기에 해롭지 않다"고 했고, 또 이르기를 "차장을 모두 장자라고 이름해 복을 너덜너덜한 3년복을 입게 되면 적통이 엄하지 아니하다"는 방자한 말을 해서 스스로 그 군부를 깎아내리는 데로 돌아가는 것을 깨닫지 못했으니, 그가 고집한 바는 항상 바르지 못하다는 서자에 있었던 탓으로 첩서妾庶의 명문明文을 얻지 못했던 것입니다. 《춘추전春秋傳》에 이르기를 "맹猛은 비록 바르기는 하나 은총이 없었고, 조朝는 비록 은총은 있었으나 바르지 아니했다"고 했으니, 맹은 곧 주周나라 경왕景王의 태자太子 수壽의 친동생이요, 조는 곧 주나라 경왕의 서자입니다. 그 이른바 바르고〔正〕 바르지 않다〔不正〕는 것이 어찌 적嫡과 첩서妾庶의 명문이 아니겠습니까? 그는 말이 궁하고 논리가 막혀서 능히 스스로 해석하지 못하게 되자, 사이에서 명제明制를 준용한다고 핑계를 댔으나, 그의 본래의 뜻은 여기에 있지 아니했던 것입니다. 그렇기 때문에 금년 봄 인선왕후仁宣王后의 상사에 대왕대비의 복제를 또 낮추어 중자衆子의 며느리로서 대공복大功服(9월복)으로 했던 것이므로, 이에 그 뜻을 더욱 징험할 수 있으니, 본래 체이부정조를 주장했고, 명제를 준용한다고 이른 것은 칭탁한 꾀에 지나지 않는 것입니다. 지금 전례典禮가 이미 바르게 되었고 국시國是가 이미 정해졌으나, 의논을 주도해 예를 무너뜨린 사람에게 죄를 가하지 않았으니, 청컨대 송시열을 파직하소서.[186]

오례誤禮의 책임을 물어 송시열을 파직하라는 것이었다. 효종을 서자庶子라고 해도 무방하다고 했으니 남인들이 왕실의 권위를 내세워 송시열을

186) 《숙종실록》 권 1, 숙종 즉위년 12월 정미

물고 늘어진 것이다. 송시열이 말한 서자는 중자衆子라는 뜻으로 썼는데 남인은 이를 첩자妾子로 해석한 것이다. 그러나 지평 권기權愭는

> 당초에 비록 기년朞年을 정제定制로 삼았다 하더라도, 세상에 편당하는 사람들이 그들의 사사로이 힘쓰는 것들을 이루고자 해 준엄하고 격렬한 논설을 펴서, 무릇 3년의 설을 주장한 자는 화를 전가하려 한다고 지목해 모두 귀양 보내고 내쫓고 했습니다. 지금 새로운 감화를 꾀하는 날을 당해 마땅히 깊이 경계해야 할 것은 격론激論에 있는데, 지금 만약 3년으로 귀정歸正되었다 해 기년과 대공大功의 설을 심하게 논한다면, 이는 전철을 밟는 것입니다. 신의 어리석은 견해가 이와 같은지라 감히 많은 관원을 처치하지 못하겠습니다.[187]

고 해, 기해예송 때 3년설을 주장한 남인을 일망타진한 것처럼 이번에도 같은 전철을 밟아서는 안 되므로 자기는 서인을 쫓아내는 데 앞장설 수 없다고 했다. 대사간 허목은 이런 주장을 한 권기는 쫓아내고, 이 때문에 인피한 헌납 이우정, 정언 목창명, 지평 이옥, 장령 남천한 등 남인 대간들은 계속 출사하게 됐다.[188] 이들은 다시 송시열을 삭탈관작削奪官爵, 문외출송門外出送시키라고 재촉했다.[189] 그러나 경기 진사 성호석成虎錫이 송시열을

---

187) 《숙종실록》 권 1, 숙종 즉위년 12월 무신

188) 앞의 책. 서인들은 이 네 사람을 남인 四奸이라 지목했다(《숙종실록》 권 3, 숙종 1년 3월 을유). 이옥은 일찍이 송시열을 높여 스승으로 모시고, 정자와 주자에 견주었는데도 앞장서서 팔을 걷고 나섰으니, 사람들이 黃李沃(기묘사화 때 조광조를 모함한 자)에 비했다(《숙종실록》 권 3, 숙종 1년 4월 무술). 그때 남인들에게 10가지 어려움이 있었다. 1)慈殿(명성왕후)의 뜻을 돌리기 어렵고, 2) 청풍부원군(金佑明)을 제어하기 어렵고, 3) 좌상(金壽恒)을 제거하기 어렵고, 4) 병조판서(金錫周)를 움직이기 어렵고, 5) 영상(許積)을 믿기 어렵고, 6) 소북小北을 단합시키기 어렵고, 7) 太學을 빼기 어렵고, 8) 두 민씨(閔維重·閔鼎重)를 제어하기 어렵고, 9) 송시열의 명성을 가리기 어렵고, 10) 문형文衡을 얻기 어렵다는 것이다(위와 같음).

189) 《숙종실록》 권 1, 숙종 즉위년 12월 을묘

풀어주라고 상소했다.[190]

1675년(숙종 1) 2월에 이옥은 이인환李寅煥·이항李沆과 함께 관동의 암행어사로 파견되었다.[191] 그 뒤 이옥은 3월에 사간원 정언[192], 4월에 헌납[193]이 되었으며, 5월에는 부제학 홍우원洪宇遠이 홍문록에 넣어주었다.[194]

1675년(숙종 1) 윤 5월에 유필명柳弼明이 기해년(1659)의 예론은 옳고, 갑인년(1674)의 복제는 김수흥金壽興이 예를 잘못 정한 것이며, 근일의 천재天災는 송시열이 죄가 없는데도 벌준 데 돌렸다. 그리고 그 상소를 올리도록 사주한 사람은 민유중이 아니었는데 그런 것처럼 왜곡해 체포하도록 했다. 이에 허적이 민유중을 위해 이옥에게 이르기를 "이 일은 오직 윤휴만이 해결할 수 있다"고 해 이옥으로 하여금 윤휴에게 들어가 왕에게 민유중을 구원하라고 했다. 이옥은 민유중의 외당外堂이었기 때문이다. 윤휴는 처음에는 난색을 표하다가 즉시 들어가 "유필명은 어리석고 민첩하지 못한 자이니 끝까지 치죄할 것 없고, 민유중은 중신이니 요사한 사람과 관련시켜서는 안 된다"고 말해 무마되었다.[195] 그리고 헌납 이옥은 지중추부사 강백년姜栢年이 서인의 예론을 주장했는데도 실록당상에 임명된 것은 잘못이니 이를 바꾸어야 한다고 해 남인 오시수吳始壽로 바꾸었다.[196] 숙종은 서인을 싫어해 말만 하면 서인을 갈아치웠다.[197]

---

190) 《숙종실록》 권 3, 숙종 1년 4월 무술
191) 《숙종실록》 권 2, 숙종 1년 2월 계사
192) 《숙종실록》 권 3, 숙종 1년 3월 경오
193) 《숙종실록》 권 3, 숙종 1년 4월 계축
194) 《숙종실록》 권 3, 숙종 1년 5월 갑자. 이때 홍문록에 든 사람은 金璁·趙昌期·吳挺昌·柳命賢·趙嗣基·姜汝監·朴純·朴信圭·兪夏益·金奐·金德遠·權瑎·李壽慶·閔黯·尹致績·李沆·睦昌明·趙宗著·沈壽亮·이옥 등 20인이고 남인 인사가 많다(《숙종실록》 권 3, 숙종 1년 5월 갑자).
195) 《숙종실록》 권 4, 숙종 1년 윤 5월 무자
196) 《숙종실록》 권 4, 숙종 1년 윤 5월 계사
197) 앞과 같음.

1675년 윤 5월에 도당은 이옥·오정창吳挺昌·목창명·유명현柳命賢·유명천柳命天 등 남인 5인을 홍문록弘文錄에 수록했다. 유명천 형제는 홍문관에서는 누락되었는데, 허적에게 아부해 도당록에는 참여할 수 있었다. 이담명李聃明은 이를 보고 "유씨집 형제가 장하구나!"라고 비아냥거렸다고 한다.[198)]

그 달 12일에 이옥은 부교리가 되었다.[199)] 그런데 《숙종실록》에는 이옥에 대해 다음과 같은 험담이 실려 있다. 서인들이 쓴 것이기는 하다.

> 이옥은 이관징의 아들이다. 쥐의 낯짝에 여우의 얼굴이어서 암계暗計와 간사함을 헤아릴 수 없었으니, 참으로 하늘이 낸 소인이다. 글재주가 조금은 있어 젊어서 과거에 올랐다. 일찍이 송시열의 문하에 출입하며 스승으로 섬기면서 매양 (송시열을) 정자程子·주자朱子의 도학道學과 반고班固·사마천司馬遷의 문장이라 일컬었으며, 서신의 왕복도 매우 많았다. 일찍이 네 폭의 종이에 행신行身하고, 종사從仕하는 요어要語를 써 받기를 청했는데, 그 말이 매우 아첨하는 것이었다. 그는 송시열에게 받은 글을 도장圖章에 새기고 사람들에게 말하기를 "이는 선생이 가르친 교훈이라 이 몸이 다하도록 차고 다니려 한다"고 했다. 그러나 이에 미쳐 이옥이 참새가 날뛰듯 일어나 (송시열을) 앞장서서 공격하고 배척하기에 온 힘을 다했다. 사람들은 그의 심술이 간교하고 사특함을 통탄했다. 기묘사화가 일어났을 적에, 황계옥黃季沃이라는 자가 있었는데, 조광조를 구하려고 울부짖다가 옥에 갇히기까지 했다. 그러나 얼마 안 되어 배반하고 남곤南袞과 심정沈貞에게 붙어서 소疏를 올려 조광조 등의 사형을 청했다. 그런데 오히려 앞뒤의 한 행위

198) 《숙종실록》 권 4, 숙종 1년 윤 5월 무술
199) 《숙종실록》 권 4, 숙종 1년 윤 5월 기해

> 가 같지 아니함을 부끄러워 해 가만히 계季자의 한 획을 지우고 이李자로 바꾸었다. 중종이 그 소를 보고는 공론이 초야草野에서 나온 것으로 여기고 드디어 조광조에게 사형을 내렸다. 이옥은 이러한 공으로 별좌가 되었고 이내 이옥으로 행세했으니, 이는 만고의 사인邪人으로 망극한 자였다. 이에 이르러 조세환曺世煥이 시를 지어 '동방 앞뒤에 이옥이 나니〔前後東方生李沃〕, 사문斯文의 액운이라 하늘에 어찌 하리〔斯文厄會奈何天〕' 라는 글귀가 있어 한때 전해가며 외웠다. 이옥의 무리들이 이를 미워해 마침내는 (조세환을) 어떤 일로 죄를 주고야 말았다. 서인들이 이미 패하고 오창명의 세력과 지위가 장차 이옥보다 앞서 전조銓曹에 들어가게 되자, 이옥이 이를 꺼려 허목을 속여 오창명을 장령으로 승진시키게 했다. 그는 장령의 품계가 높기 때문에 낮추어 전랑銓郎에 임명될 수 없게 하기 위함이며, 허목이 몹시 오활해 정사에 관한 격식을 알지 못했기 때문이기도 했다. 당시의 무리들이 허목을 허물하매 허목이 말하기를 "이옥이 나를 시킨 것이다"고 했다. 이에 그의 무리들이 이옥을 이설李卨이라 했다.[200)]

당쟁시대에 있을 수 있는 일이다. 다만 서인의 입장에서 상대당인을 폄하하는 인물평이다. 이옥의 뒤에도 목창명·오창명·오정창·유명현·권유權愈·민종도·박신규朴信圭 등 남인 인사에 대한 험담이 계속되어 나온다.[201)]

그러나 정국은 남인에게 유리하게 돌아갔다. 곧 이조판서에 목내선睦來善, 사간에 민암閔黯, 부교리에 목창명, 도승지에 이홍연李弘淵, 헌납에 곽제화郭齊華, 이조좌랑에 이옥이 임명되었다.[202)] 그러나 남인이 집권하자 남인

---

200) 《숙종실록》 권 4, 숙종 1년 윤 5월 기해
201) 앞과 같음.

이 다시 청남淸南과 탁남濁南으로 갈렸다. 윤휴와 허목이 청남의 영수가 되고, 오정창·오정위吳挺緯·오시수·이무李袤·조사기趙嗣基·이수경李壽慶·남천한 등이 따랐으며, 허적許積이 권대운權大運을 끌어들여 함께 맹주가 되고, 민희閔熙·목내선·이관징·민종도·이우정李宇鼎·이원정李元禎·오시복吳始復·유명천·유명현·권유·목창명·박신규·김환金奐 등이 따랐다. 집권을 할 때는 허적이 권대운·윤휴·허목을 끌어들여 서인을 공격하더니, 복창군·복선군이 윤휴·허목과 연대해 세력이 강해지자 허적이 자기의 세력이 무너질까 두려워, 따로 당인을 모았다. 윤휴는 자기 당을 청남이라 하고, 허적의 당은 기왕에 높은 벼슬을 많이 했다고 해 탁남이라 불렀다. 허목은 늙었으면서도 교묘하고 치밀해 양쪽에 교류했고, 허적은 노숙해 안으로는 권대운 등을 부호하면서도, 밖으로는 중립을 취하는 척 했다. 홍우원은 처음에는 윤휴의 당이었다가 나중에는 권대운의 당으로 돌아갔다. 이하진李夏鎭·이옥·이담명李聃命은 양다리를 걸쳤다. 윤휴의 당은 소수였으나 인평대군 아들들의 지원을 받아 탁남과 대결할 수 있었다. 비록 청남과 탁남이 갈려져 있었지만 서인을 공격할 때는 같은 목소리를 냈다. 소북으로 남인에 붙은 자는 이수경이고, 서인으로서 남인에 붙은 자는 김수홍金壽弘·이지익李之翼·정유악鄭維岳·곽제화郭齊華 등이었으며, 서인으로서 남인에게 용납되기를 구한 자는 조사석·이단석李端錫·이하李夏 등이다.[203]

6월 7일에는 다시 김환을 장령으로, 장응일張應一을 우승지로, 오정창을 동부승지로, 이옥을 부교리로 삼았다.[204] 남인 일색이다. 7월 5일에 이옥은 이조좌랑이 되었는데 허목을 속여 오창명을 장령으로 승진시킨 다음 전랑을 차지한 것이 탄로 났다. 이에 허적에게 부탁해 다시 의정부 검상檢詳

---

202) 《숙종실록》 권 4, 숙종 1년 윤 5월 임자
203) 《숙종실록》 권 4, 숙종 1년 6월 신유
204) 《숙종실록》 권 4, 숙종 1년 6월 갑자

으로 승진되었다.205) 7월 15일에는 사간원 사간이 되어 판중추부사 김수항金壽恒의 차자를 공격해 중도부처中道付處하게 했다. 조정을 무함하고, 군부를 협박해 송시열을 위해 보복하려는 소지를 만들고자 했다는 것이다.206) 7월 18일 이옥은 응교로 되었다가,207) 27일에 부응교가 되어 《시경》 7월편과 《예기》 월령편月令篇으로 첩자帖子를 만들고, 전가시田家詩 12수를 지어 올려 왕의 칭찬을 받았다.208) 이옥은 이어 8월 23일에 사간,209) 9월 1일에 부응교210)가 되었으며, 9월 7일에는 야대夜對에서 실시한 옥당관 시험에서 장원했다.211) 9월 10일에 우부승지가 되었다.212) 그런데 이옥에 대한 사평은 이러하다.

> 이옥은 간사하게 아첨함이 남보다 월등해 혹은 허적을 붙좇기도 하고, 혹은 윤휴를 붙좇기도 했으며, 서인을 보면 그 동류의 허물을 말하고, 동류를 대하면 서인을 해치는 꾀를 교묘하게 말하므로 사람들이 구미호九尾狐라 했다. 임금이 방房의 단자單子에서 차례를 뛰어넘어 이옥을 예방禮房에 차임하니, 이옥이 말하기를 "선조先朝에서는 병방兵房을 중히 여겼는데, 금상은 대례大禮를 이정釐正하는 것으로써 예방을 존중했기 때문에 나를 써서 이를 삼았다" 하며, 경연을 열 때마다 입시하기를 몹시 요구해, 교묘한 말과 간사한 낯빛으로 주상의 뜻에 아첨해 기쁘게 했다. 그의 장인인 이동규李同揆와 더불어 윤휴의 매가 되어 밤낮

205)《숙조실록》 권 4, 숙종 1년 7월 신묘
206)《숙종실록》 권 4, 숙종 1년 7월 신축
207)《숙종실록》 권 4, 숙종 1년 7월 갑진
208)《숙종실록》 권 4, 숙종 1년 7월 계축
209)《숙종실록》 권 4, 숙종 1년 8월 무인
210)《숙종실록》 권 4, 숙종 1년 9월 병술
211)《숙종실록》 권 4, 숙종 1년 9월 임진
212)《숙종실록》 권 4, 숙종 1년 9월 을미

으로 좇아다니면서 권세를 부르고 뇌물을 받았다.213)

11월 23일에 이옥은 대사간이 되었다.214) 그런데 김석주가 말하기를

> 근래에 공도가 땅바닥을 쓴 듯하고, 사의私意가 횡행해 이조참판 이관징이 어제 총부摠部의 개정開政하는 날을 당해 병을 핑계대고 참석하지 아니한 채 그 아들 이옥을 대사간으로 삼았습니다. 아직 며칠이 되었는데, 이관징이 곧 출사했으니, 어찌 이처럼 염치없는 자가 있겠습니까? 전조는 정사의 근본이 되므로, 정사의 근본이 맑은 연후에야 군공群工을 책려責勵할 수 있는데, 탁란함이 이와 같으니, 나라가 망할 조짐입니다.215)

고 맹렬히 공박했다. 아버지 이관징이 이조에 있으면서 그 아들을 대사간에 임명한 것은 파렴치한 짓이라는 것이다.

1676년(숙종 2) 8월 27일에 호군 이옥은

> 무릇 장자를 위해 3년으로 하는 제도는 상하에 통용하는 것이니, 이는 곧 천지·고금의 상경常經입니다. 그런데도 기해년(1659)의 대상이 있던 날 송시열 등은 이를 버리고 쓰지도 않고, 감히 기제朞制에 의거해 마땅히 의거하지 못할 것에 견주어 의논했던 것입니다. 이 때 수상 정태화鄭太和는 당연히 밝게 분변해 통렬하게 물리쳤어야 할 것인데도 분명히 하지 못했습니다. 비록 처음에는 3년의 예설에 어두워서 휩쓸

213)《숙종실록》권 4, 숙종 1년 9월 을미
214)《숙종실록》권 4, 숙종 1년 11월 정미
215)《숙종실록》권 4, 숙종 1년 12월 을묘

> 렸다 하더라도 이미 예에 박통한 사람에게서 나왔으면, 다만 마땅히 한결같이 경상經常의 전례典例를 따를 뿐인데, 이에 명률을 왜곡 인용해 국제國制라 일컫고 사종四種의 증거로 제시해 기년의 제도를 이루기에 이르렀습니다. 이제 만약 송시열이 고집한바 사종의 기년제나, 정태화가 인용한바 국제의 기靠를 일러 이로써 나누어 분별한다면, 어찌 너무도 생각지 아니한 것이 아니겠습니까? 송시열의 죄가 찬극竄極에 있었던 것은 예통禮統을 무너뜨린 까닭이겠지만, 정태화의 영상影像을 청묘淸廟에 둔 것은 무슨 공덕으로 쓴 것이겠습니까?[216]

고 해 기해예송 때 3년상을 택하지 않고 기년복을 택한 송시열과 정태화를 귀양 보내거나 종묘 배향에서 빼야 한다고 주장했다. 그러나 숙종의 동의는 얻지 못했다. 숙종은

> 금일에 승배升配한 것을 도로 고치자고 칭하나, 나의 생각으로는 크게 서로 같지 아니한데, 어찌 구차스럽게 같이 논하겠는가? 하물며 송시열은 '체이부정體而不正'해 종묘를 주장하는 것을 감당하지 못한다는 등의 말로 장자를 서자로 만들어서 종통을 문란케 했으나, 정태화는 국제로써 정해 시행했으니, 송시열과는 같지 않다. 혹시 경이 생각지 않고 그렇게 말하는 것인가? 나의 생각에는 그렇지 않다.[217]

고 했다. 12월 18일에 이옥은 승지[218]가 되어, 정심正心·질욕窒慾·구언求言·육재育才·근학勤學·애민愛民 등 여섯 가지 잠箴을 올려 칭찬을 받았

---

216) 《숙종실록》 권 5, 숙종 2년 8월 정축
217) 《숙종실록》 권 5, 숙종 2년 9월 기축
218) 《숙종실록》 권 5, 숙종 2년 12월 병인

다.[219] 그리고 서인으로서 남인의 예론을 지지한 김수홍의 자급을 올려 주자고 해 초자超資하게 했다.[220] 2월 3일에는 주강에 입시한 승지와 사관, 옥당 관원에게 '중심성성부衆心成城賦'를 지어 올리게 하고 김석주에게 과차課次하게 해 이옥이 수석했다.[221]

1677년(숙종 3) 4월에 이옥은 홍문관 부제학이 되었다.[222] 전에 이옥과 권진한權震翰이 정태화를 종묘 배향에서 빼야 한다고 주장할 때 우의정 허목이 지지했었는데, 조가석趙嘉錫이 왕명을 핑계로 정태화의 출향黜享을 다시 주장하면서 허목이 이를 선뜻 지지하지 않았다고 공격했다. 허목은 정태화의 배향을 의논하던 날 병으로 참여하지 못했고, 그 일이 정해진 뒤에 물으러 왔는데 마음에 그렇게 여기지 않았기 때문에 영의정 허적의 의견을 따랐을 뿐이라고 변명했다.[223] 조가석은 허목의 증조 허자許磁가 권신 이기李芑와 한통속이라고 공격해 그렇지 않다는 것을 해명했다. 부제학 이옥도

> 선정先正(퇴계)의 문집 속에도 허자가 사류를 구호한 것을 분명히 말했는데도, 조가석이 모함하고 욕해 허목으로 하여금 조정에 있기 불안하게 만든 것입니다. 전일의 상소에 대한 비답批答에도 이 한 가지 조항을 논파하지 않으셨기에 허목이 답답하고 위축되어 감히 나오지 못하는 것입니다.[224]

고 해 허목을 비호했다. 이에 숙종은 홍문관으로 하여금 《퇴계집》을 들이

219) 《숙종실록》 권 6, 숙종 3년 1월 경진
220) 《숙종실록》 권 6, 숙종 3년 1월 계미
221) 《숙종실록》 권 6, 숙종 3년 2월 경술
222) 《숙종실록》 권 6, 숙종 3년 4월 신해
223) 《숙종실록》 권 6, 숙종 3년 4월 기미
224) 《숙종실록》 권 6, 숙종 3년 4월 갑자

게 해 허자가 그런 사람이 아니라는 것을 명쾌하게 해명해 주었다.225) 서얼 청주 사람 이사안李師顔이 상소하기를

> 이옥은 송시열을 스승으로 섬기며 자주 그 집에 찾아가 배알하고서, 더러는 자기가 제술製述할 글을 질정하기도 하고 더러는 차고 다닐 훈계를 청하기도 해 '用行捨藏 敬事後食〔써주면 도를 행하고, 써주지 않으면 그대로 지내며, 맡은 일을 조심해서 하고, 녹받는 것은 뒤로 돌린다〕' 여덟 자를 새기어 도장을 만들어 더러는 간찰에 찍기도 하고, 더러는 시전詩箋에 쓰기도 하고, 송시열의 문인들에게도 보여주며, 하는 말이 "이는 선생께서 나를 교훈한 것으로, 내가 종신토록 차고 다니려고 한다"고 했습니다. 그의 글에는 반드시 선생이라고 들먹였고, 도학을 칭찬해 지극히 우러러 사모하기를 "정자·주자와 같은 도학이요, 반고班固·사마천司馬遷과 같은 문장이다" 한 것이 곧 평소에 찬양하던 말입니다. 송시열이 죄를 얻어 먼 데로 귀양 갔다가 안치되고, 안치되었다가 지금 범죄에 얽어매는 것이 이미 극도에 달한 뒤에 이르러서는 죽게 하고야 말려고 해 분주하게 쏘다니며 파란을 조장하고 있고 드나들 때면 변복을 해 행동이 이상야릇합니다. 앞서는 오정창의 명예와 인망을 시기해, 일 해 본 경험이 없는 천관天官을 조종해 4품으로 승진하게 하고는 자신이 전조銓曹의 낭관郞官이 될 계책을 꾸미더니 나중에는 권유權愈의 재주를 질투해 남을 모함하는 수단을 모조리 동원해 권유로 하여금 자진해서 외방 고을 원으로 나가게 만들고 문계로 승진하는 기반을 굳혔으며, 장사꾼을 불러다가 물건을 사고도 값을 주지 않고, 무관을 억압해 말을 빼앗아 가지는 짓을 했습니다.226)

225) 앞과 같음.
226) 《숙종실록》 권 숙종 3년 6월 신유

고 하자 그는 이렇게 변명했다.

> 신이 호서 막관幕官일 적에 송시열이 그의 고향에 있었는데, 마침 한 번도 가지 못하다가, 감사監司가 문서를 증정證定하는 일을 신에게 부탁하므로 갔었고, 관장의 말에 따라 서울 집에서 한 번 보았는데, 이를 들어 스승과 제자의 사이라며 칭찬하고 찬양했다고 해, 이런 사리에 맞지 않는 말을 만들어냈습니다.[227]

1678년(숙종 4) 2월 12일에 이조판서 홍우원洪宇遠과 이조참판 이당규李堂揆가 외직으로 쫓겨 간 이옥을 부제학에 임명하자, 이조참의 유명천柳命天이 이옥과 이발李浡 형제를 헐뜯어 치고받고 싸우자, 숙종이 이옥을 선천宣川으로, 이발은 철산鐵山으로 귀양 보냈다.[228] 당시 남인은 이옥을 편드는 준론峻論과 유명천을 편드는 완론緩論으로 갈려 있었다.[229] 1679년(숙종 5) 3월 12일에 회덕懷德에 사는 생원 송상민宋尙敏이 송시열의 '체이부정'설을 옹호하는 장문의 글을 책자로 만들어 바쳤다.[230] 승지 박신규朴信圭가 이 상소의 내용이 흉참凶慘하다고 올리지 않으려 하자, 숙종이 송상민을 병조에 구류하고 상소문은 봉입捧入하라고 했다.[231] 6월 15일 우의정 민암閔黯이 남인 분열의 책임은 권대재權大載 부자와 이옥에서 말미암았고, 족숙 이봉징李鳳徵이 이기기를 좋아하고 홍우원이 이랬다저랬다 해서 생긴 일이라고 하자 숙종은 권대재를 광주光州에, 아들 권해權瑎를 청주에, 이옥을 정주定州에, 이봉징을 영광靈光에 유배했다.[232] 이를 변호하던 홍우원과

227) 앞과 같음.
228) 《숙종실록》 권 7, 숙종 4년 2월 계축
229) 《숙종실록》 권 8, 숙종 5년 6월 정축
230) 《숙종실록》 권 8, 숙종 5년 3월 정미
231) 앞과 같음.
232) 《숙종실록》 권 8, 숙종 5년 6월 무인

이담명李聃命도 쫓겨났다. 남인이 타격을 입은 것이다. 그러나 숙종은 당쟁의 습성을 버리고 서인과 남인이 서로 화합하라고 유시한 다음 귀양 가 있는 서인의 민정중·이숙·이익李翊·이선李選·남구만南九萬 등과 남인의 권대재·이옥·이봉징·권해 등을 풀어 주었다. 승지 유명견柳命堅이 서인은 빼자고 했으나 들어 주지 않았다.[233)]

1680년(숙종 6)에 경신환국庚申換局이 일어나 남인이 일망타진되었다. 이옥은 극변으로 정배되었다.[234)] 윤휴는 이미 죽었고, 이옥·이하진·오정창·권해·강석빈姜碩賓·이무·유명현·오시복·유하익兪夏益 등 남인들이 대거 쫓겨났다. 그 대신 김수흥·민정중·송시열·박세채·윤증尹拯·이상李翔 등 서인을 불러들이자고 했다.[235)] 2년 뒤에 남인에 대한 처벌은 어느 정도 경감되거나 풀어 주었으나, 이옥은 가르친다는 명분으로 회령會寧의 많은 선비들을 모아 놓고 선동한다는 김수항의 고발 때문에 진도로 유배지를 옮겼다.[236)] 그 뒤 1689년(숙종 15) 2월 5일에 좌의정 목내선睦來善과 우의정 김덕원金德遠이 이옥·권해·심단沈檀·정유악鄭維岳·조사기趙嗣基 등의 귀양을 풀어 주자고 해 모두 방면되었다.[237)] 기사환국己巳換局이 일어난 것이다.

그리하여 이옥은 1689년 2월 18일에 다시 승지가 되었다.[238)] 이옥 등 남인계 승지들은 송시열·김수항 등 서인들의 죄를 물어야 한다고 주장했다.[239)] 7월 29일에는 이관징을 이조판서, 이옥을 경기관찰사에 임명했다.[240)] 이옥은

233) 앞과 같음.
234) 《숙종실록》 권 10, 숙종 6년 윤 8월 정유
235) 《숙종실록》 권 10, 숙종 6년 10월 정해
236) 《숙종실록》 권 13, 숙종 8년 5월 을해
237) 《숙종실록》 권 20, 숙종 15년 2월 계묘
238) 《숙종실록》 권 20, 숙종 15년 2월 병진
239) 《숙종실록》 권 20, 숙종 15년 윤 3월 신유
240) 《숙종실록》 권 21, 숙종 15년 7월 계해

> 경기 백성은 한 해를 지낼 저축이 없고 상호上戶가 양서兩西의 하호下戶를 당하지 못하고, 3호가 양서의 1호를 당하지 못하는데, 요부徭賦는 양서보다 갑절 이상 댓 곱절은 됩니다. 거기에다 객사客使의 책응은 두어 달의 휴식도 없을 정도로 빈번하고, 더군다나 우졸郵卒은 더욱 고달파서 객사가 이르면 말을 버리는 자가 많습니다. 6역에서 전례에 따라 백금 5백 냥을 바치는데, 4번의 객사를 계산하면 소비하는 바가 2천 냥이 되니, 어찌 원망하지 않을 수 있겠습니까? 신이 듣건대, 내수사에 재물이 많음이 대농大農과 같다고 하니, 만약 남아서 썩는 물건을 거두어 보낸다면 경기 백성이 반드시 기뻐해 말하기를 "우리 임금이 백성을 사랑하기를 이와 같이 한다"고 할 것이니, 어찌 거룩하지 아니하겠습니까?

고 상소해, 숙종이 비변사로 하여금 남은 정포丁布 2백 5십 필을 내주라고 했다.[241]

1691년(숙종 17)에 병조참판, 예조참판이 되었으며, 1692년(숙종 18)에 형조참판, 예조참판, 1693년(숙종 19)에 호조참판 겸 승문·사옹원 제조가 되었다. 그러나 그해 9월 19일에 행사직 이옥 등은 장릉長陵을 다녀오는 어가御駕를 앞질러 돌아왔다고 대사간 유명견柳命堅의 탄핵을 받아 파면당했다.[242] 그래서 예문관 제학이 되려다 되지 못했다.[243] 그래서 재신으로서 경기도 고봉군수를 얻어 다스리다가, 1694년(숙종 20)에 그만두었다. 그 후 이옥은 서호西湖(지금의 서강) 족한정足閒亭에 은거해 1695년(숙종 21)에 죽은 아버지의 상을 마치고, 신주를 모셔 고향인 영남 상산商山(지금의 상

241) 《숙종실록》 권 21, 숙종 15년 12월 정해
242) 《수종실록》 권 25, 숙종 19년 9월 경신
243) 선부군가장, 《한국문집총간》 178(1996), 465쪽.

주)로 내려왔다. 그리고 그해 가을에 서애西厓 유성룡의 구거舊居와 병산屛山·도남道南서원을 찾아보았다. 그러다가 턱 위에 종기가 심해져 1698년(숙종 24) 9월 23일에 죽었다. 향년 58세. 11월에 임시로 상주 북쪽에 산소를 썼다가 1704년(숙종 30)에 경기도 과천果川 비산飛山(관악산) 아래로 옮겼다. 지금은 파주군 조리면 노조리駑造里 노곡駑谷 언곡彦谷으로 다시 옮겼다.[244] 부인 전주이씨는 남편과 동갑으로 부덕婦德이 출중했는데 1641년(인조 19) 5월 6일에 태어나 1683년(숙종 9) 6월 26일에 남편이 귀양 가 있던 이산夷山에서 죽었다. 향년 43세. 묘는 장산 선영에 있었으나, 1685년(숙종 11)에 교하현 덕수동德水洞으로 옮겼다.[245] 지금은 남편과 함께 묻혀 있다. 《박천집》 7권과 《4례종요四禮綜要》 2권이 전한다. 직언과 직간直諫을 잘해 여러 번 쫓겨나거나 귀양 갔다. 행장行狀과 묘지墓誌는 아들 이만부李萬敷가 썼다.[246]

첫째 부인은 영의정 이성구의 손녀, 승지 이동규李同揆의 딸인 정부인 전주이씨이다. 지봉芝峰 이수광은 고조부이다. 1641년(인조19) 5월 6일에 탄생해 1683년(숙종 9) 6월 26일에 죽었다. 향년 43세. 4남(萬秀·萬敷·萬維·萬祉) 1녀(洪重達의 처)를 두었다. 묘는 남편과 합장되어있다.[247]

둘째 부인은 정광업鄭廣業의 딸 정부인 초계草溪정씨이다. 1644년(인조 22) 3월 15일에 태어나 1676년(영조 2) 3월 22일에 죽었다. 향년 33세.[248] 묘는 경북 상주군 내서면內西面 만리灣里 장서방長西方에 있다. 셋째 부인은 정부인 한산이씨로 1646년(인조 24) 2월 17일에 태어나 1683년(숙종 9) 9월 15일에 죽었다. 향년 38세. 묘는 파주군 조리면 노조리 조문동造文洞 뒷

244) 앞과 같음.
245) 앞의 책, 466쪽.
246) 《연안이씨삼척공파보》 권 2(和信文庫, 1997), 1쪽.
247) 앞의 책, 1~2쪽.
248) 앞의 책, 2쪽.

산에 있다.[249]

이옥은 8남(萬秀·萬敷·萬維·萬祉·萬衍·萬剩·萬奇·萬積), 1녀(洪重達의 처)를 두었다. 장자 이만수李萬秀의 자는 군실君實, 호는 소재素齋다. 1658년(효종 9) 8월 27일에 태어나 1711년(숙종 37) 12월 4일에 죽었다. 향년 54세. 1675년(숙종 1)에 18세로 사마시에 합격했다. 《소재집素齋集》 약간권이 전한다. 묘는 파주군 탄현면炭縣面 유현리紐峴里 월롱산月籠山 아래 덕수동德水洞에 있다. 첫째 부인은 판서 권대재權大載의 딸 안동권씨이다. 남편과 함께 묻혔다. 둘째 부인 윤적允迪의 딸 해주오씨는 1670년(현종 11)에 태어나 1746년(영조 22)에 죽었다. 향년 77세. 묘는 남편의 묘 밑에 있다.[250]

(5) 이만부李萬敷

차자 이만부의 자는 중서仲舒, 호는 식산息山(상주=上洛州 息山에 살았기 때문)이다. 1664년(현종 5) 12월 22일에 태어나 1732년(영조8) 12월 18일에 죽었다. 향년 69세.[251] 나면서 천자天姿가 수연粹然하고, 피부가 빙설氷雪 같았으며, 눈매는 밝은 별과 같이 빛나서, 보는 사람들이 상서로운 난鸞새와 봉鳳새를 보는 것과 같았다 한다. 또한 지취志趣가 단결端潔하고 행동거지가 온아溫雅했다고도 한다. 어렸을 때 문중 장로長老가 여러 자제들을 모아 놓고 앞으로 무엇을 하려느냐고 물었더니, 이만부는 "소자가 비록 능력은 없지만 정주학程朱學을 공부하기를 원한다"고 대답했다. 당시 연안이씨 삼척공파의 문호가 혁혁해 벼슬하는 이가 많았는데도, 어린 나이부터 조금도 화려함을 사모하지 않고 도학道學을 공부하겠다고 한 것을 보면,

249) 앞과 같음.
250) 앞의 책, 1~2쪽.
251) 《연안이씨삼척공파보》 권 2(和信文庫, 1997), 4~6쪽.

천성天性이 그랬던 것 같다.[252] 그의 작은 아버지 이협李浹도

> 당시 우리 선친(이관징)은 벼슬이 이조판서요, 기로소에 들어간 노인으로 만년에 신속하게 용퇴해 벼슬을 버리고 물러났으니, 높은 풍도와 탁월한 절개가 당세의 모범이 되었다. 이어 아버지 박천공博泉公 이옥도 문학과 재행이 또 일세를 덮어 벼슬이 성균 사성에 이르렀다. 부제학인 당숙(李鳳徵)과 관찰사인 종백從伯이 선친에게 수학해 동시에 벼슬길에 나가 빈빈한 아름다운 소문과 넓은 명예가 있어 세상에서 문장文章과 명덕名德을 논할 때는 우리 집을 빼고 먼저 꼽을 데가 없다.[253]

고 제문에서 말하고 있다.

1678년(숙종 4)에 아버지 이옥이 송시열과 예론을 다투다가 극변으로 귀양 갔을 때는 직접 따라가서 수발했으며, 공부도 열심히 하고, 여기저기 산천도 돌아보았다. 어머니가 아버지의 귀양지인 선천宣川에서 죽자 관을 이끌고 돌아와서 너무나 슬퍼한 나머지 몸이 온전하지 못할 지경이었다 한다. 아버지는 1678년에 선천에서 시작해 1679년에 정주와 가산, 1680년에 안령安寧과 회령, 1682년에 갑산甲山, 1686년에 곡성谷城, 1689년에 풀려날 때까지 일곱 군데서 12년 동안이나 귀양살이를 했다.[254]

이만부는 이러한 당쟁의 처절함을 몸으로 체험해 스스로는 벼슬길을 포기하고 일생 학문 연구에만 몰두할 생각을 했을 것이다. 그리하여 그는 아버지에게 "과거는 요즈음 사람들의 크게 하고자 하는 바입니다. 욕심이 움

252) 이만부, 《식산선생문집》 부록 상 가장(《한국문집총간》 179, 민족문화추진회, 1996), 320쪽.

253) 이만부, 《식산선생문집》 하 李浹, 祭文(《한국문집총간》 179), 350쪽.

254) 權泰乙, 息山 李萬敷의 文學硏究(曉星女子大學校大學院 國語國文學科 博士學位論文, 23쪽.

직이면 감정이 판탕되고, 감정이 판탕되면 성품이 착란되니 심히 두렵습니다. 또 저는 어려서부터 병이 많으니 원컨대, 조용히 살면서 고인의 책이나 보아 그 가르침을 복응服膺해 거의 그 몸의 잘못을 적게 하고자 합니다"고 하니, 아버지가 허락해 공부에 몰두할 수 있게 되었다.[255] 이른바 정하품폐거서庭下稟廢擧書이다.

1682년(숙종 8) 4월에 이만부는 판결사 김이해金爾楷의 딸 의성김씨와 혼인했으나 자식을 낳지 못했다.[256] 1689년(숙종 15) 기사환국으로 할아버지 이관징이 기용되고 일가 모든 사람들이 조정에 나아갔으나, 서호의 족한정에 물러가 석채의절釋菜儀節을 묻는 사람이 있어 《태학성전太學成典》을 짓고, 성호星湖 이익李瀷의 형 이잠李潛 이서李漵 등과 자주 어울렸다.[257] 그의 복거서호卜居西湖 시에

부자가 서울에 모이니, 父子集京國
성은이 바다같이 넓네 聖恩如海闊
어찌 부모와 갈라져 살길 원하리, 豈願析所居
모름지기 시끄러움 면하려 한 것 뿐 聊爲免喧聒
때로 시를 짖고 부모 뵙고, 時趨詩禮庭
돌아와 일실을 가리고 歸來拚一室
태평한 세상을 노래하나, 歌詠太平世
뜻은 늘 봉래에 있네 志意在蓬蓽[258]

255) 科擧今人之所大欲也 欲動則情蕩 情蕩則性鑿 甚可懼也 且子自少善病 願靜居閱古人書 以服膺其敎 庶幾寡過其身(盧啓元, 家狀, 320쪽).
256) 《연안이씨삼척공파보》 권 2, 5쪽.
257) 權泰乙, 息山先生年譜, 《息山 李萬敷文學硏究》(五成出版社, 1990), 210쪽.
258) 가장, 320쪽.

라고 했다. 1690년(숙종 16)에 부인 의성김씨가 죽고 영남으로 내려가 서애 유성룡 선생의 사당을 찾아뵙고, 겨울에 도남팔현道南八賢서원을 배알했다. 그리고 다음해 서애 유성룡 선생의 증손녀와 재혼했다. 1692년(숙종 18)에는 법천法川으로 우담愚潭 정시한丁時翰을 예방했다.[259] 1698년(숙종 24) 가을에 아버지 박천공(이옥)이 상주 우거지에서 죽자, 궤연几筵을 모시고 서울로 와 3년상을 나고 다시 상주 노곡魯谷으로 돌아갔다.[260] 상중에 아버지의 뜻을 이어 《4례종요四禮綜要》를 산정했다.[261] 노곡은 지세가 그윽하고 넓어 살만한 땅이라 천운재天雲齋를 짓고 뜰 앞에 작은 연못을 파 주자의 정취를 모방해, 매일 단좌端坐하고 앉아 존양성찰存養省察하기를 마지않았다. 그리고 〈일령日令〉이라는 글을 만들어 벽에 써 붙이고 일과를 그대로 행했다. 〈일령〉의 요체는 정자程子의 '주일무적主一無適'과 주자의 외근畏近의 훈계를 본 딴 것이다. 집이 가난해 생리가 넉넉지 않았으나, 정원을 정갈하게 만들고 그 가운데 우유함양優遊涵養했다. 이에 멀고 가까운 곳의 학자들이 구름같이 찾아와 가르침을 받기를 원했다. 그리하여 정사精舍 옆에 서재書齋를 지어 제생諸生을 기숙하게 하고, 주자의 《동몽수지童蒙須知》와 《양정편養正篇》을 절충해 〈서실의書室儀〉를 지어 지키게 했다. 또 향당鄕黨에 당숙黨塾이 없어졌는데 이만부가 온 이후로 학생이 몰려 스스로 스승이 되고, 약조約條를 만들어 삭망朔望마다 읍례揖禮를 행하고 계회稧會를 만들어 상하의 의리를 지키게 하며, 여씨향약呂氏鄕約을 실시했다.[262] 1703년(숙종 29) 에 40세의 나이로 화산花山으로 갈암葛菴 이현일李玄逸을 찾아뵈어 그의 '천도유경설天道有敬說'을 인정받았다.[263] 이때 노

259) 權太乙, 息山先生年譜《息山李萬敷文學硏究》(五成出版社, 1990), 210쪽. .

260) 李瀷, 《星湖先生文集》 卷 49, 行狀, 息山李先生行狀(《星湖全書》 二, 驪江出版社, 1984), 928쪽.

261) 權泰乙, 앞의 박사논문, 25쪽.

262) 盧啓元, 家狀(《息山集 》 附錄 上, 320~321쪽).

263) 權泰乙, 앞의 박사논문, 25쪽.

론계의 추담秋潭 성만징成晩徵(수암遂菴 권상하權尙夏의 제자이며, 황강팔학사黃江八學士의 한 사람), 취음翠陰 성이홍成爾鴻 부자와 만동묘萬東廟 설치에 대한 격론을 벌렸다. 노론들은 송시열의 유명遺命에 따라 1704년(숙종 30)에 화양동華陽洞에 만동묘를 지으려 했다. 이에 이만부는 〈만동묘의萬東廟議〉를 지어 강력히 반대했다. 황제의 제사를 제후국에서 지내는 것은 참람하며, 조선의 자주성을 저해하는 처사라는 것이다.[264] 이만부는 1706년에 영의정 최석정崔錫鼎이 재식才識 있는 사람으로 추천했으나 당색 때문에 서용되지는 못했다.[265]

이만부의 도학에 대한 본격적인 연구는 45세 되던 1708년(숙종 34)부터이다. 그해에 그는 《도동편道東編》 18권을 썼다. 이 책은 중국 학자와 한국 학자의 견해를 막라한 성리학대사전으로서 주자의 《성리대전》에 버금가는 저술이다. 입재立齋 정종로鄭宗魯는

> 선생이 엮은 이 《도동편》은 그 힘이 비단 우리 동방에서만 무궁할 뿐 아니라 훗날 그 영향이 천하에 사무침이 마치 저 《성리대전》처럼 되어 온 세상 사람들이 집집마다 이 책을 읽고 외우게 되어 온 천하가 문명한 땅이 되게 하는 일마저 이 책에 그 조짐이 없는 것이 아니다.[266]

고 이 책의 가치를 격찬하고 있다. 그러나 이 책은 저술 과정에서부터 논란이 많았다. 서인계인 율곡의 학설을 빼라는 퇴계학파 일부의 주장 때문이었다. 그러나 그는 《도동편》 원고를 친구인 소론계 박세당朴世堂의 손자 박필기朴弼基에게 주어 검증해 보라고 했다. 그는 당시의 심경을 다음과 같

264) 앞의 책, 52쪽.
265) 《숙종실록》 권 43, 숙종 32년 3월 기미
266) 鄭宗魯, 道東編序.

이 말했다.

> 무릇 사람이 세상에 처하기가 진실로 어려운데 하물며 오늘날과 같은 풍속에서랴! 이쪽 사람이 적은즉 비웃어 얕보고, 많은즉 시기 질투하며, 각기 다른 류로 짝을 지어, 문득 대성大聖의 학설로 보아도 한 점의 흠도 없는데도 나무라기를 일삼으니, 학자로 하여금 발디딜 곳이 없게 한다. 왕왕 이로 말미암아 지조를 바꾸는 자가 많아짐도 심히 개탄할 노릇이다. 배를 가라앉힌다는 설[沈舟說] 등도 또한 한심한 일이다. 풍속이 지나쳐 되려 위호衛護하려는 기미만 있으니, 곧 말할 것이 있어도 발설치 말아야 할 것이다.267)

그리고 반대자인 밀암密菴 이재李栽에게

> 단지 이 책은 선배의 언어를 받아 살펴 본 것에 지나지 않아 감히 나의 견해로 그들 사이에서 넣고 뺀 것이 아닙니다. 하물며 그들의 언론이 잡된 것은 모두 지워버리고, 조금이라도 순수에 가까운 것만 취해 문목에 수록한 것이라 그 취사야 다만 독자를 기다려도 해로울 것이 없지 않겠습니까?268)

라고 해 옳고 그름은 후대에 가서 평가해야 한다고 했다. 당쟁 시대에 자기 스승의 학설만 옳다 하고 상대당의 이론은 무조건 반대하는 풍조를 반대한 것이다. 그가 이 책의 내용을 고칠 수 없다고 버티자 자기가 존경하는 퇴계 선생의 제자들이 벌떼처럼 들고 일어나 감당하기 어려웠다.269)

---

267) 李萬敷, 《息山先生文集》 卷 7, 書 答吳致重.
268) 李萬敷, 《息山先生文集》 卷 5, 書 答李幼材 3書.

그리하여 1710년(숙종 36)에는 문경의 화음산華陰山 청화동青華洞 밑으로 피해 들어가 속세와 인연을 끊고 학문연구에만 매진했다. 이곳은 증조할아버지 이심李襑이 은거한 바 있는 연고지이기도 하다.[270] 그는 가숙家塾으로서 시습재時習齋를 짓고 승실升室이라는 간판을 걸어 그 가운데 겨우 한 사람이 앉을 자리를 마련해 자제들도 그 속에 들어가지 못하게 했다. 벽에는 주돈이周敦頤·장재張載·정호程顥·정이程頤·주희朱熹 등 송대 5현의 화상畵像을 걸어 놓았다. 방 안에는 향을 피워 놓고 늘 골똘히 생각에 잠겨, 이곳에서 저술을 하는데도 아무도 없는 것처럼 조용했다 한다.[271]

이곳에 머문 처음 2년 동안 그는 그의 학문의 정수만을 정리한 《지서志書》 15권을 지었다. 스스로 일가一家를 이루었음을 공표한 것이다.[272] 이때 방장方丈·봉래蓬萊·가야伽倻·청량淸凉·속리俗離 등 명산대천을 두루 돌아다니면서 답사 자료를 많이 모았다. 이러한 자료는 〈지행록地行錄〉 1~11편과 〈지행부록地行附錄〉으로 《식산집息山集》에 수록되어 있다.[273]

1712년(숙종 38)에는 다시 상주 노곡魯谷으로 돌아왔다. 그는 생활이 가난한데다가 40대 이후에는 상사喪事와 불행한 일을 많이 당했다. 44세에는 두 자녀를, 48세에는 큰형을, 54세에는 유씨부인, 51세에 집에 화재, 53세에는 집에 수재를 당했다.[274] 그래서인지 1719년(숙종 45) 늦봄에 이만부는 다시 상주 북곽北郭으로 이주했다가, 1721년(경종 1) 늦봄에 금릉군金陵郡 섬봉蟾峰(현 금릉군 감천면甘泉面 기동耆洞)으로 더 깊이 들어갔다. 퇴계학파의 비판이 시끄러워서였다.[275] 이때부터 눈치를 보지 않고 소신껏 공부하

---

269) 權太乙, 〈息山 李萬敷의 선비 精神考〉, 《慕山學報》 第12輯, 13쪽.

270) 盧啓元, 家狀(《息山先生文集》 附錄 上), 321쪽.

271) 앞의 책, 321~322쪽.

272) 平生好記述 辭直理要圓 其名曰志書 自成一家言(李萬敷, 《息山先生續集》 卷 1, 詩 死生吟 其十八, 《韓國文集叢刊》 179, 1996, 103쪽).

273) 李萬敷, 《息山先生文集》 卷 2~4 地行錄.

274) 權泰乙, 앞의 박사논문, 26~27쪽.

기로 결심한다. 그래서 퇴계학파들이 꺼리는데도 불구하고 1721년 10월에 이만부는 남명南冥을 모시는 덕천서원德川書院의 원장이 되었다. 그가 경상우도와 인연을 맺기 시작한 것은 1692년(숙종 18) 겨울 가야산伽倻山을 유람할 때부터이다. 그리고 1710년(숙종 36) 경에는 상주로 이주해 온 하성칙河聖則·하대연河大淵 등이 이미 이만부의 문하생이 되어 있었다. 이들을 통해 진주의 큰 선비인 하대응河大應·김성운金聖運과 교류를 하게 되었고, 이들이 이만부를 덕천서원의 원장으로 추대한 것이다. 이만부는 5년 동안 원장으로 재임하면서 지리산·가야산·덕유산 등을 돌아보고 강우의 유학자들과 깊이 교류했다. 하응서河應瑞가

> 바닷가 인사들이 하풍에 서기를 원한 지 오래다. 오늘 공이 다행히 우리 고을에 와서 우리 당의 신비들이 장차 경모해 구름같이 따를 것입니다. 그들과 함께 소요하고 강마함에 유원儒園과 도궁道宮도 깨끗한 곳도 적지 않으니, 하필이면 애써 몸을 피곤하게 하며 높은 봉오리와 깊은 계곡을 다 밟아야 유쾌하리오.276)

라고 했다. 정인홍의 회퇴변척晦退辨斥이 있은 이후 남명학파는 퇴계학파와 사이가 나빴으나, 인조반정 뒤 남명학파가 쇠퇴해 이만부와 같은 기호남인 출신의 인사를 덕천서원 원장으로 영입한 것이다. 이만부는 명문 출신의 기호남인으로서 퇴계학파와 남명학파가 혼재해 있는 상주에 은거해 퇴계학통에 속했으나 남명의 실천 중시의 학풍도 높이 평가해 강우 유학자들과도 긴밀한 관계를 가지게 된 것이다. 이만부는 한강寒岡 정구鄭逑, 미수眉叟 허목, 성호星湖 이익李瀷이 그랬던 것 같이 남명학파를 퇴계학파로 전향하

275) 權泰乙, 息山先生年譜, 앞의 책, 213쪽.
276) 李萬敷,《息山先生文集》別集 地行錄 卷 4, 南遊.

게 하는 구실을 했다.

말년에 《주역》을 깊이 연구해 1728년(영조 4)에 《역통易統》 8권, 1730년(영조 6)에 《역대상편람易大象便覽》 2권을 지었는데 독창적인 견해가 많았다.[277] 이만부는 이기론에서도 독창적인 견해를 주창했다. 그는

> 이理는 하나일 뿐이다. 오직 기氣에 쌓여 기와 더불어 동정動靜하는 까닭에 성性은 본연지성本然之性과 기질지성氣質之性으로 나뉘고, 마음은 인심人心과 도심道心의 구분이 생기며, 정情은 4단四端, 7정七情의 구분이 생기니, 대개 나눌 수 없는 가운데 나누지 않을 수 없는 것이 있는 것이다. 그런 연후에 둘이면서 하나요, 하나이면서 둘인 묘妙를 가히 볼 수 있다. 진실로 나눌 수 없다고 해서 나누지 않을 수 없는 것을 나누지 않으면 학문하는 데 반드시 착오가 생기고, 나누지 않으면 안 된다고 해서 나누지 않을 수 없는 것을 나누면 큰 근본이 도리어 어둡게 된다.[278]

고 해 퇴계退溪와 고봉高峰의 4·7논변으로 논란되기 시작한 이발理發·기발氣發에 대한 절충안을 제시했다. 이만부의 이기론은 본체와 현상을 동시에 파악해 본체론에서 보면 이를 먼저 말할 수 있고, 현상론에서 보면 기를 먼저 말할 수 있을 뿐이라는 것이다. 즉 퇴계의 호발설互發說이나 율곡栗谷의 기일도설氣一途說과도 다른 절충설이라 할 수 있다.[279] 그러나 이러한 이만부의 독창적 이기론은 퇴계학인들에게 호된 비판을 받았다. 퇴계학파이면서 서인인 율곡의 이론을 부분적으로 인정했다는 것이다. 스승의 학설을 묵수하자는 것이었다. 이에 대해 이만부는

277) 盧啓元, 家狀, 322쪽.
278) 앞과 같음.
279) 權泰乙, 앞의 박사논문, 54~60쪽.

> 이기설은 곧 천하의 바르고도 바른 공리公理여서 누구나 다 공의公議할 수 있는 것인데도, 단지 우리 동방의 2가二家(주리·주기파)는 한 쪽은 진秦나라, 한쪽은 월越나라로 문호를 나누고 갈라진 습속이 오래인지라, 사사私邪로운 감정이 뒤섞여 비록 일언반구나마 옳게 그 근본을 밝히면 반드시 선입견으로, 다만 흉중에서 참단斬斷할 생각부터 해 네 편, 내 편으로 영욕이 판가름 난다. 대저 누가 특별히 분발해 눈을 밝게 뜨고 크게 보아 열쇠를 열고 깊은 데까지 들어가 갑을 을로, 을을 갑으로 바꿀 수 있겠는가?[280]

고 개탄했다. 이 일로 이만부는 사람을 피해 더 궁곡窮谷으로 들어가 세상과 인연을 끊고 살고자 했다.

1728년(영조 4) 가을에는 이인좌란李麟佐亂이 일어났다. 이만부는 병중인데도 소모사召募使 황익재黃翼再와 상의해 격문檄文을 지어 주고, 아우와 아들을 참여시켰다.[281] 이에 1729년(영조 5) 6월 30일에 좌의정 이태좌李台佐가 의병을 창도한 공으로 천거해 장릉참봉長陵參奉을 제수했으나 나아가지 않았다. 다시 6품 빙고별제氷庫別提에 임명했으나 그 역시 나아가지 않았다.[282]

1730년(영조 6) 6월에는 경상감사 조현명趙顯命의 부탁으로 낙육재樂育齋의 절목節目을 만들어 흥학興學 사업을 도왔다. 그리고 1731년(영조 7) 가을에는 상주향교의 도훈장都訓長이 되어 강회講會를 열고 열심히 교육시킨 끝에 문운이 일어났다고 한다.[283] 그해 〈지행록地行錄〉(5만 3천여 자)이 완성되었다.[284]

---

280) 李萬敷, 《息山先生文集》 卷 6, 書 答申文甫濬(《한국문집총간》 178, 1996) 163쪽.
281) 權泰乙, 앞의 책, 214쪽. 息山先生年譜.
282) 《영조실록》 권 22, 영조 5년 6월 계묘
283) 權泰乙, 앞의 박사논문, 30쪽.

1732년(영조 8) 봄에는 성호 이익에게 후사를 당부하고, 그해 12월 18일 아침에 시습재時習齋에서 죽었다.[285] 향년 68세. 1733년(영조 9) 3월 16일에 상주 북쪽 북장사北長寺 뒤에 장사 지냈다.[286] 묘갈명은 정범조丁範祖가, 가장家狀은 노계원盧啓元, 행장은 이익이, 묘지명은 증손 이경유李敬儒가 지었다. 죽은 뒤에 문경시 산북면山北面에 있는 근암서원近嵒書院에 배향되었다. 저서로는 《식산집息山集》 20책, 《대학성전大學成典》 3책, 《지서志書》 4책, 《향약제명록鄉約題名錄》 1책, 《도동편道東編》 8책, 《4서강목四書講目》 4책, 《역통易統》 3책, 《역대상편람易大象便覽》 1책, 《예기상절禮記詳節》 5책, 《독서법讀書法》 1책, 《독서일기讀書日記》 1책, 《잡록雜錄》 5책, 《고문古文》 1책, 《식산당전법息山堂篆法》 1책, 이렇게 총 58책이 있다.[287]

부인은 둘이 있었다. 초취는 사인士人 김이해金爾楷의 딸 의성김씨로 자식을 낳지 못했고, 재취는 영의정을 지낸 유성룡의 증손녀요, 지평을 지낸 수암修巖 유진柳袗의 손녀딸이며, 장령을 지낸 유천지柳千之의 딸 풍산豊山 유씨이다. 의성김씨는 1664년(현종 5) 8월에 탄생해 1690년(숙종 16) 8월 28일에 죽었다. 향년 26세. 묘는 파주시 조리면 노곡에 있다. 풍산유씨는 1669년(현종 10)에 태어나, 1717년(숙종 43) 7월 9일에 죽었다. 향년 48세. 묘는 상주시 외답리外畓里 사방동沙坊洞에 있다.[288] 2남 4녀를 두었는데, 2남 2녀는 일찍 죽어 동생 이만유李萬維의 아들 이지빈李之彬을 양자로 들였다.[289]

이만부는 어릴 때부터 지기志氣가 높고 크고, 견식見識 또한 높고 뛰어났으며, 뭇사람의 의미 없는 말을 음미하고, 세상이 일탈할 수 없는 구덩이를

284) 權泰乙, 息山先生年譜, 앞의 책, 215쪽.
285) 盧啓元, 家狀, 322쪽.
286) 앞과 같음.
287) 《연안이씨삼척공파보》 권 2, 5쪽.
288) 앞의 책, 5~6쪽.
289) 盧啓元, 家狀, 322쪽.

일탈했다. 영남에 유리遊離할 때도 자신의 곤궁함이나 집안의 질병·우척憂慽은 일체 저버리고 60여 년을 하루같이 연구에 몰두했다. 그래서 사람들이 마치 신선 같은 사람으로 여겼다. 그러나 과도하게 높은 논의로 이문異聞을 구하지 않았고, 교격矯激한 행동으로 시속時俗과 어그러지지도 않았다. 처음에는 제자백가에서 시작해 돌아와 송대 4현의 전傳에 몰두해, 10여 년 동안 아래위로 거듭 연구했다. 또 6경六經 제가의 문자에 힘쓰기를 4전四傳과 같이 했다. 정·주 제설과 근세 퇴계의 말씀을 정밀히 생각하고 힘써 연구해 자득한 바가 많았다.290) 그래서 성호 이익은 "처사處士의 완명完名이요, 우리 학인學人의 종장宗匠이다"고 칭송했다.291) 수사학洙泗學에 바탕을 두고, 정주학을 비판적으로 수용하는 남인의 학풍을 견지했다.

이만부의 일생은 제1기는 1~25세까지 박학 위주의 강학기, 제2기는 26~44세까지 수사학 연구기, 제3기는 45~57세까지 자가설 확립기, 제4기는 58~69세까지 실천궁행기로 나누기도 한다.292)

차자 이만유의 자는 지국持國, 호는 은암恩菴. 1674년(현종 15) 11월 20일에 태어나 1736년(영조 12) 9월 9일에 죽었다. 향년 63세. 1693년(숙종 19)에 사마시에 합격하고, 1705년(숙종 31)에 증광문과에 급제해 홍문관 수찬과 사헌부 집의를 지냈다. 《은암집恩菴集》 10권이 전해진다. 묘는 할아버지 이관징의 묘 오른쪽에 있다. 부인은 둘이 있었는데 초취는 판서 오정위吳挺緯의 딸 숙부인 동복오씨이다. 1676년(숙종 2) 9월 5일에 태어나 1708년(숙종 34) 11월 14일에 죽었다. 향년 33세. 묘는 남편과 합폄이다. 3자(之植·之彬·之樸)을 두었는데 차자 이지빈은 이만부의 양자로 들어갔다. 재취는 문유원文柳源의 딸인 숙부인 문화유씨이다. 1688년(숙종 14)에 태어

---

290) 앞의 책, 323쪽.
291) 李瀷, 行狀, 929쪽.
292) 權泰乙, 앞의 박사논문, 31쪽.

나 1756년(영조 32) 5월 26일에 죽었다. 향년 69세. 묘는 파주군 조리면 노조리 노곡에 있다.[293]

연안이씨 이관징 가계를 그려보면 다음의 〈표 2〉와 같다.

〈표 2〉 연안이씨 이관징 가계도

```
元發
典工判書
  |--------------------|
貴齡+成準得女(昌寧)          貴山+金南得女(高靈)
左議政 佐命原從功臣            慶尚道都觀察使
                                |
                             續+金潞女(義城)
                             春川都護府使
                                |
  |-----------|-----------|---|-----------|
根剛+權執智女   根健+李柔女   根精   根粹+江陵金氏   女+柳方孝
     (安東)     |   (丹陽)
                |
  |---------------|---|---------------|
仁文+李長孝女(全義)   仁行   仁忠+宋福山女(礪山)   女+金嗣源(順天)
文, 兵曹叅議          縣監   文, 左副承旨            尙衣院正
  |
|------------|------------|------------|--------------|
塢+金甫漆女(扶安)  塡+李道陽女(全州)  垙+愼承福女(居昌)  坤+柳順行女(文化)  垛
振威縣令          +鄭允功女(光州)    生, 尙衣院別坐    生, 文, 禮曹叅議
                   文, 慶州府尹                        仁祖反正功臣 延城君
```

293) 《연안이씨삼척공파보》 권 2, 12쪽.

〈표 3〉 삼척공파 이관징가계도

```
土末＋金復興女(原州)
    ＋辛仲居女(寧越)
司馬, 文, 靖國原從功臣
三陟都護府使
 |---------------|
麟壽＋任崇載女(豊川)      慶宗＋ 李𠑊女(全州, 雲川君)
                          礪山郡守
                             |
                           澍＋柳師弼女(晉州)
                           進, 文, 重, 嘉山郡守
                  |------------------|
            光庭＋沈荀祖女(青松)         昌庭＋李應明女(星州)
           司馬, 文, 吏判, 扈聖功臣      司馬, 文, 扈聖原從功臣
            延原府院君, 清白吏            咸鏡道觀察使
                                              |
           |-------------|-------------|
            禱＋李民寏女(永川)  袗＋成浚吉女(昌寧)     椋＋李元樑女(固城)
            |                      文, 江原道觀察使        司馬 文, 持平
           |
 |------------|------|-----------|
觀徵＋崔皡女(朔寧)  鼎徵(出)   女＋尹爾久(海南)   女＋李雲根(韓山)

司馬, 文, 吏判, 奉朝賀
|---------|--------|--------|------|
沃＋李同揆女(全州) 渟＋李渻女(驪州) 淑＋柳敬益女(文化) 浹＋吳挺緯女(同福)
|  ＋鄭業廣女(草溪)        司馬, 尼山縣監    司馬, 別檢          生壯, 進,
|  ＋李女(韓山)                                                 翊衛司 侍直
|-----|-----------|---------------|--------
萬秀＋權大載女(安東) 萬敷＋金爾楷女(義城) 萬維＋吳挺緯女(同福) 萬ネ止＋鄭思忠
司馬,                                      文, 執義              司馬,
|--------|------------|------------|
柳瑞女(晉州)  萬剩＋曺萬英女(昌寧)  萬奇＋金載輝女(商山)  萬積＋青松沈氏294)
```

---

294) 《연안이씨삼척공파보》권 1·2(화신문고, 1997).

3. 근곡 이관징의 생애와 행적

이관징의 자는 국빈國賓이요, 호는 근곡芹谷이다. 1618년(광해군 10) 8월 26일에 태어나 1695년(숙종 21) 2월 26일에 죽었다. 향년 78세. 그가 어렸을 때 할아버지 이창정李昌庭이 '마음이 침착하며 꿋꿋하고 장중해 반드시 우리 가문을 크게 할 것이다〔沈毅莊重 必大吾門〕'라는 여덟 자를 써 주었다. 7살 때 할아버지가 북쪽 지방의 관찰사를 할 때는 차에 태워 가지고 다니면서 열읍을 순시했다. 그는 겨우 여덟 살에 주선周旋하는 것이 다 법도에 맞았으며, 바깥 선생에게 글을 배울 때도 열심히 외우고 강講을 게을리 하지 않았다.[295]

1639년(인조 17)에 사마시에 합격해 성균관에 입학했고, 1648년(인조 26)에 할아버지 이창정이 죽어 할머니를 모시고 충주에 내려가 살았다. 9세 때 왜사倭使가 가흥可興을 지나다가 이관징이 친구들과 놀고 있는데, 그 가운데서 그가 준수하고 뛰어나 보여 왜사가 업고 대화를 했다. 그가 응답을 물 흐르듯 해 함께 음식을 나누어 먹으며 놀다 갔다고 한다.[296] 1623년(인조 1)에 사마시 초시에 합격하고, 1625년(인조 13)에 사마시에 통과했으나 피봉皮封을 잘못 써 합격이 취소되었다. 다음 해인 1626년(인조 14)에 19세의 나이로 영의정 최항崔恒의 후손이요, 도사都事 최호崔皞의 딸 삭령朔寧최씨와 혼인했다. 1636년(인조 15) 정월에는 병자호란을 피해 남양南陽 대부도大部島로 피란했다. 그는 남양의 장인 집에 있었는데 청

295) 李萬敷, 《息山先生文集》 續集 권 6, 丘墓文 祖考致政府君墓誌(《한국문집총간》 179, 민족문화추진회, 1996), 226쪽.

296) 李萬敷·李萬維, 《 芹谷公致政年譜》 單 7쪽.

병이 들이닥쳐 서울을 점령하자 인조는 남한산성으로 들어갔다. 아버지 이심李襑은 집안사람을 이끌고 영남으로 가려 했으나 길이 막혀 대부도로 피란한 것이다. 이심은 조선이 청에 항복한 이후 과거를 포기하고 상주에 우거寓居했는데 이관징도 따라가 살았다. 이때 학자들이 모여들자 당숙黨塾을 만들어 열심히 교육했다.[297)]

1639년(인조 17)에 생원시 3등(權趾榜)으로 합격했다. 그해 성균관에 입학했는데 선비들 사이에 명성이 자자했다. 1641년(인조 19)에 장자 이옥李沃을 낳았다. 그런데 1648년(인조 26)에는 전염병이 돌아 아버지 3형제가 몰살했다. 친척들이나 종들까지도 모두 달아났는데 이관징만 남아 성의를 다해 장사를 지냈다. 그래서 사람들이 칭찬하지 않는 사람이 없었다 한다. 이 때문에 더욱 가난해져 충주목사로 있는 중부仲父 이진李袗에게 의탁할 수밖에 없었다. 그럼에도 가문을 일으키고자 어머니를 모시는 여가에 밤새 관솔불을 켜 놓고 열심히 공부했다.[298)]

1652년(효종 3)에 여러 번 향시에 일등을 했다고 해 음보蔭補로 정릉참봉靖陵叅奉이 되었고, 1653년(효종 4)에 별시 문과(金震標榜)에 급제해 1654년(효종 5)에 승문원에 분관되었다가, 외조가 강홍립姜弘立의 막료로 심양에 갔다가 항복했다고 서인 대간이 들고 일어나, 성균관 권지학유權知學諭로 옮겼다. 그래도 이관징은 내색을 하지 않았다. 그래서 성균관의 여러 장노長老들이 "이관징의 아량은 미치기 어렵다"고 했다.[299)] 그해 8월에 차자 이발李浡을 낳았고, 1655년(효종 6) 6월에 어머니가 죽어 3년상을 마친 다음 성균관의 학유·학록·학정·박사·전적, 봉상시 봉사, 병조

297) 앞의 책, 7~8쪽. 이관징이 상주로 내려오는 길에 鳥嶺을 지나다가 從者가 백금百金이 든 가죽 주머니를 주웠다. 그는 여관에 머물러 길에서 금의 주인을 찾았는데, 저녁에 한 채소 장수가 나타났는데 물어보니 실제 주인이었다. 그 사람에게 금 주머니를 돌려주니 울면서 사례로 반을 주려고 하는 것을 거절했다고 한다(위와 같음).

298) 앞의 책, 9~11쪽.

299) 李沃, 行狀(芹谷致政公年譜 附錄 卷 1), 49쪽.

좌랑, 함평현감 등의 관직을 역임했다.[300] 서인에 의해 지방으로 밀려난 것이다[301]

그러다가 1661년(현종 2) 정월에 문신 겸 선전관, 3월에 사헌부 지평, 4월에 병조정랑, 윤 7월에 사간원 정언 등 청요직을 역임했다.[302] 그 해 8월에 정언 이관징은

> 내승內乘을 설치한 목적이 본래 말을 조련시키게 하기 위한 것인 만큼 어마御馬를 길들이지 못한 죄야 어떻게 감히 피할 수 있겠습니까? 다만 꼭 의관衣冠의 인사로 하여금 바삐 뛰어가 위사衛士들이 탄 말의 발굽 사이에 엎드려 있게 하신 것은 뭇사람들에게 보여 줄 성격의 것이 정말 못 되었으므로 신은 삼가 애석하게 생각합니다. 삼가 원하옵건대 전하께서는 그날의 지나친 행동을 반성하시어 후일 그런 일이 없도록 경계하소서. 또 활 솜씨를 시험했을 때 직부전시直赴殿試를 명받은 자가 너무 많다고들 하니, 알성시謁聖試를 보여 인재를 뽑도록 하소서. 그리고 경차관敬差官으로 하여금 경시관京試官의 일을 아울러 행하게 하소서.[303]

라고 풍문을 듣고 상소했으나, "없는 일을 꾸며댔다"고 배척을 받았다. 그 해 9월에 강원도 추고 경차관, 11월에 병조정랑이 되었으나 동생 이진李袗이 이조참의로 있어서 상피相避에 걸려, 사헌부 지평으로 바뀌었다. 1662년(현종 3) 정월에 평안도사, 2월에 춘추관 기주관記注官, 1663년(현종 4) 2월에 사간원 정언, 3월에 호조정랑, 4월에 지평·장령, 5월에 전남도사를

300) 앞의 책,12~13쪽.
301) 李沃, 行狀(《芹谷致政公年譜》附錄 卷 1), 50쪽.
302) 《芹谷 致政府君年譜》, 13쪽.
303) 《현종실록》 권 4, 현종 2년 9월 경진

계속 역임했다. 장령 이관징은

> 본부에서도 수찬 홍우원洪宇遠에 대한 일을 논했는데, 홍우원은 바로 신의 동성 5촌 숙모의 남편입니다. 상피해야 하는 법규에는 저촉이 되지 않지만 일단 일가라는 혐의는 있습니다. 따라서 가령 신의 의견이 동료와 같다고 하더라도 그의 죄를 청하는 논의에 참여해서는 안 될 것인데, 더구나 의견이 같지 않은데 말해 무엇 하겠습니까? 심지어는 조경趙絅을 간사한 인물로 지목하고 흉도凶徒라고 배척하는데, 아! 조경 같은 인물에게 어찌 이런 점이 있겠습니까? 신은 그가 그런 인물이 아니라는 것을 확실히 알고 있습니다. 이렇듯 논의가 한창 전개되고 있는 날을 당해 신이 대석臺席에 끼어 있을 수 없으니, 체차시켜 주소서.[304)]

라고 해 남인 정객 홍우원과 조경을 두둔하는 상소를 올렸다. 그 시대가 서남당쟁 시대였으므로 이관징도 남인으로서 남인을 두둔하지 않을 수 없었던 것이다. 이는 효종에 대한 조대비의 상복을 기년복으로 정한 송시열의 오례誤禮를 허목이 재최 3년복으로 해야 한다고 주장했고, 윤선도尹善道·조경·홍우원이 지지하다가 서인에 의해 배척받는 것을 반대한 것이다.[305)] 이 때문에 그는 전라도사로 강등되었다.[306)] 그 뒤에도 부호군, 부사과 안주판관과 같은 시원치 않은 관직을 역임했다.

1669년(현종 10) 7월에 이관징은 종성鍾城 도호부사가 되었다.[307)] 종성은 6진의 하나이다. 1680년(숙종 6)에 경신환국이 일어나 사방의 주리州里

---

304) 《현종실록》 권 6, 현종 4년 4월 병인
305) 행장, 50~51쪽.
306) 연보, 15쪽.
307) 《현종실록》 권 17, 현종 10년 7월 무술

가 텅 비고 굶는 사람이 많았다. 그는 환곡還穀을 나누어 주고, 요역徭役을 덜어 주며, 기아자에게 죽을 쑤어 먹였다. 그는 소금으로 곡식을 마련해 기민구제에 충당했다.[308] 하루는 대통관大通官이 털·갖옷[毛裘] 1습襲을 바쳤는데, 이관징은 받지 않다가 끝내 놓고 가자 민고民庫에 보관하도록 했다. 그는 "내가 서남읍西南邑의 수령이 되어서도 일찍이 토물土物을 받은 적 없는데, 하물며 늘그막에 종성포鍾城布를 입겠느냐?"고 하자 종성 백성들이 감화를 받아 잘 복종했다고 한다.[309]

1672년(현종 13) 2월에 어머니 증정경부인 삭령최씨가 죽었다. 삭령최씨는 1619년(광해군 11) 7월 14일에 태어나 1672년(현종 13) 2월 6일에 죽었다. 향년 54세. 묘는 남편과 합폄이다.[310]

그 뒤 그는 윤 7월에 동부승지, 9월에 우부승지,[311] 12월에 부호군, 우승지, 좌부승지 등[312]을 거쳐 1673년(현종 14) 3월에 경상도관찰사가 되었다.[313] 이때 현종과 도정에 대해 대담했다.

현　종: 근래 일본 때문에 인심이 굳지 못하다.

이관징: 웅천熊川으로 왜관을 옮기는 것은 서로 버터 해결되지 않았습니다. 왜인이 항상 대궐 아래 올라오고자 하니 금하고 끊지 않으면 반드시 모여서 말을 타고 올 것입니다.

현　종: 차왜差倭는 말을 공급해 주어도 된다.

영남은 면적이 넓고, 인물이 많으며, 장부와 첩보가 번거롭기가 8도에서

308) 앞의 책, 19쪽.
309) 행장, 54~55쪽.
310) 《연안이씨삼척공파보》 권 2, 125쪽.
311) 《현종실록》 권 20, 현종 13년 윤 7월 병신
312) 《현종실록》 권 20, 현종 13년 12월 계해
313) 《현종실록》 권 21, 현종 14년 3월 병자

제일이었다. 그런데 기근이 심해 굶는 사람이 3만 8천 7백 명에 이르러 이관징이 상소해 세금을 감면해 주고, 부지런히 도정을 살펴 백성을 안정시켰다.[314] 영남은 이창정이 문경에, 이심이 상주에 살았고 이관징도 영남에서 태어나 아는 사람이 많아 식량을 구하러 찾아오는 사람이 많았다. 그는 이들을 친절히 대해 주고 도와줄 만한 사람은 도와주었다. 정도응鄭道應·홍여하洪汝河가 그 대표적인 사람이다.[315]

1675년(숙종 1) 3월에는 첨지중추부사,[316] 5월에 좌승지,[317] 윤 5월에 성균관 대사성,[318] 사간원 대사간[319]이 되었다. 대사간으로서 그는 뇌물 방지법을 엄하게 할 것〔嚴贓法〕·인사를 신중히 할 것〔愼銓注〕·청탁淸濁을 구별할 것〔別淸濁〕을 주장했다.[320] 그리고 기해예송의 잘못을 확실히 하라는 상소를 올려 숙종의 동조를 받아냈다.[321]

그 후 이관징은 8월에 부호군·병조참지, 9월에 호조참판·사헌부 대사헌, 10월에 이조참판 겸 빙고제조, 12월에 부호군을 역임했다.[322] 부호군으로 체임된 것은 이조판서 윤휴와 이조참의 이하진李夏鎭이 이관징의 아들 이옥을 대사간에 의망하려하는데 병조판서 김석주金錫胄가 방해해 사임 의사를 밝혔기 때문이다.[323] 그 대신 이관징은 대사헌에 임명되었다. 서남

314) 《현종실록》 권 21, 현종 14년 12월 기해
《현종실록》 권 22, 현종 15년 1월 기사
315) 연보, 21~22쪽.
316) 연보, 22쪽.
317) 《숙종실록》 권 3, 숙종 1년 5월 갑술
318) 《숙종실록》 권 4, 숙종 1년 윤5월 계묘
319) 연보, 22~23쪽.
320) 李萬敷, 祖考致政府君墓誌(《息山先生文集》 續集 卷 6, 丘墓文, 《韓國文集叢刊》 179, 1996, 226쪽).
321) 앞과 같음.
322) 연보, 24~25쪽.
323) 연보, 25쪽. 이관징이 이조참판으로서 아들 이옥을 대사간에 추천하던 날 병을 핑계로 나오지 않다가 이옥이 대사간에 임명된 뒤에 다시 나온 것은 염치가 없는 일이라는 것이 병조판서 김석주의 주장이고, 허적도 여기에 동조했다(《숙종실록》 권 4, 숙종 1년 12월 을묘).

당쟁 시대이나 그때는 남인이 정권을 잡고 있었던 때임으로 남인 이관징 부자의 진출이 활발했고, 서인 김석주의 견제가 심했던 것이다. 11월에는 4촌 동생 이봉징李鳳徵이 증광별시 문과에 급제했다.[324)]

1676년(숙종 2) 정월에 이관징은 병조참지·한성부 우윤, 3월에 형조참판·부호군·한성부 우윤을 거쳐, 7월에 도승지, 10월에 부호군·대사헌,[325)] 11월에 공조참판·대사헌 겸 내섬시제조, 12월에 실록당상 겸 동지춘추관사를 역임했다.[326)] 7월 27일에는 도승지로서 숙종이 서인인 김수항金壽恒을 석방 하려는 데 대해 반대했으나 뜻을 이루지는 못했다.[327)] 그리고 《현종실록》은 김석주가 대제학, 홍우원洪宇遠·민점閔點이 양관 제학이 참여했는데 김석주가 두 사람이 서인의 오례를 직서하자는 것을 사당私黨 행위로 몰아 3년 동안 편찬하지 못하던 것을 민점이 김석주를 대신하고, 대사성 이당규李堂揆와 이관징을 넣어 편찬을 시작하게 된 것이었다.[328)] 이관징은 실록편찬의 공으로 자헌대부에 가자를 받았고,[329)] 차일암遮日巖에서 열린 연회에도 참석했다.[330)] 홍우원은 이관징이 9년을, 나머지 세 사람이 7년을 편찬했는데 이관징에게 우리만 못한 상을 내리는 것은 부당하다고 주장했으나 받아들여지지 않았다.[331)]

그 후 1676년(숙종 2) 12월에 동지중추부사, 1677년(숙종 3) 정월에 대사헌·부호군 겸 동지성균관사·대사성,[332)] 4월에 부호군, 5월에 한성부 좌윤, 7월에 대사헌,[333)] 8월에 대사헌, 9월에 형조참판·강화유수[334)]를 역임

---

324) 《숙종실록》 권 4, 숙종 1년 11월 을유
325) 《숙종실록》 권 5, 숙종 2년 10월 갑술
326) 연보, 25~26쪽.
327) 《숙종실록》 권 5, 숙종 2년 7월 정미
328) 연보, 26~27쪽.
329) 《숙종실록》 권 6, 숙종 3년 9월 병술
330) 연보, 28쪽.
331) 祖考致政府君墓誌, 227쪽.
332) 《숙종실록》 권 6, 숙종 3년 1월 갑진

했다.335)

1678년(숙종 4) 4월에 부호군이 되어 노량鷺梁강 가에 은거했다. 당시에 남인은 청남淸南과 탁남濁南으로 갈려 있었는데 탁남인 영의정 허적이 하는 일이 마음에 들지 않자, 청남 허목許穆·홍우원洪宇遠 등이 이를 비판했다. 이옥이 정태화와 최명길을 태묘太廟에 배향하자고 했다가 회양군수淮陽郡守로 밀려나고, 이옥의 동생 이발李浡이 형의 무죄를 주장하자 유명천柳命天·김석주 등이 두 형제를 서쪽 변경 지방으로 귀양 보냈다. 이에 이관징은 노량강 가에 은거하게 된 것이다.336) 그해 11월에 형조판서가 되었다.337)

1679년(숙종 5) 정월에 원접사遠接使로 청나라에 다녀왔다. 그러나 전혀 물건을 사오지 않아 따라간 사람들도 감히 물건을 사가지고 오지 못했다 한다.338) 4월에 한성판윤이 되고,339) 7월에 부호군, 10월에 예조판서가 되었으며,340) 11월에는 동지사冬至使로서 청나라에 다녀왔다. 부사는 이단석李端錫이요, 서장관은 신학申澩이었다.341) 숙종이 동지사 이관징을 인견했다.

> 이관징: 오삼계吳三桂도 반드시 북경을 멸망시킬 수 없고, 청인淸人도 또한 오삼계를 멸망시킬 수 없는데, 근심할 만한 것은 몽고입니다.

---

333) 《숙종실록》 권 6, 숙종 3년 7월 임오
334) 《숙종실록》 권 6, 숙종 3년 9월 기축
335) 연보, 28~29쪽.
336) 앞과 같음. 祖考致政府君墓誌.
337) 《숙종실록》 권 7, 숙종 4년 11월 계묘
338) 조고치정부군묘지, 227쪽.
339) 《숙종실록》 권 8, 숙종 5년 4월 정축
340) 《숙종실록》 권 8, 숙종 5년 10월 임술
341) 연보, 29~30쪽.

숙　종: 원나라 순제順帝 말년에 뭇 도적이 참람하게 제왕의 이름을 일컬었으나, 마침내는 진인眞人에게 천하를 맡기게 되었다. 저들이 만약 몽고에 점거한 바 되어, 의리를 떨쳐서 분기하는 자가 있으면 저들의 형세도 또한 위태로울 것이다. 오삼계의 처음 뜻은 주원장朱元璋의 후손을 황제로 세워서 큰 공을 세우고자 했던 것인데, 지금 와서는 제가 황제라고 일컬었으니, 이는 진승陳勝(진秦나라 2세 때 반란을 일으켜 왕을 칭한 사람)·오광吳廣(진나라 때 반란을 일으켜 가왕假王을 칭한 사람)과 같은 사람이다.[342)]

1679년(숙종 5) 봄에 경신환국이 일어나 남인이 일망타진되었다. 이관징도 연루되어 조사를 받았는데 숙종이 "이관징은 깨끗한 사람이다. 그러므로 세상 사람들은 그를 '원우완인元祐完人'이라고 칭했다"고 했다. 9월에 장자 이옥이 북변으로 귀양을 가자 이관징도 청파靑坡 임옥賃屋에 나가서 살았다. 그는 처음 서울 북애北厓에 살았는데 귀족들의 집과 가까워 출입에 불편하다고 해 청파로 나가 산 것이다.[343)] 그리하여 수년 동안 두문불출했다. 1682년(숙종 8) 2월에 이관징은 칙사를 맞이하는 원접사가 되었다.[344)] 이번 칙사는 태황태후太皇太后의 존호를 올리는 일 때문에 오는데 그 경비를 위해 관향모곡미管餉耗穀米 5백 석을 마련해야 한다고 했다.[345)]

그런데 역적 허새許璽가 사사로이 적어 놓은 문서에 목내선睦來善·이관징·이우정李宇鼎의 이름이 나왔으나 국청에서는 이들이 그 일에 참여한 흔적이 없었으므로 힐문하지 않았다.[346)]

342) 《숙종실록》 권 9, 숙종 6년 3월 기해
343) 연보, 31쪽.
344) 《숙종실록》 권 13, 숙종 8년 2월 계묘
345) 《숙종실록》 권 13, 숙종 8년 3월 병진

그러나 실세한 이관징은 1683년(숙종 9) 10월에 금천衿川 광명리光明里 농장에 우거했다. 그러나 왕이나 왕비의 건강 때문에 서울을 드나들기는 했다.[347] 그러다가 1685년(숙종 11)부터는 선영이 있는 파주 조리동條里洞으로 이거했다.[348] 그는 그곳에 조그마한 연못을 파고 매달 초하루에 관대를 입고 선영에 성묘하고 아이들을 가르치며 손수 농사를 지었으나 몹시 가난했다. 그리하여 당시 수령으로 있던 박태보가 듣고 "어진 장노長老를 내 땅에서 굶게 해서야 되겠느냐?"면서 곡식을 주선해 주기도 했다는 것이다.[349] 그리고 11월에는 뇌물을 받은 영남인 남몽뢰南夢賚를 잘못 추천했다고 해 고신告身을 박탈당했다.[350]

1686년(숙종 12) 6월에 지중추부사가 되고, 12월에 부호군이 되었다.[351] 1687년(숙종 13) 정월에 이관징은 기로소耆老所에 들어갔다. 기로소는 2품 이상관으로 70세가 넘은 사람만 들어갈 수 있었다[352] 이때 연못 터에 이안당易安堂을 지었다.[353]

1688년(숙종 14)에 경종이 탄생해 원자로 책봉되었다. 이에 송시열 등 노론이 원자 책봉을 반대하다가 일망타진되었다. 1689년(숙종 15)에 일어난 기사환국이 그것이다. 남인이 재기한 것이다. 이관징도 2월에 예조판서 겸 동지경연사, 내의·승문원제조로 불려 올라왔다. 장자 이옥도 10년 만에 방면되었다. 3월에 장예원·선공감제조, 지춘추관사를 더 겸임했다. 윤 3월에 의정부 우참찬[354]이 되었다가 곧 좌참찬[355]으로 승진했다. 4월에 인현

346) 《숙종실록》 권 13, 숙종 8년 11월 정미
347) 연보, 31~32쪽.
348) 연보, 32쪽.
349) 祖考致政府君墓誌, 227쪽.
350) 연보, 32쪽.
351) 연보, 33쪽.
352) 연보, 33쪽.
353) 앞과 같음.
354) 《숙종실록》 권 20, 숙종 15년 윤 3월 정미

왕후를 폐위시키는 정청庭請에 참여해 반대하는 상소를 올렸다. 이관징은

> 중궁은 이에 선왕先王과 선후先后가 부탁한 바로 종사宗社에 중요하고 일국이 모후로서 섬긴 지 오래인데, 덕을 잃었다는 것은 듣지 못했으니 오늘의 거조는 신자로서는 감히 들을 수 있는 바가 아닙니다.356)

고 상소했다. 이때 폐비를 극단적으로 반대하던 오두인吳斗寅·박태보朴泰輔가 매를 맞아 죽었다.

> 박태보 등 형을 받은 세 신하들은 병든 몸으로 위험한 귀양길을 가게 되었으니 도중에 무슨 일이 일어날지 어찌 알겠습니까? 장정은 오히려 견딜 수 있지만 쇠약한 사람이겠습니까? 상소의 큰 뜻은 실로 조정 공공의 논의입니다. 신은 원컨대 왕께서 인仁한 은혜를 내리셔서 살 수 있는 길을 열어 주시기 바랍니다.357)

라고 여러 번 상소했다. 그러나

> 숙종은 박태보 등이 임금을 기망하고 절의를 세우려 하니 흉역兇逆보다 심하다. 목숨을 보존할 수 있는 것만도 다행인데 이관징이 감히 곡진하게 살 길을 청하니 오늘날 국가가 조금만 기강이 있어도 어찌 감히 이와 같을 수 있겠나?358)

---

355) 《숙종실록》 권 20, 숙종 15년 윤 3월 을축
356) 행장, 68쪽.
357) 앞의 책, 68쪽.
358) 앞과 같음.

라고 해 대노했으나 이관징에 대한 신임이 깊어 죄를 주는 데까지는 이르지 않았다.

7월에 이조판서 겸 원자보양관에 임명되어 세 번이나 사양했으나 왕의 허락을 받지 못했다. 이때 《춘궁보양집요春宮輔養輯要》를 만들어 바쳤다.[359] 당시의 인사는 반드시 거실巨室의 지휘를 받아야 했는데 이관징은 이에 구애받지 않고 자기의 뜻대로 인사를 했다. 경신환국 이후 모든 인사는 일의 옳고 그름이나 인물의 좋고 나쁨을 따지지 않고 오직 색목에 따라 선발되었다. 그러나 이관징은 공의에 어긋나 죄를 얻은 자들의 명단을 작성해 요행과 협의를 근절해 그가 인사를 맡으면 시비가 일어나지 않았다 한다.[360] 9월에 병으로 동지중추부사로 옮겼다가 12월에 예조판서에 임명했으나 나아가지 않았다.[361]

1690년(숙종 16) 2월에 숭정대부로 승진해 병 때문에 판의금부사가 되었으며, 4월에 세자책례도감世子冊禮都監 당상으로 원자상견례元子相見禮를 행했다. 5월에 겸세자우빈객이 되었으며, 6월에는 장열왕후莊烈王后 부묘祔廟에 노고가 많았다 해 10월에 숭록대부로 승진했다.[362] 9월에는 70세가 되어 보국숭록대부로 승진하고, 영의정 권대운權大運, 좌의정 목내선, 판서 김우형金宇亨, 판서 오정위吳挺緯 등과 함께 남궁南宮에서 실시한 기로연耆老宴에 참여했다.[363] 7월에 이조판서가 되었다가[364] 12월에 겸예조판서가 되었고,[365] 판중추부사에 임명되었다.[366] 그리고 1690년(숙종

359) 행장, 70~71쪽.
360) 행장, 69~70쪽.
361) 연보, 36쪽.
362) 연보, 37~38쪽.
363) 행장, 72쪽.
364) 《숙종실록》 권 21, 숙종 15년 7월 계해
365) 《숙종실록》 권 21, 숙종 15년 12월 무자
366) 연보, 39쪽.

16) 9월에는 좌참찬이 되었고,[367] 1691년(숙종 17) 5월에는 이조판서가 되었다.[368] 그러나 곧 이조판서직을 사임했다.[369]

1692년(숙종 18) 정월에 예조판서에서 해임되고, 치사소致仕疏를 여덟 번이나 올려 겨우 받아들여졌고, 1693년(숙종 19) 4월에 판중추부사[370]로서 치사봉조하致仕奉朝賀[371]가 되어 국법에 따라 7품록七品祿을 받고 매달 술과 고기를 받았다. 4월 25일에는 왕의 교서 및 선온宣醞과 특별히 신장3절宸章三絕[372]을 내려 받았는데, 이관징은 감격해 옷이 젖도록 울었다 한다. 이런 일은 극히 드문 일이어서 위사衛士·이서吏胥 등 보는 사람들이 감탄하고 노재상의 은퇴를 아쉬워했다고 한다.[373]

그러나 1694년(숙종 20) 4월에 갑술환국이 일어나 남인이 실각하고 서인이 재집권했다. 이에 남인에 대한 노론의 공격이 시작되었다. 이관징도 영의정 김수항金壽恒을 죄줄 때 정신廷臣으로 참여했기 때문에 탄핵되었으나 이미 은퇴했다고 해 관직을 삭출削黜하는 데 그쳤다.[374]

1695년(숙종 21) 2월에 직첩을 돌려받았다.[375] 숙종이 이관징은 평생 깨끗하고 신중했으며 스스로 신칙하고, 이미 은퇴했으니 죄적罪籍에 그대로 둘 수 없다고 해 풀어 준 것이다. 그러나 2월 16일에 성서城西 근곡의 집에서 78세를 일기로 죽었다. 이관징의 졸기에는

---

367) 《숙종실록》 권 22, 숙종 16년 9월 정사
368) 《숙종실록》 권 23, 숙종 17년 5월 병신
369) 《숙종실록》 권 23, 숙종 17년 5월 갑인
370) 《숙종실록》 권 25, 숙종 19년 4월 임진
371) 《숙종실록》 권 25, 숙종 19년 4월 무술
372) 奉朝賀 謝恩日에 내린 국왕의 宸章三絶은 다음과 같다(《芹谷公致政年譜》(單卷) 권 2, 91쪽).

1. 中壽元來罕古今 棐忱炳炳老彌深 休官此日君無憾 我獨悠悠悵缺心
2. 那堪王室屬艱辛 方仰朝廷宿德臣 莫以午橋閑適樂 也忘平昔戀楓宸
3. 華筵催向禁中開 法醞香浮白玉盃 風雲契合猶魚水 願沐恩波倚醉廻

373) 연보, 43쪽.
374) 앞과 같음.
375) 《숙종실록》 권 28, 숙종 21년 2월 임인

> 봉조하 이관징이 졸하니, 나이가 78세였다. 이관징이 조정에 나와 벼슬한 지 40년 동안에 지위가 1품에 올랐으나, 기록할 만한 공적은 없었다. 그러나 그 휴치休致한 한 가지 일은 높이 여길 점이 있다고 하겠다.376)

고 논평했다. 4월 28일에 교하交河 월롱산月籠山 남쪽에 장사지냈다. 부인 정경부인 삭령최씨는 1672년(현종 13) 2월 6일에 죽어 처음에 파주 선영에 산소를 썼다가 남편과 함께 묻혔다.377)

4남 1녀를 두었는데 장남 이옥李沃은 문과에 급제해 예조참판을 지냈고, 차남 이발李渤은 사마시에 합격해 용인현령을 지냈고, 3남 이숙李潚은 역시 사마시에 합격해 전설별감典設別監을 지냈으나 일찍 죽었으며, 4남 이협李浹은 생원시에 장원을 했고, 딸 하나는 민창도閔昌道에게 시집갔다.378)

이관징은 성품이 고매하고 순수한데다가 훌륭한 가정교육을 받았고, 커서는 경사 백가서百家書를 두루 달통해 밖으로 꾸미지 않아도 스스로 다른 사람과 다른 점이 있었다. 더구나 행실이 방정해 뭇사람의 모범이 되었으며, 효성스럽고 우애가 있었다. 더욱이 청렴결백하고 검약儉約한 조행은 타고난 성품이지 일부러 꾸미고 노력해서 이룬 것이 아니었다.

교우 관계에서는 "오는 자는 거절하지 않고[來者不祛] 가는 자를 쫓지 않는다[去者不追]"는 원칙을 지켰다.379)

인사권을 쥐었을 때도 공명정대하게 인사를 하고, 일체의 뇌물을 받지 않았다. 평소에도 "내게 이롭게 하고자 하면 반드시 다른 사람을 해롭게

---

376) 《숙종실록》 권 28, 숙종 21년 2월 무신
377) 연보, 44쪽.
378) 행장, 78쪽.
379) 행장, 81~82쪽.

한다〔欲利於己 必害於人〕"는 여덟 자를 좌우명으로 삼고 있었다. 그리고 이관징은 글씨를 잘 써 묘도문자에 그의 글을 받기를 원하는 사람이 많았다. 말년에는 김생金生의 글씨를 좋아해 때때로 익혔다. 그뿐만 아니라 4촌 동생인 대사헌 이봉징李鳳徵, 종제 대사간 이식李湜 및 조카들을 어려서부터 집에서 기르고 가르쳐 훌륭한 인재로 육성하기도 했다.[380)]

4. 연안이씨 삼척공파의 역사적 위상

당나라 중랑장 이무李茂를 같은 시조로 하는 연안이씨는 현재 이습홍李襲洪을 중시조로 하는 첨사공파詹事公派, 이현려李賢呂를 중시조로 하는 소부감판사공파小府監判事公派 이지李漬를 중시조로 하는 부사공파副使公派, 원주元柱를 중시조로 하는 대장군공파大將軍公派의 4개파가 있으나,[381)] 서로 계대가 되지 않는다.

첨사공파 후손으로는 이귀령(左相)·이귀산(관찰사)·이광정(이조판서)·이창정(함경감사)·이관징(이조판서) 등이 있으며, 소부감판사공파 후손으로는 이석형李石亨(이조판서)·이정구李廷龜(대제학)·이귀李貴(이조판서)·이시백李時白(영의정)·이천보李天輔(영의정) 등이 있으며, 부사공파 후손으로는 이숙함李淑瑊(참판)·이숙기李淑琦(판서)·이후백李後白(이조판서)·이호민李好閔(대제학) 등이 있다. 삼척공은 첨사공의 10대손으로 삼척부사를 지낸 이말李󠄁抹을 말한다.

삼척공파의 가계는 抹(삼척부사)—慶宗(군수)—澍(정언)—光庭(이판)·

---

380) 앞의 책, 85~88쪽.
381) 《韓國系行譜》 天, 247~278쪽.

昌庭(관찰사)으로 연결되는데 삼척공파에서 문과만 43인이나 배출했다. 이들은 거의 기호남인으로 활동했다. 이들의 근거지는 파주였다. 기호남인이었기 때문에 이들은 현종 이후, 더욱이 숙종조에 전개된 서남당쟁에 깊이 관여했고 그 때문에 영욕을 겪었다. 효종이나 효종비에 대한 조대비의 상복은 3년설을 지지했고, 노론 세력과는 엎치락뒤치락하는 처절한 정쟁을 계속했다.

이광정·창정 때만해도 서인과 그렇게 심하게 대립하지 않았다. 오히려 서인들과 타협적인 태도를 보였으며, 광해군조에는 북인계와도 잘 지냈다. 이광정은 원래 청렴결백했으나 아들 이현李袨이 유영경柳永慶의 딸과 혼삿말이 있어 인목대비 폐비정청에 참여해 비난을 받았다. 그리고 아들 이분李衯이 이이첨李爾瞻에게 부탁해 차술借述로 과거에 급제했다는 비난을 받을 정도로 북인과 가까웠다. 그리고 이광정의 셋째 사위가 인현왕후의 할아버지 민광훈閔光勳(민유중의 아버지)라는 것도 간과할 수 없는 인간관계였다. 그의 세 아들(袨·衯·裯)이 모두 문과에 급제했고 유형원柳馨遠의 아버지 유흠柳欽은 첫째 사위, 홍우원洪宇遠은 다섯째 사위였다. 이를 보면 이광정은 연안이씨 삼척공파를 명문으로 일으킨 중심인물이었다고 할 수 있다. 그는 외교에도 능력을 보여 명나라의 심유경沈惟敬은 선조에게 그를 높이 쓰라고 권하기까지 했다.

이창정도 이이첨의 친당으로 평양감사 박엽朴燁의 권력형 비리를 고발했다가 박엽과 유착되어 있는 광해군 때문에 다른 죄목으로 불이익을 받은 적이 있었다. 이처럼 연안이씨 삼척공파는 권력을 장악한 다른 당파의 인물들과도 긴밀한 유대 관계를 가지고 가문의 지위를 유지했다. 현종대 이전만해도 당쟁이 그리 심하지 않기 때문에 다른 당파와도 혼인을 했고, 관직을 받기도 했다.

그러나 숙종조에 접어들어 남인이 정권을 일시 차지하고부터는 서남당쟁이 심해져 서인과 밀고 밀리는 환국 사태가 반복되었다. 관제야당으로 기른 남인이 예송을 통해 서인과 정권을 다투는 당파로 성장했다. 이에 서인과 남인은 불구대천不俱戴天의 원수가 되었다. 남인의 세력이 강해지자 경신환국을 일으켜 남인을 몰아내고, 서인의 세력이 강해지자 기사환국으로 서인을 몰아냈으며, 다시 남인이 우세해지자 갑술환국으로 남인의 뿌리를 뽑아 버렸다. 이는 당파와 당파를 격돌시켜 권력의 균형을 잡으려는 숙종의 의도가 작용한 것이겠지만 예송禮訟을 거치면서 당파 사이의 불화가 심해진 데 원인이 있었다. 그리하여 숙종 말에는 국가도 당파도 공멸할 위기에 처하자 황극탕평론皇極蕩平論을 내세워 탕평정치를 지향하게 된 것이다.

이러한 숙종대 서남당쟁의 중심에 연안이씨 삼척공파도 깊숙이 간여했다. 이옥이 그 중심인물이다. 이옥은 숙종 초 남인이 처음 정권을 잡았을 때 서인의 기년설을 맹렬히 공격하고, 오례의 주인공인 송시열을 처벌해야 한다고 주장했다. 이옥의 아버지 이관징도 이에 동조하고, 남인 예론을 지지한 홍우원洪宇遠·조경趙絅을 변호했으며, 서인의 영수 김수항을 석방하려는 것을 반대했다. 그러나 비교적 부드러운 인품 때문에 서인의 미움을 덜 샀다. 그리고 자주 물러나 은거해 있었고 숙종의 비호로 관대한 처분을 받을 수 있었다.[382] 이관징은 남인이면서 1689년(숙종 15) 4월에 인현왕후 폐위를 논의하는 정청에 참여하지 않았다. 그리고 이를 반대하다가 장살된 박태보와 오두인을 풀어 달라고 상소했다. 이광정의 사위가 인현왕후의 할아버지인 민광훈이기 때문이기도 하지만 파주에 은거할 때 박태보의 지원을 받은 적이 있기 때문이기도 했다.[383] 1695년(숙종 21) 4월에 갑술환국이 일어났는데 이관징도 영의정 김수항을 죄줄 때 정신으로 참여했기 때문에 서인의 탄핵을 받았으나 이미 은퇴한

382) 경신환국 때 서인들이 이관징을 처벌하려 하자 숙종은 이관징을 '깨끗한 사람'이라 했다. 그래서 세상 사람들은 그를 '元祐完人'이라고 했다(李沃,《芹谷公致政年譜》, 31쪽).

383) 행장, 68쪽.

뒤라고 관작을 삭탈하는 데 그쳤다.[384] 이에 견주어 이옥은 서인 정권에 의해 12년 동안이나 귀양살이를 했기 때문에 서인을 공격하는 데 적극적이었다. 그 때문에 서인들에게 스승인 송시열을 배반했다는 비난을 받았고, 정치 보복도 많이 받았다. 이 때문에 연안이씨 삼척공파가 더 이상 정치적으로 현달하지 못하게 되었다.

384) 연보, 43쪽.

제8장 지수재知守齋 유척기兪拓基의 생애와 평가

1. 머리말

유척기俞拓基는 18세기 노론 준론峻論에 속하는 관료로 영의정을 지냈다. 유척기는 기계유씨杞溪俞氏다. 기계유씨의 상계上系는 자세히 알 수 없으나, 고려 건국 초기에 왕건에게 협조하지 않아 불복신不服臣이 되어 호장戶長으로 강등되었다.

그 후 세종조에 유해俞解가 생원이 되고, 그의 아들 유기창俞起昌이 무과에 급제해 첨지중추부사가 되었으나, 연산군 때 사화에 걸려 진도珍島로 귀양 갔다가 중종반정으로 특별히 병조참의로 불렀지만 나오지 않았다. 그러나 그의 장자 유순거俞舜擧는 무과에, 6사 유여림俞汝霖은 문과에 급제해 양반 관료가 되었다. 유여림의 3자 유강俞絳도 문과에 급제해 호조판서가 되었고, 그의 아들 유영俞泳은 자산군수慈山郡守를 지냈는데, 이가 유척기의 직조直祖인 자산공파慈山公派의 시조다. 좌의정을 지낸 유홍俞泓은 유척기의 5대 종조從祖(유관俞綰의 아들)다.

자산공파는 유영의 차자 유대의俞大儀 때부터 현달하기 시작했다. 대의는 유척기의 고조로 그의 네 아들 가운데 장자 유호증俞好曾, 차자 유성증俞省曾이 문과에, 3자 유세증俞世曾은 무과에 급제했다. 더욱이 유척기의 증조인 유성증은 문과에 장원해 벼슬이 강원도관찰사에 이르렀다. 그리고 유홍俞泓은 문과에 급제해 영의정을 지낸 기계부원군杞溪府院君이다. 유성증은 유척기의 증조다. 유성증의 두 아들 유황俞榥과 유철俞榝도 각각 문과에 급제해 관찰사를 지냈다. 그 가운데 유철이 유척기의 할아버지다. 유철은 네 아들을 두었는데, 이 가운데 3자 유명악俞命岳이 유척기의 아버지다. 유명악은 생원시에 합격해 유척기의 현달로 영의정에 추증되었다. 그리고 큰아버지인 유명건兪命健의 장자 유최기兪㝡基도 문과에 급제해 우참찬을 지냈다. 이와 같이 기계유씨 자산군파慈山郡派는 17~18세기에 노론으로서 현달한 가문이다.

유척기의 가문은 노론 강경파인 준론에 속했다. 큰할아버지 유황兪榥의 아들 유명기兪命夔와 유명뢰兪命賚는 우암尤庵 송시열宋時烈을, 유척기와 아버지 유명악兪命岳은 삼연三淵 김창흡金昌翕을 사사師事했고, 안동김씨(兪命健)·동래정씨(兪㝡基)·경주김씨(兪直基)·여흥민씨(兪彦鎬)·은진송씨(兪榥)·우봉이씨(兪彦欽)·평산신씨(兪拓基)·청송심씨(兪彦鉉)·양주조씨(兪漢容)·해평윤씨(兪漢寓)·광산김씨(兪漢寧)·덕수이씨(兪彦銖)·청풍김씨(兪漢憲) 등 노론 명가들과 통혼했다. 그리고 묘비문墓碑文도 송시열·송준길宋浚吉·권상하權尙夏·김창협金昌協·김창흡·이재李縡·정호鄭澔·박필주朴弼周·이의현李宜顯 등 노론 명인들로부터 받았다. 그뿐만 아니라 유명악은 기사환국己巳換局이 일어나자 인현왕후를 복위하고 송시열을 신원伸冤해야 한다고 상소를 올렸으며, 유척기는 노론 4대신 가운데 죄안罪案에서 풀리지 않은 김창집金昌集과 이이명李頤命의 복관復官을 주장해, 뜻을 이룬 바 있다.

이와 같이 유척기의 기계유씨 자산공파는 17~18세기 정치사에서 빼놓을 수 없는 명문 가운데 명문이다. 이 글에서는 이러한 기계유씨 자산군파의 가계家系와 정치적 활동을 유척기를 중심으로 살펴보고자 한다.

2. 가 계

유척기의 자는 전보展甫, 호는 지수재知守齋·미음노부渼陰老夫, 본관은 기계杞溪다. 기계유씨杞溪兪氏의 시조는 신라 아찬阿飡 유삼재兪三宰라고 한다. 그러나 이름, 자, 세차世次는 모른다. 묘는 기계현杞溪縣 당동堂洞(지금의 영일군迎日郡 기계면杞溪面 미현동美峴洞 비학산飛鶴山 내룡來龍)에 병향丙向으로 있다. 원래는 상하분上·下墳이었다 한다. 후손 유하겸兪夏謙이 경주부윤慶州府尹이 되어 표석表石을 세우고, 유명홍兪命弘이 경상도 안찰사가 되어 재궁齋宮과 묘전墓田을 마련했다고 한다. 그리고 유척기가 역시 경상도 안찰사가 되어 또 묘비를 세웠는데, 유명홍이 싓고, 유췌기兪㝡基가 쓰고, 유척기가 전서篆書를 썼다. 또 유척기가 지은 추기묘지追記墓誌와 치웅致雄이 쓴 각자상석刻字床石이 있다.[1)]

이와 같이 기계유씨의 시조는 후대의 기록만 있을 뿐 자세한 내용을 알 수 없다. 신라의 어느 때에 살았는지도 모른다. 다만 고려가 건국될 때 유의신兪義臣이 불복신不服臣으로서 기계현의 호장戶長으로 강등되었다 한다. 묘는 전하지 않는다. 의신의 아들이 유성미兪成美다. 유성미는 섭호장攝戶長으로서 부인은 신라 경순왕敬順王 6대손 진사進士 김한용金漢用의 딸 경주김씨다. 그러나 후손 유계兪棨는 시조가 경순왕과 동 시대 사람인데 어떻게 그 아들이 경순왕의 6대손에게 장가를 들 수 있겠느냐고 했다. 그러니 아들은 후손의 오기誤記인 것 같다고 했다.[2)]

유성미의 아들이 유진경兪晉卿이다. 유진경의 옛 이름은 유문철兪文哲

---

1) 《杞溪兪氏族譜》 卷 1, 上溪 1쪽.
2) 앞과 같음.

로 향공진사鄕貢進士였다. 역시 묘는 어디에 있는지 모른다. 유진경의 아들은 유여해兪汝諧다. 유여해에 이르러 비로소 과거에 급제해 벼슬이 사재주부司宰主簿에 이르렀다. 부인은 군기감軍器監 노원盧源의 딸인 안강노씨安康盧氏다. 묘는 전하지 않는다. 이에 대해서도 유계의 반론이 있다. 《고려사》에 최항崔沆이 노성盧成과 급제及第 유여해 등이 시를 지어 자기를 기롱했다고 해 노성을 죽이고 나머지는 섬으로 귀양 보냈다고 했다. 그런데 지금 유여해가 시조와 겨우 3대 밖에 차이가 나지 않는데 이 사건은 고려 고종 때의 일이다. 고종은 국초에서 3백 년 뒤이니, 3백 년에 3대(아버지·아들·손자) 밖에 안 된다는 것은 이해할 수 없다고 했다. 기록의 탈루가 있는 것이 아닌가 의심했다.[3)]

유여해는 유향무兪迴務·유득황兪得璜·유득선兪得瑄·유득부兪得琈·유득주兪得珠 등 다섯 아들을 두었다. 이 가운데 셋째 아들 유득선이 유척기의 직계조상이다. 유득선은 벼슬이 상승국尙乘局 부내승副內乘에 이르렀으며, 죽은 뒤에 좌복야左僕射에 추봉되었다. 부인은 주부 강위姜渭의 딸 금천강씨衿川姜氏다 묘는 실전되었다.[4)]

유득선은 유선兪僐·유석兪碩 두 아들을 두었다. 그 가운데 유선이 유척기의 직계조상이다. 유선은 벼슬이 봉익대부奉翊大夫 판도판서版圖判書 겸 한양부윤漢陽府尹에 이르렀다. 부인은 급제及第 정지순鄭之純의 딸 연일정씨延日鄭氏다. 묘는 수원水原 설창薛倉 청룡리靑龍里 마이산馬耳山(지금의 평택군 청북면靑北面 후사리後寺里)에 을향乙向으로 있다. 표석表石과 상석床石이 있고, 13세손 유척기가 지은 추기묘지追記墓誌가 있다.[5)]

유승규는 6남(千慶·成利·成保·成福·禪謹·承原) 5녀(周彦臣·宋希玉·柳灝·朴

---

3) 앞과 같음.
4) 앞과 같음.
5) 앞과 같음.

아무개·崔夜終의 처)를 두었다. 이 가운데 유척기의 직계조상은 유성복이다. 유성복은 벼슬이 판사재감사判司宰監事에 이르렀다. 부인은 군사郡事 이상원李上垣의 딸 신평이씨新平李氏다. 할아버지는 서령署令 이필李弼이요, 증조부는 중랑장中郎將 이계李桂요, 외조는 서령署令 고응高凝이다. 묘는 안성安城 동면東面 배어리陪御里(지금의 금광면金光面 금광리金光里)에 있다. 묘표와 11세손 유척기의 추기묘지가 있다.6)

유성복은 3남(輯·鎭·憲) 1녀(孫信의 처)를 두었다. 유척기의 직계조상은 유집兪輯이다. 집은 승정원 좌승지에 추증되었고, 부인은 현감 오성우吳成佑의 딸 장기오씨長鬐吳氏다. 묘는 안성 북면北面 소만리蘇萬里(지금의 안성읍 사곡리沙谷里)에 오향午向으로 있다. 부부가 함께 묻혔다. 묘표와 10세손 유척기의 추기묘지가 있다.7)

유집은 유숙兪淑과 유해兪解 두 아들을 두었다. 이 가운데 유척기의 직계조상은 유해이다. 유해는 1414년(태종 14)에 진사시에 합격했으나, 1437년(세종 19)에 24세의 젊은 나이로 죽었다. 아들의 출세로 이조참판에 추증되었다. 묘는 홍주洪州 동면東面 노은동魯恩洞(지금의 홍주군 북면 대인리大仁里)에 오향午向으로 있다. 목사牧使 김억령金億齡이 지은 묘표와 9세손 유척기가 지은 추기묘지와 10세손 유언지兪彦摯가 홍주목사가 되어 세운 묘갈墓碣이 있다. 묘지墓誌는 유언숙兪彦鏽이 썼다. 부인은 현감 박첨朴襜의 딸 죽산박씨竹山朴氏다. 8월 13일에 죽었다. 묘는 비인庇仁 북재궁北齋宮(지금의 서천군舒川郡 비인면庇仁面 남당리南塘里)에 미향未向으로 있다. 8세손 유명뢰兪命賚가 짓고, 유명건兪命健이 쓴 묘표와 9세손 유척기가 쓴 추기묘지가 있다.8)

---

6) 앞과 같음.
7) 앞의 책, 2~3쪽.
8) 앞의 책, 3쪽.

유해의 아들이 유기창兪起昌이다. 유기창의 자는 자성子盛, 호는 서호산인西湖散人으로, 1437년(세종 19)에 태어나 무과에 급제해 9읍의 수령守令을 지낸 뒤 첨지중추부사로 승진했다. 청백리로서 밖으로 엄하고 안으로 관대했다.9) 그러나 연산군 때 영의정 성준成俊의 친당親黨이라 해 진도珍島로 귀양 갔다가 중종반정으로 특별히 병조참의에 임명되었다. 그러나 그는 연산군을 위해 위차位次를 설치하고 바로 비인庇仁으로 돌아와 스스로 호를 서호산인西湖散人이라 하고 사냥을 즐기고 여러 번 불렀으나 나가지 않았다. 1514년(중종 9) 10월 4일에 죽었다. 향년 78세. 유명遺命으로 신주를 첨지중추부사로 쓰라고 했다. 병조판서에 증직되었다. 비인의 청절사淸節祠에 향사享祀되었다. 부인은 참군叅軍 구안우具安遇의 딸 능성구씨綾城具氏다. 4월 2일에 죽었다. 묘는 비인 동면 동재궁東齋宮(지금의 서천舒川 판교면板橋面 저산리苧山里)에 오향午向으로 있다. 쌍분雙墳으로 부제학 권변權忭이 지은 묘갈명墓碣銘과 8세손 유척기가 지은 추기묘지가 있다.10) 기창은 5남(舜擧·汝弼·汝翼·汝霖·汝舟) 2녀(柳世琛·洪世弼의 처)를 두었다. 이 가운데 유여림이 유척기의 직계 조상이다.11)

유순거는 원래 이름이 유여해兪汝諧였는데, 그 이름을 가진 선조가 있었기 때문에 그의 자인 순거로 이름을 바꾸었다. 1461년(세조 7)에 태어나 무과를 거쳐 벼슬이 군기시軍器寺 판관判官에 이르렀다. 1514년(중종 9) 5월에 죽었다. 향년 44세. 묘는 남포藍浦 어의곡於義谷(지금의 보령군保寧郡 주산면珠山面 신구리新九里)에 있다. 김정金淨이 지은 묘갈명이 있다. 부인은 지중추부사 이병정李秉正의 딸인 전의이씨全義李氏다. 묘는 비인 대흥당大興塘에 있다.12)

---

9) 朴能緖, 《韓國系行譜》 人(寶庫社, 1992), 2339쪽.
10) 앞과 같음.
11) 앞과 같음.
12) 앞과 같음.

유여림은 자가 계옥啓沃이고, 1476년(성종 7)에 태어나 1498년(연산군 4)에 생원이 되고, 1504년(연산군 10)에 문과에 급제해 검열·사인·보덕·직제학·대사헌·부제학·예조판서·세자우빈객을 역임했다. 그러나 김안노金安老를 공격했다가 전리에 쫓겨나 문을 닫고 손님을 사절하기 7년 만인 1537년(중종 32)에 중종이 예조판서 겸 지경연춘추관사로 불렀다. 그러나 1538년(중종 33) 10월 2일에 죽었다. 향년 63세. 의정부 좌찬성에 추증되었다. 시호는 경안景安. 청절사에 향사되었다. 그는 담박淡泊하고 싸우는 것을 좋아하지 않았으며 사람들이 시인詩人이라하면서 경박하게 노는 자가 많아 시를 짓지 않았다. 그러나 시를 지으면 잘 지었다 한다.[13] 부인은 생원 성담명成聃命의 딸 창령성씨다. 할아버지는 교리 성희成熺요, 증조할아버지는 참판 성개成槪이며, 외할아버지는 현령 강릉김씨 김폭金幅이다. 8월 25일에 죽었다. 묘는 고양高陽 불암동佛巖洞 관산館山(지금의 벽제면碧蹄面 관산리官山里)에 미향으로 있다. 쌍분이다. 표석과 음기陰記가 있고, 영의정 홍언필이 짓고, 군수 김현성金玄成이 쓰고, 대교 노직盧稷이 전서篆書를 쓴 신도비神道碑와 7세손 유척기가 쓴 추기묘지가 있다. 《정당유고政堂遺稿》 2권이 세상에 전한다.[14]

유여주의 자는 제경濟卿이요, 호는 선취仙醉다. 1519년(중종 14)에 현량과賢良科에 천거되었으나 급제하지 못했다. 기묘사화己卯士禍가 일어나자 비인에 퇴거해 임벽당林碧堂을 짓고 살았으며, 시를 잘 지었다. 2월 7일에 죽었다. 묘는 북재궁北齋宮 할머니 묘 왼쪽 기슭에 곤향坤向으로 있다. 표석이 있는데 거기에는 처사處士라고 썼다. 부인은 둘이 있었는데 첫째 부인은 김필金弼의 딸이요, 정승을 지낸 김채생金蔡生의 증손녀 무주김씨茂朱金氏다. 묘는 상방동霜方洞에 오향午向으로 있다. 둘째 부인은 별좌別

13) 朴能緖, 《韓國系行譜》 人, 2339쪽.
14) 《杞溪兪氏族譜》 卷 1, 上系, 4쪽.

坐 김수천金壽千의 딸이요, 사간司諫 김축金軸의 손녀요, 군수 김숭노金崇老의 증손녀요, 집의執義 한양조씨 조민趙岷의 외손녀인 의성김씨義城金氏다. 2월 21일에 죽었다. 그녀는 문장에 능하고 글씨를 잘 써서 그녀가 지은 시율詩律이 중종 때 전목재錢牧齋가 편찬한 《열조시집列朝詩集》과 《명원시귀名媛詩歸》 등의 책에 수록되어 있다.15)

유여림은 4남(綰·縝·絳·綸)을 두었다. 유관의 자는 관지綰之로 1499년(연산군 5)에 태어나 1528년(중종 23)에 생원이 되고, 1534년(중종 29) 9월 25일에 죽었다. 향년 36세. 둘째 아들 좌의정 유홍俞泓 때문에 의정부 영의정기계부원군杞溪府院君에 추봉되었다.16)

유홍은 1523년(중종 18)에 태어나, 1549년(명종 4)에 사마시에 합격하고, 1553년(명종 8) 문과에 급제해 검열에 천거되고, 옥당玉堂·전랑銓郎을 거쳐 집의가 되었다. 그러나 정부를 비판하다가 사복시 정이 되었다. 이이李珥가 과거를 볼 때 감시관監試官의 직책을 맡고 있었는데, 많은 사람들이 그의 젊을 때 불사에 들어간 일을 흠잡자, "처음 공부할 때 잘못은 정주程朱도 면할 수 없는 것이니, 고치면 무엇이 흠이 되겠느냐?"고 해 무사히 합격되었다. 임란 때 평양에 이르러 선조는 명나라에 내부內附하려 하고, 세자로 하여금 종묘와 사직의 위패를 모시고 강계江界로 들어가라고 하자, 세자를 따르기를 자원했다. 적병이 영북嶺北에 들어오고 왕은 관서關西로 달아나자 신주를 파묻자고 했으나 이를 극력 반대했다. 그리고 세자를 모시고 사잇길로 죽음을 무릅쓰고 이천伊川으로 들어가 제도諸道에 유서諭書를 보내 대의大義로서 돕도록 했다. 이에 여러 도가 향응響應해 적이 경성京城에서 물러갔다. 선조가 유홍에게 명해 먼저 경성에 들어가 전화를 극복하는 데 앞장서라고 명했다. 그러나 싫어하는 사람이 있

15) 앞의 책, 5~6쪽 ; 朴能緖, 앞의 책(杞溪兪氏, 寶庫社, 1992), 2339쪽.
16) 《기계유씨족보》 권 1, 상계, 3~4쪽.

어 실효를 거두지 못했다. 대가大駕가 서울로 돌아오자 유홍은 중전中殿을 모시고 해주에 있으면서 시사時事 10여 조를 올렸으나 좋아하지 않는 사람이 많았다. 우의정에 임명되었다가 1594년(선조 27)에 좌의정이 되었으나 곧 탄핵을 받아 면직되었다. 12월에 병으로 죽었다. 향년 71세. 평란공신平亂功臣·광국공신光國功臣 양공신에 녹훈되고, 기성부원군杞城府院君에 책봉되었다.[17)]

부인은 남충세南忠世의 딸이요, 진사 남효온南孝溫의 손녀요, 감찰 남준南俊의 증손녀요, 호군護軍 평양조씨 조견지趙見知의 외손녀인 의령남씨다. 1515년(중종 10) 정월 22일에 죽었다. 묘는 관산官山의 아버지 경안공景安公의 묘 동북쪽 기슭에 술향戌向으로 있다. 부부가 함께 묻혔다. 여성위礪城尉 송인宋寅이 지은 묘표가 있다.[18)]

유진俞縝의 자는 진지縝之로 1531년(중종 26)에 생원시에 합격해 벼슬이 통정대부 서흥부사瑞興府使에 이르렀다. 6월 17일에 죽었다. 부인은 사과司果 우윤근禹允勤의 딸이요, 주부 우팽령禹彭齡 의 손녀딸이요, 군사郡事 우계손禹繼孫의 증손녀요, 별좌 동래정씨 정윤鄭倫의 외손녀인 단양우씨다. 묘는 관산官山의 아버지 안경공安景公의 묘 왼쪽 제2강第二岡에 미향으로 있다. 6세손 유척기가 짓고, 7세손 유언휘俞彦徽가 쓴 묘표가 있다.[19)]

유강俞絳은 유척기의 6대조이다. 자는 강지絳之로 1510년(중종 5)에 태어나 22세 되던 1531년(중종 26)에 진사시에 합격하고, 32세 되던 1541년(중종 36)에 문과에 급제해 부정자副正字가 되었다. 그 뒤 예문관 한림직을 거쳐 승문원 주서注書, 전랑銓郎, 대간臺諫 등 중종·인종·명종·선조조의 청

17) 朴能緖, 앞의 책, 2339쪽.
18) 《기계유씨족보》, 3~4쪽.
19) 앞의 책, 4쪽.

요직을 두루 거쳤다. 더욱이 5도의 관찰사를 지냈고, 대사헌 두 번, 승지를 거쳐 벼슬이 호조판서(두 번)에 이르렀다. 을사사화에 화를 입은 사람들을 신원해 주자고 해 윤원형尹元衡에게 미움을 샀으나, 명종이 함경도관찰사로 내보내 구원해 주었다.[20] 그러다가 호조판서로서 1570년(선조 3) 4월 10일에 죽었다. 향년 61세. 월사月沙 이정구李廷龜가 비문을 썼다.[21] 시호는 숙민肅敏, 함흥咸興의 문회서원文會書院에 배향되었다.[22]

그는 천자天資가 중후重厚하고, 밖으로 엄숙하며, 안으로 온화했다. 관직에 있을 때는 강의剛毅 방엄方嚴했다. 그는 항상 말하기를 "나는 다른 장기는 없고, 30년 관직 생활을 하면서 일찍이 권세 있는 외척 가문을 드나든 적이 없다"고 했다. 진복창陳復昌이 용사用事할 때 자기 뜻을 따르지 않는다고 그를 미워해 위험에 빠트리려 했다. 그러나 그는 미동도 하지 않고 시를 지어 이를 풍자했다. 두 번째 대사헌을 할 때 마침 임백령林百齡이 사화를 일으켜 청류淸流를 죽이려 한 바 있다. 윤원형이 그가 을사당인乙巳黨人을 편든다 해 상소를 올려 함께 죄주려 했으나 명종이 그 진상을 밝혀 면할 수 있었다. 윤원형의 화가 풀리지 않았으나 명종이 그를 경상도 관찰사로 내보내 무사했다. 그는 재주가 많고 명민했으며 무략武略까지 겸통兼通했다. 그래서 1555년(명종 10) 을묘왜변乙卯倭變 때 그를 영남관찰사에 임명된 적이 있고, 관서關西 평안도관찰사로 있을 때는 의주성義州城을 쌓자고 해 북방 경비의 보루를 삼았다. 그뿐만 아니라 일반 백성 가운데 우수한 사람을 뽑아 교육시켜 문풍을 크게 일으키기도 했다. 이 때문에 서북 사람들이 등과登科하는 자가 많았다. 두 번 호조판서를 지내면서 재용을 절약하고 경비를 줄이려고 애썼다. 혹 왕실 사람

---

20) 兪拓基, 淸州牧使兪命岳行狀(《知守齋集》 12, 杞溪兪氏富雲獎學會, 2006, 1184쪽).
21) 앞과 같음.
22) 《기계유씨족보》 4쪽.

이나 귀척貴戚들이 침어하려 하면 법으로 엄단했고, 국가를 이롭게 하고 백성의 피해를 없애야 한다는 상소를 올려 관철하지 않은 바가 없었다. 이에 간사한 아전들이 없어지고 관리들이 옛날처럼 불법을 저지르지 못하게 해 몇 년이 안 가서 나라의 저축이 늘어가고 칭송하는 사람이 많았다.23)

> 부인은 무송茂松 군수 이수억李守億의 딸이요, 회양부정懷陽副正 이효례李孝禮의 손녀요, 도정都正 이량李寅의 증손녀요, 평해황씨 황세건黃世健의 외손녀인 전주이씨다. 1564년(명종 19) 7월 26일에 죽었다. 묘는 양주楊州 차유령車踰嶺(지금의 화도면和道面 차산리車山里)에 병좌丙坐로 있다. 남편과 부인 둘이 3합폄三合窆되어 있다. 종자從子 좌의정 유홍俞泓이 지은 묘지墓誌와 좌의정 이정구李廷龜가 짓고 현손 유황俞榥이 썼으며 참판 김광현金光炫이 전서를 쓴 신도비가 있다. 또 우의정 장유張維가 지은 묘지와 6세손 유척기가 쓴 추기묘지가 더 있다.24)

유륜俞綸의 자는 륜지綸之다. 1516년(중종 11)에 태어나 1537년(중종 32)에 진사시에 합격하고, 1548년(명종 3) 10월 5일에 죽었다. 향년 33세. 부인은 주부 이량李亮의 딸이요, 판서 이계남李季男의 손녀요, 전주이씨 남천군南川君 이정李靖의 외손녀인 평창이씨平昌李氏다. 묘는 아버지 묘 아래에 있다. 부제학 진복창陳復昌이 쓴 묘표가 있다.25)

유강俞絳은 2남(泳·泳) 1녀(韓龍瑞의 처)를 두었다. 이 가운데 유영俞泳

23) 朴能緖, 앞의 책, 2339쪽.
24) 《기계유씨족보》, 권 1, 상계 5쪽.
25) 앞과 같음.

이 유척기의 5대조인 자산군파慈山郡派의 파조派祖다. 유영의 자는 덕잠德潛으로, 1525년(중종 20)에 태어나 벼슬이 자산군수慈山郡守에 이르렀다. 1585년(선조 18) 2월 6일에 죽었다. 향년 61세. 승정원 좌승지에 증직되었다. 부인은 둘인데, 첫째 부인은 판관 정안鄭顔의 딸인 하동정씨河東鄭氏다. 1532년(중종 27) 5월 11일에 죽었다. 묘는 양주군 화도면和道面 차산리車山里 차유령車踰嶺에 있는 아버지 묘의 서쪽 기슭에 사향巳向으로 있다. 부부가 함께 묻혔다. 증손 유황兪榥이 쓴 표석과 묘지가 있다. 또 5세손 유척기가 지은 추기묘지가 있다. 둘째 부인은 진안김씨鎭安金氏다. 1522년(선조 15) 정월 27일에 죽었다. 묘는 차산리 오른쪽 기슭에 계향癸向으로 있다.[26]

유함兪涵은 중부仲父 유진兪縝에게 양자로 갔다. 진사공파進士公派의 파조派祖다.[27] 유강兪絳의 딸은 청주한씨淸州韓氏 한용서韓龍瑞에게 시집갔다. 한용서의 아버지는 문부사文府使 한성원韓性源이요, 한용서의 아들은 한태길韓泰吉·한정길韓貞吉(武判官)·한사길韓師吉 한항길韓恒吉(武同樞)이며, 딸은 김현립金顯立에게 시집갔다.[28]

유영兪泳은 3남(大衡·大儀·大德) 1녀(朴好賢의 처)를 두었는데 유대의兪大儀가 유척기의 고조할아버지다. 유대형兪大衡은 2남(長曾·戊曾) 5녀(李浩淵·沈謨·柳稈·朴瑛·金義生의 처)를, 유대의兪大儀는 4남(好曾·省曾·世曾·希曾) 3녀(申釴·邊孝誠·孟昭의 처)를, 유대덕兪大德은 3남(訥曾·述曾·近曾) 3녀(金垒·韓緝·趙鳳賢의 처)를 각각 두었다.[29]

유대형兪大衡은 가산군수嘉山郡守를 지냈고, 호조판서에 증직되었다. 부인은 양홍도梁弘度의 딸 남원양씨南原梁氏다. 묘는 차유령에 있는 할아버지

26) 《杞溪兪氏族譜》 卷 15, 慈山公諱泳派, 1쪽.
27) 《기계유씨족보》 권 1, 상계 4쪽.
28) 앞과 같음.
29) 《杞溪兪氏族譜》 卷 15, 慈山公諱派泳, 1~115쪽.

묘의 앞에 병좌丙坐로 있다. 부부가 함께 묻혔다. 그의 장자 유장증兪長曾의 부인은 집의 홍인건洪仁健의 딸 남양홍씨南陽洪氏다. 묘는 차유령에 있는 할아버지 묘 아래에 사향으로 있다. 쌍분雙墳이다. 그의 차자 유무증兪戊曾은 무과에 급제해 주부가 되었다. 1624년(인조 2)에 진무원종공신振武原從功臣에 참여했다.[30]

차자 유대의兪大儀의 자는 경칙景則이다. 명종 1549년(명종 4)에 태어나 추탄秋灘 오윤겸吳允謙과 함께 공부했다. 일찍 죽어 선무랑宣務郎을 지냈을 뿐이다. 자제를 엄히 훈육했는데 법도가 있었다.[31] 1593년(선조 26) 11월 24일에 죽었다. 향년 45세. 이조참판에 증직되었다. 부인은 서윤 이승서李承緖의 딸 여흥이씨다. 1612년(광해군 4) 정월 21일에 죽었다. 묘는 차유령에 있는 아버지 자산공慈山公의 묘 뒤 10여 보에 사향巳向으로 있다. 부부가 함께 묻혔다. 손자 관찰사 유황兪榥이 쓴 음기를 갖춘 표석과 현손 유척기兪拓基가 지은 추기묘지追記墓誌가 있다.[32]

유대의兪大儀의 장자 유호증兪好曾의 자는 면부勉夫다. 선조 1573년(선조 6)에 태어나 1605년(선조 38)에 문과에 급제해 한림翰林을 지냈다. 광해군조에 벼슬이 경상도사慶尙都事 밖에 이르지 못했다. 1615년(광해군 7) 정월 28일에 죽었다. 부인은 둘인데, 첫째 부인은 김인개金寅凱의 딸 전의이씨다. 묘는 양주 건천면乾川面 오류동五柳洞에 사향으로 있다. 부부가 함께 묻혔다. 둘째 부인은 부사 이성李晟의 딸인 연안이씨延安李氏다. 묘는 양주 진관면眞官面 화남花南에 오향午向으로 있다. 종증손 영의정 유척기가 지은 묘지墓誌가 있다.[33]

유대의의 차자가 유성증兪省曾이다. 유성증은 유척기의 증조할아버지다.

---

30) 앞의 책, 3쪽.
31) 兪拓基, 淸州牧使兪命岳行狀(《知守齋集》 12, 杞溪兪氏富雲獎學會, 2006, 1185쪽).
32) 《기계유씨족보》 第6編(回想社, 1991), 3쪽.
33) 앞의 책, 3쪽.

유성증의 자는 자수子修요, 호는 우곡愚谷이다. 1576년(선조 9) 에 태어나 1610년(광해군 2)에 진사시에 합격하고, 1619년(광해군 11)에 정시 문과에 장원해 춘방春坊·삼사三司를 거쳐 벼슬이 강원도관찰사에 이르렀다. 1649년(인조 27) 정월 16일에 죽었다. 향년 74세. 의정부 좌찬성에 추증되었다.[34] 사람됨이 돈후敦厚하고 충신忠信해 장자長者의 풍모가 있었다. 성품이 논의하는 것을 싫어했고, 성균관에서 노닐 때부터 항상 화평을 주장했다. 사정邪正·시비是非를 분간할 때는 확연하게 중심을 잡았다. 일찍이 전시殿試 대책對策에서 그가 마땅히 수석이었으나 이이첨李爾瞻이 문병文柄을 잡고 있어서, 그 글의 올바른 것을 싫어해 물리쳤다. 그러나 같이 시험을 주관하던 사람이 우겨 드디어 제일명第一名이 되었다. 예조정랑에 임명되었을 때 이이첨이 예조판서로 만나서 그를 나쁘게 대우해, 지방으로 나가 이창정李昌庭의 막좌幕佐가 되었다. 다시 호조정랑이 되어서는 그의 아우 유세증兪世曾이 이이첨에게 붙어 그 풍지風旨를 받아 그를 여러 가지로 협박했으나 그는 의연毅然하게 움직이지 않았다. 이때 영남에서 유소儒疏가 올라와 이이첨을 공격했는데, 흉당凶黨들이 그 유소가 유성증의 손에서 나왔다고 해 월여月餘 동안 하리下吏를 시켜 얽어 넣으려 했다. 그래서 병을 핑계로 관직을 그만두고 술만 마시면서 명을 기다렸는데 흉당들의 논란이 더욱 급박했다. 그러나 미구에 인조반정이 일어나 드디어 풀려나 청반淸班에 올랐다. 정묘호란에 지평持平으로서 강도江都로 어가御駕를 모시고가 동료들과 더불어 화의和議의 잘못을 배척했다. 집의가 되어서는 건의한 정책이 많았다. 양전量田을 행하고, 경계經界를 바르게 하고, 대동법大同法을 실시하고, 백성들의 역역力役을 고르게 하고, 절행節行을 정표旌表해서 기교氣敎를 수립하라는 등 그 내용이 더욱 인심을 수습하고 천재天災를 치유할

34) 앞의 책, 15~16쪽.

수 있는 것이었다. 그래서 큰 주州나 부府에 자리가 나면 반드시 그를 천거했다. 병자호란이 일어나자 강도江都에 들어가 대장大將으로서 파수把守하고 있는데, 적선賊船이 이미 해안에 다가와 군사가 무너지게 되었는데도 굳게 앉아 움직이지 않았다. 좌우에서 부축해 원손元孫을 쫓아가서 주문도奏文島에서 승지에 임명되었다. 그러나 아우 유세증이 일찍이 무부武夫로서 적신賊臣들에게 붙었다가 인조반정으로 복주伏誅되었으므로 그는 지평으로 있었지만 죄인의 지친至親이라 해 사피辭避했다. 벼슬이 강원감사에 이르렀고, 좌찬성에 증직되었다.[35)]

부인은 참봉 구준具濬의 딸 능성구씨다. 1589년(선조 22) 7월 11일에 죽었다. 두 아들을 두었다. 묘는 차유령에 있는 아버지 참판공의 묘 서쪽 두 번째 산등성이에 오향으로 있다. 부부가 함께 묻혔다. 부인은 참봉 이용李溶의 딸 전주이씨다. 1593년(신조 26) 8월 18일에 죽었다. 묘는 남편묘의 서쪽에 동원이강同原異岡으로 있다. 아들 유황俞榥이 지은 행장과 재종질인 교리 계棨가 지은 묘지명과 부제학 정호鄭澔가 쓴 표석, 영의정 이경석李景奭이 짓고, 판서 김광욱金光煜이 전서篆書를 썼으며, 아들 유황이 쓴 신도비명이 있다.[36)]

유대의의 3자가 유세증이다. 유세증의 자는 행원行遠, 호는 남은南隱이다. 1582년(선조 15)에 태어나 무과에 급제해 훈련원 주부·선전관宣傳官을 거쳐 벼슬이 안악군수安岳郡守에 이르렀다. 1623년(인조 1) 8월 9일에 죽었다. 향년 52세. 부인은 이유함李惟咸의 딸 성산이씨星山李氏다. 묘는 진주晉州 섭천면涉川面 약동藥洞 봉암鳳庵 위에 사향으로 있다. 쌍분이다. 진양하씨 하겸진河謙鎭이 짓고 참봉 정태백鄭太白이 쓴 표석이 있다.[37)]

---

35) 朴能緖, 《韓國系行譜》 人(杞溪兪氏, 寶庫社, 1992), 2353쪽
36) 《杞溪兪氏族譜》 第6編, 慈山公諱泳派, 15~16쪽.
37) 앞의 책, 42쪽.

유대의의 4자는 유희증俞希曾이다. 유희증의 자는 면숙勉叔이다. 1604년(선조 37)에 태어나 벼슬이 마전군수麻田郡守에 이르렀다. 1643년(인조 21) 7월 25일에 죽었다. 병조참판에 추증되었다. 부인은 구성남具成男의 딸 능성구씨다. 부인은 별좌 이치요李致堯의 딸 용인이씨다. 5남 1녀를 낳았다. 묘는 양주 화도면和道面 차산리車山里 차유령에 있는 아버지 묘의 서쪽 기슭에 사향으로 있다. 남편과 함께 묻혔다. 표석과 찬성 권상하權尙夏가 짓고, 손자 관찰사 유명홍俞命弘이 쓰고, 종손從孫 현감 유명건俞命健이 전서를 쓴 묘갈명이 있다.[38]

대덕의 장자가 유눌증俞訥曾이다. 유눌증은 1596년(선조 29)에 태어나 가의대부嘉義大夫 호군護軍을 지냈다. 부인은 둘인데, 첫째 부인은 이사전李泗澱의 딸 전주이씨다. 둘째 부인은 참군叅軍 이사민李士敏의 딸 정선이씨旌善李氏다. 묘는 아버지 묘 북쪽 기슭에 간향艮向으로 있다. 품자분品字墳이다.[39]

유대덕의 차자는 유술증俞述曾이다. 1599년(선조 32)에 태어나 사옹원 참봉을 지냈다. 부인은 무과에 급제한 이신李信의 딸인 성주이씨星州李氏다. 묘는 아버지의 묘 오른쪽 기슭에 자향子向으로 있다.[40]

유대덕의 3자가 유근증俞近曾이다. 절충장군折衝將軍을 지냈다. 묘는 포천군 일동면 사직리社稷里 둔지屯地에 오향午向으로 있다.[41]

유척기의 증조 유성증俞省曾은 두 아들(榥·檄)을 두었다. 장자 유황俞榥의 자는 전숙典叔, 호는 봉주鳳洲다. 1599년(선조 32)에 태어나 1624년(인조 2)에 진사가 되고, 음사蔭仕로 금부도사를 지냈다. 1633년(인조 11)에 증광문과에 급제해 한림·삼사·전랑·춘방 등 청요직을 거쳐 벼슬이 전라관찰

38) 앞의 책, 44쪽.
39) 앞의 책, 93쪽.
40) 앞의 책, 106~107쪽.
41) 앞의 책, 108쪽.

사에 이르렀다. 1655년(효종 6) 4월 18일에 죽었다. 향년 57세. 공훈이 있어 이조판서 겸 양관대제학에 추증되었다. 1756년(영조 32) 척화신斥和臣으로서 다시 의정부 좌찬성에 추증되었다. 시호는 충간忠簡. 비인의 청절사淸節祠에 배향되었다. 묘는 차유령에 있는 아버지 묘 아래에 자향으로 있다. 유고遺稿 세 권이 집에 전한다. 부인은 둘이 있는데, 첫째 부인은 감찰 유건柳健의 딸 진주유씨다. 1647년(인조 25) 9월 25일에 죽었다. 딸 하나를 낳았다. 묘는 남편 묘 안산案山에 건향乾向으로 있다. 둘째 부인은 직장 송시온宋時熅의 딸 은진송씨다. 1654년(효종 5) 12월 23일에 죽었다. 아들 하나를 낳았다. 남편과 함께 묻혔다. 부제학 정호鄭澔가 지은 행장과 우암尤庵 송시열宋時烈이 짓고, 동춘당同春堂 송준길宋浚吉이 쓰고, 우의정 김수항金壽恒이 전서를 쓴 신도비명과 우암이 쓴 묘표와 수암遂菴 권상하權尙夏가 기록한 음기병묘지명陰記幷墓誌銘이 있다.[42]

유성증의 차자 유철兪㯙의 자는 방숙方叔이요, 호는 취옹醉翁이다. 유철은 유척기의 할아버지다. 1586년(선조 19)에 태어나 1627년(광해군 5)에 생원이 되고, 1633년(인조 11)에 식년문과에 급제해 인조·효종·현종 3조에 걸쳐 한림, 설서說書, 삼사, 전랑, 응교應敎, 암행어사暗行御史, 비변사備邊司, 도승지都承旨 경상관찰사慶尙觀察使, 경기관찰사京畿觀察使(두 번), 개성유수開城留守, 강화유수江華留守, 대사헌大司憲 등의 요직을 역임했다. 1671년(현종 12) 정월 12일에 죽었다. 향년 86세. 좌찬성에 증직되었다. 유고 4권이 집에 전한다.[43] 부인은 둘인데, 첫째 부인은 승지 임효달任孝達의 딸인 풍천임씨豊川任氏다. 자녀가 없었다. 1648년(인조 26) 12월 13일에 죽었다. 둘째 부인은 봉사奉事 한전韓甸의 딸 정부인 청주한씨다. 3남 1녀를 두었다. 1673년(현종 14) 3월 10일에 죽었다. 유철의 묘는 차산리車山

42) 앞의 책, 15~16쪽.
43) 앞의 책, 29쪽.

里의 형 유황의 묘 아래에 오향으로 있다. 두 부인이 다 남편과 함께 동서이분東西異墳으로 묻혔다. 음기를 갖춘 표석이 있다. 농암農巖 김창협金昌協이 지은 행장과 우암 송시열이 짓고, 참판 김수증金壽增이 쓴 신도비와 영의정 남구만南九萬이 지은 묘지명이 있다.

유황은 두 아들(命夔·命賚)을 두었다. 장자 유명기의 자는 여일汝一이요, 호는 소주小洲다. 1622년(광해군 14)에 태어나 우암에게 사사해 1646년(인조 24)에 진사가 되고, 벼슬이 공조정랑에 이르렀다. 1678년(숙종 4) 2월 16일에 죽었다. 향년 57세. 부인은 둘인데 첫째 부인은 도사都事 정식鄭栻의 딸인 동래정씨다. 두 아들을 낳았다. 둘째 부인은 사직司直 권휴생權休生의 딸인 안동권씨다. 묘는 포천군 신북면新北面 가양리佳陽里에 곤향으로 있다. 두 부인과 함께 묻혔다. 아우 유명뢰兪命賚가 지은 행장과 부제학 정호鄭澔가 지은 묘지명, 종질從姪 봉조하奉朝賀 유척기가 지은 묘표가 있다.44)

유황의 차자 유명뢰兪命賚의 자는 필경弼卿이요, 호는 자교당慈敎堂이다. 1652년(효종 3)에 태어나 4세에 아버지를 잃어 어머니에게 《소학》·《통감》 등의 책을 배우고, 우암 송시열을 사사했으며, 간간이 과거시험 공부를 하기는 했으나 좋아하지는 않았다. 그러다가 1674년(현종 15)에 시사時事가 잘못되는 것을 보고 단양丹陽에 은거해 포의布衣, 갈건葛巾으로 수석지간水石之間을 배회했다. 또 봉산蓬山에 귀양 가 있는 송시열을 따라가 성리제서性理諸書를 더욱 열심히 공부하고 돌아와서는 양산陽山 선영先塋 아래 집을 짓고 부모를 모시고 가 농사를 지었다. 그러자 날마다 학도들이 많이 모여들어 강송講誦을 했다. 1680년(숙종 6년) 서인이 집권하자 다시 나와 벼슬을 하다가, 기사환국으로 송시열이 사사되자 그는 문을 닫고 손

44) 앞의 책, 16쪽.

님을 사절하고 세상과 연을 끊었다. 1710년(숙종 36)에 친우가 전랑으로 있을 때 사산감역四山監役에 임명되었으나 병을 핑계로 나가지 않았다. 1712년(숙종 38) 4월 4일에 죽었다. 향년 61세. 이조판서에 증직되었다. 《예의문답禮疑問答》 3권이 집에 전한다. 유명뢰의 후손으로 유길준兪吉濬이 있다.45)

부인은 참의 박세성朴世城의 딸인 반남박씨다. 1717년(숙종 43) 5월 12일에 죽었다. 묘는 포천 신북면新北面 기지리機池里 천주산天柱山에 곤향으로 있다. 부부가 함께 묻혔다. 영의정 정호가 지은 묘지와 찬성 권상하가 지은 묘갈명과 진선進善 김창흡金昌翕이 지은 묘표가 있다.46)

유철兪樕은 4남(命舜·命健·命岳·命龍) 2녀(安相任·李世長의 처)를 두었다. 장자 유명순兪命舜의 자는 집중執中으로 1658년(효종 9)에 태어나 통덕랑通德郎을 지냈다. 1738년(영조 13) 6월 16일에 죽었다. 향년 81세. 부인은 정랑 이희하李喜夏의 딸 덕수이씨다. 묘는 연산連山 동면東面 조현槽峴 삼한천三漢川에 간향으로 있다. 부부가 함께 묻혔다. 진선 김창흡이 지은 묘지명과 음기를 갖춘 표석이 있다.47)

차자 유명건의 자는 중강仲强이요, 호는 악록岳麓이다. 1664년(현종 5)에 태어나 1702년(숙종 28)에 생원이 되어 벼슬이 나주목사에 이르렀다. 1724년(경종 4) 9월 21일에 죽었다. 향년 61세. 좌찬성에 추증되었다. 부인은 둘이 있는데, 첫째 부인은 참판 김수증의 딸 안동김씨다. 1743년(영조 19) 10월 23일에 죽었고, 딸 하나를 낳았다. 둘째 부인은 안후선安後宣의 딸 순흥안씨다. 1773년(영조 19) 4월 15일에 죽었고, 아들 둘을 낳았다. 묘는 용인군 고삼면古三面 삼은리三隱里에 정향丁向으로 있다. 두 부인과 함께 묻

45) 朴能緖, 《韓國系行譜》 人(寶庫社, 1992), 2354쪽.
46) 《杞溪兪氏族譜》 第6編(回想社, 1991), 20쪽.
47) 앞의 책, 29쪽.

혔다. 여호黎湖 박필주朴弼周가 지은 행장과 도곡陶谷 이의현李宜顯이 지은 묘지명과 도암陶菴 이재李縡가 짓고, 종자 영중추부사 유척기가 전서를 쓰고, 김수증의 글자를 집자集子한 묘갈명이 있다.[48]

3자 유명악의 초자는 요경堯卿, 뒤에 우암 송시열이 군사君四라고 고쳐 주었다. 유척기는 어려서부터 재주가 특출하고 숙성했다. 거동이 진득해 어른과 같았고, 골격도 커서 할아버지 할머니가 특히 기특하게 여겼다. 겨우 첫돌이 지나자 마마를 앓고, 다음 해에 또 홍역을 앓았다. 1667년(현종 8)에 태어나 5세 되던 1671년(현종 12)에 할아버지가 돌아가셨다. 아버지가 아들을 돌아보며 '태산교악泰山喬嶽과 같은 목숨을 지니라'는 뜻으로 '명악命岳'이라 작명해 주었다고 한다. 6세에 또 역질에 걸렸으나 어머니 한씨부인이 간호를 잘해 살아났다. 7세에 어머니를 여의었고, 12세 되던 1677년(숙종 3)에 또 큰형 유명순이 죽었다. 그리고 15세 되던 1680년(숙종 6)에 큰형수 덕수이씨 마저 죽었다.[49] 이와 같이 어려서 부모를 여의고 외로웠으나 유척기는 공부를 게을리하지 않았다. 16세에 비로소 삼연 김창흡을 사사했다. 택재澤齋 김탁이金卓爾·칩와蟄窩 홍인보洪仁甫와 함께 배웠다. 1683년(숙종 9)에 사간원 정언 이두악李斗岳의 딸 용인이씨에게 장가갔는데, 만암晩菴 충정공忠正公 이상진李尙眞이 외조이다.[50]

1689년(숙종 15)에 기사환국이 일어나 우암 송시열이 피화되자 박세휘朴世輝·이도李焯 등과 더불어 인현왕후를 복위하고, 우암을 신설伸雪하라는 상소를 올렸으나 소용이 없었다. 이어서 이상진이 인현왕후 폐비를 반대하다가 북쪽 변방으로 귀양 갔고, 우암 송시열마저 죽어 수원에서 회장會葬한 다음 과거 보기를 그만두고 자취를 감추었다.[51]

---

48) 앞의 책, 31쪽.

49) 兪拓基,淸州牧使兪命岳公行狀(《知守齋集》, 杞溪兪氏富雲奬學會, 기창족보사 인쇄, 2006, 1186쪽).

50) 앞과 같음.

그러다가 서인이 정권을 잡은 1694년(숙종 20) 갑술환국甲戌換局 이후에 비로소 과거에 응시해 1706년(숙종 32)에 생원이 되고, 1707년(숙종 33)에 의금부도사에 임명되었고, 1709년(숙종 35)에 장흥고 주부, 사복시 주부로 옮겼다. 1710년(숙종 36)에 호조좌·정랑으로 승진해 별고別庫(별고는 한강 언저리에 있었는데, 관장하는 미곡이 많았음)를 겸임했다. 호조의 일은 호한豪悍하고 문부도 쇠털 같이 많아서 어렵기가 다른 조曹의 열배는 되었다. 그는 기본 원리를 터득해 작은 일이라도 유루遺漏가 없으니 아전들이 감히 속이지 못했다. 거간꾼의 뇌물도 통하지 않았다. 이에 호조판서 김우항金宇杭 등이 추천해 1711년(숙종 37)에 개령開寧(金泉)현감에, 1713년(숙종 39)에 대구판관에 임명되었다. 다음 해인 1714년(숙종 40)에 아들 척기가 문과에 급제했다. 정치를 잘해 1716년(숙종 42)에 순흥부사가 되었다. 그는 집이 가난한데도 쌀 한 톨 보내 주지 않았으며, 1717년(숙종 43)에 청주목사가 되었다.[52] 그러나 1718년(숙종 44) 3월에 전염병에 걸려 4월 1일에 관저에서 죽었다. 향년 52세. 그달에 운구해 서울 서쪽 성 밖에 모셨다. 마침 장맛비와 전염병으로 택지擇地를 못 하다가 6월에 양주 차유령 안골에 묘를 썼다. 그러다가 16년 만에 철원 갈말면葛末面 문혜리文蕙里에 묘향卯向으로 옮겼다. 처음에는 아들 유척기가 경상감사였기 때문에 이조참판에 증직되었다가 1729년(영조 5)에 유척기가 분무원종공신이 되자 아버지도 이조판서에 증직되었다. 뒤에 유척기가 영의정이 되자 아버지도 영의정에 증직되었다.[53]

부인은 정언 이두악李斗岳의 딸, 우의정 전의이씨 이상진李尙眞의 외손녀인 용인이씨다. 1749년(영조 25) 2월 29일에 죽었다. 향년 82세. 묘는

---

51) 앞의 책, 1187쪽.

52) 兪拓基, 淸州牧使兪命岳行狀(《知守齋集》 12, 杞溪兪氏富雲奬學會, 2006, 1193~1202쪽).

53) 앞과 같음,

처음에 아버지를 모셨던 차산리車山里에 모셨다가 16년 만에 철원 갈말면葛末面 문혜리文惠里 지혜동芝惠洞에 묘향으로 남편과 함께 모셨다. 집의 박필주朴弼周가 기록한 표석과 우의정 이의현이 지은 묘지명과 대제학 이재가 짓고, 부제학 김진상金鎭商이 쓰고, 아들 유척기가 전서를 쓴 묘갈명과 현손 춘주春柱가 지은 추기追記와 5대손 성환星煥이 쓴 추서표석追書表石이 있다.[54)]

4자 유명룡兪命龍의 자는 성신聲紳이다. 1671년(현종 12)에 태어나 무과에 급제해 찰방을 지냈다. 1749년(영조 25) 2월 27일에 죽었다. 향년 79세. 부인은 정인호鄭寅鎬의 딸 동래정씨다. 1737년(영조 13) 9월 20일에 죽었다. 묘는 영천군永川郡 칠벽면七碧面 청제青堤 안에 건향으로 있다. 부부가 함께 묻혔다. 표석이 있다.[55)]

차자 유명건兪命健은 3남(寂基·在基·在基) 1녀(李晉聖의 처)을 두었다. 장남 유최기의 자는 양보良甫, 호는 무수옹無愁翁·자락헌自樂軒이다. 1689년(숙종 15)에 태어나 1715년(숙종 41) 진사시에 합격하고, 1723년(경종 3)에 증광 문과에 급제했다. 그러나 신임사화辛壬士禍가 일어나 종제從弟 유척기가 해도海島로 유배되자 그도 종적을 감추어 고향으로 돌아갔다. 기주관記注官으로 불렀으나 취임하지 않았다. 1726년(영조 2) 에 비로소 당후관堂後官으로 들어와 설서에 임명되었다. 그러나 1727년(영조 3) 이광좌李光佐를 다시 써 신임의리辛壬義理를 뒤집으려하자, 그는 대의가 펴지 못한 것을 통분하게 여겨 드디어 상소를 올려 반대했다가 왕의 비위를 거슬러 삭출削黜되었다. 1729년(영조 5)에 지평으로서 양대신(김창집金昌集·이이명李頤命)의 억울함과 소론의 일을 논척했다가 또 삭출되었다. 1746년(영조 22)에 병조·형조참의에 임명되었으나 홍문관과 사헌부가 또 신임의리를 들먹여 이광좌

54) 《기계유씨족보》 第6編 卷 15, 38쪽.
55) 앞의 책, 41쪽.

의 관작을 추탈할 것을 주장하자 영조가 대로해 웅천현감熊川縣監으로 강등시켰고, 구원하는 자들도 또한 견책을 받았다. 며칠 뒤에 영조가 늙어가는 그를 불쌍히 여겨 영광현감靈光縣監에 기용했다. 1748년(영조 24)에 동부승지에 임명되어 입시하니 영조가 "유최기는 평정平正 솔직한 사람인데, 지방에 보임된 지 수년에 이미 늙어서 백수白首가 다 되었구나" 하면서 차탄해 마지않았다. 이에 대사성, 대사헌, 지의금부사 등의 관직에 임명했다. 1763년(영조 39)에는 70세가 되어 정헌대부가 되고, 기로사耆老社에 들어갔다. 1768년(영조 44)에 80세가 되었다고 판의금부사로 승진하고, 우참찬에 임명되었다. 그해 10월 1일에 죽었다. 향년 80세. 시호는 정간貞簡. 시문詩文 수십 권이 집에 보관되어 있다. 항상 신임대의辛壬大義를 자기 임무로 삼았다. 만약 탕평蕩平을 논하는 자가 있으면 절대로 상종하지 않고, 더불어 혼인을 하지도 않았으며, 이 때문에 여러 번 곤혹을 치렀으나 개의치 않았다.[56)]

부인은 판서 정형익鄭亨益의 딸 동래정씨다. 1788년(정조 12) 2월 10일에 죽었다. 세 딸을 낳았다. 묘는 삼은리 아버지 묘 왼쪽에 사향으로 있다. 부부가 함께 묻혔다. 둘째 부인은 윤준尹浚의 딸인 남원윤씨다. 1779년(정조 3) 5월 6일에 죽었다. 아들 하나를 두었다. 묘는 안성군 북좌면北佐面 신곡薪谷에 곤향으로 있다. 남편이 쓴 〈정부인지鄭夫人誌〉와 손자 한식漢寔이 지은 행장과 추기묘지, 영돈령 김조순金祖淳이 지은 시장諡狀이 있다. 《무수고無愁稿》 15권이 집에 전한다.[57)]

유최기의 아우는 유직기·유재기가 있었는데, 유직기는 네 아들(彦鏶·彦鐪·彦鉉·彦鎬)을 두었다. 이 가운데 넷째 아들이 좌의정을 지낸 유언호兪彦鎬다. 유언호의 자는 사경士京이요, 호는 지헌止軒이다. 1730년(영조 9)에 태

56) 朴能緖,《韓國系行譜》人(寶庫社, 1992), 2356쪽.
57)《杞溪兪氏族譜》第6編(回想社, 1991), 31쪽.

어나 1761년(영조 37)에 문과에 급제해 검열·설서·삼사·호당湖堂·전랑·옥당·규장각 제학·비변사 당상·이조판서·개성유수·강화유수·평양감사 등의 관직을 거쳐 우의정·좌의정에 이르렀다. 1796년(정조 20) 3월 19일에 죽었다. 향년 67세. 충문忠文이라는 시호를 받았으며, 정조 묘정廟庭에 배향되었다.[58]

《은파유고恩坡遺稿》에 "유언호가 어려서 과거시험 준비를 잘해 등과해서 청현직淸顯職을 역임하고, 호당에 뽑혔는데, 김종수金鍾秀와 더불어 같이 죽고 사는 친구를 맺어 김구주金龜柱의 당黨이 되어 홍봉한洪鳳漢을 성토聲討했다. 정조 초에 홍국영洪國榮에게 붙어 이조판서가 되었다. 홍국영이 물러나자 여덟 번 불러도 나가지 않다가 영의정 서명선徐命善의 논척으로 삭직되었다가 곧 다시 지의금부사가 되었다. 이어서 영의정 김치인金致仁의 천거로 평안감사가 되었다가 복상卜相 명단에 들었다. 뒤에 윤시동尹蓍東이 조덕린趙德鱗에 관한 일을 논할 때 정조가 경재卿宰들을 불러들여 윤시동의 죄를 물어보았을 때 유언호가 한마디 말도 대답하지 않아 드디어 대정현大靜縣에 위리안치圍籬安置되었다. 당시에 김종수가 판의금부사로서 구제해 주지 않고 오히려 죽여야 한다고 주장했다. 유언호의 아들이 김종수의 질서姪壻인데도 말이다.[59] 그리하여 김종수와는 의절義絕했는데, 유언호가 유배 3년 만에 풀려나 중추부사로서 시골집에 은거했으며, 정조도 어떻게 사는지 묻지 않았다"고 기록하고 있다.[60]

부인은 대사헌 민우수閔遇洙의 딸 여흥민씨다. 1786년(정조 10) 4월 8일에 죽었다. 묘는 안성 대덕면大德面 건지리乾芝里에 을향으로 있다. 부부가 함께 묻혔다. 음각陰刻을 한 표석과 어제제문御製祭文, 전면에 동파

58) 앞의 책, 36쪽.
59) 유언호의 장자 漢宰가 김종수의 사촌 장령 金鍾厚의 사위이다.
60) 朴能緖, 《韓國系行譜》 人(寶庫社, 1992), 2357쪽.

자東坡字를 집자集字한 아들 유한재兪漢宰의 소기小記가 있다. 또 유언호 자신이 쓴 묘지와 족질族姪 유한준兪漢雋이 쓴 추기, 판서 민종현閔鍾顯이 지은 행장이 있다. 《연석집燕石集》 20권과 《귀결록歸潔錄》 12권이 집에 전한다.61)

유명악은 1남 1녀(尹得謙의 처)를 두었다. 원래는 2남 4녀였으나 1남 3녀는 어려서 죽고 둘만 남았다. 그 외아들바로 유척기다. 유척기의 자는 전보요, 호는 지수재知守齋다. 1691년(숙종 17)에 태어나 1714년(숙종 40) 24세 때 문과에 급제해 한림·삼사를 지냈는데 풍재風裁가 일세를 습복시켰다 한다. 경종 조에 세제책봉주청사世弟冊封奏請使 서장관書狀官으로 청나라에 다녀와 승진은 했으나 소론의 제척으로 진도珍島로 귀양 갔다. 영조 초에 풀려나 대사간·호조판서·이조참의·부제학·대사성·도승지 세자보양관·황해감사·강화유수(두 번)·경상감사(두 번)·함경감사(不赴)·평안감사(不赴) 등의 관직을 역임한 뒤에 기로소耆老所에 들어갔고, 벼슬이 영의정에 이르렀으며, 치사致仕한 뒤에 봉조하가 되었다. 1767년(영조 43)에 죽었다. 향년 77세. 시호는 문익文翼(敏而好學曰文 思慮深遠曰翼)이다.62)

약관弱冠에 엄연儼然해 장자長者와 같아 사람들이 모두 큰 그릇으로 여겼다. 1721년(경종 1) 세제책봉世弟冊封이 있을 때 김창집·이이명이 아직도 죄안에 있고 복관이 되지 않다가 뒤에 다시 복관되었는데 유척기의 힘이 컸다. 또 여러 번 소론 유봉휘劉鳳輝·조태구趙泰耈 등에게 죄줄 것을 주청하려 하다가 하지 못하고 얼마 있다가 재상직에서 파직되어 미음渼陰에 은거해 서사書史로 소일했다. 그리하여 같은 처지에 있던 조관빈趙觀彬·김진상·이기진李箕鎭 등과 같은 명류名流들과 사귀었다. 만년에 김상로金尙魯·홍계희洪啓禧 등이 몰래 모의해 세자를 위협하고 왕과 세자를 이간질하려

---

61) 《杞溪兪氏族譜》 第6編 卷 15(回想社, 1991), 36쪽.
62) 앞의 책, 38쪽.

하자, 그가 심히 우려해 매번 입조할 때마다 김상로를 보면 상대를 하지 않았다 한다. 이에 김상로가 매우 꺼렸다 한다. 당시에 원임 대신 이종성李宗城도 또한 김상로와 각립角立하고 있었다. 유척기는 본래 이종성과는 당색과 당론이 달랐으나 이때에 이르러 의견이 합치해 일이 있으면 서로 의논하니, 사람들이 이를 이상하게 여겼다. 이에 그 까닭을 물으니 그는 "나는 나라를 위한 충성은 반드시 당색을 따지지 않는다. 김상로와 홍계희 등은 흉악하기가 날로 더해 세자를 심히 위험하게 하고 있다"고 했다. 상신相臣 이천보李天輔는 김상로를 위해 음으로 재상을 파직하라고 했다. 영조는 오히려 그를 중시해 유척기를 비어 있는 영의정 자리에 임명했다. 그는 조당朝堂에서 김상로를 만나면 성색聲色을 엄정하게 해 김상로로 하여금 감히 말을 하지 못하게 했다고 한다. 얼마 있다가 재상에서 물러나 기로소에 들어가고 곧 죽었다.[63]

부인은 판관 신사원申思遠의 딸 정경부인 평산신씨다. 1689년(숙종 15) 2월 17일에 태어나 1771년(영조 47) 5월 25일에 죽었다. 향년 83세.

유척기의 묘는 철원 갈말면葛末面 문혜리文蕙里 지혜동芝蕙洞에 손향巽向으로 있다. 부부가 함께 묻혔다. 유척기 자신이 지은 자찬묘지와 아들 유언현이 짓고 쓴 추기병서追記并書, 증손 유춘주가 지은 추기, 현손 유성혼이 지은 추기, 종질 유언호가 지은 행장 및 유사遺事가 있다. 《지수재유고知守齋遺稿》 15권이 집에 전한다. 또 《지수재집》 8권이 세상에 전한다.[64]

유척기는 4남(彦欽·彦鉉·彦鉁·彦銖) 4녀(洪益彬·洪欽輔·徐命顯·尹著東의 처)를 두었다. 장자 유언흠兪彦欽의 자는 백익伯益이다. 1713년(숙종 39)에 태어나 1741년(영조 17)에 생원이 되고 벼슬은 선릉참봉宣陵參奉을 지냈다. 1803년(순조 3) 10월 8일에 죽었다. 향년 91세. 부인은 이조판서 이재李縡

63) 朴能緖, 《韓國系行譜》 人 (寶庫社, 1991), 2357쪽.
64) 《杞溪兪氏族譜》 第6編 卷 15(回想社, 1991), 38쪽.

의 딸 우봉이씨다. 1804년(순조 4) 11월 21일에 죽었다. 아들이 없어 아우 유언현의 장자 유한용俞漢容을 양자로 들여 일찍 죽었다. 묘는 철원 지혜동 할아버지 묘 아래에 묘향으로 있다. 부부가 함께 묻혀 있다.65)

계자 유한용의 자는 자위子偉다. 1743년(영조 19)에 태어나 1772년(영조 48) 11월 15일에 죽었다. 향년 30세. 관직이 참봉에 이르렀으며, 죽은 뒤 이조참의에 증직되었다. 부인은 부사 조영극趙榮克의 딸 양주조씨다. 1789년(정조 13) 12월 26일에 죽었다. 유한용의 묘는 철원 풍전리豊田里에 건향으로 있다. 부부가 함께 묻혔다. 판서 조정철趙貞喆이 지은 묘표와 현손 유진규俞鎭奎가 지은 묘지가 있다.66)

유한용의 양자가 유춘주俞春柱다. 유춘주는 유언진俞彦鉁의 계자繼子 유한령俞漢寧의 장자다. 유춘주의 자는 백양伯陽이요, 1762년(영조 38)에 태어나 1838년(헌종 4) 2월 25일에 죽었다. 향년 77세. 벼슬은 광흥창수廣興倉守에 이르렀고, 죽은 뒤에 이조참판에 증직되었다. 부인은 군수 홍대용洪大容의 딸 남양홍씨다. 춘주의 묘는 철원 능곡陵谷에 유향酉向으로 있다. 부인과 함께 묻혔다. 증손 유진규俞鎭奎가 지은 묘지가 있다.67)

유척기의 차자 유언현俞彦鉉의 자는 중필中弼이다. 1716년(숙종 42)에 태어나 1741년(영조 17)에 생원이 되고, 벼슬은 공조참판에 이르렀다. 1716년(숙종 42)에 태어나 1790년(정조 14) 10월 10일에 죽었다. 향년 75세. 그는 2남(漢容·漢寓) 5녀(李瑗·李澤模·李憲洙·尹致獻·洪大安의 처)를 두었다. 유한용은 큰아버지인 유언흠에게 양자로 갔다. 유언현의 부인은 둘인데, 첫째 부인은 이조판서 심택현沈宅賢의 딸 청송심씨다. 1753년(영조 29) 10월 24일에 죽었다. 둘째 부인은 생원 이호李壕의 딸 함평이씨다. 1803년(순조 3)

65) 앞과 같음.
66) 앞과 같음.
67) 앞과 같음.

3월 22일에 죽었다.

차자 유한우兪漢寓는 자가 자우子羽요, 1764년(영조 40)에 태어나 1789년(정조 13)에 문과에 급제해 홍문관 교리까지 지냈다. 1795년(정조 19) 8월 23일에 죽었다. 향년 32세. 부인은 우의정 윤시동의 딸인 해평윤씨다. 1812년(순조 12) 3월 22일에 죽었다. 유언현의 묘는 철원 풍전리豊田里에 곤향으로 있다. 두 부인과 함께 묻혔다.68)

유한우의 아들이 유장주兪長柱다. 유장주의 자는 원여元汝다. 1789년(정조 13)에 태어나 1865년(고종 2) 2월 25일에 죽었다. 향년 77세. 부인은 첨지중추부사 서계수徐季洙의 딸 대구서씨다. 유장주의 묘는 철원 갈현원葛峴院 우동宇洞에 사향으로 있다. 부부가 함께 묻혔다.69)

3자 유언진兪彦鉁의 자는 숙회叔懷다. 1720년(숙종 46)에 태어나 통덕랑을 지냈다. 1795년(정조 19) 9월 3일에 죽었다. 향년 76세. 부인은 응교 신석申晳의 딸 평산신씨다. 1752년(영조 28) 11월 1일에 죽었다. 유언진의 묘는 철원 지혜동에 임향壬向으로 있다. 부부가 함께 묻혔다.70)

아들이 없어 유한령兪漢寧을 양자로 들였다. 유한령은 유성증의 장자 유황兪榥의 고손이다. 유한령의 자는 자안子安으로 1743년(영조 19)에 태어나 1774년(영조 50)에 생원이 되고, 1783년(정조 7)에 증광문과에 급제해 관직이 대사간에 이르렀다. 1805년(순조 5) 2월 16일에 죽었다. 향년 63세. 부인은 이조참판을 지낸 김상익金相翊의 딸 광산김씨다. 한령 부부의 묘는 철원 지혜동에 병향으로 있다.71)

유한령은 3남(春柱·平柱·昌柱) 4녀(李賢秀·尹弼大·金普天·趙吉永의 처)를 두었다. 유춘주는 한용에게 양자로 갔고, 유평주도 출계出系했으며, 유창

68) 앞과 같음.
69) 앞과 같음.
70) 앞의 책, 39쪽.
71) 앞과 같음.

주가 뒤를 이었다. 유창주의 자는 계문季文이다. 1776년(영조 52)에 태어나 1822년(순조 22) 7월 3일에 죽었다. 향년 47세. 부인은 진사 송노정宋魯鼎의 딸 은진송씨다. 1821년(순조 21)8월 26일에 죽었다. 창주의 묘는 철원 지혜동에 정향으로 있다. 부부가 함께 묻혀 있다.72)

4자 유언수俞彦銖의 자는 계적季積이다. 1724년(경종 4)에 태어나 벼슬이 고양군수에 이르렀다. 1716년(숙종 42)에 태어나 1772년(영조 48) 정월 8일에 죽었다. 향년49세. 부인은 판서 이기진李箕鎭의 딸 덕수이씨다. 정월 8일에 죽었다. 묘는 영평읍永平邑 뒤에 경향庚向으로 있다. 부부가 함께 묻혔다.73)

유언수는 2남(漢憲·漢平) 3녀(沈豊之·金履九·申在魯의 처)를 두었다. 장남 유한헌의 자는 자도子度다. 1763년(영조 29)에 태어나 1835년(헌종 1) 7월 10일에 죽었다. 향년 73세, 부인은 부윤 김상묵金尙默의 딸 청풍김씨이며, 1796년(정조 20) 3월 10일에 죽었다. 유한헌의 묘는 영평읍 뒷산 아버지 묘의 왼쪽 기슭에 곤향으로 있다. 쌍분雙墳이다.74)

유한헌의 계자 유기주俞驥柱의 자는 덕오德五다. 1783년(정조 7)에 태어나 1817년(순조 17) 3월 10일에 죽었다. 향년 25세. 부인은 이장운李章雲의 딸 완산이씨다. 12월 10일에 죽었다. 유기주의 묘는 양주 차산리에 묘향으로 있다. 쌍분이다.75)

차자 유한평俞漢平의 자는 균지均之다. 1764년(영조 40)에 태어나 1824년(순조 24) 5월 17일에 죽었다. 유한평의 묘는 영평읍 뒷산에 있다. 부인은 둘인데, 첫째 부인은 판서 김기대金器大의 딸 경주김씨다. 12월 3일에 죽었다. 묘는 영평읍 뒷산에 오향으로 있다. 둘째 부인은 여흥

72) 앞과 같음.
73) 앞의 책, 40쪽.
74) 앞과 같음.
75) 앞과 같음.

민씨다.[76]

유한평은 아들 하나를 두었다. 유술주俞述柱다. 유술주의 자는 이선而善이다. 1847년(헌종 13)에 태어나 2월 17일에 죽었다. 유술주의 묘는 영평읍 뒷산에 정향으로 있다. 부인은 박흠원朴欽源의 딸 반남박씨다. 9월 10일에 죽었다. 부인의 묘는 양주 화도면 월길리月吉里에 손향으로 있다.[77]

유척기의 장녀는 남양홍씨 홍익빈洪益彬에게 시집갔다. 홍익빈의 아들은 홍상윤洪相胤·홍병찬洪秉纘(참판)·홍상헌洪相憲이요, 홍익빈의 딸들은 여흥민씨 이조참판 민홍열閔弘烈, 대구서씨 서간수徐簡修, 풍양조씨 이조판서 조진관趙鎭寬에게 시집갔다. 차녀는 풍산홍씨 현감 홍흠보洪欽輔에게 시집갔다. 홍흠보의 아들은 홍준한洪遵漢·홍진한洪進漢·홍술한洪述漢이다. 3녀는 대구서씨 서명현徐命顯에게 시집갔으며, 그의 계자가 서간수다. 4녀는 우의정을 지낸 해평윤씨 윤시동에게 시집갔다[78]. 딸들이 모두 남양홍씨, 풍산홍씨, 대구서씨 여흥민씨, 해평윤씨 등 노론 명가와 혼맥을 통하고 있다.

이와 같이 기계유씨는 상계는 자세히 알 수 없으나, 고려 건국 초기에 왕건에게 협조하지 않아 불복신이 되어 호장으로 격하되었다. 그러다가 세종조에 유해俞解가 생원이 되고, 유기창이 무과에 급제해 첨지중추부사가 되었으나 연산군 때 사화에 걸려 진도로 귀양 갔다가 중종반정으로 특별히 병조참의로 불렀으나 나오지 않았다. 그러나 그의 장자 유순거는 무과, 6자 유여림은 문과에 급제해 양반 관료가 되었다. 여림의 3자 유강俞絳도 문과에 급제해 호조판서가 되었고, 그의 아들 유영俞泳은 자산군수慈山郡守를 지냈다. 유영이 유척기의 직조인 자산공파의 시조이다.

---

76) 앞과 같음.
77) 앞과 같음.
78) 《杞溪兪氏族譜》 第6編 卷 15(回想社, 1991), 41쪽.

자산군파는 유영의 차자 유대의俞大儀 때부터 현달하기 시작했다. 유대의는 유척기의 고조로 그의 네 아들 가운데 장자 유호증·차자 유성증이 문과에, 3자 유세증은 무과에 급제했다. 더욱이 차자 유성증은 문과에 장원해 벼슬이 강원관찰사에 이르렀다. 그리고 그의 사촌인 유홍俞泓은 문과에 급제해 영의정을 지낸 기계부원군이다. 유성증은 유척기의 증조다. 유성증의 두 아들 유황과 유철도 각각 문과에 급제해 관찰사를 지냈다. 이 가운데 유철이 유척기의 할아버지요, 네 아들(명순·명건·명악·명룡)을 두었는데 이 중 3자 유명악이 유척기의 아버지다. 생원시에 합격해 아들 유척기의 현달로 영의정에 증직되었다. 그리고 유명건의 장자 유최기는 문과에 급제해 우참찬을 지냈다.

유척기의 가문은 17~18세기에 노론 준론峻論에 속했다. 유명기·유명뢰는 우암 송시열을, 유명악은 삼연 김창흡을 사사했고, 비문은 송시열·송준길·김창협·김수증·정호·권상하·이재·박필주·이의현 등 거의 노론 인사들에게서 받았다. 혼맥도 안동김씨(유명건)·동래정씨(유최기)·경주김씨(유직기)·여흥민씨(유언호)·평산신씨(유척기)·우봉이씨(유언흠)·청송심씨(유언현)·양주조씨(유한용)·해평윤씨(유한우)·광산김씨(유한령)·덕수이씨(유언수)·청풍김씨(유한헌) 등 노론 명가들과 통혼하고 있다. 그뿐만 아니라 유명악은 기사환국으로 송시열이 억울하게 당했다고 신설해 줄 것을 요구했다. 유척기도 노론 준론으로서 소론 영수 이광좌를 기용하고 신임사화의 의리를 뒤집으려 하자 강경히 반대하다가 삭출된 적이 있었다. 유척기의 가계를 그려 보면 다음의 〈표1〉과 같다.

〈표 1〉 유척기의 가계

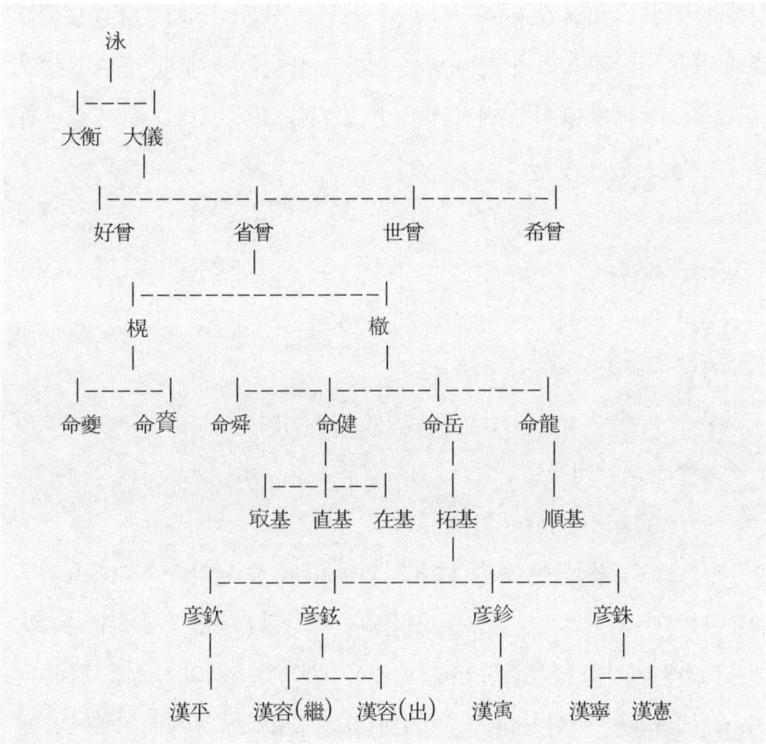

3. 지수재 유척기(1691~1767)의 생애

유척기의 자는 전보展甫, 호는 지수재知守齋·미음노부渼陰老夫, 본관은 기계杞溪다.

유척기는 1691년(숙종 17) 7월 1일 서울 반송동盤松洞 외가에서 청주목사 아버지 유명악俞命岳과 정언 이두악李斗岳의 딸이자 우의정 전의이씨 이상진李尙眞의 외손녀인 어머니 정경부인 용인이씨 사이에서 외아들로 태어났다.[79] 이씨부인이 임신했을 때 꿈에 이상한 범을 보고 그를 낳았는데, 골상骨相이 기위奇偉해 보통 아이들과는 달랐다 한다. 어려서부터 총명함이 출중해 가끔 사람을 놀라게 하는 말을 했다고 한다.[80] 7세 때 중부 유명건이 여러 아이들에게 용이 그려진 붓을 두고 시를 지어 보라고 하자 다음과 같은 부賦를 읊었다고 한다.

〈화룡도畵龍圖〉

그림의 용은 교룡인 듯 하구나! 畵龍如蛟龍

교룡이 비구름을 얻었네 蛟龍得雲雨

교룡은 못 속의 동물은 결코 아닐지니 終非池中物

오늘 하늘로 올라가겠네 今日上天門[81]

이 시를 보고 사람들이 그를 위대한 인물이 될 줄 알았다 한다.[82] 겨우 취학할 나이가 되어 삼연 김창흡, 포음圃陰 김창집金昌緝 형제에게 수학受學했다. 그래서 이들 장동김씨와 함께 노론 강경파[峻論]의 노선을 걸었다. 그가 김창집金昌集·이이명李頤命 등의 신원을 집요하게 주장한 것도 그 때문이었다.

1704년(숙종 30)에 14세로 한성부 판관 신사원申思遠의 딸인 평산신씨에

---

79) 知守齋 兪拓基 相公의 年譜(이하 年譜)(《知守齋集》, 杞溪兪氏富雲奬學會) 2006. 10, 59쪽).

80) 兪彦鎬, 領議政兪公拓基行狀(이하 행장).

81) 知守齋相公 詩, 《知守齋集》(富雲奬學會, 2006), 194쪽.

82) 이 무렵 그는 북동 종형 유최기 집에 살았는데, 북으로 100보쯤 되는 곳에 4년 연장인 宋徵卨(汝寬)이 살았다. 2년 연장인 그의 아우 宋徵履(仲成)와 1년 연장인 宋徵啓(季仁: 金壽興 외손)·중부 유최기(백락헌, 무수옹: 송징이와 동갑) 등 5인이 竹馬를 만들며 놀았다고 한다. 이들은 한여름 동안 시를 지으며 재주를 겨뤘다. 이때 나주목사를 지낸 중부 유명건이 송징설이 갖고 있던 蛟龍圖를 보고 그것을 詩題로 삼아 5인에게 시를 지어 보라 했다. 때마침 비가 내렸다. 그래서 詩句의 내용이 위와 같이 다듬어졌다. 어른들이 깜짝 놀라며 칭찬해 마지않았다. 이로 미루어 보아 유척기는 어려서 그의 중부 유명건에게 배웠던 것이 확실하다(年譜, 194쪽).

게 장가갔다. 1705년(숙종 31) 15세 때 아버지 유명악이 생원시에 합격해 1707년(숙종 33)에 의금부도사가 되었다. 1708년(숙종 34)에 홍익빈에게 시집간 장녀가 태어났다. 1713년(숙종 39)에 장자 유언흠이 태어났다. 그해 스승 포음 김창집이 죽어 제문을 지어 조문했다.[83)]

1714년(숙종 40) 11월 12일에 24세의 나이로 증광문과 병과에 급제해 승문원에 분관分館되었다. 동방급제자의 명단은 다음과 같다.

> 甲科 3人: 李廷熽·宋必恒·李仁復
>
> 乙科 7人: 金相尹·宋眞明·金棹·金廷潤·陳翼漢·鄭必寧·李庭綽
>
> 兵科 29人: 李師德·趙榮福·趙榮世·崔昌會·朴世登·趙觀彬·尹惠教·具命奎·崔道文·趙命臣·睦天壽·俞拓基·李雲龍·任徵夏·吳與昌·李彦烈·趙最壽·金弘錫·洪蔎·李匡輔·申薄·李以升·韓斗一·金象三·李重述·沈埂·李秀蕢·鄭再僑·河大淵 (鄭再僑와 韓斗一은 殿講에서 居首해 直赴殿試한 사람이다)

유척기는 문과에 급제해 1715년(숙종 41) 12월 26일에 예문관 검열이 되었다.[84)] 1716년(숙종 42) 차자 유언현이 태어났다. 1716년 7월 15일 성균관 대사성 정관하鄭觀河가 동지들을 창솔倡率해 사문斯文의 일을 변론하자 승문원 관원 이광보李匡輔·구명규具命奎 등이 예문관이 빈틈을 타 4관四館에 두루 상의하지도 않고 성균관의 재임齋任과 재생齋生 6~7명을 멋대로 정거停擧한 사건이 벌어졌다. 이에 검열 유척기는 그 부당함을 여러 사례를 제시해 반대 상소를 올리니, 숙종이 이광보 등의 벼슬을 파직

83) 앞의 책, 60쪽.
84) 《숙종실록》 권 56, 숙종 41년 12월 무자

했다.[85]

1717년(숙종 43) 6월 13일에 유척기는 정언이 되었다.[86] 정언 유척기는 영남 사람 김여룡金汝龍 등이 문원공文元公 김장생金長生을 헐뜯은 상소가 잘못 되었음을 상소했으나 받아들여지지 않았다.[87] 8월 7일에 유척기는 김운택金雲澤·조상건趙尙健·윤혜교尹惠敎·정운주鄭雲柱·조상경趙尙絅·김취로金取魯·이덕수李德壽·윤순尹淳·김상윤金相尹 등과 더불어 홍문록弘文錄에 선발되었다.[88] 그리고 11월 13일에는 사헌부 지평이 되었다.[89] 지평 유척기는

> 상사上司의 각 아문衙門에서 혹 외방 고을에 구청求請하는 규례가 있기는 합니다만, 이는 사체에 있어 구차스러우니 마땅히 금년부터 혁파하소서. 당후관堂後官의 직책은 기주記注를 관장하는 것이어서 실직實職·가직假職을 가리지 않고 모두 청선淸選에 관계되는데, 일전에 정창선鄭敞選 등의 3망三望에 대해 물의物議가 분분하니, 해당 승지와 주서에게 규계規戒하는 방도가 없을 수 없습니다. 어제 왕세자의 행차를 교외에서 맞이할 즈음에 사간 조명봉趙鳴鳳이 처음에는 마땅히 참여할 것이라 말했으나, 시기에 당해서는 병을 핑계로 끝내 그 자리에 나오지 않았으므로 양사兩司로 하여금 관원을 갖출 수가 없게 만들었으니, 그에게 경책警責을 가하는 것이 사리에 합당할 것 같습니다.[90]

85)《숙종실록》 권 58, 숙종 42년 7월 임신
86)《숙종실록》 권 59, 숙종 43년 6월 병신
87)《숙종실록》 권 59, 숙종 43년 6월 정미
88)《숙종실록》 권 60, 숙종 43년 8월 무자 ; 都堂에서는 金雲澤·金東弼·南一明·金相玉·趙尙絅·金取魯·趙尙健·尹淳·尹惠敎·兪拓基 등 11인을 弘文錄에 선임했다(《숙종실록》 권 61, 숙종 44년 2월 병술).
89)《숙종실록》 권 60, 숙종 43년 11월 계해
90)《숙종실록》 권 61, 숙종 44년 1월 갑인

고 상서하니, 세자가

> 구청하는 것을 혁파하는 일은 해당 조曹로 하여금 품처하게 하라! 당후관의 의망擬望을 선택하는 데 대한 한 가지 조문은 각별히 신칙申飭하겠다. 그리고 승지와 주서를 추고推考해 경책을 가하고 조명봉은 체차遞差하라![91]

고 답했다. 1718년(숙종 44) 2월 25일에 유척기는 부수찬이 되었다.[92] 3월 28일에 2품 이상관과 3사가 모인 자리에서 숙종이 강빈姜嬪의 신원을 거론했다. 이에 대해 영의정 김창집 등이 모두 찬성하는 발언을 했는데, 부수찬 유척기도

> 지난번 경연에서 특별히 이 사건을 거론하셨는데, 사지辭旨에 성상의 뜻이 애연히 넘쳐흘렀으니, 무릇 조정에 있는 신하들이 그 누구인들 흠모하고 우러르지 않겠습니까?[93]

고 찬성 발언을 했다. 강빈 신원은 노론의 당론이었기 때문이다. 4월 1일 28세 때 아버지가 돌아가셨다. 아버지가 위독하다는 말을 듣고 급히 달려갔으나 한강에 이르기도 전에 부음訃音을 접했다. 아버지 유명악은 여러 번 증직되어 영의정에 이르렀다.[94]

1720년(경종 즉위년)에 3자 유언진이 태어났다. 그리고 7월 5일에는 3년상을 마치고 부수찬에 임명되었다가 9월 4일에 수찬으로 승진했다. 9월

---

91) 앞과 같음.
92) 《숙종실록》 권 61, 숙종 44년 2월 갑진
93) 《숙종실록》 권 61, 숙종 44년 3월 정축
94) 연보, 66쪽.

11일 유척기는 성균관 유생으로서 숙종의 지문誌文에 누락됨이 있을까 염려해 소회所懷를 올렸다가 귀양을 간 윤지술尹志述(1679~1721)을 풀어 주라고 건의했으나 받아들여지지 않았다. 이에 오히려 정언 김고金橰는 유척기가 "소를 얽어 놓고 미처 올리지 못한 것도 오히려 두려워 해 움츠렸다는 죄를 면하지 못하는데, 신과 같이 유약해 애초에 초고草藁도 얽지 못한 자가 더욱 어떻게 말하지 않은 죄목에서 벗어날 수가 있겠습니까"라는 대목을 트집을 잡아 배척했다.[95] 그러자 대신이 김고를 파직할 것을 청했다.[96] 9월 28일에 유척기는 조문명趙文命·정석오鄭錫五·이기진李箕鎭·신석·김민택金民澤·김제겸金濟謙 등과 함께 홍문록에 피선되었다.[97] 이어서 이조좌랑(10월 1일), 부교리(11월 8일), 교리(12월 10일·18일), 헌납(12월 20일), 이조좌랑(1721년 1월 3일), 헌납(1월 7일), 교리(1월 7일), 교리(2월 4일·8일, 3월 3일), 이조정랑(4월 4일), 헌납(4월 22일), 응교(4월 28일), 검상(5월 18일), 사간(5월 25일) 등의 관직을 제수했으나 나가지 않았다.[98]

그러다가 1721년(경종 1) 8월 25일에 세제책봉을 청나라에 알리는 주청사 김창집, 부사 조태억趙泰億의 서장관으로 청나라에 다녀왔다. 정사 김창집의 요구로 동행한 것이다.[99] 그러나 소론이 세제책봉을 문제 삼으니 세제世弟가

> 간혈肝血을 다 쏟아서 거듭 신엄宸嚴을 더럽혔으나, 작은 정성이 이르지 못해 천청天聽이 더욱 아득해지니, 신이 이에 더욱 다시 놀라고 두려워하며, 초조해 몸 둘 바를 모르겠습니다. 신은 이미 끝내 스스로

95) 앞의 책, 66~67쪽.
96) 행장, 20쪽.
97) 연보, 67쪽.
98) 연보, 68쪽.
99) 행장, 20쪽.

> 분수를 지키지 못하고 외람되게 세제의 자리에 있게 되었고, 또 천심天心을 감회하지 못해 갑자기 예사롭지 않은 명령을 당하게 되었으니, 신이 훗날 무슨 낯으로 하늘에 계신 선왕의 영靈을 우러러보겠습니까? 엎드려 바라건대 성자聖慈께서는 빨리 취소하라는 명을 내려 주소서.100)

라고 상소했다. 경종은 세제부世弟傅 이건명李健命 등 사부師傅, 빈객賓客들을 보내

> 세제가 훈계한 바를 거행하지 않으면서 고민하며 슬퍼하니, 사부와 빈객이 함께 가서 위로하는 것이 좋겠다.101)

고 해 세제의 궁료宮僚였던 유척기도 경종에게 세제의 대리청정을 거두어 달라고 거듭 청했다. 그러나 경종은 이렇게 말할 뿐이었다.

> 형제간에 괴로움과 아픔을 나누는 의義를 깊이 생각해, 나로 하여금 병중에 수양하고 보신補身하는 방법을 취하도록 하는 것이 바라는 바이다. 또 내 뜻이 굳게 정해졌으니 비록 날마다 열 차례 상소할지라도 윤허해 따를 이치가 만무하다. 다시 번거롭게 진달하지 말아 나의 마음을 편안하게 하라!102)

1717년(숙종 43) 7월 19일 숙종은 노론 좌의정 이이명을 독대해 연잉군

---

100) 연보, 69쪽.
101) 앞과 같음.
102) 앞과 같음.

延仍君(뒤에 영조)과 연령군延齡君을 부탁하고 세자의 대리청정을 명했다. 노론도 반대하지 않았다. 세자가 실수를 하면 문제 삼기 위해서였다. 8월 1일 세자는 대리청정을 시작했다. 그러나 특별히 흠잡을 데가 없었다. 그 사이에 숙종이 죽고 경종이 즉위했다. 노론들은 경종의 건강이 좋지 않고 후사가 없다는 이유로 1721년(경종 1) 8월에 연잉군을 세제로 책봉할 것을 건의했다. 경종은 그날 밤 2시경 영의정 김창집, 좌의정 이건명 등 노론 대신들을 시민당時敏堂으로 불렀다. 그들은 세제책봉을 건의했고 경종은 이를 받아들였다. 노론들은 내친 김에 10월에 세제의 대리청정을 밀어붙였다. 소론 최석항崔錫恒 등이 항의하자 경종은 대리청정의 명을 환수했다. 그런데 3일 만에 다시 대리청정을 명했다. 이에 노·소론이 다 같이 동조했다. 그러나 김창집·이이명·이건명·조태채趙泰采 등 노론 4대신은 경종의 대리청정 의지가 확고한 것으로 알고, 또다시 대리청정을 건의해 뜻을 이루었다. 사태가 심각해지자 소론 우의정 조태구가 입궐해 청정을 환수해야 한다고 극간했다. 그러자 노론 대신들도 환수에 동조하고 나섰다. 끝내 대리청정은 무산되었다. 10일 사이에 청정과 환수가 수차례 번복된 것이다. 그러나 12월 6일 소론 급진파 김일경金一鏡이 대리청정을 제기한 조성복趙聖復과 노론 4대신을 역모로 몰았다. 그리하여 이들을 비롯한 노론 50~60명이 처벌 받았다.[103] 유척기가 대리청정 환수를 주장한 것도 이러한 맥락에서 이해해야 한다.

그러나 사간 정계鄭楷 등의 탄핵으로 유척기는 1722년(경종 2) 6월 20일에 동래부東萊府에 위리안치圍籬安置되었다.[104] 이때 서명현徐命顯에게 시집간 셋째 딸을 낳았다. 1724년(경종 4) 8월 25일에 경종이 죽고 영조가 즉위했다. 이때 4자 유언수가 태어났다. 영조가 즉위하자 1725년(영조1) 3월

103) 이성무, 《조선시대당쟁사》 2(동방미디어, 2000), 127~133쪽.

104) 연보, 72쪽.

2일 유척기는 동래에서 석방되었고, 3월 7일 대사간 겸 실록도청당상이 되었다.[105] 4월에 처조부 신임申銋이 죽었다. 신임은 1722년(경종 2)에 목호룡睦虎龍의 고변告變이 있었을 때 그 해가 장차 세자에게 미칠까봐 84세의 나이로 세자를 보호해야 한다고 상소를 올렸다가, 이로 말미암아 대정현大靜縣으로 귀양 갔다. 그 후 영조가 즉위하자 제일 먼저 석방되어 재상으로 임명받았는데, 길에서 죽었다.[106] 유척기가 처조부의 행장을 지었다.[107]

유척기는 1725년(영조 1) 4월 12일에 동부승지,[108] 4월 17일에 이조참의[109], 10월 13일에 승지,[110] 12월 11일에 대사간,[111] 1726년(영조 2) 2월 20일에 대사간,[112] 3월 26일에 승지[113]를 역임했다.[114] 소대召對 참찬관 유척기는

> 선현先賢 및 공신·청백리와 원통하게 죽거나 전사한 사람의 자손을 녹용하는 규례는 실로 충의忠義를 포장褒獎하고 염결廉潔을 권면하는 뜻에서 나왔는데, 먼 후예後裔와 지손支孫이 계속 녹용되어 거의 정해진 수가 없으니, 신의 뜻은 정한定限을 명백하게 해, 다만 그 적장손을 취해 씀이 마땅하다고 생각합니다.[115]

고 말했다. 이에 영조는

---

105) 《영조실록》 권 4, 영조 1년 3월 을사
106) 연보, 73쪽.
107) 앞의 책, 74쪽.
108) 《영조실록》 권 5, 영조 1년 4월 기묘
109) 《영조실록》 권 5, 영조 1년 4월 갑신
110) 《영조실록》 권 8, 영조 1년 10월 정축
111) 《영조실록》 권 8, 영조 1년 12월 갑술
112) 《영조실록》 권 9, 영조 2년 2월 계미
113) 《영조실록》 권 9, 영조 2년 3월 무오
114) 연보, 73쪽.
115) 《영조실록》 권 9, 영조 2년 3월 기미

> 요堯·순舜의 아들도 오히려 불초不肖했거늘 유신儒臣의 자손이 어찌 반드시 사람마다 모두 어질겠는가? 근래에 공신 및 전사한 사람들의 자손을 또한 모두 그 형세의 유무를 보아서 쓰니, 내가 매우 개연慨然스럽게 여긴다. 이 뒤로는 다만 적장손을 쓰되 먼저 그 사람됨을 볼 뜻으로 전조銓曹에 분부하라![116]

고 찬동했다. 유척기는 다시

> 해마다 대정大政 전에 미리 조신의 2품 이상, 혹은 3사 이상으로 하여금 각각 경술經術·사학詞學·간국幹局이 있어 입사入仕를 감당할 만한 자를 천거하게 하되, 생원·진사는 30세 이상, 유학幼學은 40세 이상이라야 비로소 천거를 허락하고, 전관銓官으로 하여금 정사政事에 임해 가려 쓰게 하되, 후일에 혹시 법을 어기거나 장죄贓罪를 범할 경우 그 천주薦主를 아울러 죄준다면, 옛날의 효렴孝廉을 천거하는 유의遺意를 얻음이 있을 듯합니다.[117]

고 하니, 영조가 규식을 정해 시행하라고 했다.

유척기는 1726년(영조 2) 4월 5일에 경상도관찰사 겸 대구부사[118]가 되었다. 그가 부임인사를 하러가서 영조에게

> 영남은 우리나라에서 추로鄒魯의 지방이 되어 문무 조사朝士가 한 번 파산罷散되면 곧 향리鄕里로 돌아갔었지 본래 양식을 싸가지고 와서 구

116) 앞과 같음.
117) 앞과 같음.
118) 《영조실록》 권 9, 영조 2년 4월 정묘

> 사求仕하는 이가 없으므로, 본도에는 문무의 전직前職을 가진 자가 매우 많아서 문신으로 말하더라도 그 수효가 거의 백 명에 이릅니다. 그들은 모두 어려서부터 글을 읽어 간신히 과거에 합격해 혹은 겨우 한 고을을 얻고는 그만둔 자도 있고, 혹은 겨우 6품에 나갔다가 그만둔 자도 있어 지방의 인사人士가 거의 다 구석을 향해 억울한 탄식을 하고 있는 실정입니다. 전에는 도신道臣이 혹은 상소도 청하고, 혹은 경연經筵에서 아뢰어서 취해 쓰기도 했는데, 근자에 성상께서 또한 주註를 달아서 망단자望單子를 들이도록 하셨으므로 영외嶺外에서 청문聽聞하고 감격해 용동聳動하지 않는 사람이 없으니, 전관의 문견聞見에 한계가 있어서 아직도 별다르게 시행되지 못하고 있으니, 다시 양전兩銓에 분부하심이 옳을 것입니다.[119]

고 하니 왕이 좋은 말이라고 칭찬했다. 인조반정 이후에 정권이 기호계 서인에게 돌아가 영남계 남인들이 소외되어 인사 정책에 불만이 많았던 것을 지적한 내용이다. 경상감사 유척기는 도내의 5살배기 효녀 두거비斗巨非를 상신해 정려旌閭를 내리게 했다.[120]

1727년(영조 3) 6월 9일에 유척기는 예조판서 유명홍이 지은 기계유씨 시조묘비의 전서를 썼다.[121]

그 후 그는 1727년(영조 3) 6월 9일에 대사간,[122] 6월 18일에 승문원 부제조[123]에 임명되었다. 그러나 7월에 영부사 민진원閔鎭遠, 판부사 이관명李觀命 등 노론인사 101인이 파면되었다.[124] 정미환국丁未換局이었다.

119) 《영조실록》 권 9, 영조 2년 5월 갑진
120) 《영조실록》 권 11, 영조 3년 4월 정해
121) 연보, 74쪽.
122) 《영조실록》 권 11, 영조 3년 6월 갑오
123) 《영조실록》 권 11, 영조 3년 8월 계묘
124) 《영조실록》 권 12, 영조 3년 7월 기미

노론 강경파는 영조의 최대의 장애였다. 그들은 영조와 한배를 타고 있으면서도 영조의 처지를 고려하지 않았다. 오히려 소론을 죄주라고 정청庭請을 거듭했다. 이는 영조의 탕평을 저해하는 행위였다. 이에 영조는 정청에 참여한 노론 인사들을 일망타진한 것이다.

1728년(영조 4) 3월에 이인좌란李麟佐亂(戊申亂)이 일어났다. 영조와 노론에 대한 소론 급진파와 일부 남인의 반발이다. 경종은 1724년(경종 4) 8월 20일에 동궁(뒤에 영조)이 보낸 게장을 먹고 죽었다는 소문이 났다. 이에 경종이 비명에 갔다는 뜬소문까지 떠돌았다. 소론 과격파는 영조를 왕으로 생각지 않았다. 그런데도 영조는 을사처분乙巳處分을 단행해 신임옥사를 무옥誣獄으로 단정했다. 이에 따라 소론 강경파와 김일경·목호룡이 처단되자 '남소탕평南少蕩平'은 설 자리가 없었다. 이에 이들은 난을 일으켜 군중에 경종의 위패를 모시고 청주에서부터 북진했다. 영조의 충격은 컸다. 영조는 정미환국으로 집권한 소론들에게 난을 평정하라고 했다. 그리하여 소론 오명항 등이 반란을 평정했다.125)

정부는 유척기를 양주목사 겸 동로진어사東路鎭禦使에 임명해 양주의 군사를 거느리고 누원樓院에 진을 치게 했다.126) 주둔지는 미음강渼陰江·고암鼓巖으로 옮기기도 했다.127) 이때 적의 기세가 올라 서울이 위태로워지자 유척기로 하여금 도성으로 들어오는 요로를 지키게 한 것이다. 남한순무사南漢巡撫使 김동필金東弼의 장계狀啓에

> 흉적의 노문路文이 바야흐로 죽산竹山을 지났다고 하는데, 도순무의 대군은 소사素沙로 전진해 용인과 이천 두 길이 비어 있습니다. 양주목

125) 이성무, 《조선시대당쟁사》(동방미디어, 2000), 153~160쪽.
126) 《영조실록》 권 16, 영조 4년 3월 경오
127) 연보, 74쪽.

> 사 유척기가 바야흐로 동로진어사로 누원에 주둔하고 있으니, 바라건대, 유척기에게 명해 미음강으로 옮겨 방어하게 하고, 춘천방어사 정도원鄭道元과 여주목사 이행검李行儉도 모두 신의 절제를 받도록 명해, 유척기와 함께 협력해 방수防守하게 하소서.[128]

라고 하자 영조는 "정병을 뽑아 요충지에 나누어 웅거하게 하고는 산골짜기를 두루 수색해 오는 길을 끊어 도순무와 앞뒤로 협공하라!"고 명했다. 정부는 양주목사 유척기로 하여금 고암에 진을 치게 하고, 춘천부사 정도원으로 하여금 광진廣津에 진을 치게 하고 왕이 시신侍臣을 보내 노문勞問하게 했다.[129] 4월 15일에 유척기에게 양주진방어사楊洲鎭防禦使를 겸하게 했다.[130]

영조는 이인좌란이 진압되자 1728년(영조 4) 4월 22일에 양무토역반교문揚武討逆頒敎文을 내렸다. "하찮은 일로 서로 다투다가 국가의 위망을 초래하게 되었는데, 혹시 간과干戈의 쟁투가 거듭 있었다고 하더라도 나의 신자臣子가 아니겠는가? 나의 진심을 부연敷衍해 크게 고하는 것은 온 세상이 새롭게 되기를 바라서인 것이다"고 교시했다.[131] 이는 노소탕평을 통해 정국을 안정시키겠다는 영조의 탕평책을 내포한 것이다.

1728년(영조 4) 6월 22일에 유척기는 함경도관찰사에 임명되었다.[132] 그러나 그는

> 죄가 같은 신하들이 아직 죄적罪籍에 있는데, 신臣의 처지로서 어찌 차

128) 《영조실록》 권 16, 영조 4년 3월 계유
129) 《영조실록》 권 16, 영조 4년 3월 갑술
130) 《영조실록》 권 17, 영조 4년 4월 을미
131) 연보, 79쪽.
132) 《영조실록》 권 18, 영조 4년 6월 신축

> 마 그 승탁陞擢을 영화로이 여기고 세간에서 부끄러이 여김이 있는 줄 모르겠습니까?[133]

고 하자 임금의 말을 따르지 않는다고 삭직削職했다.[134] 노론들과 함께 정청한 당론을 어길 수 없어 벼슬에 나갈 수 없다는 것이었다. 이것이 노론 준론의 명분이기도 하다. 그러나 7월 15일에 유척기는 양무원종1등공신揚武原從一等功臣에 책훈策勳되었다.[135]

1729년(영조 5) 여름에 비로소 벼슬길을 터 주어 10월 9일에 다시 함경도관찰사에 임명되었다.[136] 그러나 여러 차례 신칙해도 나와서 사은謝恩하지 않았다.[137] 1730년(영조 6)에 아버지 묘를 철원 동갈마리東葛麻里 지혜동芝惠洞 묘향으로 이장했다.[138] 같은 해 4월 19일에 다시 강화유수에 임명되었다. 이때 역적 환관 필웅必雄이 비수를 품고 밤에 대궐로 침입했다가 잡혀서 온종일 친국親鞫을 받는 사건이 일어나 조정이 위태로웠기 때문에 명에 응한 것이다.[139] 강화유수 유척기는 영조가 인견引見한 자리에서

> 강화부의 군향軍餉은 실로 형편이 없습니다. 전 유수 박사수朴師洙의 장계로 말미암아 호조에서 빌려 간 양곡 가운데서 3만 6백 석을 우선 돌려보낼 뜻으로 묘당廟堂(의정부)에서 분부했습니다. 그런데 이미 달이 지났는데도 아직 보내지 않으니, 만약 세미선稅米船이 경창京倉에 당도하기를 기다려 배에 실어 도로 내려 보낸다면 폐단이 적지 않을

---

133) 《영조실록》 권 18, 영조 4년 7월 임자
134) 앞과 같음.
135) 연보, 79쪽.
136) 《영조실록》 권 24, 영조 5년 10월 경술
137) 《영조실록》 권 24, 영조 5년 10월 경신
138) 연보, 80쪽.
139) 행장, 22쪽.

> 것입니다. 청컨대 삼남三南의 조선漕船 가운데서 각 고을의 곡식 수량을 구별해 마땅히 보내야 할 수량을 합계해 호조에서 본부에 통첩하고 곧장 수봉受捧하게 한다면, 이미 수봉했다가 곧 내려보내는 폐단이 없을 듯합니다.140)

고 건의해 그대로 되었다. 그러나 우의정 조문명은

> 강화유수 유척기가 썩은 쌀을 탕감해 달라고 청했는데, 이를 만일 허락한다면 감관監官과 색리色吏의 무리들이 온전한 쌀을 훔쳐 먹고 썩은 쌀로 전례를 삼아 해마다 탕감해 주기를 청할 것이므로, 실상 지탱하기 어려운 방법이 될 것입니다. 탕감을 허락해 주려고 한다면 병마·수군절도사에게 분부해 한 번 바로잡아 썩은 것은 버리게 한 다음 묵은 것은 먼저 먹고 새것은 비축하는 방법을 쓰는 것이 옳겠습니다.141)

고 하고, 공조판서 윤순尹淳은

> 옛날에는 강화도의 쌀이 5~6만 섬이나 되었으나, 지금은 4만 섬에 지나지 않는데, 2만 섬은 환자還子로 받은 것이고 2만 섬은 옮겨온 것입니다. 그런데도 썩었다고 보고한 양은 15~16만 섬이 있을 때나 다름이 없으니, 어찌 괴이하지 않습니까?142)

고 이의를 제기했다. 이에 대해 영조는

---

140) 《영조실록》 권 26, 영조 6년 5월 계미
141) 《영조실록》 권 27, 영조 6년 9월 병술
142) 앞과 같음.

> 궤짝 속의 책들이 상하는 것을 보면 곡물이 썩는 것도 미루어 알 수 있다. 이번만은 탕감을 허락해 주고, 이 뒤로는 묵은 것을 먼저 먹고 새것을 비축하는 방법을 쓰도록 각별히 신칙해, 해마다 청감請減하는 폐단이 없도록 하는 것이 옳겠다.[143]

는 절충안을 내놓았다.

1731년(영조 7) 9월에 천릉遷陵 때 명정銘旌을 써주고 가의대부로 가자加資되었다.[144] 이로부터 연달아 부제학(1732년 4월 3일)[145], 도승지(1732년 8월 7일)[146], 형조참판(1732년 5월 6일)[147], 대사성(1732년 5월 11일)[148] 한성부 좌윤(1732년 6월 25일)[149], 동지의금부사(1732년 5월 13일)[150], 감진당상監賑堂上을 제수했으나 나가지 않아 재차 파직당했다.[151] 탕평당인 우의정 서명균은 유척기·윤순尹淳 등 노론을 기용하라고 권고해 영조가 가납嘉納했다.[152] 겨울에 불러도 나오지 않은 죄로 남양부사南陽府使로 좌천되었다.[153] 유척기는 3년 동안 그곳에 근무하다가 1734년(영조 10) 2월 4일에 함경감사에 임명되었다.[154] 전 황해감사 유척기는 5월 6일 황해병사 민사연閔思淵을 파직했다. 민사연은 옹진甕津에 나타나 조선인 장교를 해친 중국인의 행위를 숨긴 죄로 처벌받은 것이다. 사신史臣은 이 사건에 대해

---

143) 앞과 같음.
144) 《영조실록》 권 30, 영조 7년 9월 기묘
145) 《영조실록》 권 31, 영조 8년 4월 경인
146) 《영조실록》 권 32, 영조 8년 8월 신유
147) 《영조실록》 권 31, 영조 8년 5월 임술
148) 《영조실록》 권 31, 영조 8년 5월 정묘
149) 《영조실록》 권 31, 영조 8년 6월 경진
150) 《영조실록》 권 31, 영조 8년 5월 13일
151) 행장, 22쪽.
152) 《영조실록》 권 31, 영조 8년 윤5월 계축
153) 《영조실록》 권 32, 영조 8년 12월 병인
154) 《영조실록》 권 37, 영조 10년 1월 정유

다음과 같이 평했다.

> 대개 1733년(영조 9)에 곡식을 운송한 이후로 중국인〔唐人〕으로 해로를 익히 알고 있는 자들이 해삼海蔘을 채취하고자 매양 여름과 겨울의 계절이 바뀔 때에 해서海西를 왕래해 해마다 그렇게 했는데, 오는 자들이 더욱 많아져서 배가 몇 백 척이나 되는지 알 수 없었다. 지방의 수령과 변장邊將들은 비록 축출하려고 하지만, 저들은 수효가 많고 우리는 수효가 적으니, 혹 몰래 술과 양식을 주어서 그들을 달래어 떠나가게 하기도 했으므로 식자들이 이를 우려했다.[155]

1934년(영조 10) 유척기는 황해도관찰사가 되었다. 그는 제민청濟民廳을 설치해 부세와 군역을 줄이고, 군수고軍需庫를 창건해 위급 사태에 대비했다.[156] 그는 황해도 도시都試 합격자를 적소適所에 임명하게 해달라고 요구했다.

> 김시혁金始爀이 일찍이 황해도의 방백方伯이 되었을 때 소속된 별무사別武士들에게 매년 도시를 보여서 수석을 차지한 자에게는 급제를 내려 관직을 맡기고, 2등을 차지한 자에게는 변장에 제수할 일로서 장문狀聞해 제도로 정했는데, 근래에는 수용되지 못했기 때문에 모두 낙심해 흩어지지 않는 자가 없습니다. 청컨대 신의 감영에서 인수印綬를 차도록 허락해 무사들을 위로하고 기쁘게 하소서.[157]

155) 《영조실록》 권 38, 영조 10년 5월 신사
156) 행장, 22쪽.
157) 《영조실록》 권 40, 영조 11년 12월 임신

도시의 1등은 관직을, 2등은 변장을 주는 제도를 지키게 해 달라고 요구해 그대로 실시했다.

1735년(영조 11) 12월 9일 유척기는 원자보양관元子輔養官이 되었다.[158] 그런데 1736년(영조 12) 1월 1일에 세자우부빈객 겸 동지성균관사가 되고,[159] 이어 4월 9일에는 부제학,[160] 4월 16일에 예문관 제학,[161] 6월 5일에 부제학,[162] 선혜청 제조[163]에 임명되었으나 이를 모두 사양했다.[164] 8월 27일 그는 평안도관찰사가 되었으나 강력히 사양해 파직되었다.[165] 우의정 송인명宋寅明이 유척기를 쓸 만한 사람이라고 추천하자 영조는

> 유척기는 진실로 쓸만한 사람인데, 그가 출사하지 않는 것은 지나치다.[166]

고 했다. 유척기를 비롯한 노론 준론이 영조의 완론緩論 탕평에 반대해 계속 출사하지 않은 것이다.

그러나 영조의 부름은 계속되어, 1736년(영조 12) 11월 25일에 동경연同經筵[167], 12월 2일에 대사성[168], 1737년(영조 13) 1월 26일에 대사간[169], 2월 14일에 동지춘추[170], 3월 10일에 경상도관찰사[171], 1738년

158) 《영조실록》 권 40, 영조 11년 12월 갑술
159) 《영조실록》 권 41, 영조 12년 1월 병신
160) 행장, 22쪽.
161) 《영조실록》 권 41, 영조 12년 4월 경진
162) 《영조실록》 권 41, 영조 12년 6월 무진
163) 행잔, 22쪽.
164) 앞과 같음.
165) 《영조실록》 권 42, 영조 12년 9월 계묘
166) 《영조실록》 권 42, 영조 12년 11월 경술
167) 《영조실록》 권 42, 영조 12년 11월 갑인
168) 《영조실록》 권 42, 영조 12년 12월 신유

(영조 14) 6월 9일에 한성판윤[172], 8월 1일에 호조판서[173]에 임명되었다. 유척기는 안동에 김상헌金尙憲 서원을 건립하도록 허가해 준 일로 파직되었다가 곧 호조판서에 임명되었다.[174] 호조판서 유척기는

> 병조판서 박문수朴文秀가 신이 금령을 어기고 서원을 세우도록 허락했다 해 서원을 허문 난민에 견주어 죄를 같게 하려고 하니, 그 말의 뜻이 위험해 거의 사람으로 하여금 뼈가 시퍼래지고 혼이 떨리게 합니다. 신이 이 서원을 세우도록 허락한 것은 진실로 그럴 만한 까닭이 있었습니다. 예로부터 사묘祠廟를 세워 높이 하는 것은 더욱이 시골 지방에 있었습니다. 신이 감히 김상헌을 공부자孔夫子나 주문공朱文公에 견주려는 것은 아니고, 안동은 진실로 김상헌에게는 곡부曲阜(공자의 탄생지. 공자의 무덤과 서원이 있음)나 무원婺源(주자의 탄생지)과 같았기 때문이었습니다. 또 영외嶺外의 인심이 무신년(1728)을 겪은 이래로 여지없이 무너져 버려 분의分義를 침범하고 군상을 능멸하는 등 놀랍고도 가증스러운 일들이 한두 가지가 아니었으므로, 구구한 미신微臣의 생각에 대개 한 지방 사람들의 이목을 새롭게 진작해 충의의 기상을 고무시키고자 해 결연히 세우도록 허락했던 것입니다. 그런데 바야흐로 좌수座首로 있는 이현일李玄逸의 외손과 또한 교임校任을 차지하고 있는 정희량鄭希亮의 가까운 인척이 널리 성세聲勢와 결탁해 조정을 공갈하고 무뢰배無賴輩들을 위협해 떼 지어 일어나 변란을 일으킨 일에 이르러서는 신이 미리 헤아릴 수 있는 바가 아니었

169) 《영조실록》 권 43, 영조 13년 1월 을묘
170) 《영조실록》 권 43, 영조 13년 2월 임신
171) 《영조실록》 권 43, 영조 13년 3월 무술
172) 《영조실록》 권 47, 영조 14년 6월 경인
173) 《여조실록》 권 47, 영조 14년 8월 신사
174) 행장, 23쪽.

습니다.[175]

고 해 안동에 노론들이 세운 김상헌 서원을 영남 남인들이 허물어 버린 것에 대해 병조판서 박문수가 양비론兩非論으로 쌍벌雙罰을 행하려 한데 대한 불만을 토로했다. 영조는 김상헌 서원 재건 논의를 받아들이지 않았다.[176] 김상헌 서원은 1738년(영조 14)에 안동에 거주하는 몇몇 새로운 노론지지자들이 경상감사 유척기와 안동부사 어유룡魚有龍의 허가를 받아 안동부 서편 사단社壇 부근에 건립한 바 있다. 안동 안에 노론 근거지를 만들어 남인을 진압하기 위해서이다. 그러자 남인들이 대거 무리를 지어 몰려들어 그 서원을 헐어버렸다. 이에 감사 유척기 부사 어유룡은 이들 남인 인사들을 체포하고 치죄治罪했다.[177] 병조판서 박문수朴文秀는 영남 남인을 자극하는 김상헌 서원 건립이 잘못되었다는 것이고, 공조판서 박사수朴師洙는 난민을 처벌하고 서원을 다시 세우자는 것이었다. 영조는 소론대신 최규서崔奎瑞의 서원 건립을 허용하지 않는 이상 김상헌 서원 개건은 불가하다는 주장이었다.[178] 영조가 유척기를 호조판서로 제배했는데 여러 달 동안 나오지 않자 하교해 책망하기를 "고도高蹈하는 선비는 임금이 초빙하기를 기다려야 하는 것이다"고 하고 무겁게 추고하고 패초牌招해 입시하도록 명했는데, 유척기가 비로소 명을 받들었다. 그리하여 지평 최성대崔成大가 "유척기는 마침내 한 번 출사해야 할 것인데, 앉아서 여러 차례 소명召命을 번거롭게 했으니, 또한 오늘날의 기강을 알 만하다"고 비판한 것이다.[179]

---

175) 《영조실록》 권 47, 영조 14년 8월 기축
176) 앞과 같음.
177) 鄭萬祚, 《朝鮮時代 書院硏究》(集文堂, 1997), 221~223쪽.
178) 앞의 책, 224~225쪽.
179) 《영조실록》 권 47, 영조 14년 8월 기축

1739년(영조 15) 4월 20일 유척기는 소론 이광좌李光佐를 탄핵한 민형수閔亨洙를 구원하다가 뜻을 이루지 못하자 영조가 기우제祈雨祭를 지내려는데, 천조관薦俎官으로서 나오지 않았다. 영조는 "민형수가 중요한가? 향사가 중요한가?"고 하면서 추고하고[180], 병을 핑계로 출사하지 않는 유척기를 호조판서 직에서 면직시켰다.[181] 그러다가 8월 7일에 한성부 판윤으로 다시 기용했다.[182] 8월 11일에 판의금부사로 옮겼다가[183], 8월 30일에 우의정에 기용했다.[184] 드디어 재상의 반열班列에 오른 것이다. 유척기는 집안에서의 행실을 완전히 갖추고, 벼슬살이가 청렴하고 근신해 평소에 명망이 있었는데, 이때에 이르러 재상에 임명되니 시론時論이 만족히 여겼다고 한다.[185] 영조가 우의정 유척기를 인견하고,

> 오늘에야 정승에 임명한 것도 늦다 하겠다. 유의한 지 이미 오래 되었는데, 경이 이제 들어왔으니, 나랏일에 다행이다.[186]

고 하니, 유척기는 참된 마음으로 정사를 행하고 지나친 일을 하지 말기를 청하니, 영조가 "별로 지나친 일이 없는데 경의 말이 이러하니, 매우 반성하지 않을 수 있겠는가?"고 했다.[187] 유척기는 노론 준론의 대표자로서 영조의 완론 탕평에 불만을 가지고 비협조적인 태도를 보이다가 이때 우의정으로 들어와 영조의 정책에 협력하게 되었으니, 영조가 이와 같이 기분

180) 《영조실록》 권 49, 영조 15년 5월 을축
181) 《영조실록》 권 49, 영조 15년 7월 기유
182) 《영조실록》 권 50, 영조 15년 8월 신사
183) 《영조실록》 권 50, 영조 15년 8월 을유
184) 《영조실록》 권 50, 영조 15년 8월 갑진
185) 앞과 같음.
186) 《영조실록》 권 50, 영조 15년 9월 병인
187) 앞과 같음.

좋아한 것이다.

1739년(영조 15) 11월 23일에 우의정 유척기는 드디어 노론 4대신 가운데 신원되지 않은 김창집과 이이명을 신설해 벼슬을 회복해 줄 것을 요구했다.[188] 노론 재상으로서 의당 주장할 만한 내용이다. 이에 대해 영조는 "면대面對해서 유시하겠다"고 했다.[189] 민감한 문제이기 때문이다.

이 문제는 11월 24일 주강晝講에서 다시 격돌했다. 영조는 우의정 유척기를 앞으로 나오게 해

> 경이 차자를 올린 대체를 내가 어찌 모르겠는가? 1729년(영조 5)의 하교에 이미 모두 말했거니와, 조현명趙顯命을 같이 들어오게 한 데에는 내 뜻이 있어서였다. 지금의 여러 신하들은 나에게 만족하게 여기지 않는 것이 있으나, 내가 굳게 지키지 않으면 반드시 어지러운 일이 많을 것이다.[190]

고 했다. 이에 대해 조현명은

> 1729년의 처분(기유처분) 때에도 신이 말의末議에 참여해 들었습니다. 그때의 처분이 옳았다면 오늘의 신복伸復이 옳지 않을 것이고, 오늘날의 신복이 옳다면 신은 본디 대죄待罪하기에 겨를이 없을 것인데 어찌 의논할 수 있겠습니까?[191]

고 답변했고, 유척기는 면전에서 조현명을 배척해

188) 《영조실록》 권 50, 영조 15년 11월 병인
189) 앞과 같음.
190) 《영조실록》 권 50, 영조 15년 11월 정묘
191) 앞과 같음.

조현명이 아뢴 것이 성실하지 않습니다.[192]

고 받아쳤다. 이어서 전일 그의 형 조문명趙文命과 수작한 말을 거론해

조문명이 추탈追奪이 지나치다고 말했으므로 신도 조현명과 이 일을 말했습니다.[193]

하니, 영조가

조현명이 인혐引嫌하고 말하지 않은 것은 갈등이 있는 것을 염려한 것이다.[194]

고 하자, 유척기가

연차聯箚한 것은 마찬가지인데, 반은 신복하고 반은 신복하지 않았으니, 사리에서 어찌 어그러지지 않겠습니까?[195]

고 했다. 영조는 다시 "아직 신복하지 않은 자는 그 아들과 손자의 죄 때문이고 연차한 일 때문이 아니다"고 했다. 유척기는 "날이 어두워졌으므로 물러갔다가 글로 다시 아뢰겠다"고 했고, 영조는 "어찌 신복할 만한 때가 없겠는가? 뭇 신하가 번거롭고 시끄럽게 해 과격한 일이 있으면 도리어 이루어질 수 없을 것이다"고 했다. 노론의 신원을 둘러싼 격렬한 토론이었

192) 앞과 같음.
193) 앞과 같음.
194) 앞과 같음.
195) 앞과 같음

다고 생각된다.

1721년(경종 1)에 신축옥사辛丑獄事로 김창집·이이명·이건명·조태채 등 노론 4대신이 실각했다. 그런데 1722년(경종 2) 3월 27일에 목호룡의 고변이 있었다. 김창집의 손자 김성행金省行, 이이명의 아들 이기지李器之, 조카 이희지李喜之, 사위 이천기李天起, 그리고 김춘택金春澤의 재종제 김용택金龍澤 등 노론 명문자제들이 환관·궁녀들과 결탁해 3급수三急手로 경종을 죽이려 했다는 것이다. 3급수란 자객을 궁중에 투입해 왕을 시해하는 대급수大急手, 궁녀와 내통해 음식에 독약을 타서 독살하는 소급수小急手, 숙종의 전교를 위조해 경종을 폐출시키는 평지수平地手를 의미한다. 이 때문에 노론 4대신이 죽고 노론은 정권을 잃었다.[196]

그러나 신임옥사는 노론뿐 아니라 영조 자신도 혐의가 있는 사건이었다. 이에 영조는 1725년(영조 1) 3월 신임옥사를 무옥誣獄으로 규정했다. 이를 을사처분이라 한다. 그런데 1728년(영조 4) 3월에 이인좌란이 일어났다. 당시는 정미환국으로 소론이 정권을 잡고 있었다. 그리하여 소론이 소론의 반란을 진압하는 형국이었다. 영조는 조문명·송인명 등 소론 탕평파를 내세워 노소보합老少保合을 추진했다. 그러나 노론은 여전히 비협조적이었다. 김흥경金興慶·김재로金在魯·유척기 등 노론 대신들이 집단적으로 사직한 것이다. 난항에 부딪친 소론 탕평파들은 탕평 선배 노론 홍치중洪致中에게 도움을 청했다. 홍치중은 분등설分等說을 들고 나왔다. 분등설이란 신축옥사(건저대리)는 충忠으로, 임인옥사(삼수역옥)는 역逆으로 구분하는 것이다. 그렇게 되면 이건명·조태채는 신원이 되지만, 아들과 손자가 옥사에 연루된 이이명·김창집은 패자역손悖子逆孫의 논리로 신원이 되지 못하게 된다. 이것이 1729년(영조 5) 8월 18일의 기유처분이다.[197]

---

196) 이성무, 《조선시대 당쟁사》 2(동방미디어, 2000), 133쪽.
197) 앞의 책, 161~164쪽.

그러나 이러한 소론탕평은 1732년(영조 8)을 전후해 일대 전환기를 맞이했다. 홍치중·조문명이 죽고, 노론에 의해 김창집·이이명에 대한 신원이 강력히 제기되었기 때문이다. 이는 기유처분의 번복이요, 소론탕평의 종식을 의미했다. 유척기는 이러한 주장의 핵심에 있었던 것이다. 영조도 이에 반발하는 소론 탕평파를 제거하고 유척기 등 노론 준론 인사들을 기용해, 김창집과 이이명조차 신원하고 말았다. 이를 1740년(영조 26년) 정월의 경신처분庚申處分이다.[198]

1739년(영조 15) 12월 10일 우의정 유척기는 김창집과 이이명, 두 노론 대신을 신원해 줄 것을 강력히 요구했다.

> 연차聯箚한 것을 죄줄 만하다고 한다면 일을 같이 한 네 신하 가운데서 두 신하는 그 관작과 시호를 이미 회복했고, 회복되지 않은 두 신하에게는 다른 죄가 있고 연차 때문이 아니라고 한다면, 1727년(영조 3)에 추탈해 이제까지 그대로 둔 것은 다 연차를 죄안罪案으로 삼은 것입니다. 대저 연차를 죄안으로 삼은 것은 당초에 역적 김일경의 입에서 나온 것인데, 1727년의 추탈은 또한 그대로 있으니, 이것은 역적 김일경이 그 몸은 전에 처형되었더라도 그 말은 뒤에 실행되는 것입니다. 이것은 의리에 관계되는 것이니, 힘써 변명하지 않을 수 없습니다. 대저 죽은 자에게서 추탈하는 것은 산 사람에게 일률一律에 처하는 것과 같은데, 두 신하가 이제까지 살아 있다면 과연 일률을 시행해야 하겠습니까? 두 신하에게 과연 다른 큰 죄가 있어서 용서할 수 없다면, 오늘 그 관작을 회복해 그 연차의 옛 죄안을 씻어 주어 의리가 크게 펴지게 하더라도, 내일 다시 죄줄 만한 죄로 죄주면 연차

198) 앞과 같음.

> 한 의리는 백대百代를 전해 어두워지지 않을 수 있을 것이고, 또 그 다른 길로 죄준 것이 과연 사리에 마땅하면 뭇 신하가 감히 의논할 수 없을 것이며, 두 신하일지라도 그 죄를 감수하고 감히 말할 수 없을 것입니다.199)

노론 강경파의 의견을 대변한 것이다. 영조가 들어주지 않자 유척기는 관직을 사퇴하고 성 밖으로 나갔다.200) 영조가 노론 홍계희洪啓禧의 일로 대노해 있을 때 유척기의 차자가 올라오자 엄한 분부를 많이 내렸으나, 원임 대신 김흥경金興慶이 만류하니 엄한 분부 30여 자를 지우고 사관史官에게 가서 데리고 오라고 했다.201)

12월 21일에 유척기는 종신宗臣 이홍원李弘遠이 태후에게 존호尊號를 올려 주자고 한 것은 왕의 마음을 어지럽게 하는 행위이니 죄를 주어 경계해야 한다고 주장했다. 이런 유척기의 발언에 대해 사신은 다음과 같이 논평했다.

> 대신의 직분은 도道로 임금을 섬기는 것이니, 유척기의 오늘의 상소는 바람직한 것이다. 대저 태후에게 존호를 올리는 것은 그것이 반드시 의리에 맞는다고 생각하지 않으나, 선조先朝에서 이미 행했거니와, 성상의 휘호徽號를 차례로 행해야 한다는 것은 나라 사람의 말이 이미 자자한데, 더구나 이홍원이 말한 것은 넌지시 공열功烈을 찬양하는 뜻이 있으니, 유척기가 사전에 경계를 아뢰고 빨리 이홍원에게 죄주기를 청한 것은 바로잡는 뜻에 매우 알맞은 것이다.202)

199)《영조실록》 권 50, 영조 15년 12월 임오
200)《영조실록》 권 50, 영조 15년 12월 을유
201)《영조실록》 권 50, 영조 15년 12월 병술
202)《영조실록》 권 50, 영조 15년 12월 계사

우의정 유척기는 노론 정국이 되자 물러나려는 한성판윤 이병상李秉常을 붙들어야 한다고 하고, 경술에 밝은 전승지 박필주朴弼周를 찬선贊善에 추천했다.[203] 3월 2일 우의정 유척기는 다시 김창집·이이명을 신원해 줄 것을 요구했으나 영조는 들어주지 않았다.[204] 1740년(영조 16) 5월 19일, 노론 대사헌 권적權𥛚 등이 합계해 고故 좌의정 유봉휘劉鳳輝, 영의정 조태구趙泰耉의 관작을 추탈하고, 영의정 이광좌를 파직할 것을 청했다. 영조는 우의정 유척기를 체차하고, 노론 삼사 관원들을 파직했다. 이때 유척기가 정승이 되어 이미 김창집과 이이명을 신원하고, 임인년(1722)에 무안誣案(억울한 죄안罪案)을 다시 심사해 김용택金龍澤·이휘지李徽之 등의 억울한 죄를 씻어주기를 여러 번 청했다. 영조가 이에 따르려 했으나 오래 결정하지 못했는데, 신하들이 무옥이 풀리지 않으면 왕의 혐의도 씻을 수 없는 것인데, 유봉휘 등이 무옥의 근본이니, 먼저 유봉휘 등을 죄로 다스리지 않으면 무옥의 죄안을 다시 심사할 수 없다. 그러니 유봉휘의 관작을 추탈해야 한다는 것이다.[205] 소론탕평을 유지하고자 노론 강경파를 일시적으로 누른 것이었다.

김재로金在魯 등이 "유척기를 정승 벼슬에서 파면한 것은 지나칩니다. 대신을 예우하는 도리가 아니니, 그 명을 도로 거두소서"라고 건의했다. 그러나 영조는

> 면대面對해 일렀을 때에도 오히려 시원히 깨닫지 못하고, 성을 나간 뒤에는 도리어 당론을 격동해 일을 만드니, 대신이 이러한데 나머지 당습黨習에 빠진 자는 어찌 말할 만하겠는가? 당습이 제 임금보다 중하다

---

203) 《영조실록》 권 51, 영조 16년 2월 병신
204) 《영조실록》 권 51, 영조 16년 3월 계묘
205) 《영조실록》 권 51, 영조 16년 5월 무오

> 는 것을 비로소 알았으니, 신하들은 덕이 없는 임금을 돌보지 말고 각각 스스로 하고 싶은 대로 하라![206]

라며 거절했다. 영조는 유척기를 비롯한 노론이 자기들의 혐의를 벗는 데만 열중하고 영조 자신의 혐의를 벗겨 주는 데는 소홀한 것에 대해 불쾌한 마음을 가지고 있었다. 5월 19일 3고三鼓에 좌의정 김재로, 판부사 송인명, 판의금부사 조현명, 우부승지 홍성보洪聖輔 등을 불러 본 자리에서

> 유봉휘가 소疏 하나를 잘못 올려서 1722~1723년의 신임옥사를 빚어냈고, 목호룡이 상변上變한 뒤에는 형추刑推로 추궁해 밝혀내야 마땅한데, 기화奇貨로 보고 도리어 장용奬用했고, 그 공초供招에 임금을 범해 부도不道한 말이 많이 있었는데, 쓰지 말고 지워 없애기를 청했을 뿐이니, 세제를 섬기려는 뜻이 과연 어디에 있었겠는가? 그때의 경황이 위급해 화를 입은 사람들에게 생각이 미칠 겨를이 없으므로, 세제 자리를 간절히 사양한 것은 대개 이 때문이었다. 어머니의 조호調護와 경종의 우애友愛가 아니었다면 내가 어찌 오늘날을 보전할 수 있겠는가?[207]

고 한 것만 보아도 영조 자신의 혐의를 벗겨 주지 않은 것에 대한 불만이 가득했음을 알 수 있다. 승지 홍용조洪龍祚는 유척기의 정승 벼슬을 파면하라는 명을 하달하지 않고 도로 바친 죄로 또한 그 벼슬이 체차되었다.[208] 그러나 판부사 유척기가 죄를 지은 신하라고 하면서 상소를 올리고 시골로

206) 앞 같음.
207) 앞과 같음.
208) 《영조실록》 권 51, 영조 16년 5월 무오

내려갔는데, 영조가 예사 비답만 내리고 굳이 만류하지 않았다.[209)]

판부사 유척기는 직명職名을 쓰지 않고 죄진 신하라고만 써서 다음과 같이 상소했다.

> 구구한 혈성血誠은 단지 군부君父를 위해 의리를 밝히고 국가를 위해 시비를 정하려는 것이었는데, 주대奏對할 즈음에 일에 저촉되어 잘못된 탓으로 결국 무겁게 큰 죄려罪戾에 빠지게 되었습니다. 신의 어리석고 오활하고 옹졸한 성격으로 부끄러워하면서 다시 사진仕進한다고 해도 반드시 일을 훼방하고 촉범觸犯해 자칫 혹과 같은 걱정거리를 만들게 될 것입니다. 그리하여 전의 잘못을 씻기도 전에 새로운 죄가 또 첨가되어 전혀 성조聖朝의 탕평을 위한 정치에 도움을 줄 수 없게 되고, 일신에 낭패만 증가시킬 뿐입니다. 항상 염려하고 있는 이 마음은 하늘에 해가 비치고 있으니, 신이 어떻게 차마 털끝만큼인들 속일 수 있겠습니까?[210)]

영조의 탕평에 보탬이 되지 않으니, 불러도 나갈 수 없다는 것이다. 영조는 노해

> 내가 비록 부덕하다 하나, 10년 동안 고심한 것은 곧 나라를 위한 것이었다. 지금 조정에서 북면北面해 임금을 섬기는 사람들이 임금의 명을 믿고 임금의 계칙戒飭을 존엄하게 여긴다면 지난번의 거조에 대해 마음을 풀지 않는데, 어떻게 신하라고 말할 수 있겠는가? 대관大官의 몸으로 감히 갑자기 함께 나올 수 없다면 도성 밖에도 말이 있고 금오

209) 《영조실록》 권 51, 영조 16년 6월 경오
210) 《영조실록》 권 52, 영조 16년 9월 을유

> 金吾에도 말이 있으니, 즉시 달려와서 왕명을 기다리면서 자신의 마음을 아뢰었어야 옳다. 그런데 이제 그의 소장을 읽어 보니 처음의 뜻을 굳게 고집하는 것이 전일과 같다. 아! 저 상신은 교목세신喬木世臣(여러 대를 중요한 지위에 있어서 나라의 운명을 같이 하는 신하)으로서 자신이 대관이 되었는데도 이러하니, 연소배들을 어떻게 책망할 수가 있겠는가? 법의 시행은 대관으로부터 해야 되는 것이다.[211]

고 불평하면서 죄주려 했다. 그러나 승지 심성진沈星鎭이 만류해 그만두었다.[212] 그러나 영조가 좌의정 김재로를 인견한 자리에서

> 유판부사는 국량局量이 있지만, 그의 고집을 어찌 하겠는가? 지금 내가 고심해 국사를 다스려 가고 있고, 시난번 처분이 있은 뒤 혹 고치기를 도모하고 있을 것이라고 기대했었는데, 그의 소장 내용이 대단치 않은 것 같지만 실상은 준열한 것이었다.[213]

고 해 탕평에 협조하지 않는 유척기를 원망스러워 했다. 이에 대해 김재로는

> 유척기의 국량과 재식才識은 젊었을 때부터 사람들이 모두 대관이 되리라 기대했었습니다. 단지 그의 기질에 조금 고체固滯된 점이 있을 뿐입니다. 그러나 내리신 비지批旨는 결단코 대신을 대우하는 도리가 아닙니다. 환수하소서.[214]

---

211) 앞과 같음.
212) 앞과 같음.
213) 《영조실록》 권 52, 영조 16년 9월 병술
214) 앞과 같음.

라고 해 특명을 도로 환수했다. 1741년(영조 17) 1월 19일에도 우의정 조현명은 영조에게 다시 유척기를 부르자고 청한 바 있다. 이에 영조는

> 유 중추부사는 내가 본디 큰일을 처리하는 국량이 있음을 알았으며, 또한 그 처분이 경솔했음을 뒤따라 뉘우쳤다.[215]

고 하고 유척기를 판중추부사로 부르고, 이어서 사관을 보내 올라오도록 명했다.[216] 영조의 부름에 대해 유척기가 왕명을 어긴 죄를 청하니, 영조가 우악한 비답批答을 내리고 사관에게 명해 함께 올라오도록 했다.[217] 그러나 네 차례나 사양하자 다시 판부사직을 파직했다.[218]

8월 20일 영조는 비변사 당상을 인견한 자리에서 유척기를 다시 판부사로 임명했다.[219] 유척기를 파직한 뒤 영조는 여러 번 후회하고 교지를 내려 애써 부르려 했지만 번번이 거절했다.[220]

기유처분 이후 영조는 사실상 소론 위주의 정국을 유지하고 있었다. 이는 노론의 참여를 유도하기 위한 하나의 방편이었다. 정권을 잡은 탕평파들은 노소병용에 만전을 기했다. 쌍거호대雙擧互對가 그 대표적인 예이다. 유척기가 출사하지 않으려 한 것은 노론의 의리가 실현될 수 없었기 때문이었다. 노론의 의리는 4대신 가운데 김창집·이이명까지 마저 신원하는 것이었다. 유척기는 이를 위해 노론 준론인데도 영조의 완론 탕평에 가담한 것이었다. 그러나 자기주장이 잘 관철이 되지 않자 계속 사직서를 내 물러나고자 한 것이다.[221] 그러나 영조에게 시급한 것은 자신의 결백을 천명하

---

215) 《영조실록》 권 53, 영조 17년 1월 을유
216) 앞과 같음.
217) 《영조실록》 권 53, 영조 17년 3월 병인
218) 《영조실록》 권 54, 영조 17년 8월 계묘
219) 《영조실록》 권 54, 영조 17년 8월 임자
220) 《영조실록》 권 54, 영조 17년 8월 병진

는 일이었다. 영조는 이를 소론의 손으로 해 주기를 바란 것이다. 그리하여 조현명·송인명 등 소론 탕평파를 다시 기용했다. 1740년(영조 16) 경신처분을 내린 것이다. 경신처분은 바로 기유처분의 폐기에 따른 소론 탕평의 종언이었다.222)

1741년(영조 17) 9월 23일 영조는 영의정 김재로를 비롯한 중신들을 모아 놓고

> 1740년(영조 16) 이후에 삼종三宗의 혈맥은 경종과 나뿐이었다. 목호룡의 흉서凶書에 비록 "동궁東宮을 위해서 신설한다"고 말했지만, 그 가운데는 "임금의 마음을 화나게 했다"는 말이 있으니, 이는 나를 추대한 것이다. 내가 동궁 자리를 사퇴하지 않을 수 없었는데, 그 당시의 조신들 또한 경동한 자가 없었고, 단지 흉언凶言을 기록하지 못하게 할 뿐이었다. 내가 그 당시의 대신이 되었다고 가정하면 마땅히 정청을 해 먼저 목호룡을 성토했을 것이다. 그런데 그 당시의 사람들은 단지 당론에만 골몰했으니, 어찌 다른 일을 알겠는가? 오늘날 조정에 있는 자들이 이 흉안凶案을 두고서 장차 어떻게 손을 빌려 나를 섬길 수 있겠는가? 지난날 유척기가 말하기를, '옥안獄案을 제거할 수 없다'고 했는데, 내가 과연 엄의嚴毅한 군주라면 그 당시의 여러 신하들이 반드시 살아남은 자가 없을 것이니, 오히려 어찌 옥안을 제거하고, 제거하지 않는 것을 논할 수가 있겠는가? 김용택의 무리에서는 포의로서 감히 분수에 지나친 희망을 내서 도리어 흉역凶逆의 공초供招에서 빙자하는 바가 되었고, 위시僞詩가 나옴에 미쳐서는 또 삼조三朝를 속인 죄가 있으니, 이것은 마땅히 별도로 죄안을 만들어 그 죄를 바로잡

---

221) 이성무, 《조선시대 당쟁사》 2(동방미디어, 2000), 166쪽.
222) 앞의 책, 170쪽.

아야 할 것이다.[223]

고 해 삼수안三手案에 나오는 영조 자신의 혐의를 벗겨 주지 않고 당론에만 열중한 신하들에 대한 불만이 팽배해 있다. 그러자 중신들은 옥안을 태워 버리자거나 삼수옥안만 별안別案으로 남겨 두자는 등 의논이 자자했다.[224]

1741년(영조 17) 9월 27일 영조는 신유대훈을 반포한 뒤 사관을 보내 판부사 유척기를 돈유敦諭했으나, 의리를 인용해 여러 차례 상소를 올리고 나오지 않았다.[225] 그가 출사하지 않는 이유는 다음과 같았다.

> 신이 처음으로 자량自量해 사람들의 뒷전에 서지 못하고, 또 성의誠意를 축적해 천심을 감동시키지 못한 채 끝내는 당비黨比로, 성상을 기만하는 죄과에 스스로 빠졌습니다. 이제 새로이 대처분이 있었으므로 해서 성급히 몰염치하게 다시 나아가려고 한다는 것은 사리에 구해 볼 때 어찌 이럴 수가 있겠습니까?[226]

그리고 내려 주는 녹봉을 사양했다.[227] 1742년(영조 18) 9월 7일 판부사 유척기는

> 삼가 듣건대, 연전에 장임將任의 의망擬望에서 박찬신朴纘新을 빼버리고 새로 장태소張泰紹·윤택정尹宅鼎을 의망했다 해 대신(송인명)이 심지어

223) 《영조실록》 권 54, 영조 17년 9월 을유
224) 위와 같음.
225) 《영조실록》 권 54, 영조 17년 9월 기축
226) 《영조실록》 권 54, 영조 17년 10월 병신
227) 《영조실록》 권 55, 영조 18년 2월 임인

> 신을 일러 오로지 편벽된 논의를 내고 있다고 했다 합니다. 대저 국가에서 사람을 임용하는데 누군들 중요하게 여기지 않겠습니까만, 장수를 임명하는 것을 가장 중대하게 여기고, 인신人臣이 나라를 저버리면 그 죄가 한 가지 만이 아니나 편당을 가장 심한 것으로 여기고 있습니다. 신이 외람되게도 묘당에 있으면서 진실로 장임의 진퇴에 전적으로 편벽된 논의를 내었다면, 그 죄가 큰 것입니다. 그런데 이제 와서 3년이 지난 뒤에 연석筵席에서 대신의 논척을 거듭 입었으니, 국법으로 헤아려 보건대, 엄한 견책을 받음이 마땅합니다.[228]

고 당론에 따라 장임을 편벽되게 의망했다는 송인명의 말에 반발했다. 그러자 송인명이 곧 실언했다고 사과했다.[229] 영조는 세 가지 소원이 있다고 했다. 첫째, 조정에 붕당朋黨이 없고 백성이 무사한 것, 둘째, 고사故事를 추술追述해 기로사耆老社에 이름을 쓰는 것, 셋째, 원량元良(세자)이 점차 장성해 국사를 맡기고 짐을 벗어 한가롭게 지내는 것이라 했다.[230]

1743년(영조 19) 4월 27일에 차녀(洪欽輔의 처)가,[231] 10월 8일에는 장자 선릉참봉 유언흠이 31세의 나이로 죽었다.[232] 6월 16일에 판중추부사 유척기가 재상을 그만두고 4년 동안 물러가 있다가 영조의 간곡한 부름을 여러 차례 받고 들어와 입시했다. 영조는 위유慰諭한 다음 머물러 있으면서 동궁을 보도하도록 명했다. 유척기는 모친의 병을 핑계로 사직하고자 했으나 왕이 허락하지 않았다.[233] 1744년(영조 20) 1월 23일 그는 내의원 도제조가 되었다.[234] 어머니가 아프다는 핑계로 미호渼湖에서 일이 있을

228) 《영조실록》 권 56, 영조 18년 9월 계해
229) 앞과 같음.
230) 《영조실록》 권 57, 영조 19년 1월 병인
231) 연보, 94쪽.
232) 연보, 95쪽.
233) 《영조실록》 권 58, 영조 19년 6월 정묘

때만 출퇴근했는데, 왕의 건강을 책임지는 일이 중하다고 해 어머니를 모시고 올라오라고 하교했으나 사양했다. 그러나 이때에 이르러 왕이 어지럼병이 있었다. 도제조가 들어 온 뒤에 약방에서 탕제를 올려야 된다고 해 부득이 올라왔으나 곧 고향으로 되돌아갔다.[235] 영조가 아파 뜸을 떴다. 도제조 유척기는 이렇게 말했다.

> 사람의 한 몸은 한 나라와 같은 것이어서 이미 원기元氣가 있으면 외사外邪가 어떻게 감히 침범할 수 있겠습니까? 제왕의 50세는 곧 보통사람의 60~70세에 해당되는 것인데, 성상께서 침선寢饍과 의대衣襨에 대해 조심하고 보호하는 것이 도리어 여염집의 소년이 병을 조심하는 것만도 못하시니, 신은 이를 안타깝게 여깁니다.[236]

1746년(영조 22) 2월 4일, 영조는 왕세자의 병이 나았다고 내의원 도제조 유척기 등에게 상을 차등 있게 내렸다.[237] 1749년(영조 25) 3월 5일에 유척기는 어머니 상을 당했다. 예조에서는 승지를 보내 조문하고 부의를 전달하고 본도에서 역부役夫를 제공하라고 했다.[238] 향년 82세였다. 남편과 함께 묻혔다.[239]

1751년(영조 27) 3월 25일에 유척기는 판중추부사에 임명되었다.[240] 그리고 7월 2일에는 유척기가 영남에서 구해 온 사마광司馬光의 《계고록稽古錄》을 인간印刊했다. 조선에는 일찍이 《계고록》의 인본印本이 없었다. 또

---

234) 《영조실록》 권 59, 영조 20년 1월 신축
235) 《영조실록》 권 59, 영조 20년 2월 정묘
236) 《영조실록》 권 59, 영조 20년 5월 기묘
237) 《영조실록》 권 63, 영조 22년 2월 경자
238) 《영조실록》 권 69, 영조 25년 3월 계축
239) 연보, 99쪽.
240) 《영조실록》 권 73, 영조 27년 3월 임술

한 1752년(영조 28) 4월 29일에 유척기는 존숭도감尊崇都監 도제조에 임명되었다.[241]

영조가 판부사 유척기에게 이르기를

> 옛말에 '말을 해도 채용하지 않고 도道가 합치하지 않으면 떠난다'고 했는데, 1739년(영조 15)의 처분에 대해서는 내 실로 부끄럽다. 그 뒤로 출사하라고 억지로 다그치지 않은 것은 경이 이밀李密(진晉나라 무양武陽 사람으로, 자는 영백令伯이고, 이름은 건虔. 어려서 아버지를 여의고 어머니는 개가했으므로, 할머니 유씨劉氏한테서 자랐다. 젊었을 때 촉蜀나라에서 낭관郎官 벼슬을 했다. 무제武帝가 그를 태자세마太子洗馬로 부르자, 할머니를 모시고 있다며 진정표陳情表를 올려 사양하고 가지 않았다)처럼 사정을 말했기 때문이다. 《대학》 혈구장絜矩章에 말하시 않았던가? 경이 어버이를 효성으로 섬겼으니 지금 그를 미루어서 임금을 섬겨야 할 것이다. 옛날 조정에 있던 사람은 얼마 안 되니 경은 나를 위해 머물러 있으라.[242]

고 간곡하게 출사할 것을 권유했다. 이에 대해 유척기는

> 신이 시골에 머문 지 오래되어서 번거로운 것을 싫어하고 고요한 것을 좋아한데다가 또 여러 번 상喪을 당해 슬퍼한 나머지 근력이 미치지 못하므로 조회 때 알현謁見하는 예마저 자력으로 할 길이 없습니다. 만약 치사를 허락해 주신다면 비록 한적한 곳에 물러가 있더라도 조정의 크고 작은 일에 대해 감히 의견을 내세워 잘잘못을 논하지 않을 수가 있겠습니까? 구구하게 하찮은 보답이나마 이 세상에서 보답할

---

241)《영조실록》 권 76, 영조 28년 4월 경신
242)《영조실록》 권 78, 영조 28년 10월 계묘

길은 이 일에 있습니다.[243]

고 대답하고 물러났다. 그러나 사신은 이에 대해

> …… 유척기처럼 노성老成하고 오랜 명망을 지닌 자는 지금 시대에 한 사람뿐인데, 그가 나라의 위태로움을 마치 나와는 무관한 일처럼 말한다면 모르거니와 옛날에 일컬어진 대신으로 볼 때는 부끄러움이 있다고 하겠으니, 애석한 일이다.[244]

고 논평했다. 노론 사관의 평이 틀림없다.

유척기는 1753년(영조 29) 6월 6일에 다시 내의원 도제조가 되었다.[245] 6월 17일 왕세자를 만났다. 내의원 도제조 유척기는 내시가 원손을 안고 나오자

> 대조께서 원손이 보통 사람보다 다르다고 하교하셨는데, 이제 이에 우러러 쳐다보니, 실로 우리 동방의 끝없는 경사입니다.[246]

고 경하해 마지않았다. 6월 25일 숙빈淑嬪 최씨의 시호(화경和敬)를 의논하기 위해 6조의 참판 이상 관원을 패초했는데, 판부사 유척기가 유독 나오지 않아 엄중한 교지를 내려 중도부처中途付處하라고 명했다.[247] 박문수는

243) 앞과 같음.
244) 앞과 같음.
245) 《영조실록》 권 79, 영조 29년 6월 경인
246) 《영조실록》 권 79, 영조 29년 6월 신축
247) 《영조실록》 권 79, 영조 29년 6월 기유

> 유척기는 모든 조정의 의논에 관계되는 일에 한 번도 참섭하지 않고 전에 시호를 의논할 때에도 나와서 참여하지 않았습니다. 그러므로 그날도 나오지 않았으니, 이 일을 어떻게 여겨서 그런 것이 아닙니다.[248]

고 변명했다. 그러나 영조는 판부사 유척기를 파직해 서용하지 말라고 했다가[249], 8월 7일에 다시 판부사직을 회복시켜 주었다.[250]

그러나 12월 25일 왕세자와 함께 태실太室에 나아갔다. 그리고 시종侍從 이상으로 반열에 참여하지 않은 사람은 먼저 파직한 다음에 추고하라고 했다. 이어서

> 오늘의 국가 경사는 국조國朝에 처음 있는 일이므로 해동海東의 곤충昆虫·초목草木도 또한 용동하는데, 교목세신으로서 관직이 진신縉紳에 있으면서 이번 반열에 진참하지 않았으면 이는 신절臣節이 없는 것이다. 아! 영부사 유척기가 왕년에 사필史筆을 가진 신하로서 1720년(숙종 46) 조석전朝夕奠의 반열에 진참한 것을 나 또한 보았다. 지난번의 처분이 비록 지나치기는 했으나 중하게 여긴 바가 있었거니와, 그 뒤에 이미 용서했는데 아직도 머뭇거리니, 나는 지나치다고 생각한다. 아! 그 임금이 한때 하교한 것 때문에 여름·가을이 이미 지나고 이제 겨울이 다해 가는데도 막중한 대례大禮 때에 오히려 나오지 않았다. …… 영부사 유척기를 파직해 오늘날의 대소군신으로 하여금 임금과 신하가 각각 도리를 다하는 의리를 조금이라도 알게 하라![251]

---

248) 《영조실록》 권 80, 영조 29년 7월 임신
249) 《영조실록》 권 80, 영조 29년 7월 임오
250) 《영조실록》 권 80, 영조 29년 8월 기축
251) 《영조실록》 권 80, 영조 29년 1월 을사

고 엄명했다. 그리고 1754년(영조 30) 5월 14일에 유척기를 심양문안사瀋陽問安使로 보냈다.[252]

한편, 영조는 1754년(영조 30) 6월 8일에 숙종의 기일忌日에 영부사 김재로와 판부사 유척기를 불러,

> 선조의 구신舊臣으로서 대신 가운데 남은 자는 단지 두 사람이 있을 뿐이니, 오늘 불러 보는 것은 대개 옛일을 생각하는 슬픔 때문이다. 어머니께서 경들이 들어왔다는 말을 듣고 내게 하교하시기를 "왕년의 구신이 오늘 들어오니, 내 마음이 슬프다. 음식을 내려야 하겠다" 하셨는데, 여기에서 내리면 술을 먹이는 혐의가 없지 않으니, 경들은 예원藝苑에 물러가 쉬다가 내리는 것을 받아 가지고 가라![253]

고 해 구신에 대한 대우를 극진히 했다. 7월 12일 영조는 심양문안사 유척기를 인견했다. 유척기가 "저들이 혹 대보단大報壇의 일을 묻는다면, 지난날의 잊을 수 없는 은혜가 있었다고 대답해도 저들이 또한 반드시 그르게 여기지는 않을 것입니다"고 하자 영조는 그럴 것이라 했다. 유척기가 다시 "저들이 상(영조)의 건강 상태를 묻는다면 어떻게 대답할까?"고 묻자, 한결같다고 대답하라고 했다.[254] 그런 다음 7월 18일에 심양으로 떠났다.[255]

유척기는 10월 14일에 심양에 다녀와서 복명復命했다.[256] 돌아와서 치사하기를 바랐으나 윤허하지 않았다.[257] 영조가 유척기의 손을 잡고, "경

252) 《영조실록》 권 81, 영조 30년 5월 임진
253) 《영조실록》 권 81, 영조 30년 6월 병진
254) 《영조실록》 권 82, 영조 30년 7월 기축
255) 《영조실록》 권 82, 영조 30년 7월 을미
256) 《영조실록》 권 82, 영조 30년 10월 기미
257) 《영조실록》 권 83, 영조 31년 1월 계묘

은 조금 머물면서 조정을 진정시키고 편안하게 할 수 없겠는가?"고 물었다. 이에 유척기는 "뒷날 소회를 진달하겠다"고 대답하고 물러났다.[258]

1755년(영조 31) 4월 17일 영조는 사관을 보내 판중추부사 유척기에게 돈유하기를,

> 지난번 장전帳殿에서 어찌 돈면敦勉하지 않았겠는가? 그때 주대奏對에서 이미 경을 위해 서운하게 여겼는데, 사반赦班을 막 마치자 다시 돌아가려고 하는가? 나는 경의 잘못이 세 가지라고 생각한다. 아! 경은 양조兩朝의 구신으로서 나를 섬기기에 이르러 지금 군신君臣이 다함께 수염이 다 희게 되었고, 지금 첫 정사를 당해 이처럼 돌아보지 않으니, 그 잘못이 하나다. 옛날에는 경의 처신이 항상 어버이를 위하는 데에서 나왔는데, 지금 경의 처신을 경은 무슨 뜻으로 여기는가? 옛날 이밀李密이 임금을 오랫동안 섬겼다고 말하는 것은 그 뜻이 있는 것이다. 지금 경에게는 단지 임금을 섬기는 일만 있고, 그 임금의 나이 역시 늙었으니, 이밀의 마음을 추념한다면 경은 반드시 마음이 근심되고 두려워질 것인데, 어찌 돌보지 않음이 이에 이르는가? 이는 그 잘못의 두 번째다. 지난번 장정에서 내 속마음을 다 털어놓으면서 눈물까지 흘렸는데, 지난날의 일을 경은 어찌 차마 마음속에 남겨 두어 그 거취를 이처럼 돌보지 않는가? 이는 그 잘못의 세 번째다. 알고도 유시하지 않으면 어찌 성誠이라 하겠는가? 경은 모름지기 지난날의 은근한 유시를 본받고 지금 마음에서 나온 하교를 생각해 즉시 다시 도성으로 들어와 나의 면유面諭를 들으라![259]

258)《영조실록》 권 83, 영조 31년 3월 경인
259)《영조실록》 권 84, 영조 31년 4월 경신

고 했다. 아울러 영조는 유척기에게 인빈仁嬪의 죽책문竹册文을 지어 바치라 했으나, 변려문駢儷文을 익히지 않았고 관각館閣을 지내지 않아 짓지 못하겠다고 했다.[260] 영조는 이 글을 지어도 이름이 손상될 일은 없을 것이라 했다.[261] 그리고 7월 11일에 유척기를 영부사에 임명했다.[262] 9월 21일 영조는 실록 찬수청撰修廳을 혁파하라고 했다. 노론이 자기만 지지하고 경종은 생각하지 않았기 때문이다.

> 이번 일이 있은 이후에 황형皇兄(경종)을 뵐 낯이 없게 되었다. 나를 위해서 의리를 천명하면서 황형을 생각하지 않았으니, 황형께서 만약 내게 묻는다면 내가 실로 대답할 일이 없다. 이를 위해 찬수하는 것은 내 마음이 아팠기 때문에 후세로 하여금 알게 하고자 했던 것이다. 그런데 어제 김재로金在魯의 서문을 보건대 실로 약을 먹고 싶은 마음이 없어졌다. 내가 4당四黨으로 하여금 살육을 하지 않게 하고자 했으나 이번 봄 역옥逆獄은 이미 큰 살육의 움직임이 있었는데, 또 서문을 지어서 살육을 열려고 하니 무슨 마음인가? 이제 노론이 없어진 연후에야 나라가 편안하게 된다. 남인은 흉역을 범한 자 이외에는 편벽된 논리가 없는데, 유독 노론만이 굳게 고집해 즐겨 중지하지 않았다. 내가 어찌 바람이 없는데도 풍랑을 일으킨 것이겠는가? 유 판부사는 누워서 일어나지 않으면서 노론의 영수가 되어 있다.[263]

노론에 대한 불만이 가득 차 있다. 그리고 이어서 "노론이라 해 어찌 유독 흉역이 없었기에 이처럼 코를 높이고 거리낌 없이 말을 하는가? 노론

260) 《영조실록》 권 85, 영조 31년 6월 정미
261) 앞과 같음.
262) 《영조실록》 권 85, 영조 31년 7월 계미
263) 《영조실록》 권 85, 영조 31년 9월 임진

의 진신縉紳들이 만약 다시는 당론을 하지 않겠다고 진소陳疏해 스스로 고백하면 내가 마땅히 진전眞殿에 아뢰겠다. 나랏일을 휘하지 않음이 참으로 이와 같다면 노론이 어찌 역신을 면하겠는가? 오늘날은 바로 노론 사람들의 죽고 사는 관문關門이다"고 피력했다.[264] 그뿐만 아니라 교서를 내리기 전에 시국을 푸는 상소를 올리지 않았다고 해 9월 22일에 판부사 유척기와 전판서 조관빈趙觀彬·박치원朴致遠을 파직했다.[265] 그러나 영조는 10월 14일에 유척기를 다시 영중추로 임명했다.[266]

영조는 1756년(영조 32)에 금위영 도제조, 1757년(영조 33)에 봉상시 도제조, 1768년(영조 34)에 사복시司僕寺·종묘서宗廟署 도제조와 호위대장扈衛大將을 제수했다. 모두 형식적인 겸직에 지나지 않았다. 유척기는 오랫동안 내의원 제조로 있었다. 유척기에 대한 평가는 다음과 같았다.

> 유척기는 총명·민첩함이 남보다 뛰어나 국량과 식려識慮가 많았으므로 발신發身 초기부터 모두들 국기國器로 인정했다. 1739년(영조 15)에 정승에 제배되니, 나이 49세였다. 얼마 못 되어 임금의 뜻을 거슬러 강가로 물러나 산 지 10여 년 동안 거친 음식을 싫어하지 않고 청탁이 조정에 미치지 아니하니, 사람들이 더욱 어질게 여겼다. 올해 봄에 임금의 명을 받들고 도성에 들어와 바야흐로 보호의 직임을 맡고 있었다. 세상에서는 안은 꼼꼼하고 밖은 원만한데 기권機權 쓰기를 좋아함을 혐의쩍게 여겼지만, 또한 책비責備하는 데서 나온 것이었다.[267]

1757년(영조 33) 11월 14일 영조는 노병을 이유로 유척기를 약방 도제

264) 앞과 같음.
265) 《영조실록》 권 85, 영조 31년 9월 계사
266) 《영조실록》 권 86, 영조 31년 10월 갑인
267) 《영조실록》 권 88, 영조 32년 8월 계축

조에서 해임하고, 김상로로 대신하게 했다.[268] 그러나 1758년(영조 34) 8월 12일에 영조는 유척기를 영의정에 임명했다.[269] 유척기가 사직하니, 영조는

> 아! 대략은 지금 좌상의 비답에 이미 유시했는데, 그 처분한 것이 마음이 괴로운 데서 나왔다. 아! 이러한 나의 마음을 창창한 하늘이 환히 내려다보고 있다. 이미 올리고 내리는 것을 아뢰었는데, 이러한 연고 때문에 3공 가운데 두 재상의 자리가 비어 있다. 아! 지난번에 내가 경에게 이미 유시한 것은 지나간 일인데, 지금 어찌하여 이를 들먹이는가? 끌어다가 복직을 시키고자 한다면 경을 두고서 그 누구에게 부탁하겠는가? 아! 경은 두 조정을 섬긴 구신으로서 어머니의 선온宣醞을 받들던 날에 기로소의 여러 신하들과 함께 같이 참여했도다. 아! 어머니께서 경과 김봉조하(김상로)를 거론하면서 추억하고 감회에 젖었으니, 이러한 마음이 한결같이 갑절이나 더하다. 이러한 때에 원보元輔는 나이 많은 늙은 고신故臣에서 마땅히 구해야 하는데, 더구나 경은 너그럽고 큰 도량을 가지고 나라를 위해 정성을 다하니, 어찌 경이 다만 백관들을 영솔領率할 뿐이겠는가? 원량이 스스로 공경하고 꺼려할 만한데, 지금에 와서 경을 두 번째로 영의정에 임명한 것이 어찌 우연한 뜻이겠는가? 지금의 한결같은 마음은 오로지 종묘와 나라와 원량元良(세자)뿐인데, 이러한 때에 원보를 어찌 이와 같이 할 수가 있겠는가? 경은 모름지기 지난 시절을 그리워하는 어머니의 뜻을 몸 받고, 소자小子의 이러한 마음을 돌아보아, 안심하고 사직하지 말라![270]

---

268)《영조실록》 권 90, 영조 33년 11월 임인
269)《영조실록》 권 92, 영조 34년 8월 을축
270)《영조실록》 권 92, 영조 34년 8월 기사

고 비답했다. 영조가 공묵합恭默閤에 나아가니, 영의정 유척기가

> 선조조의 선정신先正臣 이이가 선정신 이황에게 시호를 내려 주도록 청했으나, 시장이 이루어지지 않았기 때문에 20년 뒤에 비로소 시호를 내려 주었던 것입니다. 그 뒤에 선정신 송준길과 송시열의 시호를 내려줄 때에는 시장을 기다리지 않고 거행했습니다. 이때부터 이것을 마치 응당 시행해야 할 관례로 보는데, 신은 시장의 법이 마침내 폐지될까 두려우니, 청컨대 주의를 기울이고 신중하게 하도록 하소서.[271]

라고 해 시장 없이 시호를 주는 폐단을 없앨 것을 청했다. 영의정 유척기가 1759년(영조 35) 2월 4일에 충청감사의 장계를 인용해 가전加田으로 줄어든 5백 18결 가운데 특별히 반감半減을 허락하고, 그 밖의 2백 80결은 영구히 속전續田으로 만들 것을 청했다. 임금이 그리고 또 해서海西에 있는 관향곡管餉穀 가운데서 소미小米와 두태豆太 수천 석을 용호영龍虎營에 획급劃給해 금군禁軍의 갑주甲冑를 만들어 주자고 해 그대로 시행되었다.[272] 그리고 또 함경감사의 보고에 의해 유척기는 북병사北兵事 손진민孫鎭民이 영문營門에만 보고하고 치계馳啓하지 않고 회령개시會寧開市에서 예주醴酒를 혁파할 뜻으로 통관배通官輩에게 문자로 보냈으니, 혁파하도록 했다.[273] 그러나 세 차례 사직하기를 요청해 3월 18일에 판부사 이천보李天輔로 교체하고,[274] 영부사로 임명했다.[275] 그러나 5월 6일 인원왕후仁元王后의 부묘례祔廟禮를 거행한 뒤 왕비를 얻으라고 권하지 않았다고 유

271) 《영조실록》 권 92, 영조 34년 11월 갑오
272) 《영조실록》 권 93, 영조 35년 2월 을묘
273) 《영조실록》 권 93, 영조 35년 2월 무진
274) 《영조실록》 권 93, 영조 35년 3월 무술
275) 《영조실록》 권 93, 영조 35년 3월 신축

척기를 문외출송門外出送했다.[276] 이어서 같은 죄로 영의정 이천보도 파직했다.[277] 그러나 6월 6일 정순왕후와 혼인할 때 유척기를 중궁책례中宮冊禮 정사正使, 판서 조운규趙雲逵를 부사副使로 삼았다.[278] 일이 끝나고 교외의 우거로 돌아가 다시 불러도 나오지 않았다.[279] 그러나 12월 29일 유척기는 판부사로서 기로소에 들어갔다.[280] 그리고 1760년(영조 36) 1월 29일 영부사 유척기는 치사했다.[281] 사신은 유척기를 다음과 같이 평가했다.

> 유척기가 정승으로 있을 때 고사에 밝고 매우 충후해 구차하게 남의 비위를 맞추려 하지 않고 지론持論이 매우 준절하면서도 모난 언동을 들어내지 않았으니, 근래의 재상으로서 그를 따를 만한 사람이 없었다. 재차 상신에 임명되었을 때에는 사람들이 모두 큰 기대를 걸었는데, 건백建白한 바가 없었고, 마침내 임금의 뜻을 거슬렀다는 이유로 사면하고 돌아갔으니, 사람들이 그를 두고 재상의 기량은 인정했으나 업적에 대해서는 대단치 않게 여겼다. 미호渼湖에 물러가 있으면서 이 해에 이르러 나이를 들어 세 차례 사직소를 올리고, 또 아들 유언현俞彦鉉을 시켜 영의정 김상로金尙魯에게 전언하기를 '기어코 소청을 이룩하고야 말 것이니, 원컨대 그대는 이 뜻을 연석筵席에 도달하도록 해 주시오'라고 했다. 김상로가 이 사실을 아뢰니, 영조가 "비록 봉조하라 하더라도 역시 대신이 아닌가? 만약 성안에 내왕이라도 하겠다면 내가 허락하리라" 했다.[282]

---

276) 《영조실록》 권 93, 영조 35년 5월 을유
277) 《영조실록》 권 93, 영조 35년 5월 병술
278) 《영조실록》 권 93, 영조 35년 6월 을묘
279) 행장, 32쪽.
280) 《영조실록》 권 94, 영조 35년 12월 을사
281) 《영조실록》 권 95, 영조 36년 1월 을해

유척기가 이 소식을 듣고 그날 당장 성안으로 들어와서 면대해 간청을 함에, 영조가 어필로 다음과 같은 글을 내렸다.

> 아! 경은 지난날의 구신으로서 넓고 넓은 도량과 나라를 위한 정성을 내가 잘 알고 있었다. 그러나 나의 성의가 부족해 30년 동안 이 자리에 있으면서 몇 년이나 경을 임용했었던가? 지난해 사온賜醞하는 날 내리신 자교慈教(어머니의 명命)를 매양 외우면서 또한 스스로 슬퍼했다. 어언간 경의 나이 벌써 일흔에 이르러서 또 기로사에 들어갔다. 아! 선왕의 신하로서 오늘날까지 나를 섬긴 자는 경 한 사람뿐인데, 옛날 뜻을 되새기고 백발기구白髮耆舊에게 자문諮問하는 도리에 있어 어찌 차마 휴직을 허락할 수 있겠는가? 그러나 경의 괴로운 마음 또한 깊이 알고 있다. 옛사람이 이르기를, "광무제光武帝가 아니고서는 자릉子陵(엄광嚴光의 字)의 뜻을 이루어 줄 수 없다"고 했기에, 특별히 경의 소청을 윤허하기는 하나 마음이 매우 서운하다. 아! 경의 직접 대답이 없다면 내가 어디에 자문을 구하겠는가? 지금 비록 휴치休致한다 해도 대관의 명목은 그대로 남아 있으니, 안심하고 도성에 편안하게 살면서 지난날의 자교에 부응토록 하라![283]

비록 간곡하기는 하나 정성껏 만류하지도 않았다.

1760년(영조 36) 4월 10일, 영조가 준천공사濬川工事에 대한 봉조하 유척기의 의견을 물었다. 이에 유척기는

> 준천을 해야 한다는 의논은 신이 늘 주장해 왔습니다만, 다만 모래를

---

282) 《영조실록》 권 95, 영조 36년 1월 을해

283) 앞과 같음.

> 운반하는 공역이 너무 커서 이를 어려워했던 것입니다. 여러 만 명의 인부와 만여 냥의 재정을 들인다면 모래를 운반할 수 있겠으나, 지금 이 모래를 모두 냇가에 쌓아 두거나 길 위에 깔 경우, 모래는 흙과 달라 장마가 져서 냇물이 넘치면 개울가에 쌓아 둔 모래가 저절로 무너져 내릴 수 있고, 또 길 위에 깔아 놓은 것도 모두 내로 흘러들어 갈 것이니, 이제 비록 준천하더라도 내가 금방 다시 막히고 말 것입니다.[284]

고 말하자, 영조가 한참 있다가

> 지혜로운 자가 보면 지혜롭다고 하고 어진 자가 보면 어질다고 하는 법인데, 경은 말하기를 좋은 일이 못 된다고 하겠으나 나는 말하기를 좋은 일이라고 하겠다. 이 뒤로는 단 한 삽도 대지 않아도 백 년을 안심할 수 있을 것인데, 경은 수작에 방해가 되니, 그만 물러가라![285]

고 반박했다. 1764년(영조 40)은 유척기가 혼인한 지 60년 되는 해였다. 영조는 그에게 당귤唐橘을 내려 근배巹盃를 짓게 하고, 잔치를 베풀게 했다. 1765년(영조 41) 10월에 유척기 등 노인들에게 쌀과 고기, 명주를 하사했다.[286] 그리고 1765년(영조 41) 11월 3일에는 봉조하 유척기와 대관 김상로에게 잔치 비용을 하사했다.[287]

유척기는 말년에 시국이 날로 험악해지는 것을 보고 나라를 걱정해 간혹 수저 들기를 잊기도 하고, 또는 잠을 못 이루기도 해 항상 옛사람의 종사宗社를 축원하면서 죽기를 바랐던 일을 외우며, 의약을 물리친 지 십여

284) 《영조실록》 권 95, 영조 36년 4월 갑신
285) 앞과 같음.
286) 행장, 33쪽.
287) 《영조실록》 권 106, 영조 41년 11월 갑술

년이 지난 1767년(영조 43) 10월 30일에 우연히 병을 얻어 명례방明禮坊 집에서 죽었다.[288] 향년 77세. 영조가 연석筵席에서 그 소식을 듣고 애석하게 여기면서 "지난밤에 꿈에 보이더니, 나에게 작별을 고한 것이 아니겠는가?"하고, 시장을 기다리지 말고 즉시 시호를 의논하라고 했다. 사신은 졸기卒記에

> 유척기는 너그럽고 후덕해 대신다운 도량이 있었으므로, 위아래가 의지하며 중히 여겨 온 지 거의 수십 년이나 되었다.[289]

고 논평했다. 노론 대신의 졸기치고는 너무나 간결하다. 그리고 유척기에게 제사를 내리고[290], 부인에게 옷감과 음식물을 여러 차례 하사했다.[291] 영조는 "나라를 위해 충성했고, 박식해 옛일을 널리 참고했다"고 하고, 구재柩材를 내리고, 조시朝市를 철시撤市했으며, 관에서 장례비를 지급했다. 녹祿을 3년 동안 걷어 들이지 않았으며, 그 자식을 녹용했다. 1767년(영조 43) 12월 18일 영조가 친히 제문을 지어 승지를 보내 치제했고, 그 뒤 몇 달 뒤에 기로사를 지나다가 그의 소상小像을 보고 동부승지 정창성鄭昌聖을 보내 치제했다.[292] 1768년(영조 44) 1월 8일에 철원 갈말면 문혜리 지혜동芝惠洞에 있는 부모 묘에서 5보 아래에 신좌辛座로 묘를 썼다.[293] 그러나 1821년(순조 21) 2월에 묏자리가 좋지 않다 해 건너편 언덕에 건좌乾坐로 옮겼다.[294] 1769년(영조 45) 10월에 아들인 전부사 유언현이 묘지명 후기後記를 지었다.[295] 1770년(영조 46) 윤 5월 27일 3년상이 끝나자 유척

---

288) 《영조실록》 권 109, 영조 43년 10월 경인 ; 행장, 33쪽.
289) 앞과 같음.
290) 《영조실록》 권 109, 영조 43년 12월 무인
291) 《영조실록》 권 109, 영조 43년 12월 갑신
292) 연보, 108쪽.
293) 행장, 33쪽.
294) 연보, 109쪽.

기가 영조의 꿈에 나타나 부인에게 인삼과 부자附子를 넣어 약을 조제해 내렸다.[296] 그 뒤 1880년(고종 17) 9월 8일에 영의정 이최응李最應이

> 고 영의정 문익공 유척기는 일생 동안 확고한 주견과 끊임없는 열성으로 오직 '辨聖誣[성무를 해명한다]'라는 세 글자를 자기의 임무로 삼았습니다. 중서中書에 배명拜命한 초기에 여러 차례 글을 올려 변명하고 해명했는데, 의리가 바르고 공적이 매우 많았으니, 그를 경모하는 여론은 비록 오래 되어도 민멸될 수 없는 것입니다. 그의 사판을 부조不祧하도록 허락하시면 아마도 조정에서 의리를 숭상하고 장려하는 법에 빛남이 있을 것입니다.[297]

고 아뢰어 유척기는 불천위不遷位가 되었다.

4. 유척기에 대한 평가

유척기는 태어날 때부터 골상骨相이 기위奇偉하고 총명해 장래가 촉망되었다. 종질 유언호는 그가 지은 행장에서 유척기를 다음과 같이 묘사하고 있다.

유척기는 체구가 크고 눈이 빛났으며, 목소리가 큰 종소리 같아 원근에 진동했다. 성격이 크고, 깊고, 묵중하고, 침착하고, 세밀히 살피고, 너그럽

295) 앞과 같음.
296) 《영조실록》 권 114, 영조 46년 윤5월 임신
《영조실록》 권 116, 영조 47년 2월 갑오
297) 《고종실록》 권 17, 고종 17년 9월 계유

고, 정확해 끝을 볼 수가 없었다. 한가로이 있을 때 묵묵히 앉아 있으면 가족들이 감히 쳐다보지 못했다. 그러나 남들과 접촉할 때는 웃으면서 얘기하고 농담도 잘해 친소귀천 사이에 환심을 얻었다. 어머니가 나이가 많아졌을 때는 스스로 높은 벼슬을 하는 노인이었지만 조석으로 잘 모셨으며, 모친상을 당했을 때는 더워도 3년 동안 상복을 벗지 않았다. 그리고 조문하러 오는 사람에게는 미천한 사람일지라도 예로써 받아 주었다. 과부가 된 여동생 하나가 있었는데 이웃집에 살면서 자주 보살펴 주고 그 여동생의 딸을 자기 딸처럼 봐주고, 양자를 자기 자식처럼 돌보아 주었다. 친척과 화목하고 궁핍한 사람들을 도와주었으며, 지방관으로 있을 때는 못사는 친척들이 객관客館 가득히 몰려 와도 찡그리는 기색이 없었다고 적고 있다.298)

또 그가 집에 있을 때는 날마다 반드시 일찍 일어나 의관을 정제整齊하고, 사당에 참배하고, 옷·이불·수건·서책·붓·벼루 등을 모두 제자리에 두었다. 앉고 눕는 곳이 일정했고, 의복은 세탁한 것을 좋아하고 새것을 싫어했으며, 음식은 싱거운 것을 좋아하고 호화로운 것을 싫어했다. 소반에 차린 음식이 두 가지가 있으면 그 가운데 하나는 치웠다. 술을 가까이하지 않았고, 연회를 좋아하지 않았다. 입에는 상스러운 말을 담지 않았고, 몸에는 태만한 태도를 나타내지 않았다. 자기 자랑을 하지 않았으며, 남의 잘못을 말하지 않았다.299)

규문閨門이 화목했지만 내외와 상하의 구분을 조정처럼 엄격히 했다. 자손들에게는 항상 몸을 신칙하고 행실을 돈독히 하라고 했다. 언어를 가려 쓰고, 친구를 가려서 사귀라고 했으며, 호사하지 말고 영리를 탐하지 말라고 했다. 종을 부릴 때는 남은 기력이 있게 하고, 밥을 먹을 때는 부르지

---

298) 兪彦鎬, 大匡輔國崇祿大夫領中樞府使致仕奉朝賀諡文翼兪公拓基行狀, 35~36쪽.
299) 앞의 책, 36쪽.

말라고 했다. 그리고 병들거나 죽으면 극진히 도와주고, 권세를 믿고 방자하지 말라고 했다. 그는 청렴·근신하며, 성격이 담박하고 거처와 기물이 한사寒士와 같았다. 생전에 선물을 받지 않았으며, 교외에 살 때에는 보리밥과 나물국을 편하게 여겼다. 사신使臣에게 물건을 부탁하지 않았고, 오직 서책만 사왔다. 40년 동안 털가죽 옷 하나, 말안장 하나를 쓰면서 바꾸지 않았고, 오직 고서만을 즐겨 읽었다. 그리하여 집에는 서적이 수천 권이 소장되어 있었다. 늙을 때까지 책을 손에서 놓지 않았고, 경사자집經史子集부터 기문벽서奇文僻書와 연사패기演史稗記에 이르기까지 꿰뚫지 않은 것이 없었다. 더욱이 고사에 밝았다. 문장은 전중하고, 넉넉하고, 민첩하고, 신속했으며, 가끔 글을 쓸 때는 생각을 해 보지 않고 써 내려갔다. 전서篆書를 잘 써서 남의 집 비갈碑碣을 많이 썼다. 그러나 "소년명관少年名官이 문장을 잘 한다고 먼저 이름이 나면 족히 칭찬하잘 것 없다"고 했다. 사람을 응접할 때는 공손하게 예절로써 하고, 관위官位를 뽐내지 않았으며, 천한 사람에게도 '너'라고 부르지 않았다. 관원을 만나면 사사로운 부탁을 하지 않았고, 반드시 그곳의 산천과 풍속, 세곡의 족·부족, 관폐민고官弊民苦를 꼬치꼬치 캐물었다. 그래서 그곳에 근무하지 않아도 그곳 사정을 잘 알고 있었다. 관직에 있을 때는 경리經理를 까다롭게 따졌고, 부하들에게는 강유剛柔를 번갈아 행했다. 전일의 잘못된 일은 부드럽게 둘러서 변통하고, 사람들로 하여금 그 흔적을 찾을 수 없게 했다. 그래서 가는 곳마다 묵은 병폐가 해결되고, 법도가 제대로 시행되었다. 그는 아무리 일이 많고, 문서가 복잡해도 귀로 듣고 눈으로 보며 입으로 결정하고, 손으로 판결해 순식간에 일을 처리했다. 한편으로는 손님을 접대하고, 서찰로 응답했다. 그래서 이민吏民이 두려워 해 감히 속이지 못했다. 생활이 검소하고, 관직에 있으면서 명승지를 구경하거나 응대를 잘못 한다고 곤장을 친 일이 없다. 옥사는 매우 신중히 판결했다. 그리하여 그가 거쳐 간 남양·경상감영·강화·양

주에는 생사당生祠堂이나 송덕비頌德碑가 세워졌다.[300)]

그는 겸손해 죽은 뒤 시호를 청하지 말라고 했고, 의정議政의 관함官銜을 쓰지 못하게 하고, 신도비를 세우지 말라고 했다. 다만 자찬묘지명自撰墓誌銘만 세우라고 했다. 문집 28권이 전한다(5세손 유치익兪致益이 15권 8책으로 간행).[301)]

유척기는 50년 동안의 관직 생활에 세 임금(숙종·경종·영조)을 섬겼는데 중간에 세도世道가 굴신소장屈伸消長해 정변이 자주 일어났다. 그는 과격하지도 않고, 무조건 따르지도 않아 시종 한결같이 위로는 몸을 굽혀 합하려 하지 않고, 아래로는 도의를 어겨 명예를 굴하지 않았으므로 좋아하는 사람이 적고 싫어하는 사람이 많았다. 유언호가 회고하기를, 말년에 유척기는 "나는 늙어서 곧 죽을 것이니 너희들은 신중해라!"고 하면서 씁쓸하게 안 좋은 기색을 했다고 한다.[302)]

유척기의 가문은 아버지 유명악 때부터 노론 준론에 속해 있었기 때문에 정치적 노선은 노론 의리를 지키는 강경론이었다. 유명악은 송시열에게 군사君四라는 호를 하사받을 정도로 가까웠으며, 노론 명가의 김창흡·김창집金昌緝을 사사했다.[303)] 그러므로 1689년(숙종 15)에 기사환국이 일어나 송시열이 사사되자 그의 신원을 요구하고, 인현왕후의 폐비를 반대했다. 문과도 노론이 집권한 갑술환국 이후인 1706년(숙종 31)에 겨우 생원시에 합격해 청주목사를 지내는 데 그쳤다. 종형인 유최기兪㝡基도 1723년(경종 3)에

300) 앞의 책, 37~39쪽.

301) 앞의 책, 39쪽.

302) 앞의 책, 39~40쪽.

303) 金昌協·金昌翕·金昌緝 등 壯洞金氏는 노론 洛論에 속했다. 특히 김창협은 장인인 靜觀齋 李端相의 제자요, 이단상은 月沙 李廷龜의 손자였으며, 이정구와, 김창협의 조상인 金尙憲은 月汀 尹根壽 밑에서 동문수학한 처지였다. 한편 김창협은 尤庵 宋時烈의 제자이기도 했다. 송시열은 그가 완성하지 못한 《朱子大全箚疑》의 교정을 부탁할 정도로 김창협을 신뢰했다. 그러나 송시열이 죽은 뒤 그의 제자들이 벌인 人物性同異論 논쟁에서는 낙론계의 同論을 따랐다(김학수, 《김용겸 연구》, 2013. 5, 13~14쪽.)

문과에 급제했으나, 1715년(숙종 41)에 신임사화가 일어나 종제 유척기가 해도로 유배되자 고향으로 들어가 나오지 않았다. 그 후 왕이 불러 나오기는 했으나 1727년(영조 3) 소론 이광좌를 다시 써 신임의리를 뒤집으려 하자, 상소를 올려 강경히 반대하다가 삭직되었다. 또한 1729년(영조 5)에 지평으로서 김창집·이이명의 억울함을 상소했다가 삭출되었다. 그는 항상 신임의리를 자기의 소신으로 가지고 있었으며, 탕평을 논하는 자와는 상종하지도, 통혼하지도 않았다고 한다.

이와 같이 유척기 가문은 영조의 완론 탕평 정책에 반대해 높이 기용되지 못했다. 유척기도 노론 4대신 가운데 죄안에 남아 있는 김창집·이이명을 복관하고, 소론 조태구·유봉휘 등을 죄주어야 한다고 주청했다가 재상직에서 파직되어 미음渼陰에 은거한 바 있다. 유척기는 영조의 탕평에 반대해 벼슬을 주어도 나가지 않고 계속 사임했다. 영조도 불쾌하게 생각했으나 그렇다고 노론을 배척할 수만은 없었다. 그리하여 영조와 노론 사이에는 팽팽한 긴장감이 감돌며, 밀고 당기고 했다. 그러다가 1728년(영조 4)에 이인좌의 난이 일어나자 영조는 유척기를 양주목사 겸 동로진어사東路鎭禦使에 임명해 적을 막게 했다. 난이 평정되자 영조는 유척기를 억지로 관직에 끌어내 벼슬살이를 시켰으나 달가워하지 않고 계속 물러가기를 고집했다.

그러다가 영조는 1739년(영조 15) 8월 30일에 유척기를 우의정에 기용했다. 재상으로 기용한 것이다. 이에 유척기는 또다시 김창집과 이이명의 신원을 요구했다. 영조는 유척기를 처벌하려 하다가 그만두었다. 유척기는 중추부사를 전전하면서 조정의론에 끼기는 했으나 실세는 아니었다. 그러다가 1758년(영조 34) 8월 12일에 영조는 드디어 유척기를 영의정에 기용했다. 그러나 1760년(영조 36)에 봉조하 유척기는 영조의 준천공사濬川工事를 반대하다가 배척당했다.

유척기는 말년에 시국이 날로 험악해지는 것을 보고 간혹 수저를 들기를 잊기도 하고 혹 잠을 못 이루기도 하다가 1767년(영조 43) 10월 30일에 죽었다. 그러나 끝내 영조의 탕평책에 반대해 영의정을 지냈음에도 다음과 같은 간결한 졸기만을 남겼을 뿐이다.

> 유척기는 너그럽고 대신다운 도량이 있었으므로, 위아래가 의지하며 중히 여겨 온 지 거의 수십 년이 되었다.

그렇다고 유척기는 당쟁에만 몰입되어 있었던 것은 아니었다. 만년에 김상로金尙魯·홍계희洪啓禧 등이 몰래 모의해 세자를 위협하고 왕과 세자를 이간질하려 하자 그들이 노론임에도 동조하지 않고 상대하지 않았다. 오히려 당색이 달라도 소론 이종성李宗城과 협력해 조정에서 김상로 등이 함부로 말하지 못하게 했다.

또한 유척기는 행정 능력이 뛰어났다. 예컨대 1729년(영조 5)에 강화유수가 되었을 때 세미선稅米船이 경창京倉에 갔다가 다시 내려오는 비효율을 개선해 강화부의 군향 수급을 원활하게 한 것이라든지, 1734년(영조 10)에 유척기가 황해도관찰사가 되었을 때 제민청濟民廳을 설치해 군역을 줄여 주고 군수고軍需庫를 창건해 위급한 사태에 대비한 것 등이 그러하다.

이러한 행정 능력은 아버지에게서 물려받은 것 같다. 아버지 유명악은 1710년(숙종 36)에 호조좌랑이 되었다. 별고別庫는 한강 가에 있는데 관장하는 미곡이 많았다. 그는 뱃사공으로 하여금 곡개(10말 들이 계량기)를 갖게 해 하급관리의 부정을 막았다. 그 전에는 말을 높이 대어 남는 쌀을 착복했으나 그는 남는 쌀을 즉각 뱃사공에게 돌려주었다. 부족한 것을 보충하도록 하기 위해서였다. 그 나머지는 다소를 가리지 않고 즉일로 현장에서 일하는 자들에게 둘로 나누어 그 하나를 골고루 배급하고, 나머지 하나는 가난한 사람에게 나누어 주었다. 그는 한 말이라도 자기의 개인 창고에 두지 않았고, 한 톨의 곡식도 집안에 들여놓지 않았다. 그는 오래 있기를 원하지 않았다. 그래서 여러 번 사직을 원해 교체되었다. 유명악은 호조의 일이 많은데도 기본 원리를 터득해 작은 일이라도 유루遺漏가 없어 아전들이 속이지 못했다.[304]

유척기에 대한 평가는 다양하다. 1740년(영조 16) 9월에 유척기가 당론을 내세워 우의정 자리를 사직하자, 김재로는

> 유척기의 국량과 재식才識은 젊었을 때부터 사람 들이 모두 대관이 되리라 기대했습니다. 단지 그의 기질이 조금 고체固滯된 점이 있을 뿐입니다.[305]

고 해 유척기의 재식은 인정하지만 당론에 치우쳐 있는 것이 결함이라면 결함이라고 했다. 영조도 그의 역량을 인정했지만 그가 자기의 소론 중심의 완론 탕평을 반대하는 것에 대해 불만을 가지고 있었다. 사신은 이렇게 평가했다.

> 유척기처럼 노성하고 오랜 명망을 지닌 자는 지금 시대에 한 사람뿐인데, 그가 나라의 위태로움을 마치 나와는 무관한 일처럼 말한다면 모르거니와 옛날에 일컬어진 대신으로 볼 때는 부끄러움이 있다고 하겠다.[306]

---

304) 兪拓基, 淸州牧使兪命岳行狀(《知守齋集》, 杞溪兪氏富雲奬學會, 2006, 1188~1189쪽).
305) 《영조실록》 권 52, 영조 16년 9월 병술
306) 《영조실록》 권 78, 영조 28년 10월 계묘

1756년(영조 32) 8월에 영조도

> 유척기는 총명·민첩함이 남보다 뛰어나 국량과 식려識慮가 많았으므로 발신 초기부터 모두들 국기國器로 인정했다. 1739년(영조 15)에 정승을 제배하니, 나이 49세였다. 얼마 못 되어 임금의 뜻을 거슬러 강가로 물러나 산 지 10여 년 동안 거친 음식을 싫어하지 않고 청탁이 조정에 미치지 아니하니, 사람들이 더욱 어질게 여겼다. 올해 봄에 임금의 명을 받들고 도성에 들어와 바야흐로 보호의 직임을 맡고 있었다. 세상에는 안은 꼼꼼하고 밖은 원만한데 기권機權 쓰기를 좋아함을 혐의쩍게 여겼지만, 또한 책비責備하는 데서 나온 것이었다.[307]

고 평가했다. 1760년(영조 36) 1월 29일 유척기가 치사했을 때 사신이

> 유척기가 정승으로 있을 때 고사에 밝고 매우 충후해 구차하게 남의 비위를 맞추려 하지 않고, 지론이 매우 준절하면서도 모난 언동을 드러내지 않았으니, 근래의 재상으로서 그를 따를 만한 사람이 없었다. 재차 상신에 임명되었을 때에는 사람들이 모두 큰 기대를 걸었는데, 건백한 것이 없었고, 마침내 임금의 뜻을 거슬렀다는 이유로 사면하고 돌아갔으니, 사람들이 그를 두고 재상의 기량은 인정했으나 업적은 대단치 않게 여겼다.[308]

고 해 재상의 자질은 충분하나 영조의 탕평책에 반대해 관직에 있기를 꺼렸기 때문에 한 일은 별로 없었다고 평가했다. 그는 재식이 있고, 고사에

307) 《영조실록》 권 88, 영조 32년 8월 계축
308) 《영조실록》 권 95, 영조 36년 1월 을해

밝으며, 주장이 분명하고 모난 언동을 좋아하지 않는 훌륭한 재상으로 인정을 받고 있었던 것이다. 영조도

> 아! 경은 지난날의 구신으로서 넓고 넓은 도량과 나라를 위한 정성을 내가 잘 알고 있다. 그러나 나의 성의가 부족해 30년 동안 이 자리에 있으면서 몇 년이나 경을 임용했던가? 지난해 사온賜醞하는 날 자교慈敎(어머니의 命)를 매양 외우면서 또한 스스로 슬퍼했다. 어언간 경의 나이 벌써 일흔에 이르러서 또 기로사에 들어갔다. 아! 선왕의 신하로서 오늘날까지 나를 섬긴 자는 경 한 사람뿐인데, 옛날 뜻을 되새기고 백발기구에게 자문하는 도리에 있어 어찌 차마 휴직을 허락할 수 있겠는가?309)

고 해 유척기가 선왕 때부터 자기를 모셔 온 단 한 사람인데도 자기의 탕평책에 협조하지 않아 30년 동안 중용하지 못한 점을 아쉬워하고 있다.

309) 앞과 같음.

저 서 목 록

1. 《한국의 과거제도》 (춘추문고 19, 한국일보사) 1976.
2. 《조선초기 양반연구》 (일조각) 1980.
3. 《과거》 (공저, 역사학회, 일조각) 1981. 6.
4. 《사료로 본 한국문화사》 : 조선후기편(공편, 일지사) 1985.
5. 《역주 경국대전》 : 번역편(6인 공저, 한국정신문화연구원) 1985. 12. (1982.-1983.)
6. 《역주 경국대전》 : 주석편(6인 공저, 한국정신문화연구원) 1986. 12. (1982.-1983.)
7. 《조선시대 잡과합격자 총람》 (3인 공동, 한국정신문화연구원) 1990. 9 (1984.-1985.)
8. 《조선후기 당쟁의 종합적 검토》 (3인 공편, 한국정신문화연구원) 1992. 4. (1987.)
9. 《高麗朝鮮兩朝的科擧制度》 (張連譯, 북경대학 출판부) 1993. 《한국의 과거제도》 중국어역
10. (개정증보) 《한국의 과거제도》 (집문당) 1994. 7.
11. 《한국역사의 이해 1》 (집문당) 1995. 2.
12. 《조선양반사회연구》 (일조각) 1995. 9.

13. 《朝鮮初期兩班硏究》 (楊秀芝 中國語譯, 中華民國韓國硏究學會 飜譯叢書 2) 1996. 8.
14. 《사마방목》 CD ROM (3인 공동, 한국정신문화연구원, 서울시스템주식회사) 1997. 7.
15. 《한국과거제도사》 (민음사) 1997. 10.
16. 《조선시대 사회와 사상》 (편저, 조선사회연구회, 화갑기념논문집, 정아인쇄소) 1998. 4
17. 《조선왕조사 1》 (동방미디어) 1998. 10.
18. 《조선왕조사 2》 (동방미디어) 1998. 10.
19. 《한국역사의 이해 2》 (집문당) 1998. 12.
20. 《동양 삼국의 왕권과 관료제》 (공저, 국학자료원) 1998.
21. 《조선의 사회와 사상》 (일조각) 1999. 6.
22. 《조선왕조실록 어떤책인가》 (동방미디어) 1999. 9.
23. 《조선시대 당쟁사 1》 (동방미디어) 2000.
24. 《조선시대 당쟁사 2》 (동방미디어) 2000.
25. 《조선의 부정부패 어떻게 막았을까》 (청아출판사) 2000.
26. 역주 《경국대전 CD-ROM》 (동방미디어) 2000. 12.
27. 《한국역사의 이해 3》 (집문당) 2001.
28. 《세종대의 문화》 (공저, 한국정신문화연구원) 2001. 11.
29. 《조선초기 양반연구》 (재판, 한국학술정보) 2001.
30. 《한국역사의 이해 4》 (집문당) 2002.
31. 《라디오 한국사 1》 (동방미디어) 2002. 12.
32. 《한국역사의 이해 5》 (집문당) 2004. 5.
33. 《개정증보 조선의 사회와 사상》 (일조각) 2004. 8. 10.
34. 日譯 《朝鮮王朝史 上》 (日本出版社) 2006. 6. 15.

35. 日譯《朝鮮王朝史 下》(日本出版社) 2006. 6. 15.
36.《한국역사의 이해 6》(집문당) 2006.
37.《한국역사의 이해 7》(집문당) 2008. 7.
38. 平木 實.中村葉子 譯《韓國의 科擧制度》(日本評論社) 2008. 3. 10.
39.《조선시대 당쟁사 1》(재판, 아름다운날) 2009. 1. 15.
40.《조선시대 당쟁사 2》(재판, 아름다운날) 2009. 1. 15.
41.《조선시대 사상사연구 1》(지식산업사) 2009. 4. 10.
42.《조선시대 사상사연구 2》(지식산업사) 2009. 4. 10.
43.《조선은 어떻게 부정부패를 막았을까》(청아출판사) 2009. 9. 18.
44.《조선을 만든 사람들-나라를 위한 선비들의 맞대결》(청아출판사) 2009. 11. 25.
45.《한국역사의 이해 8》(집문당) 2010. 2. 16.
46.《재상열전》(청아출판사) 2010. 7. 15.
47.《아계 이산해의 학문과 사상》(공저, 지식산업사) 2010. 10. 20.
48.《명장열전-나라를 구한 사람들》(청아출판사) 2011. 2. 9.
49.《조선왕조사》(재판, 도서출판 수막새) 2011. 4. 29.
50.《조선을 이끈 명문가 지도》(공저, 글항아리) 2011. 6. 20.
51.《선비정신에서 찾는 교사의 길》(공저, 유교문화연수체험교재, 문화체육관광부 · 퇴계학연구원) 2011. 7. 31.
52.《선비정신에서 찾는 공직자의 길》(공저, 유교문화체험 연수교재, 문화체육관광부 · 퇴계학연구원) 2011. 7. 31.
53.《선비정신에서 찾는 기업인의 길》(공저, 유교문화체험교재, 문화체육관광부 · 퇴계학연구원) 2011. 7. 31.
54.《조선의 옛 사람들에게서 우리를 만나다》(공저, 푸른사상) 2011. 8. 10.
55.《선비평전》(글항아리) 2011. 11. 25.

56. 《한국역사의 이해 9》 (푸른사상) 2011.11.19.

57. 《조선국왕전》 (청아출판사) 2012. 5. 10.

58. 《영의정의 경륜-이준경 · 이산해 · 오윤겸 · 이경석》 (지식산업사) 2012. 8. 3.

59. 《다시보는 한국사》 (공저, 청아출판사) 2013. 3. 25.

60. 《대은 변안열의 생애와 업적》 (공저, 지식산업사) 2013. 9. 10.

61. 《단숨에 읽는 당쟁사 이야기》 2014. 8. 12.

62. 《厖村 黃喜 評傳》 (민음사) 2015.

63. 《조선시대 인물사 연구》 (지식산업사) 2015.